PRÉSENCE DE L'HISTOIRE

COLLECTION HISTORIQUE
dirigée par ANDRÉ CASTELOT

Du même auteur

Chez le même éditeur

Georges Cadoudal ou La Liberté
(Prix Broquette-Gonin de l'Académie française. Prix Bretagne 1971)

La Vendée en armes I : 1793
La Vendée en armes II : Les Géants

En préparation :
Louis XVI

Chez d'autres éditeurs

Le Monde au féminin (Somogy)
La Fête de la Fédération
(*in* Douze moments clés de l'histoire de France. Hachette-Réalité)

Films

Avec Guy Séligmann : Portrait de Cadoudal
Avec Claude Mourthé : Le 1561e Jour
Le Soleil et l'Écureuil
Avec Jean-Pierre Decourt et Philippe Erlanger :
Richelieu I : L'envol du hobereau
Richelieu II : Un évêque en enfer
Richelieu III : L'amour et La Rochelle
Richelieu IV : L'esclandre de la Saint-Martin
Richelieu V : La patrie en danger
Richelieu VI : Les caprices de la providence
Le Connétable de Bourbon

LA VENDÉE EN ARMES
III
LES CHOUANS

Tome I : 1793
La grande guerre de M. de Bonchamps
Le prince de Talmont
et son ami Jean Chouan

Tome II : LES GÉANTS
Le chevalier Charette
et son émule Nicolas Stofflet

Tome III : LES CHOUANS
Le rêve normand du comte de Frotté
Hippolyte de Piré,
le Chouan de l'Arc de Triomphe.

JEAN-FRANÇOIS CHIAPPE

LA VENDÉE EN ARMES III

LES CHOUANS

Illustration d'Anne Bessand-Massenet

LAP

Librairie Académique Perrin
8, rue Garancière
Paris

ISBN 2-262-00262-2

A Ghislain de Diesbach
A Michel de Saint-Pierre

« J'aime les chouettes ; elles sont nos amies.
Les grands-pères sont morts à leurs appels. »

La Varende
(Mlle de Clermont-Galleraube à Pierre
in *Contes fervents.* La grande chue.)

LE RÊVE NORMAND
DU COMTE DE FROTTÉ

Chapitre premier

UN HOBEREAU SORT DU NID

M. Gorsas dirigeait à Versailles, 10, rue des Bourdonnais, une institution placée sous la protection du prince de Montbarrey. A un jet de pierre du château de rêve où Louis XVI travaillait si fort tandis que Marie-Antoinette s'ennuyait si ferme, l'établissement formait des adolescents avides d'obtenir l'épaulette.

Le maître de pension, s'il faut en croire ses adversaires, n'était pas ennemi des hommes en général et de ses pensionnaires en particulier. C'est pourtant en compagnie de l'épouse du professeur de dessin qu'il fut, par un élève, aperçu dans une posture cavalière. Le garçon, n'éprouvant aucun penchant pour la délation, garda pour lui le mince secret. A l'inverse de la dame, Gorsas ne l'avait point vu mais la pécheresse, reconnaissante, commença de regarder le discret avec tendresse. Le régent s'en aperçut, invita son pensionnaire à s'affermir dans l'étude. Un jour que l'adolescent, prié de gagner la salle de travail, s'en est allé dans le jardin pour y lire à son aise un poème léger de Voltaire, illustré de gravures galantes, Gorsas le surprend, l'accuse de libertinage, lui reproche de compromettre sa maison. Le liseur, franchement amusé, rétorque :

— Il s'y donne de bien pires exemples !

L'instituteur prend l'écolier par le revers de l'habit. La discussion s'envenime. Est-il bien séant qu'un éducateur viole ses devoirs ? Le pédant s'encolère, donne un coup de poing, reçoit un coup de pied, et tombe dans un carré sur des cloches à melons.

Frotté jeune homme. Miniature anonyme.

L'élève s'esquive, passe dans la rue, de Versailles gagne Saint-Germain où demeure son oncle, M. de Salis. La faute est bénigne, les études ont été profitables mais le batailleur atteint à peine quatorze ans et demi ; qu'il retourne à Caen vivre entre ses père et mère en attendant son admission au régiment Colonel-Général Infanterie.

C'est par cette aventure, dans le goût des *Amours du chevalier de Faublas,* narrées par un futur collègue du sieur Gorsas sur les bancs brissotins, M. Louvet de Couvray, que Louis de Frotté commence de confirmer son caractère.

Alençon l'avait vu naître, ou plutôt se donner la peine de naître, car il procédait d'une excellente famille, le mardi 5 août 1766.

Il fut baptisé le jour même, recevant les prénoms de Marie, Pierre, Louis.

Les Frotté s'en étaient venus du Bourbonnais en Normandie du temps que, les Godons repassant la mer, elle redevenait française.

Un Jean de Frotté fut secrétaire et contrôleur général de « la Marguerite des Marguerites ». A l'instar de son incomparable princesse, ce Jean écrivait aisément. Comme elle, il prêtait l'oreille aux propos des humanistes, mais à l'inverse de la dame, révoltée par la férocité de Calvin, il embrassa le protestantisme.

Les siens l'imitèrent et tout d'abord n'en pâtirent point ; un Frotté s'entendit déclarer par Henri IV :

— Si tu n'étais gentilhomme, gentilhomme je te ferais.

Las, vint l'édit de Fontainebleau révoquant les dispositions de Nantes et la grâce d'Alès. Nul réformé, sinon un grand Normand, le marquis Duquesne, ne put échapper aux tracasseries. Ainsi, les Frotté, parce qu'on les savait demeurés huguenots dans le secret de leur âme, perdirent-ils leurs droits concédés par François Ier, sur les forêts d'Andaine et d'Alençon et les entrées dans cette ville.

La famille porte « d'azur au chevron d'or, accompagné de deux molettes en chef, et en pointe un besant d'argent ». Elle possédait, dans le duché d'Alençon, les terres de Couterne, de Vieuxpont, du Mesnil, de Scelleur, de Saint-Georges, de La Rimblière et le fief de Sai. C'était là du bien, et dans une contrée fertile, mais comme on était nombreux, il restait seulement à chacun de quoi vivre noblement.

On aimait l'épée. On la maniait avec adresse, tact et efficacité. Pourtant, on la remettait assez rapidement au fourreau pour la raison, fâcheuse en vérité, que n'accédant point aux grades élevés, on ne voulait pas — une fois son devoir rempli — traîner les garnisons avec une épaulette trop petite et une moustache trop blanche. Louis écrira dans ses Mémoires : « La noblesse servit personnellement et en général gratis pendant longtemps. Et depuis Louis XIV, sous lequel les armées françaises prirent tout à fait une forme régulière et où l'on assigna des appointements à tous les officiers, ces appointements furent toujours les plus faibles de toute l'Europe et très insuffisants pour soutenir la noblesse au service. En général, la noblesse française ne calculait pour rien son traitement ; elle mangeait, communément au service du Roi, ses revenus et souvent ses fonds, sauf les gentilshommes qui n'en avaient plus, leurs pères les ayant dissipés, lesquels alors (s'ils obtenaient du service) étaient obligés d'en subsister. »

C'est parler en seigneur et en Normand ou, mieux, en seigneur normand.

L'auteur de ces lignes sera le premier officier général de sa famille, son père n'obtenant que bien après lui la graine d'épinard.

Le grand-père, Pierre-Jean, préfigurant l'attrait de sa progéniture, s'était intéressé, lui-même, aux affaires militaires. Il apparaissait comme un personnage doté d'un vaste entendement et d'une extrême vitalité.

Chez les Frotté, on s'aimait et l'on se soutenait.

Pierre-Henri, fils de Pierre-Jean, était un excellent homme.

Il se qualifiait modestement d'écuyer, sieur de La Rimblière, dernière appellation faite pour dérouter les juges d'armes affirmant, on le sait, qu'un sieur est le détenteur roturier d'une terre noble alors qu'un gentilhomme, quelle que soit l'origine de son fief, doit être qualifié de seigneur. Au demeurant, les Frotté, se sachant de haute extraction, se moquaient des règles chères à M. d'Hozier. Pierre-Henri se donna très tôt du comte, cependant qu'on nommera Louis le chevalier de Couterne, en attendant de le saluer du titre de vicomte puis de comte de Frotté. Ces notions paraîtraient futiles si l'on ne savait qu'elles constituaient l'un des plus vifs stimulants de l'époque ; dans cette société d'état et non de classe, les gens des Six-Corps se battaient pour n'en point admettre un septième, la Robe le disputait entre ses membres afin de déterminer quelle charge offrait une savonnette à vilain cependant qu'en Corse il fallait posséder une échine d'une rare souplesse pour que les greffiers du Très-Chrétien fissent d'un roturier un noble pendant qu'un noble à la colonne vertébrale plus solide se voyait rejeté dans l'obscurité du Tiers.

Pierre-Henri, petit soldat en pays de Cocagne, ne devait pas connaître, jusqu'à la Révolution, une existence trop difficile. Lieutenant à Vatan-Infanterie, il est à Minden, battu sous M. de Contades et, à Clostercamp, vainqueur sous M. de Castries. Il était capitaine au régiment provincial du Mans lorsque, dans une circonstance délicate, il se montra sous son meilleur jour ; c'était à Versailles dans la galerie des Glaces. Mme de La Fruglaye, noble fille d'un maître chanteur, le procureur général La Chalotais, était venue réclamer l'élargissement de son père. Louis XV, sachant à quoi s'en tenir sur le cas d'un magistrat assez vil pour avoir tenté lâchement une opération politique en s'appuyant sur la connaissance de certaines liaisons royales, avait montré dans son refus la brutalité des timides. La dame, abîmée de douleur, restait prostrée après l'algarade royale. Les courtisans s'en moquaient. Alors M. de Frotté, ignorant la couardise de la multitude dorée, bravant l'ire de son souverain, releva la malheureuse. Le monarque ne tint pas rigueur au capitaine normand de cette manifestation d'indépendance ; bientôt aide-major, le père de Louis allait devenir major au début du règne de Louis XVI. Il éprouvait alors un profond chagrin ; Mme de Frotté, née Agathe de Clérambault, était morte alors que le bezot atteignait à peine les six ans. C'était une personne issue d'une famille excellemment illustrée par deux généalogistes des ordres du Roi, Pierre et son neveu Nicolas. Elle laissait un souvenir si vif que l'affection de son parentage se reporta sur l'enfant ; une cousine, Mlle d'Ifs, s'occupa de lui, conjointement avec d'autres dames, Mme de Couterne et Mme de Chabot.

Les petites années de l'orphelin furent heureuses et turbulentes.

Il vient de quitter la robe et promène dans les rues de Caen sa mine assurée, son habit de gentilhomme, son tricorne emplumé, son épée en verrou, lorsque des polissons le criblent de lazzi. Il se rebiffe. Un maraud lui jette une pierre. Louis dégaine. L'insolent veut se saisir de la colichemarde et se fait entailler la main.

A quelque temps de là, il se trouve seul dans une chambre d'auberge, son père étant descendu souper. Il sommeille lorsqu'un tapage le réveille. Qu'est-ce donc ? A n'en pas douter, quelques-uns de ces brigands dont les noirs exploits, évoqués à la veillée pour inciter la jeunesse à la prudence, ont marqué son jeune esprit. Ne dispose-t-il pas de son glaive ou le juge-t-il trop petit pour atteindre les scélérats ? On frappe encore à la porte. Ils insistent, les monstres ! Tant pis pour eux, ils seront châtiés. Louis avise le couteau de chasse paternel, et, l'arme au poing, s'en vient ouvrir. Les malandrins ? Des voyageurs qu'une absorption immodérée de calvados a conduits à ne plus reconnaître leur chambre. L'enfant va leur percer la bedaine lorsque, fort heureusement, M. de Frotté, attiré par le vacarme, peut remettre les voyageurs éméchés sur le bon chemin, et son fils à la raison.

C'est à cette époque que l'aide-major songea qu'il serait temps de reprendre femme. Pour obtenir de l'avancement, il avait un instant envisagé de gagner les Indes où, M. de Lally manifestant une tendance à considérer M. de Bussy comme un ennemi plus avéré que les Anglais, et M. de Bussy n'étant pas éloigné de pratiquer la même confusion face à M. de Lally, les affaires n'allaient point à leur mieux. Les protectrices de Louis s'étaient opposées au projet et Mlle d'Ifs avait assuré ses cousins d'une partie de sa succession si le père demeurait au pays et le fils auprès d'elle. Cette huguenote n'était pas sans générosité. Une autre réformée fréquentait le château. Elle se nommait Anne-Suzanne Dumont de Bostaquet de Lamberville. Elle atteignait vingt ans, était de bonne extraction, présentait un physique agréable, offrait un caractère heureux et bienveillant ainsi qu'une fortune assez considérable pour être prise au sérieux par un Normand. Elle connaissait bien Louis et s'était attachée à ce petit personnage tendre et rétif. Un Frotté plus à l'aise que le major voulait l'épouser, « la marier » comme on dit dans la province. Elle accorda la préférence à Pierre-Henri sous deux conditions. La première apparaît certaine : M. de Frotté s'engagerait à quitter le service. La seconde, rapportée par M. Billard de Veaux et l'éminent historien Théodore Muret, demeure dubitable : le prétendant aurait abjuré le catholicisme pour revenir à la religion de ses ancêtres. A noter que l'auteur des *Guerres de l'Ouest,* érudit d'une parfaite probité, fut sans doute de tous les enquêteurs de son temps le mieux renseigné sur les affaires de Normandie. A préciser encore que ce collaborateur du vicomte Walsh à *La Mode,* encore qu'il fût un légitimiste scrupuleux, était demeuré protestant. Il était donc normal qu'il accueillît favorablement une information due au seul Billard, capitaine hardi mais mémorialiste moins soucieux de vérité que de pittoresque.

Quoi qu'il en soit l'influence de la R.P.R. (religion prétendue réformée) sur l'enfant demeure incontestable. Théodore Muret rapporte qu'un sieur Boivier, directeur « de la première pension protestante établie à Caen sous le règne plus tolérant de

Louis XVI », l'alphabétisa légèrement. Louis, pour autant, ne fut jamais huguenot. Plus tard, il se souviendra, non sans émotion, de sa première communion dans la splendide église Saint-Louis de Versailles tout juste achevée par Mansart de Sagonne. L'accusation d'être demeuré calviniste visait seulement, rappellera-t-il, à « multiplier les obstacles qu'il eut à vaincre dans ses entreprises pour le service du Roi ».

Sa belle-mère s'entendit parfaitement à le conduire sans heurt. Que la famille l'ait affirmé n'en est point la preuve mais on la retrouve en revanche dans les Mémoires de l'intéressé lui-même. Habitué le plus souvent à vivre dans des institutions sans discipline ou chez des parentes pétries d'indulgence, il travaillait peu, s'amusait beaucoup, sans crainte des punitions. Cette situation privilégiée, comme une sanction inhabituelle, explique une aventure pittoresque ; il passait de quiètes vacances

Les environs de Bagnoles-de-l'Orne : la vallée de la Cour de l'étang.

loin de la pension Gorsas, au château d'Ifs où son père et sa belle-mère s'étaient eux-mêmes établis. Accompagné du fils d'un domestique, il va chercher deux jeunes chevaux s'ébattant dans le pré voisin. Il monte à cru, roule à terre. Pour s'en consoler, il se juche en croupe derrière son compagnon et tombe de nouveau. Il se relève. La peste soit des cavales ! Il va trouver un dérivatif en attrapant quelques oiseaux. N'a-t-il pas repéré un nid de pies au faîte d'un chêne ? Tout irait au mieux si les poulains n'avaient filé vers les écuries. M. de Frotté les voit, et, pressentant quelque accident, court vers le pré, aperçoit son fils dans l'arbre, et, l'ayant sommé de descendre, se met en devoir, dès que le dénicheur a touché terre, de s'occuper si vivement de ses oreilles que la victime craint qu'elles ne soient allongées pour jamais. Là ne s'arrête point la punition ; de retour au logis, le chenapan est mis sous clef dans sa chambre. C'est trop injuste, à la fin ! Devant ce monument d'incompréhension, Louis fuira la férocité d'une famille sans entrailles et prouvera par ses exploits qu'il était digne d'un meilleur sort. Il écrit à son jeune oncle Lamberville, lui donnant rendez-vous au Havre, port idéal pour trouver un embarquement à destination des Amériques : « Du Guesclin, à notre âge, s'était, lui aussi, évadé de la maison paternelle pour se battre. Quel plus bel exemple à suivre ? Nous combattrons comme lui, les Anglais, et peut-être, dans la bataille, aurons-nous la gloire de faire leur roi prisonnier. »

Ce chef-d'œuvre de la littérature épique mis au point, Louis avise une corde à nœuds, met en poche ses deux écus d'économies, et, parvenu sans encombre jusqu'au jardin, quitte le domaine. Indépendant ? Oui. Ingrat ? Non. Il ne peut pas laisser ses parents dans l'incertitude. Il se rend donc dans une demeure amie, chargeant la châtelaine de faire passer la lettre à Lamberville mais aussi de prévenir les deux familles que ces messieurs rentreront dès qu'ils auront capturé le monarque britannique. La dame acquiesce mais suggère au conquérant de prendre quelque repos. M. de Frotté, alerté, vient dès potron-minet chercher sa progéniture mais, grâce à l'adroite médiatrice, contient son indignation et pardonne à son fils.

A la pension Gorsas, les affaires vont le plus souvent mieux. Si Louis proclame solennellement l'inutilité du latin et se refuse à toute déclinaison dans « une langue que personne ne parle », il aime le dessin, les armes, la danse, excelle dans l'étude des mathématiques et la pratique de l'allemand. Le maître, dont la tête roule toujours une foule de projets, consulte parfois cet élève précoce sur ses propres essais et ses poèmes, l'admettant dans le cercle d'artistes et d'écrivains conviés aux soirées de la rue des Bourdonnais.

Louis n'est pas toujours sage. A la veille de cette première communion dont il parlera non sans ferveur, il avait une dent assez forte contre un condisciple pour en casser deux à cet infortuné, d'ailleurs plus haut que lui d'un pied. Motif : les externes, souvent roturiers, s'étaient ligués contre les pensionnaires tous nobles. Le jeune Frotté n'assistait pas au début de l'affaire. Il prenait un cours particulier pendant que commençait cette tumultueuse récréation mais « un tout petit chevalier de Malte était accouru pour le prévenir ». Parvenu sur les lieux de l'affrontement, il s'était contenté de haranguer les combattants, les appelant à conclure une trêve lorsque ces maudits externes l'avaient renversé, puis, audace inqualifiable, avaient arraché quelques-uns de ses augustes cheveux. C'est alors que, se relevant, il avait passé l'envie de mordre au plus menaçant des gaillards. Résultat : il avait été soustrait à l'agrément de sa chambre particulière et enfermé — encore — dans un cabinet servant de prison. Il en avait écrit à sa belle-mère :

« Si j'eusse été mousquetaire on m'aurait loué d'être venu au secours de mes camarades attaqués et opprimés par le nombre au lieu qu'ici on m'en fait un grand crime ; mais j'en suis bien dédommagé par l'intérêt de mes compagnons qui voient que je suis puni plus que les autres pour avoir pris leur parti, sans avoir d'abord pris part à la querelle, et que je leur ai donné ma parole de ne pas nommer ceux qui l'ont commencée. Ils savent bien que je resterais plutôt en prison jusqu'à mon entrée au service que d'y manquer. »

Ce n'est pas du Vaugelas mais, à défaut d'une bonne plume, le garnement possède déjà du panache. S'il apprécie l'allemand au point d'en prendre deux leçons par jour, il prise médiocrement le professeur, lui-même plus ami des liqueurs fortes que de son élève. Un jour que l'alcool embuait cette tête, d'ailleurs bien pleine, le bonhomme jette une chaise dans les jambes de Louis. Riposte immédiate : l'agressé, nullement enclin à supporter les châtiments corporels chers au ministre Saint-Germain, se saisit d'un cornet de plomb et le lance au visage de l'atrabilaire. Par

Antoine-Joseph Gorsas. Gravure de Bonneville.

bonheur, il le manque, atteignant seulement l'épaule. Aussitôt il s'échappe, gagne la rue, se rend chez un lointain mais bienveillant cousin, M. le colonel, et bientôt général, marquis de Rabodanges. Ce soldat a promis de le prendre comme officier dans son régiment de Bourbon-Infanterie. Ne pourrait-il l'admettre tout de suite pour clore ce pénible incident ? Et Louis de plaider :

— J'ai quatorze ans et demi ; mon père faisait la guerre à l'âge où je suis exposé à de pareilles avanies.

Le bon seigneur se croit obligé de gronder un peu, puis interroge son visiteur et constate, non sans plaisir, les bienfaits de la pension Gorsas. Pourtant, M. de Frotté de La Rimblière a fixé le terme des études à quinze ans. Il importe donc de se conformer aux volontés paternelles. Que Louis retourne à l'établissement après quelques jours de repos chez le colonel.

Gorsas fulmina mais mit à la porte le lanceur de chaise. « Il faisait de l'élève, écrira Louis, des éloges non moins exagérés que les mémoires qu'il lui faisait payer. »

C'est à quelques semaines de cet apaisement qu'intervint la bataille avec Gorsas lui-même. La chute du pédant dans un carré de cloches à melons détermina, on le sait, le retour de l'adolescent dans sa chère Normandie. Là, il voit du monde et le meilleur : un oncle, le comte de Chabot, enragé de généalogie mais pénétré de ses devoirs, un cousin, chef du nom et des armes, M. de Frotté de Couterne dont Louis héritera. C'était un seigneur taciturne, ennemi des confidences. Avec le jeune homme, pourtant, il se livra. Il appartenait à la race des protestants patriotes :

— Depuis près de cent cinquante ans notre religion nous a malheureusement exclus des bontés du monarque... Votre grand-père et vos grands-oncles ont été enfermés après avoir été enlevés des bras de leur mère. Pour éviter de l'être, j'ai été habillé en fille et caché jusqu'à quatorze ans.

Le vieil homme désignait sa sœur :

— Votre cousine que voici a été, comme moi, cachée longtemps et, lorsque les rigueurs qu'on exerçait sur les réformés commencèrent à s'adoucir, un ordre arbitraire de l'intendant, qui nous haïssait, l'arracha d'ici. Je voulus en vain la défendre. Je fus forcé moi-même de prendre la fuite ; vous le savez puisque c'est chez vos parents que je trouvai un asile.

Pour pénibles qu'ils fussent ces souvenirs ressortiraient à l'anecdote si la morale dégagée par M. de Couterne n'avait frappé son interlocuteur :

— Repoussés par notre patrie, humiliés par des défenses injustes, nous aurions pu, comme tant d'autres familles, chercher un refuge à l'étranger ou quitter notre religion pour prendre celle du prince [toujours le vieux principe profitable aux Allemagnes jusqu'à la guerre de Trente Ans mais fatal à la France unitaire après l'édit de Fontainebleau : *cujus regio ejus religio*] mais nous étions trop attachés à notre pays et à nos principes pour en changer. J'ai peut-être, sans emploi, mieux servi l'État en souffrant ici en silence et en donnant les conseils et l'exemple de la soumission aux protestants qui sont restés dans ce pays.

Toutes les conversations ne présentaient pas cette hauteur non plus que cette mélancolie. La Normandie, sous Louis XVI, était riche et gaie, la vie de société très développée. On aimait le jeune Frotté pour son sérieux et une ambition non dissimulée mais rendue acceptable par une attention constante témoignée au prochain. Comme nombre de garçons de son temps, il dévorait les œuvres du bonhomme Rousseau ; s'il en tirait un goût pour l'introspection, il ne négligeait pas les affaires des autres.

M. de Rabodanges avait quitté Bourbon-Infanterie pour commander, en tant qu'inspecteur, les fantassins de Colonel-Général dépendant directement du prince de Condé. Le marquis tint sa promesse et fit admettre son parent dans l'unité prestigieuse en qualité de sous-lieutenant surnuméraire.

Le château de Rabodanges (Orne).

Chapitre II

MILADY CHARLOTTE

Lille, pour crever la chape de son ciel de suie, tente inutilement l'ascension. Son beffroi, ses hôtels, ses clochers escaladent les nuages sans trouver un soleil dont les vitraux multicolores des églises cherchent en vain la caresse. Seuls les gens de Colonel-Général, moulés dans leur habit blanc distingué de cramoisi, coiffés de leur casque d'or à chenille, poudrés à frimas, rasés au velours, égayent la cité septentrionale si longtemps disputée aux osts germaniques et castillans.

Le régiment, issu des célèbres bandes de Picardie, passe avec raison pour le premier du royaume. Monsieur le Prince prend avec plus de sérieux que nombre d'autres grands les devoirs de sa charge. En un temps où le récent passage du comte de Saint-Germain (pas le teinturier de Chambord, le lieutenant général) a rajeuni le service en campagne, où les travaux de Bourcet et de Guibert ont rafraîchi la théorie, officiers et bas officiers possèdent les moyens de s'instruire. Sans doute, aux yeux d'un Normand qu'on n'avait jamais éloigné de sa province, sinon pour un séjour à Versailles où l'on passait son dimanche à voir se déployer les gardes du corps et à contempler Louis XVI et Marie-Antoinette, la résidence à Lille apparaît-elle un peu comme un exil. Le jeune homme pourtant fait l'apprentissage de la liberté ; si la discipline militaire pèse aux paysans, aux manouvriers, habitués, dès la fin de la petite école, à se conduire selon leur bon plaisir, elle semble douce aux adolescents sortis du pensionnat.

Louis devient un bon soldat, se perfectionne encore en mathématiques, met à profit ses dons de dessinateur pour assurer des relevés de plans. Comme le jeune Napoléon de Buonaparte, qu'en dépit d'une légende tenace il n'a pas plus connu à Brienne qu'à l'École de Paris, le sous-lieutenant est dévoré par la rage d'écrire. L'Ajaccien, lui, traite de tout, rapporte même sa première rencontre avec l'amour — physique s'entend — auprès d'une barboteuse du Palais-Royal. Il rédige un parallèle entre l'amour (encore) de la gloire « qui est le propre des monarchies et l'amour de la patrie qui n'appartient qu'aux républiques ». Il romance la vie du pauvre Théodore, premier monarque constitutionnel du siècle et le fait — en imagination s'entend — pensionner par Walpole. Bientôt viendront d'autres productions aussi curieuses et non moins médiocres, allant de l'essai philosophique au roman quasi policier. Est-ce une originalité du Normand et du Corse de se jeter à tout propos sur la plume ? Non. Les soirées de garnison sont longues et les têtes pensantes. Un peu partout, devant les tables d'hôte, des officiers, rêvant d'un monde meilleur, se rappellent que d'Aubigné, Descartes et Vauvenargues furent d'abord soldats quand ils n'évoquent pas, moins modestement, Sylla, César et Monluc.

Louis s'occupe de lui-même avec assez d'honnêteté pour que ses ébauches de Mémoires soient crédibles. Parfois, il donne des considérations générales, nous renseignant sur sa conception — fort élevée — du rôle de la noblesse ou sa condamnation — sans appel — des châtiments corporels. Une orthographe de grand seigneur — dénotant, d'ailleurs, non point l'ignorance de l'usage mais son mépris — et de fréquentes répétitions rendent la lecture un peu lassante ; le dédain de la forme contraint à trop d'attention pour accéder au fond. M. de La Sicotière, fort d'une minutieuse analyse de ces textes, peut affirmer :

« Ce qui distingue surtout les écrits de Frotté, c'est un certain cachet de réflexion [...], une finesse diplomatique, un sentiment des nuances et même une délicatesse rare, une facilité singulière. Assurément, il n'est ni un penseur hors ligne, ni un écrivain consommé ou même simplement correct ; mais tout pesé, il faut bien reconnaître que peu de ses contemporains surent tirer, soit du maigre fond de leurs premières études, soit de leurs loisirs et surtout de leurs propres réflexions, de pareilles ressources. »

Le surnuméraire, en butte à quelques-unes de ces brimades

qu'on nommera bizutages un demi-siècle plus tard, s'était tiré gentiment de ces épreuves un peu plus rudes pour lui que pour d'autres car il était le parent et le protégé du colonel. Lorsqu'en 1782 le marquis de Rabodanges, promu maréchal de camp, quitta le commandement, il donna son épée à son jeune parent « en lui disant qu'il l'avait portée avec honneur, à la tête du régiment, pendant longtemps et qu'il espérait qu'il la porterait de même ». L'an suivant, le 1er juin, Monsieur le Prince signait, à Chantilly, le brevet de sous-lieutenant titulaire de Louis de Frotté, à compter du 30 mars.

Jusque-là, Louis s'était vu permettre l'initiation au métier militaire, désormais il devenait un véritable soldat.

*

* *

Lille n'était pas très gaie, mais offrait mille ressources au regard de Besançon. Ce n'était point que la capitale de la Comté fût laide, lestée de ses souvenirs bourguignons et espagnols, mais pour la seule raison que ses habitants traitaient « les étrangers », c'est-à-dire les non-Bisontins, avec une froideur insultante. Dans le même temps que le fantassin Frotté, deux artilleurs bientôt notables tenaient garnison en cette ville inhospitalière. L'un comme l'autre verront leur destinée croiser celle du Normand. Le premier, secrétaire du colonel du régiment de Metz, attendait sa canne de sergent. Il se nommait Charles Pichegru. Comme, natif des Planches-près-Arbois, il était du pays, il ne paraît pas s'être morfondu. Le second, lieutenant au régiment de Besançon — exceptionnellement en garnison dans la ville dont il portait le nom —, s'ennuyait ferme et considéra son départ pour Auxonne comme une délivrance : c'était Louis-Edmond de Phélippeaux.

M. de Frotté, qu'on commençait d'appeler le chevalier de Couterne, n'avait jamais été le dernier à paraître sur le pré, n'encourant de punition que pour ce motif. Très adroit aux armes, il sortait le plus souvent indemne de ces rencontres. A Besançon, pourtant, il ne fut pas heureux : pour un motif ignoré — une femme, une question de préséance, ou plus vraisemblablement un différend d'ordre politique — il tira l'épée contre le fils d'un avocat et fut blessé gravement à la hanche. L'incident pourrait paraître minime si on ne se souvenait que membre de droit du deuxième ordre, Louis n'acceptait point, à l'accoutumée, les provocations du troisième. Il se remettait lorsque ces messieurs de Colonel-Général, mis en joie par des bruits de guerre, graissèrent leurs bottes. Malheureusement, Louis XVI était alors l'arbitre de l'univers et nulle nation, depuis la défaite anglaise, ne se serait mêlée d'attaquer la meilleure armée du monde. Tant pis ! On ne se battra point mais quel sera donc l'avenir des officiers s'ils doivent se cantonner dans le service de place ? Une nouveauté dans cette grisaille : on repart pour Lille.

*
* *

Revoici la capitale des Flandres, la formidable citadelle, chef-d'œuvre de Vauban, et les immuables parades. Non, les Impériaux ne tenteront pas de reprendre cette ville si longtemps fidèle aux Habsbourg que le colonel de Guéthem la prenait comme base afin d'enlever le Grand Dauphin, et, trompé par l'embonpoint et le Cordon bleu, s'emparait au Point-du-Jour du premier écuyer Beringhen. Saint-Simon a joliment rapporté ce dernier témoignage de la fidélité lilloise à d'autres maîtres que ceux de France.

D'où pourrait désormais venir l'orage ? Les Anglais se frottent les côtes, les Prussiens digèrent, le César est notre allié comme le Goth — entendons le Suédois —, comme l'Espagnol et les Bourbons de son parentage parsemés sur la péninsule italienne. Il faudrait une dose inquiétante de pessimisme (ou d'optimisme si l'on aime cela) pour prévoir de grands affrontements. M. le chevalier de Couterne, devenu lieutenant en premier, aimerait à posséder une compagnie. Il ne l'obtient pas et s'en explique :

« Louis aurait dû être déjà capitaine, et c'était sa faute s'il ne l'était pas. Sa bonne cousine d'Ifs avait toujours eu l'intention de lui donner le moyen d'acheter de bonne heure une compagnie de cavalerie ; mais ses dépenses, plus en rapport avec la fortune de ses camarades qu'avec la sienne propre, avaient absorbé, et au-delà, en avances successives le capital que son excellente parente destinait à son avancement. Comme il se trouvait dans un régiment où l'avancement était rapide [si l'on veut !] et que les compagnies ne s'achetaient point dans l'infanterie, il se résigna à attendre son tour sans changer de corps. »

Décidément, la chanson est toujours la même ; les cavaliers riches n'attendent pas, à condition qu'ils connaissent leur métier, cependant que les fantassins patientent...

Au vrai, les débuts dans la vie de M. de Frotté rappellent — et de près — ceux de M. de Bonchamps : même enthousiasme, même abnégation, même soif de servir. Une différence, afférant, sans doute, à la manière de vivre sa religion : Charles tient le duel pour un péché, Louis, tout en affectant de l'éviter par son flegme moins normand qu'anglais, recherche ces affrontements apportant, en cette désespérante période de paix, un parfum de guerre.

Comme elles se ressemblent ces vies d'officiers ! Hors le prince de Talmont, né si près des marches du Trône qu'il pourrait se dispenser de gravir les échelons, tous les futurs généraux de la Vendée militaire présentent un air de famille. Rien n'autorise à prédire que la France va connaître des bouleversements. Certes, M. de Voltaire avait bien écrit : « Nos enfants verront de grandes choses. » Depuis lors, toutefois, on n'a rien vu sinon un enrichissement encore mal partagé mais bien réel.

Louis s'est lié d'une amitié profonde à trois camarades. M. de Vallière, originaire du pays de Caux, est un homme solide, raisonnable, aimant son métier et les plaisirs champêtres. A la faveur de congés, le chevalier de Couterne va se retremper en Normandie avec ce jeune seigneur maître d'une confortable fortune. Le comte de Précy, plus âgé, déjà capitaine, apparaît comme un mentor. Il est alors à cent lieues d'imaginer qu'il faudra un jour doter Louis XVI d'une garde constitutionnelle et qu'il en sera lieutenant-colonel sous MM. de Brissac et d'Hervilly. Rien ne l'autorise à penser qu'il sera, au Dix-Août, l'un des défenseurs du château, réunissant sous son commandement des combattants aussi différents, on l'a vu, que MM. de Charette et Bessières, de La Rochejaquelein et Bertrand, tant d'autres, tel M. de Marigny, dont l'option en ce jour de carnage sera par la suite déterminante. En 1793, M. de Précy deviendra le savant protecteur de Lyon, ville soustraite au délire de Chalier, puis investie par les troupes conventionnelles placées au commandement d'un militaire sans opinion mais impeccablement perruqué, le futur maréchal Kellermann.

Le troisième ami, pour être le frère d'un géant, n'est pas un pygmée ; puîné de M. de Talmont, voici Louis-Stanislas, prince

Louis-Stanislas, prince de La Trémoïlle. Miniature anonyme.

de la Trémoïlle, rencontré si souvent dans les fastes de la Vendée militaire. D'une rare intelligence, porté, comme son ami, à consigner par le menu toutes ses aventures, il est pour l'instant enseigne à Colonel-Général. De naturel aimable et de tempérament enjoué, il possède une rare qualité : l'art de transformer en comédies les drames les plus sinistres. S'il agit de la sorte ce n'est jamais par légèreté mais toujours par élégance.

L'année 1789 apporte à Louis agacement et satisfaction. L'agacement provient des événements survenus à Versailles et à Paris, la satisfaction se rencontre à Lille. A l'automne vient s'installer dans une gentille maison de la paroisse Saint-André, 337, rue Princesse, une dame anglaise dans l'éclat de la trentaine. Des yeux sombres, un vaste front, une bouche bien dessinée s'inscrivent dans un ovale parfait. Le cou, un rien trop puissant, n'est pas d'un cygne mais la gorge est magnifique.

Très tôt, la bonne société prend le chemin de la demeure haute d'un seul étage, où la jolie personne s'est établie avec un unique domestique. L'Administration ignore son patronyme, trop compliqué pour les fonctionnaires, et la nomme simplement Milady Charlotte. Très vite, on apprend qu'elle est honorée d'une incomparable et périlleuse amitié, celle de la Reine. Encore qu'elle ne soit pas couchée sur le cahier rouge, sa qualité de pensionnée par les souverains lui vaut un surcroît d'impôts. Assurément, elle vénère Marie-Antoinette, s'indigne des violences faites à la famille royale et ne se trouve en communion d'esprit qu'avec le lieutenant et ses amis. Louis, assez rapidement, en saura plus sur le passé de la dame.

Descendait-elle en droite ligne de ce célèbre comte d'Oxford, ministre des deux premiers George, dont « le bon sens s'élevait jusqu'au génie » ? On ne sait. En tout cas, elle appartenait à la famille Walpole, alors brillamment représentée par cet Horatio, premier défenseur de Richard III, dont la correspondance avec Mme du Deffand est demeurée fameuse. Benjamine de la nichée d'un Sir Robert, comptant déjà deux filles, elle grandit dans le Norfolk et vint à Londres, à dix-sept ans, pour monter sur les planches du Drury Lane. Le théâtre prenait alors un ton de raffinement, inconnu dans la période précédente, et, partant, l'état de comédienne s'en trouvait réhabilité. Les coups d'essai furent heureux et la consécration vint avec la Jessica du *Marchand de Venise,* Ruéla de *l'Amour au village,* et Lucy de *l'Opéra du gueux.* Ce dernier emploi prête à sourire si l'on se souvient que John Gay caricature le ministre Walpole sous les traits du receleur Peachum. L'année suivante, l'actrice connaît le triomphe dans *le Camp,* manière d'opérette de Tickelle, imité de Shéridan. La demoiselle interprète à ravir le rôle d'un jeune soldat et mérite les honneurs d'une charmante gravure. A la contempler, point n'est besoin de posséder les goûts de Frédéric II pour convoiter ce militaire. Ce fut donc avec des sentiments honnêtes qu'un enragé du parterre, Sir Edward Atkyns, obtint la main de la jeune fille et l'emmena dans son beau manoir de Ketteringham où elle apprit que sa belle-famille ne le cédait en rien à la sienne propre par le renom et la respectabilité. On partageait son temps entre Londres et le Norfolk mais, s'il en faut croire la comtesse Mac-Namara, grande amie du ménage, les relations faisaient défaut ; pour en trouver, les Atkyns vinrent en France. Charlotte recevait bien, chantait à ravir. Elle enthousiasma Mme de Polignac. L'aimable duchesse, rivale heureuse de

Mme de Lamballe dans les faveurs de sa souveraine, recommanda Lady Atkyns à la Reine. C'est seulement après la relégation de la cour aux Tuileries que, s'autorisant d'une chaleureuse introduction, Charlotte parvint jusqu'à la souveraine à demi captive et l'enchanta par son enthousiasme, sa rousseur et ses talents.

Des intérêts personnels ou politiques avaient-ils conduit Milady Charlotte à s'établir à Lille ? Rien n'est moins certain. La colonie britannique était alors nombreuse dans les Flandres où l'égale proximité de Londres et de Paris séduisait les Anglais. Sir Edward n'habitait plus avec son épouse mais résidait dans la ville. Il prenait le temps d'aimer une demoiselle Geneviève Leglen dont on ne sait rien, sinon qu'en 1791 elle devait lui donner un fils qu'il reconnut. Très tôt, une intimité s'établit entre le chevalier de Couterne et l'ancienne comédienne. Ils

Charlotte Walpole, la future Lady Atkins, dans « Le Camp ».

aiment, tous deux, les lettres et professent une dévotion sans mélange pour la monarchie capétienne. De famille whig, Charlotte est devenue tory. D'origine protestante, Louis voue au fils aîné de l'Église un culte à peine tempéré par son esprit critique. Le dialogue se transforme-t-il en duo ? C'est probable mais nul n'ayant tenu le bougeoir, il faut s'en remettre aux écrits ; en novembre 1794, Louis notera dans ses Mémoires : « Ô, femme charmante, quelle que soit la fin de notre Révolution, quand vous n'y auriez aucune part, vous serez toujours pour moi l'amie tendre et dévouée d'Antoinette [...] et celle à qui *je voudrais devoir un jour tout mon bonheur...* » De quoi s'agit-il ? Faut-il considérer que Milady Charlotte ne s'était pas donnée au chevalier de Couterne, ou, au contraire, que l'impétueux seigneur, lorsqu'il évoquera *tout son bonheur,* brûlera du désir d'épouser la belle ? Rien n'est simple dans cette aventure de gens aimables, excellents, mais rendus malaisément déchiffrables par leur excès d'intellectualisme.

*

* *

La fièvre a gagné l'armée ; les duels se multiplient et le chevalier de Couterne, n'ayant jamais encouru de carence, ferraille de grand cœur contre les « patriotes ». Enrageant lorsque le décret de 1790 proscrit les armoiries, il fait graver les siennes au pommeau de son épée.

A Lille, les têtes s'échauffent même sous les casques. « Pour une méchante fille que s'étaient disputée quelques chasseurs de Normandie et un grenadier de Royal-Vaisseau », les deux régiments s'affrontent. Bientôt, les soldats de la Couronne, jacobins, secondent Royal-Vaisseau, cependant que ceux de Colonel-Général, aristocrates, embrassent la cause de Normandie. Le 7 avril 1790, combat dans la ville durant huit heures : sept militaires tués, quelques civils aussi, mais on ne prend pas la peine de compter ces derniers. En l'absence d'officiers supérieurs et de commandants de compagnie, M. de Frotté dirige les gens de Colonel-Général, se replie dans la citadelle, puis, investi, brise l'encerclement. Il vient rendre compte à Paris ; le Roi le reçoit non sans bienveillance mais décline mélancoliquement la proposition de réunir à Lille cinq régiments fidèles pour veiller au grain. Si Sa Majesté se montre réservée face aux suggestions d'un provincial inconnu, elle est en revanche sensible aux demandes officielles du lieutenant. Louis XVI, on le sait, présidait avec une rare autorité le Conseil. Encore qu'éloigné des problèmes militaires par sa formation, il s'efforçait, et souvent avec bonheur, d'y tenir la main. Le comte de La Tour du Pin-Gouvernet l'aidait courageusement. Comme son souverain, il écouta le chevalier de Couterne. Les *députés* des régiments adverses — la Couronne et Royal-Vaisseau — avaient eux aussi produit leurs doléances. Ils furent éconduits. Pourtant, le jugement de Salomon fut plutôt une assez décevante manière de ménager la chèvre et le chou. Les quatre unités furent mutées. En récompense de leur loyalisme, Colonel-Général et Normandie furent simplement envoyés respectivement à Dunkerque et à Béthune alors que les Jacobins devaient gagner, les uns Mézières, les autres Philippeville. Tous les gens de Colonel-Général, il est vrai, ne s'étaient pas conduits de façon exemplaire puisqu'une troupe de factieux, appartenant, semble-t-il, à Monsieur le Prince, avait bonnement retenu dans la citadelle le lieutenant général, marquis de Livarot, bête noire des Patriotes. Grâce à M. de Frotté, l'infortuné put se rendre à Paris et se justifier sans mal.

Pour éviter de nouveaux incidents, les régiments sortent de la ville, le même jour, par des portes différentes. Les véritables vainqueurs sont les Gardes nationaux. Ils pourront désormais battre le pavé, courir les filles et brailler à leur aise.

M. de Frotté se retrouve à Dunkerque.

Les événements de Lille, comparés à nombre de séditions, ne présentent pas un relief exceptionnel. Ils exerceront toutefois une profonde influence sur le lieutenant ; à ses yeux, un gouvernement constitutionnel (il ne l'est pas encore mais existent déjà les paralysantes commissions de l'Assemblée et les venimeuses interventions d'un Dubois de Crancé) interdit tout maintien d'une cohésion dans les affaires militaires. En outre, les troupes tenues par les officiers, toujours présents au corps, regardants sur la discipline, attentifs à l'instruction et au confort du soldat, se délitent moins, au contact de la subversion, que des formations tenues trop serrées ou demeurées à l'abandon.

Louis, écrivailleur et bretteur acharné, toujours prêt à concilier l'analyse et l'action, cherche et trouve le remède ; puisque

Rome n'est plus dans Rome, il faut en édifier une nouvelle. Il importe d'émigrer et de servir Louis XVI contre lui-même. L'officier apparaît, sans le vouloir, comme l'inventeur de la formule magique : *plus royaliste que le Roi.* Il découvre même un axiome plus abrupt encore : *Nous défendrons l'héritage contre l'héritier.*

A la vérité, l'ancien pensionnaire du sieur Gorsas, l'obscur témoin des fastes du pharaonisme versaillais, ne se remet pas de l'humiliation politiquement (et chrétiennement) acceptée par un roi désireux, sans doute, de mettre de son côté tous les éléments sains de la Nation, y compris les *Constitutionnels,* pour avancer sur la voie de la Liberté tout en mettant fin à l'anarchie.

M. de Frotté sert Louis XVI mais ne peut comprendre l'ampleur et la complexité de la besogne entreprise par le monarque. Il voit, déplore les événements depuis Dunkerque, se renseigne sur la situation à Lille mais n'embrasse pas, comme l'oint du Seigneur, l'affaire dans son ensemble. Louis XVI veut apprivoiser la folie. Le chevalier de Couterne entend la combattre. Comment s'étonner dès lors de le voir, influencé par Milady Charlotte, préférer Marie-Antoinette à son époux ? Pour bien des Français, en ces années crépusculaires, le Roi déçoit, la Reine suscite l'espoir. Les Contre-Révolutionnaires assument bien ou mal une tâche d'autant plus lourde que le comportement de leurs adversaires est le plus souvent imprévisible. Depuis la paix franco-britannique de 1783, Dunkerque pouvait à nouveau se fortifier et M. de Calonne avait poussé les travaux. Avec les débuts de la Révolution l'accomplissement du programme s'était ralenti puis interrompu. L'argent ne manquait pas moins que la bonne volonté.

M. de Frotté doit surmonter une crise grave. Ce n'est plus le vicaire savoyard mais Werther. Sur un cahier de gros papier rugueux qu'il ferme à l'aide d'un ruban bleu de ciel, il consigne, avec sa rageuse prolixité, une intention sinistre : « Ce ne sont ni les lectures, ni les exemples qui m'ont donné les principes que j'ai sur le suicide ; ils sont le résultat de mes réflexions. Depuis longtemps, je me suis familiarisé avec l'idée de la mort, la dépouillant de son triste appareil et l'envisageant comme un port sûr contre les peines de la vie [...] Jetant un coup d'œil sur ma position, sur celle de mon pays, voyant ce que j'ai été, ce que je suis, ce que je peux devenir, je ne trouve aucune raison qui m'attache à la vie [...] Voyant de nouveaux chagrins m'assaillir, je n'ai pas voulu choisir ce moment pour anéantir mon être. » Et de souligner cette phrase dont il semble fier : « *Je veux être de sang-froid le jour où je partirai pour le grand voyage.* »

L'étrange garçon se reprend dans le même texte :

« Mon bras peut encore être utile à mon roi et à mes amis, et puisque je veux mourir, au moins que ma mort soit utile à ma famille et à mes amis. »

L'extrême difficulté, pour comprendre Louis de Frotté, procède de son habitude d'unir à chaque instant l'écriture et la pensée, quitte à se contredire d'une ligne à l'autre. Il ne peut méditer qu'une plume à la main, couchant sur le vélin, non seulement des raisonnements construits, mais encore des états d'âme. Ainsi parle-t-il du suicide avant de lui préférer une disparition moins stérile, mais revient-il ensuite, non sans complaisance, à son projet de destruction. Faut-il s'inquiéter ? Ce n'est pas certain car il se romance, s'évade comme il peut, même à travers une délectation morose, de l'oppressante vie de garnison. Son père et M. de Vallière ont pourtant pris assez au sérieux ces vertiges pour tenter d'y porter remède. Oui, tout cela n'est que littérature mais celle-ci présente des pièges auxquels il advient qu'on se laisse prendre. Parents et amis veillent donc sur le lieutenant.

Cette crise, traversée par ce jeune homme de vingt-cinq ans, présente une haute signification ; Louis ne se satisfait pas de la médiocrité, fût-elle dorée ; faute d'être grande, pense-t-il, la vie ne mérite pas d'être vécue. En cela, il diffère profondément de tous ses futurs émules et rivaux sur le chemin de la gloire sauf, peut-être, de Bonaparte. Les plus grands généraux de la Nation, Pichegru, Kléber, à de moindres égards, Hoche n'ont jamais songé, avant la tourmente, qu'ils modifieraient la carte de la France, c'est-à-dire celle du monde. Le premier souhaitait l'épaulette et ne songeait, ayant donné l'aisance à sa famille, qu'à relire tranquillement ses chers auteurs grecs et latins. Le deuxième, pourtant si remuant, si généreux, si heureux d'exister, avait garé des mites son uniforme aulique pour tirer sur sa pipe et construire quelques belles maisons à l'usage des chanoinesses. Pour M. de Buonaparte, ses ambitions apparaissent différentes ; il s'agissait, et c'est tout, de devenir, en Corse, un personnage assez considérable pour que, allant à la messe en habit des dimanches, on ne reçût plus sur cette tenue dispendieuse le contenu d'un vase d'eau grasse, jeté de la croisée par la servante d'une famille rivale.

Voilà pour le côté bleu, encore que l'Arboisien soit toujours, mais en secret, demeuré blanc.

Dans la famille royaliste, il en va de même. Peut-être le prince de Talmont, servi par la hauteur de sa naissance et le prestige de son physique, a-t-il songé vaguement qu'il assumerait quelque jour de hautes responsabilités. Aux autres, l'ambition fait défaut ; le chevalier Charette ne pense qu'à rentrer au village pour faire danser des fermières. M. de La Rochejaquelein voit un obstacle infranchissable dans sa timidité. M. d'Elbée ne nourrit d'autre dessein que d'épargner la gêne à sa famille et M. de Bonchamps veille à la prospérité de la sienne. Le marquis de Lescure ne croit point à la gloire sur cette terre et M. de Marigny pense qu'il s'est acquis assez d'honneurs.

Héros romantique avant la lettre, Louis de Frotté apparaît, avec une plume trop prolixe pour être bonne et une épée assez longue pour être excellente, comme le plus proche contemporain d'un autre officier bientôt en partance pour le nouveau monde, lesté d'une recommandation du marquis de La Rouërie : Chateaubriand.

Il existe chez le Normand des naïvetés touchantes ; ne renoncera-t-il pas au suicide parce qu'il entend d'abord s'acquitter de ses dettes ?

Vient l'affaire du serment « à la Nation, à la Loi, au Roi » et, dérision, « à la Consitution » dont nul ne sait encore ce qu'elle sera. Une nouvelle fois, les Jacobins, en exigeant un engagement envers un futur indéterminé, ont fait la preuve qu'ils sont unis — selon l'expression d'Augustin Cochin — non par la vérité mais pour la vérité. Cette fantaisie n'est pas du goût du chevalier de Couterne, qu'on commence de nommer — courtoisie ou jeu des successions — le vicomte de Frotté, non plus que du prince de La Trémoïlle et de leurs amis. Les officiers de Colonel-Général consultent M. de Cazalès ; le grand orateur, si vétilleux pourtant dès que l'honneur du Trône est en jeu, conseille d'en passer par les exigences de l'Assemblée. Moins politiques, encore que pénétrés de respect pour la personne de l'illustre député du bailliage de Rivière-Verdun, ses visiteurs refusent. Leur conception du devoir militaire proscrit tout

Charlotte Atkyns. Gravure de Mackenzie d'après Drummond.

partage du serment. A leurs yeux, le Roi se trouverait diminué. Cette attitude, insolite de la part d'un gentilhomme demeuré proche du protestantisme, et partant, susceptible d'apprécier les réformes de la Constituante tendant à conférer l'égalité des droits entre huguenots et catholiques, se comprend sans peine ; pour Louis, la foi calviniste, encore qu'il ne la partage pas mais en demeure proche, est restée aristocratique. Comme MM. de Châtillon, comme les Condé des premiers temps, il ne se soucie pas de laisser les petites gens accéder à ce débat de conscience. Il existe chez les réformés français deux camps distincts ; dans l'un, derrière la prédication subversive des Cavalier et des Rolland, se profile le parti du désordre animé bientôt par les Rabaut Saint-Étienne et les Julien de Toulouse, dans l'autre, quelques compagnons de M. de Frotté donneront toute leur mesure, en attendant que François Guizot, Normand d'adoption dans son

Val-Richer naguère habité par Delphine de Custine, égérie de Chateaubriand, prouve, s'il en était besoin, que le sens de la Cité peut faire bon ménage avec la Réforme.

Milady Charlotte continue de fériser, d'un peu loin il est vrai, l'existence de Louis de Frotté. Moins de vingt lieues séparent Dunkerque de Lille. Le jeune homme, d'autant plus libre qu'il vient de passer capitaine à l'ancienneté, mais sans en détenir le brevet, retourne souvent dans la capitale des Flandres. Un concert, une réunion mondaine constituent autant de bonnes raisons pour changer d'air. La passion de l'officier permet à ses amis d'ironiser gentiment. Un correspondant non identifié écrit :

« J'ai joué hier avec ta belle, qui était jolie comme un ange, si tant est que les anges le soient ainsi qu'on nous le dit. Elle va faire faire son portrait à l'huile par mon peintre. J'imagine qu'il ne sera pas difficile d'en faire quelque jour une copie en miniature pour son chevalier. »

Si Louis abandonne ses idées noires, c'est que le service des blanches a repris le dessus ; lorsque, furieux cavalier et cocher redoutable, il jette sur le grand chemin sa monture ou son cabriolet, il réunit les délices de l'amour à celles du complot ; à Lille, Colonel-Général-Cavalerie a remplacé Colonel-Général-Infanterie. Relevant comme son homologue fantassin de Monsieur le Prince, c'est une belle unité, la plus ancienne des formations équestres si l'on admet, avec le général Suzanne, qu'elle *descend* des deux compagnies de carabins créées dès 1621. En 1791, elle va perdre son nom prestigieux pour être plus prosaïquement nommée 5e dragons. Un avantage : on ne la confondra plus avec un autre Colonel-Général de cavalerie, le futur 4e hussards du très jacobin duc de Chartres. Pour M. de Frotté, toujours préoccupé de coaliser les troupes fidèles, il s'agit de passer en force à l'Émigration. L'officier se rend à Bruxelles pour rencontrer le marquis de La Queuille, ancien collègue et pays de M. de La Fayette aux États généraux pour la noblesse du bailliage de Riom. Depuis qu'il est à l'étranger, ce maréchal de camp s'est fait le recruteur des princes. Bien que son visiteur possède l'aval d'un des plus grands soldats du temps, le marquis de Bouillé, dont il a, à Paris, rencontré le fils, l'ancien Constituant se montre décevant par sa réserve. Louis rentre à Dunkerque tandis que Lady Atkyns passe le Channel.

Désormais, le temps presse. Jusqu'ici les régiments bien tenus conservaient leur cohésion. Maintenant, la troupe, de plus en plus travaillée par les clubs, commence de se détacher de ses officiers et de ses bas officiers lorsque ces derniers demeurent fidèles à leur souverain. Les nouveaux règlements sur l'avancement, au demeurant plus équitables que les précédents, ne comptent pas médiocrement dans cette radicalisation des attitudes. La caserne étant, à Dunkerque, située au centre de la ville, les soldats se mêlent de plus en plus aux Patriotes locaux qu'anime le commandant de la Garde nationale, un citoyen Emmery, assez énervé pour tenter d'entraîner à sa suite les hommes de la garnison, qu'ils appartiennent à Colonel-Général ou à Viennois, bientôt 22e d'infanterie.

La froideur du marquis de La Queuille a fait différer le projet lorsqu'un événement d'importance vient à précipiter le cours de l'Histoire ; la famille royale s'étant secrètement mise en route pour gagner la place fidèle de Montmédy, l'Assemblée dépêche, ventre à terre, des estafettes dans toutes les directions, et plus particulièrement celles du nord et de l'est, pour aviser les autorités. La nouvelle parvient à Dunkerque dans la nuit du 22 au 23 juin. Dès le matin, l'effervescence populaire se communique aux troupes. Des soldats de Colonel-Général, inspirés par le citoyen Emmery, signent une adresse proposant un pacte fédératif à la Municipalité, à la Garde nationale, et naturellement au Club des Amis de la Constitution (laquelle, on le sait, si elle est en voie d'achèvement, n'est pas votée et encore moins sanctionnée). Le texte revêt un intérêt manifeste, révélant les contradictions des Patriotes opposés à l'autorité souveraine mais encore attachés à la personne et au principe d'un *roi-talisman* :

« Quand la chose publique est en danger, quand les ennemis de notre heureuse révolution relèvent un front audacieux [c'est un écho fait à la thèse de l'enlèvement du monarque répandue par M. de La Fayette], quand un roi chéri abandonne son peuple et fuit chez ses ennemis [cette fois, c'est l'amorce de la calomnie présentant Louis XVI comme voulant gagner l'étranger], se réunir, se coaliser, voilà le devoir de tous les véritables Français ! Un seul cri doit se faire entendre, celui de Liberté ! Déterminés à vaincre, ils doivent présenter à nos ennemis une masse d'hommes, prêts à tout entreprendre au moindre signal et à laver dans le sang des traîtres l'affront fait à un peuple libre ! »

Il avait fallu sans doute un peu de talent et beaucoup de blanche (la gnôle du Nord) pour parvenir à ce chef-d'œuvre. Ailleurs, le calvados, la goutte, le marc ou tout autre « casse-poitrine » avaient décuplé les vertus civiques des rédacteurs. Un peu partout, en France, se retrouvent, en juin 1791, les mêmes monuments de littérature populaire. Qu'ils soient niais n'autorise point à rire. Les Révolutionnaires étaient souvent de braves gens. Qu'ils parlassent de sang ne doit point faire frémir ; découvrant les idées, ils s'amusaient avec elles, ignorant qu'à force de prendre les choses pour des mots, les mots deviendraient des choses.

Certes, la Révolution s'est faite dans ses phases les plus aiguës avec les Sans-Culottes du faubourg Saint-Marceau, les bagnards de Brest et de Marseille ainsi que les trop fameux Septembriseurs, retrouvés dans toutes les mauvaises affaires du massacre des Carmes à la conspiration des Égaux. On serait tenté de réclamer un peu de pitié pour ces tape-dur ; à force de n'être rien sous l'Ancien Régime, ils nourrirent l'ambition d'être tout sous le nouveau. Seules la complaisance béate des idéologues et la lâcheté des administrateurs permirent le développement d'entreprises criminelles. La grande crise s'étendant de 1789 à 1799 n'a point été, quoi qu'on ait dit, une affaire de classe. Jamais la bourgeoisie — groupe ouvert par opposition à la noblesse réputée fermée — ne s'est dressée tout entière contre le pouvoir dans l'intention de le confisquer à son profit, cette vision hâtive, empruntée au Rhénan Karl Marx, relève d'un systématisme outrancier. Les responsables de la Révolution se sont recrutés dans les trois ordres, et le premier n'a pas été le dernier à mener la danse. Que les bourgeois en aient finalement profité, après l'élimination des curés et des nobles, d'abord, des Hébertistes ensuite, ne retire rien au fait que le haut-tiers n'a point provoqué la secousse. Ses représentants seront nombreux dans le personnel contre-révolutionnaire.

Lors du départ du Roi, le destin trébuche, l'Histoire bafouille… D'honnêtes gens, inconscients ou encore oublieux des humiliations essuyées par le souverain, s'étonnent et parfois se scandalisent de son départ. Ils ressentent l'impression d'un irréparable vide. Paradoxalement, dans certains milieux de gauche, va se faire jour un sentiment opposé ; la machine administrative ayant fonctionné sans le monarque, ou, du moins, paru fonctionner, pourquoi ne pas s'en passer ? Ainsi va naître, timidement, ce parti républicain dont le curieux Desmoulins avait été si longtemps le seul adepte. Pour lors, ce jeudi 23 juin à Dunkerque, on ne sait pas que le maître de poste Drouet va reconnaître et immobiliser la berline royale. On sait seulement Louis XVI hors Paris, et, bizarrement, la province s'en afflige. En l'absence du colonel, M. de Rochedragon, le régiment est commandé par le lieutenant-colonel, chevalier de Théon. Pour cet officier consciencieux et estimé, la situation devient intenable. S'il ne bouge pas, le citoyen Emmery finira par lui prendre ses soldats. Le vendredi 24 juin, M. de Frotté reçoit individuellement, comme ses compagnons, cet ordre de son chef :

« Partez pour Furnes, sitôt ma lettre vue, ne faites point d'apprêts. Contentez-vous d'emporter l'argent que vous pourrez avoir et ne vous inquiétez pas de vos effets, on y pourvoira plus tard. J'invoque le ciel pour le succès de notre entreprise et pour que nous soyons réunis cette nuit à Furnes. Votre ami pour la vie. Théon. »

Dans le même temps, le lieutenant-colonel adresse un appel à la troupe afin de contrebalancer l'effet produit par l'annonce de l'affaire de Varennes :

« Soldats, votre roi était dans les fers, la nouvelle de son arrestation est fausse. Ainsi le premier régiment ne peut se dispenser d'aller le rejoindre pour former sa garde et le dérober au fer des assassins qu'on n'a pas manqué d'envoyer à sa poursuite. Dépositaire de l'enseigne de la générale de l'infanterie, nous verrons tous les bons Français, tous les véritables patriotes se rallier à nos drapeaux. Croyez qu'à ce signal le parti royaliste, qui est extrêmement nombreux, va se déclarer, quand il verra qu'il peut, sans compromettre les jours de son souverain, arborer la cocarde blanche. »

Suit cette gracieuseté prémonitoire à l'égard de Monseigneur le duc d'Orléans : « Reprenons ce symbole français et rejetons loin de nous la couleur d'un prince régicide et factieux, l'opprobre de son pays et l'auteur de tous les maux qui le déchirent. »

Conclusion : MM. les officiers sont invités à gagner Furnes. Le système adopté par M. de Théon peut paraître étrange. Pourquoi procéder en deux fois, faire partir d'abord les cadres puis convier la troupe à suivre ? La démarche s'explique par la foi

Boniface, vicomte de Mirabeau, dit Mirabeau-Tonneau.

dans les vertus et l'attraction exercée par le drapeau. En ordonnant au régiment tout entier d'émigrer, le chevalier risquait de voir des éléments, contaminés par la Garde nationale, s'opposer au mouvement en s'emparant de l'enseigne. Dès lors que l'emblème demeurait sur place, bien des soldats se seraient trouvés quittes à l'égard de la discipline. Bref, pour le lieutenant-colonel, la légalité se trouve autour du symbole. Le vicomte de Mirabeau, raisonnant de même quelques mois plus tôt, s'en était allé, emportant les cravates du régiment de Touraine qu'il n'avait pu ramener à la discipline. Ainsi, pensait-il, ses hommes perdaient tout droit de faire mouvement. De Mirabeau-Tonneau, le frère de l'orateur était, pour quelque temps, devenu Mirabeau-Cravate. La tradition se nourrit parfois de naïveté. Les civils se gaussaient de semblables méthodes mais les militaires allaient tarder à s'en débarrasser. L'Émigration, par nostalgie plus Ancien Régime qu'il ne l'avait jamais été, n'était pas faite pour amener les siens à composer avec le siècle.

Le projet du lieutenant-colonel avait partiellement avorté ; les officiers, par groupes de trois, étaient sortis de la ville avec leurs camarades du régiment de Viennois. Les soldats de cette unité ne suivirent pas alors qu'il se trouva des bas officiers ainsi que des grenadiers et des chasseurs de Colonel-Général pour vouloir s'en aller en même temps que leurs chefs, la cornette et les drapeaux. Comme convenu, il fut dit à ces braves gens d'attendre le lendemain. C'était une erreur. Le dimanche, comme on annonçait l'arrestation du Roi, la troupe se donna de nouveaux officiers et se plut à fraterniser avec la Garde nationale.

On perquisitionna. Au premier étage du pavillon de la cantine, les municipaux s'emparèrent des effets de M. de Frotté. Maigre chasse : ils découvrirent deux casques, un baudrier et un hausse-col. Près du « magasin à chauffage » ils saisirent encore son vieux cabriolet. Examiner ses papiers ne constituait pas une mince affaire ; la prolixité du fugitif les affola. Ils cherchèrent en vain les preuves d'une conspiration puis firent un énorme paquet de cette littérature et l'envoyèrent au comité des Recherches de l'Assemblée. Une lecture — sans doute, très partielle — en fut faite aux *augustes*, ainsi que le chevalier et son ami Vallière nommaient les Constituants. Alors, les gauches rugirent, indignés par la proclamation du chevalier de Théon, puis se livrèrent à d'autres passe-temps parlementaires.

*

* *

De Furnes, Louis gagne Bruxelles. C'est à lui qu'il appartient, en l'absence du prince de La Trémoïlle, de déposer aux pieds de Sa Majesté *l'enseigne de la Générale de l'Infanterie*. Dans la nuit du 25 juin, il parvient dans la capitale des Pays-Bas impériaux. Le marquis de La Queuille le reçoit et lui fait part de la vérité ; oui, Louis XVI a bien été surpris à Varennes. Il est actuellement reconduit à Paris sous escorte. M. de Frotté trouve toutefois une consolation ; si Louis XVI est captif, le comte de Provence est arrivé sain et sauf ; le chevalier de Couterne pourra le lendemain, en présence du comte d'Artois, présenter à Monsieur le précieux emblème du « plus vieux régiment de la chrétienté ».

Étrangement, le mémorialiste ne s'étendra guère sur cet instant où le destin bascule. Chez lui, pas le moindre cas de conscience. Il est parti, sur ordre, dans le même temps que le Roi. Est-ce sa faute si le souverain s'est fait arrêter par un maître de poste ? A ses yeux, Louis XVI est plus à plaindre qu'à suivre. Étranger à la haute émigration de 1789 dont a fait partie un Piré, l'officier est, en revanche, fort en avance sur la plupart de ses futurs pairs. Hors MM. d'Elbée et de Charette, qu'on vit un temps à Coblence, aucun des grands de la Vendée militaire, sinon Louis de Bourmont, n'a bouclé son portemanteau. Comment s'en étonner ? Tous ces personnages, gentilshommes ou hommes tout court, apparaissent comme attachés à la terre. Leur conception de la Patrie demeure trop charnelle pour que le passage à l'étranger leur soit naturel. On a parlé, d'abondance, du cosmopolitisme propre au XVIIIe siècle. Il ne toucha jamais qu'une mince partie de la société, souvent des gens de plume, plus rarement des hommes d'épée.

Encore l'arrivée dans les Pays-Bas autrichiens, terres indécises et francophones pour partie, ne constitue-t-elle point, aux yeux des militaires, un dépaysement tel qu'ils ressentent l'impression d'avoir accompli quelque acte déterminant. Bruxelles vit à l'heure française. Paris est proche, et proche le temps où, musique en tête, Colonel-Général pénétrera dans la capitale où la fièvre sera tombée, puis ramènera Louis XVI dans son Versailles, non sans avoir obtenu que ce trop faible monarque acceptât désormais les conseils éclairés de ses frères. Assurément, la Révolution va prendre fin. Peut-être M. de Frotté gagnera-t-il dans cette affaire sa titularisation dans le grade de capitaine. Il est encore trop jeune pour espérer la croix. Peu lui chaut. Né loin des grands emplois, il a certes rêvé de gloire en sachant toutefois qu'elle ne lui prodiguerait ses caresses qu'en songe. Tout ira bien s'il peut seulement retrouver une garnison paisible et le droit d'arborer ses armoiries.

Tandis que dans ses Tuileries, devenues prison, le Roi dévore l'affront de Varennes et s'apprête par des moyens constitutionnels à se draper dans les lambeaux d'un pouvoir partiellement retrouvé, le gentilhomme normand fourbit ses armes afin de contribuer, pour sa modeste part, à restaurer l'absolutisme.

Chapitre III

LES RIVAGES DU STYX

Louis était heureux. Il n'en pouvait plus, en France, de rencontrer des gens opposés à ses avis. Ancré dans ses certitudes, il lui paraissait odieux de voir des hommes professant des opinions contraires aux siennes. Enfin, il n'entendait plus les apprentis Démosthène brailler aux carrefours. Enfin, il n'était plus question de liberté non plus que d'égalité. Dans les provinces belgiques, les Patriotes devenaient des Carmagnoles, les Jacobins des buveurs de sang. Se retrouver au milieu de gens pensant comme lui constituait pour l'ancien pensionnaire de Gorsas une manière de délice. En fait, cet homme aimable haïssait la contradiction. Pour lui, jamais de la discussion n'était née la lumière. La Varende, si fasciné par le personnage qu'il en parlera sans cesse et partout, sans se décider jamais à lui consacrer une grande biographie, écrira dans cet extraordinaire *Bouffon blanc* qu'il devait dédier à Horace de Carbuccia, son découvreur et son ami : « Frotté était bizarrement pressant, tenace, sans hâte ni nervosité, discrètement habile à vous faire partager sa passion, dans une insistance polie. Quelqu'un qui le connut bien écrivit en 1834 : *Jamais le pauvre Louis ne vous donnait tort ; il vous donnait seulement le regret de votre opinion.* »

Le mot ultra n'existait point mais on eût dû l'inventer pour lui ; Émigré de 1791, il s'était hâté de rejoindre le camp des gens partis dès 1789, cultivant avec délectation la prétendue différence entre *émigrés* et *émigrants.* Bref, il s'intégrait au camp des plus rudes, professait les opinions les plus extrêmes. Plus tard, avec cette loyauté roussienne dont il ne se départira jamais au fil de ses écrits, il regrettera cette intransigeance.

A le regarder vivre, on dégage aisément les traits de son caractère ; il est bon, généreux, aimable, mais sûr de lui, sectaire. Il est épris de justice, fidèle en amitié, d'un désintéressement absolu, mais ne voit midi qu'au pas de sa porte, n'affectionne que les gens de son monde et ne se bat que pour les siens. Gentilhomme des pieds à la tête, il possède les qualités et les défauts de ce qu'on commence de nommer une caste. Plus tard, il saura — et fort bien — agrandir le cercle. Pour l'heure, il en est loin. Pourquoi s'en étonner ? Sa formation demeure limitée. Si, petit noble, il a découvert la haute aristocratie à travers le prince de La Trémoïlle, il ne sait rien d'une bourgeoisie dont la gentry normande a toujours appréhendé les manifestations de rapacité. Avec le commun il n'a jamais entretenu de relations n'était le biais des enfants de domestiques qu'il élisait pour compagnons de jeux. Son expérience militaire demeure réduite car, à l'inverse des Bonchamps et des Charette, il n'a jamais fait la guerre sinon, un peu, celle de rue.

En dépit de ses infériorités, toutes les portes s'ouvrent devant lui. Pourquoi ? Parce qu'on s'accorde à reconnaître en lui, outre l'excellence de ses manières, une intelligence rare et une volonté sans faille. En ces temps incertains, il apparaît déjà, sans qu'un pacte exceptionnel s'inscrive à son crédit, comme un personnage recours.

A lire l'étonnante *Histoire de l'Émigration* de M. le comte Ghislain de Diesbach, on mesure l'ampleur de cette tragicomédie. Les plus grands soldats, le prince de Condé, les maréchaux de Broglie et de Castries, côtoient des aventuriers blasonnés, levant des légions imaginaires, empochant les subsides de M. de Calonne pour les perdre aux tables de pharaon après avoir, à quelques naïfs, vendu les épaulettes de colonel dans leurs unités fantômes. Pour M. de Metternich, « l'homme commence au baron ». Pour les hôtes de Bruxelles et de Coblence, rien n'existe avant le vicomte. On trouve plus de nobles que Louis XIV n'en créa jamais lorsque, les caisses étant vides, il monnayait les parchemins, les faisant même payer deux fois. Si Monsieur le Prince donne l'exemple du sérieux, les frères du Roi, en dépit de l'intelligence du premier et de la générosité du second, témoignent une rare inaptitude à régenter leur monde. On confond diplomatie et intrigue, travail et agitation. C'est le temps où Hippolyte de Piré se fait admettre dans l'une des dispendieuses compagnies de gardes du corps. Il existe toutefois quelques hommes échappant à la futilité. Sans en avoir l'air, car son intempérance lui porte tort, le fameux Mirabeau-Tonneau réunit une légion de belle allure en multipliant les uniformes : chasseurs, hussards, chevau-légers sont tous vêtus de noir et bleu de Prusse mais portent selon leurs unités des casques différents et, bien sûr, des habits dont les coupes sont conformes à la tradition de chaque troupe. Pour se révéler onéreux, cela tranche sur l'excessive fantaisie d'autres régiments. L'armement est complet, l'entraînement fréquent. Le gros Boniface est un colonel ivrogne mais un vrai colonel. Hors sa légion, noyau initial de l'armée des Princes, qu'il a ramenée, en bon ordre, de Savoie, un autre corps s'est constitué dès avant la réunion des Princes : les chevaliers de la Couronne. Et c'est chez eux que Louis de Frotté prend du service. Le vicomte de Bussy, créateur de cette troupe, était précédemment major à Royal-Bourgogne, bientôt 25ᵉ dragons. C'est un chef connaissant son monde. Tous ses cavaliers ont servi comme officiers ou comme cadets. Reconnus sous-lieutenants, mais le plus souvent sans solde, ils remplissent les tâches les plus humbles, astiquent eux-mêmes leurs armes et pansent leurs chevaux. Un seul luxe : l'uniforme. Il est splendide : habit bleu, parements et retroussis pourpres, boutons d'or, gilet, ceinturon, culotte blancs, bottes à l'écuyère noires, casque or à visière garnie en éléphant de mer, le fronton en peau de panthère, un pompon noir au cimier, un plumet blanc à gauche, une crinière flottante dans le dos. Enfin, et c'est le plus important, un bon sabre courbe et une carabine. La vocation est, on le sait, de se déplacer à cheval et de se battre à pied. Cette théorie, née à la naissance du corps sous Louis XIV, est depuis longtemps dépassée. Le dragon agit le plus souvent monté. Il œuvre à la manière d'un cuirassier. Sa monture est un peu plus grande puisqu'au total un dragon et un cuirassier doivent, en selle, peser le même poids et que la différence occasionnée par la cuirasse est compensée par la carabine, et, éventuellement, l'embonpoint de la cavale. Louis, comme tout officier bien né, est prêt à se battre avec quiconque soutiendrait qu'il existe mieux que les chevaliers de la Couronne.

Comme on manque d'argent, le Normand en trouve auprès

Chevalier de la Couronne.

d'un ami, grand propriétaire en Brabant. Il demeure, avec ses camarades, dans la ville d'Ath où le prince de La Trémoïlle ne tarde pas à les rejoindre. A l'été de 1791, alors que les hostilités se préparent mais que l'on n'est pas encore en campagne, il est affecté par la disparition prématurée de son ami, M. de Vallière. On le voit à Trèves, appelé par M. de Broglie. Le minuscule et grand Victor-François, deuxième duc et troisième maréchal du nom, encore qu'ayant conservé l'humeur altière des condottieri piémontais, est normand et comme tel accueille avec bienveillance son « pays ». Louis se lie avec le prince Amédée. Si l'Émigration présente des ridicules, elle offre parfois l'avantage d'abolir — partiellement du moins — les distances sociales. Certes, les préjugés, les maniaqueries néo-féodales trouvent d'autant plus de place que les adversaires piétinent toutes les traditions, y compris les plus respectables. Pour autant, les catégories, vivant dans un espace réduit, tendent à se rapprocher. Paradoxalement, les princes du sang et les maréchaux sont plus abordables que bien des membres de l'Assemblée législative, fort occupée dans le même moment d'entreprendre une bonne guerre contre tous les tyrans.

Lorsque l'affaire commence, les Império-Prussiens montrent tout de suite leur défiance à l'égard des Français en les partageant en trois groupes intégrés à trois armées différentes ; le premier, conduit par M. de Broglie, « commandant l'armée des frères du Roi sous leurs ordres », réunit quelque 15 000 combattants dilués parmi les 80 000 hommes de l'aimable duc de Brunswick. Les deux chefs se connaissent bien car le commandant prussien, stratège accompli, n'en a pas moins été battu, voici trente ans passés, à Bergen, à Corbach et à Grünberg par son auxiliaire d'aujourd'hui. C'est dans cette formation, occupant la partie centrale du théâtre, que serviront les chevaliers de la Couronne et, parmi ces Messieurs, Louis de Frotté, le prince de La Trémoïlle et quelques moindres seigneurs. Le deuxième groupe, sous le prince de Condé, coopère avec le corps d'un général aulique, M. de La Tour, cependant que le troisième, dirigé par le duc de Bourbon, relève du gouverneur des Pays-Bas impériaux, duc de Saxe-Teschen. Ces chefs sont loin de s'égaler par le talent ; si Brunswick, Condé, Broglie sont des stratèges, La Tour ne laissera point un nom impérissable et Saxe-Teschen, oncle de Louis XVI, conduira fort mal le siège de Lille avant de rançonner sottement les victimes de son occupation toute provisoire. Principicule généreux pourtant, on le verra consacrer son immense fortune à réparer les désastres occasionnés sur les terres héréditaires par les ravages de Napoléon Ier. Le duc de Bourbon est un mauvais et charmant sujet. A quinze ans, comme on l'avait laissé se marier, mais, en raison de son âge, sans lui permettre la consommation, il enlevait sa femme, Bathilde d'Orléans, puis s'en séparait plus ou moins pour s'amuser si fort que, même en ce siècle indulgent, ses amours firent du bruit. Il était bon homme de guerre, fort brave et d'une méritoire ténacité mais ne possédait ni les amples vues de son père, Condé, ni l'ascendant dont son fils, Enghien, va faire preuve.

Face à cette cohue dorée, deux maréchaux bien fatigués encore que tout neufs, le comte de Rochambeau et le baron Luckner n'y croient pas plus l'un que l'autre. Le premier se fait battre à Quiévrain, le second, s'il prend Menin et Ypres, recule devant Lille où le Saxon, on l'a vu, ne sait pas saisir la chance. Avec « l'infâme Mottier », Marat *dixit*, les affaires de la Nation périclitent. Arrive un personnage d'une autre dimension, rencontré souvent au fil de cette histoire, Charles-François du Perrier dit Du Mouriez. S'il est aussi petit que M. de Broglie, il prend encore plus de place. Ses soldats, du ci-devant duc de Chartres au dernier des pousse-cailloux, l'aiment et surtout lui font confiance. Manœuvrier habile, il présente toutefois le défaut, disposant d'un effectif considérable, de procéder par masse sans se montrer assez économe du sang de ses amis. Logiquement, les Émigrés devraient le craindre mais ils ne s'en méfient pas, assurés qu'ils se croient de le voir passer dans leur camp. Avec, selon la formule de Bonaparte, « beaucoup de tête et d'esprit », le général attend son heure. Elle ne coïncide point avec celle de ses adversaires du moment. La raison de cette différence : Du Mouriez, attaché sincèrement à Louis XVI, voudrait bien lui rendre sa couronne mais ne se soucie pas de favoriser le retour de ses frères. Pour lui, un seul prince, hors le Roi lui-même, est digne d'intérêt, le duc de Chartres dont, on l'a vu en feuilletant le portefeuille de M. de Charette, il servira bientôt les intérêts au point de vouloir lui donner le trône.

Mgr de Brunswick, dont hier encore les esprits avancés entendaient faire un successeur de Louis XVI, mène trop lentement son affaire. Napoléon s'en scandalisera, faisant « peu de cas d'un homme qui, avec un projet offensif, n'avait fait que dix-huit lieues en quarante jours ». Cette première campagne se terminera par la canonnade de Valmy dont les ombres ne sont pas dissipées...

Quoi qu'aient pu raconter les témoins — très circonspects — et les historiens — sûrs de leur fait — la défaite des Coalisés et des Royalistes provient d'abord de l'absurde fractionnement du commandement et de la répartition dans les trois grandes unités des effectifs de l'armée des Princes. Quelle qu'ait été l'infériorité de certaines troupes, force est bien de constater que jamais les Émigrés ne lâchèrent pied. Souvent mal employés, ils firent toujours front. N'eussent-ils présenté qu'un courage égal à celui de leurs alliés ou de leurs adversaires qu'ils auraient mieux combattu qu'eux. La raison en est simple : ils étaient exposés au peloton d'exécution. Dès lors qu'ils ne pouvaient, par honneur ou par décence, se résoudre à fuir, il ne leur restait qu'à tenir et à se sacrifier. Loin de leur valoir l'admiration des Impériaux et des Prussiens, leur volonté permanente d'en découdre et leur constance au feu leur attirèrent la hargne de compagnons encore habitués aux délices de ces guerres de la fin du siècle où l'on récoltait plus de croix que de blessures. Dès les pluies d'automne, on retrouvait la tiédeur des quartiers. Qu'elles devenaient belles les campagnes de printemps lorsqu'on les racontait en hiver ! Chateaubriand, brisant avec ces coutumes, a superbement évoqué la retraite :

« Nous quittâmes Verdun. Les pluies avaient défoncé les chemins ; on rencontrait partout caissons, affûts, canons embourbés, chariots renversés, vivandières avec leurs enfants sur le dos, soldats expirants ou expirés dans la boue... A Arlon, nous aperçûmes sur la grande route une file de chariots attelés : les chevaux, les uns debout, les autres agenouillés, les autres appuyés sur le nez étaient morts, et leurs cadavres se tenaient raidis entre les brancards : on eût dit les ombres d'une bataille bivouaquant au bord du Styx... »

La défaite, même mineure, engendre la discorde. Le duc de Brunswick dénonçait impérieusement l'impéritie des Impériaux. Mal conduits, il est vrai, les habits blancs s'étaient... mal conduits. Les Royalistes prenaient l'affaire avec aigreur, criant à la trahison prussienne. Ils voulaient, seuls, poursuivre l'attaque contre les troupes de MM. Dumouriez — il écrivait désormais son

Le duc de Brunswick.

nom en un mot — et Kellermann. Cet honneur leur fut, bien entendu, refusé. L'armée des Princes avait vécu. Hippolyte de Piré sera le témoin étonné de sa dislocation.

M. de Frotté donnait dans l'humeur noire. Avec le prince de La Trémoïlle, il décida d'aller prendre le soleil et du service chez le roi de Sardaigne, en s'arrêtant quelques jours chez le rhingrave de Salm, oncle de Louis-Stanislas. Las ! à peine avaient-ils goûté le salmis que les Carmagnoles, envahissant la Rhénanie, s'approchèrent du château de Daun. Louis et son ami, se trouvant bien là, se résignent trop tardivement à s'en aller. Avant d'opérer un détour immense et, partant, des plus onéreux, il faut traverser un territoire battu par les coureurs de la Nation. Les deux compères s'y résolvent, échappent aux Républicains et au peloton d'exécution car les Émigrés ne sont pas compris dans le protocole d'échange entre le duc de Brunswick et le général Dumouriez. Les fugitifs vomissent déjà les Prussiens lorsque les hasards de la guerre vont renforcer cette aversion. Un parti de dragons de Sa Royale Majesté les rencontre, affecte de voir en eux des espions, prend leurs pauvres sous et va jusqu'à les maltraiter avant de les conduire devant le comte de Kalkreuth. Le futur maréchal est un homme de bien, il guerroie sans haine et ses compatriotes lui prêtent « une tête lumineuse ». Il accueille les jeunes gens avec bienveillance, et punit ses cavaliers, non sans les avoir contraints de restituer les maigres fruits de leurs larcins.

A la Noël de 1792, les voyageurs parviennent à Milan, alors possession de la maison d'Autriche. Là, nul ne se soucie des révolutions de France. Si les compagnons sont reçus et fêtés par un marquis de La Carte, parent de Louis, ils s'entendent ordonner par le gouverneur de passer leur chemin. La même déception les attend en Piémont où Victor-Amédée III ne se contente pas d'interdire aux nouveaux arrivants l'accès de son royaume mais va jusqu'à faire expulser les Français installés depuis quelque temps ; même la maison de ses filles, Madame et la comtesse d'Artois, « les gâteaux de Savoie », est priée de décamper. Ce monarque, à la couronne fermée depuis peu, hait la Révolution mais s'est irrité de la superbe manifestée par des hôtes encombrants. Qu'importe, les deux officiers, grâce à la protection aveugle d'un général piémontais, parviennent à Turin. Ils s'amuseraient du bon tour si la plus horrible des nouvelles ne leur parvenait dans la dernière semaine de janvier ; ils n'y croyaient pas, nul n'y croyait. Pour chacun c'était impossible. Comment des hommes ayant sans cesse le mot d'humanité sur les lèvres pourraient-ils attenter aux jours d'un prince dont la compréhension — les Émigrés disaient : la faiblesse — était le seul crime ? Qu'une poignée de maniaques, tel Marat, aient rêvé ce défi, c'est certain, mais à supposer qu'une assemblée, au demeurant si peu représentative, se soumette aux tribunes au point de se prononcer pour l'irrémissible, jamais les Français ne laisseraient faire cela. Eh bien, si ! C'était fait. Ils avaient tué Louis XVI.

Cette folie, transformant en Clément et en Ravaillac un pays naguère encore attaché si profondément au système paternel de la monarchie, paraissait inexplicable. Désormais, tous les pères de famille pouvaient craindre pour leurs jours. Jamais l'ordre social n'avait subi pareil bouleversement. Le précédent d'outre-Manche ne pouvait entrer en ligne de compte ; si parfaitement estimable qu'ait été Charles Ier, sa personne, loin de se confondre avec le pays, pouvait paraître étrangère. Sa grand-mère Marie n'avait-elle pas tramé des complots, d'ailleurs justifiables, contre l'Angleterre ? Saurait-on parler d'un pacte entre les Stuarts et leurs sujets ? Assurément non. La Grande-Bretagne avait, au fil de son histoire, ignoré la notion de légitimité.

Pourquoi le crime avait-il été commis ? Tous les politiques, même terroristes, s'étaient accordés pour considérer *l'exécution du tyran* comme dangereuse puisqu'elle jetterait l'Angleterre et l'Espagne dans la lutte contre la jeune république. Le gros Danton, guère avare pourtant du sang de ses compatriotes et totalement étranger au loyalisme monarchique, s'était préoccupé de soustraire un roi, qu'il n'aimait ni n'admirait, aux fureurs d'une maigre foule de détraqués tenue par quelques hommes soucieux avant tout d'imputer à d'autres la catastrophe économique dont ils portaient la responsabilité. Le fameux tribun, recevant Théodore de Lameth, venu de Londres au péril de sa vie pour sauver le monarque, ne s'était pas scandalisé de cette démarche. D'abord réticent et contrecarrant son interlocuteur :

— La faiblesse souvent semble bonté et vertu.

Il avait admis la nécessité d'intervenir dans un sens honorable :

— Je ferai avec prudence et hardiesse tout ce que je pourrai. Je m'exposerai si je vois une chance de succès, mais si je perds toute espérance, ne voulant pas faire tomber ma tête avec la sienne, je serai parmi ceux qui le condamneront.

Le frère du triumvir s'était montré, en dépit de ses outrances des débuts, assez courageux pour se prononcer contre la guerre, et protester devant les massacres de Septembre. Il hasarda :

— Pourquoi ajoutez-vous ces derniers mots ?

— Pour être sincère.

Aucun comportement régicide n'est plus significatif que celui de Danton. Hors même le fait qu'il a probablement, comme tant d'autres, touché les guinées que distribuait l'ambassadeur de Sa Majesté Catholique, chevalier d'Oscariz, s'il est intervenu, c'est si discrètement que chacun en a perdu le souvenir. M. de Lameth avait proposé de faire évader le Roi ; le Mirabeau de la canaille ne se mêle pas de la tentative dont Ange Chiappe, si l'on en croit la tradition familiale du Conventionnel corse, aurait été l'initiateur. Lorsque le Brissotin Valazé lit un rapport sur les « crimes de Louis XVI », l'homme d'Arcis en fait voter l'impression, déclarant que l'inviolabilité du souverain ne saurait être retenue puisque « le peuple aussi était inviolable et qu'il n'est point de contrat sans réciprocité ». Il ajoute : « Si le ci-devant roi a voulu violer, trahir, perdre la nation française, il est dans la justice éternelle qu'il soit condamné. »

Ne reculant devant aucune calembredaine, il fait preuve toutefois d'un soupçon de bon sens lorsqu'il se heurte au gazetier Prudhomme. Le journaliste des *Révolutions de Paris*, revenu depuis peu de ses démagogiques fureurs, avait énoncé cette aveuglante vérité :

— Vous avez tort de vouloir juger ce prince parce que vous ne pouvez être tout à la fois accusateurs, juges et jurés.

Réponse du chef des Pourris :

— Vous avez raison. Nous ne jugerons plus Louis XVI, nous le tuerons.

Comme par une manœuvre habile, le Normand Hardy, soutenu par le prestige de Lanjuinais, demande que la décision concernant Louis soit prise à la majorité des deux tiers, le riche Montagnard tonne :

— Je m'étonne, quand c'est à la simple majorité qu'on a établi la République [...], qu'on veuille prononcer sur le sort d'un individu, d'un conspirateur, avec d'autres formes.

Remords ? Sens de l'opportunité ? Il s'esquive lorsque commence la grande affaire, se fait envoyer en mission avec quelques confrères. Il aimerait à ne point prendre parti. Mesurant son ascendant, il sait que son absence peut jouer en faveur de l'accusé. Par malheur, la Convention le réclame pour un rapport sur l'état des provinces belgiques en partie reprises par les Coalisés. Il rentre avec son ami Lacroix et lui dit, expression singulière, qu'il faut « pousser la Nation. » Il s'est arrangé pour faire défaut lors des scrutins de la culpabilité de Louis et sur l'opportunité de l'appel au peuple. En habit écarlate, distraction ou provocation ? « le grand seigneur de la sans-culotterie », ainsi que le nomme le faible mais spirituel Garat, monte à la tribune. Le camp Daunou, comme les défenseurs, attend une manifestation d'indulgence, et, connaissant l'influence du personnage, mesure la portée d'un tel exemple. Après l'explication de vote glacée, encore que longue, de Robespierre l'aîné, Danton va-t-il apporter une bouffée d'air frais, un soupçon d'humanité ? Il escalade plutôt qu'il ne gravit l'estrade pour proférer ces mots :

— Je ne suis point de cette foule d'hommes d'État qui ignorent qu'on ne compose pas avec les tyrans, qui ignorent qu'on ne frappe les rois qu'à la tête, qui ignorent qu'on ne doit rien attendre de ceux de l'Europe que par la force de nos armes. Je vote pour la mort du tyran.

Il existe du bon, voire du très bon Danton, ça c'est du mauvais. Pour tuer, le gros bonhomme n'a même pas forgé une belle phrase. Il a simplement, c'est le résultat de sa mission dans les Pays-Bas impériaux, insinué que le cabinet britannique s'engagerait de toute façon dans la guerre dès lors que la République menace l'Angleterre en s'installant sur les bouches de l'Escaut. Désormais, à quoi bon épargner le glaive à Capet puisque Pitt va rejoindre Cobourg ? La tête de Louis XVI ? Qu'on n'aille pas lui faire dire qu'elle est plus importante qu'une autre. Logique, non ? C'est qu'il ne tient pas à perdre la sienne. D'ailleurs, cette lutte autour du gros cochon entre la Plaine qu'il sait, lui, Danton, peuplée d'aristocrates, et surnomme *le Marais*, la Gironde, où siègent des gens semblables à lui mais qu'il déteste pour des raisons personnelles, et la Montagne qu'il a cessé d'aimer depuis qu'il ne la gouverne plus, l'intéresse médiocrement. A peine a-t-il recueilli quelques applaudissements de ses amis jacobins et des mégères des tribunes qu'il quitte la salle pour regagner son confortable logis où, malade, son épouse réclame ses soins.

Il reviendra pour se prononcer contre le sursis par un simple *non*. Comme tous les Révolutionnaires, vrais de vrais, ou, c'est son cas, en peau de lapin, il est moins féru de réalités que de symboles. Voilà pourquoi, dix jours après l'holocauste de la place Louis-XV, il ira de cette audacieuse métaphore :

— Vous avez déclaré la guerre aux rois ; vous leur avez jeté le gant, et ce gant est la tête d'un tyran.

L'histoire de Jacques Danton apparaît comme exemplaire ; un an et trois mois après son roi, le tribun sera — avec moins de cérémonie — conduit devant Sanson. Louis XVI avait connu les services du père, le Montagnard devra se contenter de ceux du fils. Ayant mal vécu, il saura, en revanche, magnifiquement mourir.

Hors quelques froids sectaires de la catégorie Robespierre-Saint-Just ou bien d'une poignée de légistes dévoyés dans le genre de Cochon ou de Mailhe, les régicides s'apparentent à Danton. Sans principes ni méthode, tous prêts à travailler avec le monarque avant le Dix-Août, nullement scandalisés par la production des papiers extraits d'une armoire de fer probablement inexistante, ils ne découvriront, comme l'homme d'Arcis lui-même, la portée sacrificielle de leur acte qu'après qu'il ait été perpétré, non point avant.

Pour les Royalistes, le coup fut atroce ; Louis de Frotté, comme le prince de La Trémoïlle, s'était parfois, réservant son admiration à la Reine, irrité de la patience du monarque. Prisonnier de l'atmosphère coblencienne, il avait récriminé contre le roi de tous qu'il eût voulu le roi des gentilshommes. Maintenant, comme Louis-Stanislas, il pleurait. Sur l'heure, la décision fut prise ; puisque Monsieur le Prince avait reconstitué, en dépit de passablement d'obstacles, une troupe moins nombreuse que précédemment mais plus pugnace, il importait de la rallier en hâte pour venger le Roi.

Le duc de La Trémoïlle était mort quelques mois plus tôt à Turin. Louis-Stanislas vend les meubles de son père et partage en deux le produit de la vente : un viatique pour lui, l'autre pour son ami. Comme les compagnons s'apprêtent à gagner la Forêt-Noire où guerroient les Condéens, un message pressant du prince de Talmont atteint son frère à Milan et le contraint de quitter Louis pour gagner Londres. Que veut l'ardent seigneur de Vitré ? Il entend, on le sait, tenir les fils de l'Association Bretonne et tenter l'aventure au pays où régnait — ou presque — sa puissante famille. Un certain mystère entoure les activités de l'aimable géant. En a-t-il dit plus à Louis-Stanislas ? Dans ce cas, on pourrait s'étonner de voir M. de Frotté retourner sous les bannières de Monsieur le Prince plutôt que de songer à quelque mouvement dans l'Ouest. A la fin de janvier, il est vrai, nulle action contre-révolutionnaire d'envergure ne s'est encore déroulée en France et les affaires de Lézardière et de Baudry d'Asson n'ont guère paru prometteuses de lendemains.

Louis réendosse son bel habit de chevalier de la Couronne pour jouer du sabre contre les Carmagnoles. Le climat a changé ; si la coopération avec les Coalisés se révèle toujours aussi délicate, l'armée des Émigrés est sortie de son luxueux amateurisme. Louis V, à l'inverse du comte de Provence devenu régent, ne rêve point la guerre, il la fait, donnant l'exemple du désintéressement et faisant régner l'égalité pécuniaire parmi ses soldats.

Soudain, un bruit pour le moins prématuré, car il ne reflétera la réalité que dans quelque cinq ans, commence de courir ; le prince de Condé, devant l'incompréhension grandissante des

Gravure de Forfsell.

Impériaux et des rares Prussiens encore occupés de faire campagne, accepterait du service en Russie où l'appelle la Grande Catherine. Plus tard, le duc d'Enghien devra, pour que survivent ses troupes, les faire prendre en compte par Saint-Pétersbourg, mais, à l'heure présente, l'information est dénuée de fondement car Son Altesse négocie avec Vienne afin d'éviter ce trop profond exil. Qu'importe ! Les têtes s'échauffent. Louis note :

« Plus de cent gentilshommes, tous militaires et entreprenants, se jurent d'affronter tous les hasards et de rentrer en France pour y former quelque parti de mécontents plutôt que de suivre le prince, s'il allait s'établir en Russie. »

Étrange conception de la discipline si cette humeur dépassa réellement les murmures de bivouac et les propos de taverne. Méconnaissance de l'opportunité si l'on songe que le duc de Richelieu, cet Alceste vainqueur, transformera les déserts, balisera les côtes, creusera des ports, et inventera, avec le comte de Langeron, la nouvelle Russie.

Revoici Louis-Stanislas. C'est donc que les affaires de M. de Talmont n'avancent pas. On respire, les six mille hommes du corps de Condé n'auront point à compter en roubles et en verstes. Adroitement, le prince, aidé par le régent, vient d'obtenir l'appui — bien précaire il est vrai — du cabinet aulique ; François II paiera les Condéens et les emploiera sous le commandement supérieur d'un gentilhomme alsacien, le général d'infanterie, comte de Wurmser. S'il fut français, il l'a bien oublié, convoitant sa province d'origine pour la donner à son maître. Avec ça, plus impérial que les Impériaux, brave, généreux, humain, mais lent, tatillon, méfiant. Ayant servi sous Monsieur le Prince, il l'entoure d'égards et se méfie des officiers et des soldats français. La réorganisation est pénible. M. de Wurmser ne veut plus avoir affaire à des chefs d'escouade parés du titre de général. Il n'en reconnaîtra que deux : le prince de Condé, à ses yeux feld-maréchal-lieutenant, et son fils, le duc de Bourbon, général-major. Du coup, le tassement de la hiérarchie affecte tout l'édifice et le capitaine de Frotté se retrouve servant comme simple volontaire. Plus heureux, le porte-étendard de La Trémoïlle peut revêtir une admirable tenue, rouge et bleu, rehaussée de fourrure noire ; il sert comme colonel au régiment de hussards de Salm-Kirbourg dont son oncle est propriétaire.

Les Émigrés, revenant des illusions du dernier été, mesurent désormais l'incontestable valeur de leurs adversaires ; certes, les soldats-citoyens, demeurés d'ailleurs bien plus soldats qu'ils ne sont devenus citoyens, possèdent pour atouts le nombre et l'artillerie de Gribeauval mais, fréquemment, ils font preuve de ce trait qu'on nomme enthousiasme lorsqu'il s'agit d'amis, et fanatisme lorsque les ennemis sont en cause.

La guerre avait pris un tour résolument idéologique. Ainsi, dans Mayence occupée par le général de Custine, on voyait se dépenser en faveur du rattachement à la nouvelle république le naturaliste Adam Forster tandis que, dans le même temps, MM. de Frotté, de La Trémoïlle et leurs compagnons acceptaient stoïquement leur prise en compte par l'armée impériale dans le but immédiat de ressaisir la ville sur les Carmagnoles. Les Rhénans, d'abord séduits par les promesses de la Convention, avaient vite compris, à leurs dépens, que, les réquisitions l'emportant de loin sur le montant des droits féodaux, la tutelle de Paris ne faisait point leur affaire. Les Émigrés, eux, s'étant départis des manières insupportables et mal supportées qu'on leur connaissait lors de la première campagne, commençaient d'être mieux vus que leurs rivaux tricolores. A la vérité, l'animadversion à l'égard des armées nationales tenait moins au comportement des adversaires qu'à l'inorganisation des nouveaux maîtres de la France.

A la fin de janvier, Louis de Frotté, comme les plus lucides de ses camarades, avait ressenti l'impression que tout s'en allait. Le bilan était alors très lourd : les provinces belgiques et les électorats rhénans occupés, les premiers Coalisés en retraite, le Roi décapité, la France silencieuse ployant sous la double dictature des Brissotins, responsables de la guerre, et des Montagnards, soucieux de la poursuivre intensément afin d'arracher le pouvoir à leurs compétiteurs. Le ministre de la Guerre, *le papa Pache,* créature du vertueux mari de Mme Roland mais acquis aux terroristes, alliait la scélératesse à la nullité, accordait des contrats à des munitionnaires marrons et laissait les soldats marcher avec des souliers à semelles de carton. Le général Dumouriez obtint le remplacement de l'individu par un faux ci-devant, médiocre technicien mais bon administrateur, Pierre Riel de Beurnonville. La Convention, dans un mouvement suicidaire, encore qu'empreint d'une farouche grandeur, avait, en ouvrant la navigation sur l'Escaut, provoqué l'entrée en guerre du roi d'Angleterre et du stathouder de Hollande. En mars, elle ira jusqu'à jeter un cartel à Charles IV d'Espagne, caricature de Louis XVI, et, comme telle, accusant tous les défauts de son cousin, mais conservant une de ses qualités dominantes : la bonté. Le Pape, les ducs de Parme et de Modène, le roi des Deux-Siciles ont déjà rompu. La diète de Ratisbonne engage l'Empire tout entier, alors que seuls les États héréditaires suivaient jusqu'ici le cabinet aulique. Le souverain sarde est déjà de la fête. La Russie — Pologne oblige — soutient la Prusse. Hors les monarchies nordiques, les gens des Cantons, le grand-duc de Toscane, la Sérénissime et la Sublime Porte, le

BATAILLE DE NERWINDE
le 18 Mars 1793, ou 28 Ventôse An 1er de la Republique.

monde est en guerre contre la Révolution française, à moins que ce ne soit contre la France révolutionnaire. Pour certains, l'affaire est sérieuse. Pour d'autres, tel le Portugal, éternel client de la Grande-Bretagne, c'est l'assurance théorique de se trouver partie prenante lors du traité final.

Au printemps de 1793, les fameuses *frontières naturelles* atteintes par les Jacobins, en cela héritiers de la politique capétienne, sont perdues. Le général Dumouriez, peu soucieux de supporter, en Belgique, les voleries et les sottises des Représentants et des tyranneaux locaux, s'était rué sur les Provinces-Unies, laissant Valence et Miranda s'occuper en Belgique. Le vicomte est un héros et le signor un fanfaron. Le prince de Cobourg les rejette derrière la Dyle. Irrité, le général en chef revient tout en laissant en Hollande son corps expéditionnaire. Le 18 mars, à Neerwinden, il fait preuve, avec Valence et le duc de Chartres, de sa vaillance coutumière mais, par la faute de l'agité de Caracas, responsable de la gauche du dispositif, est, après une effroyable mêlée, nettement battu. Si Mgr de Cobourg s'est gentiment conduit, l'artisan de la victoire avait été l'un des

Gravure de Berthault.

plus grands stratèges du temps, le comte de Clerfayt qu'un prince plus au fait des choses de la guerre que François II eût préféré sans hésitation à l'honnête Wurmser. Les armées de la République, encore mal amalgamées en dépit des efforts dc M. de Valence, n'avaient pu supporter semblable coup. Le général Dumouriez hésitait depuis longtemps. Le prince Gabriel de Broglie dit excellemment à son propos : « Ou il sauve la Révolution par ses victoires et il est le dictateur de la nouvelle république ou il détruit la Convention et il est le connétable de la nouvelle monarchie. » Il ne sera ni l'un ni l'autre car, en dépit d'un accord avec son adversaire, il échoue dans la tentative d'entraîner son armée contre le régime et doit se réfugier avec Valence, Chartres et les hussards de Bercheny chez les Impériaux, non sans leur avoir livré les commissaires de la Convention — les citoyens Camus, Quinette, Lamarque et Bancal — ainsi que le ministre de la Guerre, son ami, l'ondoyant Beurnonville, pas mécontent de sauver sa tête. Des quatre députés, seul Bancal avait montré suffisamment de courage pour développer dix raisons d'épargner la vie de Louis Capet. Les autres étaient régicides : Camus d'intention, Lamarque et Quinette effectivement. En 1815, M. de Piré ne découvrira pas sans étonnement que ce Quinette sera pour quelques jours un cinquième d'empereur ou de roi, comme on voudra, lorsque, par la grâce de Fouché, le bonhomme, déjà baron et pair des Cent-Jours, entrera dans le gouvernement provisoire.

L'effet produit par la défection du général Dumouriez fut énorme. Louis de Frotté parle dans ses Mémoires de 2 000 hommes accompagnant le vainqueur de Jemmapes. Au vrai, ils se comptaient à peine 1 500. Que l'opportuniste, au demeurant brave et humain, passât de l'autre côté, fit croire aux Émigrés que la République se mourait. C'était faux. La réaction de l'armée le prouvait. Ne vit-on pas un gentilhomme, un modéré, comme Macdonald, faire arrêter son ami Devaux de Vautray, chargé par le commandant en chef de ramener les troupes du camp de La Madeleine ? Ce fils naturel de Charles de Lorraine en perdit la vie sur l'échafaud. Les Républicains étaient tout de même contraints d'évacuer l'ensemble des Pays-Bas et se voyaient en difficulté sur la rive gauche du Rhin. La partie redevenait belle. Condé — pas le prince, la ville — tombait le 13 juin ; Mayence, le 23 juillet ; Valenciennes, le 28. A l'intérieur, la République cessait d'être une et se révélait divisible. M. de Frotté ne vivait plus. Coup sur coup, il apprenait le soulèvement des *Nantais* en mars, l'insurrection de Lyon en mai, la réunion d'une armée fédéraliste en juin, la sécession de Toulon en août.

Si les Condéens se battaient très fort, forçant l'admiration de leurs alliés comme de leurs adversaires lors du terrible combat de Rulzheim où les Mirabeau, les Rohan, les Salm, les chevaliers de la Couronne firent preuve d'une stupéfiante émulation, ils commençaient de comprendre que la décision ne viendrait pas de l'extérieur, en général, et d'eux, en particulier.

Le Jura bougeait. Louis de Frotté fut un moment désigné pour aller éclairer ces montagnards — au sens géographique du terme — qu'irritait la Montagne, par référence au contenu politique du mot. L'affaire fit long feu. Les événements de Lyon passionnaient Louis et Louis-Stanislas, vieux amis du comte de Précy, commandant royaliste d'une ville demeurée vaguement républicaine. Le vicomte de Meaux, dans un ouvrage, connu mais injustement négligé, *La Révolution et l'Empire,* a heureusement éclairé ces tumultes :

« Lyon avait gardé des coutumes de liberté municipale. La bourgeoisie, enrichie par le commerce, n'y apercevait pas de gentilshommes au-dessus de sa tête. Le peu de noblesse qu'on y rencontrait sortait chaque année de l'échevinage, et tout entière, cette bourgeoisie jouissait des principaux privilèges de la noblesse. Le peuple, enfin, trouvait dans des corporations d'ouvriers des garanties et des traditions d'indépendance. N'ayant guère senti le joug sous l'Ancien Régime, Lyon n'était pas prêt à le supporter sous la démagogie. La petite noblesse du Forez, sortie pareillement presque tout entière de la bourgeoisie par les charges de judicature, et la touchant encore de très près, fit alliance avec la bourgeoisie lyonnaise, sa parente et sa voisine, qui trouva d'autre part un appui au-dessous d'elle, parmi les ouvriers dont elle était issue... On discute encore à quel parti politique appartenaient les défenseurs de Lyon. La vérité est que les chefs militaires qu'ils avaient mis à leur tête et les Foréziens venus à leur secours étaient royalistes, et la plupart des Lyonnais républicains. Lyonnais et Foréziens étaient de braves gens qui se donnaient la main pour repousser la Terreur. Toutefois, cette incertitude sur leur cause n'a pas servi à leur succès, et elle a nui à leur renommée. Pendant que l'armée de Lyon se battait contre l'armée de la Convention, les administrateurs civils de Lyon insurgé, s'enveloppant dans les plis du drapeau tricolore, protestaient de leur respect pour la Convention. »

M. de Frotté savait cela mais connaissait le comte de Précy. Il s'irritait d'entendre certains de ses camarades ou de ses supérieurs exprimer leur défiance, arguant des faits que le chef lyonnais n'avait point émigré, qu'il portait ostensiblement les insignes de la Nation. Louis, devenu plus subtil que nombre de ses amis, ne se scandalisait pas de cette manière de faire nombre contre la dictature conventionnelle. Il devenait politique, se portant garant auprès de Monsieur le Prince de la sincérité du comte, il se proposait « d'aller sur place en chercher la preuve ou la véracité de ses dires en apportant et en faisant accepter les instructions de Son Altesse Sérénissime ». La démarche, bien accueillie par Monseigneur, n'eut pas de suite. Une mission, dirigée par M. d'Autichamp, père du général angevin, s'était rendue à Lyon, d'ordre du comte d'Artois, et avait constaté l'impossibilité d'envoyer des cadres ou des auxiliaires monarchistes. La suspicion eût été réciproque.

Reste, et Louis montrait bonne raison, que les chefs étaient fidèles au Trône. M. de Meaux le précisera :

« Quand les derniers défenseurs de la cité mitraillée, les Foréziens, n'eurent plus qu'à mourir, ils découvrirent leur poitrine : des cocardes blanches étaient demeurées sur leur cœur ; les dernières balles les déchirèrent. »

Et l'historien légitimiste d'ajouter :

« Il y eut quelque vertu, sans doute, dans ce soulèvement désintéressé même de tout esprit de parti, contre un monstrueux régime, dans cet oubli de tout dissentiment dans une indignation commune. Toutefois la guerre civile en Vendée s'était engagée pour des motifs plus élevés, elle avait arboré de plus franches couleurs. »

La Vendée, le volontaire Frotté ne pense plus qu'à elle. Par Louis-Stanislas, il est forcément au courant, même si quelques mois plus tôt il demeurait dans l'ignorance, des rêveries devenues réalités du prince de Talmont. Il se bat, par devoir, sur une terre étrangère, et voit tout juste le moment où, faveur suprême, il va guerroyer en Alsace. La belle province, acquisition récente aux yeux d'un jeune homme dont la vision historique dépasse de loin les conquêtes de Louis XIV, ne pèse pas lourd au regard des contrées de l'Ouest. S'il pouvait baisser la lance sans se préoccuper du feld-zeugmeistre Wurmser, ou même du bienveillant Kalkreuth ou du généreux Clerfayt ! Décidément, il n'aime pas l'Émigration. Sous sa plume ne figure pas une ligne en faveur de ses chefs impériaux, pourtant accommodants. Il notera d'ici peu :

« Errants, persécutés, rejetés partout, abreuvés d'humiliations, détestant la conduite des puissances coalisées, les émigrés portèrent leur misérable existence par toute l'Europe, où ils n'éprouvèrent de tous les princes, les régences, etc, etc, que rebuts et mauvais traitements, excepté en Angleterre et en Hollande, où ils furent reçus avec humanité. »

Le ton était autre lorsqu'il évoquait cette Vendée dont il se proposait de conter l'histoire : « Nouveaux succès des Vendéens dont le nombre s'augmente jusqu'à quarante mille combattants sous les ordres de MM. Bonchamp *[sic]*, d'Elbée, de La Rochejaquelein, de Lescure, de Talmont, Stofflet, Charette, noms à jamais chers à l'honneur. »

Le dimanche 13 octobre 1793, il apprend le goût de la victoire. Ce jour-là, les Émigrés, formant la 7e colonne de l'armée du comte de Wurmser, contribuent puissamment à la journée de Wissembourg. Les Carmagnoles, après s'être rétablis entre cette ville et Lauterbourg, cèdent sous la pression d'un ami des Français, le prince de Waldeck. Le commandant en chef républicain, le vieux cavalier Carlenc, décroche sans excès de science et va trouver refuge sous le canon de Strasbourg. Les miracles sont rares en ces temps où la déesse Raison fait l'objet d'un culte à Notre-Dame de Paris ; l'ancien dragon, pourtant, échappera tant aux Condéens qu'au triangle de Sanson et finira dans son lit. Une étoile se lève : Charles Pichegru. Bientôt, sous cet ancien canonnier de Metz, dont la canne de sergent fut donnée par Monsieur le Prince, l'armée du Rhin, en dépit des intrigues de Lazare Hoche et des rivalités des Représentants en mission, va retrouver assez de cohésion pour empêcher l'Alsacien Wurmser de pénétrer plus avant dans sa province natale. Les difficultés deviennent aiguës entre les Império-Prussiens et les Émigrés. Sans doute, le général d'infanterie conserve-t-il une attitude gracieuse à l'égard de Monsieur le Prince, sans doute laisse-t-il ses alliés défiler dans Wissembourg, après avoir, ô paradoxe, arraché l'arbre de la Liberté. Il admet encore, c'est vrai, que se réinstalle la municipalité royaliste mais sa compréhension s'arrête là ; alors que les Condéens s'attendaient à prendre en main l'administration d'un lambeau de terre qu'on dirait aujourd'hui libérée, le feld-zeugmeistre, d'ordre de Vienne, fait savoir aux populations qu'elles pourront faire retour à la communauté germanique. C'est dit gentiment et la rivalité demeure feutrée. Reste que les soldats de Louis XVII n'aiment point trop travailler pour le roi de Prusse, même avec la bénédiction de l'Empereur, toujours soucieux de ménager son inconstant allié. René Bittard des Portes écrira, à propos de cette période si délicate :

« Les Impériaux se plaignent toujours, insultent ou menacent leurs hôtes, et exigent d'eux ce qui n'est pas dû et le prennent souvent ; les Condéens, au contraire, traitent en amis les braves gens qui leur donnent l'hospitalité, se contentant de tout et partageant avec de plus pauvres qu'eux, vieillards, femmes et enfants, les vivres parcimonieusement distribués par l'intendance autrichienne. Aucune des misères de la vie de soldat en campagne n'est épargnée aux troupes du prince de Condé ; les besognes les plus répugnantes ne lassent ni leur discipline ni leurs sentiments de camaraderie. Les officiers supérieurs, les généraux, les princes eux-mêmes donnent l'exemple de l'endurance. Le duc d'Enghien se fait adorer de ses compagnons par sa crânerie pleine d'entrain, souvent même de gaieté. Il n'aime pas les Autrichiens et ne leur demande aucune faveur. Les jeunes militaires qui l'entourent ne cachent pas non plus leur antipathie et parfois, dans le contact irritant de tous les jours, des conflits surgissent. C'est, sans doute, à la suite de difficultés de cette nature qu'un émigré de brillant courage, le comte de Frotté, quitta l'armée pour se diriger vers les côtes de Normandie où il alla *chouanner.* »

Il importe d'accueillir cette lecture avec précaution ; M. des Portes publiera ces lignes en 1905, à l'heure où la littérature historique, qu'elle fût de droite ou de gauche, passait d'obligation par les accents du clairon de la revanche. Que Louis et Louis-Stanislas aient médiocrement goûté les façons des habits blancs et des manteaux rouges, féroces cavaliers de la plaine hongroise, dressés au contact des Turcs et toujours prêts, comme ces Infidèles, à faire voler les têtes au fil du sabre courbe, c'est certain. Qu'ils aient renâclé devant la discipline un peu désuète imposée par Louis V à l'armée de Louis XVII, c'est évident. Un certain formalisme ne convenait pas à ces Messieurs. Ayant perçu les secrets de la subversion révolutionnaire, ils admettaient difficilement le classicisme, d'ailleurs impeccable, de leur chef et la componction satisfaite d'alliés assez insolents pour rappeler sans cesse qu'ils étaient les bailleurs de fonds. Est-ce tout ?

Non point. A la vérité, Louis s'ennuyait, comme il s'ennuiera toujours lorsqu'il sera contraint d'agir ailleurs que chez lui. Il s'est irrité comme le Jura, hérissé comme Lyon, pelotonné comme la Gironde, retranché comme Toulon, mais rien ne l'intéresse plus qu'une entreprise menée à deux pas de chez lui. Il souffre lorsqu'il apprend que les Angevins, les Poitevins, les Mainiaux et les Bretons ont précédé les Normands sur l'aride chemin de la délivrance. Sous sa *bouthillière,* grande capote inventée par le major général, marquis de Bouthillier, pour utiliser le drap de Haguenau, il se sent de plus en plus mal. Il supporte malaisément d'obéir ailleurs alors qu'il pourrait commander chez lui. Hier, il frondait. Aujourd'hui, il entend, en respectant toutes les formes, s'en aller pour mieux servir la cause.

Sa résolution est, semble-t-il, déjà prise lorsqu'une nouvelle, venue de France, vint à broyer son cœur ; le mercredi 16 octobre 1793, au quart passé midi, la Reine est montée sur l'échafaud. Comment le récit du drame est-il parvenu jusqu'aux chevaliers de la Couronne ? On ne sait. Peut-être en fouillant un prisonnier républicain assez alphabétisé pour lire la feuille de Jacques Hébert, « l'Homère de l'ordure », dont la gazette, *Le Père Duchesne,* est achetée à des centaines de milliers d'exemplaires par le ministre de la Guerre Bouchotte et distribuée aux Carmagnoles. Le riche bourgeois, rivalisant d'élégance avec Maximilien par la finesse de la poudre et la délicatesse du jabot, écrit :

« J'ai vu tomber dans le sac la tête de *Veto* femelle. Je voudrais, f..., pouvoir vous exprimer la satisfaction des Sans-Culottes, quand l'architigresse a traversé Paris dans la voiture à trente-six portières. Ses beaux chevaux blancs, si bien panachés, si bien enharnachés, ne la conduisaient pas, mais deux rossinantes étaient attelées au vis-à-vis de Maître Sanson ; et elles paraissaient si satisfaites de contribuer à la délivrance de la République, qu'elles semblaient avoir envie de galoper pour arriver plus tôt au lieu fatal. La garce, au surplus, a été audacieuse et insolente jusqu'au bout. Cependant les jambes lui ont manqué au moment de faire la bascule, pour jouer à la main chaude, dans la crainte, sans doute, de trouver après sa mort un supplice plus terrible que celui qu'elle allait subir. Sa tête maudite fut enfin séparée de son col de grue et l'air retentissait des cris de Vive la République, f... »

Louis de Frotté conservait de la Reine un souvenir attendri. A la vision éblouie de son adolescence versaillaise s'ajoutait le culte rendu par Lady Atkyns au temps du séjour lillois. Maintenant, Marie-Antoinette n'est plus. Elle aussi doit être vengée. Pour atteindre la Vendée, il faut gagner l'Angleterre par Ostende. Encore importe-t-il de trouver un peu d'argent. Louis-Stanislas, ayant contribué pour 50 000 francs à l'entretien des hussards de Salm, souffre d'une maladie de gousset. Il vient, au demeurant, de résilier son commandement en faveur de son frère, Charles-Bretagne, et il brûle, comme son ami, de gagner l'Ouest. Est-ce pour ménager sa famille maternelle dont l'accueil a rendu plus supportable le service en Émigration qu'il renonce provisoirement à son projet ? C'est probable.

Une bourse va s'ouvrir pour M. de Frotté, celle d'un sous-lieutenant de la cavalerie noble, Louis de Bourmont. Le projet du Normand est d'autant plus apprécié par l'Angevin qu'il nourrit de semblables desseins mais devra, un an encore, attendre l'autorisation des Princes. Enfin, M. de Frotté dépose son sac sur un vaisseau de Lord Moira. Aide de camp de George III, l'ancien adjoint de Lord Cornwallis ne tient pas rigueur aux Français d'avoir soutenu les *insurgents* d'Amérique. Il a reçu mission de gagner, via Portsmouth, un port de la Manche pour ravitailler l'Armée Catholique et Royale. L'impatience du jeune officier est à son comble. Enfin, il va les voir, en chair et en os, les Bonchamps et les Lescure — il ignore leur décès —, les La Rochejaquelein et les Talmont, mais il ne sait pas qu'à l'heure où, le dimanche 1er décembre 1793, Lord Moira, retardé par les intempéries, quitte sa base anglaise, l'archange et le sacripant ayant échoué devant Granville, où, pensaient-ils, se trouvait déjà la flotte de secours, s'ouvrent à coups de sabre le chemin du retour et de la mort.

Lorsque Louis de Frotté croit toucher la terre promise, les Vendéens l'ont perdue. En vain, l'escadre va-t-elle longer les côtes françaises. Du haut des mâts, les vigies guettent les signaux convenus. Un moment, le chef de l'expédition croit qu'un mouvement s'est produit vers Caen. Le cœur de Louis bat à tout rompre. Serait-ce chez lui que commencerait sa croisade ? Ce n'est qu'une rumeur. Rien ne bouge entre Le Tréport et Le Mont-Saint-Michel.

Lord Moira s'embosse à Jersey, attendant des courriers. Ils ne viennent pas. Il regagne l'Angleterre. Louis attend, attend toujours.

Lorsque le vendredi 14 février, le général britannique y va devant ses pairs de quelques explications sur son expédition infructueuse, la Grande Armée a cessé d'exister. Alors, M. de Frotté se rend à Londres. Il n'est jamais trop tard pour servir. Une nouvelle vient le réjouir et l'attrister : l'armée de Condé s'est illustrée devant Berstheim au cours de mémorables journées et il n'en était pas. A force de longer le Styx, il en oublie le désespoir. Il finira bien par obtenir un sourire du destin.

Chapitre IV

L'AMOUR ET LOUIS XVII

Il fallait avoir connu Paris en révolution pour apprécier Londres en paix. M. de Rivarol pourra dire : « Les Anglaises n'ont que deux mains gauches », il faisait bien bon sur la Tamise à l'heure où la Seine s'empourprait. Louis le notera : il n'aura trouvé bon accueil qu'auprès des Hautes Puissances — entendez la Hollande — et chez le roi d'Angleterre. Qu'était-il ? Un officier honorable pour ses fidélités et honoré par l'amitié de quelques grands. Le bagage, on en conviendra, était mince. Pourtant, sans qu'aucune autre qualité que sa patience soit mise à l'épreuve, il va s'imposer. Très tôt, l'honorable Windham et ses collègues s'accorderont pour considérer que tout mouvement en Normandie passe par ce garçon étrange, aux yeux immenses dévorant un visage volontaire. Comment vit-il ? Depuis beau temps, les louis de M. de Bourmont sont épuisés. Doit-il une petite rallonge à Lord Moira ? Peut-être. Un fait demeure certain : alors que tant d'Émigrés vivent de petits travaux, allant de la vannerie aux tâches d'écrivain public, il peut, lui, continuer d'exister en seigneur. Milady Charlotte y serait-elle pour quelque chose ? Probablement pas.

M. le comte de Diesbach, dans son *Histoire de l'Émigration,* si souvent et légitimement citée, note : « Ce ne fut pas l'un des moindres paradoxes de cette période, qui en offrit tant, que de voir un pays fort jaloux de sa suprématie maritime, très attaché à la forme constitutionnelle de sa monarchie, et de surcroît, ennemi juré de la religion romaine, dont le culte était interdit, accueillir de la manière la plus chevaleresque les officiers de marine français qu'il avait combattus sur mer, pensionner les prêtres catholiques proscrits et finalement devenir la citadelle du royalisme intransigeant, le refuge de tous ceux qui, des frères de Louis XVI au plus modeste gentilhomme, rêvaient encore de la restauration de l'Ancien Régime. »

Si les Anglais se conduisaient bien, c'est qu'ils aimaient, soucieux de rompre la monotonie de leurs jours, que les étrangers les étonnassent. A cet égard, les Français remplissaient, à merveille, leur contrat. Insolents, impécunieux, inconséquents, insensés, incroyables — avant la lettre —, ils apportaient leur inestimable contribution de gaieté. Mieux, ils donnaient bonne conscience aux Britanniques ; c'en était fini des horreurs de la Tour, du *Remember* de Charles Ier, de la proscription de Montrose et du dépècement des régicides puisque, de l'autre côté de la mare, les Français, pas tous mais apparemment les plus nombreux, avaient fait pis. Ainsi l'Angleterre se lavait-elle de ses crimes de la veille en constatant que les mêmes étaient commis par la France du jour.

Rien n'égalait la douce obstination de Louis. Il voulait chouanner et il chouannera. Sa Seigneurie William Windham, de whig devenue tory, responsable du département de la Guerre, résume sa théorie en ces mots :

— L'intention de l'Angleterre n'est pas de donner à la France une forme quelconque de gouvernement mais seulement de renverser son administration actuelle avec laquelle il est impossible de traiter.

C'est moins vrai que ne le prétend l'Excellence. Son itinéraire s'apparente à celui de Burke. Comme l'illustre théoricien, son confrère dans le ministère, il aime la liberté, refuse de s'enfermer dans les idées reçues lorsque change la situation. Ainsi, à l'instar de l'auteur des *Réflexions sur la Révolution française,* il a défendu les *insurgents* d'Amérique et tenté de faire considérer les nègres comme des créatures humaines. Maintenant, il se bat pour empêcher que le mouvement français né, selon lui, d'idées honorables, ne provoque, par son éternel jeu des minorités, la dictature de quelques-uns sur tout un peuple et la dictature de ce peuple sur toute l'Europe. S'il se trouvait des Britanniques pour applaudir les premiers moments de la crise d'outre-Manche, les esprits ont depuis lors passablement évolué. Il est loin le temps où le premier Pitt déclarait : « Tant qu'il existera des Bourbons en Europe, l'Angleterre ne pourra pas se flatter de conserver l'empire des mers. » Longtemps, les Anglais, scandalisés par notre intervention dans le Nouveau Monde, ont trouvé *fair play* de s'associer à la ruine de l'ordre français. Après tout, ils se revanchaient de la politique pratiquée par M. de Vergennes. A leurs yeux, le Quatorze-Juillet, et même le Dix-Août, constituaient une réplique peu coûteuse à Yorktown et à Trinquemalé. La mainmise sur l'Escaut et le supplice de Louis XVI leur avaient enfin ouvert les yeux.

Drapé dans un manteau couleur de muraille, porteur des idées les plus remarquables et des utopies les plus folles, M. de Puisaye venait de débarquer à Londres. Bien entendu, un événement aussi considérable exigeait le secret. Si le cabinet britannique voulait abattre la Montagne, il devait assister l'ancien défenseur des Brissotins, tenir pour rien les sinuosités de son itinéraire et faire confiance à ce seigneur d'autant plus au fait des factions qu'il les avait presque toutes fréquentées. L'Émigration et l'Angleterre s'occupaient fort d'une Vendée dont elles avaient ignoré l'existence au temps de ses victoires. Les moins courageux s'enthousiasmaient à l'idée d'aller guerroyer dans l'Ouest car ils ignoraient encore ce que représentait de patience, de fatigue, de privations cette guerre nouvelle, qu'après la Virée de Galerne, encore classique, venaient de découvrir les survivants. Pour une heure d'épopée, il fallait des mois d'attente et de misère. Cela, les têtes légères ne s'en étaient pas encore pénétrées.

Louis apprend l'art de faire antichambre. Sa ténacité s'accommode de cette situation nouvelle, même s'il consigne parfois ses déceptions dans ses cahiers.

Une présence l'aide à vivre, celle de Charlotte Atkyns. Toujours belle, et bientôt veuve, la châtelaine de Ketteringham se ruine pour la bonne cause. L'ancien de Colonel-Général n'apprend pas sans fierté qu'elle a, durant l'année 1793, mené une action si folle que certains doutent encore de la véracité des faits ; elle s'était enthousiasmée pour les écrits de M. Peltier, et, très vite, était entrée en relation avec ce gazetier courageux dont le seul tort fut, sans doute, d'avoir tant aidé le chevalier de Combourg que ce génie se dispensera de témoigner sa reconnaissance. A lire le portrait du brave homme dans les *Mémoires d'outre-tombe,* on n'est guère tenté de prendre le personnage au sérieux : « Peltier, auteur du *Domine salvum fac regem* et principal rédacteur des *Actes des Apôtres,* continuait à Londres son entreprise de Paris. Il n'avait pas précisément de vices ; mais il était rongé d'une vermine de petits défauts dont on ne pouvait l'épurer : libertin, mauvais sujet, gagnant beaucoup d'argent et le mangeant de même, à la fois serviteur de la légitimité et ambassadeur du roi nègre Christophe [de Haïti] auprès de George III, correspondant diplomatique de M. le comte de *Limonade,* et buvant en vin de Champagne des appointements qu'on lui payait en sucre. Cette espèce de M. Violet [le maître de danse des Cayougas dans l'*Itinéraire*], jouant les grands airs de la Révolution sur un violon de poche, me vint voir et m'offrit ses services en qualité de Breton. » C'est là, semble-t-il, un bien méchant croquis. Jean-Gabriel Dudoyer, dit Marcellus Peltier, était le contraire d'un mauvais homme. Fils d'un négociant nantais, il avait, retour de Haïti, embrassé les idées nouvelles avant de revenir aux anciennes — ou du moins, aux traditionnelles — car les grands Contre-Révolutionnaires, MM. de Rivarol, de Champcenetz, Boniface de Mirabeau, n'étaient nullement partisans d'un retour pur et simple à l'Ancien Régime. Le génie du premier des apôtres, le talent du second et le pittoresque du troisième devaient nuire à l'entregent de l'entrepreneur ; il était apparu comme l'un de ces patrons, toujours bourrés d'idées, mais guère aptes à les coucher sur le papier. C'était faux ; l'homme aimait non seulement à respirer l'encre mais encore à l'utiliser et ne s'en tirait pas si mal. Tomba-t-il amoureux de Lady Charlotte ? Sûrement. Il n'était pas original au point de déroger à cette règle. Prit-il une ou deux privautés ? Les documents sont carpes à ce sujet.

Mme Atkyns nourrissait des projets d'une telle ambition qu'il fallait créer une manière de petit état-major ; M. Peltier trouva deux auxiliaires, un fieffé bavard venu de Transylvanie, le baron d'Auerwerck, et un personnage plus singulier, M. de Cormier. C'était un Breton que M. de Frotté détesta très vite car cet ancien magistrat aimait à s'entourer de mystère. L'homme n'était pas sot. Il avait présidé, non sans éclat, le Club Massiac, association des colons de Saint-Domingue, soucieux légitimement de conserver leurs biens et, moins joliment, de maintenir l'esclavage. MM. d'Auerwerck et de Cormier écrivaient beaucoup et agissaient un peu. Ils s'étaient mis en tête de délivrer Louis XVI, alors captif au Temple, mais n'avaient point appris, sans chagrin, par les médecins et les avocats du monarque, que Sa Majesté préférait la mort aux aléas de quelque nouveau Varennes. Durant la captivité du Temple, un bateau, nolisé par le fondateur des *Actes des Apôtres,* n'avait cessé de croiser au large de Dieppe... en vain.

Au jour même où tombait la tête du souverain, M. Peltier, au courant du vote conventionnel mais non de la décollation elle-même, avait écrit à Lady Atkyns : « Nous n'avons plus qu'à pleurer, mon honorable amie, le crime est consommé. La fatale sentence a été portée jeudi soir. D'Orléans a voté la mort et va être fait protecteur. Il ne nous reste que l'espoir de la vengeance : elle sera terrible. » La jeune femme, encore que très affectée, ignore le désespoir. Il faut sauver la Reine. Assurée du dévouement de ses auxiliaires, mais doutant peut-être de leur habileté, elle va se résoudre à gagner, elle-même, Paris. Si Louis XVI était très gardé, Marie-Antoinette l'était moins. Le gazetier, mis dans la confidence, se récrie :

« A peine arrivée, vous commencerez par éprouver des embarras sans nombre ; si vous sortez trois fois dans un jour de votre hôtel ou si vous voyez trois fois dans un jour la même personne, vous devenez suspecte. »

Au diable la suspicion, il faut agir ; au demeurant, les circonstances ne sont-elles point favorables ? Les correspondants indiquent un certain relâchement dont il importe de profiter. Soudain l'horizon s'assombrit avec la proscription des Brissotins. Le règlement de comptes entre Républicains pourrait constituer une heureuse diversion au profit des Royalistes. Il n'en est rien ; une tentative de délivrance par les commissaires Toulan et Lepitre qu'anime le maréchal de camp de Reynier de Jarjaye passe tout d'abord inaperçue mais une nouvelle combinaison élaborée par le baron de Batz provoque une dénonciation et l'arrachement de Louis XVII à sa mère. Enfin, le 2 août 1793, la Reine est transférée à la Conciergerie. Lady Charlotte choisit mal son moment et M. Peltier veut encore la retenir :

« Si vous voulez être utile à cette famille, ce ne sera qu'en dirigeant l'opération d'ici, au lieu d'aller vous faire guillotiner et en faisant les sacrifices que vous êtes résolue d'accomplir. »

La peste soit du conseilleur ; elle passe sur le continent. Comment ? Probablement sur le navire qu'elle avait frété du temps qu'elle songeait à rendre Louis XVI à la liberté. Où descend-elle à Paris ? On ne sait et l'on est en droit de s'étonner qu'à la Restauration où le plus grand luxe de détails vint entourer, et parfois dénaturer, les lugubres épisodes du Temple et de la Conciergerie, Mme Atkyns soit demeurée muette sur ce point. Peut-être considéra-t-elle alors comme au-dessous de son caractère de figurer parmi la foule des fidèles, vrais ou faux, accablant le public des circonstances les plus menues relatives à la famille royale.

Louis de Frotté, à travers sa correspondance, paraît corroborer les faits, et, avec lui, une commensale de l'aimable châtelaine, la comtesse Mac-Namara. Il faut compter enfin avec l'affectueuse admiration portée à la dame par Louise de Châtillon, princesse de Tarente. Cette descendante, par sa mère, de la duchesse de La Vallière, cette tante des princes de Talmont de la Trémoïlle et de Tarente, défenseurs opiniâtres du Trône, avait été pour Marie-Antoinette une amie très sûre. Elle n'aurait point voué à la confidente de Louis un culte attesté par une volumineuse correspondance si le moindre soupçon l'avait effleurée quant à l'authenticité des actions de Lady Atkyns.

Il faut donc se résoudre à croire à l'incroyable ; la dame arrive à Paris en pleine Terreur. Ses correspondants stipendiés — le baron d'Auerwerck, le magistrat Cormier — ouvrent à cette anglaise la prison de la reine de France. Pourquoi pas ? M. André Castelot, dans l'ouvrage désormais classique, encore qu'un peu sévère, qu'il consacra, dès l'orée de sa carrière, à Marie-Antoinette, a bien montré qu'on entrait au Temple, et même à la Conciergerie, comme on voulait.

« Il en vient tant ! » s'écriera la Reine, interrogée sur ses visiteurs, après la découverte du *complot de l'œillet*.

C'est en uniforme de Garde national que l'ancienne interprète du *Camp* aurait pénétré dans le cachot. Grâce à quelle protection ? Probablement à celle du citoyen Michonis qu'on n'aimerait guère si le baron Hyde de Neuville, dans ses Mémoires, n'avait rendu justice à cet excellent homme à moins qu'il ne s'agisse du fameux Hébert moins attentif aux idées qu'à l'argent.

Ici, il faut anticiper sur le Boulevard du Crime. M. Frédéric Barbey, savant *chartreux* dont les premières armes furent consacrées à Mme Atkyns, avant qu'il n'avère son talent en étudiant le général Pichegru, rapporte :

« Mme Atkyns parvint à gagner un officier municipal, qui consentit à lui ouvrir les portes de la Conciergerie à la condition qu'aucune parole ne serait échangée entre elle et la royale prisonnière [...] Elle promit tout et se contenta d'offrir un bouquet à la Reine mais, sous l'empire de l'émotion intense qui l'étreignait, au contact des regards de celle qu'elle n'avait pas revue depuis Versailles, elle laissa tomber un billet qu'elle tenait dans sa main, et qui devait accompagner le bouquet. Le municipal allait s'en emparer quand, plus prompte que lui, Mme Atkyns se précipita, le ramassa et l'avala. On la mit à la porte brutalement. » On s'en doute. D'autres affirmeront que la captive avait trouvé le temps de prendre connaissance du texte.

A cette histoire surprenante, va s'en joindre une autre ; elle était riche, Milady Charlotte, si riche qu'aucune conscience républicaine ne lui résistait. Cette fois, selon M. Frédéric Barbey, l'entrevue lui coûta mille louis. Elle s'était tracé un plan magnifique. Il s'agissait de « changer de vêtements avec la Reine et de sortir à sa place de la Conciergerie ». Folie ? Que non pas ; dans vingt-deux ans la comtesse de La Valette, en appliquant le même plan dans cette même Conciergerie, sauvera son mari d'un supplice inique dont on en connaîtra plus en se plaçant dans le sillage du comte de Piré.

Marie-Antoinette refuse l'offre. Déjà, au Temple, elle avait écrit au général de Jarjaye : « Nous avons fait un beau rêve », en expliquant qu'elle ne s'évaderait pas sans ses enfants et sa belle-sœur. Ici, il convient de relever une anomalie ; que la souveraine n'ait pas voulu se séparer de sa famille, imitant en cela Louis XVI à Varennes le lendemain de l'exploit de Drouet, apparaît héroïque mais compréhensible tant qu'elle se trouve avec les siens, ou, après la séparation d'avec l'enfant-roi, dans la même forteresse. Il est, en revanche, plus étrange de voir la captive conserver la même attitude lorsqu'elle est déposée à la Conciergerie, privée de communication avec les siens. Craint-elle des représailles ? Certes, elle a vu les horreurs des journées d'Octobre, elle connaît celles du Dix-Août et elle a même entrevu les exploits des Septembriseurs, lui tuant sa malheureuse Lamballe pour éprouver le plaisir de lui présenter sa tête. Pourtant, les massacres, même encouragés en sous-main, ne sont pas le fait des gens du pouvoir. La Terreur est loin de connaître alors son inimaginable paroxysme. Raisonnablement, la Reine ne peut prévoir que la Révolution décapitera Madame Elisabeth et laissera mourir la frêle majesté qu'un moment élèvera le cordonnier Simon. Or, la chronologie est formelle ; les deux entrevues avec Mme Atkyns — M. Barbey l'a démontré — ne peuvent se situer qu'après le transfert. On douterait donc du double exploit de Charlotte si l'on omettait de se référer à l'analyse de M. Philippe Huisman et de Mlle Marguerite Jallut ; pour ces savants biographes, la souveraine, dans l'affaire Jarjaye, « a pris plaisir à imaginer cette fuite sans le vrai désir de la mener à bien », et d'aller jusqu'à soutenir : « Marie-Antoinette accepte la perspective d'un procès, non pas avec horreur mais avec une sorte de soulagement. Il règne alors un ardent désir de se juger, d'être jugé ; Marie-Antoinette, qu'on dit insouciante, éprouve un vif besoin d'autojustification, car ce bonheur, qu'elle a voulu pour elle et pour les autres, lui apparaît non pas comme un abus mais comme un dû. »

Sans que l'affaire soit totalement éclaircie, on peut incliner à tenir pour véridique la tentative de Lady Charlotte. Louis XVIII en fera cas, tenant de l'abbé Edgeworth de Firmont, dernier confesseur de Louis XVI, que le fameux Hébert, ce *Père Duchesne* dont les liaisons avec les Royalistes demeurent patentes, aurait favorisé les desseins de la dame anglaise. Elle rentre à Ketteringham à l'automne, et par l'intermédiaire du baron d'Auerwerck — dont l'optimisme semble confondant — se préoccupe toujours de sauver la prisonnière. S'agit-il, dès lors, d'approches sérieuses ? Connaît-elle, encourage-t-elle, de ses conseils et de ses deniers, la tentative du chevalier de Rougeville, le Maison-Rouge de l'excellent fils du général Dumas ? Il est impossible de débrouiller certains écheveaux dès lors qu'il se trouve autant de gens pour agir sans écrire que d'autres pour écrire sans agir. Un message de M. Peltier devait apprendre à la jeune femme l'infernale issue :

« Je n'existe pas. Je vois d'ici votre chagrin, il double le mien. La rage me tue. Je n'ai pas même la consolation de répandre une larme. J'abjure à jamais le nom de Français. Je voudrais en oublier la langue. Je suis au désespoir, je ne sais ni ce que je fais, ni ce que je dis, ni ce que j'écris. Ah ! Mon Dieu, quelle barbarie, quelle horreur, que de maux présents, que de malheurs à venir ! Je n'ose pas me présenter chez vous. Adieu, brave et malheureuse femme. »

Les pleurs de la destinatrice vont mouiller ces lignes, maladroites dans la forme mais touchantes par la simplicité du fond. Elle apostille en ces termes : *Written after the murder of the Queen of France,* écrit après le meurtre de la reine de France.

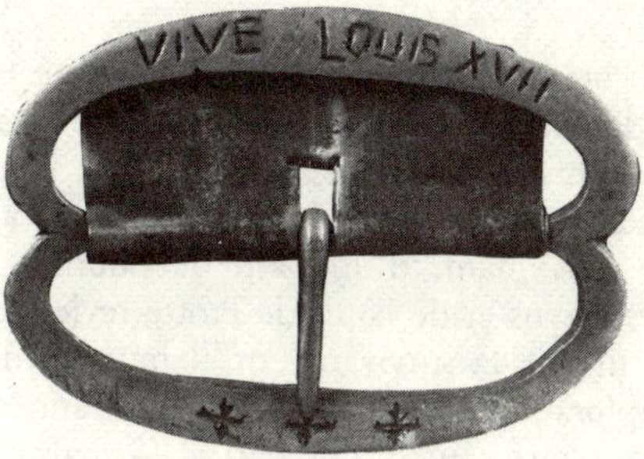

Boucle de ceinturon en laiton avec «Vive Louis XVII » gravé ainsi que trois fleurs de lys.

Lorsque Louis de Frotté revoit la jolie dame, il la trouve occupée de poursuivre son action ; Louis XVI est mort, Marie-Antoinette n'est plus, mais demeure Louis XVII. Se sentant vaguement coupable des insuccès concernant la délivrance des parents, Mme Atkyns entend rendre le fils à la liberté. Mesurer aujourd'hui la portée d'un tel dessein est malaisé ; même dans les nations en monarchie, les fantaisies successorales ont affaibli la notion toute française de légitimité. Notre pays n'avait pas connu d'accident dynastique depuis Robert le Pieux, succédant à son père, Hugues Capet. Si l'on néglige l'affaire du petit Henri VI, monarque anglais, proclamé, tel Julien, à Paris, on ne peut retenir que le cas de ce cardinal de Bourbon, déclaré roi par la Ligue, mais « ce majestueux vieillard dont le chapeau rouge, dit M. Philippe Erlanger, abritait une tête pleine de vent et de fumée » était, lors de son avènement, tenu serré, d'ailleurs confortablement, par Henri III et demeura sous clef lorsque monta sur le trône le Navarrais dont il finit par reconnaître les droits à la Couronne. Hors cette plaisanterie, attestée par quelques pièces de monnaie frappées à l'effigie de ce *Charles X* pour rire, rien n'avait troublé la simplicité des accessions. Les Républicains étaient aussi pénétrés que les Royalistes de l'importance du petit garçon qu'ils tentaient d'abrutir. Charles Capet, comme ils le nommaient assez sottement (« Capet n'est pas mon nom », avait dit Louis XVI, toujours soucieux d'exactitude historique), constituait, pour les uns le plus précieux des otages, pour les autres ce qu'on nommerait de nos jours *une solution de rechange*.

A Londres, comme chez les Condéens, comme en Vendée où nombre de drapeaux portaient brodé sur l'étamine « Vive Louis XVII », l'enfant-roi faisait l'objet d'une constante préoccupation. Toucher à l'affaire du Temple revient à s'approcher, une chandelle à la main, d'un baril de poudre. Pourtant, les noms de Mme Atkyns et de Louis de Frotté reviennent si souvent dans la littérature de la survivance qu'il importe de se résoudre à quelque exploration. Durant toute cette année 1794 et le début de 1795, deux cœurs vont battre — mais pas toujours à l'unisson — pour la délivrance.

L'affaire Louis XVII baigne dans un mystère sans fond. Les solutions les plus extravagantes ont souvent prévalu dans le public au détriment d'explications plus rationnelles mais décevantes parce que privées de pittoresque. Sur un seul point chacun s'accorde : l'horreur du sort d'un enfant mort au Temple le lundi 8 juin 1795 ; decadi 20 prairial, l'an III de l'ère des Français.

Louis-Charles de France, créé duc de Normandie dès ses premiers vagissements, avait vu le jour à Versailles le 27 mars 1785. La mort de son frère aîné, Louis-Joseph-Xavier, le 4 juin 1789, dont la disparition explique certaines inerties de Louis XVI, abîmé de chagrin, cependant que se levait la Révolution, l'avait fait dauphin de Viennois.

Après la ratification de la Constitution, monument de contradictions parfois généreuses, il fut appelé le Prince Royal dès lors que son père cessait d'être roi de France et de Navarre pour devenir roi des Français. La monarchie de Juillet, qu'on le note au passage, ressuscitera tant pour le souverain que pour l'héritier la même terminologie. C'était un bambin rieur et d'une charmante spontanéité. En dépit des journées d'Octobre, du drame de Varennes, de l'affaire du Vingt-Juin et de la tragédie

Louis XVII, par Vestier.

du Dix-Août, il avait poursuivi les jeux de son âge. Au Temple, avant que la nouvelle assemblée n'instruisît contre le Roi, dès lors séparé de sa famille, il avait bénéficié des leçons d'un prince au savoir encyclopédique.

Lorsque l'auteur de ses jours « condamné » par la Convention, revoit l'enfant :

— Promettez-moi de ne jamais songer à venger ma mort.

Et, comme Louis-Charles ne répond pas, le Roi le prend dans ses bras herculéens :

— Vous avez entendu ce que je viens de dire ? Jurez, en levant la main, que vous accomplirez les dernières volontés de votre père.

Le petit garçon obéit, secoué par les sanglots. L'instant d'après, il se jette aux genoux des municipaux, les conjurant de lui permettre d'aller « demander pardon aux Messieurs des Sections de Paris pour que Papa ne meure pas ».

Le lendemain, 21 janvier 1793, à 10 heures 15 du matin, une formidable clameur fait comprendre à la famille royale que son chef n'est plus. La Reine domine un instant sa douleur pour saluer son fils du titre de roi. La profondeur de son chagrin empêche l'enfant de tirer orgueil de cette proclamation. Le 3 juillet, on l'a dit, il est séparé de sa mère. On le fait descendre du troisième étage au deuxième où s'établissent son instituteur Simon et la brave femme de ce cordonnier illettré, tapageur, enragé de sans-culottisme et pas mauvais diable.

Le dimanche 6 octobre 1793, le bambin signe le monstrueux procès-verbal établi par un commissaire sous la direction du procureur de la Commune, Chaumette, maître absolu du Temple et de son substitut, le gazetier Hébert. Ces bons citoyens font accuser Lepitre, Toulan, quelques autres, et déclarer que Pétion, Manuel, Bailly, La Fayette s'étaient comportés « très mystérieusement aux Tuileries avec sa mère et sa tante ». Enfin vient l'immonde invention du *Père Duchesne :* la Reine et Madame Élisabeth ont enseigné le vice solitaire au petit garçon et l'ont fait coucher entre elles. Le docteur Ganière proposera l'ingénieuse explication que voici ; craignant de voir son fils affecté de la menue infirmité dont son père, selon certains auteurs, avait été victime, la Reine aurait conduit l'enfant à résorber un éventuel phimosis par des dilatations progressives... Surpris par les Simon à se donner du plaisir, il aurait, pour éviter une semonce, argué d'une prescription de la souveraine. C'est alors que *l'Homère de l'Ordure* aurait sauté sur l'occasion pour déformer les faits.

Cette abominable affaire provoquera d'ailleurs, pour un instant, un retournement du public en faveur de l'accusée. A la déclaration du 6 octobre s'ajoute une confrontation le lendemain avec Madame Royale, bientôt rejointe par Madame Élisabeth. La

Portrait de Simon en 1794, par A. Boger.

sœur, comme la tante, opposent les plus farouches dénégations. La cadette de Louis XVI va jusqu'à s'exclamer :

— Oh ! Le monstre !

Étaient présents, outre Chaumette et Pache, le peintre Jacques-Louis David et un commissaire nommé Danjou.

C'est ce jour que Louis XVII est vu pour la dernière fois par un membre de sa famille. Il n'existe alors aucun doute sur l'identité du petit prisonnier. Il ne circule aucun bruit de substitution jusqu'au jour où le cordonnier et sa femme, déchargés de leur mission par Chaumette, soucieux d'appliquer la loi proscrivant le cumul des fonctions électives et des activités salariées par l'État, quitteront le Temple.

C'est alors que commença le martyre d'un enfant. Était-ce le Roi ? Fût-ce tout de suite, ou plus tard, un substitué ? Sur ce point, la polémique n'est pas prête de s'éteindre. Certes, il existe bien un procès-verbal quotidien dressé par les gens de la Commune, sa sécheresse, toutefois, n'apporte aucune lumière.

Maître Maurice Garçon, dans une étude d'ailleurs sérieuse et attractive, écrit avec une surprenante indifférence : « Pendant les jours qui suivirent [le départ des Simon] on sut qu'on faisait des travaux pour organiser la vie nouvelle de l'enfant auquel il n'était évidemment plus nécessaire, puisqu'il vivrait à l'avenir seul, d'avoir à sa disposition les quatre pièces de l'étage. Les ouvriers circulèrent et l'on apprit assez vaguement et sans aucune précision que le petit Capet était en cellule. »

M. de Beauchesne a laissé, confirmée depuis lors par MM. Paul Sainte-Claire Deville, Louis Hastier et Alain Decaux, la description de cette pièce « dont la porte coupée à hauteur d'appui, scellée à clous et à vis, fut grillée de haut en bas avec des barreaux de fer. A la hauteur d'appui fut posée une tablette sur laquelle les barreaux, en s'écartant, formaient un guichet fermé lui-même avec d'autres barreaux mobiles que fixait un énorme cadenas. La chambre n'était chauffée que par le tuyau d'un poêle placé dans la première pièce ; elle n'était éclairée que par la lueur d'un réverbère suspendu en face des barreaux. C'est entre ces barreaux aussi que passait le tuyau du poêle ». *Tel est l'emmurement,* dit M. Alain Decaux, *d'un enfant de huit ans.*

L'extravagant dans cette affaire réside dans la constance de ce régime alors que le pouvoir change plusieurs fois de main. Chaumette, politique plus que discutable mais animé parfois d'idées généreuses, Hébert, individu reculant les bornes de l'ignominie mais incontestablement attiré par ce Charles Capet au point d'aller chaque jour jouer aux dames avec lui, ont organisé la geôle. Tous deux, tenus à l'œil par Maximilien, sont décapités, le premier avant, le second après Danton, accusé, comme eux, d'avoir cherché à rétablir la monarchie. Robespierre, désormais le maître, se rend-il au Temple où Madame Royale crut l'apercevoir ? Ce n'est pas assuré. En revanche, une très curieuse note de l'avocat d'Arras permet de supposer qu'il songeait à faire transférer — ou même évader — l'enfant ;

Le Temple, par Miesbach.

il projetait de changer le cuisinier, seul serviteur d'importance demeuré dans la forteresse, de placer des nouveaux commissaires *dans les deux ou trois premiers jours* (de quoi ?), de faire venir un médecin et de le munir d'opium (probablement pour endormir le petit garçon).

Vient Thermidor. Robespierre et vingt et un de ses partisans, dont Simon, ne sont pas encore exécutés que le 10, à 6 heures du matin, le ci-devant vicomte de Barras, devenu tout-puissant, vient visiter la cellule. Il trouve le petit en mauvais état et, du moins le prétendra-t-il, fait appeler le docteur Desault. Les conditions de l'incarcération sont-elles améliorées ? Un peu ; sans doute nomme-t-on un gardien provisoire des deux enfants : le créole Jean-Christophe Laurent, jeune homme d'humeur conciliante. Désormais, on pénètre dans la cellule. Le garçonnet est changé, peigné, ne vit plus dans un cloaque. C'est à partir de ce moment que se répand un bruit ; il existerait au Temple un faux roi qu'on aurait réussi à faire entrer et le vrai qu'on n'aurait point encore pu faire sortir.

Le samedi 8 novembre 1794, le créole se voit enfin adjoindre « le compagnon de service » dont il réclamait le concours avec insistance. C'est un citoyen Gomin, bourgeois distingué, habitant l'île Saint-Louis. Le vendredi 19 décembre, le comité de Sûreté générale envoie trois de ses membres en inspection : deux régicides, l'avocat Mathieu, de l'Oise, et le marchand de vin Reverchon, de Saône-et-Loire, ainsi qu'un modéré, l'ancien officier Harmand de La Meuse. S'il n'a pas voté la mort du Roi, ce personnage a refusé le sursis. La précision revêt une certaine importance lorsqu'on sait que M. Harmand de La Meuse, devenu préfet et baron de l'Empire, sera, à la suite de ses révélations sur le Temple, maintenu par la Restauration. Curieusement, les trois hommes n'ont fourni qu'un rapport oral devant leur comité sans informer la Convention. Plus tard, les deux premiers ne publieront rien. Le troisième révélera la maladie de l'enfant ; il avait constaté deux tumeurs au poignet et au coude, avait fait lever un instant le malade pour observer sa démarche, ne pouvant obtenir un mot et constatant le désintérêt absolu du reclus pour les jouets qu'on lui voulait offrir. Enfin, M. Harmand aurait donné l'ordre — c'est possible — de laisser le reclus communiquer avec Madame Royale. A ce récit se bornent les certitudes. On n'en connaîtra point d'autres jusqu'au printemps de 1795 où l'enfant entrera dans la phase aiguë d'une probable tuberculose généralisée.

Durant toute cette année 1794, où Louis de Frotté ronge son frein, attendant les ordres et les moyens nécessaires pour faire lever sa Normandie, il n'est préoccupé que de son projet de chouannage et de la délivrance de Louis XVII. Jamais il n'a douté du voyage à Paris de Mme Atkyns ; il écrira :

« Cette femme rare qui s'est montrée si digne de l'attachement et de la confiance que lui montrait la Reine jusqu'à sa mort a exposé sa vie et sacrifié une partie de sa fortune inutilement pour sauver la Reine de la prison du Temple où elle parvint à pénétrer à force d'argent. »

Et de répéter le second exploit de Lady Charlotte, en confondant le Temple et la Conciergerie, avant de conclure :

« Elle veut aujourd'hui tâcher de sauver ses enfants ; n'osant confier son secret à personne, elle m'ouvre son cœur, connaissant mon dévouement au sang de mes maîtres et m'engage à la seconder en me faisant part des relations qu'elle a toujours conservées. »

La phrase frise la proposition contradictoire ; d'une part, le secret est réputé non transmissible, de l'autre il existe des relations qu'on utilisera et qu'on a utilisées déjà dans cette perspective confidentielle. En fait, Louis veut dire que la dame est déjà résolue mais qu'elle n'a point encore donné de consignes à ceux dont elle s'est précédemment assuré le concours. Le baron d'Auerwerck avait-il utilement travaillé tant que la Reine vivait ? Une lettre de M. Peltier avait attesté tout à la fois le courage du Transylvain et son inaptitude à se renseigner :

« Il [M. d'Auerwerck] est parti de France il y a deux jours. Il arrive après avoir couru tous les risques imaginables et toutes les pertes possibles. Nous avons des avis jusqu'au 23 [septembre 1793] ; la Reine était encore intacte. Le baron ne croit pas qu'elle périsse. Danton et les Cordeliers sont pour elle, Robespierre et les Jacobins contre. »

Le baron a probablement connu des risques et des pertes sur le continent ; l'ennuyeux c'est que M. Peltier souligne si vivement ce zèle et ce désintéressement ; cela sent sa facture d'une lieue. Quoi qu'il en soit, l'informateur s'était trompé, faisant étalage de connaissances d'un monde politique ignoré par lui. Il avait peut-être relevé de la part de Danton un propos de taverne, l'amenant à conclure à l'indulgence, mais chacun savait à Paris que le gros bonhomme, sorti du Comité depuis le 10 juillet, négligeait désormais de ménager les puissances et l'opposition. Quant aux anciens meneurs des Cordeliers, ses amis, ils se découvriront *indulgents* dans quelques mois. Pour l'instant, ils se contentaient d'être *pourris*.

Quelques jours après l'envoi de cette information si fausse, la Reine était tombée sous le triangle de Sanson.

Charlotte, toute à son chagrin, n'en a point émis pour autant des réserves quant à la perspicacité de son auxiliaire. Désormais, avec l'entrée en scène du procureur Cormier, aperçu tout à l'heure, va parvenir, grâce à la femme du magistrat demeurée à Paris, une nouvelle d'importance : le départ des Simon. Hélas, Mme de Cormier est arrêtée. Arguant du fait qu'elle réclame le divorce, elle parvient à recouvrer sa liberté, mais entre-temps il n'est guère possible à son mari d'apporter des détails frais à Lady Atkyns.

Il échafaudait toutefois un plan audacieux : organiser au Temple une substitution. Lady Charlotte commença par regarder le procédé comme périlleux. Elle écrira plus tard :

« Dans ce temps-là, j'étais très fortement opposée au plan de mettre un autre enfant à la place du Roi, comme j'observais à mes amis que cela pourrait avoir une suite fâcheuse et que ceux qui gouvernaient alors, après avoir touché l'argent, enlèveraient l'auguste enfant et diraient après qu'il n'était jamais sorti du Temple. »

On le voit, la châtelaine de Ketteringham avait saisi les dangers d'une action à double tranchant. Elle s'y résolut, dans la suite, parce qu'il lui fut dit, sans doute, par certains de ses amis, qu'un enlèvement non précédé d'une substitution amènerait les comités révolutionnaires à réagir avec tant de promptitude que jamais les auteurs de la délivrance ne trouveraient le temps de placer l'enfant en lieu sûr, « dans la Vendée » ou bien en Angleterre.

Dans le même temps, Louis va se préoccuper de l'affaire avec plus de réalisme. Depuis qu'il a trouvé l'oreille du ministre Windham, grâce à la persuasion du comte de Moustier, il sait prise au sérieux son intention de royaliser la Normandie. Pour autant, ayant comme tout le monde saisi l'importance de combattre au nom d'un souverain libre et non point d'un principe incarné par un enfant emmuré, il lie les deux objets. Il écrit toutefois, le jeudi 4 septembre 1794, à Lady Atkyns :

« Il serait fort inutile de lui [M. Windham] parler de nos relations avec le Temple. Ce secret est trop important pour le confier à qui que ce puisse être. Trop de gens le savent déjà. Il me suffit de faire adopter mon plan pour lever un parti royaliste en Normandie, afin de seconder ceux des pays insurgés ; si je puis obtenir du ministre des moyens pour cet objet, ces secours pourront nous servir également à l'exécution de nos plus chers désirs que je regarde comme le premier intérêt, la principale base des succès royalistes. »

La suite de la lettre vient à projeter des lueurs nouvelles sur la ténébreuse affaire :

« Si le gouvernement me fait passer en France, comme nous le désirons, alors, Mon Amie, quelque chose qui arrive, vous aurez tout l'honneur des sacrifices généreux que vous m'offrez, sans que je sois réduit à en profiter, à quoi je ne me déterminerai sûrement qu'à la dernière extrémité, ne voulant pas risquer de causer la ruine de ma meilleure amie, s'il est possible de faire autrement, parce qu'il serait très possible qu'en exposant même tout ce qu'il vous reste de votre fortune je ne puisse pas réussir. »

Étrange Louis. Pourquoi se refuse-t-il à mettre le ministre, sincère ami des Émigrés, dans la confidence ? Sa Charlotte souhaitait-elle un semblable conseil et voulut-il lui complaire ? Dans ce cas, il faut admettre que cette Anglaise, plus française que les Français, se défie des siens. Peut-être faut-il voir dans la détermination de mutisme du jeune gentilhomme la crainte de perdre du crédit en entretenant d'une chimère un membre du cabinet. De fait, il paraît, lui, à l'accoutumée tellement optimiste, croire médiocrement au succès. Enfin, et le détail n'est pas mince, ce seigneur d'une parfaite éducation n'hésite point à faire état auprès de la dame du *reste de sa fortune*. Si c'est une exagération destinée à grossir le dévouement de l'ancienne comédienne, le compliment est de mauvais goût, or, l'on sait qu'en dépit d'une prolixité lassante, Louis conserve, même dans l'hyperbole, le ton le plus choisi.

C'est en cet automne de 1794 où la fin de la Terreur et les attitudes moins abruptes des Républicains au pouvoir décuplent les ardeurs royalistes qu'est arrivé dans la capitale britannique le comte de Puisaye. Il est trop simple pour lui d'y venir sous son nom ; on l'appelle le marquis de Ménilles, d'une terre normande apportée en dot par sa femme. Les Anglais, on l'a dit, apprécient le personnage. Sans aller, comme G. Lenotre, jusqu'à mettre en doute le courage et les capacités de l'ancien Constituant, sans tenir pour rien sa tentative d'unification des Chouanneries, force est bien de constater qu'il voyage sans excès de bagages ; il apparaît présent partout, vaincu toujours, modeste jamais.

Le comte de Contades, comme M. de Frotté, doit en passer par le nouvel arrivant, pour prendre du service. Il écrira plaisamment :

« Je m'occupais des moyens de voir M. de Puisaye, général de l'armée catholique et royale de Bretagne, alors à Londres. On me répondit que son existence était un mystère et sa vue une faveur à laquelle il ne fallait pas prétendre. On lui parla cependant de moi ; ses réponses furent honnêtes et il me fit dire de me tenir prêt à partir. Sur ces entrefaites on forma des cadres pour organiser les Chouans. L'évêque de Dol — Mgr Urbain de Hercé — m'en offrit un de la part du général et me proposa de le voir le lendemain. Je me rendis chez l'évêque et grâce à lui le sanctuaire du grand homme fut enfin ouvert [...] Je réfléchis longuement sans pouvoir arrêter définitivement l'idée que je devais me formuler de cet homme extraordinaire. Sa prodigieuse stature et les formes désagréables de son corps détruisaient la bonne impression que donnait sa figure douce et spirituelle. Le rôle qu'il avait à remplir exigeait un grand homme et je ne lui trouvais pas cet air fier, cette noble assurance qui les caractérisaient [...] M. de Puisaye me confia une partie de ses plans et me parla de ses projets. »

En bref, ces deux seigneurs se trouvent d'abord fort contents l'un de l'autre et Louis ne l'est pas moins de voir se raviver son espoir de passer en France les armes à la main. Originaire du Perche, général de l'insurrection fédéraliste, l'ancien Constituant ne songeait plus à la Normandie. Louis l'en fait se souvenir. Déjà maréchal de camp depuis 1791, bientôt nommé lieutenant général par Monsieur, M. de Puisaye voudrait coiffer tout le monde, y compris MM. de Charette et Stofflet. Se rendant compte qu'il ne s'imposera jamais au sud de la Loire, et se sachant discuté — Hippolyte de Piré le constatera bientôt — par le redoutable conseil du Morbihan, il s'annexe la plus belle des provinces en gratifiant Louis d'un brevet de lieutenant-colonel. La commission est décernée en décembre 1794. La lettre confirmative du comte d'Artois viendra le 22 février suivant.

Pour l'instant, les rapports sont excellents mais lorsque M. de Frotté constatera que ce supérieur, qu'il ne tolère que nominal, « a, comme l'écrit encore M. de Contades, trop d'amour-propre pour croire qu'une bonne idée peut sortir d'une autre tête que la sienne », il rapportera des troublants procédés utilisés par le comte Joseph aux fins d'obtenir l'appui, alors exclusif, du cabinet Saint-James : « Quant à la manière dont M. de Puisaye trouva moyen de fixer l'intérêt de M. Pitt, je n'en sais que ce que le baron de... m'en a rapporté, d'après, m'a-t-il dit, la confidence d'un témoin oculaire. » Evidemment, c'est *l'homme qui a vu l'homme qui a vu l'homme qui a vu l'ours* mais c'est aussi la preuve du feu par la fumée : « Il affirmait que par l'entreprise de ses partisans il avait trouvé le moyen de tirer le jeune roi Louis XVII du Temple, et qu'on avait mis à sa place un enfant de son âge qui lui ressemblait. On rapportait même toutes les circonstances qu'il avait surmontées et la manière dont s'était fait cet échange, qui mettait la personne du Roi entre ses mains. » Suit la description de quelques autres fantaisies du lieutenant général : à l'assurance qu'il s'était mis d'accord avec son ami Canclaux, commandant en chef de l'armée de l'Ouest, pour faire prendre à ses troupes la cocarde blanche, venait s'ajouter la formation d'un conseil de régence dont les Princes auraient été les grands absents cependant qu'il en aurait assuré la présidence. « Alors, dit encore Louis, on eût rétabli une monarchie et un ordre de chose quelconque dans lequel l'Angleterre eût eu la plus grande influence. » L'Angleterre, M. de Frotté, comme M. de Charette et passablement d'autres, s'en défie. Seul, Georges, très ami du parlementaire, fera crédit à la bonne foi d'Albion… en échange de ses guinées.

Comme le soulignera M. de La Sicotière, les Britanniques préféreront toujours les Constitutionnels, engagés un temps dans la Révolution tel M. de Puisaye, le lumineux journaliste Mallet du Pan ou le vainqueur de Jemmapes, aux gens demeurés plus proches de l'Ancien Régime.

Encore que tout à fait indirecte et rapportée plus tard sous le coup du dépit, l'allusion à Louis XVII et à la substitution ne va pas sans revêtir de l'importance ; alors que Louis a gardé, face à M. Windham, le secret des relations qu'il possède — ou croit posséder — grâce à l'action de Lady Charlotte, le comte de Puisaye, lui, aurait joué de liaisons imaginaires avec M. Pitt.

M. de Frotté, si les propos lui furent réellement rapportés en cette fin de l'année 1794, peut d'autant plus malaisément dominer son humeur qu'il observe avec chagrin des réticences de Mme Atkyns à son égard. Elle fuit Londres et regagne Ketteringham pour éviter, elle l'écrira plus tard, « de voir ou d'écrire à M. de Frotté, ne pouvant pas lui parler des arrangements qui étaient pris pour sauver le Roi ». Comme tout Londres retentit des bavardages de l'ancien procureur, Louis s'en va trouver le bonhomme afin d'en obtenir quelques éclaircissements. On apprenait naguère à se bien exprimer au parlement de Rennes et M. de Cormier a profité de la leçon ; il répond au lieutenant-colonel :

— Vous êtes le seul individu à qui je parlerai avec franchise. Je sais que vous êtes susceptible de garder un secret. Je vous parle comme à un ami dont je connais la loyauté et les sacrifices. Je sais tout parce que l'on n'a rien pu faire sans moi, mais tout est fini, tout est arrangé. En un mot : je vous donne ma parole que *le Roi et la France sont sauvés*. Toutes les mesures sont bien prises. Je ne peux vous en dire davantage…

M. de Frotté ne déguise pas son étonnement et sa joie. Alors M. de Cormier reprend mais avec une variante dont le correctif ne saurait échapper :

— C'est un coup du ciel, mais *le Roi et la France seront sauvés* et nous devons être heureux. Ne me questionnez pas, ne cherchez pas à pénétrer plus loin, cela serait inutile. Je vous en ai même dit plus que je ne devais et depuis M. Pitt jusqu'à moi, il n'y a maintenant personne qui en sache davantage que vous et je vous en demande le plus profond secret.

Intrigué, Louis répète, par lettre, à sa Charlotte les propos de son *gros ami* ; point de réponse. M. de Frotté s'impatiente et se demande pourquoi M. de Cormier, avant de lui faire part de sa grande nouvelle, a cherché à le dissuader de passer en Normandie, lui conseillant d'attendre encore et de suivre M. de Puisaye lorsque le général partirait pour sa grande expédition.

L'atmosphère devient difficilement respirable. Enfin, la date du départ — pour Jersey d'abord — est arrêtée ; ce sera le 30 décembre, avant-dernier jour d'une année que les Royalistes regardent comme moins atroce que la précédente dans la mesure où les Républicains l'ont consacrée à se supprimer entre eux. De Londres, Louis écrit à Ketteringham (il écrit toujours, mais, cette fois quoi de plus naturel ?) à celle dont les silences l'ont mortifié. Il clame d'abord sa joie de toucher enfin au but, y va d'un éloge de M. de Puisaye, car c'est encore l'idylle, puis donne libre cours à sa passion : « Voyez qu'il ne faut désespérer de rien, ma belle dame, mais il faut que je vous voie. Je vous demande à genoux de partir tout de suite et de venir passer vingt-quatre heures ici, mais sans que personne puisse savoir votre voyage parce qu'on pourrait en deviner le motif. Tâchez d'être ici lundi soir et envoyez chez moi me dire où je pourrai vous voir. »

S'il veut faire partager à Charlotte son plaisir de rentrer dans sa province pour réendosser le harnois, il continue de lier l'amour, la guerre et Louis XVII :

« Il faut aussi régler la manière de nous voir lorsque je reviendrai dans un mois. Je verrai l'enfant le plus adoré, mon amie. Il faut régler ce que je pourrai concerter avec mes amis. »

Ici, on se surprend à pester contre le style relâché de Louis. La phrase présente, en effet, une telle ambiguïté qu'il est impossible de savoir s'il compte voir le petit Très-Chrétien durant son voyage ou bien après son retour à Londres. Le dernier paragraphe apparaît plus clair :

« J'ai de plus besoin de vous donner ici une personne avec qui vous pourrez correspondre et qui vous remettra mes paquets [au sens sévignéen du terme]. Il faut aussi prendre de nouveaux renseignements relativement à l'argent [c'est-à-dire connaître l'usage qu'on fait, tant en Angleterre qu'en France, des deniers de Mme Atkyns]. Enfin, il faut que je vous voie, Mon Amie, de grâce, arrivez.

« Le tout dévoué.

« Tout ce que je vous affirme n'est pas fondé sur des apparences, mais sur des certitudes positives. Je ne voudrais pas vous déplacer inutilement par ce mauvais temps. »

Est-ce amour de l'amour, de la guerre ou de Louis XVII, ou les trois à la fois ? Charlotte, au reçu de la missive, se jette dans une voiture, parvient à Londres dès le lendemain matin, descend à l'hôtel et fait prévenir Louis. Est-ce pour parler que l'officier et l'ancienne comédienne ont utilisé leurs lèvres ? Peut-être, mais pas forcément de la guerre et du petit roi. Entre ces deux êtres, dont l'intelligence n'exclut point la naïveté, est venu se tisser un lien indestructible, même par M. de Cormier…

Enfin, voici M. de Frotté, lesté de quatre sous, à Guernesey, station britannique gouvernée, comme Jersey, par le très affable et pas tout à fait authentique prince de Bouillon. Originaire de Jersey même, fils d'un officier pauvre de la marine britannique nommé d'Auvergne et d'une dame née Elisabeth Le Guey, il a réussi, en 1784, à se faire adopter par Guillaume de Bouillon, désespéré de demeurer sans postérité. L'affaire semble régulière car le vieux seigneur avait retrouvé, tout en pleurant les branches mortes de son arbre généalogique, une brindille vivace dans la première des îles anglo-normandes. Circonstance plaisante : pour s'assurer une postérité, le duc avait doublé sa mise, accordant aussi son nom et ses armes au Breton Théophile Malo-Corret, descendant d'une suivante très suivie par l'époux d'une princesse de l'illustre maison. Ce personnage, héroïque et pittoresque, possédant comme son lointain cousin un peu de sang du grand Turenne, sera l'auteur oublié des *Origines gauloises*, et, héros demeuré justement fameux des campagnes de la Révolution, le premier grenadier de France. Hélas pour les mânes de Guillaume, ni le royaliste Philippe ni le républicain Théophile ne feront souche.

La situation du prince paraît enviable. Devenu l'héritier d'une famille souveraine d'obédience française, il est demeuré sujet de Sa Gracieuse Majesté. En bonne logique, le gouvernement de George III l'a chargé, non seulement des défenses de Saint-Hélier et de Saint-Peter-Port, guère menacées par les flottes de la République, mais encore des bureaux de correspondance avec les Royalistes. Somme toute, s'agit-il moins de conserver que d'envahir et, grâce à l'ambiguïté de la situation, à une manière de *double nationalité*, le commodore d'Auvergne se trouve très à l'aise. Assoiffé d'égards, comme toutes les grandeurs discutées, mais obligeant, généreux, chevaleresque, et d'esprit ouvert dès qu'on traite d'un sujet étranger à la gloire de Turenne et des siens, il sera la providence des Contades, des Frotté, et, pour un temps, de M. de Puisaye lui-même.

Le dimanche 11 janvier 1795, Louis embarque sur « un petit bateau mais fin voilier ». A bord, outre l'équipage, trois Chouans destinés à servir de guides, trois Émigrés rentrant au pays : MM. de Vasselot, de Pange et de Boisbaudran, et quatre officiers chargés d'assister le lieutenant-colonel : le comte de La Roque-Cahan, MM. de La Rosières, de Belfond, et d'Urville. Enfin le courrier des Princes, M. Armand de Chateaubriand, compagnon du célèbre Noël Prigent et virtuose, comme lui, des missions impossibles.

Il est dix heures du soir lorsqu'on parvient en vue des côtes de France. Les deux pilotes n'ont point appris leur métier sous Sir Sidney Smith ; ils s'égarent parmi les rochers. A quatre heures du matin, le bâtiment mouille. Les compagnons ne sont pas à plus d'une demi-lieue de la côte mais à quatre du point prévu pour l'atterrissage. Comme rien de bleu ne se distingue dans le noir, Louis autorise le débarquement. Par malheur, l'annexe ne saurait contenir plus de huit à dix personnes dont trois matelots au banc de nage. Il faudra donc effectuer deux voyages. Las ! Chacun entend bénéficier du premier. C'est bon. Trois Émigrés partiront d'abord avec les trois guides et M. de La Rosières. Louis exige le serment de renvoyer sur l'instant le canot. Et c'est l'attente, soudain troublée par des coups de feu, dix-huit, précisera le seigneur de Couterne. Le jour commence de poindre que l'embarcation n'est pas de retour. Soudain, deux boulets

« Les Adieux », par Coessin de La Fosse.

encadrent le navire. Ils viennent du fort républicain, un instant pris par MM. de Vasselot et ses compagnons puis retombé dans les mains des Carmagnoles sans que les Royaux aient trouvé le temps d'égueuler les pièces. C'est du moins ce que M. de Puisaye consignera dans ses Mémoires.

Le lieutenant-colonel est maître au nom du Roi mais le commandant l'est après Dieu. On appareille tandis que les soldats de la Nation s'agitent sur la grève. Le mercredi 14 janvier 1795, MM. de Frotté, de Chateaubriand et leurs compagnons se retrouvent, après un voyage peu fait pour les entrailles fragiles, au quai de Saint-Peter-Port.

Que fait Louis, lorsqu'il dispose d'un peu de temps ? Il écrit. Il envoie donc un rapport, empreint de déférence, au comte Joseph, et fait tenir, le dimanche 1er février 1795, une lettre à Milady Charlotte, assez précise pour nous amener à considérer que, lors du rendez-vous londonien, on avait peut-être parlé mais pas de la chose politique.

Moulu, fourbu, déçu, il écrit à la belle :

« Vous savez combien il me sera essentiel d'être instruit exactement de tout. Vous en connaissez les moyens et je m'en rapporte [à votre amour ? Pas du tout !]... à votre zélé et pur royalisme pour me les procurer. Je ne puis trop réitérer cette instance [donc, il avait essuyé précédemment une dérobade] parce qu'il est essentiel pour vous et pour la cause chérie à laquelle je me dévoue, que je voie clair dans la manière dont vos agents vous ont secondée et quel a été le fruit de leurs soins. »

La dame a donné, comment en douter, son cœur et son âme au monsieur, mais pas son esprit. Elle affectionne M. de Frotté parce qu'il est beau et bon, mais elle juge les Cormier et les d'Auerwerck meilleurs animaux politiques. Assurément, elle entend Louis, mais elle écoute les autres. A ces gens s'applique un aphorisme de M. de Rivarol qu'elle ne connaît pas : « C'est un terrible avantage que de n'avoir rien fait mais il ne faut pas en abuser. »

M. de Frotté, en dépit des déconvenues apportées par cette année grise — et rouge pour tant d'autres — conserve sa principale force : la foi.

Aux premiers jours de février, il touche enfin ce qu'il nomme « la Terre promise », mais, au temps des panses pleines et des discours vides, qu'est-ce que la Normandie ?

Chapitre V

O RICHARD, O MON ROI

« La Normandie est un but », écrira Paul Vidal de La Blache. Longtemps, les hommes avaient lutté pour la prendre, Louis s'attache à la reconquérir.

De toutes les provinces françaises, il n'en est pas d'aussi purement politique. La géographie possède tout juste son mot à dire. Certes, il a bien fallu trouver des frontières mais pas plus la Dives que l'Epte, l'Avre que la Risle, ne constituent de véritables barrières. Il en va de même pour le cours d'eau détesté des Bretons :

Le Couesnon dans sa folie
A mis le Mont en Normandie.

André Siegfried renchérira : « La Normandie ne ressemble politiquement à aucune autre province française. Si elle est liée à l'unité nationale par une étroite et séculaire union, elle n'en reste pas moins une marge ; c'est une personnalité originale et distincte. »

Le Bon Dieu s'est montré généreux et la prière du Normand est demeurée justement célèbre : *Seigneur, donnez-moi du bien, et si vous ne m'en accordez pas, placez-moi à côté de quelqu'un qui en possède.*

« Le paysan de Tinchebray, écrit M. Philippe Roussel dans son maître livre, *De Cadoudal à Frotté*, rude et sauvage, se contente d'une nourriture frugale, pain d'avoine ou de sarrasin ; pour lui, un morceau de lard représente une nourriture de grand luxe ; il est profondément croyant. Le Percheron et l'Augeron ne lui ressemblent guère ; leur aisance étant plus grande, ils sont plus ouverts. Tous se rejoignent sur un point : amour passionné de leur sol, de leur bétail, de leurs biens. »

Le sentiment qu'on commence de nommer national est ancré depuis la reconquête du XVe siècle. Après le supplice de Jeanne d'Arc, la bourgeoisie s'accommodait de la régence de Bedford, d'ailleurs assez adroit pour donner à Caen une puissante université. Il n'en allait pas de même de la noblesse et du petit peuple prompts à *bouter le Godon*. Des rois-ducs et de la seconde domination anglaise avait subsisté un trait important : cette centralisation que les souverains français, toujours prêts, dans leur empirisme, à tirer parti des qualités de l'adversaire, allaient retourner à leur profit, c'est-à-dire au nôtre.

Comme l'Anjou, comme la Bretagne aussi, la province avait été profondément atteinte par la Réforme. Comment s'en étonner ? Le développement citadin, plus rapide ici qu'ailleurs, procédait des progrès du négoce, et le protestantisme, avec sa sélection des Écritures dans le sens des talents qu'on doit faire fructifier, avec sa franche exaltation du capital et de son intérêt ne pouvait que séduire les marchands, les banquiers, les paysans riches, ou simplement désireux de le devenir. L'édit de Fontainebleau devait, du même coup, freiner un temps les échanges jusqu'au moment où le libéralisme de Louis XV permit aux gens de la RPR de reprendre leurs activités.

Est-ce à dire que tout allait bien sur les bords du Pactole ? Pas toujours. Ainsi, quarante ans avant les Bonnets bleus ou rouges de Bretagne, dont Mme de Sévigné, compatissante, a rapporté l'histoire lamentable, les nu-pieds de Normandie s'étaient dressés pour la même raison : la crainte de voir rétablir la gabelle. Bientôt, vingt mille croquants, se baptisant eux-mêmes l'Armée des Souffrants, jettent le trouble un peu partout, invitent les voisins, et les Parisiens eux-mêmes, à les imiter. Ils tuent un peu mais vont le payer trop cher. Le capitaine huguenot Jean de Gassion, à la tête de troupes étrangères, prend Avranches et étripe quelque peu. Ce n'est encore rien. Le Cardinal, dont l'humeur s'assombrit avec les ans et que fâche une insurrection survenue en pleine guerre, envoie le féroce Séguier, nanti de pouvoirs tels qu'il peut massacrer sans jugement. Le chancelier ne s'en privera point. La Normandie conservera longtemps le souvenir de cette répression pire qu'affreuse puisque inutile. Les Chouans normands seront un peu les fils des nu-pieds comme leurs frères bretons participeront, eux, des Bonnets bleus ou rouges.

La riche province, avec ses splendeurs architecturales, sa vie aisée pour quiconque aime le travail, demeure toutefois différente de sa belle, mais pauvre, parente d'Armorique. Alors que le parlement de Rennes se bat pour conserver quelques prérogatives politiques, Rouen se laisse déposséder. Les dernières survivances de l'antique Échiquier disparaissent. On s'en plaint un peu mais poliment, et Louis XVI se montre si satisfait de la Normandie qu'il en fait revivre le titre ducal au profit de son second fils. L'année suivant la naissance de cet enfant dont M. de Frotté va tant se préoccuper, le Roi vient jusqu'à Cherbourg, dresse de sa main un plan de la ville, des projets d'ouvrage d'une digue. Le Très-Chrétien rentre à Versailles, les oreilles bourdonnantes d'ovations sans fin. Comment pareil enthousiasme n'inclinerait-il point à l'optimisme ? Ses sujets sont à son image, bons et industrieux...

La caisse est vide ; il importe de la remplir et, par la convocation des États généraux, les Normands comme les autres se voient inviter à rechercher les moyens de combler le déficit. Comme ils ne sont pas plus donneurs que prêteurs, ils se soucient plus de réformes législatives que de sacrifices pécuniaires. Ici comme ailleurs, on se remue passablement dans les sociétés de pensée.

Hors quelques très grands noms, inévitables en pareil cas, l'Assemblée voit poindre des talents venus de Normandie ; de Rouen, le tiers mandate Jacques-Guillaume Thouret, bientôt auteur du découpage par départements. Sa province en formera cinq : le Calvados (du nom d'un navire espagnol, ayant au XVIe siècle fait naufrage sur ses côtes), l'Eure, la Manche (chef-lieu : Coutances et pas encore Saint-Lô), l'Orne et la Seine-Inférieure. De Rouen encore vient Le Couteulx de Canteleu. Il ira loin... sous l'Empire. Le clergé du bailliage d'Évreux désigne le curé de Sainte-Croix de Bernay. Cet ecclésiastique ne laissera pas un nom dans les fastes de l'Église mais s'en fera tout de même un : Robert Lindet. D'Évreux encore, voici venir l'avocat Buzot, de Caen, Félix de Wimpffen, pour la noblesse, celui-là, comme Jacques de Chambray pour Alençon. Enfin, du bailliage du Perche à Bellême, arrive aux Menus-Plaisirs, au nom du deuxième ordre, M. le comte de Puisaye, qualifié pour la circonstance de seigneur de Courtalin, demeurant à Paris, rue des Juifs, au Marais. Encore qu'honorable, la représentation de la province demeure assez effacée.

Les premières mesures sont admises sans difficultés. Quant aux troubles parisiens, ils sont assez méchamment imités : au Havre, la canaille attaque la tour François-Ier, à Rouen, on s'en prend au Vieux Château, à Caen, le donjon réputé « symbole du despotisme » est enlevé. Là, le major en second de Bourbon-Infanterie, comte de Belzunce, est accusé par trois grenadiers d'avoir voulu leur retirer une médaille. Il se réfugie à l'hôtel de ville, on l'en arrache, on le dépèce avant que de promener son cœur au bout d'une pique. Le gazetier Marat n'avait cessé de désigner cet officier à la fureur populaire. Mlle de Corday s'en souviendra... Cette affaire, encore qu'abominable, est loin de l'emporter en horreur sur d'autres crimes perpétrés un peu partout dans le royaume. A la vérité, la Normandie demeure presque sage. Pas plus aristocrate que jacobine dans son ensemble, elle se veut modérée, modifiant légèrement la conception traditionnelle de son loyalisme dynastique en un attachement pour la monarchie constitutionnelle. Si le catholicisme, dans certaines régions, tel le pays d'Auge, est moins profondément vécu que dans les autres provinces de l'Ouest, le goût de la liberté demeure assez vif pour que les mesures — moins anticléricales qu'antireligieuses — de la Constituante, puis de la Législative, soient mal accueillies. En l'absence d'unité paroissiale existe le plus souvent un attachement pour les prêtres. On voit d'un mauvais œil les règlements de comptes entre intrus et non-jureurs. Un vainqueur de la Bastille, l'abbé Fauchet, dignitaire maçonnique assez puissant pour avoir, dit-on, fait porter une poignée d'énervés contre la forteresse afin de donner à son ami, l'entrepreneur Palloy, l'occasion, réalisant son rêve, de pratiquer la démolition, avait abandonné son grand vicariat de Bourges pour devenir évêque constitutionnel du Calvados. Ses commettants frémissent en l'entendant prôner une réforme agraire ; toucher à la propriété, d'ailleurs assez équitablement répartie en ces contrées, les scandalise. M. Fauchet s'obstine. Membre de la fraction Brissotine, il attaque le Roi, demande la mise en accusation des ministres. Ce n'est point qu'il soit méchant mais

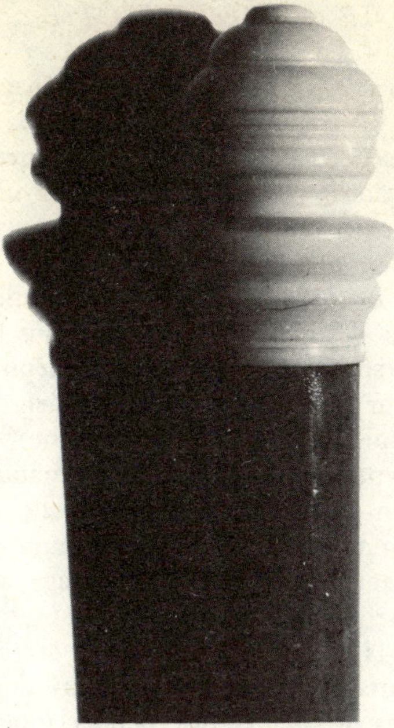

Pommeau de canne royaliste dont l'ombre portée forme le profil de Louis XVI.

il a le sang chaud. Lorsqu'on apprend qu'à l'Assemblée il a battu des mains lors du vote décrétant l'abolition du costume ecclésiastique et qu'il a symboliquement retiré sa calotte pour l'enfouir dans sa poche, on juge la plaisanterie sans sel. Aux discours succèdent les actes ; les prêtres fidèles sont molestés, incarcérés. A Pâques 1792, de graves incidents se produisent à Vernon dont les non-jureurs font les frais. De nombreux prêtres se réfugient dans les îles anglo-normandes. Le culte proscrit refleurit dans les châteaux, les fermes... La noblesse émigre. Pays de marins, la province se dépeuple de ses officiers rouges et même bleus. On a beaucoup parlé d'une association contre-révolutionnaire, la coalition de Caen, dont le comte d'Oilliamson fait grand cas. Elle se borna, sous un M. de La Bigne, à rechercher les moyens de protéger le clergé par une organisation en comités de quartier. Ses fondateurs devaient périr à Versailles dans le transfert des prisonniers d'Orléans sous les coups de Fournier l'Américain, et un M. Louis Lévêque, ancien président de l'élection de Mortain, sera décapité, en 1793, pour son appartenance à la même coalition.

Aucun groupe sérieux ne s'oppose à la montée de la dictature parisienne. En revanche, la province, presque unanime, s'élève, mais spontanément, contre les sévérités conventionnelles ; à Rouen, trente mille personnes, chiffre colossal pour l'époque, s'assemblent afin de réclamer l'appel au peuple en faveur de Louis XVI. Le vote des députés normands dans le procès du Roi reflète l'état des esprits. Aucun des treize députés du Calvados ne se prononce pour la mort sans sursis et il s'en trouve neuf pour se limiter au bannissement. Dans la Manche, on recense cinq régicides à part entière sur treize représentants, dans l'Orne, quatre sur dix, en Seine-Inférieure, deux sur seize. Au total, quinze Conventionnels normands sur soixante-trois ont choisi l'irrémissible. Quant au Calvados, il partage avec les Hautes-Alpes et l'Ardèche le privilège de ne compter aucun régicide. C'est mieux que la Lozère, la Meuse, le Morbihan, la Corse, départements pourtant ultra-modérés. Alors que tant de villes suivent Paris dans le délire des dénonciations sectionnaires, Rouen devient — les Jacobins s'en scandalisent — « un port assuré pour les citoyens tièdes ».

Si le farouche Hébert, grand geôlier de Louis XVII, est originaire d'Alençon, la Normandie compte deux Brissotins d'envergure ; les députés Buzot et Dufriche de Valazé. Après que, le 2 juin 1793, les sections ont abattu les tenants de la Gironde, arrachant à la Convention apeurée l'arrestation de vingt-neuf des siens dont Brissot, Vergniaud et Buzot lui-même, le pays légal presque entier crie au coup d'État, adresse motion sur motion. Buzot érige Évreux et Caen en centres de résistance contre la coalition montagnarde. On bat le tambour, on recrute… Puisque le dogme de la majorité parlementaire se trouve violé par la répression des faubourgs, il importe de prendre les armes pour rétablir la République dans la dignité de la libre discussion. Le baron Félix de Wimpffen, estimé pour sa belle défense de Thionville, organise une armée en étroite collaboration avec un autre général, le comte de Puisaye… Le résultat est connu ; les troupes de la Montagne, commandées par le suisse de Saint-Eustache, Sepher, rencontrent les « Fédéralistes » (terme dénué d'ailleurs de tout fondement) du côté de Pacy-sur-Eure. Pas de morts, pas de blessés. La peur est si forte que, des deux côtés, on se débande. Pourtant, il est plus facile de diriger la France de Paris que d'Évreux. Donc, Sepher a gagné, Wimpffen perdu. Le jour même où grimace si vilainement Bellone, l'Ami du peuple reçoit le couteau de Marie-Charlotte en plein cœur. On l'accroche, pas Marat, le cœur, dans une grotte du jardin des Tuileries et l'on guillotine Mlle de Corday puis un ami du naturaliste Forster, le Conventionnel rhénan Adam Lux, coupable d'avoir voulu défendre la fière descendante de Corneille.

La Gironde se meurt dans le Calvados. Tous les autres départements l'abandonnent. On s'étonnera d'une chute si soudaine ; à la vérité, la plupart des Français se demandent en quoi Brissotins et Montagnards sont différents. Les premiers, selon le mot de Bailleul, « n'étaient-ils que des Jacobins bien élevés » ? On se moque des luttes intestines de la Convention, et l'on s'en tient, pour les uns à la République dure, pure, sûre, pour les autres à la Monarchie, de préférence constitutionnelle. Ce sera le mérite de MM. de Puisaye, Bougon de Longrais, de l'avocat de Caudebec, Delahaye et de quelques autres de comprendre enfin qu'il est temps de choisir. Les Brissotins ont perdu. Hors M. Lanjuinais et Henri La Rivière, ceux qu'on retrouvera sur leur banc après Thermidor seront bien pâlots.

On avait découvert le corps de Buzot, à demi dévoré par les chiens, et Valazé s'était poignardé pour échapper à la planche de Sanson.

La Gironde aura tout de même présenté quelque utilité, permettant aux Angevins de reprendre souffle après l'effort du printemps de 1793.

Lorsque la Grande Armée touche la Normandie, et que M. de Frotté, embarqué chez Lord Moira, manque le rendez-vous, les bourgeois de Granville, conduits par le représentant Le Carpentier, se défendent comme des diables, et, seul Pontorson tombe au pouvoir de Monsieur Henri. Volonté déterminée de repousser les suppôts de la tyrannie, de la superstition et de l'aristocratie ? Pas sûr. Certes, il existe, là comme partout, des hommes « aux idées avancées » (ou généreuses, comme on voudra), mais la défense n'implique pas un attachement au régime et encore moins à cette Constitution de 1793, inventée pour persuader les départements qu'ils sont exempts de la dictature parisienne ; si les Granvillais, et quelques voisins, ont tiré sur les Royaux, c'est seulement parce qu'ils ne voyaient en eux que des bandes affamées et souvent dévastatrices. Les Normands n'ont pas sauvé la République mais leur garde-manger.

Au demeurant, ne s'est-il pas trouvé des Bretons et des Mainiaux, pas seulement des Voltairiens de chef-lieu de canton et des paysans, pour agir de même pendant les opérations de Galerne ? En ces temps difficiles, les rêves, souvent, comptent moins que le pain.

Observateur attentif d'un pays adoré, Louis de Frotté connaît, même déformé par les courriers et les gazettes, l'état d'esprit de l'antique duché. Les Thermidoriens ont réadmis dans leur sein les naufragés de la Gironde, et la République, forte de ses proclamations solennelles concernant la propriété, pourrait, en prenant le visage de la componction, séduire tout un monde d'hommes de loi, de négociants, bref, faire l'affaire des gens d'affaires. A l'évidence, une partie de la population — et souvent, la plus riche — commence de prendre son bien en patience.

Des aller et retour d'un régime incertain et des soubresauts imprimés à la machine par les nostalgiques de la Terreur, les chefs révolutionnaires, survivants pas très propres des temps d'épouvante, cherchent à se rééquilibrer vers le centre. Centre social mais non politique ; les *ventres pourris* sont antireligieux, souvent régicides, et d'obligation bellicistes. Du même coup, ils sont contraints, se voudraient-ils assez plaisants, de maintenir la coercition robespierriste. En commémorant l'anniversaire du supplice de la place Louis-XV, ils atteignent les Normands dans leur modération. En pourchassant les prêtres, ils attisent la fidélité des croyants et indisposent les déistes et les agnostiques, demeurés assez équitables pour vouloir cette liberté des cultes inscrite dans la constitution. En traquant les paysans et les commis de boutique pour les envoyer aux frontières, ils dressent contre eux toutes les familles qu'une allégeance au régime ne dispense pas de ce nouvel impôt — celui du sang — que s'était jusque-là réservé la noblesse. Comment un laboureur, un manouvrier des champs, un artisan sans relations pourrait-il admettre que ses fils s'aillent faire tuer par les habits blancs, alors que les enfants des Patriotes trouvent toujours un moyen de rester à la maison ou de parader dans la Garde nationale ?

Le Normand, habitué plus qu'un autre, c'est vrai, à la

centralisation, ne l'admet plus dès lors qu'elle revêt un caractère de persécution. Comme les Comités jugent le pays peu sûr et le quadrillent, employant quelques soldats de ligne et tous les gens sans aveu qu'ils admettent dans les légions locales, ces malheureux, désireux de bien manger à tous les repas, procèdent à de constantes réquisitions. Avec les époques troublées, et la présence de tribunaux uniquement préoccupés de délits politiques, le banditisme se développe promptement. Les partisans du régime, parce qu'ils sont souvent les plus riches, ou les plus récemment enrichis, en pâtissent les premiers. La population, loin de se scandaliser malgré sa traditionnelle horreur du désordre et son respect du bien d'autrui, s'amuse un peu, et, par sa passivité, encourage ces pratiques. Résultat : la troupe, la Garde nationale, la maréchaussée devenue gendarmerie — et en général assez mal tenue — multiplient les perquisitions et les vexations. On signale des violences, des viols. Des malandrins, à la recherche d'une respectabilité, adoptent les insignes portés dans les provinces limitrophes par les combattants royalistes. Ainsi — il n'est pas téméraire de l'affirmer — en Normandie, et à l'inverse de la Bretagne et du Maine, les faux Chouans apparaissent avant les vrais. Ici, comme ailleurs, les premiers noyaux sont constitués par les réfractaires à la conscription. Errant dans les bois, vivant de rapines, ils fuient les représentants de l'ordre, et, s'ils ont pu se procurer une arme, leur tirent dessus, les manquent les premières fois, et, à force d'entraînement, ne les ratent plus. Pour mettre fin à ces convulsions, les autorités, sachant bien que les fusils des insoumis sont trouvés sur place, décident de les confisquer tous sauf, bien sûr, ceux des Patriotes. En cette fin de siècle, si l'arme à feu présente une utilité, elle revêt, en outre, une valeur symbolique, celle du droit de chasse si longtemps disputé. Ainsi, dans les campagnes, la colère succède-t-elle à l'agacement.

La vente des biens nationaux, d'abord bien accueillie, surtout lorsqu'il s'agissait de bâtiments et de terres appartenant au clergé régulier, devient impopulaire. Les acquéreurs, souvent mauvais maîtres, s'entichent de révolution dans la crainte de devoir, quelque jour, restituer ce qu'ils ont obtenu pour quelques brouettées d'assignats. Un nouveau type de bourgeois, âpre, patriote, ami d'un calme sans justice, volontiers délateur, est apparu. Il pourrait bientôt servir de cible…

Pour autant, les conditions d'un mouvement contre-révolutionnaire sont-elles réunies ? Il ne semble pas. Alors qu'en Anjou, en Poitou, en Bretagne, et, à de moindres degrés, dans le Maine, la noblesse et les gens du haut tiers, de concert avec le clergé, tantôt subissent, tantôt suscitent mais toujours canalisent et dirigent la guerre, classique ou chouannique, les gentilshommes normands seraient incapables de procéder de semblable manière. Il faudrait qu'ils soient là. Or, pour la plupart, ils peuplent les rangs de l'Émigration militaire ou civile. Parmi les seigneurs demeurés sur place, quelques-uns ont embrassé les opinions nouvelles, tel le comte Le Veneur. Issus de la bourgeoisie caennaise, les frères Moulin auront accédé, eux aussi, au généralat. L'un, vaincu par M. Stofflet, s'est suicidé, l'autre deviendra membre du Directoire, puis — Napoléon n'étant pas toujours rancunier et souvent malicieux — baron de l'Empire. Si

Maison de la Guillotière (Ille-et-Vilaine) : la tombe du chouan.

la statistique n'est pas, comme le prétendra Berthelot, la forme moderne du mensonge, on situera le rôle des Bleus de Normandie à travers le nombre d'officiers généraux de terre ou de mer ayant servi la Révolution, l'Empire ou ces deux formes de gouvernement. Sur 20 047 porteurs de grosses épaulettes, répertoriés par M. Georges Six, de 1792 à 1814, 30 viennent du Calvados, lui conférant la 20e place parmi les départements français. Se détachent ensuite la Manche au 22e rang avec 25, la Seine-Inférieure au 54e avec 15, enfin, *ex aequo,* l'Eure et l'Orne au 75e avec 8. Du côté de la haute administration, outre Lindet et Lecouteulx déjà cités, on trouve des Constitutionnels ralliés sur le tard, tels MM. Lebrun et Mollien. L'un sera duc et l'autre comte, mais tous deux financiers, le premier architrésorier, le second ministre du Trésor. On le voit, la Normandie demeure dans le service tricolore très loin derrière la région parisienne, la Lorraine ou la Gascogne.

Décidément, elle n'est pas révolutionnaire. Toutefois, pour entrer en lice — dernière des provinces de l'Ouest — contre le régime, il lui manque des atouts ; le paysan n'est guère proche de son seigneur. Se moquant des liens féodaux, habitué dès longtemps à relever d'un pouvoir plus élevé, il envie les grands propriétaires, anciens ou nouveaux, et accorde sa commisération aux petits. Peu capable d'établir la différence entre une péripétie comme l'insurrection fédéraliste et une contre-révolution véritable, il se souvient trop bien du facile succès des Parisiens contre MM. de Wimpffen et de Puisaye pour éprouver l'envie d'en découdre. Reste le clergé ; comme ailleurs, il est influent dans la mesure où l'on veut bien le croire. Or, le Normand, on l'a dit, s'il est parfois pieux, comme en pays de Tinchebray, est le plus souvent sceptique. Il fait ses comptes avec le Bon Dieu, donne à la quête si la récolte est bonne mais, à quelques exceptions près, ignore le mysticisme. Né dans un pays privé de montagnes, il n'a guère besoin de foi pour les renverser.

Louis de Frotté sait tout cela, comme il sait que les petites actions, inaugurées par Michel Moulin, dit Michelot, fils d'un forgeron de Saint-Jean-des-Bois, sont aussi minces que celles d'un gentilhomme hâbleur mais courageux, M. Billard de Veaux.

A regarder la contrée à l'aide du microscope, on trouverait bien quelques traces de chouannage — prêtres délivrés, gendarmes rossés — mais, force est bien d'en convenir, lorsque arrive l'ancien chevalier de Couterne, la Normandie, sa Normandie, n'est point encore entrée dans la grande farandole.

*

* *

Il faut à Louis un nom de guerre ; il choisit *Blondel,* en souvenir du célèbre trouvère. Le baladin était originaire de Nesle, localité voisine de cette ville de Péronne où l'héroïque Charles III dit le Simple (ce surnom, précise M. le duc de Lévis Mirepoix, ne visait pas l'intelligence mais la netteté du caractère) mourut, prisonnier d'un autre Carolingien, dérogé celui-là, le trouble Herbert II de Vermandois. Dans la même cité, Louis XI fut d'autant plus terrorisé par Charles le Hardi, qu'on n'osait point encore nommer le Téméraire, qu'il connaissait le précédent. De Blondel de Nesle, les poètes rappelaient seulement vingt-cinq chansons d'amour dont l'une demeurait citée en exemple :

Por Dieu ! Vos prie que vos n'en troubliez
Puisqu'ainsi est, qu'amor par sa puissance
A nos deux cuers ensemble lier
Por Dieu ! Aiez le mien en ressemblance.

C'était là référence bien érudite lorsque Sedaine, affichant un beau dédain pour la réalité historique mais témoignant un sens aigu de la scène, avait popularisé le personnage par le livret de ce *Richard Cœur de Lion* dont Grétry devait composer la musique ; Blondel, se donnant pour aveugle, allait à la rencontre de Richard et parvenait à pénétrer dans le château de Linz où se consumait le fou furieux, présenté sous les traits d'un paladin. Avec l'appui de la comtesse de Flandre, le parangon de la fidélité délivrait son maître. C'était sur le théâtre, en 1784. Le public s'enflamma ; la France entière, en attendant que cet air devînt subversif, se mit à chanter :

O Richard, ô mon roi,
L'univers t'abandonne.
Sur la terre il n'est que moi
Qui s'intéresse à ta personne.

Et voilà pourquoi M. de Frotté s'est donné Blondel pour

pseudonyme. Au demeurant, il l'utilisera peu ; du prince de La Trémoïlle au dernier des manouvriers, on le nommera plus souvent *Monsieur Louis* ou bien *le Général*, lors même qu'il ne sera, pour un temps, que lieutenant-colonel.

*

* *

M. de Frotté touche enfin la Terre promise encore que ce ne soit pas la sienne, trop calme à son gré, mais la tumultueuse Bretagne. En compagnie des chevaliers de Tinténiac et de Saint-Gemmes — le futur général d'Andigné —, il parvient près de Bréhand, au manoir du Boishardy, chez le célèbre chef du même nom. Le Chouan le reçoit bien. Il ne saurait procéder autrement. Le Normand vient lui remettre 2 000 louis de la part de M. de Puisaye. Le comte Joseph, il est vrai, peut et doit se montrer compréhensif à l'égard de ce fier guerrier de la lande, ayant préféré confier, en son absence, le commandement de la Bretagne à M. de Cormatin plutôt qu'au remuant seigneur. M. de Boishardy n'est pas rancunier ; gentilhomme de coup de main et de grand chemin, peut-être se rend-il compte, comme M. de Saint-Gemmes le fera pour lui, qu'il n'est pas taillé pour la direction d'une province. Peut-on affirmer que quelqu'un y commande ? C'est alors une assez jolie anarchie que la Chouannerie bretonne. A Londres, elle peut paraître unie sous le comte Joseph, sur place, hors l'enclave morbihanaise où les Silz, MM. Georges, Mercier et Guillemot font la loi, elle est le champ clos de l'individualisme. Exemple : alors qu'ailleurs on se bat, M. de Boishardy vient de remettre son poignard au fourreau. Sachant M. de Charette en négociation à la Jaunaye, et le baron de Cormatin occupé d'imiter le grand Poitevin, il observe une suspension d'armes. Il s'est pris d'amitié pour le général Humbert, et le Bleu ne quitte plus le manoir qu'anime la ravissante *fiancée* de l'amphitryon, Mlle Joséphine de Kercadio.

M. d'Andigné s'en scandalisera :

« A cette époque, on revenait aux principes de la morale la plus sévère, et on supportait difficilement de lui voir une maîtresse qu'il annonçait, à la vérité, comme devant devenir sa femme, mais qui aurait dû l'être plus tôt. Cette jeune femme était riche et bien née ; malheureusement, c'était une enfant sans caractère, et la guerre civile ne peut vouloir qu'une héroïne comme maîtresse d'un chef de parti. »

Si charmant et dévoué que soit le futur pair de France, il s'exaspère parfois en de surprenantes sévérités. Angevin, il juge souvent les Bretons un peu fous, reprochant à M. de Boishardy comme à M. de Tinténiac un excès d'impulsivité.

Il était important, toutefois, de jeter un coup d'œil sur les désordres armoricains à l'heure où Louis les constate lui-même.

Fort de cette expérience, ce gentilhomme indulgent, si modeste que, lors du premier atterrissage, il n'excipait même pas de son brevet de lieutenant-colonel pour obtenir l'obéissance de ses compagnons, va désormais attacher un grand prix à la docilité de ses gens. Dans l'instant, M. de Boishardy, soucieux de respecter la trêve, refuse de protéger un beau débarquement d'armes, de munitions, et, denrée plus précieuse aux yeux des Bretons, de cent officiers. Les autres capitaines se dérobent, sauf le chevalier de Jouette que ses origines créoles prédisposent pourtant à l'indolence. En fait, il est aussi courageux qu'imprévoyant. Il bat le rappel, rassemble 1 500 paysans, dont le tiers seulement est armé — il faut voir comme —, se porte sur la côte en un point dont les mémorialistes ne retiendront pas le nom. Le temps est maussade, la mer mauvaise, l'attente trop longue. Prévenus, les Républicains accourent ; ils se comptent à peine 900, mais tous munis de fusils, et pourvus de cartouches en abondance. L'affrontement tourne mal. On ne sait trop si le marquis de Bellefond cherche à se tuer pour échapper à l'ennemi ou si son pistolet part tout seul. Le chevalier de Cibon est laissé pour mort, criblé de coups, dans un fossé plein d'eau. Louis n'est pas égratigné. Il admire, sans réserve, l'action du chevalier de Tinténiac. M. de Jouette blessé, le Cornouaillais a pris le commandement, couvert la retraite, parvenant même à restituer aux fermiers d'alentour les véhicules réunis précédemment pour enlever le matériel.

Comme les Républicains sont alors assoiffés de paix, ils affectent de considérer l'affaire comme un malentendu. Au lendemain de cette journée, les vaincus s'expliquent ; pas plus qu'une dame ne peut être *un peu* enceinte, un pays ne peut être *un peu* en guerre. Il faut choisir et, pour cela, voir M. de Cormatin afin d'en connaître de ses intentions. Impossible de rencontrer le baron ; il est à la Jaunaye. C'est bon, à défaut d'un

Le baron de Cormatin dessiné d'après nature par Bonneville.

saint, on verra le Bon Dieu. M. de Frotté, à la demande de ses amis, ira visiter le lieutenant général de Charette. Ce serait stupide, pour gagner le Poitou, de courir des risques inutiles. Les gens de la Nation sont présentement si compréhensifs (MM. de Cormatin et de Boishardy connaîtront bientôt les limites de cette compréhension) qu'il suffit de leur demander un sauf-conduit. Ainsi procède Louis et il l'obtient. Motif apparent de son voyage vis-à-vis des autorités républicaines, notera, non sans humour, M. de La Sicotière, « le besoin de se consulter avec Charette sur les moyens de pacifier promptement, à l'imitation de ses cantons, toute la rive droite de la Loire ». On imagine la rage des Cadoudal et des Mercier, des Guillemot et des de Sol s'ils avaient su que les décisions pour la Bretagne étaient suspendues à l'opinion qu'allait retirer d'un entretien avec le Maraîchin un Émigré normand, débarqué depuis moins d'un mois et n'ayant pas remis les pieds dans sa propre province depuis le drame de

Varennes ! Il est vrai qu'avec le petit Cormatin, ces Messieurs de Bretagne voyaient pire !

Louis, accompagné par M. de Chantreau, adjudant du comte de Puisaye, et de « cet assez bon diable de général Humbert », passe par Rennes, se met en règle avec le général Hoche, et gagne Belleville où, le traité de la Jaunaye signé, le vainqueur de Haxo se repose de ses fatigues et fait meubler avec goût « le palais royal », coquette demeure gardée nuit et jour par des sentinelles en gants blancs, où Louis XVII oubliera les horreurs du Temple.

Le seigneur de ces lieux, s'il se montrait défiant, voire vindicatif avec ses égaux — M. Stofflet et autres — manifestait sa bienveillance aux jeunes gens moins avancés que lui sur les chemins de la gloire ; ainsi le général de Rochecotte, comme le futur maréchal de Bourmont, conserveront-ils de lui l'image d'un hôte aimable, jovial, et assez assuré de sa supériorité pour la dissimuler courtoisement. On se dispense d'évoquer l'enfant du Temple, le lieutenant général n'ayant pas reçu des assurances telles de la part des plénipotentiaires républicains qu'il puisse s'en servir pour justifier une paix que les Royalistes sévères considèrent comme une soumission des Blancs, et les Républicains intransigeants comme une humiliation des Bleus. Le Poitevin et le Normand parlent d'abondance. M. de Charette ne changera jamais ; il se plaint du Mistoufflet. Louis s'offre alors à faire part à M. de Tinténiac, en partance pour l'Angleterre, des raisons invoquées par le maître du Marais pour avoir interrompu les hostilités. Il se charge aussi, au nom des chefs d'outre-Loire, d'aller visiter M. Stofflet pour l'engager à travailler en harmonie avec son rival. A noter qu'à ce moment — fin février de 1795 — l'homme de Maulévrier n'a point encore rengainé. Habilement, M. de Frotté, sachant que M. de Cormatin veut la paix, écrit au géant des Mauges pour signaler qu'il la fera retarder jusqu'à ce que les Angevins aient obtenu, avant tout traité, une suspension d'armes. Quant aux demandes de M. de Charette, elles sont émouvantes par leur modicité : 2 canons de 12, 4 pièces légères, 2 obusiers « avec tout ce qu'il faut pour leur service », 15 à 20 000 fusils, pas moins de 50 000 livres de poudre, un corps bien composé de « 1 800 hommes habillés en chasseurs, à la française, commandés par des officiers français ». Ces gens-là seront préposés à la garde d'un prince car il est temps d'en voir un sur place.

L'anglophobie du héros perce à chaque phrase. Et les Émigrés ? Il n'en veut pas dans l'encadrement de ses troupes, encore qu'il convienne de l'inexpérience de ses propres officiers dont les qualités se limitent à la bravoure et à la bonne connaissance du pays. M. de Frotté se récrie : les survivants de l'armée des Princes, les Cocardes noires de Hollande, les Condéens, comme lui, en rupture de service, les marins enfin, occupés de regarder les marmots faire évoluer leurs voiliers sur les bassins de Hyde Park, brûlent de servir dans la Vendée. Ils brûlent peut-être mais leur morgue, leur ignorance de ces contrées les empêcheraient de *prendre* auprès de soldats aussi particuliers que ceux du Marais et du Bocage poitevin. Le lieutenant général possède une tête de fer. Cet obstiné, pourtant, trouve du plaisir à rencontrer aussi têtu que lui. Étrange M. de Charette, il se refuse à l'amalgame dont Georges tirera sa force. L'entretien, il est vrai, se situe avant Quiberon, et c'est seulement après le drame que MM. Cadoudal et Mercier découvriront l'intérêt d'une entente entre les perruques et les rustauds coiffés au bol.

On allait se séparer fort content l'un de l'autre ; Louis, son rapport au Roi l'atteste, était satisfait d'avoir rencontré l'Histoire, et François-Athanase, son comportement ultérieur en témoigne, était fort joyeux d'avoir fait admettre à ce charmant visiteur que le Nicolas, pour vaillant qu'il fût, n'était qu'un âne, trottant à la poursuite d'une carotte tendue par l'abbé Bernier.

Il n'en fallait pas plus pour que cet immense tacticien, assez petitement sourcilleux, toutefois, en matière de protocole, reconduisît le voyageur « à une journée de Belleville ». Comme Louis prenait congé, le lieutenant général le retint encore un instant :

— Si vous n'aviez pas une destination essentielle et particulière, je vous engagerais à rester avec moi, puisque j'aime votre manière de penser et d'agir [c'est bien poli, car Louis, jusqu'à présent, a plus pensé qu'agi]. Je suis bien sûr que vous m'avez dit ce que vous croyez être la vérité. Puissiez-vous n'être pas trompé vous-même dans les espérances que vous m'avez données.

Jusque-là, le propos est empreint de noblesse encore que Monsieur le Héros demeure rancunier et colérique :

— Mais jugez, si je puis être confiant d'après la conduite que

Le château de la Prévalaye,
d'après Félix Benoist.

l'Angleterre a tenue avec moi. Deux fois on m'a envoyé Tinténiac pour me demander ce qui m'était nécessaire, et je n'ai jamais rien reçu de ce que j'ai demandé. De Noirmoutier, j'ai envoyé mon aide de camp en Angleterre, et depuis un an, je n'ai reçu d'autre nouvelle que par son cadavre que mes gens ont trouvé flottant sur le rivage.

Depuis les convulsions de l'été 1789, Louis rêvait d'une action générale. Il voyait tous les Royalistes unis pour mettre fin au désordre, il imaginait chacun mettant tout son esprit et tout son cœur dans la reconquête de la dignité. Les déchirements de l'Émigration l'insupportaient ainsi que l'absence d'allant de certains de ses chefs et plus encore de ses alliés. Comme la

Vendée et la Chouannerie étaient belles, vues de la Forêt-Noire puis de Londres ! Maintenant, il découvre la réalité ; il s'était persuadé de la grandeur des petits, il mesure surtout la petitesse des grands. Il détient le droit d'être déçu, pas celui de se scandaliser. Qu'a-t-il fait au regard des actions, menées non seulement par des géants, tels MM. de Charette et Stofflet, mais encore par les Chouans bretons ou mainiaux sur la brèche depuis deux ans ? Hostile à la paix, il doit s'exprimer discrètement face à des gens, tels le comte et le chevalier de Silz, dont les fatigues sont bien réelles. En dépit de son goût pour l'action, il ne saurait négliger la diplomatie. Voilà pourquoi, encore qu'il en coûte à ce bon soldat, il s'en va faire un tour à la Mabilais.

Aux portes de Rennes, une manière de kermesse, plutôt luxueuse, couvrait tout le domaine de la Prévalaye dont le manoir de la Mabilais forme une mince dépendance. Des élégantes se mêlent aux plénipotentiaires des deux camps. Les plus galantes sentent la réquisition d'une lieue. M. de Cormatin, roi de ces agapes, en redingote trop propre, portant un plumail trop neuf et une écharpe trop blanche, s'affaire plus souvent aux cuisines qu'à la table de conférence. Les Messieurs du Morbihan touchent à peine aux plats, sachant qu'en remplissant leur ventre on veut obscurcir leur esprit. Les quelque quatorze Représentants, dont Bruc, Boursault, Lanjuinais — sorti depuis Thermidor du placard de sa femme — sont prêts à consentir de larges concessions : rétablissement du culte, amnistie, exemption de la Conscription, pourvu que leurs interlocuteurs reconnaissent la République. Simple formalité, affirme le baron. Soumission scandaleuse, gronde le magistrat-artilleur Beauvais, et avec lui la bande de Georges, écœurée d'avoir vu les broches tourner le Vendredi saint. Les négociations piétinent ; les Royaux veulent, sinon le Roi dans son Louvre, du moins le droit de continuer chez eux de gouverner en son nom, alors que les Conventionnels sont résolus à ne point accorder plus aux Bretons qu'aux Poitevins. Pour Louis, il s'inscrit tout de suite au tableau d'honneur de la dissimulation. M. de Cormatin et les citoyens venus des Tuileries, séduits par ses manières honnêtes et pondérées, comptent sur lui pour contribuer à la paix et l'accueillent dans des conciliabules où l'on se garde d'admettre MM. Cadoudal, Pierre Guillemot, Yves Le Thiais et autres grossiers personnages toujours prêts à troubler la fête. M. de Frotté notera dans son rapport au Régent :

« Ils venaient dix à douze représentants de la Convention avec cent grenadiers, et vingt-cinq chasseurs à cheval, le général Hoche, le général Becker, et plusieurs autres officiers d'état-major. Quelquefois, ils amenaient le double de troupes lorsque la veille nous avions été difficiles. »

Le Normand obéit à deux préoccupations : obtenir des Républicains qu'ils ne concentrent pas leurs forces sur la petite armée d'Anjou pendant la durée des tractations, en échange de quoi les Bleus réclament et obtiennent la venue des Manceaux, toujours en guerre. L'autre point ne revêt pas une moindre importance ; il faut s'informer discrètement de l'enfant-roi. Un

Conventionnel, prépondérant et non régicide dont le nom n'est pas venu jusqu'à nous, tient à se concilier M. de Frotté :

— Je voudrais faire quelque chose pour vous afin que vous consentiez à vous rapprocher.

— Je mets un grand prix à la seule chose que la Convention puisse m'accorder si la paix se conclut.

Quoi donc ? Mais qu'il parle, Grand Dieu ! Alors, Louis se lance :

— La seule place qui convient à mes principes, à mon cœur et à mon caractère est dans le Temple pour y servir les restes infortunés du sang qui régna sur la France.

L'homme fixe un instant son interlocuteur sans répondre, l'entend invoquer des raisons humanitaires, philanthropico-républicaines telles qu'elles sont mises en mode par le fameux La Revellière-Lépeaux. Alors, de sortir de son silence :

— Votre proposition mérite réflexion : nous ne sommes pas seuls. Demain, nous nous reverrons chez moi, si vous voulez, et je vous répondrai franchement.

Le jour suivant, on se voit seul à seul. Le Représentant émet quelques objections puis, après une pause :

— Écoutez, ce que vous me demandez n'est peut-être pas impossible à obtenir, parce que nous voyons fort bien que vous avez de l'ascendant parmi les députés royalistes et que vous pourriez accélérer la fin des conférences en faisant le contraire de ce que vous faites...

L'action retardataire du lieutenant-colonel est donc percée à jour par le Conventionnel. Louis ne cille pas, l'écoute poursuivre :

— Je trouve votre dévouement du moins respectable, et comme les choses, quoi que vous puissiez faire, n'en irons pas moins comme nous voulons, plus ou moins qu'autrement, je dois vous dire la vérité parce que je crois pouvoir compter sur votre discrétion : votre sacrifice serait inutile. Vous en seriez sûrement victime et ne pourriez, dans aucun cas, servir au fils de Louis XVI. Sous Robespierre, on a tellement dénaturé le physique et le moral de ce malheureux enfant que l'un est entièrement abruti et que l'autre ne peut lui permettre de vivre. Aussi, renoncez à cette idée dans laquelle j'aurais vraiment bien du regret, par intérêt pour vous, de vous voir persister, les choses étant au point où elles sont, car vous n'avez pas idée de l'appauvrissement et de l'abrutissement de cette petite créature. Vous n'auriez, en le voyant, que du chagrin et du dégoût, et ce serait vous sacrifier bien inutilement, car vous le verriez infailliblement périr bientôt, et, une fois au Temple, vous n'en sortiriez peut-être jamais.

On aimerait à connaître le nom du délégué républicain. Louis précisera qu'il s'agissait d'un homme important. Ruelle ? Non ; il avait, encore qu'assortie du sursis, voté la mort. Bruc ? Il n'était pas Conventionnel. Un fait demeure certain ; l'homme avait paru digne de foi. Louis, affreusement déçu, informera Lady Atkyns :

« Vous voyez, mon amie, comme on vous a trompée depuis longtemps et combien le grand homme [M. de Puisaye] a trompé M. Pitt, s'il est vrai qu'il l'ait assuré qu'il pourrait l'avoir [Louis XVII] en son pouvoir. D'après ces détails, si je n'ai pas été trompé, l'histoire de cette conversation sur les dispositions du général Canclaux, sur le troc qu'on a fait de l'enfant, etc., tout cela sont des contes : ou la Convention peut faire périr l'enfant qu'elle a mis à la place du jeune roi, pour se réserver la ressource de faire croire que ce dernier n'est pas le véritable et n'est que supposé. L'avenir nous développera tout cela. »

Damné Louis, s'il écrivait moins vite il serait plus clair. En tout cas, il ne paraît plus assuré de la substitution. Ne conserve-t-il pas, cependant, serrées dans ses portefeuilles, trois précieuses lettres datées respectivement des 7 novembre 1794, 5 février et 3 mars 1795 ? Ces missives, en provenance du Temple, sont des comptes rendus en même temps que des appels à l'aide du créole Jean-Christophe Laurent préposé, par les comités, à la garde du fils Capet. La première fait état d'une substitution mais précise que le vrai Louis XVII, s'il n'est plus dans sa cellule, n'est pas, pour autant, « sorti de la maudite tour ». B. (c'est-à-dire Barras) « ne peut rien entreprendre ». Le deuxième paquet fait part de la visite effectuée par le citoyen Harmand de La Meuse et ses confrères. Son auteur demande, en outre, qu'on ne pratique pas une seconde substitution. Troisième lettre enfin, c'est un bulletin de victoire :

« Mon général,

« Notre muet est heureusement transmis dans le palais du Temple, et bien caché ; il restera là, et en cas de danger, il passera pour le Dauphin. A vous seul, mon général, appartient ce triomphe. Maintenant, soyez tranquille, ordonnez toujours et je saurai obéir. Lasne prendra sa place quand il voudra. Les mesures les plus sûres et les plus efficaces sont prises pour la sûreté du Dauphin. Conséquemment je serai chez vous en peu de jours, pour vous dire le reste de vive voix. »

Étranges messages. Ce charmant Laurent tient curieusement la plume. Qu'il préfère le calendrier grégorien au système de Romme peut passer pour une forme d'égard envers son correspondant, qu'il lui donne du général alors que le Normand vient tout juste d'être nommé lieutenant-colonel pourrait encore être considéré comme une politesse puisque, on le sait, les subordonnés de M. de Frotté vont l'appeler général — mais n'ont pas encore recours à cette pratique. Enfin, *mon* est inadmissible. Cette contraction de Monsieur le général, *Mons le Général,* comme on écrivait sous Louis XIV, est ignorée par la Révolution et rarement utilisée par la Contre-Révolution. Réal, Bourrienne appelleront leur grand patron général comme les officiers du chevalier Charette ou de Georges nommeront, eux aussi, leurs chefs. Seul, le ci-devant vicomte de Barras se fait saluer, en ce temps-là, d'un titre plus compliqué, celui de citoyen général. Enfin, durant l'année 1795, il n'est pas d'usage de parler du *dauphin.* Les Bleus le désignent sous le nom de Charles Capet ou raffinent par des expressions du genre : le Louveteau, le fils du dernier des rois, etc. Les Blancs, en bonne logique, écrivent : le Roi.

Le citoyen Laurent n'est pour rien dans les courriers qu'on lui prête et M. de Frotté ne les a jamais reçus. Il s'agit de faux produits par les Naundorffistes sous Louis-Philippe. Pourquoi ? Parce que le baron de Richemont et l'horloger prussien prétendront l'un et l'autre avoir été sauvés par le général Frotté. Les seules lettres dont on n'a jamais connu que des copies furent vraisemblablement fabriquées par un aventurier, le vicomte de Bourbon-Busset, dit Bourbon-Leblanc, que certains auteurs, dont le président Berge, tiennent pour un bâtard du comte d'Artois.

Dans toute la littérature survivantiste se retrouve le nom de Frotté. L'explication apparaît assez simple. Les aspirants à la filiation capétienne devaient rencontrer passablement de messieurs et de dames s'étant, à l'étranger comme en France, soucié du prisonnier du Temple. Or, les rescapés rapportaient tous que le Normand s'était préoccupé passionnément de Louis XVII. Le pseudonyme même de Blondel était trop éloquent pour passer inaperçu. A l'évidence, il fallait, pour éviter une cascade de protestations, confier un rôle aux morts et jamais aux vivants. Voilà pourquoi MM. de Charette et de Frotté devaient figurer ensemble, ou séparément, dans toutes les constructions grâce auxquelles, à défaut d'une couronne, les candidats ramasseront de quoi se tenir à l'abri du besoin.

L'entretien entre Louis et le Conventionnel s'était déroulé durant le mois de mars. Le Normand avait informé Lady Atkyns par une lettre en date du 16 de ce même mois. Sa gentillesse naturelle, une certaine pudeur aussi l'avaient empêché d'incriminer les agents de la charmante femme, le procureur Cormier et le baron d'Auerwerck. Un moment, il avait été, au profit de ces gens-là, tenu dans l'éloignement. Il avait l'âme trop haute pour vouloir régler des comptes. Trouvant normal de s'amuser de son supérieur Puisaye — dont les imprudences ne sont d'ailleurs pas prouvées — il ne condescendait point à mettre en cause les besogneux de Ketteringham.

Charlotte faisait un trop beau rêve pour accepter qu'on la réveillât. Elle devait continuer de compromettre sa fortune en entretenant des gens dont l'obscurité des rapports le dispute à l'outrecuidance. Il est des femmes pour aimer qu'on les batte, Lady Atkyns aimait qu'on la volât.

Le lundi 28 décembre 1795, huit mois après les entretiens de la Mabilais, six mois après l'annonce officielle de la mort du Roi, Louis prendra la peine, encore une fois, et avec ménagement, d'avertir sa correspondante :

« Non, ma belle dame, je n'oublierai jamais mon attachement pour vous non plus que mon dévouement sacré pour le sang de mes rois. Je n'ai en rien manqué à mes engagements [il avait donc promis, à son départ, de tout mettre en œuvre pour libérer l'orphelin] mais malheureusement, je n'ai eu que de funestes nouvelles à vous apprendre.

« J'ai eu la douleur de voir que nous avions été trompés de la manière la plus détaillée. J'ai été encore près d'un mois dans l'erreur, après avoir débarqué, mais enfin j'ai été à la source. Je n'ai pu voir le malheureux infortuné qui était né pour nous gouverner. Il n'a point été sauvé. Les monstres, doublement régicides, après l'avoir laissé longtemps languir, l'ont fait périr dans sa prison dont il n'est jamais sorti. Jugez, mon amie, combien nous avons été abusés tous. Je ne puis croire comment, sans même avoir reçu mes lettres, vous pouvez encore être dans l'erreur [...] Il ne nous reste plus qu'à pleurer notre trésor et à punir les scélérats qui l'ont fait périr. Il a rejoint les augustes auteurs de ses jours. Madame [Royale] reste seule et il est à peu près certain, si cela n'est pas fait, qu'elle sera renvoyée à l'Empereur. »

En fait, M. de Frotté, alors au fin fond de sa Normandie, n'est pas mal renseigné : Marie-Thérèse a quitté sa prison après trois ans et demi de captivité au soir du vendredi 18 décembre 1795.

Cette lettre fera venir les larmes aux yeux de Charlotte mais ne les ouvrira point.

*

* *

N'en déplaise à M. de Cormatin, le traité de la Mabilais n'avait pas été, loin de là, une réussite. Tout le monde avait, plus ou moins, admis la trêve (tout bénéfice pour les Royaux) mais, seuls, vingt-deux officiers principaux sur cent vingt-cinq avaient reconnu la République. Parmi les signataires notables : le comte de Silz, deux ou trois autres... Au nombre des rebelles, heureux de le rester : Georges, le chevalier de Saint-Régeant, Aimé de Boisguy, MM. Legris, Duval et de Lesseigues, l'artilleur Beauvais, observateur pour le compte du général Stofflet, bref, les importants du pays.

L'orgueil du beau Lazare n'obscurcissait pas son jugement, il déclara :

— La Convention vient de traiter avec quelques individus et non avec les chefs du parti.

La position de Louis était plus qu'ambiguë. Nommé par M. de Puisaye, qu'il savait hostile à la paix, au commandement de la Normandie, il ne l'avait jamais exercé. Son intelligence, l'excellence de ses manières, aussi, étaient venues lui conférer une importance disproportionnée avec son action antérieure. Il était honnête ; il ne signa point, vint chercher son passeport avant la clôture. Comme les Conventionnels se dépitaient, il affecta de prendre au sérieux l'affaire du baron de Cormatin :

— Ma signature est insignifiante puisque mon parti fait la paix...

Et de tenir les propos les plus lénifiants sur la concorde et le bien public.

Les Bleus, encore que déçus, se montrèrent courtois ; le lieutenant-colonel avait affirmé qu'il se rendait en Normandie comme messager de paix. Le général Hoche, alors dans ses bons jours, tint à lui faire connaître qu'il n'était pas aveugle ; comme le neveu de la fruitière redécouvrait les usages, il raccompagna Louis jusqu'à sa chaise :

— Ils [les Représentants] ne sont pas dupes de votre voyage, vous voyez.

— Je le sais, je ne le suis pas non plus de leurs promesses. L'Angleterre eut un Monck, la France en offrira un, je l'espère, plus illustre encore, et alors je serai fort aise de servir sous ses ordres.

L'ancien caporal s'embarrassait devant tant de courtoisie. Allait-il répondre, cet ambitieux ? Louis le planta là, sauta dans son véhicule et partit pour la Normandie.

Étrange destinée que celle de M. de Frotté ; sans avoir rien accompli de notable, il avait déjà tout vu. Somme toute, Clio le payait d'avance. Nullement enclin à supporter la position de débiteur, il allait lui rendre ses bienfaits avec usure.

Chapitre VI

PAR LES CHAMPS ET PAR LES GREVES

Mme de Flers était une personne exquise. Elle reçut Louis et ses trois compagnons, MM. de Commarque, de La Roque-Cahan et de La Rosière, avec les attentions les plus délicates. Que la dame et son mari s'ingéniassent à combler leurs hôtes par le soin de leur gîte et le raffinement de la table ne saurait surprendre. La maison de Flers, illustrée par ce Jean Ango, assez puissant à l'orée du XVIe siècle pour faire bloquer Lisbonne par ses vaisseaux et rançonner le roi de Portugal, comptait beaucoup dans la province et pouvait recevoir dignement dans le château composite dont elle tirait son nom, vaste bâtiment en équerre élevé sous la Renaissance et complété durant le siècle par un beau corps de logis. Avec cela, des douves, une immense pièce d'eau pour que s'y mirassent deux gracieuses tourelles. Les toitures, on le sait, ont été de tout temps le purgatoire des propriétaires. La maîtresse de maison contrevient à cette assertion, faisant retirer le plomb afin que ses invités puissent fondre des balles. Le métal ira trouer la peau des Bleus, mais, pour convaincre certains Blancs de prendre les armes, ne faudrait-il pas de l'argent ? En voici. Ces Messieurs peuvent enrôler à leur aise. Leurs recrues craignent-elles, devant une surprise pataude, de ne savoir où se dissimuler ? La dame fait scier ses plus beaux arbres afin d'offrir le bois dont on fait les caches. Il serait malséant de combattre sans uniforme. On trouve de la toile et du cuir pour confectionner des carmagnoles (mais oui ! Seulement elles sont grises) et des buffleteries. Chambrières et valets se voient confier ces

Le château de Flers, par Nyon le jeune.

tâches. Les messagers de la paix la préparent d'une manière un peu particulière... Ce n'est pas qu'ils ménagent les bonnes paroles aux importants de la Nation. N'écrivent-ils pas aux administrateurs municipaux de Condé-sur-Noireau dans les premiers jours de floréal : « Citoyens, nous vous envoyons une proclamation des Représentants qui ont traité avec nous et nous attendons de votre amour pour le bon ordre que vous voudrez bien tenir la main à l'exécution de cette proclamation comme, de notre côté, nous ne négligerons aucun moyen pour rétablir la tranquillité des campagnes et la sûreté et la facilité d'approvisionner les marchés des villes. »

M. de Commarque devait être en train de confectionner des cartouches. Il n'a pas signé mais les trois autres ont paraphé ce beau document, omettant leur titre mais prenant le soin de maintenir leur particule. Il existe force lettres de cette encre. Elles expliquent l'acharnement mis par les Républicains à combattre les Royalistes. Encore importe-t-il d'ajouter que les gens de la Nation, tout en fraternisant ostensiblement, ne cessaient d'appeler des troupes et des Gardes nationaux dans le but d'en finir avec des adversaires qu'en Normandie ils n'avaient pas de raison de prendre au sérieux. Les fantaisies de Michelot Moulin et de M. Billard de Veaux ne se pouvaient comparer aux grandes affaires angevo-poitevines non plus qu'aux opiniâtres combats des compagnons du Bro-Erec ou des gars de Misedon. Ainsi, le régicide Lozeau, de la Charente-Inférieure, milliardaire enrichi dans la vente des eaux-de-vie et des trafics coloniaux, dépêche à Flers-de-l'Orne l'adjudant général Mignotte, ancien aide de camp du grand Kléber, et homme assez avisé pour juger de l'opportunité d'une intervention. Elle n'aura pas lieu pour l'instant. L'officier répugne à risquer la vie de ses quatre-vingt-cinq bonshommes dans ce repaire de l'obscurantisme. Avant d'agir, Louis se renseigne ; la fréquentation des Charette en pleine gloire, et des Cadoudal sur le point d'accéder à la notoriété, contribue à lui conférer d'excellents réflexes ; qu'a-t-il donc devant lui ? L'armée, dite des Côtes de La Rochelle, au commandement d'un chef souvent rencontré face aux Poitevins, le Mayençais Hannibal Aubert-Dubayet. Le personnage est bien fait pour séduire la bourgeoisie normande : persécuté par les Terroristes, il sert avec orgueil et componction les ventres pourris de la Thermidorienne. Il commande à six divisions, celles du Calvados, de l'Orne, de la Mayenne, de la Sarthe, du Maine-et-Loire et de la Manche. Ce dernier département, convoité par les Britanniques, absorbe à lui seul le tiers de l'effectif. Hannibal devrait compter sur 53 936 hommes, mais le jeu des permissions, des affectations particulières et la plaie des désertions font tomber le nombre à 32 971. C'est encore beaucoup. Si l'on s'en tient aux troupes de ligne, bien armées, mal nourries, à peu près sans chevaux, et rarement munies de canons, il ne disposerait, affirmera M. Philippe Roussel, après de savants calculs, que de 12 500 soldats. Lazare Hoche, il est vrai, toujours bon camarade, vient de lui rafler la bagatelle de 6 000 hommes afin de réduire les quelques dizaines de paysans encore promenés de chaumine en masure par MM. de Scépeaux, Guillemot et quelques moindres seigneurs.

M. de Frotté peut considérer qu'il est temps pour lui de transformer son rêve en réalité. La reconquête de la Normandie, image dont il se repaissait aux bivouacs condéens ou dans les longs bavardages de coin de feu à Ketteringham, peut soudain passer de l'autre côté du miroir. S'il embrasse la situation générale, il constate que la coalition demeure debout bien que la Prusse et l'Espagne éprouvent l'envie de s'asseoir. Si M. de Charette garde encore l'arme au pied, et que M. Stofflet vient de l'y mettre — le traité de Saint-Florent, conséquence immédiate de la Mabilais, est du 2 mai 1796 — les Bretons et les Mainiaux, tout en jouant le jeu fort complexe des trêves, s'opposent toujours aux empiètements de la République.

Louis, dira M. de La Sicotière, partit pour guerre lorsque, ailleurs, elle était passée de mode. C'est exact, à ce point près que le comte de Puisaye organisait alors le débarquement de Quiberon. L'objectif, on le sait, était Rennes. Et de Rennes, on s'en serait allé vers Paris par la Normandie... Quel qu'ait été le désintéressement de M. de Frotté, il ne se jetait pas dans l'aventure sans augurer le formidable appui des Anglo-Émigrés. Certes, on pourra relever de menus affrontements avant l'arrivée du corps d'encadrement sur les grèves de Carnac, mais rien de sérieux ne sera tenté que les régiments de Béon, de Hector et de Rothalier n'aient commencé de donner. La vérité n'est pas moins noble ; lorsque la savante opération tournera mal, les Normands, à l'instar des Bretons, poursuivront leurs efforts. L'aplomb du lieutenant-colonel apparaît confondant ; quelques braves chouannisaient comme ils pouvaient avant son arrivée, tels le bon Michelot ou M. Billard. Ils se hâtent de le reconnaître pour maître. Le comte de La Roque-Cahan, courageux mais susceptible, dévoué mais impérieux, loyal envers le Trône mais assoiffé d'égards, si difficile à manier lors du débarquement, commence de découvrir, sans trop de dépit, qu'il n'existe qu'un chef, M. de Frotté.

Avant même que Louis n'ait tiré le sabre, il s'est donné, sans éclat, une position située au-dessus de toute discussion. Si l'on veut bien se souvenir des traverses rencontrées par des militaires de la taille de MM. de Talmont et de La Rochejaquelein, de Charette ou Cadoudal, on demeure étonné de cette facilité d'accès au rang suprême. On dira les Normands plus accommodants que les bas Poitevins ou les Bretons. Peut-être, mais nul ne dénierait aux Angevins une tendance marquée à la conciliation.

Louis met au service d'une entreprise toute neuve des qualités acquises par l'expérience. Soldat de longue date, il sait, comme naguère MM. de Bonchamps et d'Elbée, renoncer au carcan régimentaire pour ne conserver que ses pratiques indispensables : formation, précision, décision, exécution. S'étant entretenu longuement avec les Charette, Boishardy, Cadoudal, il a compris l'évolution de la guerre, passée du classicisme de la première campagne et de la virée de Galerne à la nécessité de méthodes que les armées de l'empire français apprendront, à leurs dépens, à nommer en Espagne *la guerilla*. Enfin, Louis, au prix d'une année lugubre passée en Angleterre, a saisi le maniement délicat du cabinet britannique. La durée de son apprentissage l'avait irrité. Elle le sert désormais puissamment.

L'air de Flers étant devenu malsain, l'état-major royaliste s'est déplacé vers Tinchebray pour s'installer au sud de cette ville républicaine, au castel la Guyonnière. C'est le pays de ce Michelot, combattant aux yeux roux, dont M. de Grandmaison a donné récemment une biographie attachante encore que

Le combat de la Guyonnière, par A. Bloch.

romancée. Le manoir, massif, en gros granit, surmonté de toits d'ardoise, s'abrite sous le couvert d'une épaisse forêt. Entre les marches pour géant de l'escalier intérieur, les candidats ont tôt fait, face à la porte, de pratiquer des meurtrières. Bien entendu, dans la cave pourvue en munitions est ménagée une issue clandestine.

Juin — prairial, comme disent les Patauds — pare la Normandie de somptueuses couleurs. Est-ce bien le moment d'entrer dans la guerre quand les colombes roucoulent et que les terroristes s'apprivoisent ? Oui, car il est mort, il est mort le petit roi entre les bras d'un brave geôlier nommé Lasne. Il avait voulu se lever pour satisfaire un besoin naturel et l'homme l'avait extrait de son lit. Alors, l'enfant avait enlacé le cou du citoyen, et, à cet instant, était retombé inanimé. C'était le lundi 8 juin 1795, 20 prairial de *l'ère des Français*, que certains nommaient, pour rire, le Calendrier de la Liberté.

Jusque-là, bien que la chronologie apparaisse parfois incertaine, les 400 Chouans assemblés par M. de Frotté n'ont guère bougé. Pour frapper les trois coups, ces Messieurs de Normandie y vont d'une proclamation, où bizarrement se retrouve à la première ligne une démarcation de la phraséologie républicaine :

« La Religion, le Roi ou la mort ! Voilà notre devise. Nous lui serons fidèles. Le dimanche ou autre jour qui suivra la réception des proclamations, tous les chefs des divisions et des cantons réuniront, en plus grand nombre possible, tous les officiers et soldats de leur division ; après avoir fait célébrer le service divin, ils liront la proclamation, ensuite proclameront Louis XVIII. Alors tous les officiers viendront jurer entre les mains des chefs de ne jamais poser les armes que lorsque le Roi sera rétabli sur son trône et la religion affermie sur des bases solides. Chaque officier ira ensuite faire prêter le même serment par les soldats de sa compagnie. »

Il s'est trouvé des auteurs pour s'étonner de la promptitude de l'état-major de la Guyonnière à reconnaître le comte de Provence, jusque-là régent, comme nouveau souverain. C'est manifester une grave méconnaissance du comportement général des Royalistes ; s'il est exact que subsistèrent en Vendée, jusqu'à la fin de la première guerre, des drapeaux portant *Vive Louis XVII*, il faut attribuer ce fait, non point au refus de certains chefs d'admettre le nouveau monarque, mais seulement au souci de quelques soldats de conserver des enseignes rendues précieuses par les efforts déployés sous leurs plis. Partout où les Royaux — Émigrés, Vendéens ou Chouans — en eurent la possibilité, ils hissèrent — moralement s'entend car physiquement c'eût été malaisé — le gros Louis XVIII sur le pavois.

Le comte de Provence. Gravure anonyme.

Que cherche M. de Frotté ? A soustraire la Normandie à la domination républicaine. Le projet confine à la démence si l'on se souvient que les provinces du sud de la Loire, acquises aux trois quarts à la Contre-Révolution, n'ont jamais réussi, même dans les phases les plus brillantes de la Grande Guerre, à tenir ne serait-ce que la moitié des villes principales. Comment Blondel peut-il espérer faire mieux ? En entraînant l'intégralité de la population ? Cela n'apparaît point possible. Le serait-ce, qu'un maniement global n'améliorerait que très partiellement la situation des Royaux. Le régime, en effet, possède de telles ressources en hommes et en matériel qu'une province, même unanime, pèserait médiocrement au regard des forces conjuguées de la Nation. A la vérité, M. de Frotté veut voir la Normandie, absente jusqu'ici, jouer sa partie dans le concert donné par l'Ouest tout entier. Voilà pourquoi, non content d'assurer des lignes de communication avec la côte pour recevoir de l'aide, soit directement d'Angleterre, soit par la station de Jersey, il noue des liens solides avec la Bretagne et le Maine. Un autre n'aurait pas choisi ce moment, aurait différé l'action devant la carence de certains voisins. Louis de Frotté n'y songe pas. Il possède, de reste, quelques atouts ; l'affaire de Quiberon, en occupant presque toutes les demi-brigades du général Hoche, va lui donner, du 25 juin à la fin de juillet, la possibilité de développer son affaire. Mieux, on l'a dit, il a pu croire, connaissant les projets du comte de Puisaye, que les Chouans bretons, une fois armés par les Anglais et encadrés par les Émigrés, enlèveraient Rennes. Dès lors, il eût été possible pour lui de leur tendre la main.

A la fin de juillet de cette année 1795, la catastrophe de fort Penthièvre mettra fin à la raisonnable supposition d'une offensive combinée, mais le retour dans la guerre du chevalier Charette, et la tentative du comte d'Artois à l'île d'Yeu, permettront encore d'espérer des résultats tangibles.

C'est seulement après le départ du prince et l'irrémédiable appauvrissement des forces bas poitevines que le Normand, encore déçu par la brièveté de la reprise d'armes tentée par M. Stofflet, se retrouvera sans appui, ne pouvant compter ni sur Georges et Pierre Mercier, assez occupés de réaliser des miracles locaux, ni sur MM. de Scépeaux et de Bourmont, trop faibles pour sortir de leur propre théâtre. Les mouvements sporadiques et dispersés de la première insurrection normande seraient incompréhensibles si l'on venait à négliger les rares succès et les nombreuses défaites de voisins à la coopération sans cesse attendue.

Louis eût souhaité que sa province tout entière se dressât. Il fallait la séduire, la rassurer. C'était impossible car le préchouannage de MM. Billard de Veaux et Moulin, comme la prolifération des bandits se donnant pour Royalistes, rejetait les honnêtes gens du côté du gendarme. Il importait donc de s'accommoder d'un travail de minoritaires. Il prendra deux formes ; l'une publique, l'autre occulte. La première sera la plus spectaculaire possible ; les combattants, sous leur bonnet de trappeur, leur chapeau de haute forme, leur tricorne, ou leur bicorne, ornés d'un plumail à faire pâlir les Représentants du peuple, porteront les costumes les plus beaux, ou les plus terrifiants. Les Normands aiment l'argent. On les fascinera par le luxe. Tous les tailleurs de Vire travailleront à confectionner des uniformes et c'est à peine si Blondel se résignera, la mort dans l'âme, à ne pas doter chaque compagnie d'un habit de couleur différente. Bien entendu, et tant pis pour les mécréants, le Sacré-Cœur, hérité des Angevins, s'étalera sur les vareuses. Pourtant, ce ne sera pas le double cœur vendéen mais le simple, le breton. Pour les armes, elles sont disparates mais nombreuses. Dommage qu'on manque de munitions. Il faudrait sans cesse en saisir chez l'adversaire. Servant les compagnons existe une mince phalange des ombres. Le lieutenant-colonel tisse une toile de maisons de correspondance, crée, à la manière de MM. Cadoudal et Mercier, une organisation savante et difficilement pénétrable. Un détachement républicain va-t-il changer de repaire ? Il se trouve toujours un faux Patriote pour offrir une vraie bolée à quelque sergent afin d'apprendre la destination des Bleus. Si l'on est faible, on laisse passer. Si l'on est fort, c'est-à-dire si l'on dispose du temps nécessaire pour rameuter assez de monde, on saute sur les Patauds. Ici, la méthode varie selon les responsables.

Sacré-cœur composé de trois cœurs en paillettes et fils d'or, ayant appartenu à un religieux.

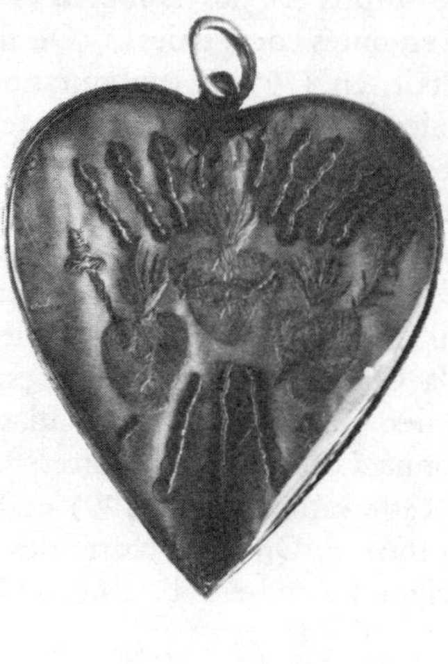

M. Billard de Veaux comme MM. Picot, Deville et Merille, qu'on retrouvera groupés autour de Georges lors du Coup Essentiel, répugnent parfois à faire quartier. Le chef, lui, comme ses grands lieutenants, le vicomte de Chambray, président du conseil de Normandie, le baron de Mandat, officier supérieurement doué, ou le chevalier de Bruslard, second de M. de Frotté, préfère enrôler les prisonniers ou, si ces Carmagnoles s'y refusent, les renvoyer chez eux avec, contre promesse de ne plus servir la Nation, une poignée de liards et parfois même un écu. Bonté d'âme ? Sûrement, mais aussi volonté de recruter des adeptes en montrant que chez les Royaux on possède plus qu'en face le sens des bons usages.

On chercherait vainement à travers une analyse économique et sociale le pourquoi de certaines hostilités comme de certains ralliements. Des campagnes et des villes, répondant respectivement à la même configuration, se situeront de chaque côté de la barricade. Des influences locales, de bons ou mauvais souvenirs laissés par les Bleus suffiront à déterminer les habitants. En revanche, la nature du terrain revêt une importance considérable. On ne peut raisonnablement chouanner en rase campagne. Tout naturellement, les Royaux rechercheront les forêts. Plus encore que les Bretons, et surtout les Mainiaux, dont la seule excursion notable fut la participation à la virée de Galerne, les soldats du comte de Frotté se déplacent. « Celui qui parcourt de nos jours le Bocage normand, écrit M. Philippe Roussel, ne manque pas d'être surpris par les nombreuses forêts qui traversent les champs entourés des haies... Qu'il essaie alors de s'imaginer ce qu'était, en 1795, la configuration du pays : forêts plus profondes, haies plus épaisses, chemins encore plus creux, plus défoncés, presque impraticables, alors il lui sera facile de comprendre le terrain idéal que représentait cette région pour une guerre d'embuscade. *Chaque fossé produit un combattant*, diront les Bleus, *chaque touffe de genêts se change en ennemi.* » L'essentiel c'est qu'ils le disent, qu'ils le croient et qu'ils aient peur. En réalité, la Chouannerie normande est faible, mais son chef, dès les premiers affrontements, va lui conférer une telle mobilité qu'elle donnera l'illusion de la force.

L'originalité de cette campagne de 1795 et 1796 réside encore dans l'ampleur du théâtre. On va se battre des côtes du Cotentin à la forêt de Perseigne au sud-est d'Alençon. Des points chauds apparaissent dans la Manche sans affecter l'extrémité de la presqu'île. La région de Cherbourg, en effet, présente une telle concentration républicaine qu'elle est inabordable. La frontière, dans l'idéal, car il n'existe aucune solution de continuité, serait constituée par une ligne allant de Coutances à Bayeux par Saint-Lô, Torigni, les bois de Cerisy. En s'avançant dans les terres, il faut, pour trouver les Chouans, serrer au sud. Rien ne bouge au-delà de Vire et de Falaise alors que la partie la mieux tenue par les Royaux se situe aux frontières de la Bretagne et du Maine avec pour lieux de pénétration les plus intenses les environs de Mortain et la forêt de Lande-Pourrie, ceux de Domfront et la forêt d'Andaine, Bagnoles-de-l'Orne, et, encore une forêt, celle de Perseigne. Qu'on y prenne garde pourtant, ces axes, loin de constituer des bastions, sont seulement des lieux de prédilection pour les légions normandes. Nulle part n'existent d'enclaves blanches. Alors que M. de Charette protège son domaine de Belleville, en manœuvrant sur le cours supérieur de la Boulogne, que Georges, lorsqu'il fait le gros dos, utilise les tailles de Saint-Bihy comme la ligne de la Claie pour se maintenir dans le royaume de Bignan, M. de Frotté ne possèdera, lui, aucune place forte. Certes, il s'efforcera d'en obtenir mais son effectif réduit, l'insuffisance de son armement, et plus encore la pénurie de munitions l'empêcheront presque toujours de se « donner de l'air ». Rarement doté d'artillerie, il lui sera malaisé d'assiéger les villes ; il devra donc recourir à la surprise. Enfin, on ne saurait parler d'une cavalerie. Le lieutenant-colonel, lui-même, ira le plus souvent à pied. Ainsi, faute de pouvoir poursuivre, les vainqueurs d'un jour seront le plus souvent contraints de retraiter, même après leur succès.

On commence de se battre au début de juin. M. de Saint-Paul-Lingeard et sa légion d'Ambrières viennent de rejoindre M. de Frotté. Aussitôt, on passe dans la Manche, on y rallie une centaine d'hommes sous le comte de Ruays. Déjà la bande est parvenue dans le Calvados. Ici, les affaires se compliquent. Il serait distrayant et profitable de prendre Saint-Sever mais certains compagnons sont déjà rentrés chez eux ; ils avaient cru qu'on les menait en Angleterre et, déçus de ne voir de pays que le leur, ils ont préféré s'en aller. Tant pis ; les fidèles raflent des armes à Saint-Pesnel, à Gavray, à Hambye. Après quoi, Saint-Sever est enlevé. Louis y retrouve, conduit par M. de Médavy, son jeune frère, Charles et constate, non sans plaisir, les aptitudes de l'adolescent à presser sur la détente, mais l'empêche provisoirement de poursuivre dans cette voie.

De retour à la Guyonnière, qu'encore une fois il ne faudrait pas confondre avec Legé, Grand-Champ, Belleville ou Saint-Jean-Brévelais, le lieutenant-colonel ordonne, vaille que vaille, son petit monde ; Michelot Moulin, l'homme aux yeux roux, exercera les fonctions d'adjudant général. Qu'on accole l'adjectif *général* peut faire sourire mais flatte, non seulement le taillandier de Saint-Jean-des-Bois mais encore ses subordonnés. Sa division — ou légion — relèvera de M. du Lorent. Les gars d'Ambrières obéiront (?) à M. de Saint-Paul, dit Henri, et à M. Billard de Veaux, qu'en toute simplicité on surnomme Alexandre. Le comte de Ruays — Gérard — tient, non point Avranches, mais la poignée de gars recrutés aux environs. Ceux de Villedieu-les-Poêles et de Saint-Sever répondent devant M. du Rosel de Courson, cependant que leurs voisins de Vire sont aux ordres de M. de Campagnolles. Les gens de Vassy, répartis en trois petites compagnies, sont conduits par M. de La Poterie. Ainsi se précise une caractéristique de la Chouannerie normande ; à l'exception de Moulin, elle est encadrée par des Émigrés, le plus souvent passés par l'armée des Princes et celle de Condé. Comme le mouvement est tardif, et ne tient qu'au seul Frotté, il n'existe pas, ainsi qu'en Bretagne ou dans le bas Poitou, de difficultés entre les indigènes, initiateurs de la levée, et des tard-venus qu'on accuserait d'en vouloir profiter. Le sans-grade vient rarement de la paysannerie, parfois de la faux-saunerie — mais moins que dans le Maine — et souvent de l'artisanat — autant qu'en Anjou. Voilà pour le monde rural. Les villes ayant embrassé l'idéal républicain, d'ailleurs difficile à suivre car il change au gré des convulsions parisiennes, les citadins fidèles à la Monarchie demeurent sur place pour communiquer des renseignements ou, s'ils sont trop agacés par les débauches de tricolore, rejoignent les « traîneux » du Bocage.

Pour que subsiste la Contre-Révolution, il lui faut la passivité bienveillante des populations. En dépit de son prosaïsme, si souvent souligné, le Normand, en cela semblable à ses voisins de l'Ouest, demeure sensible au légendaire, au surnaturel, s'attache à ce qu'il ne comprend pas. Connaissant cette propension de

Michel Moulin, dit Michelot, par Hillemacher.

ses « pays » à n'accorder leur admiration qu'après l'avoir marchandée, Louis se donne le don d'ubiquité, attaque partout avec la vigueur d'un homme de la terre mais dans la tenue féerique d'un chevalier de légende. Avec son tricorne emplumé, posé sur un foulard à l'indienne, sa pelisse de hussard, sa grande écharpe noire, insigne du commandement, il tire le pistolet ou l'espingole et joue de son grand sabre. Du coup, le lieutenant-colonel, le général, Blondel, le comte (ou pour les anciens, le chevalier de Couterne) devient Monsieur Louis. Comme MM. de La Rochejaquelein et Cadoudal, il accède aux honneurs du prénom.

Ce personnage préromantique se confère-t-il, par coquetterie, cette silhouette démesurée ? Non pas. Il sait si bien sa Normandie, pays de comptes, de contes et de comtes, qu'il met tout en œuvre pour la séduire dans le dessein d'obtenir son allégeance.

Misant sur ces sentiments honorables mais aussi sur un opportunisme rendu compréhensible par six années de crise, de dérèglement et de contradiction, Louis finit par tisser un lien solide entre une population dont il ne sera jamais le chef et une minorité, capable — elle en donnera la preuve — de le suivre sur le plus rude des chemins. M. de La Sicotière, pesant les résultats sur les balances de l'histoire scientifique, précise excellemment : « Les paysans ne créèrent pas la Chouannerie, mais ils l'adoptèrent, la protégèrent, la soutinrent et en firent ainsi leur œuvre personnelle : tout cela à leur manière, et conformément à leur tempérament, plus passivement qu'activement, mais avec cette ténacité et ce dévouement qui sont l'honneur et la force des populations du Nord-Ouest. »

Le propos requiert attention ; les laboureurs craignaient les gens de guerre plus que la grêle ou la peste. Les Normands, comme leurs voisins, haïssaient les hostilités, en général, et chez eux, en particulier. Le soldat était un homme venu de la terre et fatigué de se baisser ; le plus souvent c'était un paysan raté d'où la crainte, empreinte de mépris, qu'il inspirait à ceux dont il s'était éloigné, dans le meilleur des cas par esprit d'aventure, et plus fréquemment par paresse. Si l'officier — voire le bas officier — bénéficiait de la considération, l'homme de troupe, le fantassin en tout cas, partageait avec le mendiant la dernière place de la société. Il faisait peur mais il n'était rien. Avant 1789, il passait pour ne servir d'autre cause que la sienne. Vint la Révolution ; le volontariat de 1791 amena des bourgeois et des ruraux évolués sous les nouveaux drapeaux, mais cette amélioration fut perdue avec les enrôlements de 1792. Enfin, la levée des 300 000 hommes, genèse de la Conscription, fit retomber la qualité morale des militaires au-dessous de ce qu'on déplorait sous l'Ancien Régime.

On ne saurait donc s'étonner de l'aversion des populations de l'Ouest pour les troupes de la Nation. Est-ce à dire que la détestation des Bleus engendrait naturellement la sympathie pour les Blancs ? Assurément non. Face à l'action des Royalistes, les Républicains durcissent leur position, se font plus tracassiers, plus exigeants. Une longue tradition voulait que le militaire n'établît pas de différence entre les pays amis et ennemis. Il se conduisait en Bourgogne comme en Bohême. Cette fois, à cause des Chouans, il va, même lorsqu'il est originaire de la province, traiter plus rudement que d'autres régions ces contrées dont l'insécurité l'irrite. Ici, le rôle de Louis de Frotté devient capital ; si l'on n'a pas encore découvert l'expression le *mécanisme agitation-répression*, on en connaît le sens. Or, le lieutenant-colonel, en imprimant un certain style à son mouvement, obtient un résultat considérable : les paysans, loin d'en vouloir aux Blancs de rendre les Bleus plus rudes, apportent leur aide à ces guerriers d'un genre nouveau. Après tout, ils possèdent une supériorité sur leurs ennemis : ils ont une opinion. Ces approximations, on s'en doute, appelaient mille nuances. Il se trouve des fermiers pour aider ou guider les Patriotes. Il existe des Patauds idéalistes et des porteurs de cocarde blanche courant le pays par appétit de jouissance. Si la richesse est, en général, l'apanage des Républicains, certains Royalistes ont conservé leur fortune. Si les villes sont bleues et les campagnes blanches, on trouve des citadins blancs et des laboureurs bleus. Mieux, il existe un nombre de Royalistes indifférents en matière religieuse et passablement de Républicains sincèrement désireux de voir le culte rétabli. Enfin, et surtout, après cinq années de convulsions, le plus fort parti est celui des sans-parti. Boire, manger et dormir, traverser un chemin sans prendre du plomb qu'il soit tiré pour le service de Louis XVIII ou celui de la Convention, telles sont les ambitions du plus grand nombre. Sortir ses compatriotes des ornières de l'indifférence, tel est le rêve normand du comte de Frotté.

Pistolet à crosse amovible de Louis de Frotté, produit par une manufacture britannique.

L'homologue républicain du seigneur de Couterne ne nourrit pas un dessein d'une telle ambition ; le général Aubert-Dubayet s'ennuie et réclame un poste plus digne de sa gloire. Lorsqu'il obtiendra le ministère de la Guerre, le nouveau gouvernement voudra recourir aux services de l'excellent Pérignon, mais l'ancien chef de l'armée des Pyrénées éloignera ce calice et ira se distraire à la cour d'Espagne... avec la maîtresse de l'ambassadeur du Prétendant. En octobre arrive donc le général Bonnaud. Ce Provençal, ancien chirurgien, est un bon cavalier, un héros à ses heures, et un imbécile du genre sentencieux. Son papier à lettres est chargé de ces fières devises : *L'union fait la force* et *La probité et la vertu assurent la victoire*. Avec cela, pas méchant et un rien pillard. Ayant servi sous Pichegru, s'étant battu contre Charette, il connaît la guerre mais en déteste les formes imposées par son adversaire et se réfugie dans la rédaction de proclamations dont ses confrères, orfèvres pourtant dans le style romano-patriotique, s'amusent franchement. Lorsque ce brave prend le commandement en novembre 1795, il se trouve bien des gens pour considérer la Révolution comme terminée. Les Français ne touchent-ils pas au port grâce aux subtilités de la constitution directoriale ? Les Montagnards sont contents puisqu'ils conservent leurs places. Les Brissotins, heureux, puisqu'ils en ont retrouvé quelques-unes. Seuls, les Royalistes sont furieux car ils ont manqué, coup sur coup, l'affaire de Quiberon et celle du 13-Vendémiaire. Cela n'empêche pas ces Messieurs de Normandie de s'amuser sérieusement ; le vendredi 31 juillet, Louis s'est offert à Tallevende, entre Vire et Mortain, un assez beau convoi. Bilan : 600 000 francs en assignats. Il faut se hâter de les dépenser car la chute du papier-monnaie s'accélère de jour en jour. Le lendemain, prise de Carville, évacuée devant l'adjudant général Brouard, natif de Vire et ancien volontaire du Calvados. Ce même samedi 1er août, affaire d'un peu de conséquence, toujours aux environs de Mortain au Mesnil-Tôve. D'abord surpris, les Chouans s'étaient repris et fort divertis en confisquant à leurs ennemis le butin pris au château de Lingeard. Bien sûr, Michelot et M. Billard avaient donné quelques très bons coups. Le second en allait faire un autre et point banal. Parti pour Rouen avec son compère Graindorge, qu'on appelait aussi « la Grenade », ces Messieurs avaient retrouvé Prosper Picard, brigadier au 16e dragons, ci-devant Orléans et naguère commandé par l'hôte dissolu du Palais-Royal. Ce Prosper était un ami. Les deux autres l'avaient apprécié lorsqu'ils étaient détenus à la prison de Rennes dont ils n'étaient sortis qu'en contractant un engagement dans un régiment de chasseurs. Graindorge, ancien de Roussillon-Infanterie, devenu 54ᵉ, adorait la désertion et les déserteurs. Avec ses deux camarades, il avait embauché vingt-sept dragons. Ces exemplaires Patriotes ne laissèrent rien derrière eux, ni chevaux, ni armes, ni munitions. Ils allèrent sans encombre de Rouen jusqu'au fond du Bocage par Bernay, Bagnoles et Loré. A peine les compagnons étaient-ils parvenus chez M. de Frotté qu'il en vit arriver vingt autres, conduits par un sous-officier entreprenant, le citoyen Pernel, sensible à l'exemple venu d'en bas.

La troupe reçut le nom assez inattendu de compagnie des Déserteurs. On se faisait désormais honneur d'une action à l'accoutumée dénoncée comme répréhensible. A noter une nouvelle fois que l'expression, si souvent utilisée par Hoche, était en l'occurrence impropre puisqu'il s'agissait de transfuges. Si Louis tint à ce vocable, c'est qu'il entendait signifier à tous les soldats de la République qu'abandonner celle-ci constituait une action d'éclat et leur vaudrait d'être honorés chez les Blancs. Bref, saisissant le caractère éminemment subversif de sa guerre, il pratiquait un retournement de la perspective. Les gens du 27ᵉ ne l'abandonneront jamais. Comme certains de ses lieutenants, dont ce M. de Limoëlan, fort prompt à confondre le XVIᵉ et le XVIIIᵉ siècle, le lieutenant-colonel, si moderne que fût sa campagne, conservait du goût pour l'archaïsme. Comme il avait gardé de l'Émigration le souvenir de la belle troupe levée par le comte de Bussy, il constitua, à son tour, une unité de chevaliers de la Couronne, prenant de n'y faire admettre que des jeunes gens de seize à vingt ans, exclusivement choisis dans la noblesse. Dès lors, on comprend mieux pourquoi Louis, tout en admirant M. Cadoudal, se plaindra parfois de son « système antinobiliaire ». De telles pratiques, en effet, sorties tout droit du néo-féodalisme de l'armée des Princes, ne pouvaient que faire sourire les Charette et les Georges. Ici, l'on touche à l'une des caractéristiques de la Chouannerie normande, et celle-ci paraît moins tenir à l'état d'esprit de la province qu'à la mentalité de son créateur. Elle présentera toujours un caractère aristocratique, nuancé, il est vrai, par l'élévation d'hommes aussi délibérément roturiers — de naissance et non de cœur — qu'un Michel Moulin. Les munitions avaient moins manqué car Louis en avait fait enlever à Caen d'impressionnantes quantités. Alors, on s'était occupé des ventres en saisissant à Vengeons, sur le chemin de Vire à Sourdeval, assez de bétail pour se sustenter convenablement et attirer du même coup quelques amateurs de bonne chère.

Des quatre cents combattants dans les affaires de juillet, on était monté en septembre au-dessus du millier. Le jeudi 10 septembre, une jolie attaque du camp de La Croix préludait à la prise de Saint-James, place utile puisqu'elle permet de contrôler l'embouchure de la Sélune et la baie du Mont-Saint-Michel. Évidemment, ce n'était pas la chute de Byzance ou l'incendie de Troie, mais cela commençait de gêner les Patriotes. M. de Frotté frappait à la limite de sa province et de la Bretagne, à deux lieues de Pontorson, point extrême, deux années plus tôt, de la virée de Galerne. Ce qu'il recherchait avant tout, c'était la libre communication avec le littoral et les régions voisines. Peu de chefs royalistes, en cette période où triomphait l'individualisme, auront aussi passionnément voulu la coopération.

Il était partout. On ne l'avait point aperçu près de Ger qu'il courait à Barenton, touchait barre à Mantilly, allait à Passais, inspectait l'excellente légion d'Ambrières, dont le commandant, M. de Saint-Paul, l'aidait dans les opérations suivantes. On le vit aux environs de Laval et à Château-Gontier. Il avait pris contact avec le fameux Taillefer, vu le vicomte de Scépeaux et son chef d'état-major, ce Louis de Gaisne, comte de Bourmont, dont le prêt d'une poignée d'or avait permis à M. de Frotté de rejoindre Lord Moira. Après quoi, Blondel avait regagné la Normandie, opérant un détour par Ernée, pour s'y concerter avec ce terrible Rochambeau que ses exploits, et non les branches de son arbre généalogique, rattachaient à l'illustre maison du dernier maréchal de Louis XVI.

Le samedi 26 septembre, à Ger, on avait encore ri ; M. de Frotté, à la tête de deux cents chouans, baïonnette au canon, avait cassé beaucoup de vaisselle dans cette capitale de la poterie. Les Carmagnoles avaient fui jusqu'à Mortain et le lieutenant-colonel, pas mécontent, s'en était retourné dans la région de Tinchebray. Là, les légions d'Yvrandes et de Saint-Jean-des-Bois le rendaient moins vulnérable.

C'est alors qu'était intervenu l'adjudant général Mignotte. Comme tout le monde, ce Bourguignon se targuait d'avoir exercé les fonctions d'aide de camp auprès de Kléber. Il est vrai que le grand Strasbourgeois, dans son indulgence, avait décoré bien des gens de ce titre. Ce fut un combat extraordinaire qu'on nomme, dans les fastes de la Chouannerie, la bataille de la Vente-Henriet. C'était une ferme, sise au bord de la route menant d'Yvrandes à Saint-Jean-des-Bois, un lieu propice à la surprise, surtout lorsqu'elle était organisée par le plus fort. Le citoyen Mignotte possédait tout : une infanterie solide, une artillerie convenable, et une cavalerie pour rompre. Il fut battu, probablement étonné de l'être. La vérité, c'est que Louis détenait ce je-ne-sais-quoi, composé d'empirisme, de modestie et d'abnégation, qu'on appelle le sens de la guerre.

La Vente-Henriet fut une grosse affaire. Raisonnablement, les Bleus eussent dû vaincre. Déraisonnablement, ils furent vaincus. Ils avaient pourtant, les pauvres, tout mis en œuvre pour l'emporter. Ce jour-là, Blondel et M. Billard avaient fait merveille. Pourquoi ? Parce que l'un comme l'autre n'avaient cessé de manœuvrer.

Devant Aunay, M. de Carville, qu'on appelait Cadet-Roussel, réduisait un régiment de hussards au simple engraissement de cette terre féconde. Michelot et M. de Margerie ne s'étaient pas montrés plus mauvais au cours d'une expédition punitive à Saint-Vigor-des-Mézerets.

Mignotte, à défaut de génie, présentait de la suite dans les idées ; à la nuit close du mardi 29 septembre, il attaqua le château de Torchamps où s'était réuni l'état-major royaliste. Affaire manquée. Louis s'est retiré vers Céaucé.

C'est alors que s'était déroulée une truculente plaisanterie. L'affaire, semble-t-il, remonte au mois d'octobre. Au château de Briouze cantonnaient cent chasseurs à cheval au commandement d'un lieutenant Davois et d'un maréchal des logis Lambes. Ils s'ennuyaient tant, ces deux citoyens, qu'ils s'en étaient allés jusqu'au bourg de Bellou-en-Houlme. M. de Mésenge du Gast les surprit, les prit, les mena devant Blondel. Les deux hommes, soucieux de racheter leur liberté, proposèrent un extraordinaire marché : ils donneraient toutes les indications nécessaires pour que leurs gens soient saisis au cantonnement. Quand les cavaliers se réveillèrent, ils étaient prisonniers. Leurs montures et leurs armes étaient préalablement tombées entre les mains des Chouans. Certains s'étaient sauvés. D'autres profitaient d'une permission. Louis en compta soixante-huit. Comme il ne disposait pas d'un local pour les tenir serrés, il transforma, humiliation suprême, ces chasseurs à cheval en chasseurs à pied, les renvoyant, sans bagage, au général Aubert-Dubayet. L'occasion était trop tentante pour être négligée ; Louis fit parvenir à Hannibal une lettre aussi longue qu'un roman de la Normande Scudéry. Certaines phrases sont d'une belle venue, celle-ci par exemple :

« N'ayant pris les armes que pour combattre l'anarchie et contribuer à rétablir la religion, la royauté et l'ordre dans notre infortunée patrie, nous sommes ennemis de tous les excès [...] Ainsi veuillez me seconder pour que l'agriculteur et le citoyen paisible ne soient que le moins possible victimes de nos combats. Si vous avez cessé d'être royaliste [Aubert, on s'en souvient, avait, à la Législative, dont il fut président, siégé du côté droit], ne cessez pas d'être français [...] La France, sous le régime royaliste ou républicain, se rappellera dans tous les temps avec estime et reconnaissance la conduite des différents chefs qui l'auront préservée de malheurs inutiles à la décision de nos querelles. »

Suivaient des explications sur le rôle de Louis, son refus de signer à la Mabilais et ses efforts pour ne pas entrer en guerre. Le conflit était imputable aux violations de la paix par les Représentants, et non point à la volonté du « comte Louis de Frotté, colonel [d'infanterie] chargé des ordres du Roi pour la basse-Normandie ».

L'affaire était si plaisante pour les Blancs, si mortifiante pour les Bleus, que le commandant en chef s'était abstenu de lui donner quelque publicité que ce fût. Du coup, le lieutenant Davois n'eut point à répondre de son action devant un conseil de guerre. Quant au maréchal des logis Lambes, séduit par les méthodes des Brigands, il avait embrassé leur cause, qu'il devait, M. Billard de Veaux *dixit*, endeuiller par des *horreurs*. Les débuts de l'automne avaient été marqués par des combats où la fortune s'était montrée capricieuse. Battus à Céaucé, à Clinchamps-la-Rivière, près Vire, à La Ferronnière, entre Vire et Caen, à Saint-Siméon, dans l'Orne, les Chouans l'avaient emporté devant Saint-Hilaire-du-Harcouët, au pont d'Evron, ainsi qu'à Sainte-Anne-du-Buais et à Boucey, deux localités du Cotentin. C'est alors que Jacques-Philippe Bonnaud, le La Rochefoucauld du pauvre, avait assuré le commandement. Louis ne l'attaqua point sur-le-champ ; il avait filé jusque dans la Mayenne, à Vaiges, pour y rencontrer le vicomte de Scépeaux, nommé lieutenant général par Monsieur.

Le 14 décembre fut un lundi noir ; on n'attaque pas une place de l'importance du Teilleul sans artillerie ; nombreuse, la garnison fit bonne contenance, essuya des pertes considérables mais guère supérieures à celles des assaillants. M. du Lorent, chef de la légion de Saint-Jean-des-Bois, y perdit la vie. C'était un officier aussi talentueux que M. Billard mais moins satisfait de lui-même. Le chef de la division d'Ambrières en fut quitte pour une blessure au bras. Quant au village, il brûla presque entièrement. Malheureux à Pont-l'Abbé, M. du Rosel s'attrista plus encore à Saint-Vigor-des-Monts où les Patauds l'emportèrent à nouveau. On se revancha dignement à la Mare-Marion, à Saint-Cyr-du-Bailleul, au Bois-Rouland, à Saint-Senier-sous-Avranches. A Gathemo, occupé par Blondel, les Bleus pointèrent le nez. On le leur coupa.

Le lieutenant-colonel voudrait insurger la région de Caen et le Bessin. Il sera déçu ; la veille d'un Noël que les théophilanthropes ne fêtent pas, M. du Rosel célèbre à sa manière la Nativité, prend Caumont-l'Éventré, pousse ses avant-gardes jusqu'aux portes de Caen mais ne rencontre qu'indifférence auprès de la jeunesse de la capitale comme de celle du Bessin. Tant pis ! A l'heure de découper la dinde arrive, avec dix amis, un rescapé de Quiberon, le vicomte de Chambray. Il sera président du conseil de Normandie, c'est-à-dire d'un rêve. Près d'Avranches, Louis et M. de Ruays, dont le courage l'emporte sur la science, s'emparent de quoi boire, manger et giboyer. Ne voulant pas demeurer en reste, MM. Drudes de Campagnole et du Rosel portent victorieusement leurs armes dans le département du Calvados en puisant leur courage dans l'alcool du même nom.

Quatre cents. Ces Messieurs de Normandie se comptaient quatre cents au début de la fête. Ils s'étaient étonnés lorsque, avec la chute des feuilles, ils s'étaient retrouvés mille. Ils sont quatre mille maintenant, que la proclamation du bonhomme Bonnaud ne saurait disperser.

Le fabricant d'apophtegmes écrit aux empanachés du Luxembourg :

« Il y a huit jours, j'aurais fait avec 4 000 hommes ce que je ne ferais pas aujourd'hui avec 6 000. »

Hannibal, désormais ministre, en accorde 2 000, car il lui faut compter avec la voracité de Lazare.

1795, l'an qu'est mort Louis XVII, est révolu. 1796 se lève, riche d'espoir ; Pontorson, où voici deux ans MM. de La Rochejaquelein et de Talmont faisaient merveille, est sur le point de tomber sous les coups de trois mille Royaux. Granville, Mortain et Villedieu ne tiennent plus à la Nation que par un fil. La victoire consentirait-elle enfin à se parer de plumes blanches ?

*

* *

Pour donner de l'éclat à la nouvelle année, les Chouans attaquent — c'est chez eux une habitude — la localité de

Le château de Thorigny.

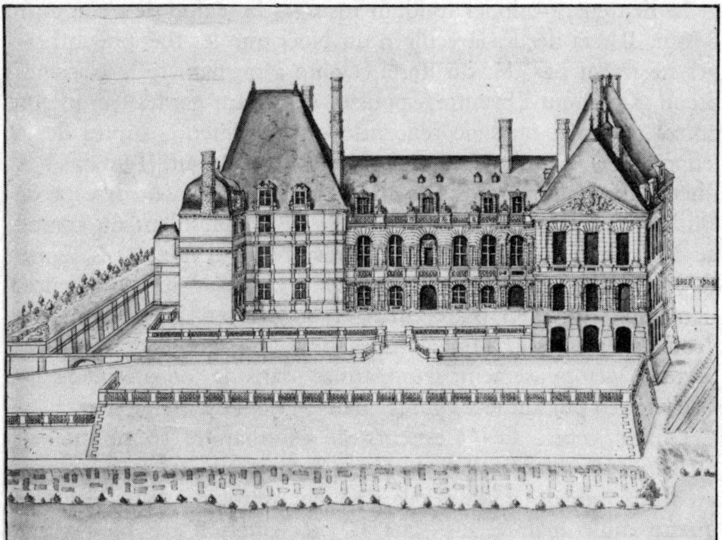

Torigni, clé de Saint-Lô. En vain. Cinquante d'entre eux restent sur le terrain. C'était le samedi 2 janvier 1796. Le lundi, les affaires ne vont pas mieux à Hamars, à Domfront et à Pontorson. Non seulement, cette série d'échecs exerce un effet désastreux sur les populations, mais encore elle compromet la stratégie de Blondel, l'empêche de tenir des communications régulières avec la côte et le prive des articles manufacturés, armes, munitions, souliers, habits, qu'on ne trouve qu'en ville. Un vrai Normand adore la table et celle des Royaux devient mauvaise. Alors qu'en pays pauvre les gars du Bro-Erec font bombance, en pays riche les gars du comte de Frotté poinçonnent trop souvent un nouveau cran à leur ceinturon. La prise, éphémère, de Saint-Sylvain, entre Lisieux et Falaise, panse les amours-propres sans combler les estomacs.

Le vendredi 15 janvier, M. le comte de Ruays prend une culotte de ceux dont l'honneur consiste à proclamer qu'ils n'en portent pas. Dans la nuit du 24 au 25, à La Lande-Patry, dans l'Orne, les importants du parti vont briser du Bleu mais essuyer des pertes. Louis, son excellent père venu se désennuyer des brumes londoniennes, ainsi que le président du conseil de Normandie, vicomte de Chambray, se livrent, au pied de la lettre, à la guerre de clocher. Ils délogent de celui du lieu les Carmagnoles de l'adjudant général Durupt. On se bat, furieusement, contre un adversaire supérieur en nombre, tant dans l'église qu'autour du cimetière. La victoire est modeste, la facture élevée.

A Villechien, près de Mortain, une fois encore on s'était affronté ; « les Républicains revinrent vêtus ou chargés de carmagnoles de toutes couleurs à retroussis fleurdelisés, de chapeaux ronds retapés à ganse, cocardes et rubans blancs de scapulaires, de croix, de broderies fleurdelisées, de montres d'or en quantité ».

Le 29, retraite à Cerisy-la-Forêt devant une sortie de la garnison laudénienne. Le 2 février, panique à Landisacq ; les gaillards prennent peur, s'enfuient devant trois cents malheureux qu'ils n'attendaient pas. Louis et Michelot se sont dépensés en vain. M. Picot, courroucé, voudrait tuer en duel son collègue Pelvé. Retraite sur Chanu, Vaudry, Roullours et Neuville. Les Chouans, décidément fatigués, sortent des faubourgs de Vire plus vite qu'ils ne les avaient occupés. Comme le cœur passe par les tripes, Louis, dont la marque flotte sur Yvrandes, sort de son repaire et, près du château de la Ruaudière, à deux lieues de Vire, se jette sur un convoi de bœufs attendu par la garnison de Mortain.

Si c'est cela qu'on appelle la guerre, elle n'est belle qu'en rêve. Il faudrait une loupe pour apprécier semblables actions. Alors, le lieutenant-colonel décide de frapper un grand coup ; à la tête de cent hommes, mais choisis parmi les meilleurs, il surprend Mayenne, extrémité nord de l'ancien fief des La Trémoïlle, communication naturelle et confortable entre la Normandie, la Bretagne et le Maine. M. de Saint-Paul prend deux canons, mais les Bleus contre-attaquent furieusement. M. Billard, comme hier son chef à La Lande-Patry, est sérieusement blessé.

C'est en ces circonstances que M. le comte de Médavy, seigneur dont le zèle et l'outrecuidance dépassaient de loin les talents, conçut le projet grandiose d'enlever Alençon. Ce gentilhomme, heureux courtisan du malheur, avait obtenu de Monsieur un rang tel qu'il lui conférait autorité sur MM. de Charette, Cadoudal, Mercier, de Scépeaux, et, d'évidence, de Frotté. Si persuadé qu'il fût de son importance et de ses services, il avait rengainé sa commission et servait sous Blondel, non sans placer dans cette allégeance une ombre de commisération. Il voulait Alençon, il ne l'eut point. Ses subordonnés, M. de Tilly comme M. de Mezeray, discutèrent ses ordres. Il s'ensuivit une mauvaise approche. La grande ville resta bleue et le collatéral de ce terrible historiographe de France, célèbre pour avoir fait du jour la nuit et de son cabaretier son héritier, y perdit la vie.

Dans le même temps, le capitaine blanc Drouard, pas moins doué pourtant que son presque homonyme l'adjudant général bleu Brouard, tombait au Gast cependant qu'il convoitait la ville épiscopale de Séez.

Fini, Bonnaud et ses maximes : le Directoire vient, le 5 nivôse de l'an IV (26 décembre 1795), de réunir les trois armées : de l'Ouest, des Côtes de Brest et des Côtes de Cherbourg, sous le commandement de Lazare Hoche. Son premier prénom est Louis, mais, par opportunisme, il préfère le second. Le vainqueur du Geisberg, ou le boucher de Quiberon — comme on voudra —, rallie Angers puis Rennes. La Normandie le préoccupe médiocrement en ce début d'hiver où M. de Charette tient toujours, où M. Stofflet va repartir en guerre, où le vicomte de Scépeaux joue honorablement sa partie, où Georges, assisté de Pierre Mercier, rechouannise en grand. Au demeurant, le proconsul connaît assez bien son affaire pour savoir que le danger est faible dans un pays où le mouvement contre-révolutionnaire n'a pris forme que depuis six mois. Tout tient à ce M. de Frotté que le général a rencontré lors des conférences de la Mabilais. Au vrai, l'insurrection manque de profondeur. Ses chefs se sont fait un petit nom mais ils sont loin d'avoir acquis l'ascendant de leurs grands voisins. Hoche, on le sait, cultive le renseignement comme Candide son jardin. A la fin de janvier, il apprend, ayant fait épier les émissaires royaux, que l'homme de Maulévrier va relever son étendard. Intelligemment, il s'applique à neutraliser le général angevin. Il y parviendra si parfaitement que le géant ne tiendra pas un mois la campagne. Après M. Stofflet tombe le chevalier Charette. Cette fois, l'étau se resserre autour des Normands. Pour les réduire, le général en chef constitue une subdivision spéciale englobant les quatre districts les plus chauds : Avranches, Mortain, Domfront et Vire.

La force de Louis réside toujours dans sa mobilité ; on le croit dans l'Orne, il se distrait dans le Calvados avant de faire, une fois de plus, peser son effort sur la Manche sans pouvoir s'aventurer vers la pointe de la presqu'île, où les Bleus, conscients du péril, font toujours bonne garde. A la fin de février, alors qu'est capturé M. Stofflet, les Chouans ravagent Venoix, faubourg de Caen, et l'emportent au Mesnil-Auzouf. Irrité par un insuccès près d'Ambrières, Blondel fait d'excellentes prises en armes et en munitions devant La Ferté-Macé, mais échoue face à la résistance de la garnison. Il s'en va reprendre Briouze, revient au cœur du Bocage pour saisir Lonlay-l'Abbaye, puis se dépite d'avoir, fautes de cartouches, laissé flotter le drapeau tricolore à Condé-sur-Noireau.

De tels mouvements peuvent paraître désordonnés. Ils obéissent pourtant à des préoccupations simples : se nourrir, se ravitailler, empêcher l'ennemi de procéder à des fortes concentrations, prouver à l'opinion la présence et la constante activité des Royalistes pour provoquer le plus de ralliements possible, maintenir, enfin, des communications avec le littoral. Si précaires que soient celles-ci, elles inquiètent suffisamment le citoyen général en chef pour qu'il propose d'envahir les îles anglo-normandes d'où le prince de Bouillon continue de faire parvenir, lorsqu'il en dispose, un peu d'argent et de maigres renforts. Lassitude ? Crainte de voir l'opération mal tourner ? Les gouvernants s'opposent au projet. Singulier personnage que Lazare Hoche. Comme Bonnaud, il aime les maximes mais la sienne est moins sotte : *Res non verba*. Des actions non des paroles. La phrase, manifestement, est moins décochée à ses ennemis qu'à ses rivaux et à ces civils qu'il flatte tout en les méprisant. Ce bon soldat, organisateur émérite, comme en témoignent ses remarquables « instructions pour les troupes employées à combattre des Chouans », présente un caractère de théâtreuse. Au Luxembourg s'amoncellent des lettres de cette facture : « Je puis braver les boulets mais non pas l'intrigue ; et lorsque je ne suis pas assez fort pour la faire cesser, je préfère me retirer. » Comme de juste, les cinq rois et leurs ministres le conjurent de n'en rien faire et dictent des missives où tout est dit de sa grandeur, de son abnégation, de la confiance que les authentiques Républicains ne sauraient marchander à l'un des leurs. Quelqu'un va bientôt l'inquiéter, ce Bonaparte, vainqueur des Collets Noirs devant Saint-Roch que le ci-devant vicomte de Barras, après lui avoir donné sa maîtresse pour épouse, a nommé, en remplacement de Schérer, au commandement de l'armée d'Italie. Ce Corse semble trop éveillé pour le Versaillais. Sorti du peuple, Lazare, ayant attrapé quelques façons dans le chenil royal, commence de jouer au gentilhomme alors que l'autre, impeccablement noble selon M. d'Hozier, mais doté de si peu de vergogne qu'il nie effrontément son appartenance au deuxième ordre, fait dans le sans-culottisme. Lazare a ses élégances ; comme on lui réclame 10 000 hommes pour l'aventure péninsulaire, il en distrait 2 000 de mieux.

Dès avant le drame de la Chabotterie, il est parti pour Alençon déclarant pour qu'on le répète :

— C'est maintenant le tour des Chouans.

Un autre se serait porté d'abord contre la Bretagne pour essayer d'étrangler Georges. Le général Hoche possède trop d'astuce pour jouer si communément sa partie. Il se refuse à descendre invariablement du plus fort au plus faible. Tout d'abord, il se plaît à provoquer l'étonnement lorsqu'il quitte la Vendée avant que M. de Charette ne soit pris. On s'attend à le voir aux prises avec M. Cadoudal, ou, à tout le moins, avec le vicomte de Scépeaux... Pas du tout, il se porte contre le plus faible, ce comte de Frotté qu'il connaît bien pour avoir découvert son enthousiasme et son honnêteté du temps qu'ils bavardaient librement à la sortie des conférences de la Mabilais.

Louis, sans disposer de bases fixes comme les maîtres bas poitevins et bretons, peut souvent s'installer au château de Flers ; le domaine, on l'a vu, est aisément défendable et les habitants de la ville voisine sont acquis à la cause.

Domfront, ville de malheur,
Arrivé à midi et pendu à une heure.

Le dicton ne vient pas de la capture de l'infortuné Montgomery dépêché par Catherine de Médicis malgré les assurances de M. de Matignon, mais, plus simplement, des tribunaux d'exception installés dans cette ravissante ville aux jours de marché afin de faire passer par la corde les mauvaises habitudes des tire-laine.

Domfront reste bien ville de malheur ; sa garnison en sort pour marcher sur le repaire du Brigand. Nombreux et bien armés comme le sont les Patauds, il ne reste qu'à lâcher le couvert d'argent et la serviette damassée pour gagner la campagne. Irrité, Blondel fonce sur Domfront pour donner la main à M. du Rosel. L'ayant rejoint ainsi que le comte de Ruays, il attaque un parti de Républicains à Sainte-Cécile, localité voisine de Villedieu. Rien n'est plus communicatif que la peur. Absence de sommeil, mauvaise nutrition, les Chouans lâchent pied. Avec le calme des vieilles troupes, les chevaliers de la Couronne, menés par le baron de Mandat et M. de Breuil, épaulent Michelot et ses grenadiers de Saint-Jean, tandis que la Compagnie des Déserteurs, aux ordres de M. de Saint-Louis, couvre la retraite.

Comme le soleil luit pour tout le monde, MM. de Ruays, de Margerie et de La Rosière se donnent un peu de bon temps à Chalandrey, à Vezins, au Bois-du-Parc, à La Forge-Coquelin, à Ducey, à Saint-Aubin-de-Terregatte et à La Brière-Chenu. En mars, M. du Rosel, décidément content des autres et de lui-même, bref, assez favorisé par Mars, parvient à s'assurer la portion nord du Cotentin. C'est le cauchemar de Hoche, assez intelligent pour comprendre que la pointe de la Manche constitue le meilleur terrain d'opération pour ses adversaires, c'est-à-dire le pire pour lui. Il réagit vigoureusement, rend la vie impossible au Chouan, le contraint de se réfugier dans la forêt de Bricquebec.

L'étonnant, chez Louis de Frotté, c'est cette faculté, même au plus mauvais moment, d'examiner et de favoriser toutes les solutions à la fois. Avec son attentive courtoisie desservant une volonté de fer, il considère que toutes les parties méritent d'être jouées. S'assurer une portion du littoral, prendre une grande ville de l'intérieur, s'avancer vers Paris, tout est bon pourvu qu'on perde peu de monde, car rarement chef se montra tant économe du sang de ses gens, et à la condition encore qu'on ne compromette pas l'honneur de la Normandie. Sur ce point, Louis est très ferme ; ses officiers peuvent tenter tout ce qu'ils veulent dans la mesure où l'enjeu demeure raisonnable ; connaissant les pratiques des gazetiers républicains, sachant les répercussions de la plus vénielle des fautes monarchistes, il agit toujours dans le sens du moindre dégât ; inutile de rechercher une petite victoire si, en cas d'insuccès, elle est présentée par les Bleus comme un désastre pour les Blancs. Chez cet idéaliste, ce romantique même, ce n'est pas un médiocre mérite que de conduire la guerre avec un réalisme aigu.

Pour l'heure, il est content ; si Lazare le tanne aux chausses, un débarquement vient de réussir ; sont arrivés un charmant Moustier, âgé de dix-sept ans, MM. Aubry de La Noé et de Montrésor, entourant un personnage dont Louis, pourtant assez secret, et fort personnel dans le commandement, fera son *alter ego* : le chevalier de Bruslart.

La famille était d'épée. Il fut, lui, « officier avant sa naissance ». Son père avait, par désœuvrement de garnison, compromis une demoiselle de la noblesse. Elle était sans le sou… comme lui. Le colonel, bon prince, dit que dans le cas où naîtrait une fille, elle trouverait sa place à Saint-Cyr (la pauvre !). S'il venait un garçon, il serait sous-lieutenant. Ce fut M. le chevalier de Bruslart. On devait le voir dans tous les endroits où se ramassaient des coups de bâton ; à Mahon, à Gibraltar. Capitaine dès 1793, il fut à Turin, puis chez les Mirabeau. Cocarde blanche, cocarde noire, il avait fait les quatre cents coups en Émigration. Est-ce chez les Princes, ou encore à Londres, qu'il avait rencontré le chevalier de Couterne ? C'est probable mais point assuré. Le certain, c'est qu'immédiatement ils furent amis. Louis était si raisonnable, et cet autre Louis — ils portaient le même prénom — tellement fou, enfin fou non sans trace de sérieux, qu'ils s'entendirent à merveille. Comme ils étaient l'un et l'autre lieutenant-colonel, cela permettait une heureuse intimité. Dès que M. de Bruslart, ce Lorrain, fut en Normandie, il mit une intelligence rare à royaliser cette province. Comme M. de Frotté, il sut dans l'instant l'art d'apprécier jusqu'où « il est permis d'aller trop loin ».

Le chevalier de Bruslart près de lui, le comte de Rochecotte au sud, constituaient pour Blondel les plus sérieux atouts.

Tout le monde, pourtant, était un peu fatigué ; on se battait depuis bientôt dix mois, toujours aux mêmes endroits et avec de semblables alternances de succès et de défaites. Si la guerre est une science, elle est plus spéculative que mathématique. Parfois, la victoire venait par hasard parce que les gars s'étaient levés du bon pied alors que des mouvements savants, des surprises montées comme des mécanismes d'horlogerie faisaient long feu. Avec son doux entêtement, Louis accomplissait sa tâche, renforçait ses trois unités d'élite, et recherchait plus que jamais la coopération des populations. Aux rares mais virulents Jacobins près, les Normands aimaient bien M. de Frotté. Plus tard, ils en feront le héros des veillées, multiplieront même ses exploits comme ceux de Michelot, de Graindorge, de MM. de Bruslart, Billard et de Mandat. Ils se chouanniseront par la parole, et entreront rétrospectivement dans la légende. En cette année 1796, ils se contentent de regarder avec sympathie ces êtres étranges qu'on trouve, tantôt l'espingole à la main dans la boue d'un fossé, tantôt soupant avec les marquises sous les lambris dorés de quelque château de rêve. La Chouannerie normande vit de contrastes, allant de la pauvreté la plus noire à certaines ostentations d'un luxe oublié depuis les journées d'Octobre.

Le général Hoche s'irrite, et on le comprend. Il connaît assez les populations du Nord-Ouest pour les savoir accessibles à la persévérance. Il fera tout pour empêcher leur bienveillante neutralité de se muer en collaboration active. Le mercredi 16 mars, le Bleu relève un indice fâcheux ; près de Vire (encore), à Bernières-le-Patry, Blondel met en déroute un parti de Républicains occupés de piller les moissons et de prouver aux paysannes qu'ils ont la peau douce. Une nouvelle fois, le Versaillais tance ses subordonnés : il ne faut pas, il ne faut jamais, que le ci-devant seigneur de Couterne apparaisse comme un redresseur de torts.

Sise au milieu de paroisses royalistes, Tinchebray tenait à cœur de proclamer son républicanisme. C'était une bonne raison pour enlever cette petite ville, médiocrement fortifiée avec ses remparts posés sur un périmètre de 360 m sur 200, découvrant, non seulement les faubourgs mais encore une notable fraction de la localité elle-même, et laissant libre l'amorce de toutes les voies menant à la tour Saint-Rémy, quartier général, citadelle et poste d'observation des Bleus. Prévoyants, les citoyens ont muré les accès.

Louis commence par marcher sur la *ville de malheur* afin que de contraindre à sortir la garnison de Tinchebray, soucieuse de porter secours à des frères menacés. Pour donner à la fête ce tour de courtoisie dont il ne se départit jamais, le comte envoie des émissaires. Affichant leur mépris pour des usages surannés, les Bleus tuent les ambassadeurs. Courroux de Louis. A l'assaut ! Ces Messieurs de Normandie se font hacher par leur « pays ».

M. de La Roque-Monségré, comme il tente d'enlever l'ouvrage de l'ouest, tombe sous le plomb national. Devant la porte de Vire, les événements se déroulent sans plus de bonheur ; M. de Saint-Quentin rend son âme à Dieu, Blondel lui-même, touché tant à la tête qu'au bras, est, malgré lui, arraché de ce champ de carnage. A la porte de Condé-sur-Noireau, l'offensive échoue de même. M. de Boisjugan, en dépit d'un nom aurévillien, ne survivra point pour raconter son histoire. Louis avait ordonné : « Enfumez le terrier, les renards sortiront. »

Le terrier est imparfaitement enfumé, les renards ne sortent pas, ils se défendent. On aurait tort de tenir pour rien la fierté républicaine. Des femmes et des gosses abjurent les Carmagnoles de se conduire vaillamment. Alors se produit l'affrontement de deux volontés. La blanche ne l'emportera point sur la bleue. Ce dernier jour de mars 1796 fut conté, dit l'abbé Dumaine, « par un certain Besnier, homme sans grande culture mais d'une certaine intelligence naturelle ». Il allait, à sa manière, inscrire le siège de Tinchebray dans les fastes de la Nation :

Ce fut l'onze germinal
Que nous vîmes l'armée royale
Qui défilait par colonnes,

Croyant nous fair'peur ;
Mais ils ont vu que nous sommes
Des soldats qui n'ont pas peur. (Bis)

La sentinelle du clocher
D'abord les vit avancer ;
Aussitôt on crie : *Aux armes !*
Aux redoutes on se plaça,
Et sans faire grande alarme,
Petits et grands se montra. (Bis)

La redoute de Mortain,
La bataille se met en train ;
Aussitôt le feu s'engage,
Chacun montre sa valeur.
Dieu ! Quel horrible carnage !
Blondel crie : *à moi, chasseurs !* (Bis)

Blondel, dès en arrivant,
Ordonne bien promptement
Qu'on sonne de la trompette,
Qu'on mette le feu partout,
Que les Chouans les plus alertes
L'allument aux quatre bouts. (Bis)

Ici, le citoyen Besnier devient lyrique :

Mais les chasseurs du bon Roi
Aiment trop leur intérêt
Pour laisser dedans la flamme
Brûler de si bon butin ;
D'ailleurs, ils sauvent leurs âmes
Pillant les Républicains. (Bis)
Tout l'monde s'écrie tout à coup :
Voilà le feu qui est chez nous !

N'importe ! que l'on se batte ;
Qu'on fasse une boucherie
De ces gueux d'aristocrates
Qui veulent nous ôter la vie ! (Bis)

Du reportage, précieux dans son détail, l'auteur s'élève jusqu'aux généralités pour célébrer la prise du chevalier Charette, advenue dans les jours précédents :

Charette, grand général,

N'était qu'un pur animal,
Car enfin il s'est fait prendre ;
Pour payer tous ses forfaits,
Nous pourrions bien entreprendre
Blondel et tous ses sujets. (Bis)

Tous les Chouans de ce pays
Veulent la religion rétablie ;
Ils ont de bonnes carabines,
Des poignards à leur côté,
Des chap'lets de bonne mine
Pour remett' la chrétienté. (Bis)

Il fallait voir Valentin
Toujours l'fusil à la main
En visitant les redoutes
Et disant : *N'ayons pas peur,*
Ce sont de foutus jean-f...es ;
Montrons donc notre valeur ! (Bis)

Vers dix heur's le feu cessa ;
L'armée royal' s'retira,
Avec sept à huit voitures
Chargées d'morts et de blessés ;
Ainsi, voilà la capture
Qu'ils ont faite à Tinchebray ! (Bis)

Cette pièce et sa variante, tout aussi républicaine mais admirative pour MM. de Saint-Quentin, de Boisjugan et de La Roque-Monségré, confirme le jugement de Voltaire : « Le Français n'a pas la tête épique. » Elle ne devait point porter chance à son auteur ; le citoyen Besnier fut tué alors qu'il passait près du pont Notre-Dame, non point par l'un de ces Chouans qu'il avait ridiculisés, mais sous les coups, dit-on, d'un sergent du bataillon des Vosges. Quelque propos de cabaret lui méritait cette vindicte en une période singulière où, hors même les raisons politiques, l'habitude était prise de s'entretuer pour passer le temps.

Au début d'avril, Monsieur le colonel (plus de lieutenant mais l'on ignore la date de la promotion), chargé pour le Roi des affaires de basse Normandie, arrive dans Brière, revêt sa belle pelisse de hussard, ceint son écharpe noire, coiffe son tricorne emplumé de blanc et passe 1 500 hommes en revue devant les rochers de Bignan. Le jeudi 7 avril, M. de Saint-Paul, attaqué par la garnison de L'Auberge-Neuve, la contraint de rentrer dans son camp. Belle occasion d'enlever cette place en dépit d'une absence d'artillerie déplorée par M. Billard de Veaux. Les blessés sont nombreux. Blondel et la compagnie des Déserteurs, les inlassables dragons de Rouen, procèdent à l'évacuation lorsque la colonne Carville se trouve en difficulté devant un fort parti de Patriotes. Le baron de Mandat et M. Billard se déroutent, et, à la tête de leurs cinquante hommes, y vont à la baïonnette. Le baron dégage Billard dont la garce de carabine n'a pas fonctionné. Les Bleus rompent le contact. L'Auberge-Neuve est une victoire mais coûteuse ; vingt soldats sont morts et, avec eux, un officier distingué nommé Laurent. M. de Carville ne survivra point.

A Vassy, mais ce n'est pas celui que François de Guise affectionnait pour « l'inconvénient advenu aux Huguenots », M. de Mandat, très actif en ce printemps, rosse un bataillon bleu pendant que son chef en étrille un autre au Theil. Les intérêts de Sa Majesté seraient encore considérables si l'on n'avait appris le drame de Vaucé ; c'est là que, s'étant éloigné de sa compagnie pour raison de service, Graindorge, dit la Grenade, le recruteur de Rouen, fut saisi par les Carmagnoles en compagnie de son ami Paillard. Prestement, on les conduit à Domfront. Là, c'est à peine si l'on fait mentir le dicton. On les juge, on les condamne. Ils seront fusillés, non pas dans l'heure suivante, mais dès le lendemain, 10 avril. C'est bête de mourir un dimanche, et en germinal. A l'énoncé de la sentence, Graindorge avait dit simplement :

— Je m'y attendais.

Reconduit à la prison, il soupe avec appétit, se couche et dort paisiblement. Les Bleus n'étaient pas tous des brutes ; en venant chercher les condamnés, ils leur proposent d'ajouter, pour leur donner du cœur, une conséquente rasade de calvados à la collation. Paillard accepte, mais La Grenade décline l'offre en ces termes dont se souviendra Charles Le Goffic :

— Un Royaliste doit mourir de sang-froid.

Après quoi, il déjeune à son ordinaire et marche au supplice.

On avait saisi sa pipe et il éprouvait l'envie de fumer. Il

demande celle d'un soldat, tire posément jusqu'à la dernière halte et la rend à son prêteur :

— C'est le dernier service que je recevrai des hommes ; merci !

Il refuse le bandeau :

— Non, la mort ne me fait point peur ; la seule grâce que je vous demande, c'est de me laisser commander le feu, et, à vous, soldats, de ne me pas faire souffrir.

Alors, tous de s'écrier :

— Tu es trop brave !

Il lui déplaît de se mettre à genoux :

— Je veux mourir debout !

Il ouvre son gilet, trouve le geste qu'accomplira le roi Murat au Pizzo, et désignant sa vaste poitrine :

— C'est là, camarades, qu'il faut viser.

Un sot, ou peut-être un admirateur soucieux de voir un tel homme rallier son camp, demande :

— Crie : *Vive la République !*

Paillard prend l'admonestation pour lui. Était-ce à l'eau-de-vie qu'il devait la perte de son courage ? C'était pourtant un joli guerrier que ce Paillard ; lorsqu'il servait sous le grand Kléber « on l'avait vu, pendant le siège de Mayence, passer des entrechats au milieu des obus qui pleuvaient autour de lui ». Devenu Blanc, il s'était aussi joliment comporté ; à l'automne précédent, sous Avranches, les deux cuisses traversées par une balle, il continuait de tirer en chantant le *Vive Henri IV*. Maintenant, peur ou remords, il met un genou en terre et, docile à l'injonction du Pataud, clame :

— Vive la République !

Alors, Graindorge, sauvagement fraternel jusqu'au bout, le relève en le souffletant :

— Meurs à mon exemple ! Vive le Roi !

Puis, s'adressant au peloton :

— Grenadiers, garde à vous !

Les autres rectifient la position.

— Apprêtez vos armes !

Il égrène les commandements réglementaires jusqu'au :

— Feu !

Il tomba du premier coup, le cœur traversé. Moins heureux, Paillard ne trépassa qu'à la septième décharge.

Le colonel fut très chagrin. On a dit qu'il aimait trop les nobles ; il affectionnait tant ceux qu'il jugeait dignes de l'être qu'il fit adopter par la compagnie où servait Graindorge le surnom de ce modeste employé du greffe de Domfront : La Grenade.

A peine Louis avait-il reçu cette méchante nouvelle qu'une autre vint à l'affecter : le lundi 18 avril de cette année 1796, où décidément les événements ne cessaient de se bousculer, les Républicains avaient capturé Sir Sidney Smith. C'était mauvais signe car cet indéfectible ami de la Chouannerie normande passait pour invincible.

Chapitre VII

CARROUSEL AU BOCAGE

Le citoyen Fobert, naguère relâché par le commodore Sidney Smith à l'issue de l'un de ces sempiternels affrontements entre le Chouan des mers et les matelots de la Nation, était moins obligé par la reconnaissance qu'animé par le civisme. Comme il était quelque chose à l'administration du Havre, il fit tenir au ministre de la Police, Merlin de Douai, une manière de chef-d'œuvre littéraire dont les termes enthousiastes prouvent, s'il en était besoin, l'importance accordée par les Patriotes à la capture de celui que M. le comte Ghislain de Diesbach surnommera, non sans justesse, un d'Artagnan britannique.

Si Merlin était une canaille accomplie, édifiant une fortune scandaleuse et vivant avec une proxénète dont il couvrait les entôlages, il ne manquait pas de lettres. Celle de Fobert dut le surprendre quelque peu :

« Je n'ai su qu'à Iflot [Yvetot] la conquête des Français relative à Sidenay Chemit. Je vous prie de jeter les yeux sur ce que j'ai eu l'honneur de vous laisser relativement à lui. Et vous verrez que ce prisonnier est d'un prix conséquent pour la République. C'est le bras droit de Pite, l'ami le plus intime des rebelles et leur unique espoir, et l'un de nos plus mortels ennemis ; lui seul est chargé du débarquement des émigréz, des armes, poudre, numéraires et généralement tout ce qui est utile à ces sélérats. Il est aussi chargé de matériaux propres à insendier nos ports. Ces lui qui plusieurs fois ami des officiers à terre sur les côtes du

Sir William Sidney Smith. Gravure de Bell d'après Chandler.

Havre pour l'insendier. Ces lui qui ami dernièrement 700 hommes au cap Frael avec tout ce que l'homme de guerre a besoin. »

Suit cette délicate allusion à la libération de l'intéressé par Sir Sidney :

« Ces lui qui mami à terre porteur de ce que je vous ai communiqué [...] Je vais un peu à voir le bonheur de concourir à la poursuite de nos ennemis. Je suis français et ami de mon pays. Je ne puis être plus heureux qu'en les terrassant. »

La capture du commodore frappait durement la Chouannerie normande. Nul n'avait mis plus de zèle que ce stupéfiant personnage à porter secours aux Royalistes. Les Anglais, parfois, dissimulaient mal une offensante pitié dans leur manière d'assister les fidèles du podagre de Vérone. Sir Sidney, lui, comme son adjoint le lieutenant Wright, se situait au-dessus de ces petites insolences ; il possédait assez de tact pour faire oublier aux pauvres qu'il était riche.

L'étincelant biographe de Louis-Edmond de Phélippeaux a peint ce fils et petit-fils d'officiers de la Royal Navy, mais tellement plus savant qu'eux, en ces termes :

« Romantique dans ses desseins, réaliste dans ses moyens de les exécuter, il aime le succès pour le plaisir d'avoir eu raison et la gloire par vanité presque enfantine, sans songer à en tirer des avantages matériels. Persuadé à juste titre qu'on n'est jamais si bien servi que par soi-même, il embouche le premier la trompette de la Renommée pour proclamer ses exploits, mais il est juste de lui accorder que son appétit de réputation ne s'exerce jamais aux dépens de celle d'autrui. Dans les louanges qu'il se décerne, il fait la part belle à ses amis, à ses subordonnés, n'oubliant jamais un nom, même obscur, ni une circonstance même infime. Il a été assez gâté par le sort pour laisser naître et croître, à la lumière de son propre soleil, les renommées secondaires [...] Ses officiers et ses hommes l'adorent, car il n'a ni l'arrogance qu'un Collingwood ni l'ombrageuse susceptibilité d'un Nelson. Il est généreux, pitoyable, facilement ému par les misères de la guerre [...] Son trait le plus marquant est sans doute un admirable naturel. Il se trouve partout chez lui, partout à son aise, jamais dépaysé ni même étonné... »

Malheureusement, pour s'être un peu trop trouvé chez lui devant Le Havre, le voici prisonnier de gens dont l'application des lois de la guerre n'a jamais troublé le sommeil.

Comment s'est fait prendre ce gentilhomme dont le nom — Smith — est en Angleterre plus répandu qu'en France Lefèbvre ou Martin, mais qu'un talent prodigieux a suffisamment servi pour triompher de cette injustice patronymique ? Dans la nuit du 18 au 19 avril 1796, il s'ennuyait sur la dunette de son *Diamond,* lorsqu'il avait aperçu — ô joie — un superbe bâtiment de guerre, le *Vengeur.* Ce fut un jeu que d'avancer encore un peu dans l'estuaire de la Seine, de se jeter dans une chaloupe canonnière et que d'aller prendre à l'ancre, après trois quarts d'heure de combat, ce beau bâtiment ainsi baptisé pour rappeler l'exploit, plus ou moins imaginaire, d'un vaisseau de ce nom célébré, tant par cet Escouchard Lebrun, assez audacieux pour se faire surnommer Pindare, que par le frère d'André de Chénier. Déjà l'*Union Jack* a remplacé les couleurs nationales. Le commodore s'apprête à repasser à bord de son navire lorsqu'il constate, Goddam ! que le *Vengeur,* dont un marin astucieux a subrepticement coupé les amarres, remonte vers l'escadre républicaine postée en amont.

Prestement, les navires manœuvrent pour reprendre l'unité perdue. La lutte est trop inégale pour la prolonger inutilement. Ayant satisfait à l'honneur par une brève résistance, le commodore se rend avec son équipage. Lorsque Sir Sidney, entouré de M. Wright et du valet John Bromley, débarque sur le quai du Havre, les Patriotes du cru se pressent sur les quais pour célébrer la capture. Au formidable *Vive la République !* jailli de mille poitrines, Sir Sidney répond par un gracieux signe de tête. Avec une rare présence d'esprit, il a, l'instant d'être pris, prévenu John d'avoir à servir fidèlement. Il l'a, en outre, présenté comme canadien, manière d'expliquer pourquoi cet homme s'exprime en français et n'entend pas un mot d'anglais. C'est un moyen ingénieux de sauver la vie de François Boudin, comte de Trommelin, officier émigré, quartier maître à Jersey de M. du Dresnay, ancien de Quiberon, et passible du peloton d'exécution dans les vingt-quatre heures pour avoir été pris les armes à la main sur le territoire de la République.

A trente-trois ans, Sir Sidney Smith est devenu la bête noire des Carmagnoles. Qu'il ait servi lors des batailles de la Cheasapeake et des Saintes ne les dérange pas plus que ses exploits sur une frégate de trente-deux canons, l'*Alcmène,* à la fin de la guerre des *Insurgents.* En revanche, il leur déplaît qu'après cette campagne, l'officier ait jugé nécessaire de passer deux années en Normandie, procédant au relevé cartographique de nos côtes, étudiant nos installations portuaires et nos défenses, se perfectionnant dans notre langue au point de se faire passer pour français. Qu'il ait lutté pour les Suédois contre les Russes, obtenant l'ordre de l'Épée et le titre de chevalier, qu'il fera sonner bien haut en dépit du mauvais vouloir de son gouvernement à le reconnaître, laisse encore indifférents les Patriotes, mais il est une action du commodore dont ils ne se remettent pas ; c'était le mardi 19 novembre 1793, à Toulon-la-Blanche où, dira M. Gaston Bonheur, « Bonaparte est le prototype d'un officier de l'Armée Rouge ». L'approche indirecte voulue par l'Ajaccien contre le fort de l'Aiguillette avait réussi. L'amiral Hood rangeait son sac, emmenant quelques partisans de Louis XVII et abandonnant au général Coquille, dit Dugommier, et à son génial auxiliaire les navires de l'amiral de Trogoff et un arsenal en parfait état. Déjà, préludant à la répression dont le jeune Napoléon demeurera chagrin, les troupes conventionnelles ont, au pas de charge, pénétré dans la ville. Elles vont occuper le port lorsque le chevalier Sidney, manœuvrant son sloop, avec une dextérité satanique, débarque des barils de poudre et se hâte méthodiquement d'en répartir le contenu sur tous les points névralgiques. La foule, hier royaliste et aujourd'hui républicaine, se presse, fiévreuse, derrière les grilles et assiste, impuissante, à la destruction. Si quelques bâtiments en réchappèrent, les installations furent toutes mises hors d'usage. Les Terroristes rugirent, tout en convenant, à part soi, qu'une telle action demeurait conforme aux lois de la guerre. La suite devait l'être moins. Sir Sidney, retourné jusqu'à sa *precious stone seat in the silver sea,* va, selon son inimitable manière, reculer un peu loin les bornes de la correction. Comme il ne tient pas les marins de Robespierre pour des adversaires normaux, il leur fait la guerre d'une manière tout à fait différente de celle qu'il affectionnait du temps qu'il se mesurait à MM. de Grasse et de Bougainville. Son mépris pour les Jacobins l'incite à les combattre avec une efficacité peu compatible avec l'honneur. Il ose battre pavillon tricolore, s'insinuer parmi les bâtiments adverses, dialoguer avec leurs niais de capitaines afin que de leur soutirer des renseignements importants. Après quoi, il les envoie par le fond. Certes, les escadres de la République, aux ordres d'un Jean Bon Saint-André, ne possèdent pas de leur devoir une très haute conception, reste que les procédés de Sir Sidney Smith irritent, non seulement les gagne-petit du Jacobinisme, mais encore les officiers de tradition, tel le vice-amiral Villaret de Joyeuse que sa détestation des Anglais a conduit à servir les agités du pavillon de Flore, puis les pornocrates du Luxembourg.

Sir Sidney Smith est un héros et un bandit. Se serait-il, pour un temps, fait corsaire qu'on lui pardonnerait volontiers. Malheureusement, il s'est conduit en pirate. Quelqu'un d'heureux c'est l'autre Lazare, le directeur Carnot. Il voudrait que le vaincu soit mis aux fers. Son confrère Barras s'oppose à pareille rigueur mais, comme le Rosati, refuse tout échange. Le commodore et ses deux compagnons sont, en chaise de poste, menés à Paris, incarcérés à l'Abbaye et, de là, transférés dans le donjon du Temple. Décidément, cette bastille de la République n'a point fini de préoccuper M. de Frotté. Les prisonniers n'y sont pas encore écroués, qu'en forêt de Halouze, le samedi 28 mai, Louis écrit au comte de La Fruglaye, alors à Jersey :

« Je me reproche d'être si longtemps sans vous parler de notre bon et sincère ami, Sir Sidney Smith. Sa capture m'a navré. Vous et moi sentons ce qu'il nous en coûte mais occupons-nous de le venger et de le délivrer. J'ai envoyé à Paris pour lui offrir tout ce que j'ai à ma disposition et je vais lui procurer des amis fidèles pour favoriser son évasion. »

On comprend l'assombrissement du colonel. Pour lui, les liaisons avec les îles anglo-normandes revêtent d'autant plus d'importance qu'elles lui fournissent deux apports dont il manque plus que ses émules : des officiers et des munitions. S'il écrivait beaucoup, il savait aussi garder secrètes les informations importantes ; il s'abstint donc de préciser le nom de ses auxiliaires. La suite, pourtant, permet de reconstituer la filière ; c'est à M. de Phélippeaux, animateur de la Vendée sancerroise, que reviendra l'honneur d'assister Sir Sidney dans son infortune. Il devient dès lors aisé de retrouver le chaînon manquant : le comte de Rochecotte, ancien supérieur du condisciple de Napoléon de Buonaparte, et chef du haut Maine, personnage supérieurement doué dont Louis a forcément réclamé les soins.

Ici, *le territoire de l'historien* manque de pistes car, à l'inverse de M. de Frotté, M. de Phélippeaux n'écrit jamais. Au demeurant, tandis que le commodore, MM. Wright et de Trommelin comptent les heures dans la lugubre prison, M. de Phélippeaux, après les combats de Sancerre et de Sens-Beaujeu, s'est fait arrêter, blotti dans un four, dans la très royaliste ville d'Orléans où les autorités se sont décidées, pour se dédouanner, à faire un exemple.

L'entêtement habituel du seigneur de Couterne et la farouche volonté de M. de Rochecotte autorisent à considérer qu'ils n'abandonnent pas le projet de faire sortir de sa cage le Lion des Mers. Pour autant, la situation de la Normandie ne souffre aucun relâchement sur le terrain.

*
* *

Louis s'en était allé faire un tour chez M. de Boisguy dans le but de régler un débarquement dans la baie du Mont-Saint-Michel. Le vengeur de Boishardy, auréolé par sa belle victoire d'avril à Saint-Sauveur-des-Landes, s'entend bien avec le Normand. Il est le seul, en outre, avec le Provençal d'Allègre, de tous les importants de Bretagne, à garder d'heureux contacts avec M. de Puisaye dont le généralat en chef apparaît de plus en plus théorique. Il faut pourtant ménager le comte Joseph, car, en dépit de sa brouille avec le prince de Bouillon, il conserve un rôle assez considérable auprès de Monsieur, et surtout des ministres du roi George, pour influer sur les secours.

On se rencontre à Parigné. A l'issue d'un entretien des plus cordiaux, le Breton raccompagne le Normand jusqu'à Poilley lorsque ces Messieurs buttent sur l'arrière-garde d'une colonne aux ordres de l'adjudant général Bernard. Ces Bleus, ayant échangé avec une troupe locale quelques coups d'escopette au Bois-Rouland, s'en retournaient à Saint-James pour y prendre quelque repos. Belle occasion pour M. de Boisguy de jouer du sabre. Contre l'avis de son compagnon, il fonce droit sur les Patauds. Un soldat, ayant sauté par-dessus un fossé pour échapper à ses poursuivants, se retourne et, presque à bout portant, couche en joue le bel Aimé. L'autre ne se trouble pas. Jugeant le bonhomme courageux, il lui jette :

— Rends-toi, je veux que tu serves avec moi.

— Je le veux bien.

En ce temps-là, on changeait aisément de cocarde et un grenadier bleu devenait sans mal un grenadier blanc. Louis se souvient qu'un geste analogue fut fatal à Monsieur Henri. Selon certains auteurs, il aurait aussi parlé de M. de Tinténiac. C'est peu probable car il devait savoir qu'à l'affaire de Coëtlogon le Bleu, tombé sous le bâton de Julien Cadoudal, après avoir déchargé son fusil sur le général de l'Armée Rouge, n'avait pas fait l'objet d'une grâce particulière, mais trouvé le temps d'épauler l'instant que le chevalier cornouaillais parvenait sur le perron pour repousser la division du général Champeaux.

Louis dit :

— Vous avez failli périr comme Henri de La Rochejaquelein

et votre mort eût été inutile comme la sienne à la cause que nous servons.

Aimé rit :

— Vous avez raison.

L'autre, héritage de Rousseau, se veut un rien moralisateur. Il poursuit :

— Laissez donc filer les Bleus et soyez prudent une autre fois. Songez que vous vous devez à vos camarades et que vous êtes l'âme de votre division.

Ces propos-là font toujours plaisir. Le Breton en conçut un légitime orgueil et mit la leçon à profit puisque, presque seul des grands, il verra le drapeau fleurdelisé flotter sur le royaume reconquis.

On se sépare à Poilley, se jurant force amitiés et autant de secours.

Hélas, le grenadier choisi par M. de Boisguy ne devait pas connaître les plaisirs des dragons de Rouen ramenés par M. Billard de Veaux et le pauvre Graindorge ; il tomba, le lendemain, à Valaine, près Saint-James, alors que trois mille Carmagnoles prenaient, pour une fois, le dessus sur le général breton. Ce jour-là, en forêt de Halouze, Louis, dont le secrétaire s'épuisait plus rapidement que les chevaliers ou les enfants perdus, dictait, assortie de compliments pour une croix de Saint-Louis méritée, la lettre fleuve à M. de La Fruglaye par laquelle il promettait de rendre un peu d'air au commodore.

*

* *

On se battait sérieusement en Normandie depuis bientôt un an. Non seulement, on faisait la vie dure au Huet, au Montleau, au Leboi, aux quinze généraux de Hoche dont l'entente était d'ailleurs si relative qu'on en profitait, mais encore on prêtait à certains adversaires un caractère particulier ; étant tombé sur quelques Patriotes singulièrement pugnaces, les Chouans imaginèrent qu'il s'agissait d'une troupe entièrement constituée par des prêtres constitutionnels. Un abbé Cuiré, son commandant, aurait été tué dans l'affaire de La Rufaudière, près de Bernières, et son lieutenant, le non moins abbé Duparc, n'aurait plus osé reparaître. Michelot Moulin évalue à deux cents le nombre de

juroux renvoyés en cette belle journée chez le Père Éternel. Les chroniqueurs de la geste normande ont longtemps rapporté cette étrange histoire jusqu'au jour où M. de La Sicotière, toujours ennemi des légendes, qu'elles aient eu trait au Temple ou bien au Bocage, conclut que *l'Armée Noire* était née « de la présence d'un ou deux prêtres dans les rangs ennemis ». Le corps d'un tonsuré relevé sur le champ de bataille a fait croire aux Chouans qu'ils en avaient devant eux des dizaines et des centaines, à peu près comme le corps d'une femme armée, relevé après une bataille, faisait écrire aux Bleus de la Vendée que toutes les

« Les Chouans », par Charles Fortin.

femmes étaient brigandes. Il est dommage que Barbey d'Aurevilly n'ait pas connu cet épisode, dommage que les dames de la Grande Armée n'aient pas rencontré, en quelque bataille, les renégats normands ! Les amateurs de sensationnel eussent été comblés.

Certes, on avait, dès avant l'arrivée du seigneur de Couterne, tiré les Carmagnoles au détour des chemins creux, mais, depuis sa venue, le paysage avait changé. Il avait, à l'instar de Georges, dont il se tenait à l'écart par aversion pour sa réputation antinobiliaire, forgé de ses mains une véritable machine de guerre. Il méritait — l'ayant rêvé — le commandement de l'un des camps ou la haute main sur l'une de ces grandes batailles où tout le monde dispense du sang et les survivants beaucoup de salive s'ils sont analphabètes, passablement d'encre s'ils sont lettrés. Il ne devait pas connaître cette chance. C'est à M. de Mandat que revint l'honneur de conduire l'armée normande lors du plus sérieux affrontement de cette campagne de 1795-1796 où, comme l'eût dit M. de Bonchamps, le ciel s'habillait en escarmouche.

En l'absence du commandant de la Manche, général Quesnel, ancien de l'armée des Pyrénées-Orientales et militaire sérieux, l'adjudant général Appert, son remplaçant, avait mis au point une tactique subtile ; il s'agissait d'attirer les suppôts du crétino-calotinisme autour d'un retranchement si petit que les sots éprouveraient irrésistiblement l'envie de le prendre. C'était un ouvrage provisoire, formant un carré dominant de toutes parts les bois voisins. Il était impossible de ne le point voir car, dès lors qu'on l'apercevait, on s'avisait qu'il était trop bête de laisser les Bleus se prélasser dans une si belle position.

Le citoyen Appert (rien à voir, semble-t-il, avec l'inventeur des conserves) s'était mis en cheville avec le général Lebley, ancien d'Amérique et nommé chevalier de Saint-Louis lorsqu'il était tout juste temps... le 22 juillet 1792. Chef de la région d'Avranches, ce Lebley, désireux d'en finir, avait bien joué sa partie. De la ville qu'il commandait, de Saint-Hilaire et de Mortain, les colonnes bleues s'étaient étirées dès avant le jour en direction de La Forge-Coquelin. Au début, tout alla bien pour les Patriotes ; ceux de Ducey, très véloces, avaient saisi M. de La Broise dans sa maison. Ce gentilhomme voulait bien mourir mais pas dans sa cour. Bons princes, ceux de Ducey le menaient dans l'un de ses prés, devant le chêne Robin, près de la grand-route, lorsque les Chouans arrivèrent. Comme ils avaient la détente aisée, ils sauvèrent d'une mousqueterie M. de La Broise. Les Bleus s'en allèrent, trop calmement au goût de M. de Mandat. Les citoyens Appert et Lebley, pas nés de la dernière pluie en un pays où elle tombe beaucoup, ont préparé leur vaste embuscade. Dès que les Blancs enserreront la Forge-Coquelin, toutes les escouades républicaines, jusque-là disséminées, se réuniront concentriquement. Les assiégeants seront assiégés, et ce sera le petit Pavie de M. de Mandat. Le baron a vu s'esquisser la manœuvre ; au lieu de se porter sur la position, il n'y place qu'une réserve avec mission d'interdire toute sortie aux défenseurs. Dans le même temps, il partage ses troupes en trois, donne la droite à Michelot, le centre à Saint-Louis et conserve la gauche. Le taillandier de Saint-Jean, ayant trouvé le passage obligé que l'ennemi doit emprunter pour dégager La Forge, attend ses assaillants, les contraint de reculer et les bat en détail. Plus de deux mille hommes, trois mille peut-être sont aux prises... Comme le fortin tient toujours, bien que, la cuisse brisée, son chef de détachement agonise, le Balafré charge M. Cauvain, son commissaire des guerres, de passer le fossé. Il lui prête les compagnies de Vassy, de Saint-Quentin-les-Chardonnets, de Viessoix et lui donne l'ordre d'enlever la position à la baïonnette. La concentration est suffisante, et Michelot comme Saint-Louis ont assez bien travaillé pour que soit écarté le risque d'encerclement. L'assaut est rude ; submergés, les grenadiers républicains lâchent pied et s'échappent par l'autre côté. Las ! M. de Mandat a tout prévu, y compris la réception des citoyens par la compagnie du capitaine Les Sillons. Encore eût-il fallu que les têtes de bois, composant cette modeste section, eussent compris quelque chose à la manœuvre. Surpris, ces Royaux y vont d'une décharge, puis s'esbignent sans grandeur. Ils fuyaient devant les fuyards lorsque, revenus de leur méprise, ils font de nouveau front et parviennent, sans excès d'effort, à capturer une partie de leurs adversaires. C'est alors que se produisit l'incident lamentable. Si fort, si respecté que fût M. de Mandat, il ne pouvait, encore qu'il se multipliât, se trouver partout à la fois ; les Carmagnoles, venus de Saint-Hilaire, d'Avranches et de Mortain, battaient en retraite cependant que les appeaux de La Forge mettaient bas les armes lorsque survint, ivre de douleur, parce que son frère venait de succomber, un capitaine de Royaux qu'on nommait Poyteven. Il n'était pas homme à pardonner les injures. Dès qu'il vit les Bleus prisonniers, il s'approcha de l'un d'entre eux et tira le pistolet. Aussitôt, les autres s'égaillèrent. Certains avaient déposé leur arme, la ramassèrent et s'en protégèrent pour se sauver. Côté Blanc, on manquait, encore une fois, de chevaux et de cartouches. Impossible donc de poursuivre et de fusiller les vaincus du Grand-Celland. Le commandant Appert et le chevalier de Saint-Louis Lebley étaient mis hors de portée de la colère chouannique. Quant au baron, il assista, impuissant, à l'achèvement sans dignité de sa belle bataille. Lui manquait-il, avec sa face coupée en deux du temps qu'il servait aux hussards de Choiseul, ce trois fois rien d'autorité souriante dont Louis, Georges, et avant eux MM. de Bonchamps, de La Rochejaquelein et de Talmont s'étaient toujours servi pour soustraire les prisonniers à la fureur de leurs gardiens ? Cette victoire du Grand-Celland, la plus considérable de la campagne, fut souillée par le massacre des captifs. Étaient-ils nombreux ? Bien que Blancs et Bleus s'accordent pour affirmer qu'ils n'étaient qu'une poignée, on est en droit d'en douter ; les Républicains avaient intérêt à minimiser leur défaite et les Royalistes leur forfait. Les combattants s'accordent aussi pour souligner le manque de munitions chez les Chouans. Il faut donc en conclure que les prisonniers furent dépêchés au sabre, à la baïonnette et au couteau.

L'épilogue du Grand-Celland ne fut pas moins lugubre. Tandis que le commandant Appert était blâmé par des exaltés, réclamant son remplacement par un patriote local nommé Maincent, alors sous les verrous pour avoir fait fusiller un suspect sans jugement, les blessés, transportés à l'hôpital d'Avranches, y mouraient tous de quelque complication pernicieuse. Dans la ville en folie, les esprits étaient si montés qu'on accusa le chirurgien, un M. Dominel, d'avoir empoisonné ses patients.

L'adjudant général Bourgeois, commandant de Vire, haïssait d'autant plus les gens des armées catholiques qu'en 1793 son épouse avait été tuée lors de la déroute d'Érigné. Sachant le baron et les siens repliés fort adroitement au château du Mesnil-Benoist chez le comte de Roncherolle, il marcha contre eux. M. de Mandat partageait un lit avec Alexandre de La Tour. Comme, pour une fois, on était bien gardé, l'alerte fut donnée à temps. Par malheur, ces Messieurs, en dépit de leurs incroyables accointances avec les magasiniers de la République, tant à Vire qu'à Falaise, à Mamers et jusque dans Alençon, n'avaient pas trouvé le temps de se refaire en poudre. Il fallut se sauver. C'était malaisé, car les Patauds, encore que chargés en munitions, s'animaient volontiers dans les poursuites. Un incident sauva les Normands ; lorsque les ennemis pénétrèrent dans la cour, ils trouvèrent un bœuf à demi dépecé dont les hôtes du bon M. de Roncherolle allaient faire leur souper. Si vif que fût chez ces Bleus le sentiment du devoir, ils préférèrent se partager — ou plutôt se disputer — la viande rouge que de se découpler contre les Blancs. Lorsque, repus, ils se mirent enfin en chasse, les Chouans s'étaient évanouis.

Le baron devait, quelques jours, promener son monde dans les cantons de Brécey, de Saint-Pois et de Juvigny-le-Tertre, en attendant que lui fussent rapportées, sorties tout droit des entrepôts de la Nation, de la poudre et des balles. Alors, il recommença la danse. Comme un détachement, sorti de Sourdeval, tenait la route de Vire à Mortain, le Balafré voulut punir les Carmagnoles de se croire chez eux. Ses gens s'étaient-ils un peu rouillés depuis la victoire du Grand-Celland et la comédie du bœuf ? Il avait prié MM. du Rosel et de Saint-Louis de mener l'assaut. Dès le choc, le premier fut tué. Sa compagnie, épouvantée, se débanda malgré les efforts du baron d'Hugon, accouru prendre la relève. Leur panique était telle que les Chouans n'osèrent même pas disputer le corps de leur officier. Les Patriotes s'en emparèrent, se partagèrent cent louis trouvés dans sa ceinture et remirent à leurs supérieurs, saisies dans son portefeuille, des lettres du comte de Frotté. Ainsi disparut dans une échauffourée trop obscure pour un personnage de son rang et de sa compétence le seigneur du Rosel de Courson. Il avait été l'un des initiateurs du mouvement dans le Bocage. Comme M. de Talmont, il était parfois indisponible car la goutte le taraudait mais, comme le prince, encore, il possédait la confiance de ses gens.

Le nom même du bourg de Vengeons, près de La Procassière, appelait une revanche. Elle fut prise sur une unité partie de Sourdeval, et aventurée dans ces parages. Ces bonshommes ne méritaient pas mieux ; quelques jours plus tard, à Saint-Martin-de-Chaulieu, où l'on s'était étripé pour la possession du presbytère, ils assassinaient le meunier de La Tellerie, coupable d'avoir transporté sur ses chevaux quelques blessés royalistes.

C'est à La Vente-du-Gast, dans la forêt de Saint-Jean-des-Bois, fief de Michelot, qu'on s'amusa le plus ; deux colonnes républicaines, sorties de la rouge Tinchebray, ne se reconnurent pas et s'entre-massacrèrent avec un bel élan. Dans la Manche, le Calvados et l'Orne, le grand bal de la Chouannerie se poursuivait : succès à La Croix, à La Cour, à Beslon, rossées à Saint-Georges-de-Rouelley, comme à Truttemer-le-Petit et à Saint-Christophe où les dégâts furent importants. Progressivement,

M. de Frotté parvenait au résultat escompté : interdire la campagne à l'adversaire, à moins qu'il n'y promenât tant d'hommes et de munitions qu'on en pût faire son profit. On éprouvait, en revanche, des malheurs devant les places — et quelles places ! — pas Alençon ou Rouen mais Gorron et Barenton, postes consciencieusement fortifiés. Enfin — et l'on attendait ce jour-là depuis si longtemps — enfin, on prit Flers dans les premiers jours de juin. L'exploit demeurait relatif car la garnison, obéissant aux fantaisies de quelque général manifestement dépassé par ce carrousel, avait fait mouvement sur Domfront, attirée, sans doute, par l'une de ces fausses attaques perfectionnées par Blondel. Ils étaient six ou sept cents Chouans, écrit au ministre de la Justice, citoyen Merlin de Douai (et cousin du fameux Lesurques initiateur ou victime de l'affaire du courrier de Lyon), le juge de paix de Pont-Farcy. Comme ils n'avaient pu conserver la ville, ils l'avaient vidée de ses réserves en poudre et en balles et s'étaient offert de quoi boire.

Il ne faisait pas beau, cette année, en prairial. Le climat, pourtant, semblait convenir à MM. de Mandat et Moulin. Le mardi 7 juin 1796, ils allaient occire, au champ de Traci, un nombre appréciable de pères de famille dont le tort consistait à se vêtir en militaires. Deux cents Gardes Nationaux de Vire, revenant d'escorter un convoi, arrivaient, glorieux, aux portes de leur ville, lorsque le Balafré, flanqué de son Michelot, de Saint-Louis et de cent cinquante transfuges, prêts à tout pour subsister, s'embusquèrent près du château de Traci. Ce fut assez atroce. Pour sauver l'honneur, les Patriotes virois, en fuite, firent une décharge, blessant le taillandier de Saint-Jean au bras. Il eût fallu plus que quatre-vingts esquilles qu'on retira du membre fracassé pour arrêter Michel dans ses exploits. Il importait d'empêcher l'ennemi de rentrer dans la ville où étaient à sa disposition tous les secours voulus. Les Bleus s'étaient bien barricadés à la Ruaudière-Courson mais Saint-Louis, au lieu de couper la route de Vire, comme l'avait ordonné le baron, s'acharna contre la bâtisse, laissant un groupe de fuyards porter la consternation dans la ville, et obtenir de l'adjudant général Bourgeois les renforts nécessaires pour exterminer les Brigands ; chez le vainqueur des Ponts-de-Cé, la rage était bonne conseillère ; au lieu d'envoyer directement son monde contre les Chouans, il leur interdit la retraite sur Yvrandes en jetant ses

Louis de Frotté. Miniature anonyme.

gros sur Chênedollé, avec mission de se porter sur Loraille. Malheureusement pour la République, ce fut la répétition de la plaisante affaire du bœuf, survenue à Mesnil-Benoist. Cette fois, les héros s'arrêtèrent à Chênedollé même pour étancher leur soif et « manger du pain noir avec de la graisse épicée en guise de beurre », collation inattendue dans ce paradis des produits laitiers. L'en-cas passa mal et rendit les Patriotes si farouches qu'ils se prirent de querelle avec leurs frères d'une autre colonne partis, eux, précédemment, pour la déchouannisation. Quand les Patauds, enfin réconciliés, parvinrent à Loraille, le baron était passé depuis plusieurs heures et Michelot trouvait le temps, à la Guyonnière, de faire soigner son bras par M. Sérard de Barenton, patriote déterminé mais médecin très à cheval sur le secret professionnel. Michel, en dépit de ses souffrances, ne devait jamais regretter sa blessure ; sa cousine, Marie Cadole, le mignardera si bien qu'il la prendra pour femme...

M. de Frotté, loin de jalouser M. de Mandat pour ses exploits renouvelés, s'en félicitait ; il ignorait l'envie et aimait « la belle ouvrage ». C'est vers le 15 juin que, soutenu par M. Billard, il s'offrit au Pas, dans la Mayenne, un joli engagement à la tête de la belle division d'Ambrières, appelée tout exprès pour frictionner des Bleus que la faim avait fait sortir de la ville. Comme il raffolait des combinaisons tactiques, il sépara sa troupe en deux avec instruction de s'abstenir séparément et de se réunir au premier coup de feu pour donner ensemble. Arrivent les Carmagnoles. Peu soucieux de perdre un convoi de bestiaux qu'ils ramenaient chez eux, ils refusent l'engagement. M. Billard, en faction de l'autre côté des communes de Couesmes et de Soucé, voudrait interdire la route, mais la soif et la faim — surtout la soif — coupent les jambes de ses gaillards. Ils ratent leur poursuite, saisissant à peine quelques fusils. Mauvaise journée ? Pas sûr. L'absence d'entrain de la gent chouannique pourrait inciter les ennemis à revenir en force. Aux derniers jours de prairial les blés sont hauts, ils dissimuleront les Royaux de chaque côté de la route d'Ambrières. Louis ne s'était pas trompé ; revoilà les Bleus. Leur commandant est tué. Pourtant, ils ne se débandent pas car des renforts ne cessent de leur arriver. Enfin, la compagnie de Loré, aux ordres de MM. Cosmes et Manoury, dit Bon-Conseil, les débordent et les contraignent à la fuite. Lorsque viendra la moisson, on retrouvera dans les champs alentour les corps de malheureux blottis là, dans l'espoir de survivre à leurs blessures.

Comme toujours, lorsque M. de Frotté commandait de sa personne, les prisonniers n'avaient pas été passés par les armes.

*
* *

L'affaire du Pas allait-elle être la dernière de la saison ? Le général en chef des armées réunies, dont l'expérience s'est accrue et dont les preuves d'humanité, rares au début de son commandement, se sont multipliées, joue subtilement sa partie. Échaudé par les traités de la Jaunaye, de la Mabilais et de Saint-Florent, il répudie toute idée d'accommodement global et veut des soumissions partielles. Il entend, toutefois, accorder à tous les mêmes conditions : libre exercice du culte, exemption de la Conscription, possibilité d'accéder aux responsabilités politiques. En échange de ces concessions, identiques à celles de l'année précédente, les Royalistes prendront l'engagement de se soumettre aux lois de la République, livreront armes et munitions, ne porteront plus les insignes de la tyrannie. Les Vendéens ou les Chouans arrêtés seront élargis, mais les Émigrés devront regagner les îles anglo-normandes cependant que leurs biens seront maintenus sous séquestre. Odieuses pour tout le monde, les volontés de Hoche sont plus préjudiciables encore aux Normands qu'à leurs voisins puisque leurs officiers, à quelques exceptions près, sont gens retour d'outre-Manche.

M. de Puisaye, réconcilié plus ou moins avec le conseil du Morbihan, et se voulant, depuis la mort du chevalier Charette, commandant en chef de toutes les armées catholiques et royales, a flairé le piège. Sachant le vicomte de Scépeaux en tractation avec Hoche par l'intermédiaire de Mme Turpin de Crissé, il obtient le soutien de M. de Rochecotte et fait tenir au beau-frère du grand Bonchamps cet avertissement :

« Le parti royaliste est un, comme le Roi pour lequel il combat. Une portion ne peut traiter sans l'autre. »

C'est bien dit mais M. de Scépeaux, lui-même lieutenant général, et combattant de la première heure, se moque de la dialectique du comte Joseph et considère M. de Rochecotte comme un chétif émule sinon comme un subordonné. Il ne peut plus tenir ; il signera. C'est fait, dès le samedi 14 mai 1796. La soumission, car c'est une soumission pure et simple, est assortie d'une déclaration non moins adroite que dangereuse :

« Tant que nous avons cru pouvoir rétablir le culte de nos pères et l'héritier de la Monarchie, nous avons combattu à votre tête ; mais tous les efforts deviennent inutiles. Forcés par d'impérieuses circonstances et malgré le vœu de notre cœur, nous nous soumettons. Nous avons au moins cette consolation que vos personnes seront sous la sauvegarde des lois. »

Le vicomte ne devait jamais reprendre les armes. Seul, avec MM. de Bourmont, de La Nougarède et de Piré, il acceptera de hautes fonctions sous l'Empire.

Pour l'heure, on ignore à quel point le ralliement est profond. On sait seulement que ce grand chef, seul porteur des plumes blanches avec M. de Puisaye, est écœuré par l'absence de secours et l'abstention des Princes. Comme le Monsieur n'est pas de ceux qu'on peut reprendre sur l'honneur militaire et que tout son passé, depuis les grandes heures de 1793, plaide en sa faveur, son propos produit un énorme effet. Ravi, Hoche accentue sa pression. M. d'Autichamp, successeur du général Stofflet en Anjou, ne dispose pas de quatre hommes et d'un caporal. Il fait sa pauvre paix avec le Régime. A l'inverse de M. de Scépeaux, il reprendra goût aux opérations contre la République. Pour humilier Georges, dont certains capitaines ont déjà pris leurs arrangements, le général en chef pénètre en Bignan. C'est la fin. Pierre Mercier, lui-même, afin de préserver les lambeaux d'autorité de son ami, rencontre celui qu'on nomme déjà le pacificateur de la Vendée. M. Cadoudal tergiverse, essaie, comme naguère MM. de Charette et Stofflet, d'obtenir la responsabilité du maintien de l'ordre. Lazare, pas dupe, le fait contraindre par son subordonné Quantin de parapher un document dont la teneur pourrait paraître déshonorante à moins déterminé que le maréchal de camp :

« Nous promettons d'aider de tous nos moyens et connaissances locales, de faire arrêter ceux de nos ci-devant compagnons de révolte qui ne voudraient pas suivre notre exemple. Nous jurons que nous détestons la royauté et tous ses signes caractéristiques et nous promettons de ne jamais porter et de ne jamais souffrir quiconque oserait se présenter devant nous revêtu de ces marques infâmes de la tyrannie que nous avouons être l'attribut de l'esclavage et de l'orgueil. »

Cet engagement est pris par Georges et quelques « gros du parti », comme l'écrit élégamment le citoyen Quantin, le dimanche 19 juin.

Ici se mesure la différence des mentalités ; M. Cadoudal — il changera plus tard — signe ce qu'on veut dans la mesure où cela présente une utilité. Profondément politique, animé d'un mépris d'airain pour l'adversaire, le défenseur du Bro-Erec n'attache aucune importance à des serments qu'il juge extorqués ; puisque ses officiers doivent boire le calice, il le vide avec eux. L'homme de basse Normandie ne peut agir semblablement, tant il est vrai qu'à l'inverse du maître de la Lande le combattant du Bocage pratique sur lui-même une dichotomie : chef de guerre, il renonce au combat, gentilhomme, il refuse de s'engager.

Le général Dumesny, commandant la grande division de l'est à l'armée des Côtes de l'Océan, atteint cinquante-sept ans. Officier d'Ancien Régime, présent à Rossbach, chevalier de Saint-Louis depuis 1781, héros de Hondschoote, c'est un ami de Gabriel d'Hédouville dont il a partagé, sous la Terreur, les infortunes et la captivité. Comme lui, il veut terminer cette guerre. A ses yeux, le chef normand apparaît comme un enfant obstiné qu'il importe de ramener doucement à la raison. Noblement, le vieux soldat écrit à son cadet ; outrepassant les ordres de Hoche, il lui propose une trêve et une conférence au château de Couterne. Le choix de ce lieu, dont Louis a porté le nom, constitue un hommage délicat et flatteur au courage malheureux. Le général ajoute qu'il ne prendra pour toute escorte qu'un adjudant. Il termine en affirmant : « Connaissant vos principes, je ne veux rien vous proposer qui puisse toucher à votre honneur. » Ce langage émeut si fort Louis qu'il se pâme. Lorsqu'il revient à lui, il décide de traiter, mandant à Couterne le vicomte de Chambray, président du conseil de Normandie, afin qu'ensemble ils s'entretiennent avec le Bleu. C'est vrai qu'il ne peut plus lutter, c'est vrai que même ses trois fiefs, Avranches, Vire et Domfront, sont investis si puissamment qu'il ne peut plus promener un Chouan dans la campagne alentour. C'est encore vrai que les soumissions locales ont commencé, mais à quoi bon voir M. Dumesny ? Si honnête que soit son propos, comment ce grand subordonné pourrait-il accorder plus que ne le veulent les gens du Directoire, déjà quelque peu dépités des largesses de Hoche ? Alors, Blondel se ravise ; le mercredi 22 juin, de ce qu'il nomme pompeusement (et il a raison de soigner les apparences) son quartier général de Flers, il répond au citoyen Dumesny :

« La reddition de tous les autres chefs royalistes me met dans

la cruelle alternative, restant seul pour soutenir une guerre aussi juste que légitime, ou de rendre les armes aux ennemis de mon Roi, ou de faire dévaster et détruire le pays qui m'a donné sa confiance en voulant faire une résistance qui ne peut être que vaine, ayant à combattre toutes les forces de la République. Ces deux partis répugnent également à mon cœur, et je veux éviter l'un et l'autre. Mon devoir me défend de profiter des offres avantageuses que vous me faites, et je trouve inutile que nous

« Les chouans guettant l'arrivée d'un bateau », par G. Clairin.

confĕrions ensemble. Voulant éviter la ruine de ce pays, je vais m'en éloigner, laissant M. de Chambray, président du conseil de l'armée, pour me remplacer au rendez-vous que vous m'avez donné [...] Je pars donc et [...] je vais attendre que les Français, ouvrant enfin les yeux, voient la source de tous leurs malheurs et veuillent les finir. Alors, mon bras sera toujours prêt à combattre avec ceux qui voudront y ramener l'ordre et le bonheur. Le temps, peut-être, n'est pas éloigné, car vous savez comme moi que tous ceux qui portent l'habit républicain ne sont pas des ennemis de leur Roi et sont plus malheureux que coupables. »

Comme à son accoutumée, Louis se montre incapable de faire court, et c'est dommage, car il demeure servi par le sens de la formule :

« J'ai trop d'honneur pour vouloir vous tromper par de faux serments, et trop d'expérience du passé pour l'être par de fausses promesses. »

Suivent différentes considérations d'une bonne venue et l'annonce que les Émigrés vont partir avec leur chef. Copies de cette lettre et de la dernière proclamation de Blondel seront adressées au prince de Bouillon, et, naturellement, au comte de Puisaye, lequel est alors si grandiosement fou qu'oubliant sa supervision du théâtre normand, il déclare, alors que tout s'effondre :

— Je peux lever trois cent mille hommes et me faire duc de Bretagne demain matin.

En attendant que le comte Joseph vienne à se parer des hermines, M. de Chambray, lui, vit des heures lugubres. Son chef étant parti, en compagnie du baron de Mandat et du jeune Charles de Frotté, il lui faut, pour éviter tout désaveu, s'entendre avec les importants du parti. Certains, d'humeur assez sombre, crient à la trahison ; à Creully, les habitants peuvent lire une résolution délirante d'un certain Ulysse de… contresignée par un Saint-Henry, secrétaire vouant aux gémonies « les ambitieux et les intrigants », promettant vingt-cinq coups de plat de sabre — réminiscence de la méthode Saint-Germain — à tout récalcitrant. Enfin, se dérobant à la fois aux poursuites des Carmagnoles et aux ressentiments des plus royalistes que le Roi, le président du conseil de Normandie, flanqué de MM. de Placêne et Alexandre Drudes de Campagnoles, chef de division, parvient à la lisière de cette forêt d'Écouves — que Nez-de-Cuir, au soir de sa vie, regardera bleuir — pour gagner, à trois lieues d'Alençon, le petit château de Fontenai-les-Louvets. Les toiles ornant la salle à manger présentent beaucoup de pavillons tricolores, mais ce sont ceux donnés par Henri IV aux Hollandais car les peintures exaltent les exploits de la marine batave… En face des Royaux, deux officiers généraux de la Nation : M. Dumesny, bien sûr, et un Vosgien, autrefois dit Beau-Soleil, ancien tambour et héros authentique de Toulon et de la Montagne

Noire, le brigadier Perrin, que son notaire de père avait eu l'heureuse idée de prénommer Victor. Foin de Beau-Soleil et de Perrin, le beau soldat est appelé le général Victor. Circonstance pittoresque : le chef de la grande division d'Alençon ne s'est pas non plus fait connaître sous son patronyme. Le général Dumesny Pierre, Marie, Joseph, a été déclaré sous le nom de Salomon... et en a gardé le sens de la justice...

Les négociations se déroulent dans un heureux climat, encore qu'elles ne puissent avoir trait aux dispositions générales, arrêtées par le Directoire et Lazare Hoche, mais seulement aux conditions d'application. Les deux officiers sont gens d'honneur et le mettront à contrecarrer les tracasseries jacobines. Ainsi, lorsque M. de Campagnoles, porté sur la liste des Émigrés, sera mis en état d'arrestation, le général Dumesny protestera vigoureusement auprès de son collègue de Caen, Dugua, et, pour faire libérer le Chouan, proposera de le faire passer outre-Manche sous pavillon parlementaire.

L'âge et les infirmités feront bientôt rentrer Dumesny dans le silence dont les généraux en retraite ne sortent plus lorsqu'ils se désintéressent de la politique. Victor, plus jeune, deviendra maréchal d'Empire, duc de Bellune, cordon rouge puis bleu, pair de France, chef du département de la Guerre, membre du Conseil privé et montrera tant de loyauté pour la Monarchie légitime que la duchesse de Berry le nommera son ministre de la Guerre pour le cas où l'affaire de 1832 eût réussi...

Le traité contresigné par neuf chefs royalistes et les deux auxiliaires de Hoche, on s'était mis à table, comme on sait le faire en Normandie, puis on avait causé, après boire, comme on savait aussi le faire en ces temps où l'on passait alternativement du massacre aux politesses avec une aisance oubliée aujourd'hui. Quelques-uns des Messieurs auraient crié : *Vive le Roi !* Alors, l'heureux fils du notaire, encore que M. de Chambray n'en dise rien dans ses Mémoires, aurait répondu, mettant la main sur son cœur :

— *In pectore.*

Si le pauvre traité de Fontenai-les-Louvets s'accompagne d'heureux souvenirs mondains, gastronomiques et bacchiques, M. de Frotté vit des heures affreuses ; M. de La Sicotière, que n'aveuglera jamais l'admiration portée à Blondel, écrira, non sans justesse : « La paix, à ses yeux, n'était qu'une trêve, qu'un moyen de se préparer à reprendre la guerre avec plus d'avantage. Sophismes et contradictions de l'esprit de parti ! Cet homme qui, par un sentiment de délicatesse, au risque d'être pris et fusillé au coin d'une haie, refusait sa signature à un traité jugé nécessaire par la plupart de ses camarades, et dont il était le premier à leur conseiller l'acceptation, n'éprouvait, en apparence, aucun scrupule à avouer que ce traité n'était qu'un leurre à y compromettre l'honneur de ces braves gens dont le sien était pourtant solidaire ! »

Le lendemain du jour où, après de pathétiques hésitations, il avait décliné l'offre de M. Dumesny, il s'était transporté jusqu'à Vassy pour y rédiger une proclamation « à ses officiers et soldats en quittant son armée ». De nombreux arguments sont identiques à ceux développés dans la lettre au général Dumesny. La recommandation expresse de dissimuler les armes, bien que Louis se targue de ne point encore avoir rendu les siennes, ne figure pas dans le texte. Elle fut adressée oralement. Hors les considérations sur une paix générale dont pourrait sortir, dans l'unanimité retrouvée, le rétablissement du Trône et des autels, Louis avoue son impécuniosité, s'engage à ne jamais abandonner les siens :

« Tous les officiers qui vous restent pensent comme nous mais je ne pouvais les emmener [...] Toujours, ils vont vous guider. Ayez confiance en eux. Je vais chercher les moyens de me procurer des secours et, toujours les yeux sur vous, j'espère bientôt subvenir aux besoins de première nécessité. »

Comme il ne peut s'agir ni de socles de charrue ni de mottes de beurre, il est clair que le chef entend rééquiper son monde pour saisir l'occasion propice. Il conclut, en ces termes, moins à rapprocher du discours de César que des propos de Jean-Jacques :

« Adieu, mes chers amis, mes chers enfants ; je me rappellerai toujours d'avoir combattu à votre tête *et pensez que je m'y retrouverai encore*. En attendant, j'aurai toujours, quoique éloigné, l'œil sur vous, mes chers camarades, et n'oubliez jamais votre général, votre frère et votre ami ; ce sont là les titres les plus doux à mon cœur. »

Il avait réussi sa campagne mais raté sa sortie. Les jusqu'au-boutistes, d'ailleurs rares et manœuvrés par les comités de Paris, se scandalisaient du blanc-seing dont ses délégués avaient fait usage et certains officiers — plus nombreux ceux-là — regrettaient qu'il ne fût pas demeuré près d'eux pour, la guerre perdue, tenter d'aménager la paix. La rancœur s'aviva plus encore à la suite d'un incident assez ridicule et préjudiciable à l'honneur des Républicains ; le pays était tranquille ; la haute Normandie, sous le baron de Mallet, officier suisse circonspect et dévoué, s'était plus consacrée aux renseignements qu'au chouannage et la basse ne bougeait plus depuis que le comte de Médavy, prévenu tardivement et sans doute satisfait des honneurs d'une paix particulière, s'était soumis le lundi 11 juillet lorsqu'une correspondance de Blondel attira la foudre sur le pauvre M. de Chambray.

Le gentilhomme avait l'habitude de se cacher ; déjà, dans les débuts de la campagne, il avait, en forêt de Halouze, occupé une sorte de tanière dont il ne sortait que pour apprivoiser un loup, sans doute peu favorable aux entreprises patriotiques. Cette fois, le vicomte, encore que son chef ait pris sur lui de signaler — faussement — qu'il n'avait jamais émigré, se méfiait, sinon du général Dumesny, du moins de certains administrateurs locaux dont le zèle répressif allait toujours croissant avec la victoire. Il s'était dissimulé près de Fontenai puis, nanti par le maire du pays d'un passeport en bonne et due forme, était parti pour Rouen, faisant son paradis des îles de la Seine où, plaisir innocent « après une longue tempête », il s'adonnait à la pêche à la ligne. Comme on l'arrêtait, il trouva tout juste le temps d'avaler son passeport pour éviter de compromettre un magistrat royaliste. Après quoi, il s'enquit des raisons de cette nouvelle infortune. Elles étaient simples ; une lettre avait été saisie sur l'excellent Picot, attardé dans un estaminet de Bayeux où ce brave avait trop bu. A cette missive de M. de Frotté s'ajoutaient de l'argent, des félicitations au nom des Princes et la croix de Saint-Louis. Circonstance aggravante, ces récompenses étaient adressées à Mons le vicomte de Chambray, président du conseil de l'armée royaliste de Normandie. Un ancien Conventionnel brissotin de la Seine-Inférieure, le médecin Hardy, s'était passionné pour cette affaire et s'en était venu tout exprès à Rouen pour faire saisir le pêcheur à la ligne. Ce Thermidorien, ennemi de Lindet, entendait faire bonne mesure en persécutant aussi les Royalistes. On a traîné, toussant et crachant, M. de Chambray de prison en prison, puis donné l'ordre de le transférer de Rouen à

Caen pour y répondre devant un conseil de guerre. La vicomtesse, éplorée, s'en alla trouver le chevalier de Mauduit, garde du corps, ancien de la légion de Damas, et chouan de la cime de son plumail à l'extrémité de ses bottes. Il s'adjoignit un M. de La Fosse, dont le comportement dans le Maine avait été des plus honorables, et neuf personnages connus pour ignorer le froid aux yeux. C'était le dernier jour de l'année grégorienne, pour les gendarmes, le primidi 11 nivôse de l'an V, donc lendemain de fête. Par une aberration réglementaire, connue des Royaux, les serviteurs de l'ordre devaient se renforcer de brigade en brigade mais ne partaient qu'à deux, encadrant le captif dans un cabriolet. C'est donc au plus près encore de Rouen, en forêt de Moulineaux, que M. de Mauduit et sa bande arrêtèrent l'équipage. Un gendarme veut se saisir de ses pistolets, le vicomte le prend à la gorge. Les Chouans tiennent en joue les gardiens et le postillon. M. de Chambray descend. Qu'on lui pardonne ! Il oublie un paquet. Il remonte pour le prendre, en profite — on a ses élégances — pour payer la taxe de la journée et se faire remettre la dépêche de translation ; elle porte simplement : « Fusillez-le ou nous le fusillerons. » Comme il n'y tient pas, le président de Normandie s'éloigne avec le chevalier, tandis que M. de La Fosse et les neuf autres compagnons s'égaillent alentour. MM. de Mauduit et de Chambray vont paisiblement lorsqu'ils entendent le tocsin ; gendarmes et postillon ont donné l'alerte. Le vicomte sera sauvé par le fusil à deux coups qu'on vient de lui remettre, l'instant de sa délivrance. Non point qu'il doive s'en servir mais il lui permet de se faire passer, avec son compagnon, pour un chasseur. Sans doute, les gens de la battue n'étaient-ils pas foncièrement hostiles au roi de Vérone et à ses derniers défenseurs...

Le proscrit s'en va s'installer chez un chef de colonne mobile chargé de l'arrêter, passe dans diverses maisons et finit par rejoindre le baron de Mallet. Le commandant de la haute Normandie repartait pour l'Angleterre et s'en désespérait, n'ayant pas le pied marin. Le Suisse fut très malade, mais le Normand fut sauvé.

Une croix de Saint-Louis avait motivé les ennuis et manqué occasionner le trépas du vicomte de Chambray, le même ruban rouge, obtenu par M. de Frotté, récompensera le chevalier de Mauduit.

La délivrance du président avait fait grand bruit, effaçant l'impression, fâcheuse à l'égard de Louis, qu'avait produite l'arrestation. Michelot, cloué par ses blessures à Saint-Jean, goûtait peu qu'on chargeât son maître. M. Billaud de Veaux, toujours prompt à la critique, la désarmait lorsqu'il s'agissait de Blondel. Saint-Paul ne disait rien et M. de Marguerye, ayant obtenu l'autorisation de demeurer au pays, s'abstenait de tout commentaire. Quant au Balafré, venu jusqu'à Londres, il rêvait de royaliser à nouveau le Bocage. Tout doucement, après la déception de cet été de 1796, où, dans le même temps que tant de braves, tant d'espérances étaient mortes, la légende de M. de Frotté prenait son essor. Quelques-uns de ses capitaines avaient pu le censurer, s'interroger sur le bien-fondé de son comportement lors de ce qu'on n'osait plus nommer la pacification. Victor était parti pour les gloires italiennes et Dumesny s'acheminait vers la retraite. Les tyranneaux de Jacobinière avaient eu si peur — alors que pas une grande ville n'était tombée — qu'ils recommençaient leurs mesquines proscriptions. Il pleuvait de nouveau sur la Normandie délations, conscriptions, fusillades. Alors, on se prenait à considérer, dans les châteaux et les métairies, et parfois même au cœur de ces opulentes cités inébranlablement fidèles au confort républicain, que Monsieur Louis allait revenir.

Chapitre VIII

LES SOLDATS DE L'AN V

Londres n'avait pas changé, sinon que les Émigrés étaient plus pauvres, et les gouvernants plus circonspects. L'Angleterre, sans renier les lois de l'hospitalité, se lassait d'une guerre qu'elle avait considéré tout d'abord comme une revanche immédiate de l'humiliation d'Amérique. Les denrées enchérissaient, les matelots grondaient, le peuple se montrait mécontent des ministres et les ministres, encore qu'il leur fallût bien plastronner devant les chambres, nourrissaient de médiocres raisons d'être satisfaits d'eux-mêmes. Une seule personne était unanimement respectée : le Roi. Sa Gracieuse Majesté, comme ses deux prédécesseurs, jouait exemplairement le jeu parlementaire ; George Ier s'était montré constitutionnel (dans un pays sans constitution) parce qu'il n'entendait point la langue de Shakespeare. George II avait observé la même attitude parce qu'il ne cherchait le bonheur qu'au fond des bouteilles. George III, lui, après avoir tenté de relever les prérogatives de la Couronne, avait commencé de prendre un arbre de son parc pour le Grand Frédéric. On en avait conclu que ce léger dérangement serait profitable à l'équilibre des pouvoirs. Fou, comme Charles VI, George III devait être aimé comme lui. Son absence dans les affaires publiques le transformait en une manière de talisman. Il devenait le souverain idéal pour des sujets foncièrement monarchistes et indéfectiblement attachés à des droits d'autant plus difficiles à faire respecter qu'ils n'étaient pas — ou peu — codifiés.

Londres : Pall Mall à la fin du XVIIIe siècle. Gravure de Dubois.

Louis était rentré, comme il était venu, sans passeport. Il s'installa, Port Street Grovesnor Square n° 3, dans un quartier convenable. Sans être riche, il possédait et touchait assez d'argent pour vivre avec dignité. Nombre d'officiers royalistes s'étaient prévalus, avant Quiberon, d'une influence en France qu'ils ne possédaient pas. D'autres, tels M. de Puisaye ou le comte d'Artois lui-même, avaient désenchanté leurs bailleurs de fonds, le premier en perdant la bataille de Quiberon, le second en demeurant à l'île d'Yeu. Ces deux méchantes histoires avaient coûté, l'une vingt-huit millions de livres, l'autre dix-huit. C'était beaucoup pour un gouvernement comptable devant les Lords et les Communes des dépenses engagées.

Louis de Frotté peut-il parler plus haut que son chef nominal et un prince dont il se veut le fidèle serviteur ? Les premiers contacts sont décevants. Les Honorables Pitt et Windham se montrent à peine corrects. C'est injuste, car, de tous les chefs français, le Normand est à coup sûr l'allié le plus économique. Il a mené, presque sans secours, une campagne d'un an, battu les Républicains en maintes rencontres, rapproché sa province de l'idéal de modération, cher tant aux Britanniques qu'aux plus sages des Français. Pourtant, qu'est-ce que Flers ou Domfront, Le Grand-Celland ou La Lande-Patry pour Leurs Seigneuries du cabinet ? Il faudrait Sir Sidney Smith pour leur montrer l'importance de ces petites villes ou de ces rencontres. Or, le commodore est toujours détenu dans le donjon du Temple.

Si, dans sa Normandie, Louis a pris une réelle importance, il n'a point, en Angleterre, forcé les barrières de la haute notoriété. A lire les réponses des ministres à ses demandes, on décèle, dissimulé sous la politesse du temps, un peu moins que de la considération.

Voit-il Mme Atkyns ? Certainement. L'absence de lettres tendrait à prouver que la châtelaine et le colonel n'ont plus besoin d'échanger des bouts de papier pour se comprendre. Sans doute, Louis a-t-il saisi que, pour conserver l'affection de Milady Charlotte, il faut s'abstenir d'attirer son attention sur le vide scandaleux des rapports adressés, contre argent comptant, par MM. de Cormier et d'Auerwerck. Le magistrat paraît, d'ailleurs, l'emporter en filouterie sur le gentilhomme badois. Pendant que Blondel se dépensait dans le Bocage, le président a forgé d'incroyables romans d'aventure, fait courir des bruits de substitution. Parti pour la Hollande, et chassé par l'avance du général Pichegru, il a rédigé des rapports démentiels, mêlé des Conventionnels et des ministres anglais à son affaire. D'Hambourg, où il se terre, il continue de fabriquer les fables les plus grossières dans un langage tel que tous les spécialistes du Temple y trouvent leur compte. Bientôt, comme M. d'Auerwerck, il louera — pour pas cher — ses services au représentant de la République, cet indulgent Reinhard, que le prince de Talleyrand sauvera de l'oubli, dans un quart de siècle, en prononçant devant les Pairs son éloge funèbre. Pour M. de Frotté, et quel qu'ait été son zèle dans les tentatives de délivrance du petit roi, le règne de Louis XVII est terminé. En revanche, celui de Mme Atkyns paraît se poursuivre sur son cœur. Un fait demeure acquis : hors Mme Danjou, on ne trouve pas d'autres femmes dans son existence. Lettres perdues ? Volonté de discrétion ? Peut-être, mais ses parents et amis, pourtant prompts aux commérages, demeurent muets sur ce thème. Une certitude enfin, Charlotte maintiendra toujours ses relations avec la famille Frotté, échangeant une correspondance affectueuse avec le père de Louis.

Ledit père vient de commettre une bêtise ; dans les réunions chouanniques, il a parlé trop fort et bien maladroitement devant des gens de la taille du comte de Botherel et de l'abbé Remaud. A l'inverse de son fils, si courtois avec ses voisins, il a critiqué MM. de Scépeaux et du Boisguy, allant jusqu'à les présenter comme des agents du général Hoche. Déjà divisés dans la victoire, les chefs vendéens se déchirent dans la défaite. Les sorties de Pierre-Henri de Frotté ne sont pas faites pour dissiper un climat orageux. Le duc d'Harcourt, un rien dépassé par cette meute de rescapés, s'est affolé. Le Roi, son frère, les ministres anglais sont au courant. Lorsque Louis arrive, il a besoin de sa diplomatie, de sa courtoisie, surtout, pour réparer lentement les bévues d'un monsieur qu'une admiration mal comprise pour son fils transforme en auxiliaire gênant.

*
* *

Monsieur, en dépit d'un profil de mouton, exerçait des grâces félines. Enfant gâté, il avait roulé dans la farine son gouverneur et ses parents, n'en faisant qu'à sa tête et obtenant le pardon de toutes ses fautes, tant il mettait de gentillesse à les avouer et d'élégance à les recommencer. Louis XVI avait été savant, Louis XVIII l'était aussi, encore qu'avec une pointe de pédanterie. Charles, lui, n'avait rien appris, considérant que sa condition autorisait l'ignorance. Dans la suite, comme il n'était pas sot, il avait attrapé, en se jouant, assez de connaissances pour faire bonne figure. Une terrible lacune obérait cela : l'ignorance absolue du métier militaire. Hanté par les talents du frère de Louis XIV, et cette victoire du mont Cassel si préjudiciable au sommeil du Roi-Soleil, les ministres avaient depuis lors tenu les cadets à l'écart des armes. Ainsi, M. de Maurepas avait-il conseillé :

— Laissez là les soldats. Faites des dettes.

Artois ne se l'était pas fait dire deux fois. Jeune, beau, riche, né sur les marches d'un trône qu'il était trop honnête pour convoiter, il avait frôlé la noce crapuleuse. Louis XVI le tançait inutilement et payait ses dettes. A la veille des troubles, il avait vu juste, donnant son appui à M. de Calonne. Vivant comme un satrape, affichant des liaisons douteuses, passant pour rétrograde

Le comte d'Artois en 1804. Gravure de Freschi.

alors qu'il était seulement partisan d'assez de fermeté pour mener à bien quelques réformes, il était devenu la cible des gazetiers et, partant, un objet de répulsion pour les Parisiens. Après l'affaire du 14 juillet, son frère aîné, peu soucieux de conserver près de lui quelqu'un d'aussi notoirement impopulaire, l'avait fait prier de déguerpir en même temps que les Condés. De juillet 1789 à juin 1791, il était apparu comme le chef suprême des Émigrés et le symbole, non pas de l'Ancien Régime, mais de ses abus.

Lorsque Provence s'en était venu le rejoindre, au jour même de l'équipée de Varennes, le style n'avait pas changé. Louis Stanislas, s'il avait joué les philosophes dans les dernières années de la Monarchie traditionnelle avant de s'appuyer, d'ailleurs assez finement, sur Honoré de Mirabeau, avait, devant la montée révolutionnaire, adopté des solutions aussi passéistes que celles prônées par le benjamin. Louis XVI décapité, Monsieur, comte de Provence, était devenu régent, confiant à son puîné les vagues pouvoirs de lieutenant général d'un royaume où régnaient alors MM. de Robespierre, de Saint-Just, Barère de Vieuzac et quelques-uns de leurs ennemis. A l'annonce de la mort au Temple de Louis XVII, Monsieur était devenu Louis XVIII, et son frère, Monsieur. Ce terme même avait toujours engendré la zizanie. Depuis les derniers Valois que le vocable existait, pris absolument, se formait un côté du Roi qu'on opposait au côté de Monsieur. Les intimes du Monarque étaient toujours prêts à soutenir que s'ourdissait dans l'entourage de son cadet quelque mortelle intrigue. Provence, lui-même, au début des tumultes, n'était point passé pour avare du sang de Louis XVI. Entre le nouveau souverain et son frère et beau-frère — car ces princes avaient épousé deux filles du roi de Sardaigne, l'une avec moustaches et l'autre sans — l'entente apparaissait toutefois assez complète. Ils aimaient le secret mais le gros entrevoyait des solutions politiques cependant que le mince rêvait de chanson de geste. Malheureusement, Charles-Philippe, idole de son entourage, était toujours empêché de se jeter dans quelque esquif pour aller retrouver ses capitaines dans la lande ou le Bocage.

Le prince, âgé maintenant de trente-neuf ans, demeure charmant. Sans posséder l'intelligence de son grand-père Louis XV, il en a hérité cette allure incomparable, cette affabilité venue du cœur. Avec cela, moins timide donc plus franc que le Bien-Aimé, il est, en ces temps que les hommes du Luxembourg suivis d'une cohue de tripoteurs, de courtisanes et de généraux aux dents longues se veulent la légalité, une expression charmante, encore que fragile, de la légitimité.

Blondel prend garde, à son retour à Londres, de ne se placer ni du côté du Roi, qu'il renseigne toutefois fidèlement, ni du côté de Monsieur, qu'il tient cependant au courant de ses campagnes passées et de ses actions à venir. Charles-Philippe adresse d'Édimbourg des lettres de félicitations au colonel, lui donne des croix de Saint-Louis, dont celle dont le vicomte de Chambray se serait passé. L'exil rend chimérique ; le prince et Louis vont ensemble mettre sur pied une opération dont l'irréalisme passe la mesure ; M. de Frotté s'était, pendant une année, battu contre les lieutenants de Lazare Hoche, appréciant, car il en avait fait les frais, les indéniables talents de cet ancien caporal. Il émanait un charme incontestable de ce fils de ses œuvres, assez habile pour n'avoir jamais frappé directement ; il n'était pas à Vannes quand crépitaient les pelotons de Lemoine, non plus que dans son quartier général d'Angers quand tombait M. Stofflet et pas plus à Nantes lorsqu'on y fusillait le chevalier Charette. Assez bel homme en dépit du coup de sabre dont son visage portait la trace, il avait toujours attiré les dames de la société, pas seulement les espionnes comme Mme de Pontbellanger, mais aussi des femmes respectables telle la vicomtesse Turpin de Crissé. Les milieux royalistes s'étonnaient qu'il possédât d'aussi bonnes manières. Ses lettres portaient la marque d'un humour certain, encore qu'exercé toujours au détriment des subordonnés ou des adversaires vaincus. En tout cas, militaire, il apportait dans l'art de la guerre un sérieux, une compétence et un courage indéniables. Les Émigrés, a-t-on prétendu, étaient stupéfaits de voir des hommes sans naissance conduire victorieusement des armées. C'est faux ; l'histoire de l'Ancienne France foisonne d'exploits accomplis par des soldats de fortune. Là n'était pas le sujet d'ébahissement. Il provenait des succès obtenus par des gens non brevetés par les écoles. Au XVIIIe siècle, la guerre était devenue un métier complexe, et chacun s'accommodait d'un avancement très lent auquel n'avait échappé qu'une poignée de *colonels à la bavette,* princes du sang ou ducs et pairs. Quelles qu'aient été les raisons politiques et démographiques auxquelles se pouvaient attribuer les belles pages écrites par les Jourdan, les Pichegru, les Hoche et les Marceau, il importait de tenir compte désormais de leur importance. Bien sûr, on ne rangeait pas dans la même catégorie un Kléber, ancien officier de l'Augustissima, encore moins Dumouriez ou Kellermann, maréchaux de camp de la monarchie.

Très tôt, la question s'était posée de tenter des travaux d'approche en direction des porteurs de grosses épaulettes. Le premier, Monsieur le Prince avait entamé des négociations avec un ancien sergent distingué par lui, le général Pichegru, mais les exigences des Impériaux avaient fait échouer la réunion. L'idée d'un Monk était dans l'air. Dès 1791, Rivarol et Mallet du Pan avaient écrit que la Révolution se terminerait par un sabre. Il ne s'agissait plus que de savoir quel sabre et dans quelle direction il frapperait. Ainsi, Louis de Frotté, ignorant sans doute l'affaire Pichegru, avait-il songé à Hoche, et Monsieur avait appuyé le projet. M. Pitt fut mis dans la confidence ; on avait besoin de ses guinées, non point qu'on méprisât le commandant en chef républicain au point de vouloir l'acheter mais l'on considérait, non sans raison car on se souvenait de la défection de Dumouriez, qu'il n'entraînerait pas ses subordonnés — petits ou grands — sans avoir distribué de l'or à des gens dégoûtés des assignats. La caisse du ministre était vide, ou du moins le prétendait-il. C'est à peine s'il voulut rembourser à M. de Frotté des sommes dont ces Messieurs étaient antérieurement convenus. Il refusa les trois millions de livres sterling estimés nécessaires par le comte d'Artois. Ce prince correspondait régulièrement avec Louis, soit par la poste, soit par l'intermédiaire du prince de La Trémoïlle. Monsieur écrivit lui-même au général mais sa missive, au demeurant fort noble, ne fut pas envoyée. En effet, dans le même temps, Lord Malmesbury s'essayait à faire la paix entre l'Angleterre et la France républicaine, accordant un certain prix à la sagesse de Barras. Il ne fallait donc pas indisposer le seigneur de Grosbois en débauchant un chef militaire sur lequel il comptait d'autant plus qu'en Italie, M. de Buonaparte, jusque-là docile, commençait de découvrir les joies du proconsulat. Louis avait fait tenir au beau Lazare une demande de rendez-vous et l'autre avait répondu, non sans esprit, mais toujours avec cette cruauté des vainqueurs dont il ne se départissait jamais :

« 27 fructidor, 4e année républicaine [mardi 13 septembre 1796]. Quels que soient, Monsieur, les motifs de la demande que vous me faites par votre lettre du 18 août, que je ne cherche pas à pénétrer, je me serais empressé de vous envoyer les passeports qui vous sont nécessaires pour parvenir jusqu'au lieu où je me trouve, si je n'étais assuré par les lettres que vous adressâtes, le 2 août dernier, au vicomte de Chambray, maintenant dans les prisons de Caen [ris toujours, Lazare, l'exploit du chevalier de Mauduit ne tardera point] que vous n'habitez point la France et que mes passeports vous sont absolument inutiles pour quitter Southampton. Il n'est si grand intérêt, Monsieur, qu'on ne puisse traiter par écrit. Bien que je ne voie pas comment vous pourrez être utile à la République, ni comment avec des sentiments si diamétralement opposés, nous pourrions jamais concourir ensemble au rétablissement de l'ordre intérieur, j'aurais été satisfait de pouvoir vous convaincre de vive voix de l'inutilité de vos efforts pour rallumer la guerre. Votre éloignement ne le permet pas. Veuillez donc me faire connaître par écrit quels sont vos projets et croire que je les seconderai s'ils tendent à consolider le gouvernement républicain actuel. Moi seul aurai connaissance de ce que vous voudrez bien me faire parvenir. »

Les termes *concourir ensemble au rétablissement de l'ordre intérieur* avaient, en dépit de tout ce que cette réponse recelait de venimeux, induit Louis à considérer l'entente comme possible. Il comptait, en outre, sur le jeune chef de bataillon Paultre, d'aide de camp de Hédouville devenu celui de Hoche, dont il avait, à la Mabilais, apprécié les convictions royalistes. Il est vrai que cet excellent soldat gardait au cœur la nostalgie des Bourbons mais ne leur reviendra — et définitivement — qu'ils n'aient légalement retrouvé le Trône. Quant à Hoche, s'il se défendait mal d'un sentiment d'orgueil en se voyant recherché par les monarchistes, il ne manquait pas de *se couvrir* en adressant copie au Directoire de ses échanges épistolaires. Il était alors préoccupé par un projet d'une autre ampleur ; deux fois vainqueur des Anglais par personnes interposées — les Émigrés d'abord puis les Royalistes de l'intérieur — il entendait faire mieux en jetant cette fois les catholiques d'Irlande sur les protestants de Grande-Bretagne. Ce plan, renouvelé des approches de Louis XIV, aidant, lui, les Écossais afin de tenter d'en

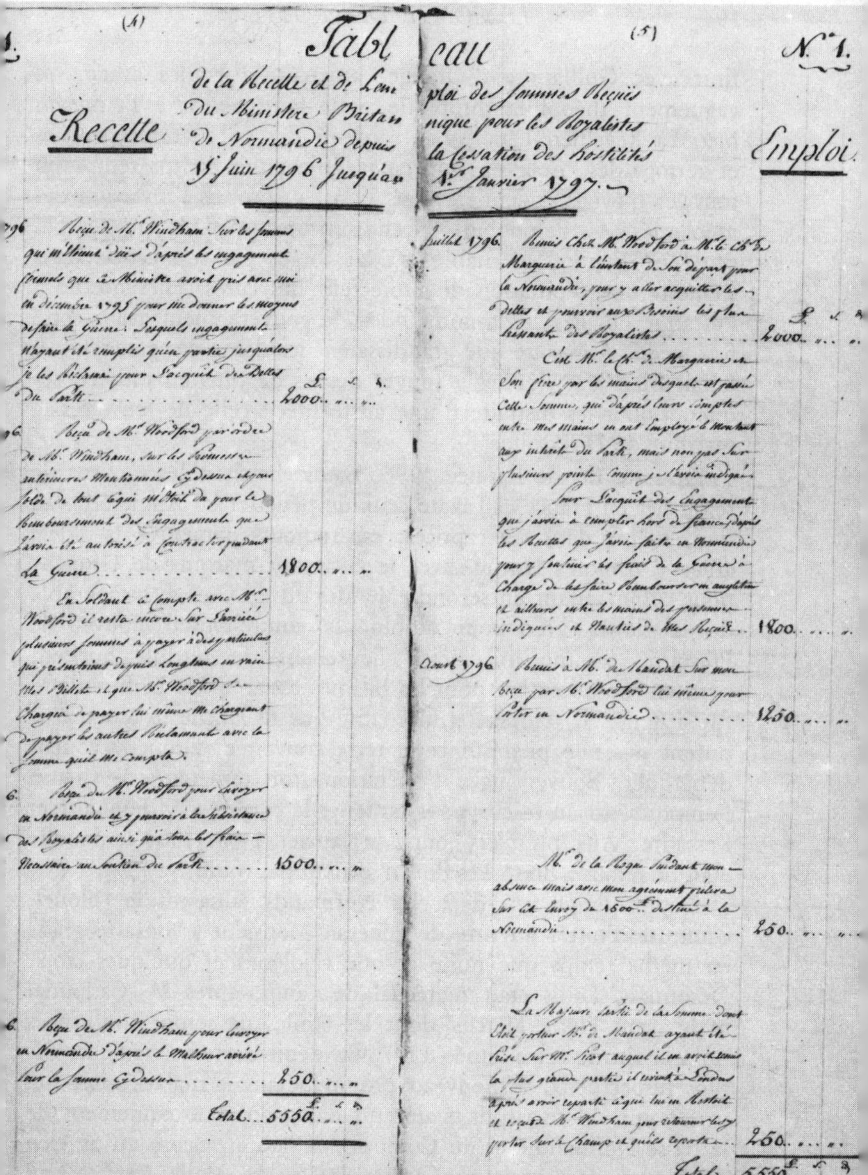

(4) Tabl- | -eau (5) N.° 1.

de la Recette et de l'emploi des sommes reçües du Ministère Britannique pour les Royalistes de Normandie depuis la Cessation des hostilités 15 Juin 1796 jusqu'au 1.er Janvier 1797.

Recette

[17]96 Reçu de M.r Windham sur les sommes qui m'étoient dües d'après les engagements formels que le Ministère avoit pris avec moi en décembre 1795 pour me donner les moyens de faire la Guerre. Lesquels engagements n'ayant été remplis qu'en partie jusqu'alors je les réclamai pour l'acquit des Dettes du Parti .... 2000 £

[179]6 Reçu de M.r Woodford par ordre de M.r Windham, sur les promesses antérieures mentionnées cy dessus et pour solde de tout ce qui m'étoit dû pour le remboursement des engagements que j'avois été autorisé à contracter pendant la Guerre 1800

En soldant le compte avec M.r Woodford il resta encore sur l'arriéré plusieurs sommes à payer à des particuliers qui présentoient depuis longtems en vain mes billets et que M.r Woodford se chargea de payer lui même me chargeant de payer les autres seulement avec la somme qu'il me compta.

[179]6. Reçu de M.r Woodford pour envoyer en Normandie et y pourvoir à la subsistance des Royalistes ainsi qu'à tous les frais nécessaires au soutien du Parti 1500

[179]6. Reçu de M.r Windham pour envoyer en Normandie d'après le malheur arrivé pour la somme cy dessus 250

Total ... 5550 £

Emploi

Juillet 1796. Remis chez M.r Woodford à M.r le Ch.er de Marguerie à l'instant de son départ pour la Normandie, pour y aller acquitter les dettes et pourvoir aux besoins les plus pressants des Royalistes .... 2000 £

C'est M.r le Ch.er de Marguerie et son frère par les mains desquels est passée cette somme, qui d'après leurs comptes entre mes mains en ont employé le montant aux intérêts du Parti, mais non pas sur plusieurs points comme je l'avois indiqué.

Pour l'acquit des engagements que j'avois à compter hors de France d'après les Billets que j'avois faits en Normandie pour y soutenir les frais de la Guerre à charge de les faire rembourser en angleterre et ailleurs entre les mains des personnes indiquées et nanties de mes reçus 1800

Aout 1796. Remis à M.r de Mandat sur mon reçu par M.r Woodford lui même pour porter en Normandie 1250

M.r de la Roque pendant mon absence mais avec mon agrément préleva sur cet envoy de 1500 £ destiné à la Normandie 250

La majeure partie de la somme dont étoit porteur M.r de Mandat ayant été prise sur M.r Picot auquel il en avoit remis la plus grande partie il revint à Londres après avoir réparti ce qui lui en restoit et reçut de M.r Windham pour retourner les y porter sur le champ et qu'il reporta 250

Total ... 5550 £

Page de titre du livre de comptes de Louis de Frotté. Dans ce registre, les comptes alternent avec de longs commentaires sur la situation du moment et les projets pour y mettre fin.

finir avec Guillaume d'Orange, amenait la France athée, ou vaguement théophilanthropique pour faire plaisir à l'Angevin bleu La Révellière-Lépeaux, à soutenir des populations papistes et rétrogrades. Cela ne surprenait quiconque en un temps où tous les moyens étaient devenus bons, y compris l'inversion des idéologies. Au demeurant, Hoche, encore qu'en ne croyant pas plus en Dieu qu'au diable, s'était forgé, par son action dans l'Ouest, une réputation de protecteur des curés. Hier hostile à l'attaque des îles anglo-normandes, le gouvernement avait, cette fois, cédé. A mesure que grandissaient les dents des généraux, il fallait bien leur donner à ronger des os de plus en plus conséquents pour les distraire d'une autre idée : celle de renverser la marmite du Directoire.

En cette fin de l'année 1796, Louis cherchait les moyens de retourner en France et Lazare ceux de pénétrer en Angleterre. La mer, même dans ses caprices, est toujours demeurée la fidèle alliée d'Albion ; Hoche, avec le ci-devant marquis de Grouchy pour commandant en second, M. Morard de Galles, responsable de la flotte, avec pour adjoint le contre-amiral Bouvet de Précourt, comme lui ancien lieutenant du terrible Suffren, partirent en décembre pour les brumes ossianiques. Le brouillard fut si dense, la tempête si méchante que ni Hoche ni Morard ne purent poser le pied sur cette terre convoitée. Grouchy voulait débarquer, Bouvet jugea l'opération trop téméraire. Le marin l'emporta, fit au mieux pour ramener le corps expéditionnaire et l'escadre. Aux premiers jours de janvier 1797, tout le monde était de retour à Brest. Les flots n'avaient pas voulu…

Depuis longtemps déjà, les Normands saluaient le colonel, comte de Frotté, du titre de général. Monsieur accorda le grade en même temps que mille et une cajoleries et quelques croix. Désormais, Louis était maréchal de camp, après M. Cadoudal mais avant Pierre Mercier dont les étoiles ne seront confirmées qu'à la fin de cette année 1797. En dépit de remerciements des plus respectueux, le nouveau promu déguisait malaisément son irritation ; s'il se voyait maintenu dans son commandement de la basse Normandie et du Cotentin, la haute, encore qu'un rien mythique, demeurait aux ordres du Suisse Mallet, et au sud même de la basse certains districts appartenaient — sur le papier — à l'ami Bourmont. En dépit de sa confiance, le comte d'Artois, crainte de voir s'établir une féodalité nouvelle, ne laissait pas, ne serait-ce qu'en théorie, une province entière à l'un de ses lieutenants. Georges, lui-même, ne possédera jamais qu'une Bretagne amputée de la Loire-Inférieure...

A l'heure où l'expédition républicaine en Irlande échoue, Monsieur voudrait quitter l'Écosse pour la Normandie. Louis fait ses comptes et l'en dissuade ; la province n'est pas en état de recevoir le frère du Roi, même en un moment où les troupes bleues sont dispersées sur d'autres théâtres ; le général Dumesny, fort de l'effectif de 6 000 réguliers, qu'il pourra porter à 9 000 au début du printemps, tient d'autant plus aisément la grande division d'Alençon qu'en cas de danger ses confrères inoccupés de Rennes et de Montaigu, Hédouville et Grouchy, lui prêteraient main-forte. Une nouvelle fois, en effet, il faut se rendre à l'évidence : la Normandie ne peut rien de déterminant lorsque ses voisines bretonne et vendéenne demeurent l'arme au pied. Dans le Bro-Erec, Pierre Mercier vient de mettre au point certaine forme de banditisme distingué qu'on nomme interchouannage mais cette activité locale, plus pratiquée pour entraîner les combattants et contrôler les populations que dans le but d'inquiéter directement l'adversaire, ne saurait le distraire suffisamment pour que soit, outre-Couesnon, mené le grand jeu.

Louis maintient des liaisons avec ses officiers demeurés sur place, les prie d'attendre pour dégainer que viennent des jours meilleurs et noircit du papier avec fureur, réorganisant luxueusement son armée, la dotant d'un état-major de trente-sept membres, allant du général en chef au maître cordonnier. Le plan, calqué sur le système condéen, manquerait de réalisme si l'on n'y trouvait une représentation des populations civiles. Ce système, mis en pratique vers la même époque par le conseil du Morbihan, donnera d'heureux résultats en soulageant, pour partie, les propriétaires et les manouvriers du poids des gens de guerre. L'aimable Frotté, bien que s'entourant de conseils, se réserve tous les pouvoirs de décision. Enfin, renouant avec les habitudes des Angevins et des Poitevins, le nouveau maréchal de camp se soucie d'une aumônerie à l'usage de ses Chouans, le plus souvent moins pieux que leurs voisins.

Si M. de Frotté, et c'est son rôle, tire des traites sur l'avenir, quelques fidèles courent encore la Normandie. M. de La Roque-Cahan se tient dissimulé chez une veuve aimable mais indiscrète près de Saint-Jean-des-Bois. Un jour qu'elle fait ses emplettes à Tinchebray, elle parle trop. Les Chouans sont haïs pour avoir naguère incendié la ville. Pressentant quelque catastrophe, le gentilhomme décide de se transporter chez sa mère à la Devinière. Accompagné par le fils de son hôtesse et un chasseur de la Couronne, nommé Defresne, il quitte la demeure. Les trois compagnons devisent en avançant dans l'ombre, lorsque quarante Bleus se jettent sur eux. Les Patriotes reviennent dans la maison, arrêtent la dame. Tout le monde se tire d'affaire sauf M. de La Roque-Cahan. Conduit à Tinchebray, il est renvoyé par les autorités locales devant le jury de Domfront. Six Gardes nationaux l'escortent. Arrivent trois hommes armés de bâtons dont la présence inquiète les Patriotes. Éclate une fusillade. Alors, les individus, munis de mâtins, tentent de délivrer le prisonnier. Les serviteurs de l'ordre foncent dans la direction dont sont partis les coups et voient déguerpir dix Brigands qu'ils préfèrent négliger de poursuivre. Revenus auprès de leur captif, les gardes l'entraînent dans l'avenue du château de Bourdeaux et se rendant compte qu'ils ne pourront mener sans encombre un personnage aussi dangereux jusqu'à Domfront, le fusillent. Cette histoire, sauf le meurtre lui-même, est à l'évidence fausse. On avait seulement, usage courant chez les Bleus, simulé la tentative d'enlèvement à moins qu'on n'ait même pas pris cette peine. Le général Dumesny, souvent mieux inspiré, eut la faiblesse d'admettre le rapport du commandant de la Garde nationale, un certain La Noé, fondé sur l'unique déclaration d'un caporal. Le ministre de la Guerre, l'ancien commissaire ordonnateur Pétiet, sans aller jusqu'à prendre des sanctions, déplora l'incident :

« Il est malheureux, répond-il au général Dumesny, que le détachement ait été contraint d'en venir à cette extrémité. C'est ainsi que l'on perd la trace des éclaircissements que, par des voies légales, on pourrait se procurer sur des complots que l'on poursuit, et qu'on donne aux malveillants des motifs à accuser la troupe d'indiscipline et d'actes arbitraires. Je vous invite à faire sentir à la troupe que vous condamnez les inconvénients d'une semblable conduite… »

M. de La Roque-Cahan, Chouan des premiers jours et chevalier de Saint-Louis au titre de son action normande, était un homme d'un caractère incommode. Il avait été, dans les débuts, un lieutenant difficile pour M. de Frotté car, lieutenant-colonel comme lui, il s'était voulu son égal. Dans la suite, sans perdre sa fierté, il avait figuré parmi les chefs distingués.

Lorsqu'on apprit à Londres le trépas de ce bon serviteur, advenu le vendredi 24 mars 1797, trois affaires de plus de conséquence préoccupaient à la fois les Émigrés et les Anglais ; le roi Louis XVIII venait de se prononcer pour un régime constitutionnel. La France allait, pour la première fois depuis 1789, voter, sinon librement, du moins sous une coercition moindre qu'au cours des consultations précédentes. A bord des escadres britanniques s'était déclenchée une mutinerie.

Sa Majesté, très podagre, n'avait, depuis son théorique avènement, pris la plume que pour encourager ses serviteurs, et c'était louable, ou pour promettre à ses sujets rebelles des fers et des bourreaux, et c'était injuste et maladroit. Sans que le pardon ait gagné le cœur du monarque, la raison avait enfin touché son esprit. Par son adresse « donnée le 10 mars de l'an de grâce 1797, de son règne le deuxième », Louis XVIII s'exprimait avec tact et habileté. Reconnaissant les abus dont la fin de l'Ancien Régime avait été marquée, il rappelait le caractère paternel d'une monarchie « également opposée à l'anarchie et au despotisme ». Cherchant à guider les électeurs, il leur donnait des conseils de modération :

« Garantissez de nouveau l'oubli des erreurs, des torts, même des crimes [...] Transmettez-nous le vœu public sur les règlements propres à corriger les abus dont la répression sera l'objet constant de notre sollicitude [...] Dirigez les choix qui vont se faire sur les gens de bien, amis de l'ordre et de la paix, mais incapables de trahir la dignité du nom français, et dont les vertus, les lumières, le courage puissent nous aider à ramener notre peuple au bonheur ; assurez des récompenses proportionnées à leurs services aux militaires de tous les grades, aux membres de toutes les administrations qui coopéreront au rétablissement de la religion, des lois et de l'autorité légitime, mais gardez-vous d'employer pour les rétablir les moyens atroces qui ont été mis en usage pour les renverser ; attendez de l'opinion publique un succès qu'elle seule peut rendre solide et durable. »

Était-ce un désaveu des tentatives condéennes, vendéennes et chouannes ? Non pas. Le souverain, en dépit de son ingratitude déjà légendaire, se gardait d'abandonner la proie pour l'ombre, et précisait :

« Ou s'il fallait recourir à la force des armes, ne vous servez du moins de cette cruelle ressource qu'à la dernière extrémité et pour lui donner un appui juste et nécessaire. »

Ainsi, c'en était fini de l'esprit de Coblence ; fini du Régent rêvant de vengeance, et du Roi si peu roi qu'il eût laissé rouer la moitié de ses sujets. Louis XVIII devenait lui-même, se proposant de réconcilier les deux France et de les mener ensemble à bon port.

Si proche de l'Ancien Régime qu'était demeuré Louis de Frotté, la déclaration ne le scandalisa point. S'il n'avait rien oublié de sa jeunesse et de son passage chez Monsieur le Prince, d'ailleurs d'esprit traditionaliste mais d'humeur conciliante, il avait beaucoup appris pendant sa guerre normande, s'écartant assez de la vision manichéenne commune à nombre de ses amis pour découvrir les mérites de certains hommes demeurés aux affaires sous la République. S'il s'était mesuré fougueusement à ses adversaires, il saisissait l'impérieuse nécessité de ne plus inspirer la peur. Encore qu'il aimât la gloire, il était dans sa nature de préférer convaincre que vaincre. Comme le souverain, il mesurait l'importance de *l'opinion*. Dès avant le virage royal, n'écrivait-il point à son trésorier, Placène :

« La République ne peut durer longtemps. Nous finirons par déjouer toutes les factions antipatriotiques. Engagez les honnêtes gens à entrer dans toutes les branches de l'administration. »

L'enjeu des élections le passionnait ; il ne devait pas être déçu. Organisée par le baron d'André, un ancien Constituant créateur des Instituts philanthropiques, la consultation apparut comme un échec pour le Directoire. Le Luxembourg, pourtant, s'était démené pour gagner, procédant aux intimidations les plus scandaleuses, rayant quiconque avait été porté sur la liste des Émigrés, exigeant le serment de haine à la royauté. Parfois, les monarchistes, que n'étouffent pas les préjugés démocratiques, ont joué la partie avec le même mépris des règles constitutionnelles. Ainsi, dans la Sarthe (et l'on peut être assuré que le comte de Rochecotte n'est pas pour rien dans l'aventure), les Républicains se sont vus interdire l'accès des assemblées primaires. Ce ne sont là pourtant que des exceptions. Le pays, las des voleries et des guerres, n'a besoin ni de M. des Pommelles, ni du baron d'André, ni même de l'habile Rochecotte, absolutiste avec les absolutistes, constitutionnel avec les constitutionnels, mais royaliste toujours, pour vouloir « sortir les sortants ». Ceux-ci, au nombre de deux cent seize, représentent la moitié des anciens Conventionnels, imposés en 1795 par le fameux décret des deux tiers dont la journée de Vendémiaire avait été la rançon. Ils reviennent à treize, et sur ces treize il ne s'en trouve que neuf pour être à la fois Jacobins et régulièrement élus.

Le samedi 20 mai 1797, 1er prairial de l'an V, les conseils se réunissent. Le sort ayant fait quitter le Directoire au Granvillais Letourneur, officier, régicide et membre en Vendémiaire du Bataillon Sacré, le citoyen Barthélemy,, artisan de la paix avec la Prusse et l'Espagne, devient l'un des cinq. Pour la première fois, une personne étrangère à la mort de Louis XVI entre au Luxembourg. Aux Cinq-Cents, le général Pichegru gravit l'escalier présidentiel, aux Anciens, c'est le non moins royaliste et non moins modéré Barbé-Marbois qu'on porte à l'estrade. Le vainqueur de la Hollande connaîtra la rancune de ses ennemis et sera le pathétique héros de la seconde énigme du Temple. Les deux autres recevront un jour de Louis XVIII le titre de marquis. C'est assez dire que la crise est ouverte et ne pourra se dénouer par le jeu parlementaire. Seul, le recours à la force fera triompher l'un ou l'autre des partis, des conservateurs de la Terreur ou des gens soucieux de ramener le calendrier à 1791, voire pour quelques-uns à 1789.

Dans une semblable situation, les Royalistes français auraient besoin d'aide face aux Républicains, rendus riches et donc influents par les fulgurantes conquêtes de Bonaparte. A l'or des ciboires d'Italie, pourrait-on opposer, ne serait-ce qu'une faible part des ressources tirées par le gouvernement de M. Pitt des immenses possessions britanniques d'au-delà des mers ? Le Premier ministre, et, avec lui, l'Honorable Windham, le voudraient-ils, qu'ils ne le pourraient pas ; l'Angleterre rencontre, au moment même où la France traverse une nouvelle crise politique, une épreuve sociale inégalée depuis le temps où Londres en délire se couvrait du ruban vert des Niveleurs. Depuis février, la Banque a suspendu ses paiements. Le passage de la Hollande, conquête du grand Pichegru, dans le camp de la République, le retournement de l'Espagne, intervenu dès le 19 août 1796 par le traité de Saint-Ildefonso, l'écroulement des alliés de l'Italie et les difficultés des Impériaux dans la Péninsule amènent l'Angleterre, comme jadis Thémistocle éclairé par la pythie, à ne croire qu'en la protection des *murailles de bois.* La Grande-Bretagne possède 695 navires de guerre dont les courriers, les ravitailleurs et les bateaux-feux écartés, 372 bâtiments armés de canons. Ils ne sont pas si beaux que les espagnols, pas plus solides que les bataves, peut-être moins faciles à servir que les français, mais tous, ou presque, sont doublés de cuivre et ils apparaissent comme les plus redoutables. Aucun pays au monde ne dispose d'un corps d'officiers aussi remarquable. Il avait fallu Louis XVI, M. de Sartine et le maréchal de Castries, le gros Suffren et le sémillant Bougainville pour qu'un instant la France puisse entretenir l'espoir d'envisager de rêver qu'il ne serait pas impossible de surclasser les équipages de Sa Gracieuse Majesté. Les chefs ? Le Premier Lord de l'Amirauté, Lord Spencer, grand seigneur compréhensif. Les amiraux Jervis et Nelson alors à Gibraltar, le commodore Smith au Temple, dont MM. de Rochecotte et de Phélippeaux, en dépit des admonestations de Louis de Frotté, ne parviennent pas à l'arracher... Autour de la *precious stone* veillent les escadres des Lords Bridport et Duncan. Comme les équipages se recrutent dans la lie de la population, l'existence de ces malheureux, bien évoquée par Melville, se situe au-delà des portes de l'enfer ; alors que le coût de la vie a, depuis Charles II, augmenté de quelque vingt pour cent, leur rémunération est demeurée la même. Ils subissent des châtiments corporels dont ils s'accommodent, même si le chat à neuf queues, le *cat,* déchire leur chair, mais ils exigent quelques pence de mieux, le prêt total pour les blessés, une pension pour les invalides, la permission de descendre à terre aux escales anglaises et des légumes frais...

La mutinerie du Spithead éclata le dimanche 16 avril 1797. Si l'on se souvient que les préliminaires de Leoben sont du 18, on mesure d'un coup l'état de détresse de la Coalition. Tout d'abord, les troubles conservèrent un aspect de dignité très britannique. Si désireux qu'ils fussent d'obtenir un soupçon de justice, les matelots se conduisaient plutôt en grévistes qu'en révoltés. Sauf à mettre à la voile, ils continuaient d'obéir à leurs officiers. On traita. Le Premier Lord proposa de recommander au Roi, à ce moment fort lucide, une augmentation confortable de la solde, une distribution équitable des rations et le salaire entier

La fin du « Vengeur » au large de Brest, le 13 prairial An II. Peinture anonyme.

pour les blessés. L'amirauté n'alla point jusqu'à concéder une pension pour faits de guerre non plus que la permission de descendre à terre lorsque l'escadre mouillait dans les ports britanniques. Les équipages pourtant se calmaient, réclamant seulement un pardon solennel, authentifié par le Grand Sceau, lorsqu'une altercation de leurs délégués avec le vice-amiral Gardner, assez maladroit pour les avoir traités de poltrons, relança l'affaire. On vit alors le drapeau rouge monter au mât du *Royal George.* Jusqu'alors ce pavillon, comme partout ailleurs, n'était qu'un signal ; il prit, en ce jour, la valeur de symbole qu'il a depuis conservé. Enfin, le pardon arriva. Tout rentra dans l'ordre ; l'honorable mutinerie du Spithead était terminée. Celle de Saint Helens commençait. Cette fois, on déplora des morts et, fait plus grave, on apprit qu'avait été fomenté, à bord du *Pompée,* un complot dans le but de livrer le bâtiment aux

Républicains français. Encore une fois, l'oubli royal fut accordé. Le principal meneur était un homme pondéré, patriote, Valentin Joyce ; il finit par s'entendre avec Lord Howe qu'on aimait parce qu'il était bien vieux et qu'il était l'auteur de *la glorieuse journée du 1er juin 1794,* cette victoire sans nom parce que trop loin des côtes, au cours de laquelle M. Villaret de Joyeuse, paralysé par le Conventionnel Jean Bon Saint-André, avait été défait, et dont les Patriotes avaient tenté d'atténuer les effets en forgeant la légende du *Vengeur ;* ce navire avait coulé, il est vrai, mais deux heures après qu'il eut amené le pavillon tricolore.

Le Spithead et Saint Helens avaient constitué d'inquiétants symptômes. La révolte du Nore allait connaître une autre ampleur.

Son chef, âgé de trente ans, est le fils d'un boulanger d'Exeter. Midship, matelot, officier au commerce, tantôt en tricorne, tantôt en bonnet, il appartient à cette catégorie de semi-ratés que les révolutions transforment parfois en héros. Il est excessif mais trouvera parmi ses camarades plus rude que lui. Il est malin mais rencontrera plus astucieux chez ses adversaires. Jacobin ? Pas du tout. Ce Spartacus des mers n'a jamais entendu parler du pauvre Babeuf qu'on vient de guillotiner à Vendôme, le 27 mai. Richard Parker, *président de la flotte,* puisque tel est le titre subversif qu'il se fait renouveler chaque matin, demeure profondément anglais. On a beaucoup critiqué ce personnage et il n'entrera point dans la légende prolétarienne. C'est injuste. Qu'il ait été quelque peu déséquilibré ne doit pas entrer en ligne de compte. L'important c'est que, renchérissant sur les conquêtes du Spithead et de Saint Helens, il parvient à placer en état d'insurrection, non seulement les équipages du Nore mais tous les vaisseaux passant à proximité. Son système est simple ; si les Lords ne font pas ses quatre volontés, il affamera Londres. Alors, les phares s'éteignent et les intelligences de Leurs Seigneuries s'allument. Parker aura le dessous, se soumettra, sera pendu. Lord Spencer servira noblement une jolie pension à l'épouse de ce redresseur de torts, pas très droit lui-même. Reste qu'on aura tout vu : des vaisseaux de Sa Majesté tirant sur d'autres vaisseaux de Sa Majesté, des gabiers molestant leurs officiers... et des bourgeois londoniens craignant pour leur breakfast. Le pauvre Parker grimacera, le vendredi 30 juin, en costume et cravate de soie noirs à la grand vergue du *Sandwich,* mouillé face à l'Isle of

Green d'où la foule pourra se repaître des détails du supplice. Avec son George fou, son Pitt déterminé, son Spencer généreux, l'Angleterre s'était sauvée, mais elle était hors d'état, depuis que les Londoniens avaient manqué de bacon, de rendre aux Français le goût du pain blanc et de la liberté.

La politique autorise les contradictions. Alors que le libéral Georges Cadoudal rit des élections de fructidor favorables à la Droite, l'absolutiste Louis de Frotté prend l'affaire au sérieux. Dès mai, l'Alréen écrit au comte de Puisaye : « Je ne suis pas surpris de la défaite de ceux qui veulent tout ramener par l'opinion [...] Les prédicateurs de la soumission [c'est-à-dire les gens ayant adopté les voies légales plus ou moins offertes par la République] n'ont eu que ce qu'ils méritent ! Nos princes verront enfin la vérité et que seule la force peut les rétablir en France. » Le Normand, plus optimiste, ouvre un crédit à la tentative du baron d'André. Pourtant, sachant à quoi s'en tenir avec le haut personnel républicain, il veut passer en France pour aider éventuellement de son sabre à faire respecter le verdict des urnes.

La Normandie l'attend que certains voudraient bien remettre en mouvement. Ce serait inopportun et risquerait de braquer contre les Royalistes, non seulement les anciens élus, mais encore une partie des nouveaux dont les sentiments sont très prononcés en faveur de la paix et du retour à de saines pratiques financières sans pour autant qu'ils voient dans la monarchie l'unique planche de salut. Pour quelques députés résolus, quoi qu'il advienne, à ramener le Roi, tels MM. Imbert-Colomès, ancien échevin de Lyon et ami du comte de Précy, ou le général Willot, acquis à la Restauration depuis qu'en Vendée il réapprenait aux Bleus et aux Blancs la guerre sans haine, il existe une foule de gens bien polis, bien honnêtes, animés d'un noble esprit de réforme mais guère aptes, par conviction comme par tempérament, à s'engager dans la Contre-Révolution. L'opinion publique, si elle revient doucettement vers la Royauté, si elle salue même les exploits des Angevins et des Poitevins, demeure opposée aux Chouans. La savante propagande de Hoche et des ministres du Directoire les présente comme des chauffeurs, des détrousseurs de diligences et, force est bien de le constater, certains de ces messieurs se conduisent parfois de telle manière qu'ils favorisent la confusion. Une partie des nouveaux élus, en cela reflets de leurs mandants, empruntent, encore discrètement, une voie nouvelle dont les aboutissements seront considérables ; les élections de l'an V voient se former un parti catholique où les ferments de gallicanisme, et plus encore de jansénisme sont si nets que le Trône s'en trouve séparé de l'Autel, ou du moins passe au second rang. Cette rupture, au centre droit, de ce qu'on croyait indissociable, entérine la politique de Hoche et préfigure celle de Bonaparte. Le fait est d'autant plus marquant aux yeux d'un Louis de Frotté qu'il trouve sur sa route des Catholiques à peine monarchistes alors que, seul des généraux de l'Ouest, il conduit, lui, des Monarchistes à peine catholiques mais jamais préoccupés de scinder les deux options.

Il ne saurait donc être question d'indisposer les honnêtes gens mais seulement de se tenir prêt pour le cas où les hôtes du Luxembourg violeraient cette constitution dont ils ont été les seuls, lors de sa rédaction et de son approbation, à faire grand cas. Comme toujours, en semblable occurrence, les adversaires du pacte social sont au contraire les premiers à se scandaliser si le gouvernement vient à sortir de sa stricte application.

Louis prévient donc ses lieutenants par un long ordre du jour, puis rédige une proclamation adressée « aux Royalistes de Normandie ». Manque-t-il des moyens nécessaires pour la diffuser ? La juge-t-il trop vive en un moment où faire la chattemite s'impose ? Elle ne sera point portée à la connaissance des habitants. L'intérêt du texte réside dans une adhésion à la légalité :

« Une guerre à mort est déclarée par le Directoire au corps législatif. Ces tyrans régicides et barbares, qui gouvernent pour le malheur des Français, ne pouvant souffrir auprès d'eux des représentants qui ont le pouvoir et la volonté de veiller sur leur conduite et de punir leurs forfaits, dirigent déjà le poignard des assassins contre les députés du peuple, qui soutiennent avec le plus grand courage ses intérêts. »

C'est, à coup sûr, un langage nouveau. Un autre élément du morceau, pour refléter la vérité, n'en semble pas moins trop subtil, on dirait, dans le quatrième quart du XXe siècle, *pas assez mobilisateur* :

« Royalistes constants, toujours courageux et persécutés, cette guerre pourrait nous paraître étrangère, puisqu'aucun parti n'y soutiendra directement la cause de la royauté ; mais, non, mes amis, le Roi légitime que nous servons est aussi le père de son peuple, malgré que son peuple l'ait méconnu et ce Roi, grand et généreux dans son infortune, nous saura gré de nos efforts pour sauver la France d'un surcroît de malheur dont les suites seraient incalculables [...] Notre place est dans tous les rangs où l'on combattra pour sauver la France de l'anarchie... »

En 1797, il est rare qu'un chef politique ou militaire — ou les deux à la fois — prenne la peine d'utiliser l'expression *Roi légitime*. Émanant de M. de Charette, hier, ou de M. Cadoudal, aujourd'hui, on pourrait considérer qu'il importe de briser dans l'œuf une tentative orléaniste. De la part du général normand perce une autre intention ; il s'agit probablement d'écarter les bruits répandus par les amis de Mme Atkyns, relativement à la survie de Louis XVII.

M. de Frotté, après avoir rencontré M. de Mallet, toujours chargé de la haute (et très sommeillante) Normandie, s'en va saluer son vieil ami Bourmont, récemment breveté colonel d'infanterie par Monsieur, et alors dissimulé dans la région d'Évreux. Depuis la soumission du vicomte de Scépeaux, son ancien major général recense infatigablement les moyens du parti.

Enfin, Louis gagne Paris où la chaleur torride paraît nuire à la détermination des Blancs et profiter à la résolution des Patriotes. Décidément, le Temple sera toujours pour le jeune comte un sujet de préoccupation ; derrière les sombres murs de la bastille républicaine s'est déroulée la tragédie du 8 juin 1795. Dans les anciens appartements de Louis XVI sont toujours incarcérés Sir Sidney Smith et son lieutenant Wright que MM. de Rochecotte et de Phélippeaux ne parviennent point à sortir de là. Si le faux domestique John Bromley, au vrai l'émigré Trommelin, est enfin, grâce à l'acharnement de sa femme et à la complaisance de Barras, parti, le samedi 8 juillet 1797, pour Dunkerque et l'Angleterre, c'est bien la seule bonne nouvelle venue de la forteresse de l'anti-absolutisme. Trois dirigeants de l'agence de Paris, l'abbé Brottier, « capable, selon le cardinal Maury, de désunir les légions célestes », M. de La Villeurnoy, assez bon homme, et un espion nommé Duverne de Praile connaissent, eux aussi, depuis janvier dernier, les délices de la prison d'État. Bien sûr, le comte de Rochecotte a tenté de faire évader tout ce monde, le commodore et son lieutenant pour montrer à

MM. Pitt et Windham qu'on a parfois besoin d'un plus petit que soi (et partant, servir la Chouannerie), les autres parce qu'il espérait les voir se tenir plus tranquilles à l'extérieur qu'à l'intérieur. Le fait est que les trois gaillards — le brouillon, le brave garçon et le traître — se sont mis en tête de continuer de diriger les affaires du parti, ne craignant pas de s'opposer au prince de La Trémoïlle, régulièrement désigné comme président du Conseil royal. On ne sait trop comment vient d'échouer une action destinée à délivrer ces trois importants. En revanche, à son arrivée à Paris, Louis ne peut qu'apprendre, avec un mélange d'amusement et de dépit, comment les Blancs ont fait chou de même couleur en voulant faire retrouver le grand air à Sir Sidney Smith et à son second. M. de Phélippeaux, agissant pour le comte de Rochecotte, lui-même intervenant pour satisfaire M. de Frotté, préoccupé du commodore depuis sa capture au Havre, avait mandaté le plus charmant, le plus courageux et le plus désinvolte des *Inc'oyables*. Portant *pe'uque blonde et collet noi'*, Guillaume Hyde de Neuville, tout jeune gentilhomme d'origine jacobite, s'était fait défenseur officieux lors du procès consécutif aux affrontements de la Vendée sancerroise. A l'issue de la dernière audience, il avait poussé le toupet jusqu'à sortir lui-même de prison le seul condamné de cette farce. C'était là d'assez jolis antécédents pour que lui soit demandé de se consacrer au partenaire britannique dont la santé devenait si précaire qu'il réclamait au gouvernement la faculté de prendre des bains.

Tout d'abord, Guillaume Hyde, il le racontera dans ses passionnants *Mémoires*, s'était fait prier. Irlandais d'origine, et devenu profondément français, il répugnait à tirer d'affaire un Anglais et surtout deux. Il avait déclaré :

— Si le commodore avait porté les armes contre la France, et non pour la France, je me garderais bien de lui être utile.

M. de Phélippeaux s'était montré persuasif, rappelant les services rendus par Sir Sidney Smith aux Royalistes de Toulon et à la Chouannerie normande.

Alors, l'Incroyable avait loué dans l'ancienne rue de Beaujolais, à la perpendiculaire de la rue de la Corderie, une maison jouxtant la prison du Temple. Là, Guillaume avait installé, car chez lui les plaisirs cohabitaient avec l'aventure, une charmante demoiselle aussi honorable que paisible, et généreuse par sur-

Le baron Hyde de Neuville au temps de la Restauration.

croît, puisqu'elle élevait une adorable fillette de sept ans. Pour la tranquillité des parents et des voisins, l'avocat muscadin résolut d'enseigner le tambour à la petite, laquelle montra très tôt d'heureuses dispositions pour le ra, le ta, le fla. Pourquoi cet engouement pour la musique militaire ? Tout simplement parce qu'une caisse claire, frappée au premier étage, résonne plus qu'une pioche maniée dans la cave. Cependant, Charles Loiseau — c'est sous ce nom que M. Hyde a loué la maison — creuse toujours sans résultat et « finit par craindre d'avoir commencé le trou trop bas et au-dessous du sol ». Il devient indispensable de sonder le mur. Mais un maçon possède seul l'expérience nécessaire pour se livrer à cette opération. Mme de Trommelin trouve l'homme de l'art. Il vient, comprend qu'il s'agit de sauver des captifs, n'hésite pas :

— Si je suis arrêté, prenez soin de mes enfants.

S'entourant de mille précautions, il se met à l'œuvre. Soudain, la dernière pièce se détache, tombe dans le jardin du Temple sous les yeux du factionnaire. L'homme court répandre l'alarme. Le temps de saisir la petite et son tambour, Guillaume, la belle demoiselle et l'artisan prennent le large. Lorsque la garde fait irruption dans la maison, elle ne trouve « que des malles pleines de bûches, de foin, des meubles insignifiants et quelques hardes ». Il faut ajourner toute nouvelle tentative car le commodore est, après cet incident, tenu plus étroitement serré que jamais. Pourquoi cette catastrophe ? L'Incroyable l'expliquera :

— J'étais arrivé sans m'en douter, et sans qu'un son moins sourd me l'eût appris, à la dernière pierre du mur.

Sir Sidney doit s'armer de toute sa patience. Il ne retrouvera point encore les verts pâturages de la Vieille Angleterre et ne pourra faire de vagues que dans sa baignoire ; en effet l'administration l'empêche désormais, malgré sa parole d'honneur de ne rien tenter pour recouvrer sa liberté lorsqu'il se rendait en ville, d'aller aux bains publics, et lui fournit, pour sa santé, le vaisseau de métal qu'il réclamait avec insistance mais préfèrerait plus grand et… en bois.

Si la situation du héros de Toulon et du capitaine Wright inquiète toujours M. de Frotté, car il sait les citoyens La Revellière et Rewbell capables de tout, la lutte entre le Directoire et les Conseils retient désormais tout son intérêt. Par M. de Rochecotte, Louis sait combien le général Pichegru demeure légaliste. Royaliste, il aime bien Barras, et le ci-devant vicomte, jamais méchant lorsque son intérêt n'est pas en jeu, éviterait volontiers l'affrontement. Seulement, le sire de Fox-Amphoux n'est pas seul ; Rewbell, acquis au coup d'État contre la représentation nationale dès le résultat des élections, attire dans son camp le théophilanthrope La Révellière, cet Angevin bleu, dont l'amour pour sa famille et la musique de chambre ne saurait prévaloir sur la haine contre ces prêtres réfractaires que les « Jacobins blancs », tel le général Willot, viennent, ô scandale, de réintégrer dans une existence légale.

De leur épreuve de force contre l'Incorruptible, personnage assez terrifiant par sa connaissance des humeurs parisiennes et son impassibilité, les Thermidoriens conservent une éminente qualité : l'audace. En face d'adversaires dont ils devraient, en bons *démocrates*, prendre en compte les volontés, ils osent un remaniement ministériel considéré par les plus accommodants comme une provocation ; sont congédiés le royaliste Benezech, l'honnête encore que régicide Cochon de Lapparent, et l'équanime Pétiet, père, avec Daru, de la savante organisation des commissaires des guerres. On garde Merlin de Douai, Ramel-Nogaret. On donne l'Intérieur à l'exécrable poète et excellent statisticien François de Neufchâteau. Fait plus grave, on renvoie Charles Delacroix (futur père d'Eugène), qu'on recasera dans l'ambassade près la république Batave, au profit de l'éphémère évêque d'Autun, protégé de Mme de Staël, qu'on appelle le citoyen Talleyrand-Périgord. Pis, au mépris des règles de l'âge, on ose confier le département de la Guerre à Lazare Hoche, chef de l'armée de Sambre-et-Meuse qu'il a conduite adroitement à Neuwied. De tous les généraux en vue, il est le seul à manifester une profonde dilection pour le métier de gendarme. Hier, il se faisait un nom en tuant des Royalistes dans l'Ouest, il ira plus haut en en massacrant quelques autres à Paris. Ses confrères sont moins déterminés. D'Italie, Bonaparte anathémise les Réacteurs, lance des proclamations d'un sans-culottisme effréné mais, par l'intermédiaire de son fidèle La Valette, conseille la patience au citoyen Barthélemy, l'assurant de sa respectueuse considération. Comme Moreau, déclinant à l'armée de Rhin-et-Moselle les ouvertures des Royalistes mais se gardant d'en faire part au gouvernement, il jouera double jeu jusqu'au moment où la résolution des Gauches lui montrera clairement son intérêt. Kléber, indigné d'avoir été reçu par Barras de façon désinvolte, ne dissimule pas son dégoût pour les gens du régime. Pressenti par les Directeurs, il y va de cette réponse bien dans sa manière :

— Je tirerai sur vos ennemis ; mais en leur faisant face, à eux, je vous tournerai le dos, à vous.

Les Triumvirs — on les nomme ainsi parce que Carnot s'est rapproché de Barthélemy — jugent d'autant plus hasardeux de s'en remettre à pareil défenseur qu'il s'est déclaré respectueux de la loi pour le cas où lui serait confiée la place de Paris.

Hoche paraît plus sûr. Naturellement le comte d'Artois et Louis de Frotté se sont lourdement trompés lorsqu'ils espéraient en faire un Monk. Leurs raisons étaient-elles profondes ? On peut en douter. Les Royalistes, dès qu'on les entretenait d'un adversaire bien élevé, manifestaient une curieuse tendance à le considérer comme l'un des leurs. Pourquoi l'homme de Quiberon aimerait-il la monarchie ? Qu'il ait été flatté par les démarches dont il avait fait l'objet n'est pas douteux mais ses convictions le portent à défendre la République. Sans doute, incline-t-il, autrefois persécuté par Saint-Just et rescapé de Thermidor, vers une forme modérée mais il n'est pas en état de choisir. Une notable partie de l'armée, naguère grande lectrice du *Père Duchesne*, demeure très imprégnée de Jacobinisme. Les soldats, ignorant, lorsqu'ils n'ont pas servi dans l'Ouest, à Lyon ou bien à Toulon, les horreurs de l'arrière, éprouvent une manière de nostalgie de l'an II, et chantent encore le *Ça ira*. Si de nombreux officiers généraux se veulent apolitiques ou comprennent déjà qu'un pouvoir aussi fragile et aussi méprisé reviendra, quelque jour, à l'un des leurs, la situation paradoxale du Directoire est néanmoins amenée à le servir ; c'est vrai que les pauvres crèvent de faim. C'est encore vrai que l'état d'insécurité replonge la France au temps des Grandes Compagnies. C'est non moins vrai que la Nation a triomphé d'une formidable coalition et que seule l'Angleterre, avec ses dix millions d'habitants et son pauvre petit allié portugais, tient encore contre un pays de vingt millions d'individus (le mot *âme* n'a point cours). Après tout, pourquoi les chefs militaires se plaindraient-ils des gens du Luxembourg ? S'ils fusillent les monarchistes et deux ou trois Babouvistes, ils laissent le reste de la population en repos. C'en est fini des supplices de généraux — sauf Jacob, membre de la Conjuration des Égaux — tels que les affectionnait le jeune Saint-Just. La Convention ante-thermidorienne a tué cinquante-quatre officiers généraux aussi différents que l'aimable d'Aoust et *l'indulgent Westermann*, que le charmant Beauharnais ou l'hébertiste Ronsin. Maintenant, il fait bon vivre sans être contraint de rentrer sa tête dans les épaules de crainte qu'elle ne vienne à dépasser. Du moment que les généraux offrent la fonte d'assez de ciboires pour que Barras possède une meute de courtisanes et de chiens, pour que Rewbell n'éprouve pas de crainte relativement à ses vieux jours et que La Révellière puisse offrir des sirops à l'issue d'une réunion de flûtistes, la discipline n'est point tracassière. Avec des moyens conformes aux règles élémentaires de l'humanité, la Thermidorienne et le Directoire ont obtenu mieux que la Convention terroriste, démontrant ainsi l'inutilité du système basé sur la planche à Sanson.

Les options, toutefois, n'apparaissent pas aussi simples. Si complaisant que soit Barras, si compétent que se montre Carnot, personnage sans génie ni courage civique mais doté d'un sens éminent de la méthode, ces citoyens ont naguère trempé dans les crimes des *Purs* et même des *Exagérés*. S'ils se sont débarrassés de collègues trop compromettants, les Billaud, les Collot, les Barère, ils piétinent dans l'idéologie révolutionnaire et ne pactiseront jamais avec des gens tels que le général Pichegru, soucieux de remonter le calendrier jusqu'en 1791. Modérés du Terrorisme, ils demeurent des Terroristes. Hors leurs convictions, d'ailleurs différentes, fluctuantes et venant à s'entrecroiser, ils ne nourrissent que deux préoccupations : garder le pouvoir afin de disposer du charme de ses abus le plus longtemps possible et, surtout, n'avoir jamais à rendre de comptes.

Scrutateur mal avisé de l'âme jacobine, perdu, en dépit de son intelligence, dans un dédale de caprices contradictoires, M. de Frotté comprend-il l'attitude de ce Hoche qu'il a toujours combattu sans désespérer de le séduire ? Les dates revêtent leur importance ; en cette fin calcinée de l'été 1797, Louis atteint trente et un ans, Lazare vingt-neuf. Étrange époque où l'avenir — ou plutôt la décision — appartient à des hommes jeunes. La Révolution et la Contre-Révolution présentèrent bien des défauts mais elles ne furent jamais gérontocratiques.

Tandis que M. de Frotté, tapi dans la capitale avec MM. de Rochecotte, d'Autichamp, de Bourmont — bien sûr —, de Rivière — cela va de soi —, étudie les moyens, autour du prince de La Trémoïlle, d'empêcher les survivants du Jacobinisme de supplanter les nouveaux Feuillants, le neveu de la fruitière met ses troupes en marche et, sous couvert de recommencer l'aventure irlandaise, ordonne à son lieutenant Richepance d'échelonner ses avant-gardes en direction de Paris. Se croyant couvert par ses patrons, il parvient le 14 juillet, avec sa cavalerie, à La Ferté-Alais, près de Corbeil, donc dans le *rayon constitutionnel*, interdit à la troupe aux termes du texte rédigé par cet excellent M. Daunou, dont on sait l'attention aux références romaines. Le même jour, Barras et ses petits amis ont chassé Pétiet et nommé Hoche ministre de la Guerre. Il n'atteint pas l'âge requis mais qu'importe ; cette Droite est si polie, si facile à vivre qu'elle se laissera mourir sans se débattre. C'est mal connaître le général Pichegru. Il accepte de jouer le jeu parlementaire à la condition que les gens d'en face adoptent la même pratique. Prévenu par l'excellent Pétiet de l'arrivée des phalanges de Sambre-et-Meuse, celui qu'on nomme depuis les journées de Prairial le *Sauveur de la Patrie* va jusqu'au Luxembourg et tonne devant les emplumés consternés :

— C'est bon, nous monterons nous aussi à cheval ; votre Luxembourg n'est pas une Bastille ; en moins d'un quart d'heure, il sera emporté !

Les Directeurs cèdent. Hoche est congédié. Puisqu'il n'atteint pas l'âge requis pour être ministrable, il lui faut rejoindre son commandement. Les Triumvirs l'accablent de compliments. Perdant son calme, il répond par des injures. Avait-il, lui, à se préoccuper de dispositions légales ? Appelé par les premiers magistrats de la République, il s'est contenté d'obéir en vrai militaire. L'argumentation est juste, et le ministre licencié d'autant plus en fureur qu'il sait d'où vient de partir le coup. Il a toujours détesté deux camarades : Kléber, qu'il dénonce inlassablement, traite de vipère, et Willot, son subordonné dans la guerre de Vendée. Or, il sait bien que le vainqueur de Lecumbery, devenu secrétaire du conseil des Cinq-Cents puis inspecteur de la salle, a tout fait, y compris pression sur l'aimable Pichegru, pour le mettre dehors. On va quérir l'Alsacien Scherer que Hoche se hâte de dénoncer comme complice des Royalistes mais que soutient Rewbell. Le joli Versaillais, s'il est contraint, la rage au cœur, de retourner à son quartier général, laisse au Directoire son fidèle Chérin, ancien généalogiste des Ordres du Roi, organisateur de la victoire de Quiberon et républicain des plus déterminés. A lui, malgré Willot, préoccupé de réorganiser légalement la garde, d'en prendre le commandement pour en finir avec ces députés dont l'obstination dans l'observance des règles et l'affectation de jouer les agneaux en face des loups frisent le ridicule.

Seul, Pichegru pourrait encore réparer les dégâts. Sans affectionner les luttes intestines, il en possède l'expérience, ayant dégagé la Convention, comme commandant en chef de la Garde nationale lors d'une émeute de l'an III. Le grand soldat, pourtant, n'a pas les mains libres. Ses tractations avec M. le Prince viennent d'être révélées à Barras par Bonaparte à travers un texte falsifié. Or, une partie de l'opinion, même favorable aux Réacteurs, prendrait mal semblable rapprochement. Le ci-devant vicomte, toujours malin, a prévenu Carnot, et du coup, le bonhomme, modéré sans doute mais régicide, s'abstient de soutenir la majorité.

Dans la torpeur de cet été, les Royalistes semblent frappés d'immobilisme. Le célèbre rapport du comte de Rochecotte au Conseil royal apparaît d'une tragique éloquence :

« Les comités de Paris sont composés de gens trop habitués aux plaisirs de la capitale pour se sacrifier dans un coup de main... Et au fond, ils n'ont ni assez d'amour ni assez de haine pour entreprendre une œuvre de guerre civile. Ce sont des conspirateurs de crème fouettée... Le partage tuera les Royalistes comme la Révolution [...] J'aimerais mieux vingt de mes Chouans que tous ces bavards. Le conseil des Princes a eu le malheur de s'en rapporter, dans cette expédition, à leur expérience [...] Si j'étais Directeur, en vérité, je voudrais avoir de pareils ennemis. La Révolution a fait un mal incalculable mais le plus grand de tous est d'avoir donné la parole à tous ces gens-ci qui perdront la France et feront un jour douter de son bon sens [...] Les tièdes et les irrésolus m'ont fait douter du courage moral de Pichegru. Willot va bien, mais il est comme nous, il a les mains liées par tous les orateurs qui se chargent de tout. »

Pour M. de Frotté, comme pour M. de Rochecotte, la situation est tragiquement claire ; rien ne sera dénoué que par la violence.

Les généraux de l'Ouest ont accepté de marcher sous un autre drapeau que le leur ; encore faudrait-il qu'on veuille bien d'eux. Entre les élus de l'an V — sauf le général Willot — et les Vendéens, Chouans et Émigrés, s'est ouvert un abîme aussi large que celui séparant le pays légal du pays réel. Aux yeux de Louis et de ses amis, l'urgence est absolue puisque, manifestement, les Gauches mettent à profit le temps qu'on passe en palabres pour renforcer leur appareil militaire. M. d'André voit les affaires différemment ; il importe, selon lui, de cohabiter avec les Terroristes jusqu'au moment où, par la vertu des urnes, ils sortiront des assemblées. Le Roi, lui-même, converti si récemment aux délices de la vie parlementaire, déclare à M. de Botherel venu saluer son maître dans les brumes de Blakenburg :

— Voilà maintenant un bon tiers dans les deux conseils ; l'année prochaine il y en aura un meilleur. Je n'ai que deux ans à attendre, alors, je serai rappelé comme Charles II.

Ou Sa Majesté fait la bête, ou bien Elle l'est. Ou le souverain a donné son accord pour prévenir le coup d'État et entend le dissimuler à son visiteur breton et, dans ce cas, son propos demeure sensé, ou bien il croit réellement que la pesanteur du corps électoral jouera pour lui. S'il en est ainsi, il se trompe gravement ; les conservateurs de la République, pris de court par l'action des instituts philanthropiques, se sont laissé berner une fois, ils ne le seront pas deux. Qu'on les méprise pour leur immoralité, leur désintérêt pour le bien public et leur recours fréquent aux sauvageries ante-thermidoriennes, ne doit pas induire à leur dénier une rare habileté. Ce personnel politique, rompu dès longtemps à toutes les pressions sur l'opinion, à commencer par l'appel de détresse aux acquéreurs de biens nationaux, saura gagner la prochaine partie. En attendant, ils ne s'accommodent point d'avoir perdu la précédente. Désormais, la situation se présente dans une tragique simplicité ; au sein d'un Paris indifférent, le vainqueur sera le premier à frapper. La ville est petite, et ses habitants, depuis Germinal et Prairial, où les ventres pourris l'emportèrent sur les ventres creux, d'ailleurs sauvagement menés et coupant les têtes avec tant d'ardeur que la répression était devenue indispensable, font preuve d'une parfaite neutralité. Ou Rewbell, La Révellière, Barras, les gens de Hoche et de Bonaparte sauveront une République, guère menacée par des opposants empesés dans leur nostalgie pour l'ordre perdu, ou le prince de La Trémoïlle, MM. de Frotté, de Rochecotte, de Rivière et quelques autres feront triompher les honnêtes gens malgré qu'ils en aient. Ou les Conseils, siégeant aux Tuileries, seront réduits par les forces directoriales, ou les Directeurs, installés au Luxembourg, seront capturés par les quelques gentilshommes déterminés que compte le groupe royaliste. Louis, à l'accoutumée si disert, demeure muet sur son action — ou son inaction forcée — durant ces journées marquant, a dit justement M. Pierre Bessand-Massenet, « le tournant du destin français ». Pourtant, son amitié pour le comte de Rochecotte autorise à penser que les deux généraux de Louis XVIII, considérant les affaires à travers des conserves bien différentes de celles du monarque, mettent tout en œuvre pour prévenir le coup d'État. Remplaçant Carnot à la présidence du Directoire, le joueur de flûte, moins furieux d'un retour à la foi monarchique qu'à la foi tout court, venait d'injurier les Conseils, lorsque le comte de Rochecotte — toujours lui — s'en alla visiter le Sauveur de la Patrie dans le logement élégant et modeste que ce Monk hésitant occupait dans le quartier de la Petite-Pologne. L'enfant d'Arbois et le terrible chef de Chouans passaient, l'un et l'autre, à juste titre pour des hommes d'excellente éducation. Leur dialogue n'en présente que plus de saveur. Après quelques-unes de ces mondanités qu'on vient de redécouvrir depuis l'élimination des lécheurs de guillotine et de ce débraillé en mode depuis huit ans, ces Messieurs s'expliquent. Le général du Maine, estimant trop son interlocuteur pour le ménager, lui déclare tout à trac :

— A quoi servent vos délibérations ? Vos éloquents discours contre le Directoire ne font que lui donner plus de temps pour assurer votre perte. Donnez-moi cinquante hommes [cinquante soldats en uniforme bleu pour préserver les apparences, car des Blancs, le comte n'en manque pas] et demain, j'enlève le Directoire.

Refus poli du vainqueur de la Hollande. L'autre renvoie l'éteuf :

— Mais, général, je ne demande qu'une chose : combattre comme le dernier de vos soldats.

— Non, la majorité des Conseils ne me suivrait point. D'ailleurs, Monsieur le Comte [on apprécie la nuance], je suis ici législateur et non pas général.

— Général, vous êtes perdu.

Face à tant d'obstiné légalisme, que reste-t-il à faire ? A s'en aller. M. le comte de Rochecotte va se terrer dans son Maine afin d'attendre là que des combats moins douteux lui fournissent l'occasion de donner toute sa mesure.

Louis préfère rester dans Paris. Croit-il encore possible de triompher ? On ne sait, mais sa soif de servir, comme les liens fraternels l'unissant au prince de La Trémoïlle, l'incitent à demeurer.

Entre-temps s'était présenté chez les rois du Luxembourg un géant si content de sa force et de son élégance que Rewbell lui-même s'était exclamé :

— Quel superbe brigand !

C'était le général Augereau. Ce fils naturel d'une fruitière de la rue Mouffetard avait été chargé par son chef Bonaparte de se mettre à la disposition des maîtres de l'heure. Comme il importait de respecter les apparences, il venait faire l'hommage de quelque soixante drapeaux pris à l'ennemi, non sans accepter le commandement de la 17e division militaire, c'est-à-dire de la région parisienne. Devant les Directeurs éberlués, il était apparu coiffé d'un feutre démesuré, bagué du pouce à l'auriculaire, et claquant les talons de ses bottes en maroquin rouge. Comme ce héros — pas bête au demeurant et il l'avait bien montré lors de la journée de Castiglione — avait tout appris depuis 1789 hormis le langage diplomatique, il avait déclaré :

— Je viens pour tuer les Royalistes.

Il n'était pas arrivé seul avec son immense couvre-chef, ses scintillants joyaux et sa tenue de dompteur ; des milliers de permissionnaires battaient le pavé de Paris. Prêt de Bonaparte et de Hoche au gouvernement, ces jeunes dieux attendaient le grand soir en écrasant les pieds des promeneurs.

Dans la soirée du dimanche 3 septembre, alors que le général Pichegru travaille encore au Conseil, M. de Frotté décide d'aller souper avec les principaux du parti chez le traiteur de la rue du Bac, face au Pont-Royal. C'est là, dit-on, ou dans un établissement voisin que Courriol et Dubosc avaient préparé l'attaque du courrier de Lyon. Le détail est recevable car deux ou trois établissements à la mode s'ouvraient alors à proximité des Messageries. Voici donc Louis se sustentant au rez-de-chaussée et tirant quelques plans sur la comète en compagnie de ses amis, le prince de La Trémoïlle et le comte de Bourmont, ainsi que de quelques personnages peu portés au respect envers la République : le marquis de Rivière, représentant de Monsieur, le comte d'Autichamp, revenu de sa paix avec la Nation, l'adjudant général Badonville et le colonel suisse Pillechody, mêlé comme ses compatriotes les deux Mallet — l'officier et le gazetier — aux intérêts de la Couronne. A l'étage, une tablée plus bruyante est animée par le citoyen Augereau, venu là pour régaler son état-major et lui faire puiser dans d'autres vins que ceux d'Italie le courage de violer la Constitution en affectant de la défendre. « Singulier rapprochement, notera M. de La Sicotière, qui livrait également aux hasards d'une surprise l'état-major des deux armées ! Mais les Royalistes ne savaient quel parti prendre et celui d'Augereau était bien arrêté. » Le propos, exact quant aux gens des Conseils, l'est moins pour les généraux de l'Ouest. Le prince de La Trémoïlle, Louis et leurs amis ne manquaient pas d'esprit de décision. Ils avaient tous, après M. de Rochecotte, saisi l'ampleur de l'enjeu. Simplement, ils manquaient, non

Journée du 18 Fructidor, l'an 5. de la République française.

NON...! NOUS NE SORTIRONS PAS D'ICI.

...éral Verdière — 2 Grolier vétéran — 3 Willot qui lui arrache l'habit — 4 Bourdon (de l'Oise) — 5 Rovère — 6 Jourdan (des Bouches du Rhône) — 7 Pichegru — 8 Boissy d'Anglas —

seulement de la confiance des modérés, mais encore de l'argent nécessaire pour organiser une journée.

Voilà pourquoi le lendemain, lundi 4 septembre, jour deux fois faste pour la République à moins d'un siècle d'intervalle, les soupeurs du premier triomphent de ceux du rez-de-chaussée. L'opération apparaît presque sympathique par sa brièveté. A l'aube, un coup de canon prévient les Patriotes qu'il est temps pour eux de se montrer dignes de ce titre s'ils veulent continuer de jouir des avantages accordés aux citoyens ainsi dénommés. Les Conseils sont investis par Chérin et des grenadiers ivres. L'un d'eux est assez lucide pour clamer :

— La loi, c'est le sabre !

C'est en vain que Pichegru, Willot se défendent. Augereau, pris de boisson, arrache les épaulettes du commandant de la Garde Ramel et l'en soufflette. Chérin prend la place de ce frère infortuné d'un guillotiné de la Terreur.

On se levait tôt en ce temps-là ; à sept heures du matin, tout est terminé. Les vaincus, conformément à la tradition fraîchement établie et déjà bien ancrée, sont menés au Temple, quitte à déranger les habitudes du commodore Sidney Smith. Rewbell et La Révellière veulent pour les captifs la plaine de Grenelle. Barras, répugnant aux solutions définitives et conservant, même au plus fort des crises, un peu d'humanité, fait déporter ses adversaires sur un vote du parlement-croupion réclamé par Guillemardet, terroriste dont chacun aurait perdu la mémoire si, ministre en Espagne, il ne s'était, toutes moustaches et plumes dehors, fait tirer le portrait par Goya.

Balthazard Joseph d'André à l'époque de la Constituante. Gravure de Courbe.

Pour les Royalistes de l'Ouest, c'est l'instant de filer sans perdre une seconde. Pour s'être attardés, MM. de Mesnard et de Trion, débusqués par le policier Veyrat, sont immédiatement fusillés. Le même limier cherchera vainement le prince de La Trémoïlle, Louis de Frotté, MM. de Bourmont, d'Autichamp et d'André. Le prince se dissimule dans la capitale. Le comte de Bourmont passe dans le Maine et M. d'Autichamp en Anjou. Louis, plutôt que de regagner l'Angleterre, risque, avec le chevalier de Bruslart, un séjour en Normandie, s'établissant à Caen puis au château de Coupigny. Ses fidèles le savent en France depuis de nombreux mois et sa présence suscite un ferme espoir. On se dit que la bataille va recommencer ; que Michelot ne va plus perdre son temps à tremper des faux, que M. Billard pourra reprendre son carrousel au Bocage, que le Balafré réapprendra l'art de faire les quatre cents coups à des jeunes gens un peu rouillés par la drôle de paix. Depuis quatorze mois que les armes se sont tues, l'imagination a travaillé, a retendu plus somptueusement le décor. A la veillée, on se raconte les affaires de La Lande-Patry, de L'Auberge-Neuve, du Grand-Celland, et même la défaite de Tinchebray parée désormais de couleurs plus riantes. Cette guerre, si souvent décevante, prend un relief nouveau. Comme les Bleus, depuis la fin des hostilités, se sont fréquemment montrés persécuteurs, les exactions commises par les Blancs s'estompent dans le souvenir. L'accélération de l'Histoire fait reculer dans les mémoires la première Chouannerie normande, lui restituant toutes ses qualités de ténacité mais y mêlant un aspect chevaleresque dont certains de ses chefs — pas M. de Frotté, bien sûr — s'étaient quelque peu désintéressés. Entre la volonté de paix et le désir de gloire, la province commence d'osciller. Si minoritaire qu'ait été l'action armée, elle devient, pour nombre de non-combattants, un titre de gloire.

Comme toujours, Louis observe, écoute. Rêve et réalisme se mêlent inextricablement chez cet enfant du siècle. Peut-il tenter un chouannage ? M. de Bruslart et lui sont au bord de la neurasthénie lorsqu'ils sont contraints de laisser le sabre au fourreau. Ce n'est pas qu'ils aiment la guerre, mais ils supportent malaisément une paix non conforme à leurs vœux. Qu'on leur rende le Roi, la Liberté, les prêtres — encore que les ministres de Dieu ne constituent pas leur principal souci —, qu'on replace la France à ce rang éminent qu'elle connaissait sous Louis XVI, qu'on restaure cet ordre sans trop de coercition que goûtaient si fort les étrangers voyageant chez nous dans les dernières décennies de l'Ancien Régime, et les deux Louis retrouveront, sans maugréer, le calme de la vie de garnison ou les longues parties de whist dans leurs gentilhommières. Pour autant, l'âme et l'esprit du comte de Frotté présentent des aspects plus complexes ; un Bonchamps, un d'Elbée, un

Georges ne se posaient aucune question au somptueux couchant de la Monarchie. Vaguement réformateurs, assez intelligents pour attraper au vol les moins mauvaises des idées nouvelles, ils ne se considéraient pas comme dépositaires du salut des autres. Ils avaient philosophé selon la manie du temps puis, après qu'on s'en fut venu les chercher, avaient tenté de redresser la barre. C'est là, semble-t-il, la profonde différence entre Louis, tard venu dans la direction de l'Insurrection, et les grands Angevins ou les formidables Bretons. Lui, pour adopter un mot du XXe siècle, s'est toujours considéré comme *missionné*. C'est en cela que son caractère est difficile à cerner. Il respirait si haut, s'était forgé, tout seul, une telle conception de ses devoirs, qu'il se considérait, tout juste maréchal de camp, comme le responsable des catastrophes du moment. Peu de personnages, qu'ils appartinssent ou non au deuxième ordre, ont ressenti si rudement les effets de la Révolution. M. de Puisaye, se croyant le plus fort, se réfugiait dans les subtilités de l'analyse, Pierre Mercier s'amusait de tout, Georges tirait de son formidable humour de quoi se consoler des événements les plus funestes... et les autres grands étaient morts. Quels que soient les éminents mérites de MM. de Bruslard, de Mallet ou Moulin, sont-ils plus que des héros ? Sont-ils réellement des interlocuteurs à la mesure de leur chef ? Pour réaliser l'irréalisable, M. d'Elbée avait rencontré M. de Bonchamps, comme Monsieur Henri, le Mistoufflet, le prince de Talmont et le superbe Marigny. Le chevalier Charette aurait pu trouver parmi ses auxiliaires des hommes parvenus à son stade de réflexion, mais cela lui déplaisait... Le général de Frotté, en dépit de son affection profonde pour ses compagnons, demeurait très seul. Peut-être, ce lecteur de Jean-Jacques affectionnait-il cette solitude et en venait-il à la cultiver.

Ce n'était pas le moment de risquer une nouvelle action ; les préliminaires de Leoben permettaient au nouveau ministre de la Guerre, général Scherer, de replacer dans l'Ouest plus de 30 000 garnisaires dont près de 7 000 en Normandie. De tels effectifs pourraient paraître faibles si l'on oublie qu'ils venaient à doubler, à tripler même, les Gardes nationales et autres légions toujours en place. Ces soldats, qu'ils appartinssent ou non à la ligne, étaient aussi mal habillés que nourris, et parfaitement déterminés à trouver chez l'habitant de quoi se vêtir et se goberger. Il n'existait, à l'époque, aucune solidarité nationale.

Un militaire, dès lors qu'il s'entendait commander d'occuper une maison, mettait dans l'assiette le pouce et l'index...

Les deux Louis, le comte et le chevalier, ayant scrupuleusement observé la situation, concluent qu'il ne faut pas exposer les populations aux déprédations des vainqueurs de Fructidor et préfèrent s'en aller.

La nouvelle de la mort, advenue à Wetzlar, de Lazare Hoche, était parvenue à Paris le 1er vendémiaire de l'an VI, jour où le Directoire commémorait avec éclat, au Champ-de-Mars, le cinquième anniversaire de la République. Le défunt atteignait vingt-neuf ans. La disparition fit grand bruit. On parla d'empoisonnement et il se trouva même des esprits assez simples pour soutenir que le général emportait dans la tombe le secret de Louis XVII.

Le gouvernement ne pouvait faire moins que d'organiser une pompe majestueuse. *Le frère d'Abel Chénier* écrivit une ode que l'on chanta sur une musique de Cherubini. On déposa la dépouille du Pacificateur de la Vendée dans la redoute de Petersberg à côté des cendres de Marceau contenues dans une urne de marbre, abritée sous une pyramide élevée d'après le ravissant dessin de Kléber que conserve aujourd'hui le musée de Strasbourg. Heureux jusqu'à l'âge où d'autres entrent à peine dans la vie active, Lazare Hoche connaissait l'injure de reposer près d'un monument conçu par un rival exécré... Durant sa brève carrière, il avait donné les preuves d'un talent grandissant au fil des expériences. Capable de nobles actions, il n'hésitait pas devant les plus mesquines dès lors que son avenir était en jeu. Doté d'un charme naturel et sachant le cultiver, d'un courage exceptionnel et ne manquant pas de l'afficher, d'une plume acérée et s'en servant en toute occasion, il s'en était allé, emportant la satisfaction d'avoir éliminé Kléber, contribué, par Chérin interposé, à faire déporter Willot et Pichegru, remplacé Moreau disgracié pour avoir tu les agissements du vainqueur de la Hollande. Ajoutant au savoir et au savoir-faire un sens aigu du faire-savoir, il avait tiré le principal de sa gloire d'une guerre civile qu'il avait remportée avec plus de détermination que d'honnêteté. Il devait cependant laisser une mémoire respectée. Quelques-uns de ses lieutenants, Soult, Lefebvre, comme lui ancien sergent dans ces Gardes-Françaises aussi prompts à se battre à Fontenoy qu'à prendre la Bastille, devaient, leur vie durant, évoquer leur chef avec émotion. Jamais, sauf à Quiberon où la mésentente entre MM. de Puisaye et d'Hervilly l'avait puissamment servi, il n'avait gagné de grandes batailles mais son comportement de général républicain allait contribuer à forger sa légende. Sorti du peuple, il devait mourir avant que Napoléon n'ait eu le temps de le charger d'un bâton et d'un manteau. Les régimes se disputent toujours les morts importants afin de se les annexer ; l'Empereur exaltera Desaix, Louis XVIII, Kléber et Pichegru, Charles X, moins calculateur, voudra rendre justice à tout le monde. Louis-Philippe travaillera hasardeusement dans tout le personnel républicain pour faire oublier sa couronne et Napoléon III cultivera, pour son malheur, les grandes ruines de l'oncle s'entourant des fils et des neveux, allant jusqu'à créer maréchal un Baraguey d'Illiers pour l'avoir emporté dans un obscur combat à Marignan. Que restera-t-il à la IIIe République du temps qu'elle passait des Ducs aux Républicains ? Hoche. Alors, Léon Gambetta, par un discours enfiévré, procédera, devant les Versaillais éberlués, à la résurrection de Lazare...

En dépit de ses petits côtés, Hoche n'avait pas déparé la galerie des illustrations de son temps. Avec sa disparition, la République entrait dans l'ère des serviteurs si zélés qu'on pouvait douter de leur désintéressement plus encore que de celui de ce brave, assez malheureux pour avoir succombé de maladie et non point au champ d'honneur. Un premier indice de ce nouvel état de fait apparaît dès qu'il s'agit, pour les Fructidoriens, de remplacer les Directeurs proscrits, Carnot et Barthélemy. Si deux ministres, François de Neufchâteau et Merlin de Douai, s'installent au Luxembourg, ils l'ont tout juste emporté sur deux généraux arrivés en tête sur la liste des Cinq-Cents : Augereau, symbole de la manière forte, et un ancien contrebandier, avare de tout sauf de victoires, produit, lui aussi, de cette Italie d'où vient paradoxalement la destruction de l'institution néo-romaine : André Masséna.

Tandis que Louis regagne Londres, la France s'abîme dans la nouvelle Terreur. La représentation parlementaire est totalement supprimée en Normandie, en Bretagne, à Paris et dans les Flandres. Les élections sont cassées dans 49 départements, 53 députés sont déportés, la chasse aux prêtres réfractaires et aux Émigrés est ouverte sur tout le territoire. Les vainqueurs, attentifs à la mode, ne guillotinent plus ; ils transportent et ils

Gravure célébrant les exploits de Hoche après sa disparition.

fusillent. Thermidor avait écarté l'échafaud, Fructidor rétablit les pelotons.

Puisque l'échec des honnêtes gens est total, il faut revenir à la force en un temps où la Contre-Révolution, étrillée en Vendémiaire et par le coup du Quatre-Septembre, n'a jamais été si faible. Inlassable, Louis de Frotté va rechercher de nouveaux moyens.

Chapitre IX

LE FARDEAU DE L'ESPOIR

Le samedi 30 septembre 1797, jour que MM. de Frotté, de Bruslart et de Bourmont retrouvent le pavé de Piccadilly, l'Angleterre leur paraît paisible. La grande secousse des mutineries du Spithead, de Saint Helens et du Nore semble oubliée. Assurément, la vie n'a point encore retrouvé cette couleur rosbif affectionnée par les Britanniques, et les denrées sont chères. Les Émigrés ne s'entretiennent que d'argent et les ministres souhaiteraient qu'on ne leur en parlât point. Il en sera, sans trêve, question. Encore s'agit-il de métal fin ou blanc. A Paris, ce même 9 vendémiaire de cet an VI où la République vient d'entrer, ou du moins de se maintenir, le ministre des Finances — si l'on peut risquer un tel terme lorsqu'il s'agit du Directoire — fait voter par les Conseils une loi d'une assez fière scélératesse, réduisant des deux tiers le montant de la dette. La banqueroute des deux tiers, pudiquement dénommée par le législateur tiers consolidé, n'est pas seulement un vol des épargnants mais une opération politique ; si le troisième tiers doit être inscrit sur un nouveau grand livre et ses titres assimilés — pas pour longtemps — au numéraire, les deux autres, répudiés par l'État, n'ont plus d'autre utilisation que l'achat de biens nationaux. Ainsi, les citoyens paisibles, plutôt que de faire des papillotes avec leurs économies, vont devoir, quoi qu'ils en aient, sauver les lambeaux de leur avoir par les acquisitions de la propriété noble, ecclésiastique, ou plus généralement confisquée aux adversaires du régime, y compris aux plus chétifs. Ainsi, Ramel-Nogaret et le parlement-croupion vont-ils bien travailler, se donnant une clientèle forcée de gens dont la principale préoccupation sera désormais d'éviter le retour d'un état de choses dont les hérauts de la Révolution ne cesseront d'affirmer qu'il réputerait illégitimes les arrondissements de fortune. La recherche contemporaine n'a point encore établi numériquement l'importance des opérations consécutives à l'adoption de la loi mais on est en droit de considérer qu'en Normandie, comme ailleurs, elle devait contribuer au renforcement de la défense républicaine. Les affaires de 1797, relatées par Louis, et celles de 1798, qu'il aimerait à vivre intensément, passent le plus souvent par des histoires de gros sous. A Lord Grenville et au prince de Bouillon, le maréchal de camp prend la peine d'expliquer le pourquoi de la défaite. Le prince de La Trémoïlle y va de son côté d'un rapport si joliment circonstancié qu'on peut y mesurer l'intelligence de cet oublié de l'Histoire. Il dit très bien qu'au moment où la France républicaine était à bout, la France royale et l'Angleterre étaient rendues trop timorées par leur impécuniosité pour aller à l'essentiel : rassurer subtilement les petits et acheter, sans façon, les gros.

La vie du Directoire se résume aisément ; brigand au-dehors, débiteur et fusilleur, encore que rarement tortionnaire, au-dedans, il ne peut survivre qu'à travers cette exploitation de ses voisins qu'on nommera plus qu'étourdiment l'idéal de la Grande Nation. Puisque la Grande-Bretagne est désormais seule, ou presque, à s'opposer à cette vaste truanderie élevée au niveau d'un art de gouverner, c'est avec elle qu'il faut en finir, situation d'autant plus étrange que le Royaume-Uni, avec son parlementarisme, apparaît comme le pays le moins éloigné de sa voisine directoriale. Seulement, il faut vivre, et les considérations de caractère idéologique présentent peu d'importance au regard des oppositions économiques et financières. Ainsi, le très ondoyant abbé de Périgord, qu'on verra plus tard proclamer que l'équilibre européen passe par une entente franco-britannique, demeure-t-il le ministre des Relations extérieures du gouvernement de la guerre sans merci proclamée par le Luxembourg dès le 26 octobre. L'ennui, pour les dirigeants républicains, c'est le manque d'alliés solides. Or, les ennemis d'hier mettent peu de science, et encore moins de cœur, à servir l'expansion jacobine ; à l'été de 1797, l'Angleterre avait manqué périr dans le même temps que s'effondraient ses murailles de bois. Maintenant, ses escadres, chargées d'anciens mutins, redeviennent l'objet de son orgueil ; en préface à la crise, l'amiral Jervis était devenu comte de Saint-Vincent en battant devant ce cap, le lundi 13 février, l'infortuné don José Cordova. En conclusion, l'amiral Duncan, bien qu'il comptât dans son escadre six des vaisseaux naguère aux ordres de Richard Parker, mérite le titre de vicomte de Camperdown en écrasant la flotte batave de M. De Winter. Le cabinet britannique en conçoit l'idée assez fausse qu'ayant triomphé des plus sérieux alliés de la République il n'a guère besoin pour l'abattre du concours des Royalistes. Voilà pourquoi les notes les plus circonstanciées, encore qu'un peu longues, du comte de Frotté ne lui valent pas un surcroît d'attention de l'Honorable Windham. C'est tout juste si le maréchal de camp obtient quelques armes, et guère plus de munitions, pour ses correspondants de Normandie, MM. de Ruays, de La Fruglaye, d'Hugon. En revanche, Monsieur, sans consentir pour autant à laisser se rallumer une guerre dont les résultats ne sont que trop prévisibles, accorde au vicomte d'Oilliamson le titre de commandant en second et des brevets de colonel à MM. de Bruslart et de Mandat. Louis, à défaut de repartir lui-même, voudrait bien voir le baron promener au pays sa balafre, sa gaieté, ses chansons et ses remarquables dons d'organisateur. Charles-Philippe commence par dire oui, puis revient sur son consentement. Devant ce mystère d'un revirement que l'Altesse ne juge pas utile de motiver, le Normand dissimule son dépit. Si d'Édimbourg les refus demeurent empreints de la grâce habituelle de l'ancien *Galaor,* de Saint-James les fonctionnaires se montrent de plus en plus tracassiers. C'est à croire que ces gens-là ne savent, ni de près ni de loin, ce qu'est un chouannage. Pour mettre en ordre leurs sacro-saintes écritures, ils réclament des justifications, voire des factures, comme si les fournisseurs des chefs royalistes s'étaient souciés de risquer le poteau d'exécution en établissant des mémoires à l'intention de leurs clients. Les Normands ne sont pas les seules victimes de cette fièvre comptable ; tous les généraux de l'Ouest sont visés, sauf Georges, terreur des gratte-papier. Dans ces affaires, il ne semble pas que M. de Puisaye se conduise trop bien. Comme ses rapports avec les Princes manquent de cordialité, depuis la catastrophe de Quiberon et la tragi-comédie l'opposant à

Gravure de Levachez.

Pierre Mercier, il s'appuie de plus en plus sur les Anglais. Sachant que le Roi lui préfère M. de Rochecotte, et ne parvenant pas, en dépit de sa subtilité, à créer un contrepoids du côté de Monsieur, il fait fond sur les Britanniques. Comme depuis la soumission du vicomte de Scépeaux, il est le seul lieutenant général au titre de l'Armée Catholique et Royale, il se considère comme le commandant en chef de l'Ouest et se fait plus ou moins reconnaître comme tel par M. Pitt et les siens. Ainsi, Louis, toujours soucieux de secouer la peu justifiable tutelle du comte Joseph, se retrouve considéré comme l'un de ses subordonnés par les ministres de George III. Le pouvoir, pourtant, a toujours usé. M. de Puisaye, à cet égard, rappelle par certains traits le trouble vicomte de Barras : imagination, détermination, courage mais aussi génie de l'intrigue et perpétuel mélange de calcul et d'abandon. Qu'il cultive l'alliance anglaise ne présente rien de répréhensible et dénote au contraire une saine dose de réalisme. Plus agaçante apparaît sa manière de se faire consacrer par ces alliés incommodes alors que ses princes, comme les généraux à cocarde blanche, voient en lui — c'est indéniable — un homme éclairé mais, en aucun cas, le chef nécessaire en un moment où la Contre-Révolution est au plus bas. L'étrange, c'est qu'il demeure sentimental et qu'à ses heures d'épanchement ses démonstrations, loin d'être feintes, exhalent un parfum d'authenticité. Sa vision politique d'une France lassée de la terreur conventionnelle, de la sous-terreur directoriale, incontestablement écœurée par la dictature des médiocres mais attachée aux premières conquêtes de la Révolution, est empreinte de justesse. Il rejoint, à sa façon, un analyste aussi profond que ce Jacques Mallet du Pan dont les Royalistes se disputent l'oreille et dont M. de Frotté recherchera les conseils. Le difficile avec lui c'est que, dénigrant tout le monde, il n'est l'ennemi de personne. Que veut-il ? La Restauration, c'est certain, mais pas sans lui. A l'honneur de servir, même obscurément, il a toujours préféré les joies d'un commandement qu'il exerce d'ailleurs avec modération. Si l'on osait risquer une approximation du siècle, on dirait que *patron-copain,* il entend rester *le patron.* Il s'applique si gentiment à conserver un pouvoir, selon Louis, dévolu seulement pour l'expédition de Quiberon, qu'il finit par ramener à sa cause les têtes les plus morgueuses du parti. Ainsi, Pierre Mercier lui-même, qu'il avait naguère fait condamner à mort — mais c'était pour rire —, le tient, ou fait semblant de le tenir, pour son supérieur. Ainsi, Georges, que rien n'embarrasse, l'aime suffisamment pour avoir invité M. de Rochecotte, seul général de Chouans assez habile pour ne prendre ses ordres qu'auprès du Roi, à le ménager. Louis se moque de lui dans sa correspondance, l'appelle « le grand homme », mais ne va point jusqu'à la brouille. L'intelligence du comte Joseph est telle qu'elle le met à l'abri des cabales alors qu'il ne cesse, tout en cajolant les uns et les autres, d'attiser discrètement les feux de la division. Sorte de Louis XI de l'Émigration, moins les médailles, il possède mille et une qualités mais il lui manque la principale ; c'est un conseiller, un directeur, voire un ministre — car il en a l'étoffe —, ce n'est pas un chef. Alors qu'un Frotté, un Georges, un Rochecotte, un Bourmont suscitent des dévouements sans bornes, nul n'est prêt à se faire tuer pour lui.

Dans l'affreuse situation d'une France muselée par les Fructidoriens, étouffée par une administration pesante, dans un pays en proie aux délateurs et aux fusilleurs, mais paré des victoires italiennes, un choc s'impose : la présence d'un prince français. C'est le retour au rêve de M. de Charette. Longtemps, le caractère sacré de la famille royale a suffi pour que lui soient consentis tous les sacrifices sans que l'un de ses membres paie de sa personne. Maintenant, il n'en va plus de même ; on ne provoquera l'enthousiasme qu'une Altesse, et plutôt Royale que Sérénissime, n'ait posé le pied sur ce sol engraissé depuis quatre ans par le sang de tant de braves.

Dans les premiers jours de décembre, nombre de généraux s'en sont venus à Londres pour obtenir l'autorisation, et plus encore les moyens, de lancer une nouvelle prise d'armes. Louis, en compagnie du prince de La Trémoïlle, se rend pour souper chez le lieutenant général. Autour de la table se pressent M. de Bourmont, alors commandant en second l'armée ci-devant de Scépeaux, et son chef, le comte de Châtillon, M. de Suzannet, successeur en bas Poitou du chevalier Charette, et en même temps procurateur du comte d'Autichamp pour l'Anjou, M. de Grignon, agissant pour l'excellent Sapinaud, chef de l'armée du Centre, et enfin le jovial M. d'Allègre, parlant au nom de Georges et de ses Bretons. Hors le baron de Mallet pour la haute Normandie, M. de Boisguy, d'ailleurs théoriquement aux ordres de M. de Puisaye, et le comte de Rochecotte, dans l'habitude, on l'a dit, de ne prendre d'ordres qu'auprès du Roi, tous les importants de l'Ouest ou leurs délégués sont présents. L'humeur n'est pas au beau. Ces Messieurs avaient reçu la consigne de maintenir leur appareil militaire et l'interdiction, soit de retourner eux-mêmes sur le terrain, soit d'utiliser leur monde dans un inter-chouannage tel celui que pratiquaient Monsieur Georges et son ange exterminateur, Pierre Mercier, avec un mépris souverain pour les instructions venues d'en haut. Eux peuvent n'en faire qu'à leur tête car ils sont presque riches et se procurent des vivres lorsqu'on les leur coupe. Les autres sont dénués de tout et apprennent chaque jour quelque nouvelle catastrophe advenue à leurs capitaines demeurés sur place et traqués par les Bleus. Le comte Joseph n'est pas plus gai. Il entretient d'exécrables rapports avec le favori de Louis XVIII, M. d'Avaray, et l'accuse même d'avoir, en Bretagne, tramé contre lui des tentatives d'assassinat. L'ancien Constituant va donc risquer une manœuvre d'envergure : neutraliser le côté du Roi par l'investissement du côté de Monsieur. Avec lui, rien n'est simple. Il commence par poser deux questions réclamant des réponses écrites :

1) Quels sont les droits et les devoirs des chefs royalistes de France envers le Roi et les Princes hors du royaume ?

2) Quels sont les droits et les devoirs desdits chefs royalistes envers leurs partis respectifs en France ?

Avec du papier et une plume, Louis est toujours à l'aise. A-t-il achevé son souper ? Il faut l'espérer car, à lire sa réponse, il paraît évident qu'il ne trouve plus le temps de tenir sa fourchette. Le texte-fleuve constitue une bonne analyse de la discipline :

« Les devoirs des chefs royalistes sont [...] absolument les mêmes à remplir que si Sa Majesté était en France ; car dans ces temps difficiles, les chefs royalistes n'ayant levé leurs partis qu'au nom du Roi, ces partis n'appartiennent qu'au Roi. »

Autre devoir, et cette fois perce le bout de l'oreille :

« Éclairer respectueusement la religion de leur prince dans le cas où ils la croiraient surprise par l'éloignement qui ne lui permet pas toujours de bien distinguer la vérité de tous les rapports qui lui sont faits. »

Et l'infatigable de poursuivre :

« Quant aux droits des chefs royalistes sur leurs partis respectifs, c'est de tâcher par leur conduite et leur exemple d'en obtenir la même soumission qu'ils doivent eux-mêmes au Roi. »

Ce n'est pas tout ; M. de Frotté déclare encore :

« S'il se trouvait quelque circonstance où, pour le plus grand bien des intérêts de leur souverain et du pays où ils [les chefs] commandent, ils croiraient devoir prendre sur eux d'outrepasser ou de rester en arrière des ordres qu'ils ont reçus, ils doivent en répondre et en rendre un fidèle compte au Roi. »

Connaissant son Puisaye et ayant tout lieu de se méfier du

« grand homme », il conclut, bien qu'ayant été formé chez Gorsas et non chez les pères de la Compagnie de Jésus :

« Mais on ne peut ni on ne doit prévoir pareil cas et pour des militaires comme nous il est toujours dangereux d'analyser de pareilles questions, car nous devons nous rappeler sans cesse dans quels malheurs ont plongé la France toutes les discussions des États généraux [attrape, Joseph !]. Sur les droits et les devoirs respectifs du Roi envers ses sujets et des sujets envers le Roi, notre esprit peut s'égarer. En obéissant exactement à notre souverain et en servant notre Roi et notre pays avec dévouement, notre cœur [et pas *notre raison*] est toujours sûr de remplir son devoir. »

Les subtiles questions du lieutenant général ont cependant amené les autres soupeurs à l'examen des devoirs du Monarque, des princes de sa maison, et plus particulièrement du comte d'Artois. La conclusion s'impose : les généraux ne peuvent maintenir l'état de mobilisation ordonné par Monsieur s'il ne se place point à leur tête. Ils confient dont à M. de Puisaye le soin d'adresser une supplique à Charles-Philippe. Pas moins disert que le maître de Couterne, l'ancien Constituant couvre l'Altesse de compliments, proteste de son respect, cultive les comparaisons historiques mais distille l'insolence :

« C'est à Monsieur qu'est réservée la gloire de sauver son pays et son Roi. C'est à lui de montrer aux Royalistes qui l'appellent à grands cris [...] que [...] le sang de Henri IV coule dans les veines de ses augustes descendants [...] Paraissez, Monseigneur, venez vous placer à la tête d'hommes jaloux de sacrifier leur vie pour vous ! Ce qu'ils ont fait, ce qu'ils veulent faire encore, leur impose le devoir de parler à Votre Altesse Royale avec la franchise de soldats qui savent mourir pour leurs princes, mais qui ne savent jamais les flatter. »

Et voici le chantage :

« Si notre attente la plus chère est déçue, nous n'avons plus qu'un devoir à remplir, celui d'arracher nos amis à des dangers, à une mort inutile, et nous avons la douleur de le dire à Votre Altesse Royale que les armées royalistes, une fois désorganisées et privées de leurs chefs, il sera désormais impossible de les recomposer ; la confiance est le fruit de grands exemples et de longs travaux ; ce n'est pas un emploi qui se donne : nos compagnons d'armes, en recevant l'aveu que la fatale nécessité nous arrachera, cesseront de nourrir un espoir que nous ne pourrions plus alimenter... »

Ici se place un incident unique dans la vie de M. de Frotté. Pour la première et la dernière fois de son existence, il prend une décision opposée à celle de M. de La Trémoïlle ; alors que, seul des officiers généraux présents, le frère de M. de Talmont refuse de signer cette lettre, son meilleur ami n'hésite point à la parapher. S'agit-il d'un désaccord véritable ou d'une répartition des rôles ? Il est délicat de se prononcer. Le prince, n'ayant servi qu'à l'étranger, est en droit de méconnaître la complexité comme la fragilité de l'organisation chouannique. Le comte, encore que tard venu dans les affaires de la Contre-Révolution intérieure, en connaît, au prix de plus d'une année de campagne, toute la précarité. L'étonnant, tout de même, c'est la contradiction entre la réponse feutrée produite par le gentilhomme normand et son adhésion au texte explosif rédigé par M. de Puisaye. Empire des liqueurs fortes ? Incontestable ascendant exercé par un amphitryon capable de déployer mille et une séductions ? Conjugaison de ces deux influences ? Peut-être Louis de La Trémoïlle, au sortir des agapes, fait-il valoir à son ami la périlleuse inutilité de la démarche ? On ne sait. En tout cas, M. de Frotté se hâte, dès le mardi 5 décembre, d'adresser au comte d'Artois une lettre d'une habileté consommée ; après avoir rappelé son adhésion au texte collectif, il poursuit :

« N'ayant aujourd'hui, pour dédommagement de la position extrêmement difficile où je me trouve, après avoir exactement exécuté les ordres de Monsieur, que la consolation d'avoir rempli mon devoir en homme d'honneur et vrai [...] j'ose réclamer la justice de V.A.R. pour apprécier les motifs qui m'ont fait agir dans une occasion aussi importante au salut des royalistes de France, vis-à-vis desquels chaque chef est responsable des paroles réitérées que tous et moi particulièrement ont été autorisés à donner de la prochaine arrivée de V.A.R. à leur tête pour les faire persévérer dans la dangereuse position où leur dévouement et nous les avons entraînés. »

Ici, il joue sur du velours puisque, à l'inverse de ses collègues, il n'a jamais, antérieurement à l'incident, réclamé la venue de Monsieur. Mieux, lorsque ce prince, charmant mais inconstant, avait, lui, bel et bien formé le projet de toucher le sol de France,

Louis l'avait dissuadé de procéder à quelque débarquement inopportun.

Le lundi 11 décembre, Charles-Philippe fait tenir sa réponse à tous les signataires de l'adresse, sauf M. de Puisaye lui-même, en plaçant M. de Frotté le premier :

« J'ai reçu, Messieurs, votre lettre du 5 de ce mois. Vous me demandez une réponse prompte et positive. La voici : je n'autoriserai point en ce moment une insurrection dans les provinces de l'Ouest ; je ne la provoquerai point par ma présence, et je ne me rendrai point responsable envers la postérité du sang que je ferais verser inutilement. L'époque convenable pour reprendre les armes n'est pas celle où les provinces sont comprimées par une nouvelle surcharge de troupes républicaines.

« Ce n'est point pour une vaine gloire que nous devons combattre mais pour une gloire utile ; plus le sang des braves fidèles royalistes est précieux, plus mon honneur me prescrit de le ménager dans une circonstance aussi évidemment défavorable. Les vrais Français ne désespèrent jamais du rétablissement de la Monarchie ; et le Roi, mon frère, les trouvera toujours prêts à se dévouer lorsqu'il en donnera l'ordre.

« Fermement convaincu que vous ne cesserez point d'être de ce nombre, je vous renouvelle avec plaisir, Messieurs, l'assurance de tous mes sentiments pour vous.

« Charles-Philippe. »

Quelqu'un a-t-il révélé les manœuvres de M. de Puisaye à Monsieur ? Toujours est-il que les signataires — en nom comme M. de Bourmont, ou par délégation comme Georges — se trouvent pardonnés. Une seule personne ne bénéficie pas de ce traitement de faveur : le comte Joseph. Reçoit-il une lettre assez vive ? C'est probable. En tout cas, il adresse sa démission et la voit accepter sans l'ombre d'une difficulté. A-t-il volontairement commis une erreur de manœuvre, cherchant en fait un prétexte honorable pour en finir avec un commandement contesté ? Ce n'est pas exclu. Plus tard, il s'en repentira, incapable de vivre éloigné des affaires et les confondant trop souvent avec l'intrigue. Comme il ne peut ni demeurer à Londres, ni repasser dans l'Ouest, il accepte des Anglais, outre une pension de lieutenant général britannique, un magnifique domaine au Canada. Une cinquantaine de Royalistes vont l'y suivre pour tenter la mise en valeur de cet établissement. Le comte de Chalus, le chevalier Coster de Saint-Victor seront du voyage. M. de Puisaye reviendra, écrira quelque cent cahiers de Mémoires, noircissant Louis XVIII autant que les rames de papier. Les réflexions les plus pertinentes se mêleront aux commérages les moins honorables. Le Roi, furieux, rayera son ancien serviteur du tableau de ses officiers généraux et lui retirera le cordon rouge. Le comte Joseph s'en moquera, bravera Sa Majesté, se fera naturaliser anglais, mais ne reverra jamais la France.

La sortie de scène du personnage ne peut que réjouir Louis. Curieusement, le seigneur du Bocage, maladroit à force de franchise, prend le dessus sur un être retors. La tutelle de M. de Puisaye, normand comme lui, et, à l'occasion, amenant chacun à s'en souvenir, pesait à M. de Frotté. S'en étant un moment libéré, il avait formé le projet de s'en aller lorsqu'elle avait été rétablie. Tandis que MM. Cadoudal et Mercier, apparemment sans malice, couvrent de fleurs un chef qu'ils ont tout fait pour empêcher de le rester, leur voisin, moins politique, s'abstient, lui, si prolixe, de déposer son tribut de chrysanthèmes. Les Bretons sont plus malins ; ils ont compris que tout le crédit, au propre et au figuré, des armées de l'Ouest passait par l'ancien Constituant. Le ménager pour le détourner, en s'en allant, de couper les ponts, constitue l'une de leurs préoccupations. L'attitude du cabinet de Saint-James et de l'Honorable Windham en particulier leur donnera raison. Il faudra que Georges déploie toutes ses grâces d'ours, fasse alterner le charme et la brutalité pour renouer de fructueuses relations avec les Excellences et leurs comptables.

Enfin, Louis est libre, mais qu'est-ce que la liberté sans argent ? A peine obtient-il une modeste solde et des gages pour ses fidèles domestiques. C'est l'enfer pour lui que cet hiver de 1798 ; de l'autre côté du *Channel,* les amis tombent sous les balles des Bleus, et il ne peut rien sinon implorer quelques guinées pour maintenir une forme de mobilisation qu'il ne saurait contrôler. Il rêve de rechouanniser cette Normandie dont il sait qu'elle ne possède ni le prodigieux passé des Angevo-Poitevins ni le tumultueux présent des Mainio-Bretons. Toute sa correspondance est là pour attester qu'il mesure l'étendue de ses responsabilités. Son malheur tient au fait que, guerrier, il se croit diplomate. Erreur : son coup de sabre le moins appuyé demeure plus efficace que les afféteries de plume auxquelles il ne renonce pas.

Avec les premières feuilles arrive le duc de Berry. Le second fils de Monsieur vient de fêter ses vingt ans. Pas beau, pas sot, coléreux, vigoureux, il s'est toujours battu chez Monsieur le Prince et manifeste comme son frère Angoulême, mais avec plus d'autorité, un goût profond pour le métier militaire. S'il se courrouce volontiers, il revient très vite vers ses amis. Il voit M. de Frotté, le prend en sympathie, tente des démarches en sa faveur. Vainement. Les Britanniques, faisant peu de cas de Louis XVIII et de Monsieur, négligent de satisfaire un prince assez éloigné dans l'ordre de succession pour qu'ils n'aient point à se montrer obligeants dans l'espoir d'être un jour l'objet de sa reconnaissance. Leur opinion est établie : il faut, pour que les Français de l'intérieur retrouvent le goût de la Monarchie, leur donner pour conducteurs des Constitutionnels. Voilà pourquoi la disgrâce du comte Joseph leur a tant déplu. Déjà, ils ont plusieurs fois sorti Dumouriez du tiroir, et dès sa prodigieuse évasion de Sinnamary, lugubre séjour où les Fructidoriens l'avaient envoyé, ils rechercheront le général Pichegru afin qu'il réunisse les forces contre-révolutionnaires.

Le comte d'Artois, ignorant ou voulant ignorer cet état d'esprit, est en proie à l'offensive très habile de Georges, amenant ses officiers à signer une nouvelle adresse à Charles-Philippe, l'incitant à débarquer en France, mais se contentant personnellement de réclamer des armes et la permission de reprendre la guerre. Alors que Monsieur avait disgracié le comte de Puisaye, il se garde bien de réprimander M. Cadoudal et l'accueille gracieusement à Holy-Rood. Ébranlé, il veut en savoir plus de l'état des provinces de l'Ouest et nomme un inspecteur, décoré du titre de commandant en chef, le vaillant mais vieux comte de Behague. Une nouvelle fois, Louis va donc subir une autorité. Par bonheur, le nouveau promu se contente d'aller faire un tour en Bretagne où, pour pallier l'incommodité des chemins, il se fait transporter en palanquin, provoquant les plaisanteries du chevalier de Saint-Régeant. La Normandie ne verra point « voyager à la Behague ». Rien n'y retentit sinon le crépitement de quelques pelotons.

M. de Frotté, très atteint par la mort de sa belle-mère, advenue en février, cède au chagrin. L'objet même de ses amours

— s'agit-il encore de Charlotte ? — lui paraît au service de ses adversaires. Dans une curieuse missive au prince de La Trémoïlle, il raconte qu'une dame a réclamé les lettres dont elle était l'auteur et il s'inquiète de l'usage qu'elle pourrait faire des siennes. Rapportant comment il a préféré rompre que de procéder à la restitution, il termine sur cette note d'humour attristé :

« Tu sais que j'étais avec elle confiant et prolixe. Serait-elle donc aussi travaillée ? Ma foi, je n'y conçois rien ! Cela ne me ferait que rire si j'étais tourné vers la gaieté. Adieu. Je t'embrasse ; écris-moi, je t'en conjure. »

Vers la même époque, une marquise songe à le marier ; la demoiselle, nommée du Chastel, est aimable, belle et bien née.

Cela ne suffit point ; il se dérobe, alléguant son impossibilité de pouvoir « offrir à Mlle du Chastel une fortune digne d'elle, alors qu'elle n'en a pas elle-même une qui puisse suffir à l'existence qu'elle mérite ».

S'il aime les dames, sa correspondance avec son cher La Trémoïlle en fait foi, il continue de considérer, en dépit de désespoirs passagers, qu'il n'est pas sur terre pour fonder un foyer mais pour rétablir un trône. Hors la liaison avec Charlotte, dont on ne sait si jamais elle prit fin, il connaît des amourettes mais point l'amour. D'ailleurs, serait-ce le moment ? Que deviendraient ses amis ? Son logis est à la fois une auberge et une ambulance ; avec trois valets et 30 louis par mois, consentis par les Britanniques après qu'il a épuisé tout crédit, il fait vivre, outre les gens de passage qu'il faut bien admettre à la marmite, son demi-frère Charles, le Balafré, le chevalier de Bruslard et l'ex-John Bronley lorsque le rescapé du Temple ne tente pas, pour essayer d'en extraire le commodore et le capitaine Wright, une nouvelle expédition parisienne. A ces gens bien portants et d'un robuste appétit tempéré par la bonne éducation, viennent s'ajouter quelques officiers blessés tels MM. de Saint-Jean ou Le Serrurier.

Parfois, son beau courage l'abandonne mais pas sa lucidité ; il confie au comte de Placêne cette réflexion, n'allant pas sans rappeler les états d'âme de Monsieur Henri lors de la virée de Galerne :

« Je désespère que nous touchions jamais au but de nos désirs. Il semble que l'aveuglement, la fatalité et la perversité réunissent leurs efforts pour empêcher l'honneur de vaincre le crime. Que ne puis-je me débarrasser de l'honorable fardeau dont je suis chargé, pour ne conserver que la direction de mon sabre. »

Accablé par la tristesse du week-end anglais, il note, le samedi 17 mars, dans son journal : « Les bons et les vrais royalistes ne rétabliront jamais l'ordre en France. Les républicains seuls composant les armées peuvent changer la face des choses, et la seule chance et la plus heureuse que nous puissions raisonnablement désirer, peut-être espérer, c'est de seconder les troupes républicaines qui se rapprocheraient le plus de nos vues dans une scission dans le gouvernement ou les armées françaises. » Issu d'une famille autrefois protestante, il n'éprouve aucune compassion pour les catholiques irlandais appuyés hier par Hoche et demain par Humbert. Dans cette affaire où l'émeute est brutale mais la milice des protestants d'une constante férocité, il se range délibérément du côté des Anglais, craignant seulement une contagion. Le lundi, n'ayant pas retrouvé sa belle humeur, il écrit :

« D'après la conspiration d'Irlande découverte [c'est-à-dire les menées de Wolfe Tone et de Lord Edward Fitzgerald], toutes les semences révolutionnaires qui sont dans ce pays, l'abandon où nous a laissés le gouvernement, l'indifférence, pour ne pas dire le mépris qu'il nous montre, le peu de moyens, d'idées, d'hommes et de volontés propres à remédier aux maux qui existent, il est impossible de se livrer plus longtemps à de chimériques espérances ; nous sommes perdus. Le tour des autres viendra, et ce ne sera sûrement pas notre faute, car nous avons dit et fait tout ce qui était en nous. »

L'incroyable, c'est que l'auteur de ces lignes reprendra le lendemain ses travaux, ira disputer une poignée de shillings aux ministres, enverra les instructions les plus minutieuses à ses lieutenants demeurés dans la province, pâlira des heures et des heures sur la réorganisation de son armée, s'occupera de poudre et de souliers, apostillera les rapports et se livrera sans trêve à l'étude de la situation des Républicains. Après quoi, reprenant une feuille de papier, il écrira cette phrase déchirante :

« Tout le bonheur de ma vie s'est épuisé dans la guerre que j'ai faite en Normandie [...] Mes beaux jours sont passés [...] Je sens mon âme qui se pétrifie pour tout. »

*

* *

Le vendredi 4 mai 1798, la joie éclate dans Londres. Toute la ville est dehors, célébrant un événement bien fait pour réjouir les Britanniques puisqu'il est à la fois une victoire, mais aussi, mais surtout, le ridicule jeté sur l'adversaire ; le commodore Sir William Sidney Smith fait une entrée royale cependant que chacun accourt pour applaudir le héros, maudire ses geôliers et bénir ses libérateurs. Louis de Frotté, presque renié, va connaître enfin la reconnaissance. Le premier, il a prié ses amis de tout mettre en œuvre pour libérer le Lion des Mers. En fructidor, il a tenté, une nouvelle fois, de le faire sortir du Temple, ces derniers mois, il hébergeait le comte de Trommelin et s'est occupé de lui faire gagner la France pour parvenir enfin à ramener, sain et sauf, l'homme que Carnot, maintenant en fuite, voulait mettre aux fers.

Par le commodore, MM. de Phélippeaux et de Trommelin, arrivés en même temps que lui, le général oublié va tout savoir de la seule farce — mais de taille — dont la lugubre prison du Temple fut jamais le théâtre ; Blondel avait minutieusement préparé la relance de l'opération. Introduisant John auprès des ministres, il les avait, pour une fois, trouvés aussi compréhensifs que généreux. Ne s'agissait-il pas de porter secours à l'un de leurs compatriotes ? Ainsi, les deux Français avaient-ils obtenu, sans mal, qu'une escadre britannique croisât le long des côtes dans le but de recueillir les fugitifs dès lors qu'ils seraient en puissance de le devenir. Après quoi, l'ancien faux valet de Sir Sidney, décidément très doué pour la dissimulation, s'en était allé jusqu'à Caen s'établir marchand de dentelle. S'étant donné les apparences d'un négociant paisible, il avait, pour les nécessités de son commerce, gagné Honfleur. Là, il avait pris langue avec deux patrons pêcheurs, l'un et l'autre courriers d'Armand de Chateaubriand. Le premier se nommait Mayer, le second portait un nom prédestiné pour un agent de M. de Bouillon : on l'appelait Prince. Les détails de l'arrivée dans Honfleur et de l'embarquement avaient été réglés par des Royalistes de bonne trempe, les frères Le Gendre de La Ferrière. Ainsi du littoral français à celui d'Angleterre le transport était assuré.

Pour aller de Paris à Honfleur on s'y prendra comme on pourra mais, par mesure de précaution, on s'assure un gîte d'étape à Rouen chez M. l'abbé Ratel, personnage mêlé depuis le début des troubles aux affaires du Parti. C'est bien vu mais manque un peu de l'essentiel : sortir le commodore et le capitaine de la prison. Alors M. de Phélippeaux, retour de l'armée de Condé, malcontent d'avoir porté chez Monsieur le Prince cette mitre russe que Louis, cinq ans plus tôt, avait appréhendé de coiffer, met au point un assez joyeux système ; il s'en vient trouver le fameux Chouan Carlos Sourdat, lui disant qu'il possède un ordre en blanc signé par un ministre distrait ou trop confiant à l'égard de ses services, le vice-amiral Pléville Le Pelley. Seulement, que MM. Sourdat et de Trommelin veuillent bien y prendre garde, ce marin, assez opiniâtre pour avoir perdu, d'abord sa jambe, puis deux fois son pilon sous l'effet des boulets britanniques, est un Normand de grand caractère ; comme il trouve absurde le projet d'expédition en Égypte soumis par Bonaparte et Talleyrand et que viennent d'approuver les Directeurs, il a donné sa démission. Son successeur, le contre-amiral Bruix, ne prenant ses fonctions que le 28 avril, le citoyen Pléville doit expédier jusqu'à cette date les affaires courantes. En conséquence, il faut présenter l'ordre de transfert, revêtu de la griffe ministérielle, avant cette date, au-delà de cette limite le billet n'est plus valable. A M. Sourdat de se procurer des passeports pour le commodore et M. Wright. Il faut encore choisir une paire de bonshommes dotés de nerfs d'acier puisqu'il leur appartiendra de jouer le rôle de deux officiers de la place de Paris, venant prendre possession des deux Anglais afin de les mener à Fontainebleau, par égard pour leur santé. On se concerte sur la désignation des exécutants. Bien entendu, il faut leur conférer l'identité de militaires très récemment nommés dans la capitale pour être assurés que les vrais officiers de la place n'ont jamais eu de contacts avec le Temple. Guillaume Hyde apprend la récente arrivée d'un adjudant général nommé Auger et prénommé Étienne-Armand. Il importe de trouver un faux Auger. Ce sera, décide M. de Phélippeaux, son lieutenant Boisgirard, ancien de la Vendée sancerroise et assez audacieux pour avoir trouvé le plus extravagant des moyens de se soustraire aux poursuites pataudes : il danse chaque soir avec le ballet de l'Opéra. Maintenant, l'adjoint ; M. Sourdat dispose du *right man ;* M. Collinet de Labeau, officier du comte de Frotté, endossera l'habit d'un capitaine de voltigeurs. M. de Rochecotte organise le service de protection et les relais. M. de Phélippeaux conduira lui-même la voiture dans laquelle on emmènera le commodore et le capitaine.

Hommes, uniformes, armes, véhicules, rien ne manque. Serait-il nécessaire de préparer l'esprit du concierge, le grave citoyen Boniface, à ce transfert inopiné ? Ce début de floréal an VI, rançon de fructidor an V, est passablement agité. La campagne pour le renouvellement du deuxième tiers des Conseils est ouverte et le Directoire, pour avoir persécuté les Royalistes, s'attend à quelque poussée de fièvre néo-robespierriste. Quoi d'étonnant donc si le gouvernement, appréhendant des coups de main, décide une redistribution de ses prisonniers ?

Ce que ça serait bien, la République, si on s'arrêtait un peu de voter ! En tout cas, le concierge s'accoutume à l'idée que Sir Sidney pourrait ne plus être placé sous son contrôle et cette perspective, si elle le laisse assez indifférent, plonge la citoyenne son épouse dans un abîme de morosité. Les hautes manières de Sir Sidney l'enchantent.

Le mardi 24 avril 1798, MM. de Phélippeaux et de Rochecotte, ayant fait répéter leurs acteurs, entraînent la troupe jusqu'au Temple pour donner la plus plaisante des comédies. Tout va fonctionner avec la régularité de l'une de ces montres autrefois réglées par M. de Beaumarchais, retour d'Émigration, bien vieux et bien ruiné, dans son immense hôtel du faubourg Saint-Antoine. Il est neuf heures du soir lorsque l'adjudant général Auger, flanqué de son adjoint, se présente au Temple, répond au salut de la garde, se dirige vers le greffe, lit l'ordre dont il est porteur, demande sa transcription sur le registre et réclame la remise des prisonniers. Si MM. de Boisgirard et Collinet de Labeau jouent leurs rôles à merveille, le commodore entre dans le sien avec une aisance digne des planches de Drury Lane ; il proteste contre la nouvelle violence dont il est la victime. Comment ! Il lisait benoîtement *Gil Blas* lorsqu'on s'est emparé de sa personne et de son portemanteau sans même lui laisser le temps d'emporter son nécessaire de toilette non plus que le principal de ses hardes. Au demeurant, cette intrusion inopinée ne déguiserait-elle pas un projet de meurtre ? Le Directoire veut-il, à la faveur d'un transfert, lui faire prendre place sur la barque de Caron ? Qu'à cela ne tienne ; il entend laisser un bon souvenir et en distribue quelques-uns à ses geôliers sans oublier, à l'évidence, la chère citoyenne Boniface dont les yeux s'embuent de larmes peu patriotiques. Soudain, le baromètre vire sec au mauvais temps ; le commandant de la garde propose à l'adjudant général de lui prêter six hommes d'escorte. Sir Sidney, comme le capitaine Wright, aussi prompt à comprendre que son chef, domine mal un sentiment de malaise. Tout va dépendre désormais de la réaction du citoyen Auger. Elle est parfaite et confondante de solennité professionnelle. Le faux officier supérieur de la République déclare avec une grandiloquence toute nationale et un accent désarmant de vérité :

— Citoyen, la parole suffit entre deux militaires.

Et se tournant vers le Lion des Mers, il ajoute :

— Commandant, vous êtes officier, moi aussi ; donnez-moi votre parole et nous nous passerons de l'escorte.

Sa parole, mais bien sûr, il peut d'autant plus efficacement la prêter qu'au temps où pour se rendre dans un établissement de bains, il prenait l'engagement de ne rien tenter durant sa sortie, il a placé monsieur le concierge dans l'habitude de le croire.

Alors, avec toute la gravité romaine dont les Bleus savourent tant l'antiquaille, il laisse tomber, prouvant qu'un an et demi de captivité n'est pas parvenu à lui désapprendre l'art de rire :

— Monsieur, je jure de vous accompagner partout où vous voudrez me conduire.

Ouf ! La déclaration produit le plus bel effet. Le citoyen Boniface et son commis-greffier accompagnent l'adjudant général, son adjoint et ses prisonniers jusqu'à la seconde enceinte et les saluent avec émotion. Le temps d'accrocher une borne, de renverser un enfant, de faire écrouler l'étal d'un fruitier, un moment pour couvrir d'or le cocher, abandonner la voiture, retrouver le comte de Rochecotte et Carlos à l'hôtel d'Orléans, déplorer l'obstination d'un cheval à ne pas vouloir enlever le véhicule prévu pour la deuxième partie de la fête et, enfin, les Anglais s'en vont pédestrement jusque chez le vicomte de Clermont-Tonnerre où tout le monde finit par se retrouver afin de rire un peu ; débarrassés rue Jean-Pain-Molet de leurs uniformes, le danseur adjudant général et son compère vident un verre et prennent le large. MM. de Rochecotte et Sourdat en font autant et regagnent des domiciles rien moins que légaux, cependant que M. de Trommelin part sur-le-champ pour la Normandie où l'on doit s'étonner de l'absence trop prolongée d'un marchand de dentelle. M. de Phélippeaux demeure avec le commodore et le capitaine.

Le lendemain, 25 avril, après avoir cassé le timon d'une chaise en sortant de l'hôtel, ces messieurs hèlent un fiacre, l'abandonnent à la barrière de Nanterre qu'ils franchissent à pied, retrouvent un équipage, touchent barre à Rouen chez l'abbé Ratel, et, parvenant en vue de Honfleur, entendent leur automédon déclarer fièrement à M. de Phélippeaux en désignant la rive gauche de l'estuaire :

— Ah ! Voilà, citoyens, où nous avons pris l'amiral Smith.

Et de goguenarder :

— Mais nous le tenons à présent.

Voici les frères La Ferrière. Les rendez-vous pris par M. de Trommelin sont bien organisés ; les patrons Mayer et Prince sont présents. Une halte dans leur cabane et on se jette dans la barque. Un navire battant le pavillon national hèle le bateau. Le patron ne barguigne point pour donner son numéro d'attache et taille sa route vers la verdoyante Angleterre. La mer est si grande et le bateau si petit qu'on pourrait s'inquiéter mais l'esquif vaut mieux que la baignoire naguère prêtée par Barras. L'exercice a fait grand bien à Sir Sidney ; il hume avidement la brise marine lorsqu'un matelot lui déclare :

— Monsieur l'amiral, c'est bien inutile de vous cacher de nous. Nous vous connaissons bien, nous avons souvent été à bord de votre frégate et vous nous avez toujours bien traités. Vous m'avez souvent donné un verre d'eau-de-vie, et encore des biscuits, nous avons toujours tenu compte de ces bons offices...

A la fin de cette matinée de floréal, où la chance ne cesse de sourire aux audacieux, on commence d'apercevoir les chères murailles de bois. La frégate *Arys* recueille les deux Anglais et M. de Phélippeaux, cependant que MM. de La Ferrière, le patron et l'équipage font demi-tour. Sans doute vont-ils d'abord pêcher, se prémunissant ainsi contre les investigations des garde-côtes.

Le capitaine du navire britannique, entendant le commodore s'exprimer en français, le prend un instant pour le Chouan du Sancerrois... Les hourras en l'honneur des trois rescapés sont poussés avec une rare vigueur. Les grands navires encadrent le bâtiment, et le jeudi 3 mai, Plymouth, en délire, accueille les miraculés du Temple. L'odyssée de Sir Sidney Smith et du capitaine Wright a duré deux ans et quinze jours.

Et c'est la fête. Foin de la froideur britannique, fini les ministres gourmés, les comptables de l'Échiquier affligés d'une perpétuelle crampe de gousset. Fini la brouille avec l'Honorable Windham ; le commodore tient à présider lui-même la réconciliation entre le maréchal de camp et le ministre. Blondel avait, au captif du Temple, prêté 300 louis. Les Anglais les rendent et en ajoutent 100. C'est l'occasion de régler quelques dettes et d'aider plus malheureux que soi. Sir Sidney promène ses amis partout, et les traite somptueusement. S'il tient M. de Phélippeaux pour son sauveur, il n'oublie jamais que le premier initiateur fut le général de Frotté. Il le dit, le proclame, le

Silhouette d'officier pendant la campagne d'Égypte. 3ᵉ régiment d'artillerie à cheval de l'armée d'Orient.

chanterait s'il le fallait pour servir les Royalistes. Tandis qu'à Paris les Directeurs se lamentent et se soupçonnent mutuellement d'avoir trempé dans le complot, à Londres, le cirque Astley va donner huit cents représentations de *l'Heureuse Fuite ou le Retour dans la Patrie,* pièce de circonstance inspirée par les tribulations de Sir Sidney. Le final se recommande par sa simplicité ; c'est un feu d'artifice sur l'eau.

Comme le général Bonaparte paraît vouloir en tirer un autre, le Lion des Mers secoue sa crinière. Qu'une *armada,* pas bien solide en vérité, mais comptant 272 bâtiments, Monge, l'imprimerie vaticane, Kléber, des vivres pour trois mois, Tallien, 684 chevaux, Menou, 1 000 canons et 30 000 hommes, ait appareillé de Toulon le samedi 19 mai 1798, inquiète Leurs Seigneuries (de l'Amirauté). Lorsqu'elles sauront que, réunie à trois autres convois, la flotte républicaine aligne 400 navires portant 55 000 hommes, elles s'interrogeront plus anxieusement encore. Bientôt, on apprendra que le vainqueur de Lodi (et de Saint-Roch) veut s'emparer de l'Égypte et tendre la main à Tippoo Sahib, vieux protégé du grand marquis de Bussy-Castelnau, guère enclin à constater depuis le Deccan une différence entre la France de Louis XVI et celle de Barras.

Malgré le trouble suscité par la colossale expédition et la petite affaire d'Irlande où, en dépit de son talent, le général Humbert va, en septembre, échouer devant le marquis Cornwallis, on se réjouit encore.

C'est alors qu'une nouvelle, sans grande signification pour les Britanniques, sauf le commodore et le capitaine Wright, vient frapper la mince colonie des chefs royalistes éternellement en attente de reprendre la guerre. L'Histoire ne se construit pas selon les lois de la raison et de l'équité. Tel homme médiocre sera constamment aux affaires sans que ses contemporains s'aperçoivent de son infériorité. Tel soldat sans génie connaîtra les honneurs du triomphe. Parfois, l'imbécillité conservera cependant que l'intelligence mènera vite à l'épuisement. De tous les généraux de l'Ouest, l'un des plus doués était, à coup sûr, Louis-Fortuné Guillon, comte de Rochecotte. Sa maison, sans être illustre, honorait sa province, se distinguant par un blason aussi beau qu'étrange : *D'azur à l'agneau pascal d'or à la bannière de gueules, accompagné en chef de deux étoiles d'or.* Réunissant les dons de l'intelligence et le goût du travail, soldat de l'Ancien Régime mais ayant compris, dès son passage en Émigration, la tactique de l'adversaire et les méthodes à définir pour y répondre, capable de donner sa mesure dans un hourvari — il avait sauvé le duc de Bourbon à Bertsheim —, il passait de l'art militaire à l'action politique avec une aisance confondante. Inspirant confiance à ses subordonnés, et fuyant les rivalités avec ses égaux, il avait, par un plan audacieux, encore que réaliste, tenté de dégager le chevalier Charette en déplaçant la Chouannerie vers le centre du pays. Éloigné de toute intrigue, il avait le premier vu juste dans l'affaire de Fructidor.

Le coup d'État du 22-Floréal — vendredi 11 mai 1798 —, confirmant ses pronostics, venait de démontrer que le Directoire était à bout de souffle. Les Conseils, cette fois aux ordres de l'Exécutif, avaient invalidé les Jacobins trop voyants — soit 110 élus —, annulé les élections dans huit départements, admis frauduleusement les résultats émanant de dix-neuf assemblées illégales. Pourtant, comme les loups ne se mangent pas entre eux, l'affaire s'était déroulée sans déportations ni fusillades. Les Floréalisés furent loin de connaître le sort, souvent abominable, des Fructidorisés. Reste que ce nouveau soubresaut du régime avait conduit M. de Rochecotte à revenir à Paris pour voir s'il existait un moyen d'en finir. C'était le temps où courait le fameux jeu de mots : « Lancette laitue rat » (l'an VII les tuera). Faudrait-il attendre aussi longtemps ? Peut-être. En tout cas, l'heure était venue de remettre sur pied une organisation presque inexistante depuis la nuit du 4-Septembre. M. de Rochecotte n'avait jamais varié. S'il aimait le Maine, le Perche et le pays chartrain dont il était régulièrement investi par Louis XVIII lui-même, confirmant la nomination signée autrefois par M. de Charette, il estimait que Paris, ayant vu naître la République, c'est dans ses murs qu'il fallait la détruire.

Que le Directoire ne sût trop que faire de son pouvoir ne retirait rien à sa volonté de le conserver. On chômait beaucoup dans la plupart des ministères mais dans l'un on s'activait : le département de la Police. Il était aux mains d'un très riche laboureur d'Ardon, sous Laon : le régicide Le Carlier. Ce Crésus du Jacobinisme disposait des rapports de Duverne de Praile. Ces délations, fort complètes, rédigées par un observateur aussi méprisable que lucide, mettaient l'accent sur le comportement du maréchal de camp, « jeune homme très actif, très intelligent ». Le Carlier fit son métier, acheta pour 50 000 livres les services d'un chef de division mainiau, Richard-Duplessis, marié récemment et dont l'épouse supportait mal l'impécuniosité des Royalistes. Aux derniers jours de juin, le général de Rochecotte résidait à Paris, allant d'une cache à l'autre et ne livrant à ses officiers, M. Poirier dit Gustave, et l'homme à la femme mécontente d'être pauvre, qu'une faible partie de ses desseins.

Richard-Duplessis a prévenu les exempts. Le vendredi 29 juin 1798, au sortir d'une auberge de la rue (Saint)Nicaise, voie plus tard rendue fameuse par le crime des justes perpétré par MM. de Saint-Régeant et de Limoëlan, les gens de Le Carlier se jettent sur M. de Rochecotte ; il en désarme trois, parvient rue du Bac, heurte l'échoppe d'un décrotteur et tombe. Il est immobilisé par les hommes de police, conduit au corps de garde voisin, puis à l'Abbaye. Comment le perdre ? Il déclare se nommer Richard Néméré, venir d'Auvergne. Richard-Duplessis tient à ses 50 000 livres et se fait incarcérer avec son chef pour servir de *mouton*. M. Cadoux, dit l'abbé de Bourmont, tant est vif son attachement pour Renardin, démasque le traître. Trop tard. Il a fourni le détail révélateur. Arrivent deux chirurgiens, exigeant que le prisonnier se dévête complètement. Il a compris :

— C'est une blessure dans le derrière que vous voulez, la voilà. Mais ce n'est pas en fuyant que je l'ai reçue.

Les magistrats triomphent. Néméré n'existe pas. Ils tiennent bien l'horrible Rochecotte et le resserrent plus étroitement dans sa prison. Au Mans, l'aumônier de la petite armée, l'abbé Savare, se réconcilie avec la maîtresse de son chef, Mme Desson, pour envoyer, munis d'un sérieux viatique, une poignée de Chouans retrouver Gustave afin de délivrer M. de Rochecotte. Que n'a-t-on reçu les 500 louis que vient d'adresser le commodore en remboursement d'une dette ! Encore une fois, le ministre Le Carlier, prévenu, mène bien son jeu, *infiltre* les conjurés avec l'active collaboration du commandant de la place, Verdrière, ancien du Bataillon Sacré de Vendémiaire. Croyant sauver le captif à la faveur d'un transfert de l'Abbaye à la Force, Gustave et ses amis sont cernés par la force publique. Certains jouent assez bien du poignard pour briser l'encerclement. Gustave est pris, demeurera pour un an en prison. L'argent, 7 200 livres, est confisqué chez le notaire Jalabert où ces honnêtes gens avaient déposé leur pécule. Tandis que la reconnaissance du gouvernement vaut à Verdrière le traitement et les insignes de général de division (la régularisation viendra l'an prochain), les juges sont invités à faire diligence. *Le Moniteur* rend compte le 20 thermidor an VI (8 juillet 1798) :

« Le ci-devant comte de Rochecotte est devant la commission militaire de Paris. Des cinq témoins appelés de l'Ouest, un seul a déclaré le reconnaître : les autres ont dit qu'ils ne l'avaient jamais vu. »

Le comte avait un peu bousculé les exempts chargés de l'arrêter, et, particulièrement le nommé David, officier de paix. Il est donc condamné pour — outre sa qualité d'Émigré — le fait d'avoir assassiné ce citoyen et cinq autres personnes le 29 juin. Le greffier se trompe et inscrit 11 thermidor pour 11 messidor.

Décidément, même les meilleurs Républicains se perdent dans leur calendrier !

On tua M. de Rochecotte le mardi 7 août au Champ-de-Mars. Comme il avait demandé l'assistance d'un prêtre, ses gardes répondirent par une grossière plaisanterie. A peine était-il descendu de voiture que, sans cérémonie, une salve le coucha sur le pavé.

La nouvelle, répandue dans les provinces par les journaux à la solde du Luxembourg, avait rapidement touché Londres et Mitau, capitale du duché de Courlande où le czar Paul Ier accordait l'hospitalité à Louis XVIII. Le malheur avait desséché le cœur de ce roi que, prince, on avait déjà moins remarqué pour sa sensibilité que pour une intelligence dont la froideur était à peine dissimulée par le verbiage roussien en mode à la fin du siècle. Le souverain, pourtant, avait honoré le général manceau d'une estime particulière. Ses lettres à M. de Rochecotte paraissent plus flatteuses et plus abandonnées que celles qu'il faisait tenir à ses autres partisans. Lorsqu'elle apprit cette mort, advenue dans le prometteur éclat des trente-trois ans de ce brave, Sa Majesté s'écria :

— Le seul homme dont le zèle et les services, la prudence, le courage et le dévouement à ma personne eussent mérité mon entière confiance, je l'ai perdu.

C'est assez dire que le Très Chrétien ménageait fort son estime et sa reconnaissance aux autres généraux.

Louis de Frotté n'avait jamais entretenu que de bons rapports avec un égal peu soucieux de jouer les supérieurs, et ne pouvait oublier que ce gentilhomme avait répondu le premier à son appel pour organiser la délivrance de Sir Sidney.

On savait maintenant le général Bonaparte en Égypte, et l'on considérait que *Paille-au-nez,* comme l'appelait M. de Phélippeaux, ayant emmené beaucoup de monde, on pourrait en envoyer un peu « dans la Vendée » (entendons dans toutes les provinces de l'Ouest) pour tâter à nouveau du Carmagnole. Passées les heures enchantées de *L'Heureuse Fuite ou le Retour dans la Patrie,* la vie redevenait difficile, rythmée par ses incidents entre les factions. Un monsieur de Conzié, venu de l'état de dragon à celui d'évêque d'Arras et doté d'un si haut discernement qu'il avait autrefois encouragé les premiers pas du sieur Robespierre, avait indigné Georges en traitant Frotté de

Mitau au début du XIXᵉ siècle.

gredin et La Trémoïlle de *polisson*. L'affaire monta jusqu'à M. d'Avaray, jusqu'au Roi lui-même, et le comte et le prince furent, pour apaiser leur courroux, aspergés d'eau bénite de cour.

Messieurs les commandants d'armée, las de les diriger sur le papier et d'appréhender leur disparition, décidèrent de députer à Mitau des hommes de mérite pour en savoir plus des intentions du souverain et obtenir que ses instructions leur parvinssent sans intermédiaires douteux. Déjà, le comte de Médavy, dont les lumières ne l'emportaient pas sur la certitude qu'il détenait d'en posséder, avait effectué le pèlerinage de Courlande sans obtenir de résultats. Comme le personnage, au demeurant courageux, approchait les bornes de la sottise pour avoir forcé celles de la suffisance, les généraux choisirent pour cette nouvelle ambassade deux seigneurs — un grand et un petit — qu'ils s'accordaient à juger pleins de sens, le prince de La Trémoïlle, baptisé Louis-Stanislas comme l'ex-comte de Provence, et le chevalier de Bruslart. Le premier n'avait pas encore servi dans l'Ouest, le second n'avait fait qu'y passer. Ainsi n'apparaîtraient-ils pas comme émettant des jugements empreints de partialité, encore qu'ils connussent parfaitement l'état de la cause catholique et plus particulièrement, grâce à M. de Frotté, celle de la Normandie. M. de Bourmont, dont la générosité ne se démentait jamais, et M. de Châtillon prêtèrent 100 louis.

De Mitau, le frère de Talmont devait, en septembre, faire tenir à son ami la relation la plus plaisante et la plus décevante de ses entretiens avec le *Roi-fauteuil* et les membres de son conseil :

« J'arrive donc ; je suis chez d'Avaray. Il me demande si je ne veux pas voir M. de Saint-Priest [c'est le principal ministre] avant de voir le Roi. A quoi je lui réponds sans peut-être assez réfléchir sur l'esprit possible de cette question et sans m'informer assez du caractère d'un homme que je ne connaissais point, que j'aime mieux voir le Roi d'abord ; et, j'ai, entre autres, des choses à lui dire, sur lesquelles je ne puis violer le secret qui m'a été imposé, que pour le Roi seul et dont je ne puis parler ni avec M. de Saint-Priest ni avec lui. Il trouve cela fort simple ou du moins il le dit. »

Un paysan du Danube en Courlande ! Maniant la gaffe et rapportant ses maladresses — voulues ? — avec une inimitable saveur, il poursuit :

« Le vendredi soir, je suis chez le Roi. » D'autres écriraient : *Je fus admis chez le Roi.* Lui n'y songe même pas, considérant qu'entre couronnes fermées la simplicité doit être de mise : « Je parlais pendant deux heures et demie sur le tort que lui avaient fait l'intrigue et les intrigants [la trahison de Duverne de Praile, investi de la confiance du monarque, avait fort impressionné les milieux chouanniques], sur la défiance que cela avait inspiré au-dedans et au-dehors, sur la terreur qu'inspirait le nom d'agent du Roi. »

Et d'en remettre encore sur cette canaille dont souffraient les serviteurs les plus fidèles et sur la répugnance du gouvernement britannique à passer par des gens équivoques :

« Le Roi m'écouta bien, avec l'air de l'intérêt et sans presque parler [...] sollicita des explications et des détails. Comme on l'attendait, je lui dis avant de le quitter et croyant le voir vraiment intéressé : — *Sire, ce n'est pas tout.* — *Tant mieux, revenez demain, à huit heures.* Je reviens donc le lendemain samedi, à huit heures, et recommençai à parler sur l'histoire secrète et la position des Royalistes en France et hors de France avec tant de feu que j'en pleurai. En tout, tu sais qu'on se rend justice. Il m'avait écouté, mais beaucoup moins bien que la veille. »

Louis XVIII réclame une note pour lui-même et un rapport oral, foin du secret, à MM. de Saint-Priest et d'Avaray. Le ministre va faire les frais avant le favori :

« Je voudrais te peindre la scène entre moi fort animé [...] et cette grande figure d'empereur romain plus froide qu'un marbre, et une fois qu'après m'avoir fait un couple de révérences les plus ministérielles et les plus compassées que j'eusse jamais vues, il se fut rassis sur son canapé, ne répondant plus aux choses les plus fortes que je pouvais dire que par un sourire de suffisance et de dédain ou par quelques-unes de ces évasions si vagues qu'on ne peut pas les saisir. La seule chose qu'il me répéta, c'était que le gouvernement anglais — dont il n'a pas la moindre idée et pour lequel il paraît fort indifférent — savait fort bien, lorsqu'il désirait quelque chose du Roi, les moyens de le lui faire parvenir. »

La discussion, ou plutôt le face à face, s'enlise ; pouvoirs de Monsieur, méfiance du cabinet Saint-James à l'égard des entours de l'Altesse, absence d'intérêt de MM. Pitt et Windham pour une reprise des opérations, tout est dit, et redit. Le prince ne s'en laisse pas conter, revient sur les affaires de l'Ouest « et sur l'importance des pays organisés et organisables ». Et, c'est alors le stupéfiant dialogue, si souvent reproduit par les historiens, scandalisés lorsqu'ils pencheront pour les Blancs, amusés lorsqu'ils leur préféreront les Bleus. L'empereur romain, pas bête pourtant, et il l'avait prouvé lorsqu'il s'opposait à la ruineuse intervention en faveur des insurgents d'Amérique, y va de ce propos :

— Pour moi, je vous avoue que j'ai toujours regardé ces organisations [celles de MM. de Frotté, Georges ou de Rochecotte] comme des enfantillages.

— Si ce sont des enfantillages, Monsieur le Comte, il faut avouer qu'ils sont bien cruels pour ceux qui en sont les dupes et les victimes de la part de ceux qui les ordonnent.

— Mais, qui est-ce qui les ordonne ? Le Roi ne les a jamais ordonnées.

Louis-Stanislas arrête court l'Auguste de l'exil ; il a vu les ordres de Monsieur et la lettre de M. d'Avaray, au nom du Roi. Cette fois, M. de Saint-Priest accorde sa commisération à l'ami de M. de Frotté :

— Mais, mon Prince, est-ce que vous croyez de bonne foi que tout cela existe ?

— Ma foi, Monsieur le Comte, il est dur pour des gens qui tombent journellement et en grand nombre dans les prisons, et se font fusiller pour vous prouver leur existence, qu'ils ne puissent pas vous persuader.

Voilà M. de La Trémoïlle reconduit jusque sur l'escalier avec force révérences.

C'est en vain que le ministre se butte si le visiteur rencontre l'oreille du favori. Louis-Stanislas le trouve le dimanche, « se grattant le ventre, disant avoir la colique, bâillant, battant la campagne ». Rien de plus à tirer de celui-ci que de l'autre. Il défend, tout en le chargeant, son ami du Theil. Que voilà de la porcelaine brisée ! MM. de Saint-Priest et d'Avaray se sont concertés, ont vu leur souverain, et empêcheront les Chouans de nuire. Seulement, M. de La Trémoïlle est prince, fils et frère de duc, frère aussi d'un héros. En conséquence, on ne peut le laisser repartir sans honneur. Le Roi, à trois heures, le prie à dîner pour quatre, ce dont il se scandalise, et il n'a point tort. Le chevalier de Bruslart sera de la fête ; c'est délicat mais inutile car ce gentilhomme s'affirme encore plus mauvais diplomate que son compagnon. Louis XVIII, circonvenu par des gens dont toute la politique réside dans l'attente, trouve un moyen de sauver la face et va la perdre ; la sœur de Louis XVII, l'orpheline du Temple, la jolie Madame Royale épouse le duc d'Angoulême, fils aîné de Monsieur, qu'on dit plus propre à sabrer les Carmagnoles que les dames. C'est un brave petit être que Louis-Antoine mais c'est une mission vaine que d'apporter à Holy-Rood la nouvelle de ce mariage. Le prince boude les mets et laisse M. de Bruslart faire l'aimable avant que d'aller travailler à la note destinée au Roi qu'il n'aura point le cœur d'achever tant cette histoire lui paraît stupide et inutile. Il revoit M. de Saint-Priest qu'il tient jusqu'à minuit sans trop le convertir mais qu'il contraint à faire le gracieux. En fait, l'entourage royal se moque de l'Angleterre et des armées catholiques comme de colin-tampon. Il s'occupe uniquement de la Suisse et de quelque *Pichegrurie*, ce dont s'afflige M. de La Trémoïlle, peu porté vers les Constitutionnels et agacé de devoir conseiller à son ami quelques rencontres avec M. Mallet du Pan et d'autres sectateurs du système parlementaire.

La visite à la cour néo-versaillaise de Courlande va se terminer, s'il est possible, plus mal qu'elle n'avait commencé :

« Les chevaux étaient mis et il fallait partir. D'Avaray fit encore un tripotage, un revirement de paquets qui lui donna l'occasion de nous faire une cochonnerie d'argent qui nous a fait partir comme nous étions arrivés sans le sou à Mitau, et par là que, sans ma bonne tante [la princesse de Salm] il nous eût fait mourir de faim, n'ayant pu nous faire périr dans la tempête. »

Le voyageur, après avoir précisé qu'il n'a point parlé de démissions de peur qu'elles ne fussent acceptées, conclut noblement :

« J'avoue que j'ai la vengeance dans le cœur et nous n'avons qu'une seule manière de nous venger, c'est de servir malgré eux. »

Au reçu de cette lettre, Louis de Frotté ne fut pas plus chagrin qu'à l'accoutumée. Quelles que fussent les aspérités du chemin, il ne déposerait jamais ce que Milosz nommera le fardeau de l'espoir.

Chapitre X

LA LÉGENDE ET L'HISTOIRE

Tandis que s'achevait aussi lamentablement la mission, d'ailleurs trop imprécise, de MM. de La Trémoïlle et de Bruslart, le baron de Mandat prouvait opportunément son existence à l'empereur romain ; le Balafré s'en était retourné jusqu'en Normandie pour trouver du plaisir à résider chez une sienne cousine, Mme de Bamaresq, dont l'époux avait manifesté suffisamment de tact pour demeurer en Angleterre. Une boulangère s'étonna que la dame consommât tant de pain, fit part aux Bleus de son ébahissement. Ces braves affectionnaient les perquisitions. Lorsqu'ils survinrent, la cousine, grosse des œuvres du baron, se conduisit assez mal, l'empêcha de se défendre. Il fut arrêté. L'abbé de Laubrière, un solide du Parti, courut rendre compte au général de Frotté, revint de Londres lesté de 500 francs. C'était trop peu pour contenter les Carmagnoles ; Michelot Moulin fut admirable ; il allait de porte en porte pour réunir la rançon de son chef. C'est tout juste s'il trouva 4 000 francs. Ces menées furent connues, amenèrent les Patauds à prendre des mesures de prudence. Louis était désespéré. Il assaillit les Anglais, obtint de M. Woodfort tout ce qu'il voulait pour tirer de là son lieutenant.

Les Bleus, pas si bêtes, estiment à sa mesure un tel remue-ménage. Non ! Les crétino-calotinistes ne libéreront pas l'exécrable Mandat.

M. de Frotté donnerait sa chemise pour sortir d'affaire cet admirable second, pris d'une façon assez ridicule pour s'en être trop remis au pouvoir des dames. Le comte écrit au prince (que font-ils, ces deux-là, lorsqu'ils n'écrivent pas ?) : « Son amie [Mme de Bamaresq] est accouchée dans la prison d'un garçon. Il a fait venir l'enfant, le jour de samedi et l'a reconnu et fait baptiser en son nom. Le mari est ici, gai comme un pinson qui ne se doute de rien [...] Dans ce moment, j'adopte ce malheureux enfant dans le secret de mon cœur. »

La fin de M. de Mandat fut assez semblable au trépas du comte de Rochecotte ; les Blancs consacrèrent beaucoup d'argent et les Bleus infiniment d'attention à cette affaire. D'un côté, on se mobilisa, de l'autre, on se défendit. Le baron, après avoir dit qu'il tenait M. de Marguerye pour un f... gueux et un voleur (c'était la mode que de satisfaire au règlement de comptes), tomba dans les fossés du château de Caen le samedi 29 septembre 1798 en criant : « Vive le Roi ! »

Louis fut en proie au chagrin le plus noir, écrivant au prince de La Trémoïlle :

« A force d'être aussi tourmenté, l'habitude de souffrir m'empêche d'y être aussi sensible que je le devrais. Je ne puis encore distinguer si je le dois à la trempe d'une âme forte ou à l'insensibilité d'un cœur calciné par tant de chagrins accumulés depuis longtemps. Je n'ai pas versé une larme, quoique mon âme soit remplie de douleur. Je me promène à grands pas ; je suis morose quand je suis seul et ris comme un fou imbécile lorsque je me trouve avec des êtres étrangers à mes peines, dont je me garde de les entretenir. »

Il accrocha le portrait du disparu parmi « son trésor intime ». C'étaient les toiles représentant son père, MM. de La Trémoïlle et de Bruslart.

Il venait de recevoir une lettre du Roi, d'ailleurs moins aimable pour le prince qu'à l'égard du chevalier. Sa Majesté, se gardant de tout engagement et de toute précision, avait écrit, le mardi 11 septembre :

« Je n'ai pas besoin de vous dire combien je suis peiné de la position de mes fidèles sujets et surtout de ne pouvoir l'adoucir moi-même. L'exemple du brave et malheureux Rochecotte me tient dans une continuelle anxiété pour eux ; je compte cependant sur la générosité du gouvernement britannique pour nous donner plus d'ensemble, et par conséquent de force, et j'ai donné aux personnes que j'emploie auprès de lui [MM. du Theil et deux ou trois autres intrigants de même farine] les ordres les plus précis pour solliciter tous les secours nécessaires. Pour vous, Monsieur, je connais trop votre zèle pour n'être pas sûr que rien ne peut le refroidir ; soyez également assuré de tous mes sentiments pour vous. Louis. »

C'était bien poli, bien honnête et n'engageait à rien. S'il avait fallu que les Normands et les Bretons passassent par les agents du Roi pour obtenir quelques livres, ils n'auraient eu ni balles, ni poudre, ni pain... C'est pourquoi, avec la plus parfaite indifférence pour ces mouches du coche, MM. de Frotté, Georges et de Bourmont, remplaçant désormais M. de Rochecotte, continuaient de troubler la sieste des comptables de l'Échiquier. A la vérité, si Louis XVIII avait toujours fabriqué des phrases de circonstance lorsque tombait l'un de ses capitaines, il ne regretta jamais que le fusillé du Champ-de-Mars. Monsieur, de cœur plus sensible connaissait médiocrement son monde. Ainsi, après la catastrophe de M. de Mandat, avait-il écrit une noble lettre à Louis en donnant du chevalier au baron défunt, et, par politesse, M. de Frotté, dans sa réponse, avait volontairement commis la même erreur. Le détail serait mince si l'Émigration tout entière, par réaction contre la tentative de nivellement patriotique, ne s'était montrée maniaque en matière nobiliaire.

La défaite française d'Aboukir, dénommée par les Anglais la victoire du Nil, fut connue à Londres en septembre. Très vite, on apprit que le général Bonaparte n'avait été que médiocrement affecté par l'anéantissement de l'escadre nationale. N'avait-il pas consolé son état-major en ces termes :

— Nous n'avons plus de flotte. Eh bien ! Il faut sortir dans ces contrées ou en sortir grands comme les Anciens.

Il poursuivait donc sa campagne et... Allah seul savait jusqu'où pourrait aller ce diable d'homme. L'amiral Nelson avait bien travaillé mais le Cabinet devait maintenant aider les Turcs, assez furieux des agissements de la République pour avoir, le 9 septembre, déclaré la guerre mais bien incapables de la soutenir. L'Honorable Spencer Smith, frère du commodore, représentait la Grande-Bretagne auprès du sultan Sélim III. Le gouvernement décida que lui serait adjoint son cadet avec tous pouvoirs diplomatiques et militaires. Mission : empêcher l'armée d'Orient d'emprunter, via Constantinople, la route des Indes.

Sir Sidney affirme aussitôt à M. de Frotté qu'« il pourrait être employé contre Bonaparte et avoir une légion de quelques milliers d'hommes dont le fond serait russe, quelques Turcs, des Grecs, et quelques déserteurs français qui viendraient les rejoindre. » Louis décline l'offre ; il ne saurait partir qu'il n'en ait reçu l'autorisation de son Roi. Le marin comprend mais assure qu'on n'œuvrera point en France de longtemps. Après tout, rien ne presse. Le commodore écrira, verra sur les lieux à trouver l'emploi le plus convenable à son ami pour le cas où l'épicurien de Mitau donnerait la permission. Le Lion des Mers offre de la gloire, son cousin, Lord Cambfort, ignorant cette invite, en propose aussi mais assortie d'argent. Il s'agit d'aller aux Indes orientales, d'y faire main basse sur les richesses des concessions espagnoles, de convoyer ces trésors pour le service d'une nouvelle compagnie dont le pair du royaume serait le premier actionnaire. Cette approche indirecte n'est pas plus absurde que la tentative égyptienne de l'ancien rival à l'École militaire de l'adjudant général de Phélippeaux. Pauvre Charles IV ! L'alliance de cet excellent homme avec la France républicaine ne lui porte pas

La bataille d'Aboukir, par Duplessis-Bertaux.

bonheur. Après la fessée du cap Saint-Vincent, les Anglais ne le tiennent pas pour quitte. Ayant mesuré la faiblesse, mal dissimulée par la morgue des *titulos et* des *hidalgos*, de son immense empire, ils sont résolus à le confisquer, oubliant qu'à jouer, comme naguère Louis XVI, au petit jeu des émancipations, on risque à son tour, pour avoir éveillé artificiellement des fiertés nationales, de les braquer bien réellement contre soi. Les Britanniques, méconnaissant cette sagesse, proposent donc aux derniers jours de 1798 au comte de Frotté d'aller ruiner le commerce espagnol aux Indes orientales. Dans quatre ans, au début de 1802, avant que n'intervienne la paix de Lunéville, ils engageront Georges à s'attaquer aux Indes occidentales, affirmant que le pays de Quetzalcoatl pourrait constituer — à titre provisoire — un bel établissement pour l'exilé de Courlande. Ni l'une ni l'autre des Indes ne connaîtront ces invasions. Le Normand refuse et M. Cadoudal, un instant séduit par le projet, verra son rêve interrompu par un traité qu'il jugera stupide.

Étonnant Louis de Frotté. Hier oublié, il est maintenant

l'objet des offres les plus tentantes et les décline par fidélité. Le gros roi mesure-t-il l'ampleur des dévouements suscités, moins par sa personne que par son principe ? De tous les Capétiens, Louis XVIII apparaît comme l'un des plus achevés. Égoïste comme Henri IV, tatillon comme les Stuarts, potinier comme Louis XVI, mais dépourvu de sa rayonnante bonté, aimant les hommes comme des objets et se désintéressant des femmes sinon comme élément décoratif, il s'attache aux petites choses avec la résolution d'en accomplir de grandes. Tel le Béarnais encore, peu rancunier parce que trop méprisant pour ressentir le besoin de régler des comptes, faux, ingrat, mais, en dépit de menus ridicules, d'une grande dignité parce qu'il s'identifie à la France, il ne possède qu'une qualité — mais elle est de taille — il aime passionnément son pays. Soucieux d'indépendance, il supporte les subsides de ses alliés sans les tenir pour des amis. Irrité par la médiocrité du présent, il ménage l'avenir. C'est pour lui que M. de Frotté repousse les propositions du commodore et de Lord Cambfort.

Soucieux de voir son jeune frère se former à d'autres contacts que les intrigues londoniennes, mesurant combien cette trop longue halte pourrait être pernicieuse pour Charles, il le confie à Sir Sidney. Le marin se réjouit :

— Vous pouvez être tranquille, je le traiterai comme le frère d'un ami intime et ne négligerai rien pour lui fournir les moyens de s'instruire et de se distinguer utilement.

Satisfaction de Louis :

— Il ne peut aller à meilleure école ; à plus forte raison lorsque vous voulez bien lui promettre de l'intérêt et que Phélippeaux veut bien lui accorder conseil et amitié.

Car l'homme de la Vendée Sancerroise s'en va, doté d'un brevet de colonel britannique, accompagné de quelques Chouans dont M. de Trommelin. Le bon John n'est plus ni domestique ni marchand de dentelle. Le voici major dans l'armée turque, renouant avec une tradition perdue depuis ce tumultueux comte de Bonneval qu'on vit successivement officier français, général du Saint-Empire, et pacha à trois queues. Depuis que le czar Paul, digne père d'un fils dont M. de Talleyrand affirmera qu'il n'était pas un aigle bien qu'il en eût trois dans ses armes, est entré dans le jeu, le cabinet britannique, sorti de sa pesante solitude, se reprend à considérer qu'il ne serait pas impossible d'en finir. Quel dommage que les Émigrés et les Chouans n'aient à leur tête que des féodaux ou des brutes ! Il faut vivre avec son temps, songent les ministres, et jamais les Français n'accepteront la tutelle de ces personnages, très versés dans le menuet et l'art non moins subtil de détrousser les diligences, mais moins indiqués pour convertir leurs compatriotes aux délices de la Monarchie parlementaire. Ah ! Si le cher M. de Puisaye était là, mais on ne pouvait tout de même pas l'imposer à Monsieur, et le comte Joseph paraît s'accoutumer de sa position de planteur canadien. Heureusement, le général Pichegru, évadé de Sinnamary, en compagnie de son ami Willot, a touché la rade de Deal. Les Très Honorables membres du Cabinet se hâtent de disposer cette belle pièce sur leur échiquier. D'évidence, le vainqueur de la Hollande est un peu trop papiste et fait preuve d'une réserve que les Britanniques apprécient pour eux-mêmes mais n'aiment pas chez les autres. Enfin, c'est tout de même le *right man for the right place*. Le gouvernement de Sa Gracieuse Majesté se comporte alors de manière assez florentine. L'illustre général, tanné par le libraire neuchâtelois Fauche-Borel et M. de La Maisonfort, dans le dessein de le voir négocier avec ce Barras dont les grâces crapuleuses, et plus encore la vénalité, ne manquaient pas d'impressionner ces intermédiaires, préférerait un grand commandement. Le Coriolan malgré lui déteste la guerre civile, a tout fait pour l'éviter en Fructidor et n'a trouvé d'autre récompense à sa bonne foi qu'une cage de fer et une déportation peuplée de sentinelles avides et de serpents venimeux. Il accepterait donc une armée d'invasion, en formant l'espoir que sa vertu, sa grandeur, ses victoires amèneraient, sans combat, les Bleus à changer de drapeau. Comme les Britanniques aiment le mystère, ils ne laissent rien percer de leurs intentions, continuant de faire bonne figure au *dear* comte de Frotté, à son ami le prince de La Trémoïlle, et aux officiers de M. le général Cadoudal qu'ils préfèrent à ses collègues, tout en appréhendant ses humeurs. Malheureusement pour M. Pitt et ses amis, le vainqueur de la Hollande qu'ils voudraient « tenir en charte privée », a pour compagnon d'évasion le chevalier de La Rue, bon gentilhomme et beau-frère de l'*incroyable* Hyde de Neuville. Il fallait une indiscrétion. La voilà commise. Le Sauveur de la Patrie, toujours circonspect, fait demander à ces Messieurs de Bretagne, de Vendée et de Normandie ce qu'il en serait de leurs besoins... Qu'on y prenne garde toutefois, les conversations doivent porter le sceau de la confidence ; il faut tenir Monsieur au dehors. Alors Blondel et son inséparable vont eux-mêmes manœuvrer assez subtilement, négligeant l'hôte de Holly Rood mais informant le Roi par l'intermédiaire du comte de Saint-Priest, cet empereur romain sur canapé dont le frère du héros d'Entrammes s'est tant diverti dans sa correspondance. MM. de Frotté, de La Trémoïlle, de Bourmont et de Châtillon vont mettre leur tact habituel dans cette méchante négociation.

L'intérêt de l'affaire réside une fois de plus dans une étrange anticipation... Dans quatre ans, Georges et Pichegru parviendront à cette entente, souhaitée par Lord Grenville, les Honorables Pitt et Windham... Peut-on faire confiance aux deux inséparables pour conduire précautionneusement leur barque ? Pour une fois, les textes manquent car ces seigneurs, afin de jouer serré, ont évité de verser dans leur travers habituel, la prolixité. Le projet, toutefois, n'aboutira point. Pourquoi ? Parce que les Anglais, considérant que deux généraux l'emportent en intérêt sur un général, ont, avec quelque irréalisme, effectué des approches conjointes. Ils voudraient, outre le concours de Pichegru, celui de Dumouriez. Le premier, sûr de lui, de caractère accommodant, et peu porté vers l'intrigue, s'entretient avec M. de La Trémoïlle, revenu, semble-t-il, de ses sévérités de Mitau. Les deux vaincus de Fructidor possèdent assez de souvenirs communs pour parvenir aisément à se comprendre. Avec l'homme des *Thermopyles de la France*, les affaires vont d'abord aussi bien puis se gâtent ; « le petit » se ravise. Il ne partagera point un commandement avec son illustre cadet. S'agit-il de quelque froissement d'amour-propre de la part du plus ancien dans le grade le plus élevé ? Le comte et le prince, artisans discrets de la tractation, n'en diront pas plus. Reste une hypothèse ; si le duc d'Orléans est présentement aux États-Unis, Dumouriez, encore qu'en coquetterie avec le podagre de Courlande, n'a point renoncé définitivement à se donner pour maître son ancien second de Jemmapes et de Neerwinden, alors que Pichegru s'est rallié sincèrement à Louis XVIII. On ne saurait travailler pour deux rois à la fois...

*

* *

« C'était vers les dernières années de la Restauration. La demie de huit heures, comme on dit dans l'Ouest, venait de sonner au clocher, pointu comme une aiguille et vitré comme une lanterne, de l'aristocratique petite ville de Valognes. »

C'est par ces lignes d'une hiératique sobriété que le public devait, en 1864, prendre contact avec le plus goûté, sinon le plus justement célèbre des romans de Barbey d'Aurevilly, *Le chevalier Des Touches*. Depuis lors, cet épisode de la chouannerie normande n'a cessé d'enthousiasmer les lecteurs. Il serait erroné de croire qu'avant ce succès du connétable des lettres l'affaire était oubliée. Elle demeurait, avec la prise de Saint-Brieuc par Pierre Mercier, intervenue à la fin de la même année, une des histoires qu'on se répétait à la veillée, tant sous le chaume que devant des cheminées armoriées. Les érudits n'avaient cessé d'en rechercher tenants et aboutissants. Sainte-Beuve, passionné par l'aventure, donne pour grand-oncle au personnage central de l'action le fameux commissaire des guerres Des Touches, dit Des Touches-Canon, ami de Fénelon et assez avant dans les faveurs de Mme de Tencin pour que Claudine, à l'école plus souvent du vice que de la vertu, ait, des œuvres de ce personnage, donné le jour à Jean Le Rond, connu plus tard sous le nom de d'Alembert. Un Destouches ou Des Touches, de renommée plus récente mais autrement éclatante, semble avoir procédé de la même souche que le Chouan. Bien qu'il s'exprimât dans une langue assez éloignée du parler seigneurial, il tenait à ses armes : *d'azur à la rose d'or, accompagnée de trois feuilles de chêne d'argent*. Il revendiquait Coutances comme lieu d'élection de sa branche. Sous son nom il devait, par une thèse fameuse consacrée au savant hongrois Semmelweis, et à la transmission de la fièvre puerpérale, devenir le docteur Louis Destouches, avant que d'inventer par son *Voyage au bout de la nuit* une littérature nouvelle sous le pseudonyme de Louis-Ferdinand Céline…

Quoi qu'il en soit des parentés ascendantes ou descendantes du personnage, les conditions dans lesquelles une poignée de Royalistes assurèrent sa survie devaient réjouir les Blancs et rappeler aux Bleus qu'il était plus facile de dicter des conditions aux peuples voisins que de faire la loi dans un chef-lieu de département.

Jacques Des Touches, dit *Auguste*, avait, en dépit de son âge tendre, pris la succession de son père, *Pinitel*, dans la correspon-

Capture de Des Touches. Illustration du « Chevalier Des Touches » de Barbey d'Aurévilly. Gravure de Champollion, d'après Le Blant.

dance avec la station de Jersey. Il aurait été vendu par Michel Quintal, dont on sait pourtant, par Chateaubriand, qu'il tombera sous les balles napoléoniennes, en même temps qu'Armand et M. de Goyon, le Vendredi saint de 1809. Des Touches ou Destouches, en dépit de ses dix-neuf ans, savait se murer dans le silence. On le prit, on le condamna. Il se taisait toujours, encore qu'il détînt passablement de secrets relatifs aux affaires de

Blondel. L'arrêt était tombé le vendredi 11 janvier 1799 mais on ne savait trop quand on fusillerait l'adolescent. Sans doute, les autorités préféraient-elles l'entendre parler que le voir mourir à moins qu'elles n'eussent auguré ces deux joies consécutivement. Mme Destouches, mère, donnait quelques conseils et beaucoup d'argent. En cours d'instruction, si tant est que l'expression revêtît alors un sens, quelques amis avaient tenté de libérer le prévenu, incendiant les tours de la prison d'Avranches. Le geôlier, un nommé Le Chevetel (presque le nom du traître dans le drame du marquis de La Rouërie), avait déployé tant d'énergie qu'il avait conservé son pensionnaire. Mal récompensé, il l'avait vu partir pour Coutances où les juges s'étaient prononcés. Là, le concierge, Gallot, était un citoyen si fier de son établissement qu'il alla jusqu'à refuser le concours nocturne de deux gendarmes, offerts par l'administration municipale. C'est vrai qu'on voyait mal comment les Brigands, si nombreux fussent-ils, auraient pu s'emparer du captif ; la porte de l'*In pace* était défendue par d'énormes barres de fer et n'ouvrait que sur les appartements de son défenseur. Un corps de garde était à quelques pas et Coutances grouillait de Gardes nationaux. Non, le sieur Gallot n'avait besoin de quiconque. Il se montrait d'ailleurs bon prince, laissant Jacques Destouches s'entretenir quand il le voulait avec un certain Blouin-Duval, dit *Monsieur le Nantais* ou *Crocro*, garçon frappé d'une condamnation à vingt-deux années de fer, tenu par les Républicains pour un fieffé coquin et par les Royalistes pour un assez bon diable.

Le samedi 9 février 1799, sur les neuf heures du soir, et par un vrai temps de pluviôse, ce fut l'Apocalypse. Une bande de 80 Brigands armés — dont plusieurs à cheval — envahissent la ville, mettent en liberté les criminels. Scandale ! Les officiers d'artillerie avaient retiré les munitions et la garde n'a pas fait son devoir. La faiblesse coupable des habitants appelle une sanction exemplaire et collective, la mise en état de siège. Tel est le compte rendu fourni par les généraux Avril, provisoirement à la tête de la 14e division militaire, et Moulin, général en chef d'une armée témérairement nommée d'Angleterre, au ministre Schérer, lequel s'en moque car il va lâcher le portefeuille pour le commandement « en Italie et à Naples » et laisser son département à l'honnête Milet de Mureau, éditeur du journal de La Pérouse.

Si les Excellences tiennent l'enlèvement de Destouches et de Blouin-Duval pour négligeable, la Normandie en demeurera très agitée, par le rire des uns et les lamentations des autres. Tandis que les responsables civils et militaires se battent à coups de rapport, la vérité commence de se faire jour ; un gentilhomme, Jean-Baptiste Le Mouzin de Saint-Germain, a monté le coup, avec pour seuls affidés sept officiers et huit bas-officiers ou soldats. Ce chef solide, dont la Restauration parera les épaules des franges de lieutenant-colonel et la poitrine du ruban rouge de Saint-Louis, a magnifiquement joué la partie ; échelonnant une partie de ses gens, il était arrivé devant la prison avec onze d'entre eux travestis en volontaires de la Nation. Inutile d'ailleurs de pousser trop loin déguisement et grimage, l'éclairage public ne fonctionnant pas « vu la rareté du luminaire ».

Une voix s'est élevée :

— Ouvre vite, citoyen, nous t'amenons du gibier.

L'injonction apparaît d'une facture si hautement sans-culottique et présente tant d'alléchantes perspectives que les verrous sont prestement tirés. Le chien patriote est tué, le geôlier et le guichetier, fort avant dans les mêmes opinions que l'animal, sont blessés. Les clés leur sont arrachées. Les Brigands, ayant traversé l'habitation des gardiens, font irruption dans la cellule, chargent les prisonniers sur leurs épaules, car Destouches et Blouin-Duval ployant sous les chaînes ne peuvent eux-mêmes se mouvoir. On sort en hurlant : « Vive le Roi ! Vive Auguste ! Vivent les chasseurs !» A ces cris séditieux, quelques adeptes des idées nouvelles sortent de leur léthargie mais que peuvent-ils ? La sentinelle, attirée sous le porche en tiers-point de la cathédrale Notre-Dame, étouffe sous un bâillon. Gardes nationaux, gendarmes et vrais militaires se battraient volontiers si les coups ne tombaient aussi dru. Un lieutenant de vétérans, nommé Rochemur, veut si bien accomplir son devoir qu'il y gagnera des obsèques solennelles. Un maréchal des logis est blessé, un homme de troupe aussi. Côté Blancs, le bénéfice de la surprise continue de jouer mais voici que le chevalier de Coulonges est tué. C'était un homme de bien, récemment fiancé. Barbey, hanté par mille et un souvenirs, fera de lui « Monsieur Jacques », le confondant volontairement ou non avec un gentilhomme angevin, M. Bruneau de La Mérosière, que Jambe d'Argent avait reconnu pour chef en 1795 et n'avait pas vu, sans chagrin, disparaître dès ses premiers exploits. Un Jacques, il est vrai, mais qu'on ne nommait point Monsieur, servait chez M. de Frotté comme chef de la division du Cotentin.

Les Chouans se relaient, en portant leur fardeau, traversent la ville où les Bleus, apeurés, ont désormais la détente des plus discrètes. Enfin, les libérateurs passent les portes de Coutances. Un maréchal-ferrant fait sauter les entraves d'Auguste et de Monsieur le Nantais. L'ennui, c'est qu'on a laissé sur place le corps inanimé de M. de Coulonges. Avec un cran confinant à la folie, M. de Saint-Germain, assez bien nommé pour se croire immortel, ordonne de revenir dans la cité. Messieurs les Brigands parvinrent-ils à mener à bien ce dernier exploit ? On ne sait. Le fait est qu'ils osèrent retourner de par les rues, toujours hurlant : «Vive Auguste ! »

L'épilogue de cette exaltante histoire n'en sera point digne. M. de Saint-Germain, connaissant à merveille les obligations d'un officier de Chouans, cachera MM. Destouches et Blouin-Duval assez bien pour que les gens d'Avril fassent buisson creux. Crocro, moins compromis que son compagnon, vivotera jusqu'à la Restauration et, alors, obtiendra d'exister décemment. Pour Jacques Destouches, il en ira tout autrement. Était-il d'un caractère fragile avant que de connaître l'attente de son exécution ? Fut-il trop malheureux lorsque les Patauds le ferrèrent, observant cette coutume barbare qu'affectionneront encore le Gouvernement provisoire et la IVe République ? Il était réputé pour sa force et son prestige physique, pas pour son intelligence. C'est probablement parce qu'il était un peu sot que les capitaines du comte de Frotté s'étaient à ce point mis en frais afin que de le soustraire aux curiosités républicaines. On ignore à quelle date M. de Saint-Germain parvint à le faire passer en Angleterre. L'on est assuré, en revanche, que Destouches s'y conduisit mal. Comme il était à la mode, il fut pensionné largement, fit des dettes, et obtint de Monsieur que ses créanciers se montrassent patients. Cela ne lui suffit point. Il lui restait assez d'argent pour courir les tavernes, il s'y répandit en mauvais propos. M. Billard de Veaux le poussait dans les voies calomnieuses mais, plus circonspect, se gardait d'écrire. Destouches, lui, rédigea sans honte un méchant pamphlet dirigé contre le père et le demi-frère de Louis de Frotté. Michelot, alors à Londres, trouva la chose un peu forte. On raconte qu'il donna la correction à Billard.

Alexandre exerçait une influence fâcheuse sur *Auguste*. Une commission formée d'ordre du Roi (à cette époque, Napoléon étant au zénith, Sa Majesté Très-Chrétienne n'était pas écrasée par la besogne) se réunit. Le chevalier refusa de revenir sur ses allégations. On l'embarqua pour les Amériques. Le voyage d'aller fut déplorable pour sa cervelle, celui de retour catastrophique. Comme il demeurait un héros qu'on avait cru misanthrope avant de le découvrir fou, sa pension fut constamment payée, d'abord par les agents des Princes puis, la Restauration venue, par notre ambassade à Londres. En 1823, Jacques Destouches revint en France où sa présence amena les députés de la Manche à demander — c'était bien tard — des récompenses pour les auteurs du fameux enlèvement de Coutances. Certains de ces Messieurs étaient déjà pourvus en raison d'autres services. Quelques-uns reçurent... 50 francs. Enfin, il s'en trouva deux pour négliger de se présenter devant la commission, appréhendant peut-être que les frais engagés pour un déplacement auprès des enquêteurs ne l'emportassent sur les libéralités du gouvernement. Dans ce genre d'affaire, les ministres et leurs employés se montraient prudents. Si les Bourbons avaient autrefois eu recours aux fauteurs de désordres, désormais ils représentaient l'ordre, et partant, devaient rassurer les gens paisibles, attitude correspondant d'ailleurs à leurs inclinations naturelles. A Destouches, l'air de la Normandie ne réussit pas. Son cerveau s'embua si complètement que sa famille dut le faire admettre à l'asile du Bon Sauveur de Caen.

Barbey, dont les convictions politiques étaient assez fluctuantes, s'était montré délibérément libéral, s'amusant de la révolution de 48, était passé par *La Mode*, journal des plus légitimistes, et venait d'entrer au *Pays*, où plus inquiet d'une débauche de liberté que d'un excès d'ordre, il menait campagne pour le rétablissement de l'Empire. Moins sensible aux idées qu'au style, il gardait toutefois au cœur le culte de la Chouannerie. Il n'était, au vrai, pas seul dans le cas. Il se trouvait des fils d'anciens pour admirer les Aigles. L'année même où le Prince-Président devenait Napoléon III, Barbey d'Aurevilly retroussa ses manchettes pour écrire *Le Chevalier Des Touches*. Il connaissait maints détails sur le hourvari de pluviôse an VII, et la figure de M. de Coulonges, le seul mort royaliste de l'équipée, l'avait impressionné. Il travaillait à Paris lorsque, s'étant remis bien avec sa famille, longtemps agacée par des opinions démocratiques dont il s'était départi, il vint séjourner en Normandie et, à Caen, passa quelques jours avec l'ami Trébutien. C'était en 1855 ; il travaillait depuis trois ans à son roman et voilà qu'il pouvait en connaître, sinon le héros, du moins le prétexte. Jusqu'ici, les seuls renseignements qu'il possédait provenaient de l'un des sept officiers de M. de Saint-Germain, M. Boudier de La Valesnerie, originaire de La Chapelle-du-Buisson. On songe au mot de l'abbé de Vertot : « Mon siège est fait. » N'avait-il pas écrit à Trébutien, justement :

« Je ne suis pas le terre à terre du roman que je projette. Il y a mieux que la réalité, c'est l'idéalité qui n'est, au bout du compte, que la réalité supérieure. »

Il se rendit à l'asile le samedi 4 octobre 1856. Le récit qu'il en a laissé dans le *Troisième Mémorandum* apparaît des plus surprenants tant les formes les plus élaborées de l'art y cohabitent avec la désinvolture d'un voyageur pressé ; on trouve des expressions telles que celles-ci :

« Vu huit cents fous à peu près — Très intéressé par cette visite — Il y avait une religieuse, celle qui sonnait la cloche — Qui ressemblait à ma mère — A ma mère d'autrefois — Je la vois partout depuis que je ne l'ai plus comme elle était, ma pauvre mère — Vu, les uns après les autres, tous les degrés de la folie jusqu'à la démence... Vu les fenêtres du pavillon qu'habita *Brummel* dans les derniers temps de sa vie — le *pavillon de Hanovre* de sa folie. » Après quoi, le connétable des lettres passe en revue un contingent d'aliénés. Sorte de Hugo, moins ample mais plus perspicace, il joue avec le lecteur, comme avec lui-même, avant que de jeter sur le papier :

« Enfin vu mon *héros* — celui pour lequel j'étais venu exclusivement au B [on] S [ecours] — Il était assis sur un banc de pierre, sous l'arcade d'une galerie qui donne à la maison du B...S... un air d'ancien cloître — Le Docteur est venu à lui en l'appelant par son nom... Il s'est alors levé de sa place, et le Docteur a voulu, en restant à lui parler, me montrer ce qu'était devenu cette tête échappée aux coups de fusil, et pour laquelle la balle d'un Bleu vaudrait mieux actuellement que la vie — Des Touches est complètement fou mais il est trop organiquement fort pour être idiot — C'est un homme que le temps a légèrement courbé, ou plutôt rapetissé, mais vigoureux — l'air d'un marin de ces côtes qu'il a tant parcourues, où il a tant abordé du temps des Chouans... Nulle distinction que celle de la force — Évidemment, cet homme n'est qu'un homme d'action, tout muscles, nerfs et volonté — Il devait faire de l'héroïsme de troisième main — ne pas commander — porter une correspondance à travers tout et s'en tirer — mais ce ne pouvait être un chef. Il ne l'a pas été non plus. Nous a appris qu'il était de Granville puis s'est mis à divaguer de la plus déplorable façon, disant au Docteur qu'il avait *deux mille ans*, lui, le Docteur, et autres folies — puis moi, je suis intervenu, et brusquement lui ai jeté au nez : *Vous rappelez-vous votre enlèvement de la prison de Coutances, monsieur Des Touches ?* Un éclair, non pas d'intelligence, mais de mémoire, a traversé son œil bleuâtre... Il m'a appris le nom... du juge qui l'avait condamné à mort, Le F... [Le Folley]... La divagation folle, et toujours en s'animant de plus en plus, est revenue. Étonné d'être enfermé *dans cette maison*, lui, le gouverneur de Caen depuis trente-trois ans ! Préoccupation et cri de l'ambition trompée : c'était le secret de sa folie ; l'avons quitté délirant, mais en très bons termes — choisis, simples, corrects — les habitudes de l'éducation imposant leur ancien langage à la folie... Ai pensé au *Ferragus* de Balzac... Presque même organisation, presque même folie, mais Ferragus est plus grand — un si grand poète y a passé. »

Barbey ne va rien modifier des données initiales de son roman et en assurer la publication en douze livraisons dans le journal hebdomadaire *Le Nain jaune* du 18 juillet au 2 septembre 1863. Depuis lors, l'ouvrage n'a pas connu moins de douze éditions. Il est dédié, fort naturellement, au père de l'écrivain : « Vous avez passé votre noble vie comme le *Pater familias* antique, maître chez vous, dans un loisir plein de dignité, fidèle à des opinions qui ne triomphaient pas, le chien du fusil abattu sur le bassinet, parce que la guerre des Chouans s'était éteinte dans la splendeur militaire de l'Empire et sous la gloire de Napoléon. »

Ici, le sentiment de Barbey devient fort net ; sans verser dans le *A toutes les gloires de la France* cher à Louis-Philippe, il affiche ses sympathies. A l'inverse de Hugo, se prenant à dauber sur l'oncle parce qu'il hait le neveu, M. d'Aurevilly fait sien Napoléon Ier, persécuteur des Armand de Chateaubriand et des d'Haché parce qu'il le voit à travers la monarchie catholique — et socialement généreuse — créée par Napoléon III.

Importe-t-il de considérer cette attitude comme relevant du dandysme ? On a pu le croire longtemps. En réalité, elle traduit un état d'esprit répandu dans de nombreux milieux normands, plus exceptionnellement mainiaux ou bretons.

Ce n'est point là cependant qu'il convient de rechercher la permanence du succès rencontré par *Le Chevalier Des Touches*. La Chouannerie, parce qu'elle apparaît comme un sujet grave et complexe, présente pour les romanciers de nombreux périls. *Quatrevingt-Treize*, en dépit de pages splendides, est gâché par les antithèses perpétuelles et un manichéisme lancinant. Plus heureux que Hugo, Balzac, alors républicain, donne un livre plus cohérent, plus plausible mais dans lequel la situation politique, psychologique et morale des guerres de l'Ouest constitue moins un sujet qu'un décor. Plus fâcheuse encore est la tentative, d'ailleurs inachevée, de Nerval ; lorsqu'en 1849 *Le Marquis de Fayolle* commença de paraître dans *le Temps*, le pauvre Gérard allait sombrer dans la démence. Hors les négligences de style, l'œuvre met trop directement en scène des personnages importants tels que le marquis de La Rouërie, le prince de Talmont ou le chevalier de Tinténiac, pour les mêler à des êtres de fiction dont les aventures sont narrées par le fils de Jean Chouan... On pourrait adresser à Dumas le même reproche pour *Les Blancs et les Bleus* ou *Les Compagnons de Jéhu*, mais la netteté de la construction confère au texte plus d'agrément. Sans faire référence aux réussites contemporaines, telles *Man d'Arc* de La Varende, *Quiberon* de M. Willy de Spens, homonyme de l'héroïne de Barbey, quelques autres encore, aucun roman de chouannerie ne le dispute en importance au *Chevalier Des Touches*. Les érudits normands, loin de se scandaliser des libertés prises avec l'Histoire, le saluèrent d'emblée, et M. de La Sicotière écrivit : « C'est une œuvre remarquable, d'une couleur forcée par endroits, mais saisissante et d'un puissant effet. » La révélation finale, c'est vrai, est bien dans la manière de l'auteur des *Diaboliques* ; Aimée de Spens, « la veuve de Monsieur Jacques », s'effeuille devant une croisée, qu'observent les Bleus, afin qu'ils ne puissent croire à la présence de Des Touches alors qu'il est bel et bien dans la pièce.

Si Barbey fait preuve, en dépit d'outrances à la mode sous le *règne* d'un Champfleury, d'une si parfaite maîtrise, c'est que sa Normandie n'est jamais de contrebande ; à l'authenticité des lieux s'ajoute celle des caractères. Autre préoccupation — et elle est de taille — le personnage de Louis de Frotté demeure dans le halo convenable lorsqu'on évoque un grand destin. Blondel n'est jamais présent et il est toujours là. La démarche devient extrêmement perceptible lorsque l'ami de Trébutien va jusqu'à dire à propos de l'aliéné du Bon Sauveur : « Je tremblai que l'idée de Frotté ne l'entraînât trop loin de ce que je voulais qu'il me dise. » En bref, tout le roman est situé volontairement *en dessous* du grand chef, tant et si bien qu'à force d'absence dans une action que ses subordonnés mènent en son nom, le général prend une ampleur que Dumas, lui-même, n'avait su donner à Georges, et que Nerval est incapable d'apporter au marquis de La Rouërie. C'est ainsi que par l'éloignement volontaire, par la distance, le catholique et bonapartiste d'Aurevilly consacre le moins catholique mais exemplairement royaliste Louis de Frotté.

*

* *

Les débuts de cette année 1799, où l'affaire de Jacques Des Touches avait amoindri les Bleus et conforté les Blancs, offrent à Blondel des jours plus prometteurs ; cette fois, la coalition est nouée et bien nouée. Pour le général normand, c'est une délivrance. Il n'en pouvait plus de diriger depuis Londres ces bataillons très effilochés que M. Philippe Roussel n'hésite point à baptiser noblement *la Normandie militaire*. Il ne supportait plus d'apprendre des catastrophes, de savoir que, chez lui, on mourrait un peu pour Louis XVIII, que certains imaginaient fluet, et beaucoup pour lui, Frotté, dont les guerriers les plus obscurs avaient vu flotter l'écharpe noire au jour des étripages d'importance. Tous les malheurs de sa province atteignaient l'enfant de Couterne jusqu'au fond de son trop grand cœur. Et alors, objectera-t-on, pourquoi, à l'instar de MM. Georges et Mercier, pourtant assidus aux audiences princières, ne filait-il pas retrouver ses chers Brigands dès que l'envie (c'est-à-dire le sens du devoir) l'en prenait ? Pourquoi ? Simplement parce que, général nommé, il ne pouvait s'autoriser des écarts d'homologues élus et tardivement confirmés. M. de Frotté, encore que maître exclusif de la Contre-Révolution en Normandie — pitié pour la haute, il s'agit de la Basse — n'est pas un Chouan dans l'acception

Frontispice de « Quatrevingt-Treize » de Victor Hugo.

habituelle du terme. Il demeure un officier condéen ayant obtenu des Princes la faveur de les servir sur le théâtre de sa naissance ; comme il n'est qu'un délégué, on le lui fait bien sentir. Quelle que soit sa liberté d'esprit, il demeure le petit doigt sur la couture du pantalon qu'il préfère le plus souvent aux culottes. Il est placé dans la plus inconfortable des positions ; inventeur de la Chouannerie normande, il n'en est pas le propriétaire et peut légitimement enrager lorsqu'il voit MM. Georges et Mercier disposer de la Bretagne à leur convenance. Chez lui, la discipline demeure une valeur essentielle. Se tenant, non sans raison, pour responsable de la situation de son pays, il met tout en œuvre, avec son major général, le vicomte d'Oilliamson, afin d'empêcher les prises d'armes partielles. Naturellement, M. Billard de Veaux s'en moque et se vante de ses désobéissances. C'est que l'occasion devient bonne. Louis en écrit le samedi 16 mars 1799 à son trésorier et confident, le comte de Placène :

« Jamais nous n'avons eu de plus belles chances. On nous demande ici l'état approximatif de nos ressources dans chaque division. Les circonstances très favorables se développent. Tout m'annonce que la noble persévérance de mes compagnons d'armes recevra sa récompense. »

Pour autant, il demeure circonspect, fait part à son ami La Trémoïlle de ses incertitudes et se garde bien, en fin avril, de se montrer trop optimiste lorsque le duc d'Harcourt, toujours chargé des ordres du Roi, l'interroge sur l'état du Parti.

Si M. de Frotté ne parvient pas à se faire entendre lorsqu'il prêche l'attente, on ne saurait compter sur plus de soumission envers les généraux imposants et lointains que Monsieur voudrait voir à la tête des campagnes de l'Ouest. M. de Béhague est rentré de Bretagne n'ayant rien vu de très encourageant. Comme Charles-Philippe sait la courtoise opposition des chefs à ce vieux soldat, trop classique et trop âgé pour eux, il remercie le comte pour sa fructueuse inspection, la lui laisse tout en la lui retirant, et lui fait donner, par le Roi, la grand-croix de Saint-Louis. *Exit* cet empêcheur de chouanner en rond. Ces Messieurs vont-ils enfin être en paix c'est-à-dire en guerre ? Ce serait trop beau. On ne sait quel conseiller de Holly-Rood trouve superbe l'idée — puisque ni Dumouriez ni Pichegru ne sont disponibles — de proposer le commandement supérieur des provinces de l'Ouest à Adrien de Laval-Montmorency, prince de Laval. Sans doute, le nom de la ville natale du prince de Talmont a-t-il joué dans ce choix. Adrien, destiné par ses parents à l'état ecclésiastique, a préféré le rouge au noir, servi sous le vicomte de Noailles, quitté l'initiateur de la nuit du Quatre-Août pour passer en Émigration, commandé chez les Anglais, et s'est distingué dans les affaires de Corse. Retour de Russie où le Czar l'a fait général major, il ne manque pas d'expérience militaire mais son savoir et sa pratique revêtent un caractère traditionnel. On sait que ce fidèle de Mme Récamier deviendra l'un des ambassadeurs les plus remarquables de la monarchie restaurée.

Louis enrage. La mauvaise fortune, pourtant, est cette fois bonne conseillère. Il fait tenir au grand seigneur une lettre dont les termes habiles le disputent aux formules respectueuses. Comme toujours, c'est trop long mais bien tourné ; bref, Blondel « trouverait difficile d'obéir à tout autre qu'à un Bourbon »... sauf, bien sûr, au prince de Laval.

Le futur confident de Juliette se rend compte qu'il va vers les pires ennuis. Si le chef normand, réputé pour sa courtoisie et sa soumission, lève un lièvre en rappelant qu'il détient « des lettres de commandant en chef », qu'en sera-t-il avec Georges et M. Mercier, qu'en sera-t-il avec M. de Bourmont, peu porté, depuis qu'il a remplacé le malheureux comte de Rochecotte, à souffrir des entraves à son action ? Adrien réfléchit. Il ne sera pas un nouveau Béhague et décide de s'orienter vers la diplomatie... Enfin !

La lettre de Louis au prince de Laval est datée du mardi 18 juin. Le jeudi, le maréchal de camp est invité par le duc d'Harcourt à se rendre à Holly-Rood d'où Monsieur ne sort pas, de crainte d'être contraint d'en découdre avec la meute de ses créanciers.

Si Londres, avec ses gazetiers, ses Émigrés réduits aux travaux manuels, ses agents doubles et triples, constitue un ardent foyer d'intrigues, Édimbourg n'est pas non plus peuplé de créatures angéliques. Une petite cour picrocholine s'y déchire à belles dents. Sensible et intelligent, ignorant mais travailleur, voulant le bien sans toujours savoir le faire, Monsieur, encore qu'il ne rappelle pas, à l'instar du martyr de la place Louis-XV, ce Télémaque cher à leur précepteur La Vauguyon, aurait besoin d'un mentor. Il n'en veut pas, et chacun — l'évêque d'Arras comme l'abbé de Latil, le baron de Roll comme le comte de

La Chaussée, pour parler franc plus doué que les autres — aspire à tenir le rôle. Se rendant compte de ce jeu, Charles-Philippe s'en amuse, à l'occasion, et applique le vieux principe *Divide ut regnes*.

Louis s'apprête à goûter, pour la troisième fois, les bagatelles subtilement empoisonnées de cette vénéneuse bonbonnière. A son étonnement — et il va séjourner là du 24 au 29 juin — tout le monde paraît s'être amendé. Même l'affreux prélat, ce Conzié, capable naguère, du haut de son rabat, de traiter les Normands avec tant d'injustice et de méchanceté, se montre gracieux. Blondel ignore encore que M. de Béhague a fait son temps comme inspecteur mais il ne constate pas sans plaisir l'absence du prince de Laval. En dehors de Monsieur ne subsiste au sommet que le duc d'Harcourt, témérairement nommé gouverneur général. Avant les conférences, M. de Frotté s'en est allé dîner chez son compère Bourmont. Entre eux a toujours régné la plus parfaite harmonie, mais il s'agit de créer une entente avec les Bretons. Les rapports n'ont jamais été mauvais, toutefois la réputation *anti-noble* de Georges, savamment entretenue par lui-même pour éviter des importuns dont la naissance serait supérieure au mérite, mais, de fait, très avant dans la confiance et l'amitié des gentilshommes de son coin, peut faire augurer des difficultés. Le terrible gros n'est pas là ; le charmant Pierre Mercier et le grave comte de Botherel, dont on sait l'attachement aux anciens usages et notamment aux prérogatives parlementaires, sont venus pour le représenter. Louis et le futur maréchal, très informés des affaires de l'Ouest, comprennent, semble-t-il, dès ce début de l'été, qu'à défaut de l'unité complète des responsables de toutes les provinces, la Chouannerie doit présenter une cohésion. Si les caractéristiques, qu'on nommerait de nos jours économiques et sociales, sont différentes entre Bretagne, Maine et Normandie, si le commandement, électif à l'origine chez les uns, a toujours été dévolu chez les autres, le style qu'il convient d'imprimer à cette prise d'armes sera, comme pour la précédente, identique dans les trois régions. Enfin, et ces Messieurs le savent, le bas Poitou, comme le haut, ainsi que l'Anjou sont très vulnérables ; le tribut payé par le premier dans les deux guerres, et par les deux autres dans la première est incomparablement plus lourd que les inconvénients advenus ailleurs. Bien encadrés, vigoureux, prêts au sacrifice suprême, les anciens soldats de M. de Charette, de M. de La Rochejaquelein, de Marigny, de Sapinaud et Stofflet sont capables de grandes actions. Ils ont été des géants, ils ont mené des entreprises fabuleuses, mille fois supérieures aux plus remarquables des exploits chouanniques, mais hors une poignée d'hommes, tenus naguère au sud-ouest par le seigneur de La Contrie, et au nord-est par le vicomte de Scépeaux, assisté de Louis de Bourmont, ils ne sont point à même de développer un effort continu. Comment le leur reprocher lorsqu'on se souvient qu'avant même la méthodique saignée pratiquée par les Colonnes Infernales, il n'était rentré qu'un homme sur dix de la virée de Galerne ? Au sud de la Loire, voire dans l'Anjou craonnais, on s'est battu dans des conditions d'une indescriptible difficulté. Pourtant, les conflits terminés, on n'a jamais maintenu la pression contre les Patauds par des opérations du type des *Interchouannages* ou de la *Chouannerie des officiers*. On se serait fait moudre à Torfou, à Cholet, ou bien à Dol, plutôt que de se rendre mais, dès lors qu'est intervenue la paix, on a mis la main à son chapeau lorsqu'on croisait les gendarmes de la République, en oubliant de leur tirer dessus. Qu'on se remémore les difficultés rencontrées par M. de Charette pour passer de la guerre à la guérilla, qu'on revive — exemple plus dramatique encore — l'atroce désillusion de M. Stofflet lorsque, pour complaire à Monsieur, il avait tenté l'impossible — jugé par lui naturel — et ne trouva que l'abandon et la mort.

Plus que les périodes calmes, les révolutions connaissent une *accélération de l'Histoire*. En 1799, la vieille Vendée, encore bruissante de ses gloires des années terribles, constitue une force historique. Elle est devenue un objet de référence. Parce qu'elle est entrée dans l'épopée par la grande porte, les Princes la croient capable de tout alors que, à bout, elle ne peut offrir qu'une caution toujours sublime mais un rien anachronique.

Avec tout le respect imposé par une semblable situation, Blondel et Renardin vont s'entendre avec ce fils d'aubergiste tant prisé par le comte d'Artois et qu'on nomme moins souvent M. Mercier que La Vendée. Il faut fédérer la Chouannerie.

Aucun texte n'authentifie le pacte d'Édimbourg, mais le comportement ultérieur des états-majors bretons, mainiaux et normands tend à prouver qu'un engagement moral fut pris à ce moment-là. C'est vrai que Georges, se désennuyant à guerroyer dans ses landes familières, n'était pas venu promener sa gloire jusqu'à Holly-Rood. Pourtant, comme Pierre Mercier, Patrocle du nouvel Achille, possédait tout pouvoir de décision, il est fort probable que, sans crainte d'un désaveu, il donna des assurances. L'absence de rivalité facilitait les tractations. Louis ne voulait d'autre charge que celle de la Normandie. Un seul point l'agaçait ; la reconduction du baron de Mallet dans le commandement de la *haute*. La différence des services rendus, au-dessus et au-dessous de la Seine, rendait le Suisse un peu honteux, et pour masquer sa confusion, il prenait à l'égard de son camarade des airs de roideur assez mal venus. L'organisateur des chevaliers de la Couronne, le vainqueur de Bernière, s'offusquait légitimement des humeurs forestières de cet émule helvétique. Hors ce maladroit, aucun chef n'était en mauvais termes avec M. de Frotté. Le comte de Bourmont, compagnon attentif et chaleureux encore que des plumitifs aient prétendu le contraire, était tout à la fierté de succéder au grand Rochecotte, malgré les grimaces du chevalier de Tercier. Quant à Georges et à son Pierre, leur Bretagne, même vaguement amputée en est par le chevalier de La Prévalaye, et au sud par le comte de Châtillon, suffisait à leurs tumultueux plaisirs. Est-ce dire qu'Angevins et Poitevins convoiteraient le contrôle supérieur ? Sans doute pas. Au demeurant, depuis la soumission définitive du vicomte de Scépeaux et l'exil canadien de M. de Puisaye, il n'existe plus de lieutenants généraux ; les plus importants des Messieurs, de Georges à Frotté, sont maréchaux de camp. Ainsi, M. de Châtillon ne présidera-t-il les conférences qu'au bénéfice de l'âge, et le comte Le Loreux, commissaire du Roi, n'aura voix prépondérante qu'en cas de litige. Entre Vendéens et Chouans ne se relève pas d'opposition. Simplement, les premiers, se souvenant de la Virée de Galerne, et prêtant une oreille trop complaisante à passablement de commérages, tiennent les seconds pour des braves mais considèrent leur propre manière de servir — par l'épée et la charrue — plus digne de la cause que le sac et la corde.

Lorsque le comte d'Artois cherchait un commandant en chef, il montrait bonne raison ; toutes les affaires de l'Ouest avaient échoué, depuis 1793, par absence de corrélation. En évitant de froisser de bons serviteurs, fondait-il sa confiance sur cette collégialité dont, à Holly-Rood, il venait d'accepter le principe ?

N'était-ce pas cultiver périlleusement le vieil individualisme français ? Puisque les généraux avaient montré leur répugnance à prendre les ordres de grands anciens du modèle Béhague ou de hauts seigneurs du type Laval-Montmorency, il eût fallu Charles-Philippe lui-même avec un excellent major général, quelque Tavannes de ce nouvel Anjou. Hélas, les compétences militaires manquaient. Elles se trouvaient toutes chez Monsieur le Prince dont la petite armée, sous la mitre russe, guerroyait en Suisse et en Italie. Berry, bon colonel, et sachant parler au soldat, ne dépassait pas le stade tactique, et Angoulême, dont la gibosité n'immobilisait pas le sabre, manquait de la première qualité requise pour s'ouvrir le cœur des corticoles : le panache. Il eût donc été nécessaire de secouer la plus cadette des branches puisque le duc d'Orléans — ex-lieutenant général Égalité dans les armées de la République — forçait l'ours aux Amériques et ne voulait pas entendre parler de cocarde blanche. C'est donc vers les Condés qu'il aurait importé de se tourner ; Louis V lui-même, on l'a dit, était occupé. Son fils Bourbon ? Les fatigues de la guerre pesaient trop prématurément sur cet héroïque débauché pour conférer à l'entreprise l'élévation morale que les petits, même s'ils en manquaient, appréciaient chez les grands. Ne demeurait donc capable de susciter les enthousiasmes que le duc d'Enghien. Encore qu'il ignorât les techniques particulières de ce combat, il possédait une telle rapidité d'assimilation et un coup d'œil si sûr que les plus rétifs des capitaines l'eussent suivi sans grogner. Celui que les Carmagnoles avaient surnommé « le duc-va-de-bon-cœur », tant il mettait de fougue, de force et de foi dans des affrontements toujours loyaux, aurait parfaitement convenu. N'ayant connu, hors les combats, que Chantilly, Versailles et Coblence, trouvait-il une telle charge digne de sa gloire ? Son grand-père, dans sa tyrannique affection, l'eût-il laissé faire ? Certes, Monsieur le Prince acceptait qu'il commandât seul, lui déléguait parfois son autorité, toutefois elle s'étendait exclusivement sur des gens souvent formés et toujours choisis par l'aïeul. Encore que le grand homme de guerre ait vu servir, en qualité de lieutenant, MM. de Frotté, de Bourmont, de Phélippeaux et quelques autres, il était en droit de leur préférer des officiers plus anciens pour entourer son petit-fils. Reste un dernier point sur lequel les documents sont muets ; Louis XVIII aurait-il permis que l'avant-dernier des représentants du sang de France — puisque après Enghien ne passait que Conti, tout à fait démonétisé par son adhésion aux idées nouvelles — prît une place que les fidèles s'attendaient à voir occupée par le monarque ou par son frère ?

*
* *

Louis, toujours attentif à la situation, apprend, selon une chronologie inversée pour cause de distance, quelques nouvelles d'importance ; à Paris, le troisième coup d'État depuis la nuit noire du 4-Septembre confirme la faiblesse du régime. Fructidor, c'était la barre à gauche, et Floréal, un discret retour vers le centre. Le 30 Prairial ne répond pas à d'aussi simples définitions ; il s'est formé autour de l'ancien prêtre Sieyès une opposition parlementaire. Elle obtient le départ de Treilhard, bourgeois de haute capacité, comme de La Révellière et de Merlin, moins conservateurs mais pas trop ridicules dans l'exercice de leurs fonctions. En accord avec Barras, attentif à conserver sa place, et désormais seul survivant de la formation initiale, l'ex-abbé fait porter au Luxembourg trois individus qu'il prend pour des niais ; le général Moulin, frère du suicidé de Cholet, et l'ancien ministre Gohier dissimuleront malaisément leurs longues oreilles sous les chapeaux dessinés par David. En revanche, le régicide Ducos masque, sous une apparente gaucherie, un sens aigu de l'art politique.

Si le Jacobinisme paraît dominer la nouvelle combinaison avec le retour de Lindet, d'ailleurs assagi, et l'arrivée de Bernadotte, tonitruant mais jamais méchant, la présence du très ondoyant Cambacérès rassure les modérés et permet aux amateurs de réformes constitutionnelles — déjà — d'augurer quelques dispositions heureuses.

Le replâtrage est des plus précaires ; les généraux vainqueurs, c'est bien connu, acceptent des couronnes civiques et se tiennent le plus souvent tranquilles lorsqu'ils sont invités à goûter les charmes de la retraite. Les vaincus, en revanche, considérant que la faute en est aux civils, montent à l'assaut du pouvoir. Or, justement, les chefs militaires de la Nation ne connaissent pas des jours fastes ; moins heureux à la Trébie que Hannibal le froid Macdonald se fait battre par le terrible Souvorov. Sieyès envoie

Joubert, dont il veut ensuite faire son sabre, s'illustrer en Italie. Le caméléon Sémonville, capable de survivre à l'effort de parcourir un tartan, est si sûr de l'affaire qu'il donne sa fille au beau militaire. Trois fois hélas, le glaive de Sieyès se brise durant la terrible journée de Novi. Voilà pour les proches théâtres.

Plus loin, il s'est produit un événement considérable ; dès avant le coup du 30 Prairial, et la veille même de l'entrée au Directoire du remuant défroqué, le général Bonaparte a dû lever le siège de Saint-Jean-d'Acre. La nouvelle, parvenue à Londres le 24 juin, sera connue dans ses détails le 23 juillet.

Louis en ressent une joie profonde. Si le commodore est salué pour sa défense de la ville comme un héros national, on apprend que les vieux amis ne sont pas étrangers à l'héroïque aventure. Le mérite de l'organisation revient à M. de Phélippeaux, mort à la tâche, dès le 2 mai. Le créateur de la Chouannerie Sancerroise avait saisi le moyen d'empêcher les troupes républicaines de pénétrer dans la place ; ayant fait sommairement relever les vétustes remparts, et surtout établir à l'intérieur de l'enceinte de nouvelles fortifications afin que d'immobiliser l'adversaire entre deux feux, utilisant au mieux les ressources présentées par la libre communication avec la mer, il avait, avec un rare bonheur, dirigé les contre-attaques et gagné la partie. Dans cette guerre atroce où la férocité des Arabes n'avait eu d'égal que les massacres systématiques organisés par le général Bonaparte, le jeune chevalier de Frotté, protégeant les Carmagnoles, capturés dans El-Arich, des fureurs ottomanes, s'était distingué par une modération bien dans la manière de son aîné.

Une nouvelle fois, la gloire du commodore, comme le sacrifice du colonel de Phélippeaux, vient à favoriser les rapports entre le chef normand et les ministres, rarement gracieux, d'une Majesté réputée telle.

Le chevalier de Bruslart, précédant son maître et ami, touche les côtes de France le 3 septembre. Louis s'apprête à partir et peste contre les lenteurs administratives et financières le contraignant encore à faire antichambre chez les *Honorables* alors qu'à Pouancé vient de s'ouvrir la grande conférence vendéo-chouannique où Georges et Renardin auraient bien besoin de lui pour entraîner dans le grand tumulte les héros, un rien circonspects, de l'ancienne Grande Armée.

M. de Frotté, de tout temps, s'était montré bon royaliste,

mais au chapitre de la catholicité, un confesseur exigeant, telles les brutes ensoutannées — Latil ou Conzié — qu'on voyait à Holly-Rood, eût pu trouver à redire.

Louis, maurassien avant Maurras, avait apprécié la religion comme facteur de tradition, d'ordre et de discipline. C'était peut-être pour lui affaire d'*animus* et non d'*anima*. Les perspectives d'une nouvelle bataille dont il pressent les risques et l'importance vont le ramener à des sentiments plus authentiques. Voici qu'il se dépouille de sa vieille enveloppe, écrivant au prince de La Trémoïlle des lignes capitales en cela qu'elles révèlent chez l'enragé sectateur de Jean-Jacques un précurseur de René. A lire ces phrases, on songe au fameux *J'ai pleuré et j'ai cru* :

« Je devrais attendre ton arrivée pour te confier que je veux devenir tout à fait homme de bien avant de partir. Quand on va combattre pour la foi et pour la royauté, il faut être conséquent et remplir ses devoirs de chrétien aussi bien que de royaliste. Si je ne l'ai pas fait plus tôt, c'est que je redoute l'apparence de l'hypocrisie vis-à-vis de moi-même et que cette démarche ne peut se faire convenablement à moitié et seulement pour la forme. »

Et Louis, précurseur de l'introspection, de délivrer cette formule concise et bien faite pour définir ce que les directeurs de conscience nommeront bientôt le respect humain : « Je crains encore les yeux des autres. »

Il ajoute : « Aussi ai-je fait mon affaire sans en dire un mot. Mais [...] Je te dois cette confidence car c'est à ce pauvre Vallière [l'ami disparu dès avant les premières campagnes] et à toi que je dois, après Dieu, les liens qui m'ont toujours retenu non pas dans la pratique mais dans le respect de la religion. »

Le premier jour de l'an VIII (lundi 23 septembre 1799), entouré de quinze officiers, M. de Frotté, arrivant de Saint-Marcouf, débarque à Meuvaines, non loin d'Arromanches. Pour lui comme pour les siens, la suprême récompense est dans l'action et les périls. Déjà, tandis que les Bleus s'inquiètent, renforçant leur dispositif, la nouvelle court de fermes en châteaux. On n'y croyait plus. On avait tort. Blondel est de retour ; le Bocage s'ouvre à la deuxième croisade.

Chapitre XI

SA DEUXIÈME CROISADE

Louis savourait la somptuosité de cette fin d'été normand. Enfin, il était chez lui. Jacobins et ralliés s'en dépitaient. Les autres se réjouissaient à la pensée que Monsieur Louis allait offrir quelques-unes de ces fêtes dont il possédait le secret. Avec l'absence, sa légende avait grandi. Les exploits, parfois modestes, de la première chouannerie s'étaient amplifiés à force d'être racontés. Les escarmouches devenaient des combats et les combats des batailles. On oubliait qu'aucune localité d'importance n'avait été prise. Le Mesnil-Tôve devenait Marignan, et La Vente-Henriet, Fontenoy. C'est moins aux résultats — assez maigres — obtenus par le général qu'à son incomparable manière de guerroyer qu'il importe d'attribuer la naissance aussi rapide d'une telle légende. Les Blancs, pour se faire plaisir et inspirer la terreur à leurs ennemis, avaient à l'envi cultivé ces amplifications ; les Bleus, mal informés par leurs administrateurs, *intoxiqués* par les Royalistes, et souvent sujets à la fièvre obsidionale, se révélaient incapables de ramener les événements à leurs véritables proportions. Pis, dans le but de se faire valoir ou d'obtenir des récompenses, tel fonctionnaire ou tel officier de la Garde nationale grossissait la moindre embuscade. Si Blondel avait disposé de la moitié des combattants que prétendaient avoir tués les défenseurs de la Nation, il eût, depuis beau temps, contrôlé la totalité du pays et, sur le marché, les provinces limitrophes.

Certains officiers ignoraient l'expression *interchouannage*, créée par les enragés voisins du Bro-Erec mais ils avaient inventé la chose avant le mot. Ainsi M. Billard de Veaux, méconnaissant les admonestations de M. d'Oilliamson, s'en donnait à cœur joie depuis le mois de mai. Au prieuré de Saint-Benoît, près de Tertu, il avait répondu froidement au vicomte :

— Quand les princes pourvoiront à l'existence, ou veilleront à la sûreté de leurs partisans, ils pourront leur demander une obéissance passive. Comme ils ne partagent ni leurs dangers ni leurs privations, et ne les secourent d'aucune manière, ils n'ont pas le droit de nous empêcher — mes soldats et moi — de repousser la force par la force et de vendre notre vie.

M. d'Oilliamson en eut un haut-le-corps ; un tel discours contrastait par trop fortement avec la soumission dont M. de Frotté faisait toujours preuve, et même avec la façon si courtoise — chef-d'œuvre de duplicité — qu'employaient Monsieur Georges et plus encore son compère Mercier-la-Vendée, pour n'en faire qu'à leur tête. Ces personnages, il est vrai, étaient généraux, fréquentaient chez les Altesses. Billard, lui, tout juste colonel, par la grâce de M. de Frotté, ne ménageait rien ni personne, considérant qu'il fallait tuer pour vivre. Avec lui, on touche à l'indécise frontière entre la Chouannerie et le banditisme. Il s'est mis en affaire avec un chenapan de son acabit, Jean Mérille, de Saint-Front : garçon de vingt-quatre ans, assez instruit et pas réellement dans le besoin. On l'appelait Beauregard, ou plus familièrement Bon b... Il possédait assez d'éducation et d'aplomb pour signer des billets dans le goût de celui-ci :

« Je soussigné reconnais avoir reçu de ... la somme de... en numéraire [car les assignats ne l'intéressaient point] pour les dîmes et impôts dus au Roi. Fait le... l'an... du règne de Louis XVIII. »

De taille moyenne, des yeux sombres profondément enchâssés dans des paupières bridées lui conférant une allure asiatique, il passait selon les Bleus pour avoir commis « des actes dont l'idée glace d'horreur ». En tout cas, à défaut de talents militaires éclatants, il cultivait des dons d'organisateur, possédant « des boulangers attitrés et des fournisseurs de cidre dans divers villages ».

Le colonel *Alexandre* et le capitaine *Bon b...*, bientôt chef de la petite division de La Chapelle-au-Ribou, naguère menée par

Rochambeau, formaient une assez joyeuse association. M. Picot, appréciant en connaisseur, leur avait envoyé quelques compagnons, toujours prêts à considérer que le service du Roi passait nécessairement par l'interception des voitures publiques.

Quelles que soient les hâbleries dont sont parsemés les Mémoires de M. Billard de Veaux, bien des traits demeurent véridiques. Il racontera plaisamment :

« Nous retirâmes nos armes de la terre où elles étaient enfouies depuis trois ans et nous les dérouillâmes de notre mieux [...] J'achetai [où ? Chez l'apothicaire ? Dans un poste républicain ?] une livre de poudre et des balles [...] Nous étions dix-huit soldats, l'État-Major compris ; dès lors nous regardâmes la République, sinon comme entièrement perdue, du moins bien aventurée. »

Ayant enlevé le poste de Hambers dans la Mayenne, ces héroïques vauriens se retrouvèrent avec plus de fusils et de poudre qu'il ne leur en fallait. Leurs méfaits divers, et plus particulièrement leur façon de rançonner sauvagement les propriétaires, leur avaient attiré quelques ennuis. D'Alençon à Caen, toute la province bruissait de leurs exploits. Qu'ils fussent royalistes ne gênait quiconque mais qu'ils s'attribuassent, sans barguigner, le bien d'autrui, scandalisait les gens les plus modérés. L'autorité fit marcher contre eux 3 000 hommes, ou plus exactement, car il ne s'agissait point de troupes de ligne, 3 000 Gardes nationaux et autres auxiliaires de la cause patriotique que le bicorne, les buffleteries et l'habit bleu pouvaient faire passer pour des soldats. MM. Billard et Mérille rossèrent ces amateurs puis se portèrent sur le télégraphe d'Habloville qu'ils brûlèrent après avoir fusillé trois de ses gardiens. Encore s'il ne s'était agi que d'appointés de la République, mais, parmi les victimes figurait un pauvre voyageur, ni *citoyen* ni *monsieur*, un dénommé Cordier, père de huit enfants, dont l'épouse serait morte de douleur en apprenant un fait divers, revêtant pour elle l'importance d'une tragédie.

Les gazettes rapportèrent que certains Chouans, investis à la ferme du Jardin, avaient payé le prix de leur forfait lorsque la colonne mobile accourue de Falaise avait incendié la bâtisse. C'était faux ; aucun malandrin n'avait « étouffé dans les caves ». MM. Billard et Mérille s'étaient bien gardés d'aventurer une partie de leur monde en un lieu qu'ils jugeaient malsain. C'était le mercredi 29 mai 1799. Le 19 juin, un autre mercredi, les pirates du Bocage avaient fait mieux. Avec une audace dont l'extravagance force le respect, ils avaient surpris et désarmé, dans la forêt d'Andaine, tous les gardes forestiers de Domfront. Cette fois, ces émules de Cartouche s'étaient mués en Bayard, libérant tous les captifs, se contentant de saisir leurs armes. Pourquoi ? On ne sait trop. Les changements d'humeur de MM. Billard et Mérille tenaient sans doute à la pénurie ou bien à l'abondance de pain et de cidre…

Alexandre se décrira joliment à cette époque :

« Pantalon et pelisse à la houssarde, peau de veau rayé, gilet de drap bleu, bonnet fort haut en peau de renard, avec la queue qui me pendait jusqu'au bas des reins […] de superbes cheveux noirs partagés en deux nattes nouées sur la poitrine avec un ruban rouge, et, de plus, toute ma barbe qui n'avait pas été coupée depuis le commencement de l'année jusqu'au mois de juin où nous étions. J'avais endossé une chemise de coton bleu ; on me l'avait lavée à Fontenay le 15 mai et elle ne me quitta que le 4 août suivant. Dans ce temps, je n'ôtais jamais une paire de bottes ; quand elles étaient usées, on les coupait sur mes jambes. »

L'auteur de ces lignes était alors si heureux dans ses entreprises qu'il commençait de manifester une tendance à ce qu'on ne nommait pas encore la mégalomanie ; ne parlait-il pas le plus sérieusement du monde d'organiser ses quelques centaines de traîne-misère en huit compagnies ? Parfois, il paraphrasait, peut-être sans le savoir, la réflexion à la Plutarque émise par Monsieur Henri lorsqu'il s'éveillait à la gloire. C'est bien l'écho assourdi du propos tenu par l'enfant prodige de la Durbellière qu'on croit entendre lorsque Alexandre s'écrie :

— Je défends à qui que ce soit de passer devant moi, mais le premier qui recule, je le tue.

Mieux partagé sur le rapport du courage qu'en matière de bon goût, il arbore, par exemple, la cocarde tricolore sur son séant. Épistolier distingué, il mande au citoyen Capelle, simple homonyme de l'amant d'Élisa Bonaparte :

« Ce 23 juillet. J'ai appris que vous teniez à Domfront le magasin des poudres de la République. Envoyez-m'en cinquante livres, si vous voulez éviter le pillage de vos propriétés. Salut et amitié, moyennant satisfaction.

Alexandre, colonel. »

De concert avec Bon b..., il attaque et désarme les colonnes mobiles aventurées à sa rencontre depuis Fougerolles-du-Plessis, Saint-Denis-de-Gastines et Landivy. L'indignation des Patriotes ne connaît plus de bornes lorsqu'on apprendra le nouveau forfait de l'exécrable Billard de Veaux. Passe encore qu'il s'en prenne aux personnes, mais voilà que le scélérat s'attaque aux fortunes. Il frappe d'opposition le montant des redevances dues aux acquéreurs de biens nationaux. Dociles et satisfaits, les fermiers obtempèrent. Furieux, les propriétaires les congédient. Bien entendu, Alexandre leur interdit de s'en aller. Trop contents, ils demeurent. En l'occurrence, le colonel se montre d'une rare subtilité ; en soutenant les pauvres gens contre la nouvelle bourgeoisie, il confère à son interchouannage un caractère de jacquerie, nouant les alliances les plus sûres dans le petit peuple contre la ploutocratie républicaine.

Le vendredi 26 juillet, Jean Mérille commet une lourde bêtise. Sans attendre son ami, il attaque au Gast, près de Melleray, un puissant parti de Patriotes, se fait étriller, laisse vingt hommes sur le terrain. Colère d'Alexandre, contraint, toutefois, de regagner avec Bon b... le pays d'Auge en se repliant par la forêt d'Andaine. Le dimanche 4 août, dizième anniversaire d'une mesure dont les conséquences n'ont pas fini de secouer la Normandie, le colonel attaque Monsecret. Les Patriotes locaux et les gens de la colonne de Tinchebray s'étaient réfugiés dans une auberge d'où, roture oblige, ils dirigeaient un feu nourri sur les Royaux. A cheval, Alexandre encourageait son monde. Une terrible décharge, dirigée d'une fenêtre, le mit à mal ; l'arçon de sa selle fut brisé, son ceinturon coupé de telle manière que le crochet lui déchirait le bas-ventre. Ruisselant de sang, et affectant de n'y point prendre garde, il met pied à terre, se saisit d'un tison, réclame de la paille, et somme les assiégés de se rendre, faute de quoi ils connaîtront l'enfer sur cette terre. Un Bleu se rue sur la sortie, parvient au-dehors. Le colonel, sabre à la main, l'invite à se rendre, l'autre se retourne et, presque à bout portant, décharge son fusil à deux coups. La tête de lion décorant le ceinturon du Blanc est enfoncée dans la plaie. Des deux balles, la première ressortira par le flanc gauche, la seconde se perdra dans le bassin. Turcan, dit Belle-Humeur, de Tinchebray, se précipite pour porter secours à son chef, parvient, au mépris de la fusillade, à le remettre en selle. Le blessé s'obstine. Les Bleus ont ce jour-là la tête dure. Ils ne cèderont pas mais — charmante consolation — l'agent national, un certain Madeline, est tué. On transporte, à mi-mort, M. Billard jusque dans le fenil d'une maison désertée. Un chirurgien, M. Ducoudray, viendra le soigner, mais un triste événement manquera de compromettre sa guérison. Son frère, qu'on surnommait Saint-Louis, et dont les dix-neuf ans étaient à peine révolus, était venu le visiter en sa nouvelle cache, un petit cabinet masqué par un buffet pivotant, principal ornement d'une grande chambre. Saint-Louis, après avoir entretenu le blessé, s'était, recru de fatigue, endormi en compagnie de son guide, La Planche, dans la pièce principale. C'est là que des Républicains, venus de Condé-sur-Noireau, et attirés par une délation, trouvèrent les voyageurs. Une demoiselle Huard s'était improvisée garde-malade. Les héros du Directoire l'interrogèrent et finirent par la souffleter. La petite ne dit rien, se gardant de révéler le secret du meuble. M. Billard, depuis sa cache, entendait tout cela. Enfin, les adeptes des idées nouvelles s'en allèrent, laissant la jeune fille, dirigeant sur Caen le bonhomme La Planche qu'ils entendaient bien contraindre à parler, et conduisant à Cerisy le jeune Saint-Louis.

L'interrogatoire fut à la mesure des moyens que possédaient les persécuteurs :

— Qu'es-tu ?

— Royaliste.

— Veux-tu servir la République ?

C'est toujours à peu près la même histoire ; les moins mauvais parmi les Bleus tendent la perche aux Blancs jugés, par eux, trop jeunes ou trop vieux pour mourir.

Un responsable national poursuit :

— Promets-nous de la servir [la République] et l'on ne te fera pas de mal.

— J'ai sucé l'amour du Roi avec le lait de ma mère ; je ne puis.

— Tu vas être fusillé.

— Je m'y attendais et je m'y suis préparé.

La sentence tombe. On le mène au cimetière, endroit commode pour les exécutions puisqu'il permet l'économie d'un ultime transport. Saint-Louis demande à faire sa prière au pied de la croix. Les Républicains se montrent assez libéraux pour le lui permettre.

L'oraison terminée, le jeune homme se relève :

— Je suis prêt.

— Mets-toi à genoux.

— Je ne m'agenouille que devant Dieu.

— Crie : « Vive la République ! »

— Je ne sais crier que : « Vive le Roi ! »

« A ces mots, rapportera le colonel Billard de Veaux, il tomba mort. » Ils sont des centaines, les adolescents tués durant cette période réputée paisible. Encore Saint-Louis, parce qu'il est le frère d'une célébrité, a-t-il la chance dérisoire de laisser un souvenir. Tant d'autres périssent anonymement... Pour rien... parce qu'un sergent est ivre ou qu'un agent national veut faire un exemple.

Dans l'anarchie directoriale, la logique a disparu. Des brigands sans coloration politique sont protégés par les autorités pendant qu'un Tilly, demeuré tranquille depuis la pacification, est fusillé. L'opinion ne s'insurge pas. On en a tant vu depuis dix ans que les cœurs se bronzent. Des voyageurs rentreraient-ils d'autres régions qu'ils ne rapporteraient pas des impressions plus favorables. Dans les deux tiers de la France où n'existe pas d'opposition politique par le sabre, le désordre est tout aussi considérable ; les diligences n'arrivent plus, l'armée du crime sévit aussi cruellement dans le Lyonnais qu'en Auvergne, en Artois qu'en Provence.

On connaît le rapport de l'archiduc Charles à son frère : « Un gouvernement ne doit pas être méprisé, il doit être haï. » Le Directoire est maintenant haï sans cesser d'être méprisé. Croire, pourtant, que les hôtes du Luxembourg et leurs ministres se moquent du destin des Français serait une erreur. Barras et ses amis ne veulent point le mal dès lors qu'ils se sentent en sécurité. Ainsi Merlin de Douai élabore-t-il le Code des délits et des peines. Ainsi Ramel-Nogaret parvient-il à soustraire l'assiette de l'impôt aux élus locaux pour la confier aux agents de l'État. Quant à François de Neufchâteau, dont les vers, plus que ceux d'Oronte, sont à mettre aux cabinets, il renouvelle les tentatives statistiques de Louis XV et de Louis XVI, et invente — mais est-ce un bien ? — le fameux blocus continental. Le même directeur, fort avant dans la propagation des arts et des sciences, sorte d'ancêtre des fondateurs de la IIIe, aimait à répéter :

— Le peuple ne se rattachera au régime que par la prospérité.

Hélas ! La prospérité ne vient pas et l'attachement du peuple continue de faire défaut. Pourquoi ? Constitutionnellement, le régime en vaut un autre. Tout a été mis en œuvre par l'excellent Daunou pour éviter le retour à la dictature d'une assemblée comme l'apparition d'un Cromwell. Dans la pratique, des personnages aux lumières aussi pénétrantes que MM. de Cambacérès ou de Talleyrand s'appliquent à gérer un quotidien dont le ci-devant vicomte, encore qu'usé moins par les plaisirs que par le pouvoir, ne se désintéresse nullement. La machine, pourtant, fonctionne mal et ralentit de plus en plus. Le Directoire paie encore les âneries de la Convention. Faute d'une monnaie, les échanges tournent à nouveau à l'économie de troc. En l'absence d'une justice indépendante, criminels et voleurs jouent aux barres avec la maréchaussée. Si l'Institut préconise des solutions économiques, si les écoles normales supérieures et polytechniques, fondées par la Thermidorienne, forment de bons jeunes gens, la théorie ne descend jamais jusqu'à la pratique. Épurés ou dissous, les grands corps de la Monarchie ne sont plus là pour assurer les travaux d'importance. Ainsi les routes, orgueil de Louis XV, et même les rues de Paris, sont dans un tel état qu'on s'y rompt le cou. A la vérité, les Républicains ne sont unis qu'aux yeux des Royalistes. Éparpillés en une foule de factions, séparés par les charrettes de la Terreur et les proscriptions du régime, ils s'épient, se haïssent entre eux, réclament tout d'une autorité trop faible pour tenter une réconciliation entre les Patriotes en attendant une fraternisation entre tous les Français. Longtemps, le brassage créé par la Conscription comme les victoires sur l'étranger ont préservé, plus ou moins, la cohésion nationale. Avec les défaites et la misère, il semble que l'unité même, rendue odieuse par les excès du centralisme, soit menacée. Les pauvres sont trop pauvres pour se soucier de la Patrie, les riches trop riches pour s'occuper d'autre chose que de continuer leur engrangement. Avec la ruine du catholicisme, les anciennes notions de charité sont en voie de disparition en dépit des excès, le plus souvent burlesques, de solidarité philanthropique. Le manifeste du comte de Châtillon, annonçant la troisième guerre — pour M. de Frotté la deuxième croisade — résume assez heureusement la situation :

« Nous tirons l'épée parce que, à part les forfaits commis par vos troupes, il nous répugne de voir la France tomber si bas [...]

La Révolution a eu le temps de donner son dernier mot. Ce dernier mot, c'est la honte ! A Paris, on trafique de notre honneur national dans les orgies du Luxembourg. Les conseils législatifs vendent au plus offrant leurs votes et leurs lois. Nous nous levons pour qu'il ne soit pas dit que des Français ne se sont pas voilé la face en présence de tant de turpitudes ; pour prouver qu'il y a encore des cœurs qui s'indignent. »

Si Louis de Frotté, comme la plupart de ses amis, a toujours combattu, depuis la Législative, les régimes se recommandant de la Révolution, il n'en va pas de même de tous les chefs et encore moins de tous les soldats. Pour un Willot, un Pichegru, revenus des illusions des premiers temps et occupant légitimement le devant de la scène, il existe nombre d'obscurs longtemps acquis aux idées nouvelles, voire au sans-culottisme et passés aux Royaux. Ils ne reconnaissent pas dans le Directoire troisième manière un régime selon leurs vœux. Ceux-là, et ils sont légion, pourraient écrire avant M. Pierre Gaxotte :

« En dix ans, la Révolution avait trompé tous les calculs et déçu tous les espoirs. On attendait un gouvernement réglé et stable, de bonnes finances, des lois sages, la paix au-dehors et la tranquillité au-dedans. On avait eu l'anarchie, la guerre, le communisme, la Terreur, la faillite, la famine et deux ou trois banqueroutes. »

C'est vrai, mais les partisans de l'anarchie ne sont pas ceux du communisme et les tenants de la guerre détestent les hommes de la paix. Pour autant, ces gens ont appartenu longtemps à la mouvance républicaine. Qu'en reste-t-il ? Un attachement au régime représentatif ? Peut-être. La volonté de conserver le bénéfice des réformes tendant à supprimer les dernières traces de la féodalité ? Sans doute. Les intéressés pourtant se comptent puisque les transferts de propriétés sont demeurés modestes. En bref, tout le monde voudrait *finir la Révolution*, en conservant ses agréments et en supprimant les coercitions dont, au nom de la Liberté, elle ne cesse d'affecter les citoyens. La Révolution ou les révolutions ? Ici, l'affaire devient trouble. Si M. de Frotté considère, pour le condamner, le mouvement dans son ensemble, certains esprits — et pas des plus mauvais — n'en reconnaissent pas l'*unicité*. Cette tendance se fait jour parmi les adeptes d'un moment, et plus rarement chez les adversaires déclarés.

L'art politique reposant sur la faculté de personnaliser un système, quelques théoriciens ont tenté de substituer à l'antique notion de Monarchie, indissociable d'un contenu spirituel, le culte de la République, belle, forte femme, à la fois mère et servante du Peuple. Cette abstraction a présenté peu de prise sur les lettrés, au pays de Montesquieu, de Voltaire et de Rivarol. Pour les autres, ouvriers dépossédés de leurs défenses par la loi Le Chapelier, paysans peinant sur la glèbe au service de nouveaux maîtres, moins accommodants que les anciens, ces débats offrent un intérêt inférieur à la possibilité de tremper une bonne soupe ou bien au ressemelage d'une paire de souliers achetée cinquante fois plus cher qu'au temps du ci-devant tyran. Le poids du quotidien interdit aux catégories laborieuses de se prononcer en faveur d'un gouvernement. Les rapports de police reflètent une totale confusion idéologique. Roi ? République ? On a follement aimé l'un jusqu'à ce que des bourgeois savants viennent expliquer qu'il n'était qu'un traître. On s'est enthousiasmé pour l'autre — terriblement multiforme — jusqu'au moment où on s'est aperçu qu'au nom de cette déesse aux yeux morts, Robespierre réglait ses comptes puis Barras ses valets de chiens. Robespierre ? Barras ? C'est à peine si les manouvriers et les laboureurs connaissent leur nom. La précarité de leur existence leur interdit toute réflexion. Seule, une minorité s'intéresse encore à la chose publique.

Sans doute, le mouvement le plus important a-t-il trait aux ruraux. Ils étaient, prétend-on souvent, contre-révolutionnaires au moment où Paris et les grandes villes se donnaient la joie d'investir le Trône et de brûler les autels. Seules, les campagnes de l'Ouest, la Lorraine, et, pour partie, le Cantal et la Provence avaient boudé — et encore — les premières mesures démocratiques. Ailleurs, le monde des champs s'était souvent passionné pour les nouveautés. Non seulement, il avait allégrement accueilli l'abolition des droits féodaux, mais encore il avait donné joyeusement dans l'organisation des nouveaux pouvoirs et avait accéléré la déchristianisation si vivement qu'il ne retrouvera jamais la foi des anciens jours. En revanche, la démarche s'était inversée dans l'ordre politique. Le transfert des propriétés à la bourgeoisie, comme la Conscription, la Terreur, et plus encore, peut-être, les maladresses administratives avaient lassé les paysans. S'ils ne communiaient pas dans la volonté d'un

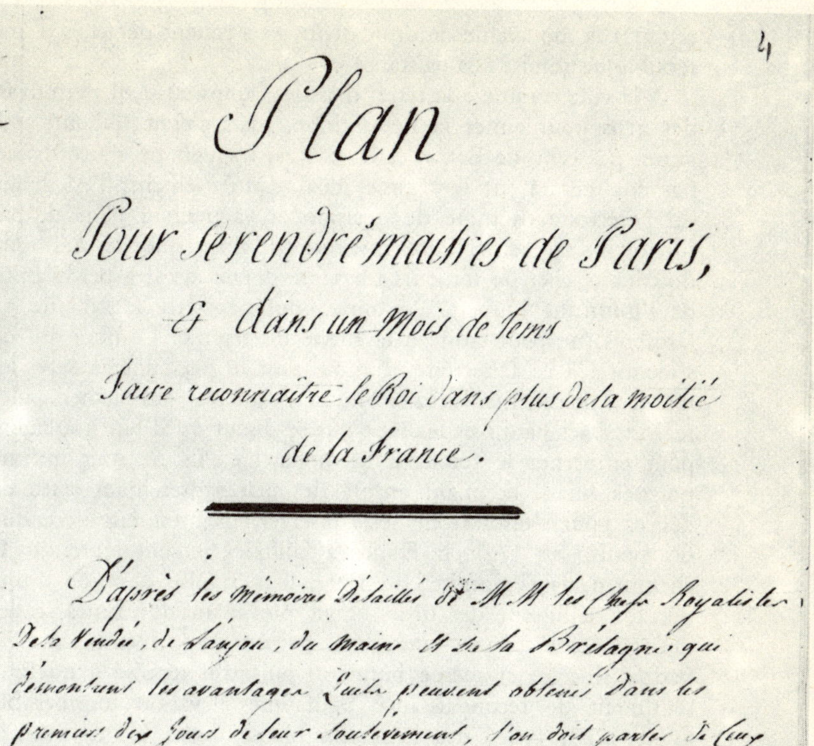
4

Plan

Pour se rendre maîtres de Paris,

Et dans un Mois de tems

Faire reconnaître le Roi dans plus de la moitié de la France.

D'après les mémoires détaillés de MM les Chefs Royalistes de la Vendée, de l'Anjou, du Maine et de la Brétagne qui démontrent les avantages qu'ils peuvent obtenir dans les premiers dix jours de leur soulèvement, l'on doit parler de ceux qui peuvent offrir aussi le dévouement de ceux de Bsse Normandie. Quoique je ne puisse le faire qu'hypothétiquement, n'ayant aucunes données sur les Plans Généraux adoptés par les Puissances, ni même aucunes positives sur celles adoptées ou en vue pour les provces de l'ouest de la France, car les premiers succès dans cette partie ne peuvent être utiles et importants qu'en raison des mesures qui seront prises pour les étendre, et en assurer la continuité dans le cas à peu près certain où le Directoire s'empresserait de rassembler de nouvelles forces contre les Royalistes vainqueurs de celles qui sont maintenant disséminées dans leur Pays.

Manuscrit extrait des carnets rouges de Louis de Frotté.

retour à la monarchie de droit divin, ils s'étaient détachés d'une république admise à sa naissance.

A la ville comme à la terre, dans les camps aussi, il se trouvait des gens pour aimer la République, mais c'était toujours une autre, pas celle de Barras et de Sieyès, lesquels ne s'accordaient pas eux-mêmes sur le régime idéal. Curieusement, l'Alcibiade du Directoire, homme de décision et vaguement général, par surcroît, s'en remet aux institutions alors que le défroqué doctrinaire cherche toujours un sabre depuis qu'il a perdu celui de l'infortuné Joubert. Personne, sauf peut-être le sybarite de Grosbois, ne peut croire à la survie du régime. Comme nul ne s'identifie à ce Directoire, comme tout le personnel a servi les maîtres précédents, cela n'inquiète guère. Simplement, les régicides, les nantis et les tape-dur se disent qu'il faut tout faire pour empêcher le retour à la Monarchie. Ils ne sont qu'une poignée, mais, occupant encore des places présentant assez de délices pour s'efforcer de les conserver, ils mesurent l'étendue des périls ; en 1797, la France a failli légalement reprendre le chemin de la Légitimité. En 1799, il n'est plus question d'une décision jaillissant des urnes, mais provenant des armes, celles des généraux bleus dont l'attachement aux institutions est parfois sincère, et même honnête, puisqu'il répond à quelque sentiment de reconnaissance pour une élévation imprévisible avant 1789, celles des généraux blancs, assez avant dans la connaissance de l'opinion, ou de l'absence d'opinion, pour savoir que tout demeure possible à condition d'aller vite.

Voilà pourquoi des responsables royalistes se sont mis d'accord sur une tactique ; on enlèvera les chefs-lieux. Jamais les contrées de l'Ouest n'avaient été totalement pacifiées mais elles souffraient moins sous la drôle de paix que durant les hostilités véritables. Pour un Billard, au repos jusqu'en octobre, un Mérille toujours occupé de faire boire et manger aux frais des Carmagnoles, combien d'officiers subalternes, un peu moins chefs de bandes que ces coupe-jarrets de prestige, attendent placidement les ordres. Ils se réjouissent d'avoir à se battre, mais, demeurés, malgré l'expérience de l'affrontement précédent, des hommes de l'ancienne école, ils n'envisagent qu'une action limitée dans les lieux et dans le temps. La guerre multiforme et perpétuelle, tantôt classique et tantôt subversive — telle que la conçoivent MM. de Frotté, Georges et de Bourmont — n'est pas dans leur manière. Quant aux vauriens précédemment cités, le tapage qu'ils mènent fait illusion sur leur force et leur nombre. Au vrai, ils ne sont qu'une poignée.

L'offensive générale est fixée au 15 octobre. Or, dès avant cette date, les affaires du Parti sont compromises ; à l'extérieur, le redoutable Brune a battu, le 18 septembre, les Anglo-Russes à Bergen, cependant que Masséna, plus avare de ses deniers que de son sang, forçait les Austro-Russes à desserrer leur étreinte par les Journées de Zurich (23-27 septembre) et que le méthodique Gouvion-Saint-Cyr sauvait Gênes par une série d'adroites manœuvres. A l'intérieur s'était produite une autre affaire dont la brièveté n'excluait pas l'ampleur ; parmi les bonnes têtes de l'agence de Souabe figurait l'un des amis les plus chers de Louis de Frotté, l'héroïque et savant défenseur de Lyon, le comte de Précy. Il s'appuyait sur les rescapés de Fructidor, l'abbé André, fondateur des instituts philanthropiques avec son presque homonyme le baron d'André, sur le maire Imbert-Colomès — étranger à l'agence —, le général Willot, évadé de l'enfer de Sinnamary, ainsi que le comte de Mareschal-Vezet, président au parlement de Franche-Comté dont les papiers, présentés et révélés par M. le marquis Dugon, ont contribué puissamment à mettre en relief les tentatives royales aux derniers jours d'un siècle si prometteur en ses débuts et achevé dans le sang et les désordres.

M. de Précy, en accord avec le Roi, avait décidé de soulager les provinces de l'Ouest, en mettant sur pied une organisation contre-révolutionnaire dans le Midi. Monsieur était, semble-t-il, tenu plus que distraitement au courant de l'entreprise. La tactique, pourtant, était identique à celle qu'avaient adoptée les commensaux de Charles-Philippe ; on enlèverait les chefs-lieux et, en priorité, Bordeaux et Toulouse. La première de ces villes, ruinée par la Révolution, soucieuse de reprendre ses fructueux échanges avec l'Angleterre, scandalisée par l'horreur du traitement subi par les Girondins demeurait, hors l'écume de ses faubourgs, acquise à la Royauté. La seconde, indifférente aux exactions sans-culottiennes, travaillée par les Protestants, restait, sauf une agissante minorité, fidèle à la République et à son type le plus exagéré. Le mouvement des affaires et l'opposition des mentalités étaient toutefois si complexes que Bordeaux, métropole royale, était entourée de localités assez indifférentes et parfois hostiles à la Monarchie, cependant que Toulouse, la rouge, se ceinturait de campagnes fidèles ou repassées à la cause blanche. Dans ces pays, on ne s'était jamais battu. Si, vers le nord, M. Charlier s'était illustré dans l'éphémère conduite de la Chouannerie Vivaroise, ailleurs il ne s'était rien produit depuis le camp de Jalès, sinon l'organisation de filières pour faire passer en Espagne quelques hommes décidés à rallier la légion de Saint-Simon, ou, plus simplement, à se soustraire aux proscriptions.

A l'absence d'expérience des Blancs répondait la médiocrité du commandement national ; depuis la paix avec Charles IV, signée dès l'été 1795, les ministres successifs avaient, dans ces régions, laissé peu de troupes, leur donnant des chefs jacobins, pour la plupart de modeste envergure. A Bayonne, le sans-culotte Mauco, s'il avait connu la chance historique de guerroyer à Roncevaux, était mal noté. Son subordonné, Aley de Launay, beau-frère du fructidorisé Siméon, cherchait le vent et finit par révéler les décisions prises dans l'Institut des Braves Français, émanation supérieure des Amis de l'Union, société elle-même dérivée des anciens instituts philanthropiques. A Toulouse, le jacobin Commes devait sa place à ses liaisons avec Augereau dont il épousera la sœur. Son chef, Aubugeois de La Borde, donnait aussi dans le culte de Robespierre, mais, ancien d'Amérique et de Wissembourg, possédait un passé militaire plus sérieux. En face commandait un ancien de l'armée des Pyrénées-Orientales, probablement recruté par M. Willot, le général de brigade Rougé qu'assistaient M. de Guintrand, maréchal de camp, M. de Parazola, major, et un gentilhomme issu d'une famille parlementaire, le jeune comte de Paulo. A lire les rapports des *visiteurs* rendant compte à l'agence de Souabe, on pourrait croire que Toulouse se portait bien, tous les officiers de l'arsenal étaient affiliés aux Amis de l'Union. Un bulletin précisait :

« Presque tous les départements du Midi sont dans un état manifeste de Contre-Révolution. Il y a un accord actuellement public entre les royalistes de la Lozère, de l'Ardèche, de la Haute-Loire, de l'Aude, de l'Hérault, de l'Aveyron, du Cantal, de la Drôme, du Rhône, du Tarn, du Vaucluse. »

Les administrateurs de la Haute-Loire évaluaient à 15 000 les affidés de leur coin, mais c'était un trait de la propension des

Méridionaux à l'inflationnisme, et plus encore, un moyen d'obtenir une aide et de se faire valoir.

Le vendredi 12 juillet 1799, la promulgation de la loi des Otages avait, il est vrai, scandalisé les bons esprits et ramené passablement d'indécis au service des lis. La campagne s'était ouverte devant Toulouse dès le 4 août, alors que Bordeaux ne comptait pas bouger avant le 15. Dans le même temps, les Royaux prenaient Muret et Saint-Lys. Les Républicains commencèrent par proscrire quelques adversaires en vue, ou se contentèrent d'incarcérer tel ou tel malheureux, réputé aristocrate, après la dénonciation d'un voisin de palier. Le citoyen Aubugeois de La Borde, ayant reçu des secours et notamment de l'artillerie, décida de débloquer la ville des capitouls. Il prit ses ennemis à revers sur la colline de Pech-David, les délogea, en précipitant deux cents dans le fleuve. Toulouse était sauvée lorsque Bordeaux voulut se mettre de la partie. C'était trop tôt ou trop tard. Le bureau central vainement attaqué, la tentative fit long feu.

Le Comtat, la Franche-Comté n'avaient pas bougé.

On se dressait pourtant dans les Landes, on s'agitait dans les Basses-Pyrénées, on jouait plus sérieusement la partie dans le Lot où les compagnies des *braves gens* assiégeaient Agen, dans le Gers, où seule Auch demeurait aux mains des Carmagnoles. Dans la Haute-Garonne encore où Revel et Saint-Félix-de-Lauragais arboraient le drapeau de Louis XVIII, dans l'Ariège où Pamiers était à deux doigts de succomber.

Le général Aubugeois avait montré trop de rigueur pour espérer un accommodement. Triant son monde afin d'éviter que certains de ses bataillons ne passassent à l'ennemi, il rétablit les communications entre Toulouse et Auch en attaquant L'Isle-Jourdain. Ayant repris la localité, il s'y conduisit sans l'ombre d'une magnanimité, puis courut à Muret dont il s'empara. Pour le général Rougé, le jeune Paulo, leurs amis, la situation devenait inquiétante. Sagement, ils décidèrent de s'ouvrir un chemin vers la frontière espagnole, et, pour ce faire, enlevèrent Saint-Gaudens et Montréjeau. C'est là que, soucieux de leur couper la retraite, le brigadier Commes les atteignit, les battit, tua beaucoup, incendia plus encore. Les correspondances royales avouent mille morts, les gens du cru parlèrent du double. Fait prisonnier, dit-on, M. de Paulo fut libéré par les siens et parvint de l'autre côté des monts. Le général Rougé put, aussi, se soustraire à la répression avec un nombre assez conséquent de ses subordonnés pour que la République réclamât de Sa Majesté Catholique une extradition générale élégamment refusée par le bon Charles IV.

L'affaire fut si peu prise au sérieux que les vainqueurs ne reçurent de leur gouvernement, fort préoccupé, il est vrai, par les ultimes soubresauts de la queue de Robespierre, aucun témoignage de satisfaction. Ainsi les succès remportés par les Aubugeois et les Commes ne figurent-ils même pas dans leurs états de service. Les vaincus, eux, devaient attendre quinze ans pour faire connaître, et souvent amplifier leur rôle. M. Rougé, tout de même, y gagnera, en 1815, un commandement et un tortil.

Est-ce parce que l'entreprise remontait à son ami Précy, M. de Frotté devait, plus que ses amis, accorder de l'importance à cette histoire assez lamentable pour avoir coûté la vie à de nombreux paysans sans fortifier d'un sol les intérêts du Trône. La morale de la Chouannerie Languedocienne était tragiquement simple ; la guerre ne s'improvise pas à moins de rencontrer des chefs exceptionnels du type Bonchamps et des exécutants d'une volonté farouche tels les Vendéens de la première campagne. Un chouannage exige un terrain approprié, sauf exception, il n'autorise pas les offensives à découvert. Une situation économique défavorable et un mouvement spontané d'indignation ne réunissent pas les conditions nécessaires et suffisantes à l'organisation d'un mouvement contre-révolutionnaire lorsque les adversaires en place possèdent les biens les plus précieux : la volonté de se maintenir, de l'argent et des canons.

Des canons, Georges en fait servir trois ou quatre, M. de Bourmont tient aux siens plus qu'à la prunelle de ses doux yeux de couleuvre, Louis n'en possède pas. En revanche, l'armement individuel lui paraît assez satisfaisant. L'état de ses forces au moment de son entrée en campagne se décompose ainsi :

Divisions	Chefs	Nombre d'hommes
Avranches	Comte de Ruays	2 487
Saint-Jean-des-Bois	Chevalier de La Pivardière	1 710
Flers	M. Durand	1 210
Falaise	Baron de Commarque	1 425

Livarot et Vimoutiers	M. Picot	3 000
Gavray et Périers	M. d'Hugon	240
Presqu'île (du Cotentin)	M. Jacques	Inconnu
Bayeux	M. Louis	400
	Total	10 472

C'est peu si l'on songe que cet effectif paraît lui-même gonflé par les responsables, non point dans le but de tromper leur chef mais dans le dessein d'obtenir toujours plus de matériel et de subsides. Encore, la légende de Blondel est-elle si considérable, et sa manière d'intimider si bien au point, que les Républicains le créditent de plus de 20 000 hommes, soit à peine moins que leurs propres forces. Puisque les Bretons entrent dans la danse, les Normands n'affronteront pas seuls la 13e division militaire que coiffe, à Rennes, le général Gabriel d'Hédouville, chef de l'armée d'Angleterre. En revanche, ils supporteront sans appui la 14e que commande un autre modéré, M. Dupont-Chaumont. La 13e aligne 13 929 fantassins et 762 cavaliers, la 14e, 2 192 fantassins et 419 cavaliers. Un renfort est attendu de 6 600 hommes. Total : 23 902 soldats véritables, mais il existe une foule de gens parfois assez pugnaces qu'on ne saurait négliger : Gardes nationaux, gardes-côtes, vétérans, canonniers volontaires et, enfin, mais c'est moins sérieux, les engagés de la *Légion française* dont le gouvernement vient de décréter la formation.

Louis, ayant quitté le château de La Lande-Vaumont, près de Vire, où s'est tenu le premier conseil, gagne Champ-de-la-Pierre, dans l'Orne, où M. et Mme de Bamont lui donnent l'hospitalité. Il lance alors une proclamation :

« Normandie, ce 28 septembre 1799. Je suis enfin revenu parmi vous pour partager le sort de mes camarades et contribuer de toutes mes facultés à la délivrance de notre patrie [...] Nous devons tous nous conformer à ce que nous dictent les ordres de Sa Majesté et l'intérêt de notre patrie, et attendre, pour agir, l'ordre prochain que je vous ferai passer pour reprendre les armes au même instant où tous les Royalistes de la Vendée, de l'Anjou, du Maine, de la Bretagne, etc., doivent également commencer unanimement la guerre, d'accord avec nous. »

Suivent des instructions et l'annonce que Monsieur et le duc de Bourbon seront d'une fête d'autant plus réussie qu'ils arriveront avec « des troupes, des fonds, des armes, et des munitions qui sont destinés au salut de la France ».

Encore faut-il mériter cette venue. A nous donc de « nous procurer des secours provisoires pour suppléer à ce qui nous manque en ce premier moment ». Vient ensuite un paragraphe dont la sagesse, toute normande, ne saurait étonner sous la plume d'un chef perpétuellement à l'écoute de son pays, et propre à savoir en mesurer les réactions :

« C'est également à ceux de nos compatriotes propriétaires, qui sont les plus intéressés à voir rétablir l'ordre, notre Religion et notre Roi, et notre malheureuse Patrie, à faire des sacrifices en conséquence, et à ceux qui, par leur conduite dans cette fatale Révolution, se sont mis dans le cas d'avoir à racheter leurs torts à l'instant où elle est à la veille de se terminer, à saisir cette occasion pour obtenir des sauvegardes qui puissent mettre à l'abri eux, leurs familles et leurs propriétés. »

C'est un langage un peu différent de celui de MM. Billard et Mérille ; le général brandit la carotte, ses lieutenants le bâton.

Le 6 vendémiaire de l'an VIII, qu'il n'est pas de bon ton, sur la frégate la *Muiron*, de dénommer le samedi 28 septembre 1799, le navire, ayant dépassé le cap Falcon, gouverne vers les Bouches de Bonifacio. Étrangement, il faut un contre-amiral pour commander cette coque de noix, allant de conserve avec une embarcation non moins chétive, la *Carrère*. C'est le citoyen Ganteaume. A bord, deux civils importants, les savants Monge et Berthollet, une poignée de militaires, les généraux Berthier, Murat, Lannes, Marmont, le chef de brigade Duroc. Le soir, on joue aux cartes en prenant bien soin d'obturer les hublots, car on craint fort une poursuite de Sir Sidney Smith. Quelqu'un triche, mais chacun le laisse faire parce que, à l'issue de la partie, il distribue ses gains, et plus encore parce que nul ne s'arroge le droit de contrarier le commandant en chef — même fugitif — de l'armée d'Orient, Napoléon Bonaparte.

Le mardi 1er octobre, à Tallevende-le-Grand, M. de Frotté passe ses troupes en revue aux monts Bonnet. On lui présente des officiers qu'il confirme dans leur grade. Il en nomme quelques autres, préside à leur prestation de serment et les fait reconnaître par les hommes. Chouan, maître chouan, il conserve les habitudes d'Ancien Régime. A ses yeux, nul ne possède le droit d'aller se faire tuer sans savoir saluer, porter élégamment un plumet et claquer des talons. S'il aime la guerre, il la veut, sinon « fraîche et joyeuse », à tout le moins propre et courtoise.

Débarquement de Bonaparte à Fréjus.

Ce même 9 vendémiaire, la *Muiron* et la *Carrère* pénètrent dans le port d'Ajaccio. Le général Bonaparte embrasse sa nourrice, trouve la maison remise à neuf — elle en avait besoin — par sa mère, Mme Charles de Bonaparte, qu'on nomme là-bas la Signora Letizia. Un dîner de quarante couverts, où le vin de l'année, à deux sous la bouteille, est fort apprécié, réunit les beaux soldats, porteurs du sabre turc, et les notables d'un pays que son insularité, et une brève occupation anglaise, ont préservé des horreurs de la Révolution. La Corse n'a jamais vu la guillotine. Le commandant en chef est pressé, mais les vents n'entrent pas dans ses desseins. Il lui faut donc attendre, en bavardant sur le port ou en allant faire un tour jusqu'à la charmante campagne des Milelli. Est-il triste ? Est-il gai ? Il veut aborder *le continent* avec l'intention de mettre un peu d'ordre dans une France à la dérive, mais les victoires de ses rivaux, Brune et Masséna, transforment son initiative en désertion. Il ne possède plus l'excuse d'abandonner son commandement d'Égypte pour défendre le territoire menacé. Il n'a pas osé rencontrer le grand Kléber pour lui transmettre ses pouvoirs, appréhendant une réaction trop vive de « l'officier allemand ». De bonnes personnes lui rapporteront bientôt les paroles du vainqueur de Savenay :

— Il est parti comme un sous-lieutenant qui brûle sa paillasse après avoir rempli du bruit de ses dettes et de ses fredaines les cafés de la garnison.

Moins d'un an a passé depuis qu'il confiait à son secrétaire, M. de Bourienne :

— L'Europe est une taupinière.

Et voici qu'il y revient. Faut-il croire avec Jacques Bainville qu'il s'agissait d'un simple itinéraire des Pyramides au Luxembourg, ou bien, avec le baron Benoist-Méchin, qu'il songeait, après Cléopâtre et Frédéric II de Hohenstaufen, à vivre « le rêve le plus long de l'Histoire » en tentant de réconcilier, ceints de son génie naissant, le réalisme occidental et la sagesse de l'Orient ? Pour lui, comme pour ses prédécesseurs, « le rêve s'est évanoui comme de l'eau dans l'eau » parce qu'en l'occurrence, son ancien condisciple, M. de Phélippeaux, l'a mis en échec devant Saint-Jean-d'Acre. Étrange destin que celui de cet ami du comte de Frotté, mort à la tâche, en défendant Djezzar (le boucher), un pacha si cruel qu'il faisait rectifier, au rasoir, par son barbier, les visages aux traits assez disgracieux pour lui déplaire. L'ancien chef de la Chouannerie Sancerroise se moquait bien des intérêts du seigneur d'Acre. Blanc, il avait considéré comme de son devoir d'attaquer un Bleu sur n'importe quel théâtre. Sa victoire stratégique s'était-elle accompagnée d'un succès politique ? Assurément non. En battant le citoyen Bonaparte, M. de Phélippeaux, ses amis — le major de Trommelin, le jeune Charles de Frotté, toute la joyeuse compagnie de Sir Sidney Smith — avaient obtenu l'inverse du résultat escompté ; ils avaient contraint au retour l'un des rares hommes capables de prolonger cette République dont ils entendaient libérer la France.

Pour le Corse aux cheveux plats, la situation est délicate. S'il se fait prendre par les coureurs du Lion des Mers, il perd tout. S'il passe, il peut cueillir la poire directoriale, déjà plus que blette. La Monarchie est pour lui un mot privé de sens. Issu d'une province très récemment et trop violemment rattachée à la France, il est fier d'avoir servi comme officier du Roi, par opposition à ses nombreux camarades sortis du rang ou de l'élection, mais il ignore toute forme d'allégeance dynastique. En outre, le mot République, loin d'évoquer à ses yeux la vulgarité jacobine, lui rappelle Rome, et plus encore les états de la Péninsule, Florence ou Pise qu'il admire, Gênes qu'il exècre.

Le 14 vendémiaire, enfin, l'amiral Ganteaume peut remettre à la voile. Mauvaise affaire ; douze vaisseaux de Sa Gracieuse Majesté croisent dans les parages. Leur chef, toutefois, ne peut imaginer que les deux frégates, de construction vénitienne, et les deux esquifs les accompagnant viennent d'Égypte, portant Bonaparte et sa fortune. Il les prend pour des navires appartenant à quelque état fantôme de la péninsule disputée, et poursuit sa route. Le 17, la flottille essuie le feu des pièces défendant le littoral de Provence, bénit la maladresse des canonniers et midi sonnant mouille dans le port de Saint-Raphaël. A six heures du soir, le général Bonaparte part pour Paris. Son valet Constant décrit son état physique :

« Il était fort maigre et très jaune, le teint cuivré, les yeux assez enfoncés, les formes parfaites bien qu'un peu grêles [...] Les mains admirables. »

Le 21 vendémiaire, tandis que le vainqueur des Pyramides passe par Lyon, l'abbé Sieyès converse, à Paris, avec le général Moreau. Il lui propose la succession de Joubert comme sabre, lorsque parvient la nouvelle du retour de celui que les soldats demeurés en Égypte surnomment, non sans aigreur, « le général Bonattrape ». Le Morlaisien, étrange mélange de mépris et de légalisme, déclare au défroqué :

— Voilà votre homme, il fera votre coup d'État bien mieux que moi.

Il se produira demain une affaire curieuse ; le citoyen Baudin des Ardennes, législateur, Conventionnel — non régicide, partisan de l'appel et du sursis — mais fortement prononcé pour la République, avait placé ses pantoufles aux Tuileries en tant que commissaire aux archives du Conseil des Anciens par lui deux fois présidé. C'était un homme pondéré. Ancien précepteur des enfants du président Gilbert de Voisins, il avait longtemps — pour la satisfaction de ses concitoyens — exercé les fonctions de directeur des Postes à Sedan. Il détestait l'anarchie mais tenait en horreur les Royalistes. Il se fût accommodé du Directoire s'il n'avait en vain brigué la confortable ambassade près l'État satellite de Rome. Bref, c'était un conservateur, mais de ce qu'il entendait conserver étaient exclus à la fois les épigones de Robespierre et les fidèles de Louis XVIII. C'était un nanti du genre aimable, et un peu pleureur car il avait beaucoup lu Bernardin de Saint-Pierre. Était-il souffrant ? On ne sait. Toujours est-il qu'apprenant le départ de Fréjus il s'en satisfit si pleinement qu'il mourut de joie ; la République était sauvée.

La veille de ce décès pittoresque, les Patriotes de Moulins-la-Marche s'étaient efforcés de terrasser l'hydre de la réaction. Les citoyens de cette localité devaient, à l'instigation du commissaire Boutey, se réunir aux braves du Merlerault, de Courtomer et de Gacé, de Laigle, de Tourouvre, de Mortagne et de Soligny. Il s'agissait de fouiller bois et forêts, avec les plus valides et les mieux armés. Les autres pratiqueraient les visites domiciliaires. L'automne est une belle saison pour la chasse, mais cette gigantesque battue fut, par certains, jugée trop périlleuse. A Laigle, le président de l'Administration, devant la carence de ses commettants, voulut donner l'exemple. Entouré de ses adjoints, il finit par entraîner cent vingt traqueurs de Chouans. Ailleurs, la concentration était plus conséquente. Quelques milliers de volontaires s'étaient mis en marche. L'affaire, politique pour les chefs, ne l'était pas aux yeux de leurs phalanges. C'étaient des laboureurs et des gens de boutique, pas forcément hostiles à la Monarchie, mais répugnant à donner le pain et le cidre pour rien aux compagnons de MM. Billard et Mérille, ou de ce redoutable M. Deville, dit Duroc par ses adversaires, Tamerlan par ses amis, et Tata par ses intimes. Curieusement, paysans et commerçants ne parlent pas de Chouans mais de gabelous, réminiscence de leur antique aversion pour les agents de la Ferme. C'est d'autant plus singulier, comme l'observe M. de La Sicotière, que ce mot était employé dans les débuts de la guerre par les Blancs du bas Maine, souvent anciens faux sauniers ou contrebandiers, pour désigner les gens de la Nation. On est toujours le gabelou de quelqu'un.

Bien entendu, les Royaux étaient au courant. Bien entendu, ils avaient pris quelques dispositions. Les adversaires, après une nuit passée à Moulins-la-Marche, se portaient sur Touvois où des carabiniers et des Gardes nationaux venus de Mesle-sur-Sarthe devaient opérer leur jonction. Le citoyen Vallée, recherchant l'honneur de lever le premier Chouan, s'éloigne du chemin, tombe sur un poste :

— Qui vive ?

— Républicain.

Déjà, les Chouans sont sur lui.

— Grâce ! J'ai une femme et des enfants.

La voici veuve et eux orphelins.

La troupe poursuit néanmoins sa route, retrouve les cavaliers et les Gardes, puis se porte sur le château de Touvois. C'est la

Chiffre utilisé par Louis de Frotté pour décoder les messages.

a	b	c	d	e	f	g	h	i	j	k	l	m	n	o	p	q	r	s	t	u	v	w	x	y	z
b	c	d	e	f	g	h	i	j	k	l	m	n	o	p	q	r	s	t	u	v	w	x	y	z	a
c	d	e	f	g	h	i	j	k	l	m	n	o	p	q	r	s	t	u	v	w	x	y	z	a	b
d	e	f	g	h	i	j	k	l	m	n	o	p	q	r	s	t	u	v	w	x	y	z	a	b	c
e	f	g	h	i	j	k	l	m	n	o	p	q	r	s	t	u	v	w	x	y	z	a	b	c	d
f	g	h	i	j	k	l	m	n	o	p	q	r	s	t	u	v	w	x	y	z	a	b	c	d	e
g	h	i	j	k	l	m	n	o	p	q	r	s	t	u	v	w	x	y	z	a	b	c	d	e	f
h	i	j	k	l	m	n	o	p	q	r	s	t	u	v	w	x	y	z	a	b	c	d	e	f	g
i	j	k	l	m	n	o	p	q	r	s	t	u	v	w	x	y	z	a	b	c	d	e	f	g	h
j	k	l	m	n	o	p	q	r	s	t	u	v	w	x	y	z	a	b	c	d	e	f	g	h	i
k	l	m	n	o	p	q	r	s	t	u	v	w	x	y	z	a	b	c	d	e	f	g	h	i	j
l	m	n	o	p	q	r	s	t	u	v	w	x	y	z	a	b	c	d	e	f	g	h	i	j	k
m	n	o	p	q	r	s	t	u	v	w	x	y	z	a	b	c	d	e	f	g	h	i	j	k	l
n	o	p	q	r	s	t	u	v	w	x	y	z	a	b	c	d	e	f	g	h	i	j	k	l	m
o	p	q	r	s	t	u	v	w	x	y	z	a	b	c	d	e	f	g	h	i	j	k	l	m	n
p	q	r	s	t	u	v	w	x	y	z	a	b	c	d	e	f	g	h	i	j	k	l	m	n	o
q	r	s	t	u	v	w	x	y	z	a	b	c	d	e	f	g	h	i	j	k	l	m	n	o	p
r	s	t	u	v	w	x	y	z	a	b	c	d	e	f	g	h	i	j	k	l	m	n	o	p	q
s	t	u	v	w	x	y	z	a	b	c	d	e	f	g	h	i	j	k	l	m	n	o	p	q	r
t	u	v	w	x	y	z	a	b	c	d	e	f	g	h	i	j	k	l	m	n	o	p	q	r	s
u	v	w	x	y	z	a	b	c	d	e	f	g	h	i	j	k	l	m	n	o	p	q	r	s	t
v	w	x	y	z	a	b	c	d	e	f	g	h	i	j	k	l	m	n	o	p	q	r	s	t	u
w	x	y	z	a	b	c	d	e	f	g	h	i	j	k	l	m	n	o	p	q	r	s	t	u	v
x	y	z	a	b	c	d	e	f	g	h	i	j	k	l	m	n	o	p	q	r	s	t	u	v	w
y	z	a	b	c	d	e	f	g	h	i	j	k	l	m	n	o	p	q	r	s	t	u	v	w	y
z	a	b	c	d	e	f	g	h	i	j	k	l	m	n	o	p	q	r	s	t	u	v	w	x	y

forêt de Brocéliande. Les sentiers sont dissimulés sous les couverts. La jolie fabrique médiévale est défendue par des fossés. Le cœur battant, les éclaireurs reviennent de leur mission exploratrice : rien à signaler. Les pelotons pénètrent dans la cour, vont jusqu'aux écuries, y logent leurs chevaux, rangent leurs armes. L'avant-garde des piétons arrive à son tour. Alors éclate la fusillade sur trois côtés. Les Républicains tombent. C'est la débandade. Les Bleus ne tireront pas un coup de feu. Ils détalent, abandonnant fusils, pistolets et montures au pouvoir de leurs ennemis. Les soldats de métier, gagnés par la panique, se sauvent aussi vite que les apprentis chasseurs de Chouans. Pis, lorsque les fuyards se heurtent à la masse des Patriotes demeurés en arrière, ils leur communiquent une telle peur que les phalanges se réfugient dans Moulins. M. de Saint-Aignan, capitaine royaliste, se montre bon prince ; il ne peut ressusciter les morts mais libère les prisonniers après serment de ne plus jamais marcher contre les Blancs. Cela n'entre pas dans leurs intentions et ils jurent sans difficulté.

Un peu plus loin, au château de La Haye, la battue avait mieux réussi ; quelques Chouans s'étaient vus rapidement débusqués par des carabiniers moins nerveux que leurs camarades. L'entreprise du commissaire Boutey, toutefois, se soldait par un lourd échec : quelques morts, riches, et partant connus, l'humiliation de la fuite et le retour des captifs. Enfin, et surtout, une psychose galopante : on voyait les Brigands partout. Le général Digonet, l'un des innombrables adversaires de M. de Charette, maintenant commandant de l'Orne, disposait de milliers de Gardes nationaux et autres civils habillés en militaires, mais de si peu de combattants véritables qu'il en trouva tout juste 84 pour aller fouiller le château de Courtomer où, prétendait-on faussement, cantonnaient 300 adversaires de la République.

Toutes les garnisons d'Alençon se dépensaient en escortes de convoi. Mamers réclamait en vain des secours, Argentan n'était pas plus heureux.

Le jour de l'affaire de Touvois, pourtant, à la verrerie du Gast, rendez-vous habituel des Chouans depuis la première guerre, un groupe, au commandement de M. Le Chevalier, s'était fait surprendre par les gens de Sées et des communes voisines encadrés d'une centaine de dragons. Bilan : 23 morts. C'était un succès mais trop partiel au regard de l'opération de grande envergure dont avait rêvé l'administrateur. Les Républicains considéraient que Barras et ses chiens, comme Sieyès et ses constitutions, n'étaient plus de taille à protéger les biens nationaux. Le général Bonaparte partageait cet avis.

Le 24 vendémiaire, sur les six heures du matin, il était parvenu rue de la Victoire, à son élégant domicile, la tête bourdonnante des acclamations glanées en route et le cœur gros des infidélités de son épouse, assez malchanceuse pour avoir pris, en voulant se porter à sa rencontre, une autre route que celle empruntée par lui. Il avait vu sa mère, puis un Jacobin d'une vive intelligence et d'une humanité rare dans son milieu, François Réal. Avec la simplicité de mise à cette époque, il adressait, à cet ami de fraîche date, cette plainte :

— Les guerriers d'Égypte sont comme ceux du siège de Troie ; leurs femmes ont gardé le même genre de fidélité.

Fatigué, malheureux, il s'était reposé tout le jour puis, sur le soir, avait jugé poli d'aller au Luxembourg saluer brièvement le citoyen Gohier, président du Directoire à son tour de bête.

Ce même mercredi 16 octobre 1799, M. de Frotté passait une journée plus agréable. Avait-il contribué de sa personne à quelques-unes des affaires précédentes ? On ne sait. Peut-être s'en était-il tenu d'abord à constater l'entrain et la pugnacité de ses troupes tout en demeurant assez près des théâtres d'affrontement pour intervenir en cas de besoin.

Le combat de Couterne devait susciter des récits où l'imagination se ferait par trop créatrice. Les Bleus allaient minimiser le nombre de leurs amis, les Blancs s'offrir les joies de la multiplication. L'excellent Michel Moulin, encore qu'il bût modérément, devait, ce jour-là, voir double, et Théodore Muret, en bon légitimiste, toujours prêt à donner l'avantage à M. de Frotté sur des Papistes plus déterminés, devait suivre la pente jusqu'à présenter l'épisode comme une chanson de geste. La réalité, restituée par M. de La Sicotière, se suffit amplement. Si Louis s'était porté sur Couterne, ce n'était pas seulement parce qu'il lui fallait obtenir une victoire sur les lieux mêmes dont, chevalier, il avait porté le nom. Ce n'était pas seulement parce que Couterne demeurait le fief principal de sa maison. C'était aussi — et les Bleus le savaient bien — parce qu'il s'agissait d'un nœud de communications entre Argentan et Mayenne, Domfront et Alençon.

Blondel, nourri par autant de raisons historiques que de motifs tactiques, décide d'attaquer. D'attaquer quoi ? Une poignée de malheureux, s'il en faut croire M. Caillebotte, l'aîné. Des centaines de réguliers pour M. Muret. Ils étaient 80, mais, s'apercevant que les partisans de l'obscurantisme ne se comptaient pas moins de 500, ils virent avec douleur un fort contingent de leurs amis s'éloigner. Peut-être demeuraient-ils à 60, lorsque les féaux de monsieur le comte se mêlèrent de les déloger d'une caserne où, comment en douter ? ils se trouvaient bien puisqu'ils allaient accomplir des prodiges de valeur afin de la conserver. Ils tiraillaient juste, attendant des renforts de Domfront, de Torigni, de Lassai, de La Ferté-Macé, de Briouze et d'Ambrières, communes capables d'aligner quelque deux mille combattants entre les réguliers, les Gardes nationaux et les réfugiés, espèce nouvelle engendrée par cette guerre, constituée de laboureurs accourus dans les bourgs parce que mal vus à la campagne par les Royaux. Les milices espérées ne vinrent pas.

Le château de Couterne.

Elles s'entendaient à triompher avec gloire, mais aimaient à vaincre sans péril. Une partie de la population assista d'abord les soldats, puis le tumulte prit un tour infernal. Des maisons voisines, occupées sur son ordre, le général faisait jeter des brandons sur la caserne. Alors, les assiégés sortirent, perdant du monde mais parvenant à gagner l'habitation située en face. Le capitaine Saché se défendait superbement. Lorsque le feu commença de dévorer son nouveau fortin, il recommença la même manœuvre, et, sous une grêle de balles, se jeta dans un troisième édifice. La lutte continuait, sauvage. MM. de Saint-Paul et Moulin firent crier par leurs gens qu'ils recevraient la capitulation des braves ; le capitaine et son lieutenant appréhendaient, en sortant équipés, de provoquer la colère de leurs vainqueurs. Ils acceptèrent donc de cesser la résistance à la condition que leur désarmement s'effectuerait à l'intérieur.

C'est alors qu'allait se produire un incident lamentable ; comme un bas-officier de Chouans se présentait pour recueillir pistolets et fusils, il fut étendu roide. C'était joindre la bêtise à l'ignominie, c'était enrager le mouton nommé Blondel, en donnant à la guerre le visage dont il ne voulait pas. Contenant, avec peine, son indignation, il fait savoir qu'il fusillera tout le monde si l'assassin n'est pas livré. L'assassin ? Importe-t-il de nommer ainsi Michel Radigne, sergent de colonne mobile ? Son acte procède-t-il de la haine ou d'un coup de nerfs ? Le garçon vient de se montrer héroïque dans la bataille. Il s'est follement dépensé sous le feu. Cela signifierait-il qu'à ses yeux un Chouan n'est pas un homme, qu'un traité n'est valable que de puissance à puissance mais pas entre des gradés de la République française et des détrousseurs de diligences ? Il met sa confiance dans ses officiers. Saché hésite-t-il ? Son adjoint, les sous-officiers, les soldats ne sont pas enclins à la mansuétude. Ils se comptent : 27. Tant pis, ils ne seront plus que 26 ; ils se refusent à mourir aussi sottement par solidarité... Ils signent une déclaration communiquée à Louis dans les fumées traînantes de la tuerie sur sa fin. C'est bon, il n'abattra que ce Radigne. Ses camarades le livrent. Le peloton se forme. M. Louis va-t-il, encore une fois, pardonner ? Son goût de la guerre propre va l'emporter sur sa tendance naturelle à l'accommodement ; le sergent roule dans la boue de vendémiaire. L'ire de Blondel est passée. Les autres Bleus, serment prêté de ne plus offenser Sa Majesté Très Chrétienne, reçoivent, non seulement un sauf-conduit pour rallier Alençon, mais encore chacun un écu.

Le surlendemain, vendredi 18 octobre, se déroule une gentille petite bataille à Saint-Christophe-de-Chaulieu. Perte : 25 hommes de chaque côté.

Rue de la Victoire, Joséphine, rentrée par un épais brouillard, craint fort de perdre bientôt le nom de Bonaparte. D'ordre du Chat botté, tous les effets de la Belle, comme il la nomme rageusement, ont été déposés chez le portier. Interdiction de la laisser pénétrer dans l'hôtel. Elle passe outre. Il s'est bouclé dans sa chambre. Elle appelle à la rescousse ses enfants, Hortense et Eugène. La jeune fille aux yeux mauves et le petit aide de camp joignent leurs pleurs à ceux de leur mère. Le vainqueur des Pyramides capitule devant tant de sanglots. Il ouvre sa porte. Retour de passion ? Trait d'indulgence ? Calcul politique ? Probablement les trois à la fois. Certes, la femme de César ne doit pas être suspectée, mais il n'est pas encore César et la ci-devant vicomtesse est au-dessous de tout soupçon. En vérité, on ne tente pas la fortune lorsqu'on est bafoué. Ne pas se l'avouer, c'est déjà prendre une pause plus avantageuse devant un Paris qu'il va falloir séduire et que l'ancien condisciple de M. de Phélippeaux sait prompt à goguenarder. En retraversant la Méditerranée au mépris de la discipline la plus élémentaire, le général en chef — l'Imperator — a déjà franchi le Rubicon. Il lui reste à placer sous sa dépendance des parlementaires furieusement inférieurs, par le talent et le courage, à l'oligarchie sénatoriale. La Révolution a vécu dans la hantise d'un Cromwell. Même Robespierre, même Barras n'ont jamais violé la légalité qu'en se donnant, un peu grossièrement il est vrai, les apparences de la préserver. Bonaparte n'est pas pressé. Par-dessus tout, en Jacobin d'hier, il tient au respect des formes. Comme l'humour ajaccien ne lui fait pas défaut, il est allé, le 25 vendémiaire, faire sa visite officielle au Directoire. Une touche inquiétante : s'il portait redingote et chapeau rond, il avait ceint un sabre turc avec pour bélière des cordelettes de soie. Ayant reçu l'accolade du président Gohier, lequel préférait embrasser la femme que le mari, il avait déclaré :

— Je ne tirerai jamais l'épée que pour la défense de la République et de son gouvernement.

Après quoi, recevant son frère Lucien, venu lui dire qu'il était temps de réformer l'État, il l'avait incité fermement à ne rien brusquer. Le lendemain — c'était le jour de Couterne — il capitulait devant son oiseau des îles.

Dès le jour suivant, il reçoit beaucoup en prenant soin de n'y mettre aucune ostentation ; ainsi refuse-t-il d'ouvrir sa porte aux officiers de la garnison venus le saluer en corps. En revanche, il s'attarde avec l'amiral Bruix. Le marin ne détient plus de portefeuille, et, comme le citoyen Talleyrand-Périgord, également sorti du ministère, considère que le moyen d'entrer dans une combinaison plus durable passe par la rue de la Victoire. On voit beaucoup Réal, mais aussi Roederer, Regnault de Saint-Jean-d'Angély, Boulay de La Meurthe, tous gens paisibles ou tenant à passer pour tels. Les Idéologues, les anciens dévots de Condorcet, les amis de Cabanis sont de la fête. Le coup d'État, selon la forte expression de Bainville, sera celui de membres de l'Institut. Pour pousser plus loin dans le genre et donner un tour encyclopédiste à l'opération, le général Bonaparte ira même, avec quelques amis, saluer Notre-Dame d'Auteuil, cette Minette de Ligniville, veuve de Helvétius, et tant aimée par le bonhomme Turgot.

Le 30 vendémiaire, dînant chez Gohier, le mari de Joséphine voit pour la première fois le général Moreau. Il importe de ne pas laisser derrière soi le sabre choisi précédemment par Sieyès. L'ex-abbé fait des façons, soulève des difficultés d'étiquette. Bonaparte n'a point encore choisi. Dans l'impossibilité de réunir l'illustre fabricant de constitutions et le seigneur de Grosbois, il lui faut se prononcer entre les deux Provençaux, puisque, de toute manière, il importe d'agir par l'intérieur et que les trois autres directeurs, Ducos, Gohier et Moulin, surtout ces deux-là, ne présentent qu'un relief voisin de la surface plane. Le 1er brumaire, il rencontre l'homme du « J'ai vécu » et le moins sot des trois autres. Le 2, l'affaire se lie. Deux directeurs lui rendent sa visite. Le 3, il met dans son jeu — et Dieu sait si, en dépit de son teint olivâtre, il est capable de séduction — un militaire d'Ancien Régime, le général Sérurier. Le 4, fidèle au style choisi, il prépare sa communication du lendemain devant l'Institut. Il parlera du projet de percement d'un canal à Suez.

Tandis qu'il se livre à cette savante activité, M. de Frotté lève ses bivouacs et se porte sur Tinchebray.

La situation des Armées Catholiques n'a jamais été si brillante ; Louis n'a connu que de médiocres succès, mais ses voisins, malgré le faux pas des Méridionaux et le recul de la Coalition, sont en passe de remporter la guerre des chefs-lieux. On commence de savoir à Paris que, le mardi 15 octobre, un ci-devant comte de Bourmont a pris Le Mans, fait scier l'arbre de la Liberté, chanté « Ô Richard, ô mon Roi » et poussé l'insolence jusqu'à ne pas fusiller les bons Patriotes. Le dimanche suivant, M. de Châtillon (dont Lucien Bonaparte fera très bientôt son meilleur ami) a, de concert avec un chevalier de Saint-Gemmes (c'est Fortuné d'Andigné), enlevé Nantes où toutes les troupes obscurantistes conduites à la fois par Cathelineau, d'Elbée, Bonchamps, Talmont, Lyrot et autres Charette avaient naguère échoué. M. Gaborit notera : « L'effet produit en Vendée fut immense, le fanatisme décuplé. » Et ailleurs donc ! Comment ne pas se réjouir ou ne pas trembler lorsqu'on sait que les divisions bretonnes contrôlent désormais tout le Bro-Erec.

Pour M. de Frotté, ces nouvelles constituent un formidable

stimulant ; les Angevo-Poitevins sont nombreux, les bas Bretons aguerris, les Mainiaux expérimentés. En face des vétérans de la Grande Guerre, des légions de Georges et de l'ami Bourmont, que peuvent peser les minces théories de Chouans offertes par la Normandie ? Pour Louis, il est de conséquence d'associer son petit monde à la guerre des chefs-lieux. Comment s'y prendre ? La division du Cotentin et ses voisines sont trop faibles pour attaquer Coutances. Rouen et Caen paraissent imprenables. Alençon ? La proximité de Paris permettrait aux Bleus de dépêcher très vite des renforts. Vire, en revanche, cité de moyenne importance mais regorgeant d'armes et de munitions, nœud routier considérable, corps d'une araignée dont les pattes iraient jusqu'à Granville, Avranches, Domfront, Flers et Caen, se situe au centre même de la province, assure la possession du Bocage et des possibilités de pénétration au nord-ouest vers le Cotentin, au nord vers le Bessin et la campagne de Caen, à l'ouest vers le pays d'Auge. Enfin, le contrôle du petit fleuve sur son cours supérieur peut neutraliser les mouvements de l'adversaire. Cela, les généraux républicains le savent. Il importe donc de dissimuler le plus longtemps possible la concentration de l'Armée Royale. Voilà pourquoi Blondel a commencé, le 25 octobre, par se porter sur Tinchebray. C'était pour rire, mais dans la nuit du 26 au 27, au village de La Jolière, près de Tallevende, arrive au bivouac Philippe-Bretagne, prince de Tarente. Au matin du dimanche, Louis tient conseil. Il dispose de quatre légions, celles d'Avranches, d'Ambrières, de Flers et de Saint-Jean-des-Bois. Au complet, et s'il fallait se fier aux chiffres officiels, l'effectif dépasserait 8 000 hommes. L'armée normande est tout juste forte de 2 000 soldats, et encore convient-il de les occuper prestement pour éviter que nombre d'entre eux ne s'en aillent changer de chemise. Afin d'attaquer le modeste boulevard du Jacobinisme, nul ne sera de trop ; outre la Garde nationale du cru, gentiment équipée et assortie de compagnies franches et territoriales, la garnison comporte des détachements des villes voisines provenant des formations sœurs mais aussi, mais surtout, un fort contingent de troupes régulières. 3 000 défenseurs ? Peut-être. En tout cas plusieurs bataillons, une solide cavalerie, 100 canonniers servant 4 pièces. La place, protégée par ses anciennes fortifications plus ou moins réaménagées, se hérisse de redoutes et de palissades. Les assaillants, outre, semble-t-il, une infériorité numérique, connaissent un *handin cap*, l'absence d'artillerie. Il serait souhaitable de saisir celle de l'ennemi.

Michelot Moulin, parce qu'il connaît bien cette localité dont le beurre constitue la richesse, mais, hélas, point les murs, se soucie de faire passer le bronze du bon côté. Il propose de mener clandestinement par les jardins 60 hommes qu'on cachera dans deux maisons dont les propriétaires sont acquis aux Royaux. Dans la nuit, un groupe bloquera la caserne tandis que l'autre s'assurera la grand-garde de la place et se saisira des canons qu'on retournera contre les cantonnements. Dans le même temps, le général, pénétrant dans la ville, n'aura pour adversaires que les 1 200 Gardes nationaux dont une bonne moitié n'est pas dans l'humeur de combattre. Le taillandier aux yeux roux achève de développer son plan. M. de Frotté va donner son accord, lorsqu'un vacarme trouble la réunion ; voyant s'étirer un convoi sur la route de Mortain, quelques soldats de la compagnie de Tallevende n'ont pu résister au plaisir de réduire 50 réguliers de l'escorte. Résultat : les Bleus, accourus se mettre à l'abri derrière les remparts, sont en train de donner l'alarme. Déjà, les capitaines Vente et Tirel effectuent une sortie. Le premier attaque trop vite, le second manœuvre plus subtilement. Il ne reste plus aux Royaux qu'à tenter l'assaut par une approche directe. Louis fractionne son monde en deux ; il mènera, de sa personne, la première formation contre Vire. La seconde, sous M. de Saint-Paul, devra s'opposer aux colonnes qu'immanquablement les gens de Sourdeval enverront en renfort. L'affaire est encore jouable, mais l'ennemi, très pugnace, très patriote, empêche la trouée projetée par le maréchal de camp, opposant un tir d'artillerie d'une rare vigueur. Il faut rappeler M. de Saint-Paul et son millier d'hommes, le faire relever par Michelot, lesté tout juste de 60 braves. Tandis que devant Vire on se défie, on s'injurie, on sacre et l'on massacre, ceux de Sourdeval — pas seulement les Gardes nationaux mais avec eux 400 réguliers — se présentent devant Michel Moulin. Par bonheur, ils ignorent la faiblesse de son détachement. Il les repousse si vivement qu'ils gagnent, non sans pertes, une petite éminence. Lui, les imite. Il racontera sa journée : « Je courus alors sur la hauteur qu'avaient gravi les nôtres. Ils commençaient à fléchir. J'essayai de les rallier, et, pour leur donner l'exemple, Les Sillons, un soldat et moi nous marchons à l'encontre de l'ennemi, qu'un détour du chemin nous empêchait de découvrir. Nous étions arrivés à moins de trente pas du chemin où nous avancions, lorsque nous aperçûmes une centaine de canons de fusil appuyés sur le fossé et dirigés contre nous. Pas moyen d'éviter la décharge [...] Il fallait opter entre mourir en lâche ou en brave. Entre recevoir le coup mortel dans la poitrine ou dans le dos [...] Nous marchons tous droit à l'ennemi, en criant : *En avant* ! Les Républicains font une décharge dont le bruit égale celui du feu d'un bataillon, et, chose inouïe, mes habits furent criblés de balles sans que nous fussions blessés tant soit peu grièvement. Comme la fumée de la décharge nous dérobait à nos ennemis, un de leurs officiers sauta sur la haie pour s'assurer si nous étions tous les trois étendus dans la poussière. Nous n'avions rien perdu de notre sang-froid, et il ne parut pas plus tôt qu'il fut accueilli par un triple coup de fusil. L'officier tomba mort au pied du fossé parmi les siens qui, sans respirer, prirent la fuite, glacés de frayeur. Nous nous élançâmes à leur poursuite. »

En capturant un sergent, Michelot est enfin renseigné sur la puissance de l'ennemi. Qu'importe ! Combattrait-il avec le dixième des forces dont disposent les Patauds qu'il poursuivrait son action. Relevant ses vedettes d'heure en heure et continuant de faire illusion, il tient la butte. Il s'apprête à enlever un canon en batterie sur la route. Las, le chevalier de La Pivardière arrive sur les lieux avec le prince de Tarente, juge la manœuvre trop périlleuse, et, craignant un retour offensif des Carmagnoles, veut qu'on en reste là. Le second du chef de la division de Saint-Jean-des-Bois doit s'incliner, maudissant la prudence de son supérieur.

Et pourtant... pourtant, s'il avait retourné la pièce...

Devant Vire, le siège se poursuit, acharné. Les Bleus se battent si bien que la Garde nationale, peu sûre au début de l'action, se découvre patriote. Monsieur Louis tient quelques prisonniers. Il les relâche et charge l'un d'entre eux de remettre une lettre au commandant de la place pour lui signaler la mansuétude chouannique. Le sergent, porteur du pli, ne devait guère croire à cette générosité car, s'étant acquitté de sa mission, il se fit conduire à l'hôpital où les médecins tentèrent vainement de le remettre de sa peur.

Impossible de connaître le nombre de morts. Une certitude toutefois, les combats, souvent à l'aveugle, ont été plus meurtriers qu'à l'accoutumée...A la fin du jour, M. de Frotté se voit contraint d'ordonner la retraite. Les Républicains n'allaient point ajouter l'élégance à l'héroïsme ; à peine les Blancs avaient-ils repassé le pont de Virêne qu'ils se saisirent des cadavres de deux de leurs officiers, MM. Le Prévost et de Graverend, et, les ramenant dans un tombereau, les exposèrent, nus, sur la place du Château.

Pour Louis, l'humiliation touche à l'atroce. Partisan de la guerre générale que ses représentants, face aux Angevins hésitants, exigeaient à Pouancé, il vient d'être repoussé, sinon battu, par des soldats, bien sûr, mais aussi par des bourgeois. Dans cette méchante affaire de Vire, le vrai vainqueur, c'est, plus que la République, la roture argentée, la classe moyenne, égoïste mais parfois courageuse, la « boutique » contemptée par Monsieur le Comte, ses capitaines et ses soldats, qu'ils soient d'épée, de robe, ou rempailleurs de chaises.

L'armée normande emprunta la route de Sainte-Poix. Peut-être entrait-il dans les intentions de son général d'aller prendre position sur le littoral pour favoriser un débarquement. Il commençait son mouvement par le sud lorsque, le lendemain de la malheureuse journée, un heurt aussi bref que meurtrier présenta des conséquences fâcheuses : 15 tués chez les Bleus, 2 chez les Blancs, assez généreux, une fois encore, pour libérer leurs prisonniers en échange du serment habituel. Autre inconvénient : la blessure légère de M. d'Oilliamson. Le vicomte n'était plus d'âge à jouer les gentilshommes de grand chemin mais, en poursuivant des activités de cette nature, il alliait le plaisir et le devoir. Il fut touché par deux balles, l'une à l'épaule, l'autre à la jambe. Comme il n'était plus jeune, ses gens s'étaient un rien affolés, se prenant à crier :

— Tenez bon, notre général est blessé !

De l'autre côté d'une pièce d'eau où l'on se canardait avec une joyeuse sauvagerie, les Bleus avaient entendu. Ils crurent que c'était ce diable de Frotté qu'enfin ils étaient parvenus à mettre à mal. Ils en avaient tiré le surcroît de confiance nécessaire pour reprendre le feu. Louis les rossa, cependant que M. Le Franc-Granvallet, capitaine dans la division du chevalier de La Pivardière, qu'on nommait *le Télégraphe* pour avoir pris celui de Ger à la tête d'une poignée de gars, faisait transporter le vieux chef par ses chasseurs. Ils le menèrent, comme une mariée, dans une ferme du Mesnil-Adelée. Presque guéri, il se hasarda dans le jardin. Les Bleus l'aperçurent, l'appréhendèrent, le menèrent au village de La Ruaudière. Là, ils le tuèrent. Il atteignait soixante ans.

Avant de connaître la fin de cet auxiliaire de talent que ses plumes noires et son ruban rouge n'avaient jamais dispensé de batailler en simple volontaire, mais autorisé souvent à donner de pertinents conseils, Louis avait poursuivi ses opérations dans la Manche. Le comte de Ruays, chef de l'Avranchain, et dont le dévouement l'emportait sur les lumières, le renforçait de quelque 600 hommes. Ce n'était pas de trop car tant de gens s'étaient égaillés en route qu'à la revue passée dans l'avenue du château, le général ne recensa guère plus de 1 400 soldats pour la plupart, il est vrai, jeunes et allants.

Le département s'embrasa. Saint-Lô, peu confiante dans ses merveilleuses tours, contemporaines sinon aînées de Jeanne la Flamme, se hérissa de « soliveaux doublés d'épaisses planches [...] garnies d'épines de fer à leur partie supérieure, présentant des claires-voies nécessaires pour ouvrir le feu ». Dans la ville de la Licorne, comme sur les remparts d'Avranches et de Coutance, les bourgeois se relayaient aux créneaux croyant sans cesse voir poindre dans le jour incertain de brumaire les féroces phalanges du nouveau Tamerlan. Partout, à la faveur du moindre succès, il libérait les prisonniers, leur donnant même, pour rentrer chez eux, un peu de l'or de Pitt. Son équanimité presque naïve ne servait de rien. La réputation des Chouans normands, assez jovialement entretenue en l'absence de leur général par MM. Billard de Veaux, Mérille, Deville et quelques moindres chenapans, était si terrifiante que les bonnes actions ne portaient pas. Comme jadis les princes protestants, se refusant à tout accommodement avec un Charles Quint, humaniste et indulgent, parce qu'il importait pour ces *furst* de conserver les fiefs confisqués au clergé, les acquéreurs de biens nationaux faisaient courir les plus atroces légendes sur le compte de l'Armée Catholique. Tant que Louis XVIII ne se serait pas prononcé clairement sur les transferts de propriété, les nouveaux possédants poursuivraient une guerre où la langue joue un rôle plus considérable que le sabre.

C'est peut-être à ce propos que se peut mesurer la distance entre Louis, ses adjoints — les princes de la maison de La Trémoïlle, MM. de Mandat, d'Oilliamson, de Bruslart, de Commarque, de Placène — et l'association Cadoudal-Mercier. M. de Frotté dispose ou disposait d'un entourage aussi brillant qu'agréable, sérieux aussi, mais il n'a jamais rencontré, comme Georges avec son *La Vendée,* un véritable *alter ego.* La Normandie militaire s'en trouva-t-elle plus fragile que sa voisine bretonne ? L'affirmer serait aventureux. Les manières de vivre, le poids de la richesse, la répartition de l'instruction, la puissance de la foi, le comportement des miséreux, tout était différent. Dans les campagnes de l'Ouest et du Nord-Ouest, si peu militaires à la fin de l'Ancien Régime, l'apport d'hommes disciplinés, habitués à la vie en commun, ne pouvait venir que de rares soldats et de nombreux marins. Or, les gens de mer, si dévoués à la cause royale dans le Bro-Erec et le bas Poitou, faisaient défaut à la Chouannerie Normande. Enfin — et on l'aura constaté tout au long de deux guerres — la ferveur religieuse manquait singulièrement chez les chasseurs de M. de Frotté.

Les éléments, en courroux, s'en mêlent. Les fleuves débordent et la Vire se prend pour le Rhône. La République ayant perdu l'habitude d'entretenir les chemins, la moindre pluie les rend impraticables. Or, la colère du ciel ne cesse pas. Les combattants sont épuisés. Sans-doute ont-ils fait bonne contenance lorsqu'une troupe bleue, accourue de Coutances, a tenté, non sans un succès initial, une surprise au château du Lorei. La petite armée, toutefois, commence de fondre, et la pénurie de cartouches constitue une bonne excuse pour les partants.

Comme à son habitude, Louis a fait libérer les captifs. Comme à leur habitude, les Jacobins ont répandu des témoignages de sa férocité. Pour s'assurer la possession du Cotentin, où les généraux Avril et Gratien commencent de se remuer, il faudrait une diversion venant du sud, voire une jonction entre les divisions normandes, dont les gros sont à quinze lieues de leur cantonnement habituel, et les contingents du chevalier de La Nougarède. Le prince de Tarente, dépêché vers *Achille le Blond,* ne l'a point trouvé. Il est temps de mettre fin à la campagne de la Manche.

A condition de ne pas se montrer trop exigeant, elle se solde par un succès. Tout au long de sa route, l'Armée Royale a désarmé les Patriotes des bourgs et contraint les plus chauds d'entre eux à se réfugier dans des villes cadenassées à triple tour dont les garnisons n'osent plus sortir qu'en masse. Partout, les communications sont coupées, les échanges interdits. Pour n'avoir pu triompher de la République grâce à des opérations de grand style, Louis n'en espère pas moins ruiner le régime à l'usure. Pour l'heure, il s'agit de rentrer dans le Bocage, en se faufilant à travers les demi-brigades et les théories de « civils en uniforme ». Si ces citoyens appréhendent les expéditions par petites unités, ils affectionnent encore les grandes battues. Ils se comptent 10 000, alors que Blondel dispose tout juste de 1 500 soldats dont, peut-être, 500 cavaliers.

Le dimanche 3 novembre, le choc se produit près du village de La Fosse, alors que les Normands tentaient de traverser promptement le grand chemin reliant Coutances à Saint-Lô. Se replier eût exposé les Chouans à l'enveloppement. Blondel décide d'attaquer, charge MM. de Monceaux et Moulin de se présenter sur la route pendant qu'il effectue un mouvement tournant par la droite du village de Marigni. Au comte de Ruays d'attendre les grenadiers venant de Périers, de les repousser et de se réunir à l'ensemble pour l'assaut final. L'engagement commence bien, très bien même. Les réguliers du général Avril ont placé malicieusement en tête les Gardes nationaux et territoriaux. Ces Achilles aiment à faire l'exercice sur l'esplanade de leur chef-lieu de canton, mais détestent les armes lorsqu'elles sont chargées à balles réelles. Cette aversion pour la violence provoque un net recul. Les lignards, eux, se comportent avec crânerie mais ne pourront tenir lorsque la division d'Avranches — la moitié de l'effectif — ralliera le reste de l'armée après avoir mis à la raison les grenadiers de Périers. Manque de coup d'œil, désir d'improviser un mouvement que les minutes suivantes révéleront trop subtil, M. de Ruays, dont les subordonnés ont mal donné, voit ses ennemis modifier leur marche et ordonne la retraite pour tenter, affirmera-t-il, de reprendre le contact sur un autre point. Michelot va mesurer les résultats de cette conversion :

« Des coups de fusil m'arrivent par-derrière. Un épais brouillard nous enveloppait. Je crus d'abord que c'étaient des camarades tirant sur l'ennemi par-dessus nos têtes, et je leur criai, en agitant mon chapeau : *Plus haut, tirez plus haut, ou ne tirez pas !* On continue de tirer, et en regardant plus attentivement, j'aperçois à cent pas, derrière une haie, le pompon des grenadiers. Nous faisons volte-face, mais nous étions trop peu nombreux pour les arrêter. »

On doit rompre. A ces Chouans normands, il faut reconnaître une qualité répartie inégalement chez les combattants des armées royales de l'Ouest : souvent battus, ils ne sont point tellement impressionnables que l'insuccès se transforme en déroute. C'est en ces circonstances qu'excelle M. de Frotté. Estimable dans la victoire, il est grand dans le revers. Tranquillement, méthodiquement, retrouvant les réflexes mécaniques autrefois enseignés au polygone, il affronte un feu d'enfer, brûle ses dernières cartouches, descend le vallon, passe la rivière le dernier, a soin de faire rompre les ponts. En cas d'insuccès, on devait se rallier à Quibou ; il y retrouve M. de Ruays, un rien embarrassé, M. de Monceaux, Michelot, passablement d'autres capitaines mais il cherche en vain les tambours, les derniers caissons et, plus irremplaçable encore, le chevalier de Là Pivardière, réfugié dans un village voisin avant de tomber sous le coup des Carmagnoles comme le vicomte d'Oilliamson. Gabriel Rey, chouannophobe émérite, et commandant la 14e division militaire, annonce à son maître, le ministre Dubois de Crancé, 150 morts, autant de blessés du côté des liberticides, et ne se donne que des pertes insignifiantes. Même en réduisant des deux tiers ces chiffres triomphaux, on admettra que l'armée normande, faute de cohésion, vient d'essuyer un échec dont les amateurs de gazettes pourront se repaître. Comme il est agréable pour un Patriote, campant vaille que vaille à Coutances ou bien à Saint-Lô, dans la salle à manger d'un cousin, partageant son pain et ses bonnes opinions, de lire *Le Journal du Calvados*. A parcourir ce qu'imprime cette feuille, on jugerait que les Chouans, en cet automne, tombent plus nombreux que les feuilles.

Du bourg de Moyon, le maréchal de camp, ayant regroupé son monde, gagne la forêt de Lande-Pourrie, en licenciant ses divisions au fur et à mesure qu'elles pénètrent dans leur territoire respectif.

Le même dimanche, 3 novembre 1799 — 12 brumaire de l'an VIII — le général Bonaparte confabule, rue de la Victoire, avec l'excellent Réal. Le ministre de la Police, le citoyen Fouché, de Nantes, demande un entretien. Le Corse le laisserait attendre si l'aimable Jacobin (cela existe) n'empêchait la gaffe. Tout à trac, il dit au revenant des Pyramides :

— Il est des hommes qu'il nous faut dans une pareille affaire. D'ailleurs il sait tout. Je vous le déclare, je l'ai mis dans le complot.

Entre alors le géant albinos, au teint blême, aux yeux délavés. Aucune de ses inavouables besognes ne semble peser sur ses larges épaules. L'ancien répétiteur de l'Oratoire, indulgent dans l'Ouest, avait, après la défaite du comte de Précy, reculé dans Lyon reconquise les bornes de l'ignominie. Il n'a pas seulement les mains rouges mais sales. Tombé dans la misère après la Terreur, il est devenu bas-agent de Barras, espionnant les Babouvistes pour une poignée d'assignats. Il connaît pourtant si bien les Jacobins qu'il les a, ces derniers temps, efficacement combattus. Aimant l'intrigue pour l'intrigue, la police pour la police, le pouvoir pour le pouvoir, il possède mieux qu'un autre, sinon une vue de la France, du moins celle de ses gouvernants, du ci-devant vicomte, seul directeur perpétuel, au dernier des commissaires départementaux. Il aimerait la pourriture si elle n'impliquait la fragilité. Il n'en veut pas au régime, mais se refuse à tomber avec lui. Il trace donc, du pays, un tableau particulièrement noir.

Le lendemain, le général Bonaparte s'en retourne visiter Barras. Témoignerait-il un reste d'affection pour son bienfaiteur épuisé ? Vendémiaire, Fructidor constituent de puissants souvenirs. La créole demeure, entre eux, un ondoyant trait d'union. On s'explique encore une fois ; le bonhomme Gohier n'a pas voulu consentir à Bonaparte une dérogation d'âge pour qu'il devienne directeur. Il faut donc pratiquer autrement. Le mitrailleur de Saint-Roch déclare :

— Mon intérêt est le tien. Nos causes sont liées.

Le sire de Fox-Amphoux en convient mais voit différemment les affaires. Il a fait part, lors d'un dîner le 30 octobre, de son étrange position. Il répète :

— La République va mal, je suis vieux, je ne suis plus bon à rien, je veux me retirer des affaires. Vous, général [tiens ! il ne le tutoie plus], vous êtes heureux de n'y être pas. Votre lot, c'est le militaire. Vous allez vous mettre à la tête de l'armée d'Italie et réparer nos revers.

Et il avait poursuivi, au risque d'amener son interlocuteur à tomber en convulsion :

— La République est en si mauvais état qu'il n'y a qu'un

président qui puisse la sauver, et je ne vois que le général Hédouville qui puisse nous convenir. Qu'en pensez-vous ?

Bonaparte avait répondu « d'un air qui lui fit bien comprendre qu'il n'était pas sa dupe ». Barras voulait cette présidence — une vraie — et non plus la rotation trimestrielle sans prérogative particulière. Maintenant, il a mesuré l'étendue de sa maladresse ; il est lui-même, semble-t-il, venu rue de la Victoire avant que l'autre ne lui rende sa visite. Insinue-t-il que la nouvelle magistrature pourrait être dévolue à l'Ajaccien ? C'est possible, mais tout passe vite en France, et, aux yeux du vicomte, Bonaparte n'est plus le vainqueur d'Italie mais le vaincu d'Égypte. En dépit de sa profonde connaissance des hommes et des choses, l'Alcibiade du Directoire n'a pas encore compris que ce n'est point à la faveur d'un triomphe, mais pour dissimuler un insuccès, que les généraux prennent ou tentent de prendre le pouvoir.

C'est fini.

Tout en lui jouant la subtile comédie de la complicité, Bonaparte raie Barras de ses tablettes. Dommage, car l'officier des Indes, le croupier, le sybarite à la mouche sur l'œil, même s'il avait abattu ce pauvre Robespierre, demeurait plus agréable de manières que le défroqué Sieyès.

Désormais, la machine est en marche. La République sera sauvée sans Barras, pourtant sauveteur professionnel de cette institution. Au demeurant, pourquoi se gêner ? Merlin de Thionville peut bien menacer de « faire rouler la tête du général aux pieds de la Liberté », le petit comité de la Victoire possède en son sein, outre deux directeurs, Sieyès et Ducos, le ministre des Relations extérieures, le citoyen Reinhard trop adroit pour se brouiller avec son prédécesseur Talleyrand, et — c'est plus important dans l'immédiat —, ses collègues de la Justice et de la Police, le patricien Cambacérès et le plébéien Fouché.

Dans l'éclat de son génie naissant, le fils de la Signora Letizia semble bien un élève maître. Il se laisse enseigner, morigéner même, par ses graves complices, mais il chemine, plus lucidement et plus sûrement que ses mentors. La compréhension de l'administration civile, à laquelle il était jusqu'à ce jour parfaitement étranger, ne l'inquiète pas. Vaguement républicain, en réalité supérieur aux idées et aux hommes, parce qu'il demeure imperméable aux opinions prononcées, il se souvient qu'avant la

Gabriel d'Hédouville sous l'Empire. Gravure de July.

tempête le roi de France était à la fois de robe et d'épée, qu'il était tout, chef et arbitre. C'est cette notion de plénitude qu'il entend rétablir. Son opposition au message de Montesquieu, signifiée par lui plusieurs fois, s'alourdit de passablement de conséquences. Il refuse déjà la séparation des pouvoirs, puisqu'il se veut *le* pouvoir. En Corse véritable, il se montre, tantôt soumis, tantôt insinuant, et parfois impérieux. Il n'est ni bon ni méchant, il est lui-même, et, contrairement à Louis XIV, il n'attire point sa nature vers l'État mais l'État vers lui. Mazarin disparu, son pupille aurait dit : « L'État, c'est moi. » Bonaparte, encore conspirateur, susurre : « Moi, c'est l'État. »

Pendant que M. de Frotté, trempé, fourbu, se dépense dans son Bocage, le « fils de la poule blanche » parvient à donner l'impression qu'en dehors de lui ce serait le vide. Il apparaît si remarquable en ces instants décisifs qu'on serait en droit de se demander si ses erreurs ne sont pas volontaires ; s'il se donne les élégances de passer pour un apprenti, quitte à subir les conseils du charmant Réal ou de l'abominable Fouché, sa stupéfiante maîtrise dissimule pourtant un petit côté ; il ne tolère pas — en secret — la moindre comparaison avec sa personne. Le 15 brumaire de l'an VIII, il supporta malaisément, en l'église de la Madeleine, devenue le temple des Victoires, le banquet offert par des Conseils soupçonneux à des généraux disgraciés : Bonaparte et Moreau.

Il but un peu, ne mangea rien, s'en alla. Une autre offense lui pèse : Barras, le vieux satrape, a prétendu — Oh ! C'est vrai qu'il s'est rétracté, mais il a tout de même soutenu — que la République se porterait mieux avec pour chef le général Hédouville. Les porteurs d'étoiles, dans cette noble famille, sont deux cousins, Joseph et Gabriel Théodore, mais le Corse sait qu'il s'agit du second, page de Marie Leszczynska, élève à l'École militaire de Paris, dix ans avant MM. de Phélippeaux et de Buonaparte, ayant servi tant à Valmy qu'à Kaiserslautern, destitué par les hystériques du pavillon de Flore, et bon commandant dans l'Ouest. On l'a même vu donner courtoisement à dîner au chevalier Charette après la capture de l'illustre lieutenant général. Rentré de Saint-Domingue où Toussaint-Louverture l'importunait, ce ci-devant, fleurant trop bon l'Ancien Régime, cet ancien chef d'état-major de Hoche, dirige présentement l'armée d'Angleterre et juge absurde la guerre entre Français. S'il n'a pu s'opposer aux chefs catholiques, lorsqu'ils prenaient Le Mans, Saint-Brieuc, Sarzeau, il vient d'enregistrer un succès d'importance ; en trois jours, les 12, 13 et 14 brumaire, le comte d'Autichamp, commandant l'armée des Mauges, a perdu sous les baïonnettes du général Dufresne, de médiocre comédien devenu bon soldat, 2 000 hommes : 500 tués, 1 5000 blessés, 1 prisonnier. Cette victoire, hautement humanitaire, de la République, offre un double aspect ; tactique d'abord : de telles pertes ne se compensent pas. Trop souvent, les Angevins se sont débandés sans laisser grand espoir à leur chef de les reprendre en main. Psychologique ensuite : ces troupes, même rajeunies, même différentes dans leur composition sociale de ce qu'étaient autrefois celles de M. Stofflet, se rattachent aux célèbres phalanges du garde-chasse devenu garde des rois.

Comme un bienfait n'arrive jamais seul, Gabriel d'Hédouville apprend une autre nouvelle non moins roborative ; avec 900 hommes, qu'il conduisait vaillamment, M. de Suzannet s'est fait battre à Melay, près du Montaigu. Laissé pour mort sur le champ de bataille, il n'a pu conjurer la panique dont ses gens ont été victimes. Mince combat, sans doute, au regard de la tuerie des Aubiers, mais cette défaite posthume de deux des grands capitaines de Louis XVIII jette la consternation dans le camp royaliste. A quoi bon poursuivre une lutte inégale, pensent, et parfois disent, les commandants du sud de la Loire ? Maintenant qu'une assez jolie démonstration — tout de même — est venue prouver que jamais les artisans et les paysans de l'Ouest n'admettront la République si elle ne leur consent un rien d'humanité, pourquoi ne pas chercher — dans la courtoisie, l'honneur et la dignité — des accommodements, religieux, économiques et militaires ? Gabriel d'Hédouville connaît bien la charmante vicomtesse Turpin de Crissé. Auxiliaire de la pacification de 1796, il accompagnait son chef, Hoche, lorsque ce bel homme, sans se plier aux visées monarchistes de la dame, lui laissait espérer qu'il jouerait le rôle de Monk, l'utilisait pour que cessât la chanson de la poudre. La bonne société présente cet avantage sur la mauvaise de favoriser la compréhension. Les défaitistes du sud du fleuve confèrent à la démarche de l'ancien page de Marie Leszczynska l'apparence d'une générosité dont, chacun en convient, son caractère n'est pas exempt.

On continuait d'en découdre en Normandie lorsque le responsable de l'Orne, ce général Guidal admis volontiers par les Royalistes dans leurs entours, car il acceptait « d'être dépanné de cent louis, par-ci, par-là », prévint M. de Frotté. L'armistice n'est pas la paix, et l'on n'en était encore qu'à l'armistice. On acceptait cependant de causer.

Gabriel d'Hédouville n'était pas sot. Il allait dépenser beaucoup de tact dans une négociation dont les vainqueurs, Georges, Pierre Mercier, M. de Bourmont ne voulaient pas. Comme ils étaient gagnants, ils entendaient le rester.

C'est sans doute ici que s'opéra la séparation entre les héros de la veille et les responsables du moment. C'était l'instant de retirer le cothurne pour chausser le soc, d'entrer dans une comédie diplomatique. Les lendemains ne chantaient plus dès lors que l'ennemi se donnait un comportement humain. Son pistolet à crosse en main, Louis n'avait pas toujours été heureux. Avec sa voix, sa plume, sa respectabilité, parviendrait-il à faire progresser plus utilement la cause ? Son rêve allait-il s'envoler avec la bise de brumaire ?

Chapitre XII

L'AGONIE DU SIÈCLE

Le 18 brumaire de l'an VIII (samedi 9 novembre 1799), le général Hédouville reçoit, en son quartier général d'Angers, Mme Turpin de Crissé. A peine franchie la trentaine, cette descendante d'un diplomate de Henri IV, l'illustre Bongars, ne joue pas les coquettes. Deux de ses fils, Lancelot et Guy, sont morts au combat, l'un à Chantonnay, l'autre à Dol. Demeurée royaliste, la vicomtesse déplore les malheurs engendrés par la guerre civile. Connaissant la profonde humanité du commandant en chef, elle entend travailler à la paix. Puisque le général le lui demande, elle prendra contact avec MM. de Châtillon et de Bourmont.

Le même jour, le colonel de Sol de Grisolle est bien loin de songer à quelque accommodement. Il s'empare de Redon et ne manifeste pas une longanimité particulière à l'égard des Patriotes.

Lorsque le général Hédouville rend compte de ces deux événements — l'entretien avec la vicomtesse et le tintamarre mené par le divisionnaire de Georges dans la cité de saint Convoyon — le courrier n'est plus lu par l'ancien mousquetaire gris (et régicide) Dubois de Crancé. Ce ministre vient de rentrer dans l'ombre dont ressort Alexandre Berthier. Le changement de portefeuille procède d'un ballet dont Saint-Cloud vient d'être le témoin. La comédie s'est mal passée ; depuis son retour M. de Buonaparte avait mis en œuvre toutes les ressources de son génie pour prendre le pouvoir par les voies légales. Supérieur à son entourage comme à ses adversaires éventuels, il se situait au-dessus de tous les préjugés, sauf un : la légalité républicaine. Protégé des frères Robespierre, sauveteur occasionnel du régime en Vendémiaire, et professionnel en Fructidor, il était si fortement nourri d'humanités latines qu'il ne voulait, en aucun cas, passer pour l'étrangleur d'un système assez honorable à ses yeux puisque, l'ayant trouvé capitaine, il en avait fait l'un des généraux les plus estimés, tant en Occident où la fortune l'avait comblé, qu'en Orient, d'où, battu par M. de Phélippeaux, il trouvait le moyen de rentrer en vainqueur. A la vérité, l'Ajaccien n'avait rien d'un réacteur, sinon les bonnes manières. Parce qu'il s'ennuyait dans sa gloire militaire, il avait décidé, dépouillant la cuirasse et reprenant la toge, de sauver la République contre elle-même. Si dédaigneux qu'il fût des usages, si civil qu'il se voulût, il conservait des écoles de l'ancienne France, des grises garnisons de son adolescence, et plus encore des bataillons d'Italie un goût prononcé pour l'ordre. Ce n'est pas par hasard si ses vétérans le nommaient, non sans un mélange d'agacement et d'admiration, *le petit caporal.* Il advient qu'on néglige les évidences ; de même qu'on omet toujours le caractère ecclésiastique, *vieux curé* même, du cardinal de Richelieu, on oublie l'aspect règlement, voire *popotier,* du général Bonaparte. Ce bel esprit, disciple de Helvétius et de Voltaire, n'en demeure pas moins « le fils de la poule blanche ». Superstitieux, il s'est récrié lorsqu'il fut question de perpétrer son coup d'État un vendredi.

Coup d'État, c'est trop dire. Dans la vaste pensée de Bonaparte, l'action doit marquer seulement un triomphe de l'esprit sur la lettre. Est-ce sa faute si les législateurs s'attardent en avocasseries stériles ? Que non point. Ni Sylla ni César, il se veut seulement le citoyen le plus conscient d'une nouvelle Rome, née de l'imagination de quelques « intellectuels », tel le pauvre Camille.

Maintenant, installé dans le Luxembourg dont l'infortuné Barras est parti pour sa terre de Grosbois, il est mécontent de lui-même, alors que tous les habiles s'estiment satisfaits de lui ; le 18, son affaire s'était parfaitement déroulée ; Barras, Gohier et Moulin, bloqués dans leur palais, le Conseil des Anciens et celui des Cinq-Cents convoqués à Saint-Cloud pour faire face à l'une de ces conjurations imaginaires éternellement brandies par les Jacobins lorsqu'il les démangeait d'obtenir une augmentation de leur pouvoir, tout cela répondait à l'observance la plus absolue de la nouvelle liturgie créée par les Gauches. Las, les événements s'étaient bousculés moins gentiment que ne l'eût souhaité le général. Si les Anciens s'étaient montrés aimables, il s'était trouvé parmi les Cinq-Cents quelques excités assez obtus pour ne pas comprendre que le revenant d'Égypte travaillait dans leur intérêt.

Foudre de guerre, le Corse était agoraphobe. Il perdit pied. On sut très vite, et le baron de Commarque devait le souligner dans une lettre, qu'il avait *pâli.* S'il se défiait des généraux, il avait dû, en dépit de ses répugnances, leur assigner tous les points stratégiques. Ainsi, quel qu'ait été le comportement des parlementaires, il ne risquait rien et surtout pas le fameux « hors la loi » dont se délectaient les nostalgiques de la charrette ; les Macdonald, les Sébastiani, les Leclerc, les Murat étaient là pour conjurer les humeurs des attardés, du modèle des frères Aréna, de Delbrel, ou — personnalités plus marquantes —, de Pierre-François Augereau, ancien instrument de Bonaparte en Fructidor, et devenu, après son élection aux Cinq-Cents par les terroristes de la Haute-Garonne, un des phares du Jacobinisme, et encore de Jean-Baptiste Jourdan, pas méchant homme, indulgent à ses ennemis, mais otage des tape-durs de la Haute-Vienne, et toujours auréolé par la victoire de Fleurus. Non, c'est sans péril que le mari de la créole s'essayait au sauvetage de la République. Comme passablement de violeurs, il la voulait consentante, or, contrairement à son habitude, elle ne l'était point. Il s'en affligea.

Lorsqu'on fut à Saint-Cloud et que l'affaire tourna mal, son frère Lucien, assez bas terroriste mais homme de détermination, dut brailler qu'on avait essayé de porter la main sur son aîné. En réalité, Bonaparte avait, par énervement, écorché son visage, atteint d'acné. Alors s'était produit le contraire de ce qu'il avait rêvé. Ses soldats, indignés, avaient fait le ménage sur les instructions privées d'ambiguïté de Murat et de Leclerc. L'un avait crié : « Grenadiers, en avant ! » et l'autre « F....-moi tout ce monde-là dehors ! » — à moins qu'ils n'aient tous les deux dit la même chose. Les hommes s'étaient fort distraits à pousser *les gros messieurs dehors,* Coignet dixit, et à voir leur toge se prendre dans les branches des orangers. Les Anciens avaient

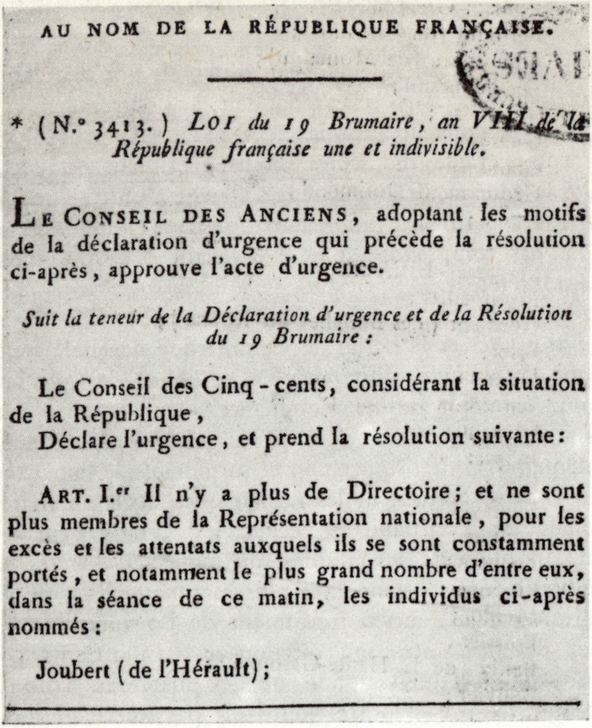
AU NOM DE LA RÉPUBLIQUE FRANÇAISE.

* (N.° 3413.) *Loi du 19 Brumaire, an VIII de la République française une et indivisible.*

Le Conseil des Anciens, adoptant les motifs de la déclaration d'urgence qui précède la résolution ci-après, approuve l'acte d'urgence.

Suit la teneur de la Déclaration d'urgence et de la Résolution du 19 Brumaire :

Le Conseil des Cinq-cents, considérant la situation de la République,

Déclare l'urgence, et prend la résolution suivante :

Art. I.er Il n'y a plus de Directoire; et ne sont plus membres de la Représentation nationale, pour les excès et les attentats auxquels ils se sont constamment portés, et notamment le plus grand nombre d'entre eux, dans la séance de ce matin, les individus ci-après nommés :

Joubert (de l'Hérault);

Acte de décès officiel du Directoire.

docilement remis le pouvoir à trois consuls, Bonaparte, Sieyès et Ducos.

On racola quelques épaves parmi les Cinq-Cents échoués dans les massifs et les fossés, puis, à la lueur des quinquets, ils furent amenés à se prononcer pour la nouvelle forme de gouvernement. Réal, homme de culture et d'humour, eut une réminiscence de Rabelais pour déclarer :

— La farce est jouée.

Plus pratique, Talleyrand déclara :

— Et maintenant, il faut dîner.

Mot profond si l'on songe que l'intention de l'ancien et futur ministre, comme de ses amis de l'heure, était de se mettre à table pour longtemps.

Bonaparte était mécontent. Admirable acteur, il s'était jugé, ce soir-là, au-dessous de son rôle, mais surtout — encore que le sang n'ait pas coulé — il s'était vu dans l'obligation de lâcher la meute dorée de ses généraux. Or, militaire, il détestait le militarisme. Soldat, il haïssait la soldatesque. Ne craignait-il pas quelque Adalbert de Périgord, l'ancêtre de l'ancien évêque d'Autun, répondant au *Qui t'a fait comte ?* par le fameux *Qui t'a fait roi ?* Par-dessus tout, son légalisme s'offusquait ; de ces malheureux Cinq-Cents, n'allait-on pas dire qu'étant ici par la volonté du peuple, ils en étaient sortis par la force des baïonnettes ?

Il n'entrait pas dans sa nature de s'attarder sur les événements de la veille lorsqu'il s'agissait de forger ceux du lendemain.

Le ministère changea ; Dubois de Crancé, jugé « l'homme de parti, n'ayant aucune habitude du travail et de l'ordre », vit Alexandre Berthier le remplacer à la Guerre. Robert Lindet, membre d'un gouvernement dont « le vrai ministre des Finances était le prote de la planche aux assignats », dut s'effacer devant un serviteur de Louis XV, le commissaire des Postes Gaudin. Quinette, l'échangé contre Madame Royale, fut, à l'Intérieur, remplacé par l'illustre Laplace. C'était un hommage à l'Institut... et un contresens politique. Reinhard, aux Relations extérieures, et Bourdon de Vatry, à la Marine, bénéficièrent d'un sursis. Il fallait attendre avant que de réinstaller Talleyrand dans le fauteuil de Vergennes, et trouver quelqu'un de convenable pour administrer des flottes inexistantes, depuis qu'elles avaient, à Quiberon, perdu leur personnel, et, en rade d'Aboukir, leur reste de matériel. Demeurait à la Justice, département sans importance notable puisque les militaires faisaient la loi, l'éminent, changeant, ondoyant et chatoyant Cambacérès, et à la Police, charge autrement plus importante, le très redouté Fouché.

Pendant qu'on fabriquait une constitution, selon le désir du général, « courte et obscure », et qu'on s'apprêtait à placer les citoyens Sieyès et Ducos dans des positions avantageuses mais étrangères au pouvoir, il fallait bien se soucier de faire manger les Français, et les empêcher de se battre entre eux. Bonaparte, né de la guerre civile, mais répugnant à la voir se perpétuer sous ce qu'on n'osait encore appeler son règne, commença de se préoccuper d'un pays qu'il ne connaissait pas : l'Ouest ; des gens dont il ignorait tout : les chefs et les soldats de la Vendée militaire.

Gabriel Théodore d'Hédouville (il signait Théodore), croyant rendre compte à Dubois de Crancé, avait informé Berthier. Ce colonel de Louis XVI avait été le chef d'état-major de tout le monde. Paperassier de talent, il était désormais le librettiste d'un formidable compositeur, le Da Ponte d'un Mozart aux intentions cosmiques. Un rien contrefait, poussant le culte du détail jusqu'à la manie, traducteur émérite de la pensée du maître, l'amant extasié de la *bellissima* Visconti pouvait se montrer tatillon dans le service, il était rarement méchant. Il avait protégé naguère le départ de Mesdames et connu, après avoir combattu M. d'Elbée, les gratuites sévérités du comité de Salut public. *National,* comme on disait alors, il demeurait, comme on l'écrirait aujourd'hui, de *sensibilité* royaliste. Son patron, le sachant inimitable, le brusquait, l'écoutait, le couvrait d'or. Très tôt, il fut en butte aux menées jacobines. De concert avec son ami Lacuée, il essayait d'aplanir le différend entre Monarchistes et Républicains. Ce n'était pas du goût d'un Fouché. Au vrai se posait la question de savoir si Bonaparte serait Monk ou se voudrait plus. Quelqu'un comprit tout de suite. C'était Pierre Mercier ; le général à figure d'ange s'écria :

— Il faut combattre le nouveau Cromwell.

On ignore, malgré les immenses travaux d'érudition consacrés à Louis de Frotté, ce que fut sa réaction. MM. de La Sicotière et Roussel demeurent muets sur ce point. Comment savoir ? Il paraît que la proposition de l'armistice dérangeait les plans de Louis. C'est possible. Elle lui donnait, pourtant, l'occasion de se refaire après son éprouvante campagne de la Manche, en présentant l'inconvénient, c'est vrai, de jeter le trouble parmi ses soldats ; si certains officiers étaient, depuis les traités de 1795, devenus des virtuoses de la rétraction mentale, signant la paix de la main gauche et poursuivant la guerre de la main droite, il n'en allait pas de même pour les sans-grades.

La lettre adressée par Louis à son père, le 15 novembre 1799, ne témoigne aucune inquiétude particulière, elle va jusqu'à refléter plus d'enjouement qu'à l'accoutumée : assez satisfait de ses opérations militaires et dénonçant la propagande républicaine transformant les succès des Blancs en désastres, il parle d'argent et demande que soit rassurée Mme de Bourmont sur le sort de son terrible fils. Pas un mot de l'arrivée au pouvoir de Bonaparte. Une phrase charmante et apaisante : « Tâchez, je vous prie, de n'être pas aussi inquiet. Vous savez que je suis à l'épreuve de la balle. » Enfin, cette prescription bien dans le ton de cette Chouannerie Normande où, dit La Varende, « les alternatives tragiques des crises expliquent les désirs d'oubli, les bals, les divertissements effrénés, les frairies où si souvent les Royalistes quittèrent la serviette damassée pour le fusil, les violons pour l'éclatement des balles ». La prescription, la voici :

« Je voudrais bien que vous m'envoyassiez une demi-douzaine de bonnes bottes et que vous me fissiez faire un charivari ou dolman ou une pelisse par M. Manche. Il doit se rappeler ma mesure et la broderie qu'il y faut mettre [celle des maréchaux de camp]. Je voudrais que la pelisse fût toute garnie de peau, car la nuit il ne fait pas chaud sur la paille. »

Ce dandysme dans la misère ne constitue pas le trait le moins saillant de ce « fracassé de la gloire ».

S'il était prévenu par le géant provençal Guidal des intentions pacifiques de l'ancien page de Marie Leszczynska, l'un de ses lieutenants, M. Hinguant de Saint-Maur, affectait de n'en rien savoir. C'était un vrai capitaine de Chouans, le genre Billard, la mauvaise langue en moins. Le dimanche 24 novembre, non chômé par les Patauds de Pacy-sur-Eure en ce 3 frimaire de l'an VIII, il leur enlève leur ville avec une rare célérité. Ce fut un coup de tonnerre dans un ciel serein. Ainsi, à proximité de l'endroit, où, en 1793, Fédéralistes et Jacobins, gens de M. de Puisaye et du *Suisse* Sepher s'étaient disputé Paris, un officier normand pouvait impunément pousser ses avant-gardes. Ce raid inquiéta les Jacobins. C'était une illustration du vieux rêve de M. de Talmont : ne pas perdre éternellement son temps à tenter de contrôler l'Ouest mais s'en servir comme base de départ pour débarrasser la capitale de ses oripeaux tricolores. Le même jour, le comte de Placène écrivait à son chef une lettre hautement représentative de l'expectative royaliste :

« Cette dernière révolution ne me paraît pas de nature à accélérer le retour à la Monarchie. Dieu veuille que je me trompe ! Chacun en parle à sa guise : les lois douces que se propose de donner Bonaparte lui attirent une infinité de partisans ; l'égoïste, l'insouciant est au comble de la satisfaction ; le réquisitionnaire, le conscrit tranquille chez lui ne veut plus prendre aucun parti ; les bruits de paix avec les puissances étrangères vont refroidir nos partisans et nous fermer les bourses, que la terreur seule avait pu nous faire ouvrir ; enfin les bruits répandus dans le public d'une amnistie prochaine pour les insurgés, tout me paraît concourir à la dissolution de notre parti. »

Après ces considérations pessimistes, le trésorier général de l'armée tenait un raisonnement que bien des chefs feront leur :

« Il faut attendre tout du temps. Beaucoup de personnes, au contraire, prétendent que Bonaparte est d'accord avec les puissances belligérantes [on affirmait un peu partout que les Anglais avaient favorisé son retour], que son intention est de rétablir la Monarchie, d'y arriver par degrés et sans secousses, qu'il y a des pacifications dans la Vendée pour proposer seulement une suspension d'armes pendant trois mois, et qu'on nous regarde comme puissance. »

Les sentiments des Royaux apparaissaient comme un festival de contradictions ; l'entourage de Bonaparte, sa personnalité, sa légende même, autorisaient les déductions les plus opposées. Ce Jacobin, époux d'une vicomtesse, utilisait les tape-dur comme les ci-devant. Il avait tout dit et le contraire de tout. Qu'en pensait M. de Bourmont ? Le Normand était venu jusqu'à Grez-en-Bouère, près de Château-Gontier, à la rencontre de son ami. Le successeur du comte de Rochecotte a connu de meilleurs jours que son homologue normand. Avec ses 8 000 fantassins, ses 4 000 cavaliers et ses quelques canons, il a conféré, le premier, à la campagne, ce caractère de rapidité, d'efficacité, dont on avait perdu l'habitude depuis 1793. Chef heureux, il n'en mesure pas moins les avantages d'une trêve. Pense-t-il déjà se montrer suffisamment habile pour attirer Bonaparte dans le camp royaliste ? Excellent conducteur d'hommes et manifestant un goût décidé pour l'art politique — ses ennemis diront : « pour l'intrigue » — *le gentilhomme de grand chemin* possède toujours plusieurs fers au feu. D'une loyauté absolue envers ses camarades, il voit — ou croit voir — souvent plus loin qu'eux. Un fait demeure établi : il n'a point tenté de circonvenir M. de Frotté. Blondel est venu, de lui-même, au-devant de Renardin. Leurs préoccupations sont identiques : gagner du temps, et si cela se révèle possible, obtenir par la négociation ce que la fortune des armes semble encore leur refuser.

Les deux maréchaux de camp, en petit arroi, parviennent au château d'Angrie à l'invitation du comte de Châtillon. Sont présents, en cet après-midi du 25 novembre, outre le vieux président du conseil des généraux, le charmant Fortuné d'Andigné, l'ancien fructidorisé Mac Curtin dit Kainlis et un divisionnaire nommé Grellier du Fougeroux. Cet ensemble, un peu hétéroclite, de gens importants et de nouveaux venus ou de personnages sans grande influence, n'est probablement pas dû au hasard. Arrive le chef de bataillon Paultre La Motte. Si ce Bourguignon de vingt-cinq ans tient encore un rôle modeste, on sait, qu'aide de camp d'Hédouville, il possède la confiance de son supérieur. Il semble que ces messieurs aient alors établi le calendrier. Premièrement, on arrêterait le principe d'une suspension d'armes. Deuxièmement, on débattrait les conditions d'un armistice. Troisièmement, on signerait la paix. Tout cela ne fait nullement sursauter le Normand et le Mainiau. Du moment qu'ils conservent leurs troupes et peuvent espérer un changement dans le gouvernement, ils acceptent volontiers de faire taire la poudre.

Le soir même, on se met d'accord. Le lendemain, Louis fait connaître ses bonnes dispositions au commandant en chef républicain, et, le 28 novembre, ce Bleu de haute manière accuse réception par une lettre fleurant bon l'Ancien Régime. Il annonce la libération des suspects et l'ajournement du jugement des « insurgés ».

Alors que les Royaux multiplient les commandements, les adjudances, et, partant, confèrent une place excessive à des personnes de peu d'influence ou de moyens, leur adversaire, lui, ne se trompe pas en précisant : « Je désire que vous puissiez vous réunir promptement avec MM. de Châtillon, d'Autichamp, de Bourmont et Georges, afin que les conférences que nous aurons par nous-mêmes et par des personnes de confiance puissent avoir lieu bientôt. »

M. de Frotté s'en retourna vers ses cantonnements pour apprendre que M. Hinguant de Saint-Maur avait, à Nonancourt, perdu les avantages de sa victoire de Pacy-sur-Eure. Blessé, il était, Dieu merci, bien caché grâce au dévouement d'une servante. Louis devait prendre des dispositions puisqu'il était nécessaire qu'il se rendît, de sa personne, au congrès de Pouancé. Elles sont loin de témoigner la moindre résignation : envoi du chevalier de Bruslart auprès de Monsieur pour en mieux connaître de ses volontés, intérim du commandement au baron de Commarque, avec pour consigne de maintenir tous les officiers à leur poste. Ils « emploieront ces moments de tranquillité à exercer, recruter, habiller, armer et approvisionner leurs troupes ». Ces mesures furent édictées au château de Flers, le lundi 2 décembre.

Les Bretons, qu'on savait d'humeur rarement conciliante, avaient daigné communiquer leur adhésion à la suspension d'armes, mais l'on se répétait l'exclamation du général Mercier apprenant la trêve :

— C'est un coup mortel porté à la famille des Bourbons.

Le vainqueur de Saint-Brieuc avait même écrit à Renardin, qu'il aimait assez pour lui révéler sa pensée : « Georges agira pour nous deux. Nous ne voulons point de paix. » Jamais faucon n'avait possédé telle apparence de colombe. Il boudait, avait décidé d'ignorer la conférence, laissant à son chef — à son instrument, soutenait Théodore d'Hédouville — le poids de cette grande affaire. Seulement, Pouancé n'est pas éloigné de Château-Gontier, et, là, demeurait la ravissante sœur de Pierre dont M. Cadoudal avait fait sa promise. Un peu d'amour jette une note claire dans cette histoire pleine de bruit et de fureur. Parce que Monsieur Georges était auprès de Mademoiselle Lucrèce, « La Vendée » consentit à descendre jusqu'à Pouancé. Blondel l'avait précédé. Les généraux royalistes affectionnaient ce lieu. Comme il était situé dans la province d'Anjou, mais aux confins de la Bretagne, son choix évitait ces querelles de préséance que ces messieurs manifestaient une fâcheuse tendance à cultiver lorsque, ne parvenant point à rosser les Carmagnoles, ils se retournaient contre eux-mêmes. La localité, sise à quatre lieues de Châteaubriant, se protégeait contre une éventuelle surprise, bien étrangère au caractère de M. d'Hédouville, par ses escarpements et les ruines d'un immense château, flanqué de onze tours dont la carapace de lierre étincelait sous le givre.

La première fois qu'on s'était rencontré, le chevalier de La Nougarède dit Achille le Blond (et non le Brun comme M. de Piré) assurait la sécurité. Cette fois, la mission était échue à M. Gaulier dit *Grand-Pierre,* solide divisionnaire du comte de Bourmont. Lorsque les Normands arrivèrent, ils excitèrent, prétendra M. Billard de Veaux, la commisération. Juchés sur leurs montures étiques, sanglés dans leurs uniformes montrant la corde, ils ne présentaient rien de beau que leurs armes car — et pour cause — épées et pistolets n'étaient pas rouillés.

Louis avait connu, comme Georges, les tentations de La Prévalaye, avec ses ventrées fraternelles, excès de fricassées, de cidre et de gnôle, obscurcissant le jugement. Et voilà que tout recommençait. Comme M. Cadoudal était chez sa belle, et c'était bien son droit à cet homme de raison que de s'accorder un instant pour le cœur, il restait bien peu de jusqu'au-boutistes en face des héros fatigués : les très respectables, mais très épuisés seigneurs de Châtillon, d'Autichamp et de Suzannet et la kyrielle de leurs seconds, de leurs adjudants, de leurs chefs d'état-major, de leurs officiers d'ordonnance. Tout cela siégeant au conseil, il ne demeurait pour parler franc et clair que M. de La Prévalaye — un peu —, M. de Bourmont — beaucoup —, M. Mercier — passionnément. Louis unit ses efforts à ceux de ces gentilhommes. D'abord, il importerait de ne pas confondre ; la trêve n'est pas l'armistice et l'armistice point la paix. En procédant par palier sans mélanger la forme et le fond, le provisoire et le définitif, on posséderait, peut-être, une chance de travailler utilement au retour de Sa Majesté.

Pouancé présente un spectacle pittoresque ; les bas Bretons, richement déguenillés, s'y moquent des Angevins et des Poitevins, gueux comme des rats mais habillés comme des muscadins. Les Normands, en petit équipage, seraient traités en parents pauvres si l'intelligence et le bel air de Louis ne les plaçaient à l'abri des insolences. Tous les congressistes étaient de braves gens ; la plupart d'entre eux avaient donné quelque peu de leur cervelle et beaucoup de leur sang pour sortir le royaume du marasme, mais rares étaient ceux dont l'entendement allait assez loin pour mesurer les périls ; ils vivaient l'instant sans se rendre compte que leur manière d'utiliser ces heures charmantes allait conditionner les lendemains. Ce n'étaient que commissions, sous-commissions où les plaisirs oratoires n'étaient pas comptés. Les Républicains parlaient depuis si longtemps que les Royalistes étaient heureux de se découvrir le même droit en ignorant combien il était provisoire.

On mesure le caractère démophilique — voire populaire — de cette *feria* diplomatique en relevant le nombre extravagant de participants dans une réunion où, en bonne logique, eussent dû simplement figurer les généraux et leurs adjoints respectifs.

Louis, contrairement aux autres chefs de quelque conséquence, n'avait amené, semble-t-il, que des secrétaires et des officiers d'ordonnance. La basse Normandie, la Normandie même — puisque la haute du très épisodique baron de Mallet ne figurait pas —, c'était lui, nul autre.

Le général Hédouville avait fait tenir ses conditions qu'il intitulait poliment « Convention à faire pour assurer l'exécution de la suspension d'hostilités ». Les exigences du commandant en chef apparaissent des plus modérées : pas d'attaque, de désarmement, d'enrôlement. Les réquisitions proscrites pour les chevaux, seront légères en matière de subsistances. Protection des voyageurs et des véhicules publics. Pas d'occupation de nouveaux cantonnements. Tout ceci est déclaré « consenti réciproquement ». C'est seulement dans le domaine financier qu'achoppe la discussion. Théodore Hédouville entend voir ses interlocuteurs : « ne faire et ne donner suite à aucune réquisition d'argent », et, plus loin, « ne point s'opposer à la rentrée des contributions dans les caisses républicaines, dans les cantons qui les ont constamment acquittées ». Sur ces deux points, les Royalistes répondent : « A discuter et à convenir avec les négociateurs ». S'il faut en croire le très suspect Patu-Deshauchamps, les affaires d'argent sont d'un grand poids. Ainsi, les Royaux se seraient proposé d'obtenir un dégrèvement général des impositions, soit l'exemption de 11 092 000 livres, alors que le ministre aurait souhaité en recouvrer tout de même 3 011 000. Le général Hédouville, sans jamais se prononcer sur la partie politique, admet le passage à l'armistice et fait préciser qu'il ne saurait être dénoncé par l'une des parties sans un préavis de huit jours.

Tandis que les Blancs se divisent entre accommodants et intransigeants, les Bleus, ignorant encore qu'ils possèdent un maître, ou croyant, les uns et les autres, prévenir ses intentions en opinant pour la conciliation ou la sévérité, se déchirent plus rudement encore. Pour l'heure, Bonaparte, consul provisoire au même titre que Sieyès et Ducos, demeure dans l'expectative. Il est de son intérêt de ménager les chefs des armées royales tant qu'il n'a point évalué leur force. Hésite-t-il sur la ligne qu'il adoptera face au « prétendant » ? C'est moins sûr. Il semble que ses intentions à cet égard soient arrêtées. Autour de lui, l'agitation s'accroît. Étrangement, deux futurs Modérés, l'un régicide et l'autre prisonnier d'un vote ambigu, mènent l'assaut : le policier Fouché, le juriste Cambacérès. Ils assiègent leur collègue Berthier, lui font tenir jusqu'à six billets par jour afin de le prévenir contre la grande conspiration liberticide. Au ministère, le général et ses grands subordonnés, Dupont de l'Étang, Lacuée, Clarke, tous soldats d'Ancien Régime, haïssent les Jacobins et supportent impatiemment leur pression. La guerre, pensent-ils, c'est leur affaire, oubliant que la guerre civile ressortit à la compétence des titulaires d'autres portefeuilles.

Quelques soldats à Paris, tel Lannes, sont assez satisfaits de créer des difficultés à ces ci-devant, notamment à Berthier lui-même qu'ils exècrent pour son formalisme. Cette opposition serait sans conséquence si elle ne connaissait, dans l'Ouest, un puissant écho. Vimeux, l'ancien remplaçant de Turreau, s'inquiète pour son modeste commandement et, donnant dans un sans-culottisme qu'il ne pratiquait pas du temps de Robespierre, menace de faire fusiller des Émigrés, et « l'honnête Travot », le vainqueur de Charette, n'agit pas autrement. Dugua, nommé préfet du Calvados, vient, appuyé par Lannes, réclamer de Bonaparte des mesures de fermeté. Grigny lance une proclamation dès avant son commandant en chef, et se retrouve aux arrêts. Du côté des Royaux, les infractions aux conditions de la suspension sont plus discrètes mais non moins fréquentes. Normands, Bretons et Mainiaux font parfois mouvement en communiquant avec le littoral à l'initiative des chefs locaux, persuadés, non sans raison, qu'ils seront couverts par leurs supérieurs. Les protestations s'entrecroisent entre le quartier général d'Angers et le congrès de Pouancé. Si l'urbanité la plus parfaite demeure de règle dans ces échanges, la situation n'en est pas moins tendue. Louis écrit au général Hédouville le 26 décembre :

« On a violé la trêve à Caen et à Alençon, vous conviendrez que cela n'est point fait pour donner confiance ; envoyez des ordres pour prévenir l'obligation où nous serions de repousser la force. »

Il n'évoque pas l'émeute advenue, trois jours plus tôt, à Bazoches-sur-Hoëne, où ses Chouans — mais est-il le maître de tous ses gens ? — ont traité les Patriotes sans excessive mansuétude. Les moins innocents des maréchaux de camp, MM. Mercier, de Bourmont, et, bientôt, Georges, multiplient les réclamations. Si l'Achille breton, s'arrachant aux bras de la sœur de Patrocle, sur l'injonction de son frère, est revenu de Château-

Gontier, c'est qu'il flotte à Pouancé, depuis que le curé Bernier s'est insinué, une atmosphère de capitulation sans condition. Blondel, Renardin et La Vendée ont beau se dépenser comme des diables pour la cause du Bon Dieu, l'agent général des Armées Catholiques et Royales œuvre pour la Catholicité sans s'occuper le moins du monde de la Royauté. Il est même parvenu, ce Basile, à faire retirer des conditions de paix la clause ayant trait à la Restauration. Forts du retour de Georges, les deux Louis — le Normand et le Mainiau — reprennent, de concert avec le vainqueur de Saint-Brieuc, M. de Sol, et quelques autres, leur offensive diplomatique. Ici se mesure la différence de caractère entre l'enfant de Couterne et l'Hercule d'Auray. Inflexibles l'un et l'autre, ils procèdent, par tactique et par tempérament, d'une manière différente dans l'appréhension de l'essentiel : le comte oppose une contradiction courtoise, constante, sans rudesse, et souffre mille morts s'il ne parvient pas à persuader ; le hobereau tente de charmer, et, s'il n'y parvient pas, tonne. Justement, cette fois il s'est fâché ; comme les vaincus de la rive gauche arguaient de leur manque d'armes et de munitions, il a rugi :

— J'en ai, moi ! Et si vous voulez encore la guerre, je vous donnerai des fusils, de la poudre et de l'argent. Nous partagerons, nous combattrons en frères !

Les royalistes fatigués sont tout de même des Royalistes ; le langage de l'honneur avait relevé les courages, on parlait encore de paix mais, quitte à chagriner M. Bernier, c'était sous condition de voir toutes les demandes satisfaites. Avant tout, il s'était agi de réintégrer dans la négociation la question royale. Pour anticiper sur un mot célèbre, les amis de M. Bernier préconisaient d'y « penser toujours et de n'en parler jamais ». Les deux Louis, Georges et Pierre, parce qu'ils ne pensaient qu'à cela, en parlaient sans cesse. Généraux du Roi, il leur semblait extravagant qu'on pût traiter de mille intérêts en ignorant le principal : le retour du souverain. Il ne sera point débattu avec le général Hédouville mais directement avec les Consuls, dont on sait déjà qu'un seul compte. M. d'Andigné de Saint-Gemmes ira, avec, pour cicérone, Guillaume Hyde, prendre l'air de Paris et le vent du Luxembourg. La lettre l'accréditant auprès du vainqueur des Pyramides précise :

« Nous avons l'espoir en vous voyant à la tête du gouvernement de trouver dans votre caractère une garantie de bonheur de notre pays ; nous ne l'avons jamais trouvée dans les promesses des factions que vous avez renversées. »

Les bas Bretons, absence ou distraction, ne signent pas. En revanche, Louis appose son paraphe comme M. de Bourmont. A ce seigneur de diriger les négociations avec le chef de l'armée d'Angleterre. De telles dispositions, imposées par Georges, pas surnommé Gédéon pour rien, avec le soutien de MM. de Frotté, Mercier et de Sol, font allonger le nez du curé Bernier. Chacun est remis à sa place. Les officiers secondaires continuent de s'asseoir devant les tables de commission mais ne participent plus aux délibérations essentielles. La mission auprès de Bonaparte apparaît d'une dramatique simplicité : convaincre le Corse de ramener Louis XVIII. Plus compliquée et moins périlleuse est la charge du comte de Bourmont : il s'agit de demander le plus... pour ne rien obtenir et retourner à la guerre. C'est du moins ce que pense et écrit, le 18 décembre — fort imprudemment — M. de Frotté. Le nom du correspondant demeure ignoré. Peut-être est-ce le comte de Placène à moins qu'il ne s'agisse du chevalier de Bruslart :

« Je voudrais que nous puissions retarder l'exécution de nos plans jusqu'à un mois d'ici ; mais je crois la chose impossible car Hédouville paraît très pressé de conclure et ne s'attend certainement pas à trente-huit articles longs et diffus, quoique clairs au fond, sans en compter un trente-neuvième qui est de ma Minerve, où nous demandons que les départements qui ont été en armes dans le Midi soient appelés aux mêmes avantages demandés pour ceux de l'Ouest. Si tous ces articles passent c'est une preuve qu'on nous voudra du bien... Sinon, et comme c'est notre métier, nous recommencerons bataille. »

Et Louis d'ajouter, afin de dissiper toute ambiguïté quant à ses intentions :

« Malgré ma répugnance à signer des bases où il n'est pas question du Roi, j'ai dû le faire, tous les autres chefs le faisant, pour ne pas priver ma province des avantages que l'on espère si on parvient à les obtenir ; quant à moi, c'est différent, je ne transigerai pas. »

M. de Frotté se sent plus à l'aise depuis que M. Cadoudal a fait le ménage. La nomination de son ami Bourmont à la tête de la délégation, la désignation comme conseiller et rédacteur du

Gravure de David.

magistrat d'Andigné de Mayneuf, oncle de Saint-Gemmes et amphitryon du lieu, l'ont rassuré. Faut-il croire que les 39 propositions sont irrecevables ? Assurément, non ; hors les éléments dictés par les impératifs militaires du moment, la charte de Pouancé montre à quel point les Royalistes demeurent fidèles à l'esprit des cahiers de doléances. Ils s'expriment face au consulat provisoire — mais en passe de devenir définitif — de la même manière qu'à l'égard du despotisme ministériel, au temps que, croyant concourir au perfectionnement de la Monarchie, ils contribuaient à son écroulement. Reste que leurs désirs s'inscrivent dans la ligne de 1789 : indépendance du pouvoir judiciaire (ah ! le bon vieil Échiquier de Normandie !), retour au droit commun débarrassé des lois d'exception, fin de la tyrannie fiscale et notamment des perceptions indirectes dont on sait, depuis les nu-pieds et les bonnets bleus ou rouges, combien elles étaient impopulaires dans le Nord-Ouest et l'Ouest.

Le général Hédouville prend connaissance de ces demandes. L'avant-veille de Noël, M. Mac Curtin, bête noire de Louis et de M. Mercier, parce qu'il fut secrétaire du représentant Ruelle avant de faire un bref passage aux Cinq-Cents sous la bannière des Constitutionnels, informe les congressistes. M. de Frotté prend connaissance du compte rendu de ce nouveau venu qu'il tient pour douteux :

« Nous avions cru que la plus grande partie de nos demandes seraient rejetées et elles sont, au contraire, toutes accueillies, très peu d'articles près. Il y aura liberté pleine et entière pour le culte ; nul serment ou soumission [allusion aux deux systèmes imposés successivement au clergé par les Révolutionnaires : le serment à la Constitution civile, engagement formel, et la soumission aux lois, formule plus souple inventée par le Directoire], sûreté et droits civils, point de désarmement si ce n'est pour les gens sans aveu [Diable ! où commence l'objet de cette définition et où se termine-t-il ?], exemption des contributions arriérées, admission de tout ce que nous avons demandé pour nos réquisitions en argent, prix de ferme, denrées, bestiaux ; oubli de tout le passé ; deux ports admis et ouverts [cela, c'est une conquête capitale] ; point de réquisition ni conscription et autres levées militaires ; enfin presque tout est accordé. »

Au reçu de cette missive, Blondel, Gédéon, Renardin et La Vendée froncent les sourcils, s'ils ne chaussent leurs conserves.

On ne va tout de même point leur octroyer une paix dont ils ne veulent pas. Leur calcul est un échec. Ils n'avaient accepté les tractations de Pouancé qu'à la condition d'en sortir avec honneur. Dans la fumée des pipes, dans l'atmosphère trouble des discussions démocratiques, où le plus sot peut contredire quand il veut le plus intelligent, les Royaux, à force d'imiter les Républicains, ne seraient-ils pas en train de perdre la partie ? L'excessive générosité du traité surprend et indigne Louis. A cette paix trop intelligente, il préfère la guerre bonne et bête, pour Dieu, pour le Roi. Alors, il utilise toutes les ressources de son esprit pour empêcher l'irrémissible. Hélas, s'il est chez lui dans l'habitude de commander, il ne sait trop comment s'y prendre face aux responsables des provinces sœurs. Comme il aimerait à célébrer la fête de Noël autrement qu'en baisant la main de la jeune et charmante Mme Hédouville. Et le mari ? Que veut le commandant de l'armée d'Angleterre ? Assurément, ce gentilhomme égaré parmi la faune jacobine, contraint de faire sauter jusqu'à sa particule ellidée, ne désire que le bien, juge stupide cette manie de s'éventrer dans les provinces de l'Ouest qu'ont contractée, à la fois, les riches sectateurs de la religion nouvelle et les pauvres adeptes de l'ancienne.

Que le général Hédouville ait consenti les plus larges concessions, provoquant l'ire des Vimeux et des Grigny, ne trouble pas M. de Frotté. L'idée même de la paix l'insupporte dès lors qu'elle n'est pas royale. Mauvaise foi ? Pas du tout. Louis est l'homme le plus aimable et le plus implacable du monde. Que sa correspondance reflète une constante sensibilité, qu'il déplore les malheurs d'une guerre qu'il voudrait classique, moderne et chevaleresque, ne retire rien à son obstination. Bien renseigné naguère par le prince de La Trémoïlle, observateur hors ligne, il se défie des solutions politiques, ne croit pas plus aux bonnes paroles de Bonaparte qu'aux menues intrigues de Barras dont on ne saura jamais si, réellement, elles avaient pour but le rétablissement du podagre sur le trône de ses pères. L'Ajaccien le prétendra, puis, Gohier, après avoir affirmé le contraire, grossira les tractations du sire de Fox-Amphoux avec l'effervescent M. Fauche-Borel, éditeur de Joseph de Maistre.

Alors que M. de Châtillon, déjà conquis par l'ordre bonapartiste, ne songe plus qu'à s'en aller dans l'honneur, que le vicomte de Scépeaux s'abstient, que MM. d'Autichamp et de

Suzannet découvrent, sans déplaisir, des Républicains assez aimables pour converser, jouer au palet et vider des fillettes, Louis de Bourmont, fort de sa séduction dialectique, imagine volontiers une France refleurdelisée par les soins du revenant d'Égypte. Trop subtil pour abandonner ses atouts, il dissimule ses canons et prépare une nouvelle campagne. Pour autant, il se croit près du but.

A la vérité, tous les généraux de l'Ouest jouent le jeu de la simulation ; une seule question les préoccupe : que ferait chacun d'entre eux s'il était vainqueur des Napolitains, des Impériaux et des Mameluks ? Le monde républicain ne possède pas d'histoire... à peine deux ou trois références à cette romanité de pacotille, qu'au collège Louis-le-Grand, le futur évêque constitutionnel Audrein enseignait à Camille et à Maximilien. La société royaliste en sait beaucoup plus. Ses chefs, pétris de connaissances classiques, affectionnent tant les comparaisons qu'ils ignorent les droits de l'imagination. Face à Pierre Mercier, agitant le spectre du Lord Protecteur, Michel-Ange de la guerre et barbouilleur de la paix, d'autres ont pensé : il est temps de séduire Monk. Tous ont négligé, parce que le marquis de la Rouërie n'est plus là pour le leur dire, qu'il existe un autre modèle : Washington. Cet arpenteur, assassin du pauvre Jumonville, plus anglais que les Anglais lorsqu'il s'agissait de battre les Français, avait finalement retourné contre la mère patrie ses propres qualités de ténacité. Avec son maintien de Cincinnatus mâtiné de quaker, et cette gaucherie considérée par certains comme une noble simplicité, le bonhomme de Mount Vernon pouvait-il influer sur les affaires de France ? Le fils de la poule blanche, ce n'est pas douteux, avait observé tous les modèles avant de se rendre compte que sa supériorité lui faisait défense d'en reproduire aucun. Robespierre ? Il en savait les infériorités. Babeuf ? C'était un drôle, même si sa noble mort venait à lui fournir un mince coupon du linceul de pourpre qu'on réserve aux héros. Il restait Washington, un peu simple, guère enjoué, mais, qu'on le veuille ou non, vainqueur. Le modèle déplaisait à Bonaparte. Celui qu'on n'appelait pas encore Napoléon demeurait vaguement catholique — même s'il avait un jour troqué son habit bleu contre une djellaba — et fort étranger au Protestantisme, surtout français, dont l'esprit de libre examen heurtait sa conception de l'ordre et provoquait sa répulsion pour tout individualisme autre que le sien. Il affectait un respectueux survol des religions mais sa décision, déjà, était prise ; nouveau Cromwell, mais plus gracieux que le puritain, il se déguiserait d'abord en Washington, comblant ainsi les idéologues dont il avait fait ses partisans lors de la douteuse bousculade de Brumaire. Après tout, il se savait unique et, partant, ne se coulait dans un moule que par opportunité. Ni Sylla, ni César, pas même Auguste, encore qu'il ait trouvé dans le principat une bonne recette pour confisquer la République en affectant de la grandir, il avait compris la nécessité de rassembler les débris de l'Ancienne France et, au nombre d'entre eux, le principal, le Catholicisme. Pour le reste, on essayerait de mettre de l'ordre dans la maison sans rechercher une architecture trop originale. En utilisant la phraséologie révolutionnaire, en supprimant la liberté tout en consacrant l'égalité, on pratiquerait le despotisme éclairé sans en prononcer le nom et en se gardant de l'anticléricalisme fatal à Joseph II et à Pombal.

Soudain, la colère éclate. Le samedi 28 décembre 1799, le Consul lance une proclamation fort éloignée du ton *bénisseur* adopté depuis son accession au pouvoir :

« Une guerre impie menace d'embraser une seconde fois tous les départements de l'Ouest [cette *seconde fois* constitue une manière habile de nier les récentes victoires du Mans, de Nantes et de Saint-Brieuc]. Le devoir des premiers magistrats de la République est d'en arrêter les projets et de l'éteindre dans son foyer, mais ils ne veulent déployer la force qu'après avoir épuisé les voies de la persuasion et de la justice. Les artisans de ces troubles sont des partisans insensés de deux hommes qui n'ont su honorer ni leur rang par des vertus, ni leur malheur par des exploits, méprisés de l'étranger dont ils ont armé la haine sans avoir pu lui inspirer de l'intérêt. Ce sont encore des traîtres vendus à l'Anglais et instruments de ses fureurs, ou des brigands qui ne cherchent dans les discordes civiles que l'aliment et l'impunité de leurs forfaits. A de tels hommes le Gouvernement ne doit ni ménagement ni déclaration de ses principes. Mais il est des citoyens chers à la Patrie qui ont été séduits par leurs artifices ; c'est à ces citoyens que sont dus les lumières de la vérité [...] La loi désastreuse de l'Emprunt forcé, la loi plus désastreuse des Otages ont été révoquées [...] Les Consuls déclarent encore que la liberté des cultes est garantie par la Constitution. Le

Gouvernement pardonnera. Il fera grâce au repenti. L'indulgence sera entière et absolue, mais il frappera quiconque, après cette déclaration, osera encore résister à la souveraineté nationale. »

Premier consul depuis quatre jours, le général Bonaparte tient à marquer la nouvelle politique de son empreinte : force et séduction. Le style est magnifique mais la manœuvre de division entre les *citoyens chers à la Patrie* et les *brigands* est prématurée. Gens d'honneur, les d'Autichamp, les Suzannet, même persuadés, non sans quelque raison, de l'inutilité d'une lutte dont les moyens leur manquaient, n'étaient pas désespérés au point de remettre l'épée au fourreau parce qu'un nouveau venu dans les affaires s'exprimait avec cette souple fermeté.

On quitte Pouancé, les Bretons sur leurs pur-sang, les Angevins sur leurs courtauds. Les premiers, satisfaits qu'on puisse en découdre à nouveau, les seconds, déçus dans leur bonne foi. Adieu les conversations à cœur ouvert et les baisemains à la charmante Mme Hédouville. Gerfauts et colombes s'envolent d'un même élan.

A Paris, le comte de Bourmont n'a rien obtenu que les grossièretés du reître Lannes. Plus heureux, le chevalier de Saint-Gemmes et le charmant Guillaume Hyde ont rencontré longuement le Corse en frac olive, trivial et poli, tendre et cruel, adoptant successivement l'allure d'un domestique et celle d'un imperator. Bonaparte a fasciné sans convaincre. S'il lui fallait résumer la situation, il y parviendrait aisément ; il comprend tout, il est prêt à tout, sauf à céder sa place. Il a jaugé les forces respectives de la Contre-Révolution et de la Révolution ; l'effondrement instantané du Languedoc, la fatigue de l'Anjou comme du Poitou, l'impossibilité de raviver le vieux foyer lyonnais, l'absence quasi totale de mouvements armés dans des provinces aussi traditionnellement attachées au Trône que la Lorraine ou le Berri, la Provence ou le Gévaudan lui démontrent, s'il en était besoin, que la France, sans opinion arrêtée, depuis la rupture du « charme séculaire », n'est pas revenue au culte de la Monarchie. MM. de Frotté, Cadoudal, de Bourmont et quelques autres mènent grand tapage, c'est vrai, mais que représentent-ils ? Avec leur petite croix et leur grand chapeau, leur immense sabre et les quelques paysans dont ils se sont fait une garde pas toujours fidèle, ils n'opposent à l'ordre nouveau que des fidéli-

Le maréchal de Bourmont au lendemain de sa victoire d'Alger.

tés anciennes. S'ils obtiennent parfois une once de considération, car ils tapent encore très fort, ils ne sont pas l'expression des honnêtes gens. L'Émigré rentré, l'acquéreur de biens nationaux en passe de se faire reconnaître voudraient bien voir tous ces troubles prendre fin. Quant à l'armée, si elle possède ses Pichegru, ses Willot, ses Danican, elle comprend mal et juge sévèrement le recours à l'étranger. A travers les aventures récentes — et pas toujours glorieuses qu'elle transforme volontiers en chanson de geste — elle s'est découverte *nationale.* Pour

Bonaparte, la cause est entendue : la France ne sera jamais chouanne, et comme, ainsi que le dira bien M. Guizot, « on ne tombe que du côté où l'on penche », il importe de donner le coup de pouce dans une direction proprettement jacobine. Pour apaiser les esprits, faire oublier les colères des faubourgs parisiens, il est nécessaire, affirmera Gaston Bonheur, « d'inventer la province », et de créer une nouvelle bourgeoisie.

Le samedi 4 janvier, moulé dans son bel habit nacarat et armé de sa Constitution toute neuve — courte et obscure — le Premier consul s'adresse à l'armée d'Angleterre dans les termes bien faits pour donner du baume rouge au cœur des Travot et des Grigny :

« Des Français stipendiés de l'Angleterre ! Ce ne peut être que des hommes sans aveu, sans cœur et sans honneur. Marchez contre eux. Vous ne serez pas appelés à déployer une grande valeur [...] Il faut exterminer ces misérables, le déshonneur du nom français [...] Faites une campagne courte et bonne. Soyez inexorables pour les brigands mais observez une discipline sévère. »

Il vient de nommer le redoutable Lefebvre, ancien garde-française, à la tête de la 17e division militaire — celle de Paris, la future première — et lui donne presque dans le même temps les 14e et 15e (Caen et Rouen). Ce rattachement de la Normandie à la capitale constitue une manière de domaine réservé. Là, le mari de la blanchisseuse fera tout ce que voudra l'hôte du Luxembourg.

La diplomatie consulaire prend un aspect dont les subtilités contrastent étrangement avec la brutalité des discours. En ces premiers jours de janvier 1800, il est vrai, le jeune chef d'un État, dont le prestige militaire n'a d'égal que la déconsidération dans laquelle est tombé le pouvoir civil, tente de régler le contentieux franco-britannique. Durant un mois, M. de Talleyrand, redevenu ministre, va, comme son élève maître, croire à la possibilité d'une entente. C'est seulement le 21 janvier que l'Honorable William Pitt, après que Lord Grenville eut mis fin à sa correspondance avec l'ancien évêque d'Autun, exposera sa politique de guerre devant le Parlement. Voilà pourquoi, en dépit des propos de caractère néo-terroriste dispensés à l'armée d'Angleterre, le patient et courtois Hédouville en est toujours le chef. Il est dit que les rebelles disposent de huit jours pour se soumettre et qu'il est interdit aux généraux tricolores d'entrer en conversation avec leurs homologues fleurdelisés, mais dans le même temps, un conseiller, réputé pour sa modération et autrefois compromis dans l'affaire de Toulon, M. de Lacuée, s'en vient trouver Hédouville pour l'aider dans sa négociation.

Pour l'heure, tous les chefs s'en sont retournés dans leurs cantonnements, et les moins optimistes d'entre eux se voient dans la nécessité, à cause du langage insultant tenu par le Premier consul, de relancer une guerre dont Georges seul, avec Pierre Mercier, croit encore posséder les moyens dans la mesure où les opérations modestes de leurs collègues leur éviteront de supporter seuls le poids de l'armée d'Angleterre. Même ce Mac Curtin dit Kainlis, accusé de modération par le major général des bas Bretons, traite Hédouville de coquin et de mannequin de Bonaparte dans une lettre à M. de Bourmont. Le Premier consul, volontairement ou non, a ressoudé le parti de la guerre. Avec sa coutumière hauteur de vue et son exceptionnelle rapidité de jugement, il a compris l'intérêt à retirer de l'entreprise ; de trois choses l'une : où les Anglais viennent à résipiscence, et toutes les forces de l'Ouest s'écroulent en même temps ; ou la négociation Talleyrand-Grenville échoue, et les armées de la République, guère inquiétées par les déclarations du comte d'Artois et les arrangements de Georges et de Lord Keath, balayent définitivement les deux rives de la Loire ; troisième solution : les forces de la Nation ne sont pas en état de mettre une fin spectaculaire à la « guerre impie ». Devant cette dernière figure d'école, Bonaparte ne pâlit pas plus qu'à l'accoutumée. Il tient entre ses mains — admirables de finesse et de nervosité — le levier le plus efficace ; en se rapprochant du Pape, rudoyé par trop de souverains français de Philippe Auguste à Louis XV, il obtiendra sans difficulté le désarmement de la rive gauche, abaissera la morgue et les fusils des canailles du Bro-Erec et du Maine. D'évidence pèsera toujours sur ses épaules le fardeau de la basse Normandie. Quelle importance ! Il sait, il sait déjà que les destinées de cette province reposent sur un seul homme... et il connaît le nombre d'onces de plomb nécessaires pour en finir avec cette conscience agaçante à force d'être haute.

Louis, il suffit pour s'en convaincre de compulser sa correspondance, n'a rien compris à tout cela. Peut-être, si le prince de La Trémoïlle était auprès de lui, y verrait-il plus clair. A coup sûr, l'intelligence, la drôlerie du grand seigneur l'aideraient à mieux vivre ces heures dont il sait dépendre le sort de la côte. M. de Bruslart en mission, il n'a, pour interlocuteur, que le général de Bourmont. Le gentilhomme est joli, gentil, mais, s'il est un indéfectible ami, il demeure trop un concurrent pour apparaître comme un confident. Malgré les admirations et les affections dont il est entouré, le grand Normand demeure un solitaire. Il commet son erreur habituelle ; il écrit trop. Le premier jour du siècle, date sans signification pour les Bleus, tombait un mercredi. Ce matin-là, le général Hédouville, en accord évident avec Lacuée, et donc le *nihil obstat* du Premier consul, a tenté de renouer les fils de la négociation.

Une nouvelle fois, il se montre fort libéral, tout en sachant que sa signature n'engage que lui ; les prêtres seront honorés dès lors « que le gouvernement sera sûr qu'ils n'emploieront leur influence que pour le consolider. Alors il pourra faire davantage pour eux ». Manifestement, le péril concordataire se dessine déjà. Le Conseil d'État va s'occuper des radiations de la liste des Émigrés et, en priorité, en faveur des hommes, tel Julien Guillemot, qu'on n'a jamais vus hors de France. Pour les sous, ça s'arrangera. Il faudra payer les contributions de l'an VIII, mais on oubliera celles de l'an VI et de l'an VII. La dernière précision est de taille :

« Si les chefs des insurgés reçoivent [entendons : admettent] la proclamation, s'ils réunissent leurs efforts pour rendre la tranquillité au pays et qu'ils désirent aller à Paris pour présenter au gouvernement les demandes qui leur resteraient à faire [en clair : la Restauration], je suis autorisé à leur donner des passeports pour s'y rendre et en prévenant le ministre de la Guerre. Si, au contraire, les hostilités recommencent, les départements de l'Ouest seront mis en dehors de la Constitution. »

La trêve, car on n'osait point appeler cet état transitoire un armistice, doit prendre fin le 5 janvier, le 15 *nivôs,* comme l'écrit M. de Frotté, guère dans l'habitude de verser dans la terminologie églantinienne. Avec sa longue et courtoise logique, le maréchal de camp mande au commandant en chef républicain que la longueur de la route ne lui permettra point d'arriver à temps ; il est à quarante lieues de Candé. Lorsqu'il sera là, la guerre n'aura-t-elle point repris ? Il annonce l'envoi de deux chefs de légion, porteurs de sa procuration et chargés de venir lui rendre compte de l'entrevue. Ce sont deux seigneurs distingués, le baron d'Hugon et un parent du seigneur de Couterne, M. du Mont de Bostaquet de Lamberville, qu'on nomme plus généralement M. du Verdun. Et de se rejeter sur son écritoire pour s'adresser à ses pairs « MM. les généraux royalistes de Châtillon [c'est l'aîné], d'Autichamp [c'est le plus ancien en grade], Georges [c'est le plus puissant], de Bourmont [c'est l'ami], de La Prévalaye [il est bon camarade], de Suzannet [c'est le successeur de Charette] ». A noter qu'aucun des autres n'est nommé, ni M. Soyer, ni l'abbé Bernier entré dans la danse, et pas même Pierre Mercier. Il est vrai que le citer en même temps que M. Cadoudal constituerait un pléonasme. Comme à l'accoutumée, Louis ne sait pas faire court mais exprime clairement sa pensée : « Je me suis soumis à la majorité et je le ferais encore mais le voile s'est déchiré sur le parti qui nous reste à prendre, si nous ne voulons pas laisser nos pays livrés à un usurpateur orgueilleux qui, en insultant à nos principes, à notre honneur et à la cause que nous servons, nous redemande nos armes pour n'avoir plus à nous craindre afin de pouvoir nous asservir, et traiter nos pays comme bon lui semblera. »

L'emploi du mot « usurpateur » pour désigner l'homme de Brumaire apparaîtra bientôt d'une manière constante mais il semble bien que le général normand ait été l'un des premiers, sinon le premier, à l'utiliser.

Les instructions aux deux légats sont nettes : essayer de prolonger la trêve au-delà du 15 janvier (le général Hédouville vient d'offrir quinze jours de plus), soutenir « ceux des chefs royalistes qui opineront à la guerre », assurer ceux-ci, s'ils connaissaient l'infortune d'être minoritaires, que les Normands seraient à leur côté « jusqu'à extinction ». Si l'unanimité se dégageait en faveur de paix, MM. d'Hugon et du Verdun se retireraient sans signer et retourneraient auprès de leur général pour réclamer de nouvelles instructions. Comme le baron de Mallet est d'une absence offensante en des circonstances aussi délicates, le maréchal de camp ignore son homologue en adoptant pour attache « le comte Louis de Frotté, commandant pour le Roi dans la province de Normandie ». Pourtant, avec son habituel sens de la mesure, il écrit *dans* et non pas *de*. L'Ancienne France adorait l'insolence dans la subtilité.

Les conférences de Candé demeurent entourées d'ombre. Les perdants ne nourriront aucune raison de se vanter, et les gagnants le seront pour si peu de temps qu'ils ne disposeront pas du loisir de présenter leur succès comme un chef-d'œuvre diplomatique. Qu'il soit permis, pour en savoir plus, de se retrouver au temps paisible d'une Restauration dont le pauvre Louis connaîtra les honneurs mais ne goûtera point les charmes ; le 30 mars 1825, du règne de Charles X le deuxième, Gabriel Théodore, comte d'Hédouville et de l'Empire, ancien chambellan de l'Empereur, ex-chevalier d'honneur de l'impératrice Joséphine, sénateur, adhérent à la déchéance de Napoléon Ier, votant la mort — comme M. de Canclaux — dans l'affaire du prince de la Moscowa, heureux que le petit ruban rouge de chevalier de Saint-Louis soit venu modérer l'éclat de sa plaque de grand officier de la Légion d'honneur, ministre plénipotentiaire à Varsovie, près de ce vice-roi Zayonchek, ancien d'Égypte si joliment chanté par Alexandre Dumas, trépassait paisiblement dans sa maison de La Fontaine, près d'Arpajon. Le 10 juin suivant — était-ce à son tour de bête ou parce qu'il y tenait — le lieutenant général de Bourmont allait, devant la Chambre des pairs, prononcer l'éloge de son ancien. L'allocution, bien rédigée, d'une incontestable élévation de pensée, présente un faible éclaircissement ; le futur maréchal, avant que de saluer la mémoire de son ami Frotté, devait donner cette unique précision : « Neuf jours après la signature de la paix pour la province du Maine, le 15 février, j'allai à Angers. Le général Hédouville venait de recevoir du Premier consul l'ordre de me poursuivre à outrance si je ne lui faisais pas remettre sur-le-champ les pièces de canon que j'avais prises et, sous trois jours, trois mille fusils. Je refusai de rendre ni canons ni fusils ; et le général Hédouville n'hésita pas à me donner un passeport pour Paris et à représenter au Premier consul qu'il ne pouvait ni me faire arrêter, ni me poursuivre sans manquer à la foi promise et que cette considération ne lui permettait pas d'exécuter ses ordres à mon égard. »

Cette histoire semble authentique et conforme au caractère des deux protagonistes : le Bleu, soucieux d'en finir honorablement, et le Blanc, désireux, coûte que coûte, de conserver ses atouts pour une reprise d'armes. Il est en revanche, non pas suspect, mais étrange qu'un homme de la trempe et de l'autorité de M. de Bourmont ne consente point à s'exprimer plus longuement sur les conférences et les conventions de cet hiver de 1799-1800. Qu'il ait, lui, joué double jeu ne saurait prêter au doute et, sous le règne de l'ancien comte d'Artois, il était libre de s'en vanter. Pour M. d'Hédouville, le cas semble différent. Avant que n'intervienne cette paix entre les deux aimables adversaires s'est manifestée une volonté de rapprochement. Elle apparaît dans un texte refusé tout à la fois par les délégués normands, privés, il est vrai, par leur chef de toute initiative, et Georges, jamais gêné pour en prendre. La conférence de Candé s'est ouverte le vendredi 10 janvier (20 nivôse). Or, le lendemain, la convention suivante reçoit la signature du commandant en chef républicain et des généraux de Bourmont, en tête, d'Autichamp, de Suzannet, d'Andigné, Soyer, de La Roche-Saint-André, de Kainlis et de Châtillon :

« Le licenciement absolu des hommes assemblés dans les cantonnements armés ou non armés, aura sa pleine et entière exécution le premier pluviôse [21 janvier !] inclusivement. Alors, tout individu rentrera au moment même dans son domicile, pour y vivre paisiblement comme par le passé sous les lois du gouvernement. Et conformément à l'autorisation donnée par le général Hédouville, il sera envoyé au Premier consul un des habitants de l'Ouest, chargé d'aplanir les difficultés existantes, et, si cela devenait impossible, la présente convention serait nulle. Ainsi arrêté entre le général Hédouville et les chefs soussignés à Candé. »

A l'évidence, la teneur du deuxième paragraphe détruit les effets du premier. Reste que Louis de Bourmont a sanctionné ce texte dans l'intention d'aller à Paris reprendre le plaidoyer de MM. Hyde de Neuville et d'Andigné pour décider Cromwell à se transformer en Monk. Voilà pourquoi, dérogeant à ses habitudes, le successeur du comte de Rochecotte a paraphé le document.

La conférence de Candé va pourtant échouer comme celle de Pouancé, mais les mandataires normands, possédant une plume moins déliée que celle de leur maître, ne s'en expliqueront pas. Il paraît toutefois évident qu'appuyés par Georges ils ont cassé la négociation devant le refus des Bleus de réintégrer la question royale dans les conversations sur place, la repoussant toujours vers un entretien avec le Premier consul. La remise, encore symbolique, d'une partie des armes aurait éloigné les modérés, eux-mêmes, d'une conclusion définitive.

En militaire obéissant, le général Hédouville, encore qu'il

contrevienne aux conseils de Lacuée et aux instructions de Clarke transmises par un chef de bataillon — futur général et comte — dont le nom ne prêtait pas encore à rire : Dalton, informe Alexandre Berthier de la prolongation jusqu'au 21 janvier, en mettant l'accent sur la nécessité de « faire connaître la proclamation du Consul dix jours avant la remise d'armes dans les cantons les plus éloignés d'Angers ». La lettre est envoyée le 12. Le 14, Bonaparte rebaptise l'armée d'Angleterre l'armée de l'Ouest et lui donne pour chef un terroriste talentueux, le vainqueur d'Alkmaar, Brune, en précisant à l'intéressé :

« Le général Hédouville remplira très bien le poste de votre chef d'état-major ou de votre premier lieutenant. Il connaît très bien les individus et les localités, mais il n'a pas assez d'énergie ni assez d'habitude de diriger lui-même les opérations militaires pour pouvoir commander en chef. »

Quelle revanche ! L'homme dont Barras prétendait faire le président d'un Directoire régénéré, ce ci-devant dont le châtelain de Grosbois avait osé jeter le nom à l'aspirant dictateur est replacé dans le rang de toute la hauteur d'un maître corrigeant un mauvais élève. Devant l'orage, Clarke et Lacuée prennent sur eux de signifier l'acceptation de leur ami. Le style a bien changé depuis le 19-Brumaire et un militaire, fût-il officier général, ne saurait refuser une affectation sans risquer de se retrouver au Temple, ou à tout le moins, sous la surveillance de la haute police.

Le général Hédouville était-il si fort avant dans les confidences de l'Alcibiade du Directoire qu'il ait, comme on le dira souvent, favorisé les entreprises de la Vendée militaire ? Ami de l'ordre, considérait-il qu'on en trouverait plus sous le petit-fils de cette Marie Leszczynska dont il avait été page qu'aux ordres de gens, Barras, Bonaparte, dont l'avenir demeurait incertain ? L'ambassadeur Garnier, servi par sa perspicacité coutumière, devait le premier s'interroger sur cet épisode peu connu d'une tractation aussi capitale qu'oubliée. Dans son *Barras, roi du Directoire,* il ne se prononcera point, encore qu'il ait incliné vers une dilection du responsable de l'armée d'Angleterre pour les Blancs.

Si le télégraphe Chappe fonctionne alors par temps clair, il n'est pas utilisé pour transmettre les affectations ou les destitutions. Le commandant en chef de l'armée d'Angleterre n'est plus que le « lieutenant général en chef de l'état-major de l'armée de l'Ouest ». L'humiliante rétrogradation lui sera poliment notifiée, car le responsable du dépôt de la guerre, Dupont de l'Étang, l'incite à mettre en œuvre tous ses moyens pour empêcher de se rallumer « la guerre impie ». Encore en place, il a promis au curé Bernier la faveur d'aller apporter au Premier consul la nouvelle de la paix si l'agent général parvenait à s'en faire l'artisan. L'ancien desservant de Saint-Laud a vu le général dans la nuit du 13. L'abbé rêve en violet, et même en pourpre. Il siffle M. d'Autichamp, parti pour les Deux-Sèvres, et parvient à faire s'assembler les seigneurs de la rive gauche à Montfaucon-sur-Moine. Ici, plus de Normands ni de Bretons. L'ecclésiastique n'assiste pas, semble-t-il, à la réunion de la maison Ténaisie où le ton monte, où des sabres sont plus qu'à demi dégainés, où des bûches sont jetées furieusement sur des plaques de cheminée. L'ancien aumônier de M. Stofflet avait poli ses arguments, à l'avance réfuté ceux des opposants. M. de Beauvollier, et quelques autres officiers, firent valoir les raisons des sages. Le samedi 18 janvier, à deux heures de l'après-midi, la paix était signée.

Lorsque les adjoints du comte d'Autichamp se rendront au quartier général d'Angers pour annoncer l'heureuse conclusion, ils éprouveront la fâcheuse surprise de trouver l'état-major républicain au courant. M. Bernier les avait précédés...

Le 19 janvier, à Légé, M. de Suzannet désarmait. C'était comme la seconde mort de M. de Charette. Le 20, à Candé, M. de Châtillon se soumettait. Comme Fortuné d'Andigné, par loyalisme, refusait d'assurer la succession proposée par les irréductibles, c'en fut fini du bas Anjou.

Restaient sous les drapeaux de la Contre-Révolution les Normands, les Bretons et les Mainiaux.

Renardin ne mériterait pas son sobriquet s'il n'anticipait sur la formule maurassienne : *par tous les moyens, même légaux.* Il a refusé de s'incliner devant les exigences du nouveau César, mais se garde bien de rompre les relations avec Hédouville. Il a compris, parfaitement compris, que Brune était là pour faire peur, et son prédécesseur, devenu son adjoint, pour rassurer. Louis de Bourmont possède une qualité rare ; il sait interpréter les buts tactiques du Premier consul ; en revanche, en bon gentilhomme, incapable d'imaginer une France paisible autrement que sous son Roi, il s'illusionne sur la stratégie à long terme d'un personnage dont il n'a pas trouvé le temps de prendre la véritable mesure ; comme nombre de membres du personnel politique — Blancs ou Bleus — de Cambacérès à Mallet du Pan, il ne voit pas dans le régime brumairien une construction plus solide que celle dont l'homme à la mouche avait été la figure de proue d'un navire immobile. M. de Buonaparte, en dépit de ses victoires d'Italie, n'est pas encore un aigle, alors que M. de Bourmont se tient, lui, pour un renard.

Si la coalition, en recul depuis qu'elle vient d'être crossée par les citoyens Brune et Masséna — et non par le rescapé d'Égypte — rencontre des difficultés, elle n'est nullement défaite ; l'Angleterre, la crise des mutineries navales surmontée, a montré ce dont elle était capable, la Russie est vaste et l'Empire demeure une grande puissance. Durer, il faut durer. MM. de Frotté, Georges, Mercier et de Bourmont, encore qu'habitués à se battre par tous les temps, sont affectés du menu péché de leurs alliés : ils ne dépassent leurs sacro-saints quartiers d'hiver qu'aux premiers rayons du printemps. Avec la brise de Messidor, on se débarrassera de Bonaparte. Le trop joli Cambacérès servira quelque autre église, et le sérieux M. Lebrun, s'il n'a point travaillé pour la Monarchie, s'en retournera vers l'obscurité. Cette opinion apparaît d'autant plus recevable que les Français — Lenotre le soulignera — n'ont encore ressenti qu'un pâle reflet de l'action consulaire. Habitués depuis 1789 — depuis plus de dix ans — à des coups d'État parisiens, sans effet sur leur condition familiale ou personnelle, assommés par de sempiternelles proclamations, ils conservent un seul bien : l'indifférence. Qu'une victoire de M. de Frotté, de Monsieur Georges ou de M. de Bourmont permette de tenir jusqu'au moment où les pommiers refleuriront, cela suffira pour que les plus exemplaires Patriotes demandent à leur compagne de leur nouer de gracieuses cocardes blanches.

Georges ne prend même pas la peine de s'expliquer, abandonne — et non sans raison — cette charge à Pierre Mercier, suivi, en dépit des rivalités locales, par M. de Pontbriand et son beau-frère Boisguy. En bref, depuis l'intervention de M. Bernier, la France royale s'est rétrécie à trois provinces : la Normandie (la basse), la Bretagne (la haute, à bas de souffle et la basse encore prête à donner) et le Maine, îlot fragile mais bien commandé. Partout ailleurs, c'est fini. Il a suffi que Napoléon

Bonaparte sache montrer les dents pour que toute la machine de guerre, inlassablement remontée par les Royalistes, soit détraquée. Il est vrai, comme le proclamera hautement M. Albert Soboul, que le bénéfice des premières victoires sur les réacteurs revient au Directoire. Il est encore vrai que les premières tractations se sont déroulées sous ce régime. Il est, en revanche, indubitable que le général Hédouville n'eût rien obtenu s'il n'eût représenté la force naissante d'un dictateur décidé.

Non, le Directoire n'avait pas vaincu la Contre-Révolution, même si des succès locaux et l'opiniâtreté d'un chef courageusement modéré, avaient amené quelques-uns des adversaires à se soumettre dans des formes très voisines d'une capitulation.

Tout allait recommencer le 22 janvier... Faut-il croire que jusque-là le calme avait régné ? Non point. Comme les Grigny, les Vimeux, les Travot et passablement d'autres avaient multiplié les incidents, les Blancs, trop heureux de se donner bonne conscience en faisant passer leurs initiatives pour des représailles, s'étaient souvent conduits comme des brigands. Le dimanche 5 janvier, au Sap, s'était déroulée une assez méchante affaire. Les autorités du lieu s'adonnaient à la rédaction de proclamations patriotiques comme d'autres à la boisson. Un citoyen Loutreuil, administrateur, jouait tant de la plume, ne cessant en pleine trêve de réclamer des renforts, que MM. les Chouans avaient résolu de le punir.

Les voici. Ils se comptent quelque trois cents, blancs comme des mariés, avec leur écharpe, leur panache, leur cocarde. On approche de la maison commune, manière de forteresse adossée à l'église lorsqu'un coup de feu, parti de la bâtisse, tue raide le chef de l'expédition, M. Delahaye. Le fils de la victime hurle :

— Vengeance ! Vengeance !

Le cri sauvage est repris par toute la compagnie composée d'adolescents, venus là plutôt pour rire et intimider que pour semer la terreur. Sommations : contre la vie sauve, les Municipaux doivent ouvrir leur porte. Ils refusent. Les Royaux — inexpérience ou manque de combustible — échouent dans leur entreprise de mettre le feu. On tiraille sans s'égratigner trop lorsque le gardien Dutheil, sur promesse qu'il ne lui sera point fait de mal, ouvre la porte sans prévenir ses amis. Alors, c'est la surprise et elle n'est pas belle à voir. On tue un peu sur place. Un gentilhomme parvient à faire épargner quelques-uns des Municipaux appréhendés mais six d'entre eux sont menés jusqu'au cimetière et fusillés. La cérémonie expiatoire ne saurait apaiser la colère chouannique. Tandis qu'est abattu l'arbre de la Liberté, opération rituelle et sans conséquence, les maisons réputées patriotes sont mises à sac. Au nombre des victimes figurait un nommé Picot, de son état coupeur d'habits, et surpris parmi les gens de ce conseil dont il ne faisait point partie. S'était-il attiré des inimitiés particulières ? En dépit des objurgations de l'indulgent seigneur, initiateur de la plupart des grâces, il était tombé sous les balles des Royaux. Le malheureux possédait passablement d'étoffes : linon, soie, batiste, et bien sûr, de ces dentelles rarissimes en tout autre pays mais comme on en filait toujours en pays d'Argentan et — plus délicates encore — autour d'Alençon. Les déprédateurs du Sap adoptent un comportement à la fois touchant et barbare, qu'on dirait venu de l'aurore des temps à peine mémoriaux ; ils parent le corps de leur chef de tous les trésors saisis chez le tailleur. Ils pouponnent, ils dorlotent le mort, l'entourent, sans l'embaumer, de précieuses bandelettes. L'absorption immodérée de cidre et de calvados a-t-elle agi sur cette démarche un rien extravagante ? Peut-être pas. Le vrai Chouan doit savoir endurer, tuer, pleurer, enterrer. Comme il est aussi — du moins dans la plupart des cas — supérieur par l'éducation aux gens des catégories amorphes ou républicaines, il sait écrire couramment. Alors, d'une rue à l'autre, il cloue un écriteau : *Le Sap est conquis au Roi.* Pauvre Monarque, en dépit de son *self-control,* il éprouverait assurément un haut-le-corps.

Comme, ainsi que leur nom l'indique, se concentrent les colonnes mobiles, les héros s'esquivent. L'Histoire les a condamnés pour avoir donné, à leur insu, une fâcheuse image de leur combat.

Dans la région de Nogent-le-Rotrou, la gloire de Louis XVIII dépend d'aussi discutables dépositaires. La légion du Perche assiège vainement la ville et se fait battre à Mauves par le général Merle, assez satisfait de justifier son troisième prénom : Victoire.

A la surprise du Sap, réédité à Vimoutiers, le vendredi 17 janvier, sans dommage pour les populations car elles étaient consentantes, va faire écho la première entrée dans Bellême, désinvoltement organisée en pleine trêve comme les incursions précédentes. Les attaquants, cette fois, paraissent descendus tout droit de dessins de mode gravés au Palais-Royal. Ici, point de barbe noire non plus que de chemise changée à l'été précédent. MM. Billard et Mérille ne reconnaîtraient pas leurs petits. Ils obéissent à Monsieur Charles qu'on sait un homme, que la plupart disent gentilhomme et que, dans les estaminets et les boudoirs, on affirmerait volontiers prince. Ce Monsieur Charles, comme M. Le Chandelier, possède la chance inespérée d'appartenir à la division du Perche. Et qu'est-ce que la division du Perche ? Un groupe de soldats dépendant nominalement du comte de Bourmont, mais opérant sur le territoire du comte de Frotté. Merveilleuse situation pour des gens que la discipline préoccupe moins que les divertissements militaires. Ces Incroyables du Bocage vont se montrer parfaits. Tout commence comme au Sap : le chef est atteint par un Patriote, mais tout finira mieux car le coup n'est pas mortel. L'ennui, c'est qu'il aurait été tiré par un ecclésiastique, le juroux de la paroisse d'Éperrais. M. Charles affecte d'ignorer l'origine de l'attentat, réquisitionne femmes et enfants et leur fait porter des fagots devant la Mairie. L'argument présente assez de poids pour que la Municipalité capitule ; les Jacobins crient :

— Vive la Paix !

Les Bleus se laissent désarmer. Alors, le chef réunit une commission militaire. Quelques-uns des administrateurs s'étaient éparpillés dans la campagne. Ils sont ramenés plus morts que vifs devant l'aréopage et subissent un interrogatoire détaillé. Va-t-on les pendre, lanterne au cou, devant le cimetière ? Enfin, le président rend la sentence :

— Le conseil de guerre de l'armée royale du Perche, attendu que MM. les Municipaux de Bellême ont voulu défendre la ville contre une division de l'Armée Royale, et que par l'effet de leur résistance, ils ont été la cause qu'une balle a blessé le commandant Charles, les condamne…

Un froid mortel ruisselle le long des échines patriotiques. Tombe le verdict :

— … Les condamne à appeler un chirurgien pour panser son bras.

Tous les fusils furent réquisitionnés et le commandant Charles s'en alla sous les acclamations. Le surlendemain, les drapeaux fleurdelisés flottaient de nouveau sur Bellême, mais, cette fois, on s'amusa moins franchement. M. de Saint-Paul, qu'on savait

Environs de la FERTÉ-MACÉ — SAINT-PATRICE-DU-DÉSERT
êne criblé de balles dans l'affaire de la forge de Cossé où les Républicains furent ttus et refoulés jusqu'à la FERTÉ le 25 Janvier 1800 (De la Sicotière). Général comte Frotté commandant les Chouans. Généraux Gardanne et Avril commandant les Bleus.

plus sévère, avait appris que toutes les armes n'avaient pas été rendues. Avec son estimable compère, M. Le Chandelier de Pierreville, il les saisit et profita de l'occasion pour enlever les caisses publiques, non sans signer, bien entendu, des décharges aux collecteurs.

Arrivaient, nez au vent, quelques détachements de conscrits. Ils se croyaient dans une ville républicaine, virent des panaches blancs, furent surpris, ouvrirent le feu. Mal leur en prit. Les gens de la légion du Perche, plus aguerris, les chassèrent et couchèrent dans la ville. Le lendemain, ils partaient pour Longny.

Entre-temps, tout avait changé ; la date, désormais doublement fatidique du 21 janvier, était passée. On n'interchouannait plus. C'était de nouveau la guerre, la vraie, entre les armées de la République dirigées — de loin — par le plus grand capitaine que la France ait connu depuis M. de Turenne, et les maigres troupes dont M. de Frotté ne pouvait espérer la victoire si ses amis, MM. Georges, Mercier et de Bourmont, ne forçaient eux-mêmes les barrières de l'impossible. Le XVIIIe siècle était mort. Les premiers jours du XIXe allaient-ils voir s'incliner les derniers étendards de la Liberté ?

Chapitre XIII

UN CAILLOU SUR LE CHEMIN DE CÉSAR

Jamais, sans doute, depuis la tragédie de la place Louis-XV, la mort du Roi n'avait été commémorée avec autant d'éclat. Tandis qu'à Paris, plongé dans le Jacobinisme, c'est, au calendrier, pour ce 1er nivôse, la fête assez inattendue de l'auréole, c'est-à-dire du daphné, tout l'Ouest, en cette célébration du martyre de sainte Agnès, oublie un peu la jeune praticienne jetée au feu aux premiers jours du IVe siècle, pour songer au souverain décollé par ses propres sujets en un temps où les philosophes avaient, après MM. de Voltaire et de Beccaria, placé la douceur à l'ordre du jour. L'ampleur des cérémonies chez M. de Frotté, chez M. de Bourmont, dans les quartiers généraux de Georges et de M. Mercier la Vendée revêtent une signification particulière. Aux yeux de ces gentilshommes — nobles depuis le berceau pour le Normand et le Mainiau, passés du troisième ordre au second par le généralat comme les Bretons — le cas du monarque martyr prend une importance, difficile à saisir pour nos contemporains. Des quatre grands survivants de la mêlée chouannique, un seul avait connu Louis XVI, mesuré à la fois l'ampleur de son intelligence et sa fréquente inaptitude à prendre au bon moment la décision convenable. Ce n'était ni Louis de Bourmont, dont les méchants se gaussaient à cause des prétentions familiales à remonter jusqu'à l'antique maison de Coucy, ce n'était pas Georges, fils d'un *hobericule,* hésitant entre le sacerdoce et un commandement à la mer comme patron au commerce ou comme officier bleu, ce n'était même pas le génial

Mercier, fils d'aubergiste (comme le comte de Rivarol), et occupé de réussir à ses examens de droit pour se saisir, à l'occasion, d'une savonnette à vilain. Un seul de ces Messieurs avait approché Louis XVI, vu ce gros homme, ce grand prince, impressionnant par ses fausses certitudes, stupéfiant par son savoir, désarmant par sa passion quelquefois contradictoire d'assurer le bien public. En cela, peut-être plus favorisés que leur collègue, MM. Georges, Mercier et de Bourmont n'avaient jamais vu Sa Majesté. M. Cadoudal, on le sait, en retiendra plus tard, aux heures atroces de 1804, le message de résignation et de sainteté. Pourtant, chez cet être pétri de volonté, l'attitude d'un souverain apparemment contaminé par la philosophie ne pouvait susciter une admiration concertée, corollaire d'une vénération naturelle. Il aimait le Roi, pleurait sur son malheur mais l'eût, à coup sûr, préféré différent. Il en est de même pour Pierre Mercier ; assuré des bienfaits de l'institution, il pouvait considérer qu'en une heure cruelle il eût mieux fallu que la famille française eût pour chef le dévergondé Louis XV que son vertueux petit-fils. Sans s'être expliqué sur ce point, M. de Bourmont, très officier d'Ancien Régime, et beaucoup moins néo-féodal qu'on ne l'a prétendu, ne pouvait considérer différemment les drames de l'époque ; en 1793, lorsque tomba le triangle de Sanson, Georges atteignait vingt-deux ans, Pierre moins de dix-neuf, Louis de Bourmont moins de vingt. L'ancien chevalier de Couterne, lui, était leur aîné, n'eût pu se faire leur compagnon de jeu ; il approchait alors de ses vingt-sept ans. Lui seul avait salué Louis XVI, servi longuement sous ce monarque. Sans doute avait-il été plus déçu que ses amis et — naturellement — sa tendance à ne rien conserver dans son esprit qu'il ne consignât sur le papier permet d'en savoir plus de son comportement. Comme le prince de La Trémoïlle, il n'avait guère apprécié la trop subtile stratégie qu'il avait prise — peut-être avec raison — pour de la faiblesse. Il ne possédait de Louis XVI qu'un souvenir transcendé par l'horreur de sa chute. Sans doute est-ce pour cette raison qu'en dépit de sa bonté naturelle, de ses inclinations féneloniennes et roussiennes, il lui advenait de violer sa nature et de répudier ses acquisitions morales pour se montrer sévère.

Un moment, il avait vécu le plus délicieux des songes à côté de Lady Charlotte : délivrer un roi tout neuf dont ses sauveteurs auraient fait une noble et lucide expression du pouvoir. Hélas, tandis que Mme Atkyns continuait de poursuivre la chimère, le rêve de Louis « s'était évanoui comme de l'eau dans l'eau ». Alors qu'un Rochecotte, bien vu du nouveau Roi, l'avait servi tout à la fois pour son principe et pour sa personne, M. de Frotté ne connaissait de Louis XVIII que les gouttes d'eau bénite de cour dont demeurait imprégné son dolman de hussard, et, par l'intermédiaire du prince de La Trémoïlle, les cabrioles d'antichambre du comte de Saint-Priest et les « cochonneries d'argent » du favori d'Avaray. D'autres avaient bénéficié des grâces de la famille du Très-Chrétien ; M. de Charette avait reçu les témoignages inconnus d'un particulier depuis Turenne (encore Henri de La Tour d'Auvergne était-il le cadet d'une famille souveraine). Les Talmont, les La Rochejaquelein étaient entrés tout droit dans le panthéon royal avant même d'avoir connu la reconnaissance — si ménagée — de la maison de France. M. Stofflet avait tenu du comte d'Artois la grand-croix et les plumes blanches. Pierre Mercier était tutoyé par le même Monsieur et Georges voyait tolérer tous ses écarts ; seul, M. de Bourmont n'avait pas reçu de faveur particulière encore que son élévation ait été bien rapide... Hors l'inutile et charmante amitié du gros Berry, M. de Frotté, pour avoir tout donné, n'avait rien reçu sinon la croix et — pure courtoisie — la reconnaissance d'un titre comtal comme pouvaient s'en prévaloir des centaines de correspondants de Louis XVIII et de Charles-Philippe. Il n'était même pas considéré comme le chef unique de cette Normandie qu'il portait à bout de bras. Et pourtant lui, le plus déshérité des grands chefs, ne se posait pas l'ombre de la moindre question. Que la République régénérée par M. de Buonaparte eût aimé à la tête de ses phalanges des officiers généraux de sa trempe, il ne s'en souciait pas. Au demeurant, il semble que l'hôte du Luxembourg, très séduit par la grosse patte de Georges, et plus provisoirement par le génie un rien féminin de M. de Bourmont, n'ait jamais rangé M. de Frotté dans ses papiers. Sauf pour ses amis, MM. de La Trémoïlle, de Tarente, de Bruslart, de Commarque, de Placène ou du Verdun, Louis n'était rien qu'un valeureux soldat. Sans doute, sa province l'estimait-elle mais elle ne se reconnaissait pas en lui. Alors que son nom apparaissait comme synonyme de la Contre-Révolution normande, il présentait trop de traits de caractère différents de ceux de ses compatriotes pour être totalement adopté. Certains voyaient dans son

« Épisode de la chouannerie », par J. Girardet.

obstination une forme d'irréalisme peu compatible avec les traditions d'un pays où, pour être chatouilleux sur l'honneur, on conserve une vision claire de l'intérêt immédiat. Comme il savait la propension des siens à ne pas se payer de mots, il recherchait tous les moyens de leur fournir des instruments de combat. Il savait toutefois qu'il n'arracherait aucune décision, et pas même la possibilité de se maintenir en état de chouannage, si Georges et M. de Bourmont ne distrayaient pas la majeure partie des forces adversaires et si le Breton ne le ravitaillait amplement.

Enfin, la guerre avait recommencé. Louis en était heureux ; son caractère s'accommodait mal des demi-mesures, et puisqu'il était incapable de vivre en paix, « il lui fallait bataille ». Il n'aura plus à l'attendre.

Tandis que la légion du Perche poursuit ses divertissements, tantôt sombres, tantôt légers, allant, s'il vous plaît, jusqu'à La Ferté-Vidame où nul ne sait encore plus qu'ailleurs que résida le plus grand mémorialiste de son siècle, le petit duc de Saint-Simon, le gros de l'armée normande va trouver sa journée. Les Bleus s'agitent fort. Durant la trêve, certains observateurs ont décelé d'étranges ménagements. Les administrateurs ont maintes fois dénoncé les officiers organisant des promenades militaires dont le but aurait été d'éviter soigneusement les bandes chouanniques. Des généraux tels que Digonet, Dupont-Chaumont, et plus encore Guidal, dont les Blancs assurent les fins de mois, sont hautement soupçonnés d'une impéritie voisine de la trahison. Le Premier consul, lui-même, se fera l'écho de ces bruits fâcheux. Comment s'étonner d'une semblable situation ? Entre les exigences du Luxembourg et les rêveries d'Holly-Rood s'impose la vie quotidienne. Il faut circuler, se nourrir, se vêtir. Alors, doucement, on a glissé vers une conception médiévale de la guerre. On se bat lorsqu'on est riche, on demeure au cantonnement lorsqu'on est pauvre ou saisi par la lassitude. Voici trop longtemps qu'on s'affronte, et partant on se connaît trop. Afin de pallier cet inconvénient, le commandement bleu a mis au point des rotations, envoyé dans l'Ouest et le Nord-Ouest des unités, battues par la Coalition et engagées à son égard à ne plus porter les armes contre elle. On a dit à ces hommes qu'ils étaient au repos, et dès leur arrivée, ils entendent siffler à leurs oreilles des balles, mieux ajustées que celles des habits blancs, tirées par les joyeux compagnons de MM. Mérille, Deville, Le Chandelier et quelques capitaines moins heureux dans leur cour à la Renommée.

S'essayer à pénétrer la mentalité du soldat de la Nation demeure malaisé. Il admet volontiers de se faire trouer la poitrine par un cavalier de l'Empire ou bien l'un de ces misérables Anglais, cause de tous les maux advenus à cette République de rêve qu'il sert les yeux fermés depuis 1792, mais rencontrer le plomb (fondu, dit-on, en Grande-Bretagne) d'un bonhomme s'exprimant à peu près comme vous fait beaucoup plus mal. Paradoxalement, la Révolution, génératrice de luttes intestines, a favorisé, par la Conscription, un rapprochement linguistique. Et voilà pourquoi Blancs et Bleus ont adopté des conventions particulières. Avant le coup d'État de l'Ajaccien, on se comportait à la chinoise, s'assassinant les jours pairs et vidant des bolées les jours impairs... ou l'inverse. Royaux et Républicains — et avec eux la masse des indifférents — n'ont cessé d'osciller entre le vertige du meurtre ou la fraternisation. Qu'on relise, sous la plume cabrée, lyrique et pourtant descriptive de La Varende, le poignant récit du *Dîner de la Fosse,* et on saisira mieux l'ambiguïté des rapports entre porteurs de cocardes différentes.

Apologistes et détracteurs de Bonaparte s'accordent pour lui reconnaître un sens de l'État ignoré depuis l'agonie de l'Ancien Régime. Il réserve son romantisme à ses relations avec son ondoyante vicomtesse, et à une poignée de comédiennes et d'aventurières. Pour la France, même à l'Ouest et au Midi, il est résolu — et chez lui la résolution n'est pas un vain mot — à la mettre au pas. *Cujus regio ejus religio.* Tant que le Luxembourg versera dans l'athéisme, tout le monde sera, *manu militari,* contraint d'en faire autant... Et la ravissante Mme Bessières, ornement d'autant plus précieux de la cour consulaire qu'elle compte nombre de citoyenne Lefebvre et peu de Mme Récamier, se verra boudée pour s'être recueillie à l'une des messes données à la mémoire de Télémaque XVI. Quand, sur un ordre : *« à droite, alignement »,* chacun devra se rendre au culte, des héros authentiques — les Augereau, les Delmas — marqueront le pas, ou, du moins, recevront moins qu'ils ne se croyaient en droit d'attendre pour s'être révulsés contre la « capucinade ».

Le comte de Chambord devait déclarer : « Louis XIV fut le premier des Bonaparte. » Heureuse, la formule appelle toutefois un correctif : Louis XIV était chez lui, Bonaparte ne l'était pas. Le fils de Louis XIII venait de Versailles, celui de Charles Bonaparte d'Ajaccio. Le Capétien révolutionnait par l'intérieur, le Bonaparte par l'extérieur.

Enfin, tout est changé. Le consul naissant entend rayer le Chouan du paysage comme le Roi vieillissant n'avait pu supporter le Camisard. Hélas, Lefebvre n'est pas Villars. Sous Monsieur Sans-Gêne, la 14e division militaire à Caen est commandée par le général Gardanne, solide quadragénaire, héros d'Arcole et artisan zélé du 18-Brumaire. Cet excellent soldat, ayant compris que l'ère des ménagements est passée, cherche M. de Frotté.

Un événement notable, ayant trait à la Chouannerie normande, devrait forcément se dérouler en l'un de ces lieux où l'on n'en finissait pas d'en découdre depuis les premiers affrontements. Le citoyen Gardanne, divisionnaire tout neuf, a donc réuni ses forces à celles de son subordonné, le brigadier Avril, commandant le département du Calvados, ainsi qu'aux unités de Jean-Baptiste, dit *Cumin* Milhaud (Fournier-Sarlovèse se faisait bien appeler *Réséda*), autre danseur de la sauterie de Saint-Cloud, et chef d'état-major de Murat lors de l'investissement de l'Orangerie.

Dans les années 1960 vivait dans la plus jolie maison d'Arpajon-sur-Cère, département du Cantal, une vieille demoiselle un peu honteuse d'habiter cette demeure d'où cet Auvergnat, têtu, méchant, dénonciateur du marquis d'Aoust, était parti pour cent folies et la gloire... car ce personnage peu gracieux, dont les destinées croiseront maintes fois celles du comte de Piré, jouait du sabre comme Haydn du piano forte.

Les Républicains, buisson creux fait autour de Vire, de Mortain et de Flers, s'étaient formés en trois colonnes pour fouiller la forêt d'Andaine. Le plan établi par Gardanne, trop solennel pour avoir aventuré jusque-là son écharpe bleue, était simple. Avril, à droite avec 500 hommes de la 24e légère (ex-Brie), prenait le risque de s'enfoncer sous les couverts en marchant d'est en ouest par Champsecret et Dompierre, tandis que Milhaud, au centre avec deux compagnies de la 72e (ex-Vexin) et le reste de la 24e, éclairés par un parti de cavalerie dont les membres s'intitulaient Hussards du Calvados, remontait du sud au nord par Juvigny. L'adjudant général Bribes, vétéran d'Égypte, conduisant des troupes prélevées sur les mêmes unités, prenait position dans la pointe orientale de la forêt vers La Ferté-Macé. C'est devant cette ville que l'ensemble des forces nationales devait se donner la main. Total de l'effectif : autour de 3 000 réguliers et, peut-être, 1500 fantaisistes en uniforme, quelquefois braves et toujours affairés.

La veille, le vendredi 24 janvier, le maréchal de camp a réuni trois divisions : celle de Saint-Jean sous MM. de Monceaux et Moulin, celle de Flers appartenant à M. Durand, celle d'Ambrières que mène M. de Saint-Paul assisté par le chevalier d'Hauteville, jeune homme qu'on trouvait à l'accoutumée à Saint-James, servant comme aide-major. Combien étaient les Royaux ? On ne le saura jamais. Un rien distrait, ou d'humeur à bonimenter, Louis écrira quelques jours plus tard à son père qu'il disposait de 800 hommes. C'est faux. Peut-être voudrat-il, dans une intention évidente, réduire son monde au nombre des Chouans recensés, habillés, soldés, bref à ses chasseurs et à ses chevaliers de la Couronne qu'il aimait à passer en revue, comme du temps où, officier de grande semaine, ou quelque chose d'équivalent à Colonel Général, il se grisait à la prussienne de la belle ordonnance des prises d'armes. Non, Blondel, vous possédiez plus de gens que cela lors de l'affaire de Cossé. Vous vous montrez injuste envers les vauriens, les participants d'occasion, les hommes sans panache car ils ont, comme les autres, contribué de leur mieux à votre gloire. Convenez-en, Monsieur le Comte, vous réunissiez plus de 2 000 combattants, et c'est tout à leur honneur, car M. de Buonaparte criait si fort en ce temps-là, tentait si vivement d'impressionner les populations qu'il ne fallait pas manquer de cœur pour venir vous rejoindre dans la forêt d'Andaine. Vous étiez, comme toujours lors d'un affrontement, parfaitement maître de vous et de vos soldats. Certains chefs écoutés au conseil, à l'habileté stratégique reconnue, étaient imparfaitement obéis sur le terrain. Georges lui-même, prétendront certains spécialistes, se montrait dans la conception supérieur à l'exécution. Vous, vous tenez bien votre monde car il vous accorde sa confiance, et s'il vous la donne — à l'heure de se faire trouer la peau — ce n'est pas par allégeance féodale, c'est parce qu'entre vos mains on possède plus de chance de tuer sans être tué. Aucun de vos subordonnés ne critiquera vos manœuvres. Vous savez procéder à des concentrations rapides, et dans l'engagement vous agissez avec promptitude afin d'impressionner l'adversaire et de tenir chevaliers et chasseurs en haleine. Vous leur demandez beaucoup mais le plus vite possible. Un défaut, ou plutôt une infériorité obère vos entreprises : trop souvent à l'étranger, vous n'avez pu, malgré de précieux concours, mettre au point un système de renseignements suffisant. Vous ne savez pas ou vous apprenez trop tard quand sortent les Patauds. N'ayant pas toujours identifié leurs chefs, il vous est impossible d'organiser votre action en fonction même de leur tempérament, vieille recette connue depuis Hannibal, se faisant toujours communiquer avant une affaire le nom du consul de jour. Vous, vous n'affrontez qu'un consul, le Premier, et celui-là s'est bien juré de vous anéantir, ainsi que vos stipendiés de l'Angleterre.

On dit que beaucoup d'officiers généraux étaient présents à

Cossé. Gardanne, peut-être, mais de loin. Le Caennais Moulin, ex-directeur ? Il était en réforme, mais, après tout, c'était un moyen pour lui de se concilier quelques minces faveurs de la part d'un homme qu'il n'avait pas vu, sans chagrin, prendre sa place et beaucoup plus que sa place. Pour le commandant du personnel d'Alençon, Jacques-Antoine (de) Chambarlhac (de) Laubespin, il peut s'être porté jusque-là de concert avec son subordonné Guidal. Depuis que le vainqueur des Pyramides avait escaladé les marches vermoulues du pouvoir, le zèle était à l'ordre du jour.

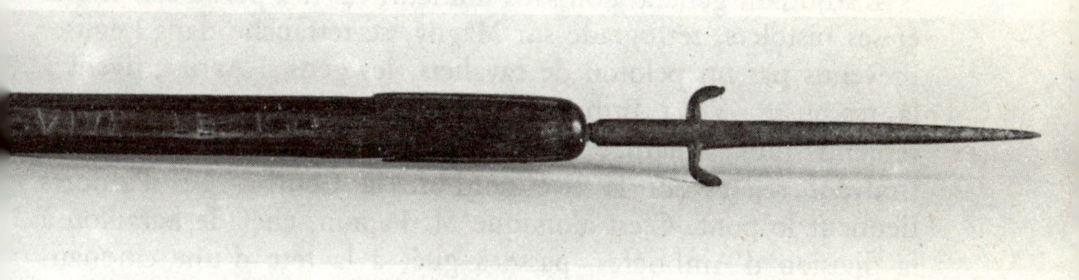

Épieu ferré avec les mots « Vive le roi » gravés sur le manche.

L'adjudant général Bribes, commandant la colonne de gauche, est un brave, ses fontes en portent témoignage, enchâssant de magnifiques pistolets donnés par Bonaparte au retour d'Égypte. Prévenu de la proximité des bandes normandes, l'heureux titulaire de ces armes d'honneur s'enfonce dans la forêt. Le maréchal de camp, faute d'être bien éclairé, sait seulement que son adversaire n'est pas seul ; il faut donc le réduire avant la réunion de ses renforts. On demeure toujours confondu par la simplicité des solutions imposées par la guerre. Certes, on peut créditer la petite armée normande d'une meilleure connaissance des lieux. Il serait toutefois erroné de croire que les agresseurs sont tous étrangers au pays. Certains, tels les hussards dits « du Calvados », pour n'être ni des Lauzun ni des Bercheny, savent se repérer et possèdent le b a BA du service en campagne. Les gens de Vexin et de Brie, même brassés par une conscription arbitraire, procèdent d'unités traditionnelles. Encore une fois, c'est peut-être de la petite guerre mais c'est de la vraie.

L'avant-garde du citoyen Bribes, venant de La Ferté, passe le pont jeté sur la Courbe, lorsque M. de Frotté, l'apercevant, fait demi-tour et constitue trois colonnes d'assaut : Saint-Jean à droite (la gauche de Bribes), Flers à gauche, Ambrières au centre. Sachant combien est nécessaire la cohésion face à ce type d'aventure, il dispose sur ses arrières les volontaires issus de formations non endivisionnées. Il réunit sa petite cavalerie — 60 hommes moins habitués à charger qu'à remplir des fonctions d'éclaireur ou d'estafette — et pousse droit devant lui tandis que les divisions de Flers et de Saint-Jean cherchent à pratiquer l'enveloppement.

L'adjudant général non sans humeur, car il a perdu son cheval et ses pistolets, rétrograde sur Magny, se retranche dans l'église. Prévenus par un peloton de cavaliers, les gens d'Avril arrivent à la rescousse. Voici Bribes dégagé de son sanctuaire. La lutte reprend plus acharnée. Les Royaux perdent du terrain, se trouvent rejetés sur la rive nord de la Courbe. Les Patriotes tiennent le pont. C'est alors que M. Papoin, chef de bataillon à la division d'Ambrières, passe à gué, à la tête d'une cinquantaine de Chouans peu frileux. Le voilà parmi les ennemis, mais, sous un feu des plus vifs, ses gars commencent de plier. Faute de munitions, ou parce qu'elles ont été mouillées, les Normands y vont à la baïonnette et à coups de crosse. M. Papoin n'en peut plus. Arrive, à cheval, le premier aide de camp du Home. Il dégage ceux d'Ambrières. La cavalerie repasse le cours d'eau. Cette fois, c'est la victoire. La nuit tombe tôt en janvier. On se battait depuis onze heures du matin et on n'est pas mécontent de voir les Bleus montrer leur dos. Le général Avril, racontera-t-on, dut pendant un moment se cacher parmi les genêts couverts de neige.

L'armée républicaine rentra dans La Ferté pour y publier un communiqué triomphal.

Les Blancs venaient de connaître leur journée. Qu'importe si Milhaud, absent, n'avait pas été crossé, si, un instant, l'affaire avait paru compromise. Avec un effectif inférieur d'un tiers à celui de l'ennemi, M. de Frotté venait de culbuter de bonnes troupes, bien conduites, les contraignant d'abandonner le champ de bataille et d'aller s'enfermer dans la place voisine. Ce samedi 25 janvier, la fortune avait souri.

Un tel succès, remporté deux jours après que la trêve ait pris fin, va-t-il suffire pour conférer à la campagne une orientation nouvelle ? Comment le maréchal de camp peut-il infléchir la politique consulaire ? En enlevant Alençon, maintenant à portée de sa main ? Aucun des chefs-lieux — Nantes, Le Mans, Saint-Brieuc — n'a tenu devant les concentrations ou les retours offensifs de l'adversaire. Alençon, aisément prenable, sera dans la suite indéfendable. Louis renonce donc et, peut-être, à tort, car une opération aussi spectaculaire pourrait secouer cette France grelottant sous la nouvelle dictature.

La belle journée de Cossé, dite par certains de la Courbe, comment le vainqueur peut-il l'exploiter ? Cette bataille ne lui rapporte rien, ni magasins, ni munitions, ni canons surtout, dont toujours ont manqué les Normands. Un seul avantage : la cohésion des divisions royalistes dont le ciment demeure constitué par le succès. Louis l'a dit et redit : il ne peut rien de définitif sans les Bretons et les Mainiaux. Manœuvrer vers l'ouest pour tendre la main à M. de Boisguy relève de l'utopie ; la précédente campagne de la Manche a démontré l'impossibilité — et par un temps pluvieux mais moins froid — de s'éloigner de ses bases en conservant des forces suffisantes. Il faudrait procéder au déplacement de quelques compagnies pour recueillir les fruits d'hypothétiques débarquements. Une poussée en est vers le pays d'Ouche et la forêt de Conches ? Peut-être serait-ce encore possible si la turbulente légion du Perche, après ses incursions à Longny, à La Ferté-Vidame, à Tourouvre, ne venait, passablement essoufflée, d'être battue par Guidal à Fontenai-les-Louvets, et pratiquement anéantie à Saint-Christophe. Se maintenir dans le triangle Flers-Domfront-La Ferté deviendra de jour en jour plus délicat, car il importe de vivre sur l'habitant et qu'en cette région il ne cesse d'être sollicité. L'issue, s'il en est une, c'est de se réunir aux troupes du comte de Bourmont. Après ? Eh bien, on montera quelque opération combinée avec l'armée bretonne dont l'avantage tient au contrôle d'une portion de littoral assez sûre pour se ravitailler et recompléter l'armement. Après ? Lorsque les trois armées se seront donné quelques bons moments, on s'efforcera de réveiller Angevins et Poitevins...

Avant même que Louis ne l'ait emporté durant la journée de Cossé, ces projets n'appartenaient plus qu'au passé ; l'avant-veille, 23 janvier, les Mainiaux étaient surpris à Meslay. Qu'importe si MM. de Chapdelaine et de La Frégeolière marquaient

Le site de Grand-Champ : Pont-du-Loc, par T. Drake.

encore un avantage à Foulletourte, il fallait se soumettre. Puis, la veille de Cossé, le 24 janvier, le sort, non plus de cette campagne mais de la guerre elle-même, s'était joué devant Grand-Champ. Georges, ayant recherché vainement une affaire d'anéantissement, avait symboliquement couché sur le champ de bataille mais le général Harty, un solide Irlandais, avait retraité sans grande perte et en bon ordre. Grand-Champ-Pont-du Loc, « ce Malplaquet de la Chouannerie Bretonne », comme l'écrira trop sévèrement Lenotre, sonnait toutefois le glas. La haute Bretagne s'inclinait ; M. de La Prévalaye, après un tour d'honneur, entrait en négociation le jour même de la grande affaire avant que de conclure le 1er février. Toujours adroit, Louis de Bourmont ne faisait connaître son intention de se soumettre qu'en invitant les vainqueurs à faire profiter le général Georges des avantages consentis aux autres chefs royalistes. Comme à l'accoutumée, Renardin procédait lentement, courtoisement, en n'excluant jamais la possibilité d'un miracle. Il savait son confrère normand occupé de réclamer des renforts et, comme lui, rêvait d'un Quiberon réussi. Un autre motif le déterminait à ne se jamais départir de son exaspérante circonspection : il lui fallait dissimuler son matériel et, avant tout, ses canons. Il y mettait son tact habituel mais l'homme du Luxembourg, ami des solutions tranchées, n'observait pas le manège sans une croissante irritation.

Le baron de Commarque se dépitait de n'avoir pu compter au nombre des artisans de la victoire de Cossé. A la reprise officielle des hostilités, il avait établi son quartier général au château de Flers, semant la terreur dans les environs par la présence parmi ses gens de quatre-vingt barbus que les Patriotes les plus sombres prétendaient russes, et partant fort cruels. Des Patauds moins hypocondres se rassuraient en affirmant les barbes postiches et leurs porteurs, enfants du pays.

Le général Gardanne, guère dans l'humeur de plaisanter, avait chassé le baron et ses barbus, vrais ou faux, s'était installé benoîtement à leur place, puis, ayant pris ses aises quelques jours, avait incendié ce lieu de plaisance. M. de Commarque, ayant couru la Mayenne, avait finalement chouanné l'Orne et dépassé Alençon. C'est à Menil-Gondouin, le mardi 4 février, qu'il dut se mesurer au général Chambarlhac. Comme les Bleus l'emportaient en nombre sur les 400 Chouans du baron, on avait escarmouché sans trop de conséquence. Hélas ! Le chef royaliste était fatigué. Laissant une modeste arrière-garde à Saint-Georges d'Annebecq, il décida d'aller dormir au manoir de la Chaux qu'il jugeait bien protégé par des chemins horribles, des bois touffus et des étangs glauques. Parvenu sur les lieux de sa retraite, M. de Commarque dissémina ses gens, en envoyant la majeure partie réparer leurs forces dans les localités voisines et ne gardant auprès de lui qu'une quarantaine de soldats.

Antoine de Chambarlhac n'était pas satisfait. Il l'avait assez souvent emporté sur les Impériaux pour se dépiter du méchant combat de Menil-Gondouin. Il se rua sur Briouze où cantonnait l'adjudant général Dormenault pour entendre cet officier distingué prononcer un exposé d'une haute tenue relatif à l'art et à la manière de préparer la soupe aux choux du matin, laquelle, comme chacun sait, doit « tenir au corps » sans alourdir le combattant.

Le général interrompt ce discours pour emmener le rustique Grimod de La Reynière et ses gastronomes à la recherche des Brigands. Si horribles que fussent les chemins, touffus les bois et glauques les étangs protégeant le joli manoir Renaissance où M. de Commarque reposait, voici les Bleus. Le major Fierville tente une sortie, est tué. Douze Royaux tombent à ses côtés. Négligent — certains diront complice — Dormenault avait attaqué sans bloquer les issues ; le baron, tout juste vêtu, parvient à s'échapper avec quelques compagnons. Il laisse aux mains de son adversaire un cheval magnifique, ses papiers, des croix de Saint-Louis. L'adjudant général témoigne sa satisfaction, il annonce, outre le trépas de M. de Fierville, celui de MM. d'Hugon et de Bruslart. Il avait massacré quelque peu, puis, sur les instances d'un jeune Chouan nommé Dupont, arrêté la tuerie. Les auteurs de la surprise arrachèrent les galons des morts et furent, le lendemain, autorisés à les vendre, pour boire, à quelques amateurs de souvenirs par un capitaine-major nommé Barrois qu'on retrouvera dans l'affaire de Vincennes parmi les *juges* chargés de prononcer sur le duc d'Enghien.

Cette misère de la Chaux, bien exploitée par les Républicains, n'avait pas fini de faire travailler les imaginations. Non seulement les principaux lieutenants de Frotté venaient, affirmaient les communiqués, d'y trouver leur tombeau, mais encore la défense avait eu pour responsable suprême le dernier évêque d'Avranches. Le titulaire du siège, Pierre-Augustin Godard de Belbeuf, alors âgé de soixante-dix ans, coulait des jours gris en Angleterre en attendant de disparaître en... 1808. Voici quelques paires de lustres, on montrait encore à la Chaux la sépulture de ce nouveau Turpin. On la désigna, eût écrit La Varende, « jusqu'à la Grande Guerre, où moururent toutes les légendes en face d'une telle souffrance qu'elle n'a même pas créé de tradition ».

Malgré cet affrontement un peu ridicule entre un amateur de sommeil et un docteur ès soupes aux choux, Louis ne désespère pas. Il écrit encore à son père, au comte de Placène, au chevalier de Bruslart. Il trouve même le temps de rappeler avec une ferme courtoisie les fondements de la discipline à M. d'Escures, effervescent responsable de la division de Saint-James. Si longtemps éloigné du catholicisme, le grand Normand possède toutefois les trois vertus théologales : la foi, l'espérance et la charité. La charité, toujours il en a fait preuve, remettant les peines, accordant cent grâces, jetant sa bourse au dernier des vaincus pour qu'il apprenne à penser moins mal. L'espérance, elle ne l'a jamais quitté. Elle apparaît comme la plus exigeante des maîtresses à ce seigneur comblé par les caresses de Lady

Atkyns, et, dit-on, de la charmante Mme Danjou. La foi, on le sait, ne l'a point toujours habité. C'est à l'orée de cette campagne qu'il se départit du scepticisme propre à son siècle.

La colère de l'Ajaccien ne cesse de monter, contre Georges d'abord, puis contre M. de Bourmont. Sans doute sait-il que la partie est désormais gagnée. Pour autant, il demeure insatisfait. Il entendait voir les phalanges consulaires l'emporter partout où les troupes directoriales avaient essuyé des revers. L'homme de Lodi, d'El-Arich et des Pyramides conçoit la bataille comme une tragédie classique. Il aime les affres de la préparation, entend déjouer les surprises ménagées par le théâtre, et veut conclure magistralement dans la manière du Cid ou d'Auguste. Par la vertu de la seule présence de Bonaparte à la tête de l'État, le soldat républicain, hier rentrant sa tête dans les épaules lorsqu'il devait emprunter un chemin creux, doit se battre comme les gens de Kléber, de Reynier ou de Junot. Or, il n'en est rien. Même en portant au commandement des armées antichouanniques les plus magnifiques sauvages de la Nation, le premier magistrat de la République n'obtient pas le résultat spectaculaire dont il éprouve l'impérieux besoin. Psychologue, il sait combien les Français haïssent les demi-mesures ; si Meslay, amenant le comte de Bourmont à résipiscence, l'a comblé, les affaires de Grand-Champ-Pont-du-Loc et de Cossé l'ont mis hors de lui. Qu'est-ce que ces affrontements où la canaille opposée à l'État se donne les gants de camper sur le champ de bataille ?

Bonaparte irait bien, de sa présence, montrer aux Lefebvre, aux Brune, aux Hédouville, « cette mâchoire », comment on surprend, on prend et on pend un Chouan. Seulement, la vieille histoire du commandement décliné dans la Vendée mérite d'être exploitée, nul ne se souvient que l'ancien protégé de MM. Maximilien et Augustin de Robespierre n'avait refusé l'affrontement fratricide qu'en raison du fait qu'artilleur il se scandalisait de devoir conduire une brigade d'infanterie. Reste que la légende est née. Bonaparte, apôtre de l'unité nationale, n'en découd point avec ses compatriotes, même s'ils sont les amants d'un autre drapeau. Tout cela respire la fausseté, c'est-à-dire l'habileté ; il s'était déroulé dans Toulon des scènes affreuses et l'ancien officier de Sa Majesté Très Chrétienne n'avait point levé le petit doigt pour mettre fin au massacre, même si l'intellectuel avait trouvé la chose assez forte pour en éprouver la nausée. Puis est venue, providentiellement, la canonnade de Vendémiaire. C'était, pour un soldat oublié, l'heure de la chance, et Bonaparte la saisit mais ne s'est nullement mêlé à la répression. En Italie, lorsqu'il s'est trouvé face à des Émigrés, il a généreusement affecté de les prendre pour les Napolitains ou pour des Impériaux. S'il a menacé de faire fusiller le comte d'Antraigue, c'était seulement parce qu'il avait besoin de ses papiers pour compromettre le général Pichegru. Dans son entourage figurent des officiers, Marmont, Bessières, Bertrand, Berthier même, dont la flamme républicaine est plus que vacillante. En dépit de ses débuts dans le sillage des Robespierre, de sa liaison avec la femme du représentant Turreau, de son élévation sous Barras, il conserve la réputation d'un Modéré. Ses proclamations dans la Péninsule maudissant les Réacteurs n'ayant eu d'autre but que d'éliminer des rivaux éventuels, nul n'y prend garde. Même dans le coup de Fructidor et son corollaire — l'avènement de la guillotine sèche — il a pris soin de se tenir à l'écart. Et voici qu'il ne se contient plus ; ses lettres à Gardanne trahissent une fureur dont on ne sait trop si elle obéit à quelque calcul pour fouailler un exécutant ou si, chez cet être réputé pour son équilibre, perce une volonté homicide. Le personnage est si grandiose, si déroutant aussi que certains de ses lieutenants apprennent déjà l'art subtil de lui désobéir afin que de le satisfaire.

Il écrit du 1er au 13 février quatre lettres dont le ton ne cesse de monter : « Il faut à tout prix que la guerre soit finie avant la première décade de ventôse [aux derniers jours de février]. » Le *à tout prix* pourrait n'être qu'une figure de style ; dans la missive suivante, il est chargé de tout son contenu : « La terreur et la mort doivent être mises à l'ordre du jour [...] Frotté est un misérable et un brigand. C'est sa mort, son anéantissement, sa destruction que j'exige. » Parfois, il entre dans le détail, mélangeant à travers les rapports dont il dispose les adversaires importants et les personnages moins en vue : « Tâchez d'avoir dans vos mains le baron de Commarque, commandant la première division ; le chevalier de Monceaux, commandant la seconde division, le nommé Lavi-Dubois, commandant la troisième division [il s'agit, en fait, de M. de L'Air du Bois, second adjoint du baron], d'Hauteville, Mémécourt dit Fortunat [c'est, semble-t-il, M. de Chasmel-Médicourt], Picot, Ruait [pour Ruyais], Hugon, des Essarts. Mettez des colonnes à la poursuite de tous ces brigands. Vous pouvez promettre mille louis à ceux qui tueront ou prendront Frotté et cent pour chacun des individus ci-dessus nommés. »

Cependant que pleuvent les instructions consulaires, Louis se décide à traiter. Dès le vendredi 7 février, il écrit au comte de Placène, à Caen :

« Il n'est que trop vrai que la Vendée, l'Anjou, le Maine et l'Ille-et-Vilaine ont licencié leurs soldats. Il faudra bien que je suive la même marche pour sauver mon pays. Je suis dans la désolation. Encore à cheval, je prévois qu'il m'en faudra bientôt descendre... »

Pour quelle raison se décide-t-il à négocier lui-même alors qu'il s'en était dispensé lors de la campagne de 1796 ? Assurément, il se souvient que son abstention avait été jugée sans indulgence par ses lieutenants ; il ne suffit pas de déclencher et de conduire une guerre, encore faut-il savoir y mettre un terme. A cette considération morale s'en ajoute une autre ; voici trois ans un chef, discuté, mais important, et officiellement le supérieur du Normand, le lieutenant général de Puisaye, s'en était allé sans signer quoi que ce fût. Louis était alors en droit d'en faire autant. Cette fois, il ne connaît plus d'intermédiaire entre les princes et lui. Or, tous ses égaux ont bu le calice. Georges, lui-même, depuis l'entrevue de Theix avec Brune, est en train de discuter pied à pied le traité de Beauregard. A ces motifs il en faut joindre un autre : le maréchal de camp se considère, non sans quelque raison, comme revêtu d'une autorité supérieure à celle de ses seconds. Fort de ses qualités de persuasion, de sa courtoise obstination, de sa connaissance approfondie de l'ensemble de la province, ne peut-il, en utilisant toutes les ressources de son esprit, en jouant quelque peu d'un prestige indéniable, obtenir plus que ses capitaines ?

Les chroniqueurs républicains lui reprocheront d'avoir tardé plus que de raison à rechercher les voies d'une solution pacifique. Sans doute, son comportement peut-il irriter. Qu'apparaisse une Altesse ou seulement trois voiles anglaises et, à n'en pas douter, il rechouannera dans l'instant. Le malheur pour lui c'est qu'il ignore la dissimulation. Alors que MM. Cadoudal, Mercier, de Bourmont sont capables de brûler l'encens le plus hypocrite sur les autels du régime, peuvent, sans rire, s'engager à donner leurs fusils, leurs canons et même leur conscience, lui conserve une attitude qu'il croit digne mais que d'autres jugeront démodée. Le samedi 8 février 1800 — 19 pluviôse de l'an VIII — il écrit au général Hédouville dont il sait qu'il n'est plus le maître mais croit qu'il demeure l'homme de la négociation. Après un noble préambule, il précise :

« En souscrivant aux conditions acceptées par MM. d'Autichamp, de Châtillon, de La Prévalaye, de Bourmont et Georges, j'espère que mon pays, ainsi que les officiers et soldats sous mes ordres, jouiront des mêmes avantages promis aux autres et dont l'expérience seule pourra nous prouver les effets. »

A noter qu'il anticipe, sans doute grâce à la correspondance de son ami, le chef des Mainiaux, puisque, à cette date, le traité de Beauregard n'est pas signé. Il poursuit :

« Quant à moi, Monsieur, je fais abnégation de toute prétention ou réclamation personnelle. Si la bonne foi n'est pas la garantie certaine sur laquelle peuvent se reposer nos pays après notre licenciement, si lorsque nos troupes se seront dispersées et nos officiers et soldats rentrés dans leurs foyers, il pourrait y avoir à craindre quelque persécution en raison de leur conduite et de leur opinion, je désirerais qu'elle pût retomber sur moi seul dans mon pays, et ce serait justice, puisque c'est moi seul qui leur ai mis les armes à la main. »

Rien que de noble dans une telle déclaration. La suite, en revanche, apparaît des plus discutables ; après avoir revendiqué hautement ses responsabilités, L. de Frotté (c'est ainsi qu'il signe cette lettre capitale) précise :

« Il est trois articles, entre autres, Général, sur lesquels je dois insister : 1° le désarmement, parce que je n'aurais ni la volonté ni le pouvoir de le faire, 2° la liberté des prisonniers arrêtés comme nos partisans [...] 3° la sûreté et la tranquillité des campagnes et de tous les individus ayant fait partie de mon commandement. »

Suit l'annonce d'une mise de division chouannique sur la défensive et le paragraphe accréditant un aide de camp, M. de Saint-Florent.

Cette missive, même adressée au plus modéré des officiers généraux de la République, frise la démence ; le chef normand, faute de territoire (il contrôle tout juste l'extrême sud du département de l'Orne) et d'argent (il est sans un sou), ne dispose pour monnaie d'échange que du désarmement. Certes, il est moins informé qu'au temps de l'anarchie directoriale, toutefois, il connaît le prix attaché par le gouvernement consulaire à la livraison du matériel de guerre. Que cette obstination du général Bonaparte soit un peu niaise, et, en tout cas, symbolique, alors qu'une bonne carabine de chasse vaut un fusil de munition, c'est l'évidence. Reste que tout tourne autour de cette affaire. Or, que fait Louis ? Il dit : *Je suis le seul responsable et je me soumets.* Mais : *Ne comptez pas sur moi pour faire appliquer la première clause du traité.*

Se rend-il compte du risque encouru ? *A priori,* pourquoi nourrirait-il des inquiétudes ? Il ignore que sa tête est mise à prix et il sait, qu'outre des gens plus honorables que pugnaces, tels le comte de Châtillon ou le chevalier de La Prévalaye, déjà couverts par des traités hâtivement signés, les ennemis les plus acharnés de la République, Georges, Pierre Mercier, Louis de Bourmont et les sacripants dont ils s'entourent, MM. Guillemot, de Sol, de Saint-Régeant, de Tercier, de Chapdelaine n'encourent aucune mesure coercitive. Quelle que soit la haute idée qu'il conçoit de lui-même, quelque illusion qu'il ait su donner, ce réaliste mesure trop rigoureusement la modicité de ses ressources pour se considérer comme autre chose qu'un caillou sur le chemin de César. La Chouannerie Normande aligne la moitié des forces du Maine, le cinquième de la puissance bas bretonne... Vire n'est pas Saint-Brieuc non plus que Cossé, Grand-Champ. L'armée de M. de Frotté présente un style, elle ne constitue pas une puissance. Si quelqu'un en connaît les infériorités, et s'efforce depuis longtemps de les masquer, c'est bien son initiateur. Que pèse-t-il en face du conquérant de l'Italie, du vainqueur des Pyramides ? En quoi peut-il le gêner ? Détail d'importance : il peut s'en aller quand il veut ; si denses que soient les concentrations républicaines, elles ne sauraient l'empêcher de gagner la côte et de se confier à quelque chasse-marée pour retrouver le confort des manoirs anglais. S'il s'y refuse, c'est qu'il demeure convaincu de l'utilité de son rôle, même dans la défaite. Croit-il, de ce fait, s'exposer ? Oui, s'il faut croire à l'authenticité d'une lettre à son père citée par Beauchamp : « Si je péris, ne me regrettez pas ; je n'ai rien à me reprocher. »

Chapitre XIV

UN SOIR DE PLUVIOSE

La veille des ouvertures au général Hédouville, le Normand avait prévenu le commandant de l'Orne, ce Guidal rétribué par la Chouannerie. L'officier avait alors rendu compte à son chef de l'expectative d'une paix prochaine en des termes lyriques.

La hiérarchie dans le camp républicain avait été passablement bousculée durant ces dernières semaines. Si Gabriel Théodore d'Hédouville répondait devant Brune et que Brune lui-même devait des comptes à Lefebvre — du moins pour la Normandie —, les commandements plus modestes faisaient aussi l'objet de modification. Ainsi, Guidal, toujours à la tête de l'Orne, n'y figurait plus qu'à la manière d'un adjudant de place, s'effaçant devant Chambarlhac, son ancien de trois ans dans le grade de brigadier.

Durant l'attente d'un accusé de réception des Bleus, Louis continue de chevaucher sa chimère. Le mardi 11 février, il écrit au baron de Commarque :

« J'ai reçu par Bourmont la nouvelle que Georges avait adhéré à la paix. Il m'assure qu'Hédouville ne demande pas de fusils ; mais je n'ose l'espérer, surtout pour moi, restant seul et unique. Cependant jamais l'ordre de rendre les armes ne sortira de ma bouche ni de ma plume. Notre position actuelle est affreuse car je sais de bonne part qu'il y a des ordres secrets pour faire désarmer les campagnes après le licenciement général. L'on me mande que Georges n'a point encore obtenu de n'être pas désarmé. »

Le général Brune, par Levachez.

Non seulement, il ne l'a pas obtenu mais il s'est engagé, dès l'entrevue de Theix, à faire le nécessaire dans les trois jours suivant le traité. Cela dit, le bonhomme Thiers montrera la plus sidérale méconnaissance des guerres de l'Ouest lorsqu'il assurera, avec la belle autorité d'un historien-ministre plus que d'un ministre de l'Histoire :

« Georges rendit 25 000 fusils et 200 pièces de canon. »

Il fit détériorer quelques fusils par le chevalier de Saint-Régeant avant de procéder à leur livraison publique. Quant aux canons, il en possédait six… dont un monté sur une charrette…

Louis poursuit :

« Il est tout simple que nos ennemis nous en veuillent plus qu'aux autres […] Faites cacher tout le monde ; montrez ma lettre au baron d'Hugon, et dites-lui d'écrire de ma part à des Essarts quelle est notre position… »

Brune, homme de talent, était un « déprédateur intrépide », et Guidal avait besoin d'argent. Lefebvre, encore qu'il ne manquât point d'allant et se fût montré très modéré dans les débuts de la Révolution, était devenu, on ne sait trop comment, un sauvage sans cervelle. Bonaparte l'avait choisi pour son héroïsme, sa sottise et son sens de la discipline. Hédouville aimait la paix mais, en dépit de ce qu'en écrira La Varende, n'exerçait plus d'influence sur la portion normande du théâtre. Toute l'autorité ressortissait à Lefebvre, et le mari de Madame Sans-Gêne était aux ordres de l'époux de la veuve du vicomte de Beauharnais.

Jacques-Antoine (de) Chambarlhac (de) Laubespin était d'une autre trempe. Noble dévoyé mais superbe soldat, il va manœuvrer avec un sens aigu de son intérêt au mépris total du vaincu. Sa réponse au comte de Frotté, qu'il ne salue ni de son titre ni de son grade, est un chef-d'œuvre d'insolence et d'inhumanité :

« Des ordres de mon gouvernement me défendent de correspondre avec vous [c'est exact]. Cependant, rendez d'abord vos armes et je solliciterai pour vous. Je dépêche de suite le citoyen Boudinhon, mon aide de camp, auprès du Premier consul et du général en chef [Brune ou Lefebvre ?] J'attends leurs décisions pour vous les transmettre. En attendant, je continuerai mes opérations militaires jusqu'à ce que vous m'ayez remis trois mille armes. »

C'est clair. C'est simple, c'est le *vae victis*. Chambarlhac se sait dans le droit fil de la politique consulaire.

Louis, encore bien armé, convenablement défendu, cantonne dans la région de Bagnoles. Le mercredi 12 février, l'impénitent épistolier mande au baron d'Hugon : « ... N'importe, il faut bien souscrire à tout mais jamais au désarmement, cependant ; ce ne sera jamais par mon ordre ; pour tâcher de le prévenir, faites provisoirement prendre les fusils de toutes les recrues et autres soldats peu sûrs, et mettez-les en magasin. »

Ici, l'Histoire bafouille ; Louis avait envoyé comme parlementaires MM. de Commarque, d'Hugon et du Verdun, bref, ce que la Chouannerie normande, à part lui, MM. de Bruslart et de Placène, comptait de plus remarquables. Guidal se conduisit bien. Chambarlhac fut affreux puis s'apaisa ; comme on ne parvenait pas à s'entendre sur tous les points et que les pouvoirs des officiers royalistes étaient, comme à l'accoutumée, limités par leur maître, il déclara :

— Ces difficultés ne peuvent être aplanies que par votre chef. Faites-le venir. Il sera reçu comme vous l'êtes vous-mêmes. Cette démarche amènera le calme dans cette malheureuse province ; c'est mon vœu le plus sincère.

Et l'emplumé de tendre un papier qu'il fera prudemment contresigner par Guidal :

— Voici un sauf-conduit pour vous et pour lui.

Les plénipotentiaires jugeront le ton rude mais, à la vérité, franc et tel qu'il est admissible entre militaires. Les moins embarrassés n'étaient pas les citoyens Chambarlhac et Guidal ; pour négocier, le commandant territorial, se sachant soupçonné d'intelligences avec les Royaux, avait pris la précaution d'en référer à son supérieur Gardanne, patriote intransigeant dont l'autorité s'étendait, au nom de Lefebvre, sur la 14e division militaire (Caen), tout en le plaçant sous la coupe du chef de l'armée de l'Ouest, Brune.

On mesure, par ce trait, la complexité de la hiérarchie.

Gardanne s'en était allé vers l'Ille-et-Vilaine pour y tirer quelques Chouans. Avril assurait son intérim. Ignorant la rigueur des intentions consulaires, il avait autorisé les tractations sans faire du désarmement préalable une condition *sine qua non*. Guidal, cautionné par Chambarlhac, avait l'esprit en repos. Son supérieur venait d'expédier un courrier au Luxembourg dont on trouvera l'écho dans *le Moniteur* du dimanche 16 février (27 pluviôse) :

« Le général Chambarlhac qui se trouve en ce moment à Alençon, mande que Frotté et Comargue *(sic)* et plusieurs autres doivent s'y rendre dans la nuit du 16 au 17 [pluviôse]. On ne doute pas qu'ils soient disposés à se soumettre à toutes les conditions qui leur seront imposées. »

On ne doute pas non plus de l'instigateur de ces lignes. C'est le Consul lui-même. Le jour qu'il veillait à faire imprimer ce texte, expression de son désir et non de la réalité, il a reçu, outre le rapport de Guidal, celui de Lefebvre. Monsieur Sans-Gêne, tout en précisant qu'il accélérait les poursuites, faisait valoir les avantages d'une capitulation conditionnelle. Il préconisait les stipulations suivantes : « Remettre sur le champ dix mille fusils, faire disposer ou remettre les armes à tous les chefs sous ses ordres, venir se constituer en surveillance dans le département de Seine-et-Oise. » C'était toujours la chanson des fusils et elle tournait à l'absurde. Il ne s'agissait plus, du moins dans un premier temps, de se faire reverser l'armement des Royalistes, mais de procéder à son estimation. C'était une discussion de marchands ambulants, ou bien un tribut selon la coutume antique. Ce jeu des évaluations avait été pratiqué déjà durant les chamailleries avec les autres généraux blancs. Le mari de la créole, au reçu des deux rapports, avait fait tenir à Guidal des instructions sans ambiguïté :

« Le général Gardanne [pour Avril] ignorait les intentions du gouvernement lorsqu'il vous écrivait de recevoir Frotté sans qu'au préalable le désarmement de ses bandes ait eu lieu. Le Premier consul m'ordonne de vous mander de mettre de bons espions en campagne et de marcher sur le lieu où Frotté et ses principaux officiers pourraient se réfugier, à moins que ce chef de rebelles ne consente au désarmement absolu de ses bandes. Il faut être bien aveugle pour ne pas sentir que le peuple abandonne ces brigands à leur impuissante rage [...] Confiez une colonne au brave Jaume, votre aide de camp ; mettez-vous à la tête de l'autre ; le général Chambarlhac fera également marcher la sienne, et vous serez bientôt défait de Frotté. »

La fin de l'instruction apparaît plus modérée :

« Qu'il se rende à discrétion ; il peut alors compter sur la générosité du gouvernement qui veut oublier le passé et rallier tous les Français mais qui ne consentira jamais à être la dupe de quelque rebelle. »

Le chef de l'État avait veillé lui-même à l'expédition. Un officier de la Garde reçut le pli, accompagné d'un ordre de mission :

« Le citoyen [le nom n'est pas mentionné] partira sur le champ à francs étriers pour Alençon. Il remettra au général de brigade Guidal la dépêche ci-jointe. Il restera le moins possible à Alençon, il s'informera de l'état de la guerre contre les Chouans, en rapportera un état de situation de nos forces dans le département de l'Orne et une note sur l'esprit qui anime les chefs militaires. »

Parti du palais consulaire le vendredi 14 février au matin, le messager est arrivé le lendemain à destination. Comme il sait servir Bonaparte, il n'a point ménagé sa peine. Pour Guidal, la situation devient périlleuse. Sans doute n'est-il pas l'unique signataire du sauf-conduit, et s'il est responsable des premières conversations, la suite en est du fait de Chambarlhac. Pourtant, il est plongé dans l'inquiétude. Comme l'adjudant général Dormenault, l'amateur de soupes aux choux, il n'a cessé de renseigner les Blancs et de leur prodiguer des paroles rassurantes.

Sa modeste carrière — il a figuré sous Hoche à Quiberon et commandé l'École militaire alors réduite à l'état de dépôt — n'est rien au regard de celle de son supérieur. Chambarlhac, lui, connaît la chance inestimable d'avoir servi, et bien servi, sous les yeux du vainqueur d'Italie. Que faire ? Guidal gardera-t-il par-devers lui les instructions du César naissant ? Assurément non ; il risquerait trop gros à ce jeu puisque l'envoyé du Luxembourg a reçu mission de fournir *une note sur l'esprit qui anime les chefs militaires*. Ces derniers mots, dont le cavalier inconnu n'a point manqué de se servir pour assumer son rôle, auraient de quoi terroriser plus hardi que le général Guidal. Son supérieur est-il plus à l'aise ? Sans doute, mais il aimerait à s'illustrer dans cette triste guerre. Le peut-il par la persuasion ? Gardanne, retour à Caen, vient d'écrire de son côté, annulant le blanc-seing d'Avril, signifiant de prendre « Frotté mort ou vif ». Pour cet ancien d'Arcole, le principal est de savoir, dans une situation aussi délicate, comment on peut monter en grade en comblant les désirs du Premier consul.

*

*   *

M. le comte de Frotté, maréchal de camp, commandant pour le Roi dans la province de Normandie, sera-t-il demain le citoyen Frotté, propriétaire et membre de quelque collège électoral ? Se verra-t-il, comme naguère le chevalier Charette, remettre un passeport pour aller en Angleterre se repaître de porridge et de souvenirs ?

Faut-il se rendre à cette conférence ? Oui, car s'y dérober après que ses officiers ont engagé sa parole serait interprété comme une reculade et porterait le plus grave préjudice aux débris de la Chouannerie normande. M. du Verdun se montre confiant. Les accents du général Chambarlhac l'ont favorablement impressionné. Ne s'agit-il pas d'un gentilhomme... Quant à Guidal, c'est presque un ami. Louis semble balancer :

— Ils m'auront !

Mais, non, mon général, ils ne vous auront pas. N'est-ce pas l'intérêt du nouveau régime de se concilier tous les honnêtes gens ? Quand on sait que MM. Hyde de Neuville et d'Andigné de Saint-Gemmes ont pu librement s'entretenir avec le Consul,

Entrée d'Alençon par la route de Bretagne.

quand on apprend que Georges a causé, sans dommage, avec un homme tel que Brune, dont on dit qu'il ne fut pas étranger au dépeçage de la princesse de Lamballe, faut-il s'inquiéter d'une entrevue avec deux brigadiers au passé moins chargé ? L'ancien mousquetaire Bordin n'est pas le dernier à rappeler à Blondel qu'abandonner ses lieutenants, comme au temps de la première pacification, compromettrait sa gloire. Est-ce la peine de le lui redire ? Il le sait déjà. Il répète :

— Ils m'auront !

Comme il aime les affaires en règle, et que son absence pourrait se prolonger, il écrit sur ses genoux, depuis les rochers de Bagnoles, une instruction à M. de Bruslart afin que de lui laisser *l'intérim.* Chacun s'accordera pour affirmer qu'il prit une feuille de papier, rédigea un texte. Les opinions, toutefois, diffèrent sur sa teneur. La version dont disposera M. de La Sicotière — il la tiendra pour authentique — provient des

papiers du père de Louis. Comment était-elle en sa possession ? Il est peu probable que le général, de son cantonnement si rustique, ait trouvé le temps de faire établir un double par un secrétaire. En revanche, M. de Bruslart peut avoir communiqué — ou lu — l'original au comte Pierre-Henri de Frotté. Le vieux gentilhomme en aurait consigné le sens. Telle qu'elle est, la lettre a fait l'objet, semble-t-il, d'un travail de teinturerie. Ce sera, du moins, l'opinion de M. Billard de Veaux, lequel, il est vrai, n'appréciera guère de se voir préférer pour la succession un officier plus souvent à Londres qu'au Bocage. Voici la pièce :

« Mon cœur est navré, mon cher chevalier ; je pars pour Alençon et fais une démarche que la nécessité seule peut justifier. Quelle que chose qui arrive et malgré les prétentions de Chambarlhac, on ne me verra point rendre les armes. Je dois éviter au pays, dont Sa Majesté m'a fait l'honneur de me confier le commandement, les maux incalculables qu'entraînerait une plus longue résistance. L'humanité réclame le comble du dévouement ; mais jamais je n'aurais l'attitude suppliante vis-à-vis d'un ennemi qui ne peut me refuser son estime ; jamais, je ne rendrai les armes. Telles sont mes instructions à Commarque et à d'Hugon que j'ai fait partir hier. En proposant des ouvertures pour arriver, comme les autres, à une triste pacification, mon devoir sera, je crois, rempli. Je sais qu'étant le dernier, on peut me préparer un sort plus rigoureux. Je me repose alors sur mon sauf-conduit. Quels cruels sentiments m'agitent ! Que va devenir ce pays livré à des hommes qui croiront le tenir du droit de conquête ? Ah ! Puissent tous les maux que je vois d'avance l'accabler se diriger sur moi ! Quelle cruelle campagne ! Pourquoi si tôt avoir pris les armes ? Pourquoi les avoir déposées ?

« A quatre heures, je serai à cheval, avec du Verdun et Casimir [aide de camp], Commarque et d'Hugon sont en avant. Si je reviens de cette entrevue, après-demain, à deux heures, je serai ici. Du Verdun a une confiance que je suis loin de partager. Il a vu les généraux hier à Alençon. Guidal se comporte bien ; l'autre est âpre et grossier. J'ai un sauf-conduit signé des deux. Auguste [un autre de ses aides de camp, accrédité naguère auprès du prince de Bouillon] reste pour répondre aux paquets qui arrivent sans cesse.

« Adieu, mon bon ami.

« P.S. Si je ne reviens pas de ce fatal voyage : par votre emploi, vous devez déjà me remplacer. De plus je vous enjoins de prendre le commandement jusqu'à ce que Sa Majesté en ait autrement ordonné. »

M. de La Sicotière jugera ce document en ces termes : « La lettre qu'on peut appeler son testament. »

M. Vandal moins familier des études normandes mais possédant les vertus du recul, répondra : « Ce billet a été publié sous forme de lettre vraisemblablement arrangée après coup ; on y fait exprimer à Frotté des pressentiments par trop précis. » Semblable réflexion peut s'appliquer à la relation de Michel Moulin. Le taillandier sera-t-il victime d'une mémoire infidèle lorsqu'il notera (ou plutôt fera noter) dans ses souvenirs que le général, « l'ayant tiré à part », lui confia :

— Je ne m'abuse pas, mon cher Michelot, je sais que je vais à la mort ; mais je me sacrifie de bon cœur pour le salut d'un pays et d'une armée qui me furent toujours chers et pour lesquels il m'est précieux de verser mon sang. Adieu, mon ami, sois heureux ; souviens-toi du pauvre Frotté. Je te recommande mes braves et malheureux compagnons d'armes.

Extrême fragilité du témoignage, même rapporté de la meilleure foi du monde. Louis est-il en proie à semblable anxiété ? La réponse est *non*. Hors sa brève période suicidaire, il n'a jamais recherché que l'utile, et s'il croyait à l'imminence de quelque guet-apens, pourquoi s'en irait-il, lui, normand, conscient, prudent, au-devant d'un sacrifice sans profit pour les siens ? Par pur romantisme ? Parce qu'il croit en la valeur de l'exemple ? S'il en était ainsi, il partirait seul pour Alençon, mais jamais il ne risquerait la vie de six de ses lieutenants, sauf, peut-être, celle de son parent du Verdun, puisque ce seigneur nie la réalité du péril... Louis se connaît. Il a toujours fait ployer devant sa courtoise volonté les oppositions les moins réductibles. Il tient Guidal, il persuadera Chambarlhac, et ce bonhomme, via Gardanne puis Lefebvre, ne pourra qu'en référer à ce gentilhomme corse dont l'orgueil, savamment ménagé, devra plier devant la raison.

Samedi 15 février 1800. Pas un coq n'a chanté. « Le côté de l'aube est noir. » Il est quatre heures du matin lorsque Louis monte à cheval. La sentinelle est-elle assez éveillée pour présenter les armes ? Il quitte son quartier général, inconnu des Bleus, entre M. du Verdun et l'aide de camp du Home, qu'à la guerre on appelait Casimir. Les barons de Commarque et d'Hugon devancent cet arroi, en compagnie de MM. d'Auricourt, dit Saint-Florent, et Paschal Séghiulori. Le premier, officier noble, avait vainement tenté de faire passer les négociations par Hédouville, le second, sorti du rang, tenait son épaulette de Monsieur sur une requête de M. de Frotté. La Varende écrira, disant, en romancier, la vérité historique :

« Ce fut le 26 pluviôse qu'ils partirent. Comme pour le roi Charles VI, mais sans orage, par un froid pénétrant et humide. Tandis qu'ils traversaient les bois, un homme se jeta à la bride du chef : *N'y allez pas ! Trahison ! On concentre toutes les troupes sur la ville...* »

Comme le maréchal de camp parvenait à Saint-Denis-sur-Sarthon, à moins de trois lieues d'Alençon, il fut atteint par un message de Mme Chesneau de La Drouerie ; une concentration

Maison d'Alençon, rue du Cygne, où fut arrêté Louis de Frotté.

insolite d'unités républicaines amenait cette dame à préconiser la prudence. Elle savait passablement de choses, elle dînait même avec des généraux républicains ; et ces citoyens ne souhaitaient pas la venue de M. de Frotté. Un peu plus loin, alors que les Normands voulaient changer de chevaux, un postillon, par loyalisme, refusa de les satisfaire. On dit qu'une femme, en avant, ou bien au-delà de Saint-Denis-sur-Sarthon, prévint encore les deux barons. Ils seraient passés outre...

Comme on approchait de la ville, on vit pointer des canons de fusils. L'un des officiers présenta les sauf-conduits. Les armes furent relevées. Les plénipotentiaires royalistes étaient probablement revêtus des « insignes de la tyrannie ». Sans doute, Blondel portait-il sa légendaire tenue de housard gris-bleu avec son charivari, sans bottes, à sous-pied. Les manteaux, en cette mi-pluviôse, dissimulaient des Sacrés-Cœurs et des croix de Saint-Louis mais les plumails blancs frissonnaient aux chapeaux. Il était dix heures du soir lorsque les sept pénétrèrent dans la ville. Ils descendirent à l'*Hôtel de Bretagne.* L'aubergiste, l'excellent Mazier, était du Parti, avait parfois dissimulé dans une cache quelque prêtre fidèle ou des courriers du Roi. Le mouvement des troupes, les postes doublés, l'inhabituel air de concentration adopté par les gendarmes l'avaient troublé. Il aurait, dit-on, incité le général à se méfier. Peut-être, mais comment Louis et ses compagnons eussent-ils fait demi-tour ?

Il règne une atmosphère étrange, lourde... Les Normands, pour avoir chevauché tout le jour, sont écrasés de fatigue. Ils soupent hâtivement, empruntent la vieille rue du Cygne, bordée de maisons à colombage afin de gagner l'ancien hôtel Jupille où s'est installé Guidal. Pour entrer dans ce vieux logis, percé de trois fenêtres en façade, il leur faut traverser une cour étroite. Ils franchissent le passage, pénètrent dans la maison, sont invités à demeurer dans une pièce du rez-de-chaussée. Connaissant les habitudes de leur chef, notamment celle de décider seul, ils s'en remettent à lui. Louis parvient au premier étage et commence de converser avec le commandant territorial de l'Orne. Peut-on compter sur les indemnisations, les exemptions ainsi que les exonérations d'ordre fiscal ? L'interlocuteur se montre attentif, compréhensif même, lorsque, soudain, il hausse le ton : nulle négociation ne saurait aboutir que ne soient remis deux canons et trois mille fusils de plus que ceux dont les vaincus déclarent disposer. Le Royaliste se récrie. Il n'a jamais possédé de pièces d'artillerie et M. Guidal devrait le savoir. Quant au reste, il importerait de procéder à des livraisons progressives. Le Bleu poursuit son offensive, exige des magasins. En bon Normand, le maréchal de camp biaise :

— Je ne possède point de dépôts d'armes secrets.

Le représentant de la Nation s'apaise, réadopte l'allure de politesse dont il ne s'était point départi jusqu'à la brève algarade ; personnellement, il croit en la parole de M. de Frotté, mais l'enjeu revêt trop d'importance pour qu'il néglige d'en rendre compte à son supérieur ; le citoyen Chambarlhac réside à deux pas d'ici, rue du Bercail. Que le comte se donne la peine d'attendre un court moment. Nous allons revenir en compagnie de notre chef et l'affaire s'aplanira. Salut de la tête, M. Guidal sort.

Louis s'approche du feu, contemple l'âtre, s'abîme dans sa rêverie ; Guidal va chez Chambarlhac. Chambarlhac ira chez Gardanne. Gardanne chez Lefebvre. Lefebvre chez Bonaparte... Et le langage de la raison finira bien par prévaloir... La flamme danse... C'est vrai que ce Guidal, qu'on sait acheté, un rien pourri, s'est conduit moins mal qu'on ne pouvait en augurer. Après tout, il doit comme tant d'autres souhaiter le rétablissement de la Monarchie, et, à son défaut, rechercher un heureux compromis. C'est bien ; il joue le jeu. Rassurant même est le fait qu'il se soit fâché tout à l'heure.

Au rez-de-chaussée, les barons et leurs subordonnés n'ont pas entendu les éperons du général républicain sonner sur les marches. Ils dorment... A l'étage, Louis s'est-il assoupi ?

Minuit. Un groupe de grenadiers fait irruption dans le salon. Le maréchal de camp est las, la troupe fraîche. L'assailli fait preuve d'une réaction significative : ayant mesuré l'inanité de toute résistance, il brise contre le mur la pointe de son sabre pour ne pas connaître la honte de remettre un glaive intact.

En bas, c'est un infernal vacarme. MM. de Commarque et ses amis sont surpris dans leur sommeil, ceinturés, comme des coupe-jarrets arrêtés en foire. Réveillés, ils tempêtent cependant que leur général s'indigne, réclame Chambarlhac et Guidal. L'un comme l'autre se gardent bien de paraître. Un officier bleu bafouille une explication dont les rédacteurs du *Moniteur* eux-mêmes n'oseront pas se faire l'écho : le sauf-conduit expirait à minuit et minuit est passé.

Boiseries de la maison de la rue du Cygne.

On mène les prisonniers au directoire du département et, à la requête du commandant de l'Orne, trop pénétré de son forfait pour oser se montrer, les commissaires procèdent à la fouille. Dans les habits du chef, ils saisissent dix-huit louis (civiquement nommés pièces de vingt-quatre francs), une poignée d'écus, « un stylet, un couteau, un canif, un pistolet de poche avec sa baïonnette, une boîte à poudre, deux éperons argentés, une montre en or ». Ses lieutenants, plus précautionneux, possédaient des « brosses à nettoyer les dents », des rasoirs, des portefeuilles. Bien entendu, les Républicains arrachent les insignes de grade de ces généraux, colonels ou majors et ces distinctions deviennent dans le procès-verbal « 2 fleurs de lys en drap brodées en or » ou bien « un paquet de fleurs de lys en drap jaune ». Il manque un sabre, celui de Louis, probablement : Guidal, peu soucieux de répandre l'incident concernant cette arme, se l'était appropriée. Tout cela n'est que l'habituel train-train des confiscations républicaines. Le plus grave est ailleurs. La lettre du général de Frotté, relative à l'affaire des armes et à l'interdiction formelle de les livrer, est saisie, par les commissaires, sur M. d'Hugon. Que ce gentilhomme ait commis une grave imprudence en conservant par-devers lui semblable document n'est pas douteux. Il est non moins évident, toutefois, qu'étranger à la mécanique révolutionnaire, ignorant que les ennemis cherchaient à transformer une négociation en une simple venue à résipiscence, il n'accordait qu'une importance médiocre aux volontés d'un homme libre qu'il retrouve, comme lui-même, enchaîné.

Les historiens ont toujours accablé Guidal. Il semble que l'intransigeance de Chambarlhac fût plus contraire encore à l'honneur militaire que le comportement de son subordonné ; croyant trouver dans la lettre à M. d'Hugon une justification à sa propre attitude, il se hâta de la faire tenir via Lefebvre à Bonaparte.

On ne savait, au siège du département, comment assurer le coucher des captifs. Des voisins compatissants prêtèrent des matelas et des couvertures. Le commandant des troupes stationnées dans l'Orne tenait une manière de triomphe à l'antique. Il allait pénétrer dans Paris avec le Chouan, le mener lui-même devant le Consul à moins qu'il ne lui soit ordonné de le conduire dans cette prison du Temple dont les Royalistes se riaient bien à tort depuis qu'ils étaient parvenus à faire ouvrir ses portes pour ce scélérat de Sidney Smith.

Durant la fouille, les Bleus avaient fait subir aux Blancs un interrogatoire. Les réponses furent, semble-t-il, si peu satisfaisantes que la pièce a disparu.

Alençon n'est pas si sûre qu'on puisse y prolonger la captivité des Royaux. La ville bruisse du scandale, lorsque, à cinq heures du matin, les Normands sont réveillés. Il en est sept lorsque le maréchal de camp est placé dans une berline. Un seul compagnon : Chambarlhac. La chronique est, hélas, muette sur le tête-à-tête des deux généraux. Le Bleu s'est-il efforcé de soutirer des renseignements ? Le Blanc a-t-il dit son fait à ce personnage si honorable face aux Coalisés, tellement discutable devant des compatriotes ? Rien n'a transpiré. On confisquera les papiers du comte. Quant au gentilhomme jacobin, pour n'avoir rien obtenu, il s'est dispensé d'écrire, sinon des rapports officiels.

Les chefs républicains ont pris leurs précautions, réunissant mille huit cents hommes pour en convoyer sept. Le chef de la 43e brigade de ligne, Jean-Gaspard Bisson, commande le convoi. Ancien de Sambre-et-Meuse, il s'est taillé, et pas seulement à coups d'une épée effilée, une solide réputation ; descendant en Italie, il a fait présenter les armes aux vignobles de Nuits-Saint-Georges, geste réédité par le duc d'Aumale puis le maréchal de

Mac-Mahon. Brillat-Savarin ne cèle pas son admiration : « Il buvait huit bouteilles de vin à son déjeuner sans être empêché de plaisanter ou de donner des ordres que s'il n'eût dû boire qu'un carafon. »

Aujourd'hui, il ne plaisante pas. L'athlétique personnage n'est pas encore atteint par l'obésité. Le jour va venir où, à l'instar du fameux archevêque de Sens, Tristan de Salazar, il devra tailler en demi-cercle sa table pour pouvoir, à l'aise, loger son ventre pendant ses agapes. Il n'en est pas encore là ; il veille. La campagne est très fréquentée. M. de Saint-Paul, à la tête d'un petit parti chouannique, tente-t-il une approche ? Certains affirmeront l'avoir vu.

Dans une diligence réquisitionnée cahotent MM. de Commarque, d'Hugon, de Lamberville, qu'on nomme du Verdun, et les trois obscurs : Saint-Florent, Paschal et Casimir. On va lentement, très lentement sous un ciel oubliant de porter le deuil. Hors Bisson, rêvant de flacons, et Chambarlhac, de plumes blanches, nul ne s'amuse. A chaque instant, les Bleus braquent leurs fusils. Damné pays ! Vivement Paris ! Heureusement, l'hiver est de la partie, il fait froid mais clair. Les guetteurs voient distinctement à travers les bois encore que le convoi progresse avec une infinie lenteur, prisonnier des vallonnements du Perche. Pas question de forcer l'allure. Distendre la caravane serait l'exposer à quelque surprise. Pas un pas au-delà de la nuit close. Un parti de Brigands aurait trop vite fait de délivrer les misérables. Comme on ignore, en outre, la réaction du César, il faut lui laisser le temps d'expédier ses ordres. Peut-être souhaite-t-il la présence de Frotté dans la capitale ? Le personnage possède une légende... et le chef de l'État n'apprécie guère que la sienne à moins qu'il n'obtienne un ralliement utile à la République ; c'est improbable ; le Chouan, s'il est courtois, ne se montre guère soumis.

La pavane tricolore avait dépassé Mesle-sur-Sarthe, se dirigeant sur Mortagne, lorsqu'un individu, entré précipitamment à l'*Hôtel du Bœuf*, s'informa de la position des colonnes. Lorsqu'il se sut devancé la douleur ravagea son visage ; c'était un courrier de M. de Saint-Paul.

La première couchée fut organisée à Mortagne. Les officiers normands, dit-on, s'y restaurèrent sérieusement. Le lendemain, lundi 17 février, dès que l'ombre se fût assez dissipée pour que des yeux patriotes décelassent un Blanc, Chambarlhac quitta la cité du boudin, assurément goûté et regoûté par Bisson. Un voyage, même lorsqu'il s'agit d'un transfert, présente toujours un quelque chose de divertissant. Le militaire aime à se déplacer, à comparer les vins de pays et les mentons des servantes.

A mesure qu'on gagne les confins du département de l'Orne, région hyperchouannée où tout paysan, à l'air innocent, peut dissimuler sous son manteau deux bons pistolets, les Bleus se sentent plus à l'aise. Rien, pourtant, ne saurait amoindrir la vigilance du gastronome de la 43ᵉ.

Chambarlhac, comme Guidal, s'était dérobé, lors du guet-apens, à toute explication. Sans doute, sa position était-elle moins inconfortable que celle de son subordonné, car il n'avait, lui, jamais tâté de l'or de Pitt et Cobourg. Pourtant, le peu qu'il savait de l'honneur ne lui permettait pas de porter le plumet bien haut. Il est vrai qu'il n'avait pas agi sans ordre... et que la discipline reprenait, alors, une importance inconnue depuis l'Ancienne France jusqu'aux temps désordonnés où les chefs très provisoires de la Convention et du Directoire s'occupaient plus de satisfaire le pouvoir civil que d'obéir à leurs supérieurs. Chambarlhac était-il gêné ? A lire ses rapports, il n'y paraît point. Patriote, dans l'ordre le plus exclusif, il tient les Chouans pour des sous-hommes. Se doit-on de respecter une parole donnée à des animaux ? Non. Alors ! Il néglige même, dans son dédain, d'orthographier convenablement le nom de ses adversaires. Ainsi écrit-il *Comargue* pour Commarque... Et pourtant, est-il possible qu'au long de l'interminable voyage, les deux adversaires soient demeurés silencieux ?

On n'avait point abattu les mantelets de fer et Louis pouvait, de ses yeux immenses et tellement exercés, voir les soldats de la Nation, et au-delà de leur muraille mouvante, quelques visages amis, de plus en plus rares dès lors qu'on s'éloignait de l'Orne pour pénétrer dans l'Eure.

A la fin de la matinée se profile sous un ciel de suie l'extraordinaire clocher de Verneuil-sur-Avre, pieuse fantaisie d'un clerc, Arthur Fillon, écrasant la modeste église de la Madeleine pour rappeler la caennaise tour de beurre.

On pénètre dans la ville célèbre pour la défaite des barons de Charles VII, le comte de Douglas en tête, devant le malgracieux Bedford.

Tout est construit pour se défendre et susciter l'envie des cités voisines. Les remparts sont si solides que les réactions anti-féodales n'ont pu totalement les démolir. Les maisons, souvent petites, sont édifiées avec un soin extrême et les habitants tirent une fierté légendaire de la hauteur de leur tour grise, de leurs sept paroisses et de la légèreté de leurs *perrins,* nobles constructions à pignon aigu. M. de Frotté connaît le dicton :

Tout savant
Vient de Caen.
Tout argent
Vient de Rouen.
Tout orgueil
De Verneuil.

La cité, antique marche capétienne face aux Plantagenêts, garderait tout son charme si elle n'était littéralement investie par la troupe ; les 2es bataillons de la 43e et de la 24e demi-brigade battent le pavé. Les hommes de service patrouillent, les autres tirent sur leur pipe et vident bolée sur bolée dans les estaminets. Sanglés dans leur habit vert, les gens du 5e dragons — ex-Colonel-Général — font tinter leur sabre sur le pavé désuni. Ce sont des anciens d'Égypte, ils s'y sont taillé de beaux succès. Les voitures se rangent lorsque arrive un citoyen Laborde, aide de camp du général Lefebvre. Il se présente à Bisson, lui remet un pli. Les prisonniers s'interrogent. Nul doute que la prochaine étape sera marquée à Dreux. Deux jours plus tard, ce sera Paris... Pas forcément ; un officier royaliste entend contremander les chevaux de poste. Les captifs sont conduits dans un hôtel hérissé de défenses, sis à l'angle de la place de la Madeleine et de la rue des Bouchers.

Bisson vient d'ouvrir la dépêche :

« Je vous donne l'ordre de nommer sur le champ une commission militaire pour juger les prisonniers. Signé Lefebvre. »

L'adjudant général n'est pas homme à discuter non plus qu'à salir ses épaulettes. Puisqu'il lui faut *réunir,* il n'a point à se désigner lui-même. Chambarlhac, étant dépossédé de sa proie, l'homme aux huit carafons ne se trouble point et constitue son tribunal comme s'impose un président d'un grade élevé, il s'adresse donc au chef de brigade du 5e. L'autre décline, prend sa plume et écrit au mari de la blanchisseuse : « Je ne suis soldat que depuis peu d'années mais j'en sais assez sur l'honneur militaire pour ne pas compromettre mon nom dans une pareille iniquité. »

Si le signataire de ces lignes ne peut éviter que son nom de famille soit à jamais compromis, ce colonel (le mot revient en mode) âgé de vingt et un ans, et si soucieux de conserver propres ses galons dus à la plus illustre des parentés, signe sa lettre : Louis Bonaparte.

Par une cruelle ironie, le président, chef de bataillon du 2e de la 96e, s'appelle Moulins. Il ne forcera pas les portes d'airain de la grande histoire. Son second, en revanche, le capitaine de dragons Domanget est déjà chef d'escadron depuis deux semaines mais sa nomination n'est pas encore parvenue. Il deviendra général de brigade, baron et... chevalier de Saint-Louis. Pour les autres, la tradition n'est guère locace : le maréchal des logis Soulez, le sous-lieutenant Culhat, le lieutenant Toulzez. Leurs instructions sont précises : débarrasser la République des Émigrés pris les armes à la main sur son territoire. C'est ici que l'affaire devient irritante. Alors qu'un chercheur trouve, sans effort, les minutes d'une querelle de bornage ou du larcin d'une demi-miche, il ne reste rien de cette cause. Le grand La Sicotière, infatigable détective du passé, en cherchera passionnément les traces. Du temps qu'il enquêtait, il restait encore quelques vieux, bien jeunes à l'époque, pour avoir vécu, du moins pour avoir entendu revivre le procès des sept, dont le choc avait été si considérable que les derniers témoins — le comte Vandal après eux — se trompaient d'une journée. Selon la tradition vernolienne, trois courriers successifs vinrent à la maison du district, sise entre la rue et la place de la Madeleine où siégeaient les juges, se ruèrent au premier étage. Tout Verneuil s'agitait. Les postes, répandus tant à l'intérieur qu'à l'extérieur de la ville, déployaient la plus constante vigilance.

Il semble que les débats se soient déroulés à huis clos, à moins que la petite salle n'ait été peuplée de quelques militaires. Du dehors, on entendait des éclats de voix, telle celle de M. de Frotté rappelant qu'il était venu sur la foi des généraux Guidal et Chambarlhac. Il avait si souvent disputé avec les Bleus du plus haut rang — les Hoche, les Hédouville — que cette poignée de sous-ordres ne risquait pas de l'impressionner. Comme toujours, il discutait pied à pied. Les rapports manquent mais quelques témoignages font foi ; le procès dura longtemps. Demeurait-il, au fond des consciences républicaines, un quelque chose d'assez semblable à de la gêne ? Ce n'est pas certain. Hors le capitaine rapporteur, aucun des juges n'appartenait à la division de l'Orne. Ces citoyens étaient étrangers à la capture et nul ne les avait renseignés sur le guet-apens de l'Hôtel du Cygne. Sans doute, fort de son infinie patience, Louis, relayé par son parent du Verdun et le baron de Commarque, s'évertue-t-il à leur expliquer les circonstances de la prise. Sans doute fut-il question de la lettre adressée à M. d'Hugon. De tout cela, qu'on peut considérer comme hautement probable, il ne reste rien ou presque... Un honnête homme, l'ancien constituant Dupont de l'Eure, alors accusateur public du département, aurait engagé le greffier à n'accepter aucune pièce. Cela toucherait l'instruction et pourrait s'étendre au compte rendu. On ne sait...

Tandis que les juges vont aux opinions, M. de Frotté fait commander une bouteille. Les Vernoliens, assemblés devant l'hôtel, voient passer le porteur du flacon, puis entendent la voix de commandement :

— Messieurs, au Roi !

Et les six autres de faire trembler les vitres :

— Au Roi !

Le toast était à peine porté que les gens du conseil rendaient leur verdict. C'était la mort pour les sept. Une seule minute est venue jusqu'à nous, elle concerne M. d'Auricourt dit Saint-Florent, et témoigne dans sa rédaction un certain trouble. Par son peu d'observance de la terminologie révolutionnaire et par son retour au vocabulaire traditionnel, elle reconnaît implicitement aux Normands la qualité de belligérants : « Extrait du jugement rendu par la commission militaire séante à Verneuil, le 29 pluviôse an VIII de la République, contre le nommé Florent-Martin Hudeline d'Auricourt, âgé de trente- cinq ans et demi, né à Château-Gontier, département de la Mayenne, ex-aide de camp de l'armée royale ; lequel a été condamné à la peine de mort comme convaincu d'intelligences avec M. de Frotté, général des troupes rebelles... » Suivent les noms des opinants dans l'ordre croissant selon le grade du maréchal des logis au chef de bataillon. Le secrétaire, authentifiant la copie, y va même de sa particule : d'Hanzau.

Les sept ont bu. Maintenant, ils vont mourir.

La marche au supplice doit apparaître comme expiatoire ;

hors les grands-gardes, guettant aux portes de la ville les plumets blancs des gens de M. de Saint-Paul, toute la garnison se forme en colonne, cependant que les musiciens, alignés devant l'Hôtel de la Chaix, s'entendent ordonner de jouer le *Ça ira*.

Il va se trouver des officiers républicains pour refuser de tenir leur partie dans le cortège. Parmi les protestataires, la véhémence distingue deux sous-lieutenants du 5ᵉ régiment de dragons, Anne-Charles et Louis-Alexandre Lebrun, l'un et l'autre fils du Troisième consul. Le branle est donné sur les cinq heures du soir. L'hymne patriotique éclate dans la ville morte. Les habitants se sont claquemurés. Les tambours battent. Lorsqu'ils s'arrêtent reprend le *Ça ira*.

Un peu plus tôt, avant que le commandant Moulins et ses lieutenants ne délibérassent, l'autorité (Bisson ? Chambarlhac ?) avait envoyé quelques soldats remuer la terre dans la plaine Saint-Denis, à proximité de la route d'Alençon, pour élever une manière de tertre. C'est vers cet endroit, désormais commode pour un tir groupé, que se dirigent, par la rue des Bouchers déserte, la formidable escorte et les sept condamnés. La nuit vient tôt en pluviôse. Alors, on se hâte. Le général, seul, ne serait-il pas entravé ? Non, il semble qu'il soit relié par une corde à M. du Verdun. Blancs et Bleus marchent au pas. Louis le perd. Son parent lui fait observer sa distraction. Souriant, il rétorque :

— C'est vrai, mon ami, mais je le reprends et ne perdrai plus. C'est d'ailleurs ce mauvais air [entendez le *Ça ira*] qui en est cause.

A quoi pense-t-il en ce moment ? A quelles belles dames ? A ses amis, victimes, avant lui, de cette guerre qu'il voulait toujours recommencer ? Ils sont si nombreux, ces oubliés de la gloire dont il garde, lui, pieusement le souvenir : le baron de Mandat, le vicomte d'Oilliamson, la Grenade et les obscurs, sans particule ni grade, tombés sous les balles des obstinés fusilleurs de la Liberté, tombés aussi parce qu'il importait de le satisfaire.

Bien entendu, les gens de la Nation n'ont point accordé de prêtre. Ils se gardent d'anticiper sur la mode, ignorant sans doute que le retour à Dieu fera bientôt fureur. L'âme de Louis est en paix. Dès avant son dernier débarquement, il a retrouvé les voies du salut. Songe-t-il aux heures, trop rares, où parlait la poudre ? D'autres n'ont cessé de guerroyer. Pour lui, c'était la brève récompense d'interminables tractations avec les princes, les importants de Holly-Rood, les ministres britanniques. Pour une minute de bataille, il lui fallait des jours de palabres. Tinchebray, les forges de Cossé, Vire, la Courbe... beaux instants, tout de même, où l'on servit bien Sa Majesté Très-Chrétienne... Très-Chrétienne, c'est l'heure où jamais d'associer le souverain de la terre et celui du ciel.

Ils parviennent à la plaine Saint-Denis.

Un sous-officier présente le bandeau. Louis le refuse, imité par ses compagnons. Les sept, malgré leurs liens, se sont pris la main. Inégaux dans la vie, ils seront égaux devant le trépas. La postérité, armée du nom de Frotté, se souviendra des barons de Commarque et d'Hugon, de M. du Verdun, mais dans quelles mémoires subsisteront MM. Paschal Séghiulori, d'Auricourt dit Saint-Florent et Cavalier du Hum ou du Home, appelé Casimir ? C'est presque anonymement qu'ils vont périr.

La République du l'an VIII est encore si pauvre qu'elle se veut ménagère de ses deniers, et, partant, de ses cartouches. Un peloton suffira bien pour abattre les sept.

Un adjudant a levé son sabre.

— Vive le Roi !

L'a baissé.

Louis tombe le premier, entraînant ses compagnons dans sa chute. M. du Home se relève :

— Encore une balle... et vive le Roi !

On dit qu'il fallût trois salves pour en finir.

Hâtivement, on mène en tombereau les suppliciés au cimetière. Il fait froid. Les hommes de corvée ont faim. Comme ils ont vainement cherché la clef, ils basculent les corps par-dessus le mur. Demain, le fossoyeur les jettera pêle-mêle dans une tranchée commune.

Déjà, le tertre a bu le sang des officiers royalistes. Bientôt, des mains pieuses planteront des ifs pour ceinturer cette portion de la plaine Saint-Denis. Les Vernoliens la nommeront le *clos Frotté*.

Pour l'heure, toutes les troupes refluent vers Paris. Sur la route, M. de Semmelé, Émigré de retour, entendra les chefs patriotes se plaindre du métier qu'on les avait contraints d'exercer. Bleus, Jacobins, dévoués au vainqueur d'Arcole et des Pyramides, ils voudraient coûte que coûte oublier ce soir de pluviôse.

Chapitre XV

POUR L'HONNEUR DE LA NORMANDIE

Ce mardi 18 février 1800, 29 pluviôse de l'an VIII, à l'heure où le commandant Moulins, au rez-de-chaussée du district de Verneuil, appelait les juges aux opinions, le Premier consul écrivait au général Brune :

« Frotté a été pris avec tout son état-major. Dans le moment actuel, il doit être fusillé. »

Il importe peu qu'un aide de camp brûle le pavé pour porter la nouvelle de l'exécution au Luxembourg. Pour le chef de l'État, l'affaire est réglée. Quels mobiles l'ont déterminé ? Longtemps fut évoquée une rivalité née du temps que les cadets Buonaparte et Frotté s'instruisaient à l'École militaire de Paris. Le chevalier de Couterne, on le sait, ne passa jamais par cet illustre établissement. Donc point d'aversion de jeunesse telle que l'Ajaccien en nourrit une — et des plus tenaces — à l'égard de son vainqueur de Saint-Jean-d'Acre, M. de Phélippeaux. Cet officier, il est vrai, avait entretenu les meilleurs rapports avec M. de Frotté. C'est à sa demande qu'il avait réalisé son chef-d'œuvre : l'évasion de Sir Sidney Smith. Pourquoi le miraculé de la *Muiron* aurait-il conservé de cette comédie un mauvais souvenir ? Ridiculiser le Directoire contribuait à servir le plus ambitieux de ses généraux. Subsistent des éléments non moins sombres ; en Fructidor, le chef de l'armée d'Italie avait joué la légalité républicaine alors que M. de Frotté, même en second sous le prince de La Trémoïlle, s'en était montré si farouche adversaire qu'on ne pouvait oublier son action. Bonaparte, toujours supérieurement renseigné, même lorsqu'il lui plaisait d'interpréter les informations de travers, avait connu les liens, sinon étroits du moins confiants, tissés entre le Normand et cet abominable Rochecotte qu'il se moquait bien de savoir dans les papiers du *Prétendant* mais qu'il craignit un moment, lorsque l'autre tentait d'insuffler au général Pichegru sa volonté d'en finir avec un régime que le protégé de Barras, lui, entendait prolonger pour s'en mieux servir lorsque l'agonie deviendrait naturelle.

Charles, demi-frère de Louis de Frotté, avait servi dans la défense de Saint-Jean-d'Acre. Le consul ne pouvait l'ignorer mais cette circonstance était-elle suffisante pour ensauvager un être aussi remarquablement équilibré ? Non, lorsqu'on considère que M. de Trommelin, major ottoman à la défense d'Acre, recevra les étoiles de Napoléon Ier.

Reste le tumulte du 4 septembre. On prendrait Bonaparte pour un Jacobin de stricte obédience si, dès son avènement, il n'était allé quérir les Barthélemy, les Barbé-Marbois et tant d'autres fructidorisés, adversaires chétifs, il est vrai, adversaires tout de même de cette République par ses soins opiniâtrement défendue.

Toutes ces raisons mises bout à bout ne suffisent point à transformer un honnête homme, même la tête tourneboulée par le démon de la chose publique, en un assassin. Il apparaît tellement navrant de voir un être de génie tomber si bas que les historiens ont recherché passionnément d'autres mobiles ; le maréchal de camp aurait été le dépositaire, par le chevalier Charette et Mme Atkyns, d'un secret relatif à la prison du Temple : Louis XVII aurait survécu. Le Consul, lui-même informé de cet état de faits et déjà tenaillé par d'ardentes ambitions dynastiques, aurait, connaissant le caractère sentimental, et parfois chevaleresque, des Français, décidé d'éliminer à travers le supplicié de Verneuil, un petit prince mieux fait pour séduire le pays que l'épicurien de Mitau. Cette thèse, on le sait, repose sur l'escroquerie dont fut victime la châtelaine de Ketteringham. Rien ne prouve que Bonaparte, par ses agents, avait eu vent des intrigues londoniennes ou qu'il leur ait accordé du crédit. Quant aux documents pris au sérieux par MM. Barbey, Sardou, quelques autres, ils n'avaient pas encore été forgés par les Naundorffistes et les Richemontistes dont le perspicace La

Sicotière dénoncera la supercherie. Si tentante pour l'imagination qu'apparaisse la frêle présence de l'Enfant-Roi dans la tragédie du clos Frotté, force est bien de la nier. Louis se rendait compte qu'il avait fait fausse route et s'était désintéressé de cette manière de quête du Graal, peu compatible avec son réalisme. Bonaparte était-il obligé de le savoir ? Bien sûr, puique toutes les actions de son ennemi s'étaient déroulées sous le pavillon de Louis XVIII, jamais sous celui de Louis XVII. Écartée l'hypothèse ayant trait à l'enfant du Temple, comment expliquer le crime ? La question est d'autant plus délicate que le Consul, contrairement à ce que, proscrit, il fera pour le duc d'Enghien et Georges, n'a jamais pris la peine de se justifier, ou seulement, à travers les lumières clignotantes de Saint-Hélène, de révéler le pourquoi de sa démarche. Des commentateurs indulgents tel le colonel Patu-Deshauchamps, d'un orléanisme proche de l'idéologie bleue, ont justifié la colère du Premier consul en arguant de la lettre relative à la conservation des armes saisie sur M. d'Hugon. L'argument est irrecevable. L'ordre de tuer est antérieur à la réception du texte au Luxembourg. Que la vue de ce document ait augmenté le courroux du Corse, qu'elle l'ait détourné de revenir sur des mesures édictées précédemment, voilà ce qu'on peut admettre mais sans aller au-delà. Les instructions à Brune, à Hédouville, à Lefebvre, à Gardanne conduisent à rejeter la thèse d'une indignation spontanée.

Bourse portée par Louis de Frotté lors de son exécution.

Si l'on mesure la fabuleuse aptitude de Bonaparte à considérer les problèmes sous tous les angles avant que d'adopter une solution, il devient possible de trouver le mobile : Louis de Frotté — le Consul le savait — se profilait, en dépit du zèle de ses lieutenants, comme le seul chef capable de maintenir la Normandie en état de chouannage. De fait, l'insurrection, dans son ampleur — car on ne saurait négliger les manifestations sporadiques avant et après le commandement de Blondel — sera née avec lui, va mourir avec lui. Bonaparte avait-il jugé son adversaire irremplaçable ? Sans accorder une importance excessive à des talents militaires dont il ne nourrissait raisonnablement aucune raison de se montrer envieux, il avait compris le danger représenté pour la République par l'étroite identification entre un homme et une province. Encore n'est-ce là qu'une partie du calcul. Il en est une autre, plus profonde, moins aisément discernable ; très au fait des situations respectives de chacune des provinces opposantes, il les sait catholiques d'abord, royalistes ensuite. Une seule confère au Trône, sinon la primauté sur l'Autel, du moins une manière d'égalité : la Normandie. L'ancien amant de Mme Turreau, méditant depuis sa rencontre avec l'abbé Bernier un projet de rétablissement du culte, en mesure déjà la portée : le retour à la Religion contentera suffisamment les campagnes, voire certaines villes, pour qu'elles demeurent sourdes aux injonctions des généraux blancs s'il leur prend envie de tenter un nouvel assaut. Les Georges, les Mercier, les Bourmont pourront bien aller chercher des fusils en Angleterre, leurs gens ne voudront plus s'en servir dès lors que les bons prêtres seront de retour. Lorsque les clochers se répondront de nouveau, la chanson du bronze bercera si bien les vétérans de Torfou, de la Galerne et de Pont-du-Loc qu'ils s'endormiront. Juste pour la Chouannerie, la vision consulaire l'est plus encore pour les régions exsangues du sud de la Loire... La Normandie, elle, ou du moins son noyau militaire, présente un cas différent. Une grand-messe ne soumettra point à la République les insurgés voltairiens, parfois conduits par des agnostiques ou même un protestant comme M. du Verdun. Que les ressources de la Chouannerie normande soient faibles, qu'elle soit le plus minoritaire des mouvements royalistes de l'Ouest n'écartent pas deux dangers : les côtes accessibles aux Britanniques et la proximité de Paris. L'affaire de M. Hinguant de Saint-Maur, remontant jusqu'à Pacy-sur-Eure, a mérité l'attention du chef de l'État.

Napoléon Bonaparte, supérieur aux événements et aux hommes, adversaire de la cruauté gratuite, ne s'est pas chargé d'un crime si minutieusement prémédité pour satisfaire sa colère ou produire un exemple. Ses courroux tombaient vite, et à l'inverse de nombre de ses contemporains, il se montrait économe du sang. Inciter les rebelles à réfléchir par un effet de terreur était aléatoire. Pis, le meurtre d'un homme connu pour sa pondération, son affabilité même dans la guerre civile, présentait, à cet égard, plus de dangers que d'avantages. L'opinion pouvait s'émouvoir et il n'est jamais profitable de créer des martyrs. Ces considérations ne pouvaient l'emporter sur la principale : éliminer une chouannerie quasi laïque, donc irréductible par la méthode concordataire. Le général Bonaparte a supprimé délibérément un adversaire après avoir habilement anticipé sur une situation politique.

Gouverner, c'est prévoir ; c'est tuer aussi.

*

* *

Les dignitaires jacobins, à l'affût des attitudes du nouveau maître, allaient accueillir la nouvelle avec satisfaction. Ils s'inquiétaient depuis trois mois de l'esprit trop conciliateur d'un personnage appelé par les plus fins d'entre eux pour terminer la Révolution, tout en la préservant. Le citoyen Roederer, président de la section de l'intérieur du Conseil d'État, caméléon si subtil que Louis XVI aura vécu dans sa compagnie la dernière nuit de son règne et Napoléon la première du sien, vint devant le Corps législatif présenter les objets saisis lors du guet-apens : croix de Saint-Louis, cachets fleurdelisés, et les inévitables « poignards de fabrication anglaise ». A la vue de ces trophées, les députés battirent des mains, applaudirent l'ancien procureur général syndic de la Seine. Il était venu pour s'assurer du vote de la loi sur l'organisation départementale et déclarait :

— Au moment où vous venez de donner à la France une administration ferme et paternelle, vous apprendrez avec plaisir un événement qui achève de rendre aux lois de la République les départements qui s'y étaient soustraits. Le Premier consul me charge de vous annoncer la prise de Frotté et de tout son état-major.

Suivait une contrevérité car les circonstances de l'affaire devaient être dissimulées, même à cette assemblée où demeuraient quelques débris d'honneur et de fierté. Roederer osa dire — et l'information venait du chef de l'État :

— Cette capture a eu lieu dans un château du département de l'Orne.

L'orateur, n'étant point encore assuré de la mise à mort, n'en parlait pas. Il conclut, en exhibant les croix, les lis, les stylets que cet illustre faiseur de galimatias politique — *dixit* l'abbé de Montgaillard — qualifia de *raretés*. Somme toute, avant que de rendre compte de l'assassinat des sept, on les faisait entrer au musée…

Louis et ses compagnons étaient tombés le 18 février. Le 19, au pas de six chevaux, tirant un carrosse offert au lendemain de Campo Formio par le chef de l'agonisant Saint Empire, le

Installation du gouvernement consulaire aux Tuileries : le cortège.

Premier consul, daignant prendre dans sa voiture le Deuxième et le Troisième, comme lui de nacarat vêtus, quittait le Luxembourg, séjour de Marie de Médecis et de Paul de Barras, édifice de l'intrigue et du provisoire, pour le *château,* le vrai, les Tuileries, symbole du pouvoir définitif, rebaptisé, afin de ménager quelques consciences, Palais du Gouvernement.

Pour quiconque sait un peu la suite, l'analogie devient criante. Le consul à temps, sorti depuis peu des tumultes de Brumaire, utilise le comte de Frotté comme marchepied pour passer en grand arroi des ruines du terrorisme à l'établissement d'un régime nouveau. Le consul à vie fait litière du corps de Louis, Antoine, Henri de Bourbon, duc d'Enghien, afin que d'abandonner le système personnel au profit du principe héréditaire. Voilà pourquoi, erreur compréhensible, des chroniqueurs parleront des *fossés de Verneuil* par anticipation sur le drame de Vincennes.

Dans tout procès, jusqu'à l'instant du verdict, subsiste un doute. L'Ajaccien, idole des uns, objet de l'exécration des autres, devait savoir très tôt qu'un rôle quasi planétaire tel que le sien favoriserait les débats les plus passionnés. Tout juste avait-il donné l'ordre d'abattre Frotté, *Comargue,* comme il disait, et un ou deux autres, car il ne s'arrêtait pas aux détails, qu'il discernait l'ignominie du procédé. Il importait donc de donner le change et il le fournira ; lorsque le général Hédouville, son ancien compétiteur, l'ira visiter, il déclarera :

— On m'a trompé.

Il se servira, fort opportunément, de la réaction — inattendue — de son frère Louis et des fils du Troisième consul. M. de Bourrienne, secrétaire de Bonaparte avant que de devenir plus ou moins ministre de Louis XVIII, racontera, ou plutôt laissera rapporter par ses teinturiers qu'il aurait obtenu la grâce mais, que, trop fatigué, il aurait omis de contremander l'ordre d'exécution. C'est un roman historique forgé sous la Restauration par des gens préoccupés de complaire au pouvoir. Que Bourrienne, brave homme, encore qu'enragé spéculateur, y soit allé d'une allusion, c'est concevable. Que Bonaparte n'ait même pas répondu, c'est évident. Vingt ans plus tard, la mémoire a travaillé. L'ancien porte-plume consulaire, redevenu royaliste, s'est senti coupable. Alors, il a grossi, du moins laissé grossir, une intervention probablement à peine perceptible.

Le Premier consul avait toujours témoigné d'un goût décidé pour l'ambiguïté, voire l'énigme. Mme Danjou ne devait pas se méprendre à ce jeu. Le dimanche 31 août 1800, elle écrira : « Bonaparte a dû feindre du regret de leur mort [il s'agit des sept] qu'il cherche à faire passer pour le fruit de l'erreur de faux rapports qui l'ont trompé. »

Les récompenses ne tarderont pas. Chambarlhac ceindra l'écharpe bleue des divisionnaires dès l'été de 1803, et, l'an suivant, recevra la cravate de commandant de la Légion d'honneur en même temps que Gardanne. Lefebvre se verra gratifié d'un siège au Sénat puis du fauteuil présidentiel de cette assemblée aussi digne que muette, en attendant un bâton, une cohorte de l'ordre nouveau puis le premier duché de l'Empire offert dans une boîte de chocolats. C'est beaucoup pour des gens dont la pensée aurait dépassé celle du maître... Il devait demeurer pourtant à Napoléon une chance d'innocenter Bonaparte, et cette occasion saisie à Sainte-Hélène devait passer par le cas singulier de Guidal ; le chef territorial d'Alençon avait quitté Louis à minuit moins le quart pour aller quérir Chambarlhac, commandant des troupes. Savait-il que l'autre allait exiger le viol de la parole donnée ? C'est vraisemblable. Appréciait-il cette détermination ? On ne sait. En tout cas, il ne pouvait qu'obéir. Qu'il se soit montré passablement ignoble ne retire rien au fait que l'initiative et l'organisation matérielle du guet-apens incombaient à Chambarlhac, soucieux de s'offrir un triomphe. Hélas pour Guidal, probablement royaliste, il avait accepté — on s'en souvient — de l'argent des subordonnés de M. de Frotté. En outre, dans un temps où le rigorisme consulaire reprenait le pas sur l'immoralité directoriale, il présentait le défaut d'avoir pris pour épouse une femme dont on disait « qu'elle avait mené la vie ». Au temps des Merveilleuses, succédant à celui de la vertu, représentée par l'institution de Mme Campan, la citoyenne Guidal, trop voyante et trop dépensière, était mal vue. Après le drame, le général fut envoyé, comme tant d'autres, à l'armée d'Italie. Il n'y fit rien... s'il s'y rendit. L'administration de Bellême eut sa peau. Les Patriotes du cru lui reprochaient de les avoir abandonnés aux Chouans. Il les rudoya. Les autres firent suivre leur plainte. Il fallait bien trouver un bouc émissaire, un bourreau de Frotté. Dès le printemps de 1801, le citoyen Guidal était contraint de se retirer à Grasse, sa ville natale. Se mit-il en relation avec les chefs d'une escadre britannique croisant en Méditerranée ? On sait seulement qu'à la suite d'une vague émeute, les gendarmes vinrent le quérir et le ramenèrent jusqu'à Paris en l'inhospitalière prison de La Force. Là, il devait donner à ses codétenus une version curieuse du drame de Verneuil ; la conversation à l'hôtel Jupille se serait d'abord déroulée en présence d'un *Chambarliac* impérieux, exigeant *30 000 fusils*. Après quoi, le gentilhomme jacobin se serait esquivé pour envoyer ensuite dix grenadiers neutraliser Guidal lui-même avant d'en jeter cinquante sur *le marquis* de Frotté. Cette relation anonyme, figurant aux archives de l'Orne, ne saurait emporter la conviction. Les noms — Chambarliac pour Chambarlhac —, les nombres — 30 000 fusils pour 3 000, 8 officiers normands pour 7 —, les titres — le marquisat des Frotté date de la Restauration — sont faux. Ces confidences de Guidal, bien faites pour concilier ses souvenirs et sa conscience, remontent à 1812. C'est à la fin de cette année, après le désastre de Russie, qu'inspirée par l'abbé Lafon, lui-même guidé par MM. de Polignac, se déroula la stupéfiante conspiration du général Malet. Cet opposant astucieux et intrépide était-il royaliste ou républicain ? Dans sa tête se mélangeaient quelque peu les deux notions, en tout cas, pour avoir brisé sa carrière, et, par deux fois, l'avoir incarcéré malgré de beaux états de service et une Légion d'honneur en sautoir, il haïssait Napoléon. Comme il n'était pas sot, il avait mis au point un *scénario* prodigieux : puisque Napoléon était mort, « frappé d'une balle devant Moscou », il était chargé, face à cette catastrophe nationale, de veiller à la mise au point d'un gouvernement provisoire. Connaissant bien son monde, il mesurait le prestige des officiers généraux et se préoccupa sur-le-champ d'en libérer deux : un monsieur (ou citoyen) Fanneau de Lahorie, amant de la générale Hugo, comtesse de Siguenza, peut-être père de son petit Victor, et Emmanuel, Maximilien, Joseph Guidal, comme M. de Lahorie détenu dans cette prison de La Force dont tant de gens rétifs devant la dictature impériale étaient partis pour le bagne ou la mort. MM. Decaux et Castelot ont, l'un après l'autre, remarquablement rapporté cette tragi-comédie. Malet, lui, bénéficiant d'un traitement de faveur, avait obtenu de résider à la maison du docteur Dubuisson, n° 333, faubourg Saint-Antoine, dont les murs s'élevaient à hauteur raisonnable. Ayant recruté quelques complices, l'ancien mousquetaire gris prépara savamment son affaire, mit son plus beau chapeau, emprunta l'identité du général Lamotte, un brigadier de l'armée de Marmont, alors en disponibilité, puis s'étant rendu jusqu'à la caserne Popincourt, fit reconnaître son pouvoir par la 10ᵉ cohorte de la Garde nationale. Lahorie et Guidal, libérés, se trouvèrent très à l'aise. Tandis que l'amant de Sophie Trébuchet procédait à l'arrestation de Savary, ministre de la Police et de son préfet Pasquier, le comte Frochot, préfet de la Seine, lui, faisait épousseter une salle pour recevoir le Gouvernement. Restait à s'emparer, place Vendôme, du siège de la division militaire. Le vieil Hulin, encore que souffrant, n'était point du bois dont se chauffent les conspirateurs. Vainqueur de la Bastille, président de la commission ayant jeté le duc d'Enghien dans une fosse à ordures à Vincennes, il ne s'en laissait pas conter. Ses adjoints avaient identifié Malet. L'entrevue se passa fâcheusement. Sommé de s'expliquer, le chef des conjurés fit parler la poudre — et mal —, collant un projectile dans la gorge de Hulin qu'on ne put jamais extraire. Paris s'en amusa et surnomma le miraculé « le général Bouffe-la-Balle ». Malet ceinturé, Lahorie et Guidal furent pris. Leurs sicaires étaient des gens de peu : un chef de bataillon Soulier, assez naïf pour le reconnaître lui-même, un abbé de Cahamano, aux frontières du langage articulé, un caporal Rateau…

C'était le jeu de l'emprisonneur emprisonné. Savary, Pasquier, Desmarais (pas Frochot, il était trop aimable) avaient, à La Force, pris la place de MM. de Lahorie et Guidal. On les en ressortit, un peu confus. Ils avaient regagné leur liberté mais perdu leur place.

M. Jean Tulard s'est interrogé pertinemment sur cette singularité de l'Histoire : « Qui se cachait derrière Malet ? Talleyrand, Fouché, c'est peu probable. Les notables, sûrement pas. Il s'agissait, semble-t-il, d'un rapprochement déjà amorcé dans le Midi entre les Royalistes, en la circonstance, les chevaliers de la Foi [encore que ceux-ci paraissent avoir très peu donné] et une poignée de Républicains impénitents. » C'est ce que, dans ses Mémoires, M. de Villèle a fort bien expliqué : « Les Royalistes et les Républicains se seraient entendus pour combiner leurs efforts jusqu'à la convocation des Assemblées primaires qui devraient

Exécution de Malet, par Duplessis-Bertaux.

souverainement se prononcer entre la République et Louis XVIII. » De cette affaire de Méridionaux, mêlant hâtivement pour en finir avec la dictature des nostalgiques de la Gironde et des chevaliers de la Foi, le journaliste Fiévée écrira :

« Si ce mouvement s'était un peu prolongé, il se serait trouvé des sages pour conduire ces fous-là. »

Quels fous ? M. de Talleyrand, de Cambacérès, l'inquiétant Fouché, mal remis de sa disgrâce ? Lorsque l'Empereur apprit que nul parmi ses serviteurs — hauts fonctionnaires, généraux — n'avait songé qu'à Napoléon Ier devait succéder Napoléon II, il se dépita, précipita son retour vers la France et remâcha le mot de M. Frochot :

— Ce diable de roi de Rome, on n'y pense jamais.

Le procès n'avait pas tardé. Le président, comte Dejean, avait demandé :

— Qui étaient vos complices ?

Réponse de Malet :

— Toute la France et vous-même, Monsieur le Président, si nous avions réussi.

Lahorie fournit cette explication impeccable :

— J'ai cru revoir un 18-Brumaire, et j'ai suivi Malet comme j'avais suivi Bonaparte.

Guidal, sachant le général Dejean imperméable à ce genre de considération rétrospective, se contenta de jeter :

— Qu'on en finisse, j'ai fait le sacrifice de ma vie !

Hors quelques comparses, chacun se voyait infligé la peine capitale. Quatorze personnes étaient vouées au poteau. En route, un officier des dragons de l'Impératrice vint donner l'ordre d'ajourner l'exécution de Rateau, le caporal — qu'on tuera quelques mois plus tard — et du colonel Rabbe, commandant la garde de Paris. Le personnage, il est vrai, avait figuré parmi les juges de Vincennes.

Guidal mourut, comme ses amis, avec un beau courage. Lorsqu'il tomba dans la plaine de Grenelle le 29 octobre 1812 à quatre heures de l'après-midi, douze ans s'étaient écoulés depuis le drame de Verneuil... et huit depuis que Mme Guidal avait divorcé arguant d'un penchant trop prononcé de son mari pour les liqueurs fortes. Cela ne l'empêcha point, la Restauration venue, de réclamer une pension, demandant à Lord Exmouth, commandant en chef des forces navales britanniques en Méditerranée, une attestation de collaboration entre les Anglais et son ex-mari. Le baronnet signa ce qu'on voulut, et la dame obtint de Louis XVIII 1 000 francs de pension annuelle.

L'abbé Lafon, organisateur de l'affaire, désormais chevalier de la Légion d'honneur et devenu sous-précepteur des pages, avait aidé, c'était bien le moins, les veuves de gens qu'il avait envoyés vers le trépas, en garant, lui, dès le premier danger, sa précieuse personne.

Pour Napoléon, occupé de reconstruire sa légende dans les soirées de Longwood, cette histoire devenait providentielle ; le Ministère n'avait-il pas reçu cette étonnante supplique :

« Le général Guidal crut avoir trouvé le moment favorable de mettre à jour le projet qu'il avait longtemps gardé dans son cœur de renverser le gouvernement révolutionnaire et de rendre à la France ses rois légitimes par la facilité qu'il avait de communiquer avec les royalistes de la Vendée. Il se ménagea plusieurs entrevues avec le général Frotté, et c'est avec lui qu'il concerta un plan de contre-révolution mais l'arrestation du général Frotté détruisit tous ses projets, et le rendit suspect à Bonaparte qui bientôt l'exila dans son département. »

En présence de ce type d'assertion, le prisonnier de Sainte-Hélène, dont on sait qu'il ira jusqu'à faire rouvrir son testament pour affirmer solennellement son bon droit dans le peloton de Vincennes, prend ses distances quant à celui de Verneuil. Dans ses *Commentaires,* il écrit :

« Frotté fut battu et livré par Guidal, auquel il s'était confié. »

Le baron Gourgaud, fidèle reflet des opinions de son souverain, se contente d'une paraphrase :

« Il fut surpris dans la maison du nommé Guidal, général commandant à Alençon qui avait des intelligences avec lui, qui jouissait de sa confiance et le trahit. »

Ainsi, grâce à la conspiration de Malet, Napoléon finit-il par présenter le meurtre de Verneuil comme le résultat d'un différend entre un chef royaliste et un de ses agents, voire entre deux monarchistes. Pour habile, la tourmente passée, que soit apparu cet exercice dialectique, encore une fois si différent de l'attitude adoptée à l'égard du Bourbon abattu devant la tour du Diable, il ne devait trouver crédit qu'au temps où M. Thiers écrivait l'histoire sous l'impulsion de M. de Talleyrand et avant que les La Sicotière et les Vandal, l'un légitimiste averti, l'autre bonapartiste honnête, menassent leurs enquêtes.

A l'orée du XIXe siècle, les réactions avaient été, tout juste, perceptibles. A l'inverse de MM. de Charette et Cadoudal, Louis de Frotté, connu dans sa province, était ignoré, ou presque, dans les autres régions. Au moment où crépitaient les fusils de Bisson, la France, à peine sortie du climat de violence dont le Directoire, héritier maladroit de la Convention, n'avait pu la débarrasser, commençait d'éprouver le charme du jeune génie ramené par la *Muiron*. Sans doute — et Lenotre l'a bien montré — n'existait-il pas ce coup de foudre entre un homme et un peuple que fera retentir la victoire de Marengo. La rapidité des réformes, pourtant, comme l'extraordinaire stabilisation monétaire amenaient les survivants de la Terreur à se détourner d'un incident, oh ! combien regrettable, mais d'un incident tout de même, pas d'un drame. On en avait tant vu ! Pourquoi la Nation aurait-elle appris avec chagrin la mort d'un housard royaliste et de quelques barons ou aides de camp de son entourage aux noms malaisément prononçables, Commarque ou Comargue, du Verdun ou de Verdun, Florent ou Saint-Florent ? La disparition de Louis et de ses compagnons ne scandalisait guère. Après tout, si ces gens-là troublaient l'ordre public, n'était-ce pas le rôle des gardes champêtres d'abattre les animaux sans attache ? Si semblable conception prévalait dans la majeure partie du pays, elle ne pouvait l'emporter dans le Nord-Ouest. Là va s'exercer un double effet du crime. Dès l'abord, il intimide les tièdes, pénètre les esprits épris de légalisme d'une terrifiante vérité : les Chouans sont privés de la qualité de belligérants. Même un comte de Frotté, maréchal de camp et ruban rouge, est traité comme un détrousseur de diligence, comme un chauffeur... Il importe donc, si l'on tient à la vie, de garder désormais secrète la vénération qu'on peut conserver à l'égard de la maison de Bourbon. Voilà pour le premier effet, de loin le plus considérable, et, partant, hautement profitable au Consul. En revanche, les vertus de l'indignation vont conduire une poignée d'hommes à personnaliser leur haine pour la République, à l'identifier à l'assassin de Frotté. Sans doute s'agit-il d'une infime minorité mais elle ne cessera de retremper son courage dans l'évocation d'un soir de pluviôse. C'est par la Normandie qu'en 1803 Georges fera passer sa voie de la Liberté, c'est à d'anciens officiers de cette province qu'il confiera des rôles de premier plan dans sa préparation du Coup Essentiel. Raoul de Gaillard y perdra la vie, et Armand, son frère, verra sauver la sienne *in extremis* par une sœur accourue de Rouen, ayant su parler au cœur de Joséphine et à la raison d'un Napoléon comprenant que la procédure ayant confondu Raoul et Armand serait logiquement à recommencer. Mieux valait une grâce que ces batailles juridiques dont bruissait Paris. Deux auxiliaires de Blondel devaient, au service de M. Cadoudal, partager son sort : MM. Jean Mérille et Victor Deville. L'un aimait les batailles, l'autre les complots. Ils appréciaient l'aventure sans être des aventuriers, donnaient tous deux dans la gentilhommerie sans que les généalogistes fussent de leur côté. On tenta de les faire passer pour de mauvais garçons. Leur intelligence, leur connaissance de la contrée surtout avaient inspiré la peur. Sanson, poli toujours et précis le plus souvent, les décapita l'un et l'autre. Ces Chouans Normands mouraient pour le Roi, bien sûr, pour Georges un peu car il les avait séduits en leur donnant l'exemple d'une abnégation sans bornes, mais d'abord, mais surtout, parce qu'ils avaient voulu, à leur manière, venger M. le comte de Frotté.

Blondel était tombé le 29 pluviôse de l'an VIII, mais il n'est pas abusif de soutenir qu'il s'en allait tous les jours. Son trépas avait pris, aux yeux de quelques hommes et de quelques femmes, une dimension sacrificielle. Les traités manqués, les batailles perdues s'étaient effacés devant un supplice si déshonorant pour les bourreaux que la victime ne cessait de grandir. Honorable dans la vie, Monsieur Louis devenait sublime dans la mort. Certains dévouements à la cause royale ne sauraient s'expliquer que par le choc de Verneuil.

*
* *

La Chouannerie Normande, à défaut de tête, conservait un bras, celui du chevalier de Bruslart. Blondel avait toujours estimé ce personnage dévoué, précis, aussi à l'aise dans le bocage qu'à Mitau. Après la tragédie, il avait été contraint de venir jusqu'à Paris afin que d'y porter sa soumission. On l'avait vu, en

Le général Lefebvre. Gravure de Forestier.

compagnie de M. de Bourmont, rendre visite au général Lefebvre, et, comme ce brave, doublé d'une brute, déclarait à ce compagnon de M. de Frotté qu'il devait être satisfait du Gouvernement, l'autre avait lancé, tout à trac :

— Vraiment, oui, mais ce n'est pas le sang d'un Bourbon !

Monsieur Sans-Gêne, de militaire devenu policier comme passablement de ses camarades, avait immédiatement prévenu l'autorité supérieure. En mars 1800, le chevalier habitait rue de la Madeleine, à l'*Hôtel des Départements,* ne voyant que la « femme d'Anjou », cette Mme Danjou, fidèle agent des princes, dont il paraît bien avoir, comme son chef, goûté d'autres charmes que ceux d'une observation politique, d'ailleurs aiguë. Bientôt, il s'en alla, fit savoir qu'il avait pris gîte en Écosse. Bon débarras ! Pendant qu'il chassait la grouse, les jours du Premier consul n'étaient pas en danger. On affirmait, en effet, qu'il s'était juré de venger Frotté, qu'il se désintéressait des comparses et que, seul, le principal responsable du massacre des sept devait en payer le prix. Le chevalier était de retour dans la capitale lorsque MM. de Saint-Régeant et de Limoëlan fêtèrent à leur façon le petit Noël du chef de l'État. Les tape-dur, on le sait, et au nombre d'entre eux le fameux Rossignol, payèrent d'abord l'embrasement de Nivôse, mais lorsque Bonaparte, écoutant tardivement Fouché, dut se rendre à l'évidence et admettre d'où venait le coup, les affaires prirent pour les Blancs une tournure fâcheuse. Le futur chancelier Pasquier, girouette mieux huilée que M. de Talleyrand, puisqu'il devait prêter deux serments de plus que l'ancien évêque d'Autun, était assez bonhomme. Ménager de l'avenir, entretenant des relations dans tous les milieux, il accorda sur les instances d'amies communes, l'hospitalité, pour deux nuits, à M. de Bruslart qu'inquiétait fort la police. Le chevalier arriva, aimable et reconnaissant, portant beau sa cinquantaine, terrifiant malgré sa verte courtoisie et sa petite taille. C'était une manière d'arsenal ambulant ; Pasquier, demeuré magistrat dans l'âme, frémit devant cette collection de pistolets et de poignards. L'attentat de la rue (Saint-) Nicaise avait si fort choqué les Parisiens que l'aimable petit-fils du tortionnaire de M. de Lally voulut s'assurer que son hôte était étranger à la mort du petit cheval blanc, d'une fillette, et de quelques innocents. M. de Bruslart déclara n'y être pour rien. De chez son amphitryon il aurait écrit à Bonaparte « annonçant comme preuve de sa sincérité qu'il nourrissait l'unique projet d'attaquer le chef de l'État sur la route de Malmaison et de le tuer dans un combat loyal s'il n'avait pas les moyens de l'enlever ». La réaction du proscrit serait vraisemblable si elle ne reflétait, en 1801, un propos dont on parlera beaucoup en 1804.

Le récit de M. Pasquier sent, sinon la fabrication, du moins l'anachronisme si fréquent dans les Mémoires.

Tandis que les derniers Royalistes de quelque conséquence s'en vont peupler les forts, citadelles, châteaux et casemates de la République, M. de Bruslart s'échappe une nouvelle fois, mettant sur les dents une armée d'inspecteurs, de recors, d'argousins et de procureurs contraignant à se départir de leur calme les demi-dieux régnant sur cette France policée et policière : MM. Fouché, Réal et Desmarais.

En 1802, scandale : Joachim Murat, commandant de l'armée d'observation du Midi, époux de Caroline Bonaparte, inaugure une acquisition de prix, l'admirable hôtel construit naguère, rue de Provence, par Ledoux, à l'usage du banquier Thélusson. Soudain, un homme bouscule les gens de livrée, trompe la meute des aides de camp, vient se planter devant le beau-frère du Consul, lui déclare qu'il lui « coupera les oreilles ». Le cavalier d'épopée n'appréhendait nullement les blessures mais qu'on lui coupât les oreilles l'eût atrocement mortifié car il tenait à ses anneaux d'or. Il n'eut pas le temps de dégainer que, déjà, le Chouan, satisfait, avait pris le large... On le signalait, ce jour-là, aux îles de Saint-Marcouf. S'il faut s'en remettre à ses actions, et non point à sa légende, M. de Bruslart était un homme exempt de méchanceté. Lenotre écrira : « Les hauts policiers sont tacitement persuadés que Napoléon ne périra que de sa main, et Bruslart, très au courant de leurs transes, considère avec complaisance ce résultat. Il ne lui déplaît pas d'intimider le maître du monde ; ce rôle d'épouvantail invisible le réjouit ; l'idée que l'obsession du poignard imminent gâte le triomphe de l'usurpateur, l'assurance d'empoisonner sa joie orgueilleuse, ses nuits, ses promenades, ses fêtes, ses repos, la satisfaction d'être le cauchemar permanent de ceux qui aiment Bonaparte ou de ceux qui le gardent, suffisent grandement à sa haine. Quel supplice imaginerait-il qui fût plus raffiné et plus lent ? »

Littérature ? Non point. Le formidable remueur d'archives de *Vieilles maisons, vieux papiers* retrouvera le chevalier partout. Malgré les limiers perpétuellement lâchés sur sa trace, il séjourne en Normandie. Son secret : un aplomb peu commun et l'amour qu'il suscite ; Mlle Rose Banville, dite Jeanne d'Arc, l'héberge à Caen. Mlle Dotteville, aimable poétesse, prend soin de lui lorsqu'il touche Valognes. A Bayeux, il n'est point maltraité par

Mlle de Thailleiraude, non plus que par une assez méchante rousse, cette dame de Vaubadon, *retournée* par le sénateur de Pontécoulant et dont la trahison amènera l'assassinat du vicomte d'Aché qu'un sens assez réduit de la clandestinité conduisait à se faire donner du baron afin que de se déguiser. On s'aimait beaucoup en ces temps incertains, témoin cette confidence arrachée au Manuscrit de Bayeux par M. Auguste Létienne :

« Mme... racontait que M. de Bruslart, étant caché dans la maison de l'un de ses parents, Mme de Vaubadon vint à passer et qu'une nuit Mlle R. de B [Rose Banville ou de Banville ?] fut réveillée en sursaut par cette dame qui vint se jeter dans son lit pour échapper à M. de Bruslart qui la poursuivait dans l'appareil le plus élémentaire. »

Une précision apparaît plus savoureuse :

« On eut même toutes les peines du monde à l'empêcher de la suivre dans le lit où elle s'était réfugiée. »

Mme de Vaubadon était troublante, intéressée aussi. Toutefois, si elle trahit le vicomte, elle ne livra point le chevalier.

A Paris, le proscrit courait moins de périls. Mme Danjou (ou d'Anjou) veillait, guère jalouse, puisqu'on affirmait qu'un mariage secret unissait le Chouan et Mlle Aimée Berruyher. M. de Bruslart eût voulu, il est vrai, remplacer le comte de Frotté. S'il paraissait s'amuser, il ne perdait pas de vue son devoir. Peut-être ne possédait-il pas les moyens intellectuels de ranimer le mouvement. Le mieux pour la cause eût été, sans doute, durant le Consulat, de travailler avec Georges, mais le lieutenant général passait pour impérieux... et puis, il mourut vite. Après lui, il ne resta que M. de Bar ; il ne devait pas entrer dans les intentions du chevalier de se soumettre à cet épigone dont chacun saluait la persévérance sans reconnaître le prestige.

Comme les plumets blancs, les habits gris et noirs, les Sacrés-Cœurs et les chapelets n'étaient plus de saison, M. de Bruslart avait coutume, lorsqu'il venait s'assurer du moral des Normands, de revêtir un uniforme d'officier d'infanterie. Il allait, monté sur un cheval de sang, se faisait saluer par les gendarmes et descendait dans les meilleures auberges avant que de gagner Paris pour risquer quelques napoléons sur une table du Palais-Royal. A l'apogée de l'Empire, il comprend la nouvelle chance de la Chouannerie ; de même que la première Vendée était née du refus du Tirement, le Parti devra désormais rechercher les déserteurs, les encadrer, les armer. C'est dans le nord de l'Orne et le Maine que l'ancien second de M. de Frotté fait porter son effort. Des émules sont tombés. Le courrier des princes a perdu ses meilleurs serviteurs : Armand de Chateaubriand, le vicomte d'Aché, quelques autres. M. de Bruslart poursuit ses incroyables tournées, amenant les fonctionnaires du régime à noircir des rames de papier et à promettre 2 000 francs pour sa capture, soit l'année de solde d'un capitaine.

Premier adjudant général et nommé colonel dès avant la campagne de 1799, le chevalier méritait bien que la Restauration lui accordât les étoiles. Un facétieux du ministère, sans doute le comte Dupont de l'Étang lui-même, heureux de se venger des sévérités dont il avait été la victime après la capitulation de Bailen, lui donna le gouvernement militaire de la Corse. Ce Chouan endurci, aussi magnifique dans un dîner de cent couverts que sur une botte de foin au fond d'une étable, n'était-il pas le chef idéal pour ces montagnards et ces pêcheurs à la fois frustes et savants, trayant leurs chèvres et lisant Virgile en regardant dorer les grappes de leurs vignes.

Le mercredi 13 novembre 1814, M. de Bruslart, porté par la frégate la *Fleur-de-Lys* — noblesse oblige — pénètre dans le port d'Ajaccio. Les insulaires n'avaient pas eu particulièrement à se louer de l'administration impériale. Pour un Sébastiani, un Arrighi de Casanova, un d'Ornano, admis aux honneurs, les compatriotes du fils de la poule blanche, loin de bénéficier d'un régime de faveur, avaient été tenus en suspicion et le comte Miot de Mélito, souvent, avait négligé de ganter de velours sa main de fer. Certes, on se montrait satisfait qu'un enfant du pays fût allé jusqu'à Moscou, encore qu'on discernât malaisément l'utilité d'une telle expédition. C'est donc avec des transports de joie et force coups de pistolet tirés en l'air par les douairières, les enfants des écoles et les gendarmes que le *vengeur de Frotté* fit son entrée dans la *ville sacrée* (dénommée ainsi très ultérieurement). Déjà, Ange Chiappe s'en était allé conduire une délégation corse aux Tuileries pour saluer Louis XVIII. Le moins absolutiste des rois avait, dit-on, trouvé des mots fort convenables pour gracieuser le plus royaliste des anciens conventionnels.

Le chevalier, désertant Ajaccio pour Bastia (d'où la cour d'appel ne bougera plus), ne semble pas froisser le sentiment indigène. Sa marche à travers la Corse est triomphale. Partout, on lui baise la main, et il laisse faire. N'est-il pas le représentant du Roi, de la paix, de la fin de la Conscription ? Le gouverneur ignore les règlements, mais à Paris on ne s'en soucie guère puisqu'il s'agit pour lui — d'où le transfert de la place à Bastia — d'observer l'île d'Elbe. Il s'entourerait exclusivement d'anciens du Bocage. C'est inexact. N'accorde-t-il pas à la fin de 1814 un brevet de chevalier du Lys à son collaborateur le capitaine du Génie Jean-Jacques Chiappe neveu d'Ange et ancien d'Espagne ? Trois mois plus tard, cet officier va rallier Napoléon puis se battre à Waterloo. Promu chef de bataillon et choisi comme officier d'ordonnance par l'Empereur, il tentera de gagner Rochefort pour accompagner dans l'exil son maître et compatriote. Rarement lis aura tant été butiné par les abeilles.

Le vrai métier du général de Bruslart consiste à surveiller son voisin « l'empereur Napoléon, roi de l'île d'Elbe ». Le maître des Milelli, lorsqu'il apprend cette nomination, se convulse de rage ou fait semblant, déclare :

— Les Émigrés savent bien que je suis là et ils voudraient me faire assassiner ; ils ont envoyé en Corse un des sicaires de Georges, un misérable, que les journaux anglais eux-mêmes ont signalé à l'Europe comme un buveur de sang, comme un assassin. Mais qu'il prenne garde à lui ! S'il me manque, je ne le manquerai pas. Je l'enverrai chercher par mes grenadiers et le ferai fusiller pour servir d'exemple aux autres !

Napoléon, stupéfiant dans le malheur comme aux jours de sa plus haute fortune, joue au même jeu qu'en 1804 lorsqu'il se persuadait, au mépris de toute raison, que le duc d'Enghien voulait le faire abattre. Comme à l'accoutumée, il croit très vite ce qu'il dit. Autre détail non moins significatif de cette feinte colère devenu bientôt réelle, il se garde bien de parler d'un *complice de Frotté* dont il prit la vie, mais stigmatise un sicaire de Georges parce que le lieutenant général passe pour avoir voulu supprimer la sienne.

Un jour, un aide de camp de M. de Bruslart aborde à Portoferraio. C'est du moins ce que relatera ce fameux Pons « dit de l'Hérault, note plaisamment M. André Castelot, parce qu'il avait failli représenter ce département à la Convention ». La paix régnant entre les royaumes de France et d'Elbe, l'incursion n'est pas scandaleuse, mais l'honnête Drouot, gouverneur de la ville, prend mal cette venue, interroge longuement l'officier, le fait réembarquer sans faire instruire contre lui « pour éviter un procès qui eût fait esclandre et dont Bruslart eût profité ». Le chevalier sait ce dont l'accusent les bonapartistes et ne paraît ni s'en réjouir ni s'en offusquer. A son nouveau ministre, le duc de Dalmatie, devenu plus chouan que les Chouans et organisant une collecte pour élever à Quiberon un monument expiatoire, il fait rapport en ses termes :

« Louis Bonaparte a écrit à son frère pour lui dire positivement que j'avais été envoyé en Corse expressément à son égard et qu'il veille à sa sûreté ; on l'a entendu dire ouvertement à Portoferraio et il n'est guère permis d'en douter. Le commandant du brick de Napoléon qui est venu en dernier lieu à Saint-Florence [Saint-Florent] l'ayant attesté, sans mystère. »

On peut être doté d'une solide intelligence et se tromper ; ainsi, tandis que Guillaume Hyde expose, pour les meilleures raisons du monde, que Napoléon commencera par tenter une reconquête de son royaume d'Italie où sa popularité — c'est vrai — est moins entamée qu'en France, M. de Bruslart, lui, averti du départ de son ancien persécuteur, le croit en route pour la Corse. Faut-il considérer que l'amour pour Louis XVIII et l'affection pour son représentant ont quelque peu baissé depuis la liesse de l'arrivée ? Le chevalier s'imagine-t-il que l'Empereur cherche à le rencontrer en combat singulier ? Non. L'ancien adjoint de M. de Frotté demeure un homme pratique et ses instructions comme ses rapports attestent son calme.

Napoléon ne va point en Italie, non plus qu'il ne se rend en Corse. Il cingle vers la France.

Il a merveilleusement préparé son affaire. S'il quitte ses chers sujets de l'île d'Elbe, c'est que la France gémit sous les Bourbons, que les stipulations financières du traité de Fontainebleau sont ignorées par les trésoriers de Louis XVIII et que cet immonde Talleyrand intrigue à Vienne pour le faire déporter aux Açores ou même à Sainte-Hélène (séjour déjà prévu par Windham et Georges dès 1803), c'est aussi parce qu'il lui faut se soustraire aux poignards des assassins vomis sur les côtes elbiennes par l'infâme Bruslart. Cette dernière raison peut paraître chétive au regard des autres... Et pourtant... tandis que dans le secret de son cabinet le premier et le plus grand des écrivains romantiques rédigeait les sublimes proclamations qu'il fera lire ou placarder tout au long du chemin de son retour, tandis qu'il inventait l'audacieuse formule : « L'aigle, avec les couleurs nationales, volera de clocher en clocher jusqu'aux tours de Notre-Dame », il conservait clandestines ces merveilles alors qu'à l'instant de quitter l'île où, sous son dais de papier doré, au milieu de gens simples et braves, il avait été presque heureux, il ne signait qu'un décret, un seul : « Art. 1er. Le général Bruslart est destitué ; il sera mis sur le champ en état d'arrestation pour être envoyé à Paris sous bonne escorte. Art. 2. Les scellés seront mis sur ses papiers par la junte du gouvernement. »

A ce texte s'ajoutait une proclamation d'une jolie venue à l'intention des troupes stationnées en Corse.

« L'indigne général qu'on avait nommé pour vous commander n'avait d'autre mission que de me tendre des embûches. C'est un des satellites de Georges et des Chouans : il n'a jamais pu soutenir le regard de nos aigles et il prétendait les commander. »

Napoléon, on l'a dit, avait passablement négligé la Corse. De retour à Paris, il se souvint de la solidarité des insulaires et envoya pour gouverneur un sien cousin, le lieutenant général Arrighi de Casanova, duc de Padoue. Il le nomma le 14 avril mais, le 11, il avait encore prescrit de « faire arrêter Bruslart et de le mener sous bonne escorte à Paris ». Mieux, il faisait déclarer en Conseil d'État que l'affaire Bruslart constituait l'une des causes de son retour. La Corse n'aime pas à servir de champ clos aux luttes continentales ; L'Empereur avait envoyé quelques affidés sous le vocable de comité d'exécution ou junte. Le gouverneur fut-il investi, comme le prétendra *le Moniteur ?* C'est possible. En tout cas, le chevalier et les membres de son état-major, notamment un colonel de Gonneville dont les Mémoires sont moins bienveillants que pittoresques, trouvèrent une embarcation et, via l'Espagne, s'en retournèrent chouanner.

*

* *

Louis Guérin de Bruslart s'était attiré quelques solides inimitiés. M. Billard de Veaux, méchant pour tout le monde — il est vrai —, met en doute certains de ses exploits et, en particulier, le scandale des oreilles de Murat en l'hôtel Thélusson. L'ennui, c'est que M. Billard a la plume facile alors que le chevalier se contente de lettres, de billets ou de rapports et ne cherche pas, comme son compétiteur malheureux à la succession de Blondel, à composer la geste de la Normandie. Que le lieutenant-colonel, commandant en second la division d'Ambrières, ait fait preuve d'un courage, d'une intelligence, d'une verve parfois rabelaisienne, est hors de doute mais une ambition, au demeurant légitime en un temps où la Révolution et la Contre-Révolution favorisaient de vertigineuses ascensions, le rendront indulgent à ses erreurs et vétilleux quant aux moindres défaillances de ses compagnons.

En Angleterre, il s'était brouillé, on s'en souvient, avec le père de Louis, avait utilisé la folie grandissante du fameux Des Touches. Lorsqu'il revint en France, il prit du service aux Gardes d'honneur... comme Nez-de-Cuir et tant d'autres gentilshommes que Napoléon préférait voir aux frontières sabre en main que nouant, de manoir en presbytère, le fil de plus en plus ténu de complots sans cesse avortés. Les Bourmont et les Piré bataillaient alors sous les Aigles... L'ennui pour M. Billard, c'est qu'il déserta, à moins qu'il n'ait été congédié. Le mécanisme habituel joua ; il prit en Normandie la tête d'un petit groupe de réfractaires. Hélas, il ne paraît point s'être adonné franchement à cette nouvelle activité. Trop intelligent pour miser sur un seul tableau, il s'y prit, comme dit-on MM. de La Nougarède et Sourdat, jouant la Restauration sans négliger les menus avantages concédés par les fonctionnaires de l'Empire en échange de renseignements. C'était du temps, il est vrai, que le César refusait de se rendre au bal donné par l'archichancelier Cambacérès un 21 janvier, du temps que l'Ajaccien parlait de son pauvre oncle Louis XVI et que les Ségur, les Turenne, les Narbonne conféraient un peu de grâce aux antichambres en les désenrégimentant... Les grands obtiennent toujours l'indulgence, elle va plus malaisément jusqu'aux petits. Les Bourbons restaurés, à l'instigation du prince de Talleyrand, d'Aimée de Coigny, avec la bénédiction de Mme de Staël et de passablement d'animaux à sang froid, M. Billard fit valoir ses états. Bonnes âmes, MM. de La Trémoïlle et de Bruslart, jugeant sans gravité d'anciennes liaisons dangereuses, signèrent un beau certificat. Le bénéficiaire se voyait titularisé dans son grade de lieutenant-colonel. Il prit l'affaire comme une gifle, rêvant de plumes noires ou même blanches et d'un ruban rouge en sautoir. Il vieillissait. Naguère, il avait été la cheville ouvrière d'importantes tentatives en vue de changer de régime, de dynastie. Cette fois, il tomba dans une histoire assez ridicule. Par dépit, il se retrouva dans la conspiration dite du Bord de l'Eau (du nom d'une aile des Tuileries), mince affaire dont le R.P. de Bertier de Sauvigny démontrera le peu de réalité ; le général Canuel, de Jacobin devenu chef-d'état major de Louis de La Rochejaquelein, et son compère Donnadieu, lui-même royaliste de fraîche date et s'étant montré barbare dans la répression du complot de Didier, avaient songé, avec quelques têtes brûlées, à déposer le trop libéral Louis XVIII, voire à le traiter à « la Paul Ier » pour précipiter l'avènement de Monsieur. Ce n'était, en fait, que bavardages de boudoir et rodomontades de taverne, savamment amplifiés par le ministre Decazes soucieux de brouiller le roi-fauteuil et son trop séduisant frère et de faire retirer au comte d'Artois le commandement de la Garde nationale. M. Billard fut inquiété, répondit devant les assises de la Mayenne. Son acquittement ne l'apaisa point. Ses Mémoires prirent un ton d'aigreur si funeste qu'il nuit à leur crédibilité. En querelle avec son débiteur, il se ruina, finit par protester de son dévouement à Louis-Philippe avant de disparaître d'une estrade qu'il avait trop longtemps battue pour la toujours bien occuper. A l'inverse de Monluc, ce beau soldat eût mieux fait de ne jamais écrire.

*

* *

Plus édifiante apparaît l'histoire de Michel Moulin. Il vivait tranquille, ayant épousé la jeune fille dont le dévouement l'avait naguère sauvé de ses graves blessures. Sa petite fille, la future Mme Cassin, dont le mari se fera, non sans talent, le rédacteur des souvenirs de son beau-père, venait d'atteindre seize mois. A ce simple bonheur s'ajoutait une aisance honnête ; les faux de Michelot se vendaient jusqu'en Anjou, en Poitou. Alors que se terminait l'instruction du procès de Georges, il fut enlevé dans la nuit du dimanche 6 mai 1804. On l'internait au fort de Joux. Comme il ne disposait pas des moyens nécessaires au paiement d'une voiture, c'est à pied qu'on l'emmena jusqu'au fond de la Franche-Comté. Son voyage fut un martyre. Si le concierge de la prison d'Orléans se montra compatissant, la suite fut affreuse. Comme il était à mi-mort, les gendarmes finirent par louer un véhicule... mais ils l'en firent descendre et restituèrent la carriole pour s'attribuer l'indemnité. Ils rognaient sur tout, lui dérobant jusqu'à sa pitance. L'un des deux hommes avait, en Vendée, servi comme adjudant général sous Santerre avant que de retomber à cet échelon. Ayant tué pour rien, il se vengeait sur son prisonnier. En parvenant à Joux, il lui demanda, comme son compère, un certificat « de bonne conduite et de bons procédés ».

Dans ce fort, défendu par cinq enceintes, l'épouvantable *ami des hommes,* le marquis de Mirabeau, avait autrefois fait interner son fils Honoré. Le scandale avait été bien plus éclatant lorsque le terrible garçon avait quitté ces lieux en enlevant la volcanique Sophie de Monnier.

De là, le général d'Andigné, encore chevalier de Saint-Gemmes, s'était évadé par une belle nuit d'août 1801 en compagnie de son ami Suzannet. Moins heureux, le célèbre Toussaint, dit Louverture, apôtre de l'émancipation noire à Saint-Domingue, et bientôt cher au cœur de Lamartine, avait à peine vu poindre le printemps de 1803. Mêlait-on quelque substance mortelle à sa nourriture ? Avait-il mal supporté le climat ? On ne sait.

Lorsque Michelot eut pansé ses blessures, il commença d'étudier les moyens de recouvrer la liberté. On l'avait jeté dans une cellule avec trois personnes de connaissance, un officier irlandais nommé Girod, au service de M. de Bourmont, alors à la citadelle de Besançon (dont il avait résolu de s'en aller et s'en ira), un monsieur d'Hauteroche, ancien aide de camp du comte de Précy, le propre demi-frère de Blondel, Charles-Henri, imprudemment rentré de Saint-Jean-d'Acre. De toutes les vertus chrétiennes, la plus ignorée de ces gens était la résignation. Ils avaient cent fois manqué mourir pour le Roi mais ne tenaient nullement à rendre l'âme sans s'être activés.

Pour changer d'air, ces messieurs rencontraient quatre difficultés : a) l'épaisseur des murs, b) la férocité du commandant, un certain Lefebvre, encore un ! c) le refus du marquis de Rivière, échappé par miracle à la guillotine dans l'affaire de M. Cadoudal où, le septième, il s'était trouvé condamné, d) la

Michel Moulin au fort de Joux. Gravure de C. Turner.

présence d'une petite chienne nommée Bibi qu'il faudrait vraisemblablement abattre si l'on voulait, sans donner l'alarme, se tirer de là.

a) On vient, par astuce et patience, à bout des murs.

b) M. de Rivière, au courant de l'entreprise, saoule le commandant et ravitaille les conjurés.

c) Le marquis ne veut pas s'en aller, car ses liaisons — honorables — avec Fouché le contraignent d'attendre.

d) On fabrique pour Bibi, animal dont les sentiments royalistes ne sauraient être mis en doute, un sac spécial.

Chacun joue son rôle ; Michelot et ses trois codétenus liment les barreaux et dédoublent leurs draps. L'ami de Georges continue d'enivrer la brute. Bibi se montre d'une sagesse exemplaire, s'entraîne à prendre place dans son cabas. Bien entendu, on avait lu, non sans profit, les Mémoires du baron de Trenck, en oubliant volontairement que le plus célèbre des évadés ne s'était échappé des geôles du grand Frédéric que pour trouver à Paris la Conciergerie et l'échafaud. M. de Rivière était parvenu, par la cheminée, à faire tenir à ses amis un plan du fort. Lorsque tout fut prêt, les candidats à la liberté se livrèrent vainement à d'ultimes instances auprès du marquis. Il les combla de cadeaux, leur fit passer une poularde de Bresse truffée et du bon vin. On a choisi le 27 janvier, car c'est un dimanche et la garde se montre un rien plus relâchée. Des libations un peu fortes risquent de compromettre le pied montagnard des amis. Grâce à Dieu, Michelot, n'aimant que le cidre, garde la tête aussi fraîche que cette soirée de l'hiver jurassien. Il fait sauter les dernières pierres, place une barre de fer en travers du trou, à l'intérieur de la casemate, y noue son câble de fortune, en éprouve la solidité par quelques violentes secousses. Et c'est la descente dans l'abîme. En bas, irréel, scintille le lac. Le vent hurle, plaque Michel contre le donjon. Il se dégage de la muraille, poursuit son effort... Va-t-il, comme M. de Saint-Gemmes, se retrouver au bout d'une corde trop courte ? Non. Ses pieds touchent enfin l'épaulement. Il agite cette bienheureuse corde pour prévenir les amis. La tempête a tôt fait de dissiper l'alourdissement provoqué par les truffes et les vins. Les quatre, MM. Charles-Henri de Frotté, d'Hauteroche, Girod, et Michelot lui-même se retrouvent sur la première plate-forme en compagnie d'une Bibi silencieuse.

Poursuivre, c'est se rompre le coup. Demeurer, c'est immanquablement se faire prendre par la garde car Monsieur le Marquis ne saoulera point éternellement le commandant du fort. On repart, le gars de Saint-Jean en tête comme à l'accoutumée. Alors, c'est une lutte insensée pour tenter d'atterrir au-delà de la cinquième enceinte, quatre-vingts pieds plus bas. Trois fois, Michelot précède ses compagnons. Les fugitifs sont au bas de la seconde corniche et se voient sauvés lorsqu'ils entendent des aboiements affreux ; dans leur précipitation, ils ont oublié la chienne au premier palier. Bibi hurle son désespoir. Que ses cris soient entendus, toute la garnison va sortir, se lancer, en patrouille, dans les vallées. Tour à tour, le lieutenant Girod, M. d'Hauteroche, puis le jeune Frotté s'essayent à remontrer n'y parviennent pas. Alors, le bon Moulin, en dépit de ses fatigues, car il n'a cessé de descendre puis de regrimper pour changer l'accrochage de sa corde, prend son souffle et, au prix d'indescriptibles souffrances, atteint Bibi. Elle cesse de gémir. Il la fait sauter dans son sac, la charge sur son dos, repart. Le grand et brave homme écrira : « Il semblait que la pauvre bête sentît tout le prix de la peine qu'elle m'avait donné. Elle allongeait sa petite tête hors du sac, elle me léchait la figure, comme pour essuyer la sueur qu'elle m'avait fait couler. » Cette humble littérature en vaut une autre.

Enfin, Michelot et Bibi rejoignent les compagnons ; la corde, vivement secouée, se rompt au point voulu. On la rattache sommairement aux branches des pins et l'on reprend de corniche en corniche. Un peu plus vaste, désormais, miroite toujours le lac. Le vent ne cède pas. Devant l'abominable indifférence de la nature, M. Moulin, moins roussien que son maître, conserve son sang-froid. Le lieutenant Girod éclaire. Il tombe dans un trou. Michel lui fait jeter la corde, le tire de son mauvais pas. A deux cent cinquante mètres du point dont ils ont tenté l'aventure, les quatre sont libres. Pour combien de temps ? Le froid règne, homicide, pénètre les malheureux.

Là-haut, imperturbable, Charles de Riffardeau, marquis de Rivière, continue de verser à boire à cet officier dont il sait qu'il fut un acolyte de Carrier. Où sont-ils ? Que font-ils ? Est-il encore possible de s'évader du fort de Joux ? Après MM. de Saint-Gemmes et de Suzannet, se trouvera-t-il des gens capables d'échapper aux serres impériales ? « Encore un coup, Commandant ? — Ce n'est pas de refus, Monsieur le Marquis... » Cette fois, ils sont loin.

Quitter une prison napoléonienne constituait à coup sûr un exploit et, lorsque les fugitifs s'embrassèrent, ils avaient lieu d'être satisfaits. En 1805, pourtant, la France des Abeilles ne cessait de s'agrandir. Lorsque ses régiments n'occupaient pas un État, ses représentants diplomatiques exerçaient toutes ses volontés sur les autorités locales. Il importait donc de jouer serré.

L'évasion avait été découverte sur les huit heures du matin par le cantinier ; il avait observé qu'un fragment de rocher s'était détaché, puis vu des empreintes de pas. Le commandant Lefebvre lança ses 400 soldats sur la piste. Trop tard. Michelot et ses compagnons marchaient depuis une heure après minuit. A quatre heures du soir, ils avaient couvert les douze lieues séparant Joux de Neuchâtel, encore suisse pour un an — Berthier en sera bientôt prince — mais déjà contrôlé par les agents des

Tuileries. Ils descendirent au *Soleil d'argent,* puis se rendirent chez Mme Fauche-Borel, l'épouse du fameux libraire impliqué dans toutes les affaires du Parti. La dame fut parfaite. Son neveu Vitel, lui-même très avant dans les intérêts royalistes, l'aïda, de son mieux, à leur laver les pieds. Ils dévorèrent un bon souper, mais ils étaient déjà sans le sou. Le petit Frotté n'avait-il pas commis l'incroyable légèreté de s'acheter en route une pipe de grand prix ?

MM. Girod et d'Hauteroche demeurèrent cachés à la campagne. Ils attendaient et reçurent de l'argent de Paris.

Michelot et le jeune homme, munis par le bourgmestre de passeports présentant des renseignements pouvant convenir à leur signalement, gagnent Yverdon. Ils sont en droit de se croire à l'abri lorsqu'un militaire impérial leur demande leurs papiers. Ce n'est qu'une alerte. Il les regarde doctement, les juge parfaits, les rend. Un autre soldat, un peu plus tard, à l'auberge, dévisage les voyageurs et s'esquive. Cette fois, il faut prendre garde. Les voilà déclarant à la servante qu'ils sortent pour une brève course mais qu'ils veulent, à leur retour, un repas rapide avant que de se mettre au lit. A propos, sait-elle où demeure M. Christin ? Oui. Eh bien, qu'elle les accompagne. La fille s'exécute. Ce Christin, agent du cabinet de Pétersbourg, a naguère tâté des geôles consulaires. Il mettra tout en œuvre pour des compagnons dans l'infortune. Voici 36 louis et du linge. Par bonheur, sa maison donne sur le rempart. En passer le mur, c'est quitter la ville. La servante doit revenir ? Qu'importe ! On lui dira que, lassés d'attendre, ces messieurs sont partis. Peut-être ont-ils pris une rue différente de celle qu'elle empruntait. Ah ! Le bon Christin ! N'eût-il adopté d'aussi promptes dispositions que la partie se fût arrêtée là. Les Bleus, déjà, bloquaient Yverdun. Ils perquisitionnaient avec ce tact dont les porteurs de mandat... et d'épaulettes savent toujours faire preuve en territoire étranger.

Tandis que s'agitent les plumets de ces gens dévoués à la plus grande gloire du Petit Caporal, les deux Normands atteignent les rives du lac de Morat puis, grâce au concours de deux robustes bateliers, parviennent dans la ville du même nom. C'est près, encore trop près. L'ombre de l'Aigle ne cesse de s'étendre sur l'Europe et le mieux serait d'éviter tout vis-à-vis avec les amis de cet oiseau. Alors, le taillandier et l'amateur de pipes poursuivent leur course. De Soleure ils passent à Constance puis découvrent Augsbourg. C'est encore près, trop près des Tuileries. Les voici, hâves, entrés dans Ratisbonne. Le ciel leur sourit. Heureux d'avoir rencontré le vieux comte de Chapdelaine, parent des Frotté, ils s'abouchent avec des agents britanniques aussi méfiants qu'efficaces, bénéficient d'un appui solide. Charles-Henri a servi sous Sidney Smith, et, par la belle-sœur du commodore, Lady Spencer, il trouve enfin le moyen de gagner l'Angleterre à la fin du mois de mars.

A Londres, on adorait les évasions. Sans doute l'odyssée de Michelot n'allait-elle pas connaître un retentissement égal à l'affaire du Lion des Mers. Point de feu d'artifice non plus que de naumachie mais tout de même deux belles gravures, l'une représentant la captivité, l'autre la fuite. M. Moulin fut presque à la mode. Le père de Frotté, s'il ne possédait pas les capacités et la finesse du grand mort de Verneuil, n'en était pas moins un parfait gentilhomme. Il s'occupa du rescapé, fit sonner le grade de lieutenant-colonel et la croix de Saint-Louis de son protégé, obtint pour lui quelques livres de pension annuelle accordées par le gouvernement de Sa Majesté britannique et lui procura, dans une auberge, un emploi de serveur. C'est alors que se produisirent les pénibles incidents avec le malheureux Des Touches.

Vint 1814 et le grand retour, assombri par la disparition prématurée du demi-frère de Blondel. En cet été de 1814, où tous les draps de lit servent de drapeaux blancs, commencent, élégamment arbitrées par le prince de La Trémoïlle, les disputes entre le taillandier et M. de Bruslart. Pour Michel, comptent seuls les membres des divisions actives : Ambrières, Saint-Jean-des-Bois, quelques autres. Aux yeux du chevalier, quiconque a figuré sur une liste, ou du moins participé bien ou mal à la guerre secrète, mérite une récompense. C'est un affrontement feutré que vient interrompre la grandiose et funeste fantaisie du vol de l'Aigle. Le colonel Moulin fut, comme toujours, parfait. Il séjournait à Paris, lorsque s'assemblèrent les volontaires royaux. Ils s'amenuisaient au fur et à mesure que le danger grandissait. Leur chef, le lieutenant général de Viomesnil, atteignait quatre-vingts ans et montrait plus d'équilibre mental que physique. Comme le duc de Raguse, il voulait tenir Paris... Hélas, ses jambes le portaient mal. Michelot s'en vint le saluer à Vincennes, et le futur maréchal lui proposa, fort honnêtement, une compagnie. Le Chouan grogna :

— J'aimerais mieux faire partie du bataillon sacré qui se fera tuer, s'il le faut, sur les marches du trône.

L'ancien de Lawfeld et de Berg-op-Zoom lui répondit avec un bon sourire :

— Eh bien, nous nous y retrouverons.

C'était le 19 mars 1815 et la Légitimité s'en allait en vacances. M. de Viomesnil devait conduire, non sans courage, cet exode de la Semaine sainte. Michelot ne le revit pas ; pestant, il fila vers la Normandie et de là gagna l'Angleterre. Il fut de la fameuse descente imaginée par le duc d'Aumont et, à nouveau dans le camp des vainqueurs, recommença ses chamailleries avec M. de Bruslart. Il s'agissait de donner quatre sabres, deux croix et de délivrer une poignée de permis de chasse gratuits à des obscurs peu prisés par les autorités. Allez donc, vous, conseiller de préfecture, établir la différence entre un paladin du Bocage et un détrousseur de caisses publiques. C'est d'autant plus compliqué qu'il s'agit souvent des mêmes. MM. Le Chandelier, de Monceaux, et de Placène siégeaient dans ces commissions. C'étaient là gens irréprochables encore qu'une ombre planât sur l'honnête trésorier de Blondel. Qu'il ait été mêlé, d'un peu trop près, à l'affaire du Quesnay, vol politique mais bien proche du droit commun dont Napoléon plaisanta si peu qu'il fit guillotiner dix personnes dont une mère de deux enfants, Mme Aquet de Ferolles, ne saurait révolter les consciences royalistes. En revanche, un compte rendu du maréchal Moncey, s'interposant pour qu'on laisse M. de Placène en paix, antérieurement à cette histoire, fait état d'une collaboration avec la police pour débusquer les amis de Georges, tapis en Normandie pendant le Coup Essentiel. Les consciences sont insondables. M. Bureau, comte de Placène, en bon argentier, admettait la monnaie d'où qu'elle vînt mais supportait malaisément la philosophie du poignard. Ses antécédents interdisent d'affirmer qu'il fut un *donneur ;* un rapport de gendarmerie n'est souvent qu'une expression souvent naïve ou caricaturale de la vérité. On discutait encore des récompenses lorsque le comte mourut. Pour M. Le Chandelier, il ne se cachait pas d'avoir violé les règles classiques. Quant à M. de Monceaux, il était demeuré calme.

Michelot se retrouva, colonel non sans mal, au pays de La

Fontaine. A Château-Thierry, le militaire rencontrait peu d'agrément.

Sans amis, sans relations, sinon l'efficace mais lointaine protection de l'excellent duc de Berry, il cessa d'être l'homme du Bocage, le joyeux compagnon dont le commandement avait établi si longtemps une émulation entre les hommes. Les malheureuses cent soixante quinze pensions obtenues par ses soins au profit des vieux camarades lui rongeaient le cœur. Certes, les légions de la IIe Restauration étaient pauvres, ne pouvaient, en ces temps de misère où le duc de Richelieu mettait son point d'honneur à régler nos dettes, soutenir la comparaison avec les unités féeriques promenées sur tous les chemins de la gloire par le maudit Tondu. M. Moulin, toutefois, jugeait trop facile, voire trop luxueuse cette vie de garnison avec ses exercices inutiles, ses déambulations dominicales, et ses stations à l'estaminet. Sa vue baissait. Ses consignes, autrefois si précises, devenaient approximatives tout en demeurant impérieuses. « L'oiseau de proie en cage, écrira M. de Grandmaison, usait en vain ses ailes à vouloir s'envoler. » Il était incompris et l'on prenait ses colères au sérieux. Il mettait sa coquetterie à devenir désagréable ; il ne voulait point qu'on l'aimât.

Son commandement fut déplorable. Il s'irritait de voir le drapeau fleurdelisé pendre devant une cour de caserne alors qu'il l'avait promené sur de périlleux théâtres. D'autres songeaient, amis des couleurs nationales, à refaire une France moins heureuse mais aussi vivante que l'eût voulu Michelot. Dans les chambres de sous-officiers, il n'était question que de Liberté, d'Italie, de Grande-Colombie. Les Carbonari touchaient la solde du Roi mais rêvaient à l'Empereur. Pour les survivants, pour les nouveaux aussi, l'aventure devenait magnifique. Elle l'eût été moins pour les veuves, mais les femmes en noir n'ont jamais façonné l'opinion publique. Avant même que Stendhal n'ait saisi la plume, le Beylisme commençait de naître... C'était du chinois pour un taillandier du Bocage, même si ses épaules étaient légitimement frangées.

Le régiment s'agita ; Bonapartistes, Orléanistes, Républicains — encore que ces derniers fussent en minorité dans le militaire — menèrent un modeste tapage. Au ministère, on n'aimait pas cela. Le colonel Moulin dut quitter Château-Thierry, lesté d'un traitement d'expectative. Alors, il revint à Caen. Il logea d'abord dans l'impasse Écuyère puis rue de Bagatelle, colline du faubourg Saint-Julien. Il se répétait beaucoup jusqu'au jour où, sans fastueuse cérémonie, il fut conduit au cimetière des Quatre-Nations. C'était du temps que Napoléon, par la grâce intéressée du Roi-Citoyen, rentrait dans sa capitale « glorieux, couronné, ceint comme Charlemagne et grand comme César ». L'ancien de Saint-Jean-des-Bois dort sous une pierre privée de plaque, non loin d'un tas de gravats... Un jour, peut-être, quelques fidèles trouveront-ils les quatre sous nécessaires pour que soit gravé le prénom familier du pauvre Moulin et ce serait une surprise pour le passant que de lire ces simples mots : Michelot, taillandier et colonel, 1771-1840.

*
* *

La mort de Louis n'avait nullement séparé Mme Atkyns des entours de la victime. Comme tant d'autres, elle avait mesuré l'ampleur de la catastrophe et continué d'entretenir les meilleures relations avec les survivants. Le comte Henri de Frotté, alors assez démuni, avait même sollicité d'elle un petit prêt de 200 francs. Comme toujours, la charmante dame avait accepté puis, le gentilhomme ne pouvant compter sur l'héritage de son très vieux père, toujours en France, s'était ravisée. Les amis de Lady Charlotte, les Cormier, les d'Auerwerck n'étaient pas faits pour inspirer confiance. C'étaient de petites gens et leur fréquentation pourrait susciter des doutes sur la qualité de leur amie. Après tout, aucun texte indiscutable n'est venu, jusqu'à nous, prouver l'amitié liant Marie-Antoinette et l'ancienne comédienne. C'est une succession d'on-dit nés à Lille et amplifiés à Londres. Le voyage même à Paris manque de témoins. Quant à la caution du gazetier Peltier, elle demeure fragile, car ce bon journaliste n'était pas exempt de bizarrerie.

Mme Atkyns n'aurait-elle été qu'une originale comme il en existe tant outre-Manche ? On devait en voir se piquer tout autant de Jacobinisme que de Légitimité. Et pourtant, non, la châtelaine de Ketteringham n'appartenait point à cette catégorie de témoins d'une histoire dont ils étaient absents. Dans un livre d'une émotion contenue, M. Frédéric Barbey, le futur biographe du grand Pichegru, en a savamment apporté la démonstration.

La princesse de Tarente n'eût pas manqué de déceler un cas de mythomanie ou de dénoncer une imposture. Or, elle devint la meilleure amie de Lady Atkyns. Cette affection, pleine d'épanchement, prend toute sa valeur, montrant, par le crédit dont jouissait Charlotte auprès de Mme de Tarente, la confiance accordée par une intime de Marie-Antoinette. Il fallait, pour l'obtenir, connaître bien des détails et posséder les références les plus sérieuses. La princesse, partie pour Saint-Pétersbourg, renseignait sans trêve sa correspondante sur les mœurs des czars et des moujiks sans omettre mille et une références à la souveraine décapitée. La Providence ne fut guère indulgente pour elle ; Napoléon tombé, Louis XVIII de retour, elle allait retrouver cette capitale fuie obstinément tant qu'on n'aurait pas décousu les abeilles des draperies d'État. Elle séjournait chez ses amis Golovine et surveillait ses malles, lorsqu'elle mourut. C'était le 22 juin 1814. Charlotte perdait un être cher mais conservait son rêve.

Après un voyage en France sous le Directoire, fortement déconseillé par la princesse, elle avait continué de vivre au rythme des correspondances des Cormier et des d'Auerwerck, puis ils s'étaient butés sur les exempts... En 1799, elle avait tenté d'approcher Monsieur. M. de Suzannet, puis l'évêque de Saint-Pol-de-Léon s'employèrent alors vainement à la faire recevoir. Elle revint sur le continent quelque temps après le drame de Verneuil, chercha de nouveaux indices, puis voulut se rendre à Varsovie où, par l'intermédiaire d'un M. de Thauvenay, elle pouvait nourrir l'espoir d'être présentée au souverain. Mais, au fait, était-ce bien un souverain ? Louis XVIII ne pouvait exister du vivant de Louis XVII. Or, la dame soutenait, avec la terrible obstination des faibles et des pacifiques, que l'enfant du Temple demeurait en vie. Où ? Dans quelles conditions ? Comment eût-elle pu le préciser à travers les rapports si contournés du triste Cormier ? Si l'ancien comte de Provence était sceptique, il demeurait poli : par deux fois, il fit écrire à Charlotte (en langage de code M. James Brown). M. de Thauvenay ménageait ses expressions :

« 12 juillet 1801. Mon maître [...] m'ordonne de vous transmettre l'expression de sa sensibilité à votre intérêt constant, à votre zèle infatigable pour ses intérêts et de ses regrets pour son éloignement, sa position et l'impossibilité de connaître pour les apprécier, les détails de la spéculation que votre cœur a formée, ne lui permettant pas d'y prendre une part active. »

L'expression *spéculation* apparaît à double sens puisqu'elle touche, à la fois, à la conviction de la correspondante, et au remboursement qu'elle serait en droit d'attendre. Une seconde lettre, expédiée six semaines plus tard, est de la même encre ; encore que contenant le même mot, elle l'emporte en obscurité :

« Non, aucune autre maison ne lui a proposé un intérêt quelconque dans la spéculation que vous voulez bien lui offrir. Je dois ajouter même qu'il n'est personne dont il n'ait plus volontiers partagé les chances que les vôtres, mais sa position est telle que, pour le moment du moins, il ne peut opposer aux contrariétés de l'infortune qu'un courage passif. »

Somme toute, Sa Majesté ne se déclarait pas en état de rembourser les dépenses engagées pour la délivrance d'un neveu dont nul — et surtout pas Charlotte — ne pouvait préciser ce qu'il était devenu.

Lady Atkyns avait vécu quelque temps en Anjou puis regagné l'Angleterre. Elle demeurait très belle, s'accommodait de sa pauvreté, vendant Ketteringham en viager pour faire face à la plus préoccupante des situations. N'avait-elle pas dépensé l'équivalent de 2 300 000 francs-or pour sauver un enfant probablement mort dans le moment qu'elle effectuait les versements les plus considérables ? A ses yeux, le trépas de Louis XVII était impossible, ridicule même, parce que choquant. Elle croyait à la survie, se dévouait à cette couronne du silence.

Au cours de cent procès, on a pu voir des escroqués défendre leurs escrocs... Jamais, Mme Atkyns ne douta de la bonne foi de Cormier, non plus que de celle du petit baron d'Auerwerck, d'ailleurs moins coupable que l'ancien magistrat, et ayant longtemps payé d'une incarcération assez rude son goût pour les énigmes tarakanovesques.

Avec la Restauration, l'ancienne triomphatrice de Drury Lane vint habiter Paris de façon assez étriquée. Paradoxalement, elle fréquentait des gens de la nouvelle société, les Lobau, les Curial. Ils ne nourrissaient pas, il est vrai, d'autre dessein que de s'intégrer à l'ancien monde.

Lady Atkyns fut reçue à la cour. On lui donna même un peu d'argent... si peu qu'elle en rit.

Elle inquiétait — s'en rendait-elle compte ? — l'ancienne police passée au service du régime nouveau. Dès qu'un faux dauphin se mettait sur les rangs, elle se précipitait pour le voir. On ne sait jamais. C'était peut-être le bon. Hervagault ne l'avait pas laissé dans l'indifférence, non plus que Mathurin Bruneau qu'elle alla visiter à la maison d'arrêt de Gaillon. Le moins sot de ces imposteurs, le baron de Richemont, lui fit tenir une lettre bien tournée. Il l'assurait de sa reconnaissance, et concluait royalement en ces termes :

« La présente n'ayant d'autre fin, je prie Dieu, noble Dame, qu'Il Vous ait en Sa sainte et digne garde. Louis-Charles. »

Celui-là, du moins, à l'inverse de Naundorff, plaçait ses prénoms prétendus dans l'ordre convenable !

Depuis la mort de sa mère, Mme Walpole, advenue en 1826, Charlotte ne quittait plus Paris, louant aux Daru, 65, rue de Lille, un petit appartement au premier étage. Elle avait réuni quelques objets, sauvés de la cession de Ketteringham : un gentil mobilier d'acajou recouvert de drap bleu, un canapé tendu de soie plus claire. Au mur, elle s'était donnée le loisir de contempler les images familières : les portraits de son père, de son oncle, du jovial, encore qu'emporté, duc de Berry dont tous les Royalistes avaient déploré la mort cruelle sous le couteau de Louvel, et, bien sûr, une image de Louis XVII. Elle bénéficiait des soins attentifs d'une servante, Victoire Ilh. Elle lui laissera, hors de rares et menus legs, tout son avoir : un peu d'argenterie, ses hardes, une voiture qu'on ne devait plus atteler souvent.

La forteresse du mystère était, d'ordre de Napoléon, tombée sous la pioche des démolisseurs en 1811, et pourtant Charlotte Atkyns demeurait la dernière prisonnière du Temple. Elle mourut dans la nuit du 2 au 3 février 1836. Elle était âgée de soixante-dix-huit ans. Conformément à ses volontés, sa dépouille fut transférée à Ketteringham auprès de ce fils qu'elle avait prématurément perdu.

*

* *

La guerre des livres avait remplacé les combats du Bocage. La Normandie, heureuse ou, du moins, affectant de l'être, fut sage sous Louis-Philippe. Un seul enfant de la province partit pour la guerre de 1832, et la fit fort bien. Il habitait Alençon et se nommait Charles-René de Saint-Nicolas. Il alla se battre à la Bretonnière et à Touchenaux, près de Vitré. Des Avranchains le cachèrent après ces affrontements malheureux. Comme quelques braves à sa dimension — Angevins, Poitevins, Bretons, Mainiaux — il s'en alla servir au Portugal sous le maréchal de Bourmont contre le général Solignac puis, toujours dans le droit fil de la Légitimité, courut soutenir Don Carlos contre les Cristinos. Celui-là fut, sabre en main s'entend, le dernier Chouan de Normandie.

*
* *

Henri de Frotté, promu maréchal de camp, ne devait pas voir la cérémonie de la Madeleine où les restes présumés des sept avaient été transportés. En 1826, à l'initiative des lieutenants généraux de La Trémoïlle et de Bruslart, soutenus par Renardin, fut sculpté par David d'Angers un admirable monument. Messieurs de Normandie, affrontant la camarde, se donnent la main dans le marbre blanc. L'inscription porte : *Sicut Maccabbei.* Le futur cardinal Mathieu, alors grand-vicaire d'Évreux, prononça l'oraison funèbre. Elle fut noble, évitant le ton larmoyant de l'époque, rendant un juste hommage au prince Louis-Stanislas et mettant en évidence tant la volonté que le culte de l'amitié si présent dans le caractère du héros. Le prélat sut encore parler de sa franchise, qualité si profondément humaine et si peu politique. Ils étaient tous là, ces jeunes anciens d'une vieille histoire toujours présente, le prince et le chevalier ainsi que le comte, sous leurs plumes blanches, les autres chagrins de tenir en main des bicornes moins ornés.

M. de Frotté, vivant, n'avait pas toujours été protégé. Mort, il était plus aimé que jamais. N'est-ce pas l'itinéraire de tous les martyrs ? Lorsqu'ils renversent les idoles, les sages assurent : « Ils exagèrent. » Lorsqu'ils sont passés de l'autre côté de l'onde, chacun prétend n'avoir rêvé que de les imiter. C'était sans doute vrai pour les trois Louis, le prince, « le forban » — ainsi Napoléon avait-il nommé M. de Bruslart — et le gentilhomme de grand chemin. C'était exact aussi pour quelques obscurs, passés tout juste du sabot à la botte, mais retombés, même sous l'indulgent Charles X, dans l'anonymat administratif.

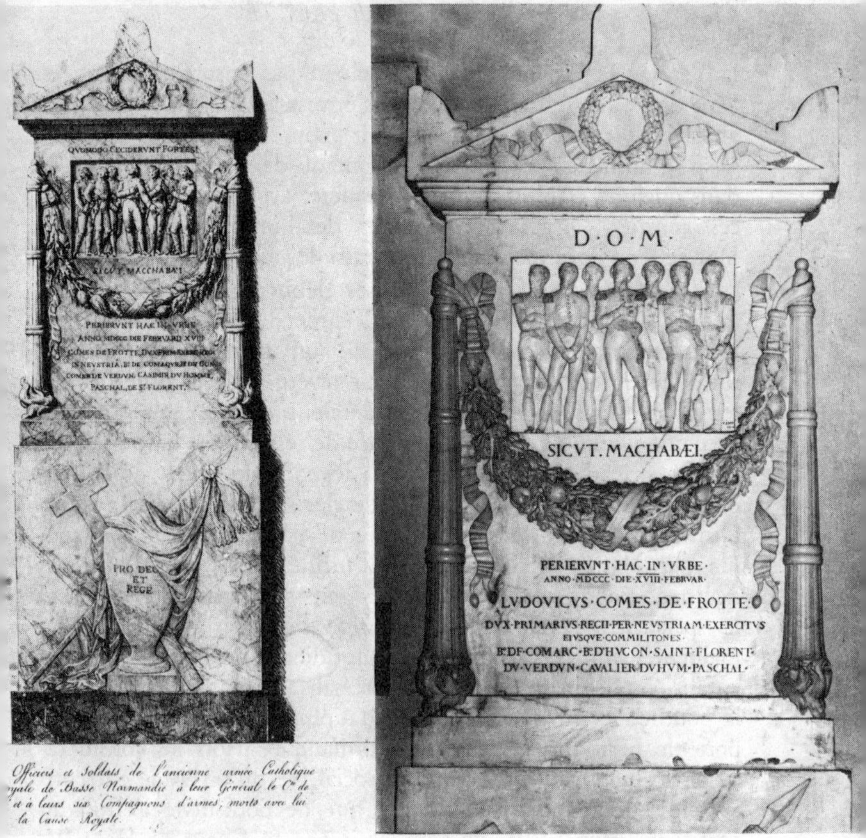

Monument élevé à la mémoire du général de Frotté et de ses compagnons dans l'église de la Madeleine à Verneuil-sur-Avre. Gravure et état actuel.

Les bénédictines du couvent de Saint-Nicolas souhaitaient élever dans leur sainte maison un cippe en marbre blanc pour les ducs d'Enghien et de Berry, une pyramide, de même matière, en l'honneur de Louis de Frotté. L'entreprise consacrée aux Altesses assassinées était achevée lorsque, avec la fièvre parisienne de juillet 1830, s'éveillèrent des rancœurs. Les pieuses filles dissimulèrent le monument existant dans une crypte, ne pouvant retenir de l'hommage aux suppliciés de Verneuil qu'une lithographie... Les périodes heureuses sont le plus souvent remarquables par leur brièveté ; la Restauration n'avait duré que quinze ans. Lorsque prirent fin ces années imparfaites mais réparatrices, la Vendée et la Chouannerie n'étaient pas encore condamnées. Sans doute rencontrait-on quelques êtres assez chagrins pour juger abusives les rares fêtes du souvenir, pour moquer des militaires saisis d'humeurs peccantes se racontant devant une demi-tasse, dans quelque établissement où, naguère, avait fonctionné l'un de ces courriers royaux annonciateur de l'imminente arrivée de Monsieur ou de la venue de Russes aussi dévoués que barbus.

Si les ministres, employés à ses débuts par Louis-Philippe, avaient rayé des listes les bénéficiaires des secours — car ce n'étaient pas des pensions —, si, un peu partout dans le royaume, la course aux places avait revêtu l'aspect d'une curée, les populations normandes considéraient encore leurs Chouans avec une pointe de crainte, une once de respect, et, dans bien des cas, un brin d'affection. Mieux, la légende du soldat de l'An II et de l'Empire cohabitait avec celle des gars de Monsieur Louis. L'irritation n'était venue qu'avec cette *cinquième Vendée,* voulue par Marie-Caroline et dont l'utilité, aux yeux d'hommes réalistes, manquait d'évidence. Les gens sont ainsi faits que seul le spectacle — ou la représentation mentale — d'un grand malheur peut les arracher au quotidien ; se battre pour un enfant, orphelin et incarcéré, s'adressait au cœur et faisait parler la poudre. Avant que de devenir dauphin puis roi, n'avait-il pas porté le beau titre de duc de Normandie ? Hors les considérations de bien-être et d'équilibre social, ce qu'on avait entrepris autrefois pour Louis XVII, avant que de poursuivre l'effort au profit de Louis XVIII, ne s'imposait pas en faveur de Henri V. Aller prendre les armes pour un joli garçon, sorti de son palais parisien pour des exils dorés ? Pour un duc de Bordeaux ? C'est vrai que la métropole aquitaine, sous le comte Lynch, s'était bien conduite, mais cela valait-il pareille titulature pour l'héritier du Trône ? Anjou, Poitou, Maine, Bretagne, ou de nouveau Normandie se fussent, aux yeux des populations de l'Ouest, plus naturellement imposés.

Pour Louis XVII, hier, oui. Pour Henri V, aujourd'hui, non. Charlotte Atkyns, en dépit de ses sympathies légitimistes, dut discerner en cela quelque décret de la Providence. Les braves sœurs en furent donc pour leur projet et Verneuil ne reçut, en l'honneur des sept, qu'un souvenir lapidaire, superbe assurément, mais dont il faut connaître l'existence pour l'aller admirer.

La réparation vint un siècle et demi plus tard, le dimanche 14 octobre 1973 ; l'automne roulait ses fumées grises sur la cité vernolienne. Nombre de pèlerins cherchaient un lieu cent fois imaginé. Découvert, il leur apparut bien différent de leur rêve. Des silos à grains, ces clochers du matérialisme, encadrent une gare ferroviaire dénuée de pittoresque. A cette époque de mécanisation, la ville s'agrandissait et des bétonnières encombraient les chemins de terre.

La laideur de l'opulence cerne un minuscule enclos, délimité par un groupe d'arbres et quelques bornes. Il aura fallu l'énergie toute frottéenne de La Varende, du feu marquis de Saint-Pierre, du général de Grancey, de M. Alfred Chaudeurgue et de tant d'autres amis connus ou méconnus, pour que le voyageur, perdu dans le quartier le moins attrayant d'une ville normande, riche en son centre de ses églises, de ses vieux logis, de ses hôtels effilés, puisse mettre chapeau bas.

La stèle de granit, sans autre ornement qu'une plaque de marbre timbrée d'une croix et de trois fleurs de lis noires, porte une inscription conçue dans l'évident souci de ménager les susceptibilités. On ne saurait rien relever d'apologétique ou de provocant, pas même une phrase pour stigmatiser l'auteur du forfait, comme c'est le cas au mausolée de Kerléano. Non, on ne lit rien que ces lignes où la grandeur le dispute à la simplicité :

A la mémoire de
Frotté
et de ses compagnons
tombés ici-même
pour leur idéal
le 18 février 1800.

Moins de quinze jours après l'humble et discrète cérémonie de ce 14 octobre, l'inscription était maculée de peinture rouge, le monument était souillé. Le très honorable maire de Verneuil devait nous expliquer, un jour que nous applaudissions ensemble à la remise du prix Saint-Simon au cher Albert Simonin, venu tout exprès à La Ferté-Vidame, que le chant de *la Royale,* après l'allocution de M. Chaudeurge, avait exaspéré quelques Rouges du pays dont on sait qu'ils se veulent historiquement Bleus. Voilà bien une différence avec la Vendée où notre confrère, M. André Harris, enquêtant auprès du responsable communiste de l'endroit, éprouva la surprise d'entendre le bonhomme vitupérer les Patauds et maudire les Colonnes Infernales.

Parce que la province a moins souffert que ses voisines, sa mémoire apparaît autre ; le Jacobin d'aujourd'hui répugne à rencontrer sur son chemin une stèle peu voyante mais *dérangeante,* comme on écrit aujourd'hui.

Comment admettre, toutefois, que des Français, que des Normands aient pu, un soir d'automne, tuer MM. de Frotté, de Commarque et leurs compagnons encore une fois ? C'est si lâche et si laid qu'un tel coup ne peut être venu des gens de Verneuil.

Il va falloir, on vous en demande pardon, Monsieur Louis, prendre congé de vous. Si vous trempiez souvent, trop souvent, votre plume dans l'encrier de Rousseau, vous lisiez, dès votre adolescence, les *Contes* de Voltaire (et le licencieux Gorsas s'en offusquait). Le fils du notaire Arouet, s'il a parfois divagué, a martelé d'heureuses formules ; il écrivait : « On ne doit aux morts que la vérité. » On vous la devait, Mon Général. De tous les grands de l'Ouest vous avez été le plus malheureux, et vous ne l'avez jamais admis. Vous avez mené votre guerre dans un mouchoir de poche, et pas même de Cholet. Jamais vous n'avez connu l'euphorie de la victoire, alors que, tout officier d'Ancien Régime que vous fussiez demeuré, vous possédiez tous les atouts nécessaires pour mener à la bataille des hommes désireux d'en sortir par une paix équitable.

N'est-il pas singulier que les érudits aient commencé par étudier l'ignominie de votre mort avant que de se laisser prendre aux séductions de votre existence ? Vous n'avez jamais, comme vos voisins, dirigé votre province jusqu'en ses profondeurs. Vous la connaissiez, pourtant, à la perfection et vous l'aimiez malgré ses torpeurs, ses bouderies et ses accès de fièvre jacobine. Vous l'avez défendue de toute votre âme avec l'ardeur commune aux minorités. Si grande qu'elle soit, vous auriez fait défaut à sa gloire, tant il est vrai que l'insigne du chef demeure le panache et que vous n'en manquâtes jamais.

Voilà pourquoi Blancs et Bleus — hors une poignée de sots — s'inclinent devant le monument de Verneuil. Peut-être, sabre à la main, réinventiez-vous un pays trop changé pour redevenir tel que vous le désiriez. Au-delà même d'une cause, toutefois, et si belle soit-elle, il existe la terre. Elle fut votre inconstante maîtresse. Vous vîtes le jour dans ce Nord-Ouest âprement

Stèle érigée sur l'emplacement de l'exécution de Louis de Frotté et de ses compagnons. ▶

A LA MEMOIRE DE
FROTTE
ET DE SES
COMPAGNONS
TOMBES ICI MÊME
POUR LEUR IDEAL
16 FEVRIER 1800

défendu, et vous êtes tombé là, chez vous, avec vos six compagnons, sans même qu'une main pieuse ait pu vous fermer les yeux.

Vous êtes mort de votre rêve... pour l'honneur de la Normandie.

HIPPOLYTE DE PIRÉ
LE CHOUAN
DE L'ARC DE TRIOMPHE

Chapitre premier

L'ENFANT A LA COCARDE NOIRE

Monsieur le commandant pour le Roi de la province de Bretagne ne craignait rien tant, hors les catastrophes naturelles — orages, grêles, inondations, épidémies —, que les représentants de la famille de Rosnyvinen de Piré. Dans les veines de ces seigneurs de haute mine, dont Van Loo nous a laissé nombre d'images, coulait le sang de René Descartes. La logique, toutefois, habitait rarement l'esprit de ces personnages dont le vaste front accueillait des tempêtes, des courroux, des chimères et des fumées. La contradiction les insupportait. L'autorité de la Couronne leur semblait un outrage à cette antique féodalité dont ils affectaient de procéder. Quant aux petites gens, s'ils leur reconnaissaient une âme, ils ne leur concédaient pas de jugement. Bien que d'épée, ils s'alliaient à la robe pour désespérer en toute occasion ceux qu'ils nommaient, sans rire, les représentants du despotisme ministériel.

Chaque fois que s'assemblaient les états, les Rosnyvinen de Piré jetaient le ridicule sur la session en amenant ses membres les plus doctes à contrefaire, pour couvrir la voix du président, le cri du chien et du chat.

On habitait Rennes l'hiver, Piré-sur-Seiche l'été. En l'hôtel comme au château, on menait grand tapage. Le jour on parlait fort, la nuit, on aimait beaucoup.

Sous une couronne marquisale, prise par humeur dès Louis XIV et régulièrement concédée au début du règne suivant, on portait des armoiries d'une grandiose simplicité : D'or à la

Guillaume - Gabriel de Rosnyvinen de Piré.
A droite : Pierre-Marie de Rosnyvinen de Piré et Hélène-Eon de Vieux-Chatel, comtesse de Piré, par Colson.

hure de sanglier de sable arrachée de gueules, allumée et défendue d'argent. Devise : Défends-toi.

Hippolyte-Marie Guillaume de Rosnyvinen de Piré devait, toute sa vie, joliment se défendre et le plus souvent attaquer. Il naquit à Rennes, rue de Corbin, en l'hôtel de famille le 31 mars 1778 et fut baptisé le lendemain en l'église Saint-Pierre près Saint-Georges. On lui donna deux indigents pour parrain et marraine afin qu'il se rappelât, tel Montesquieu, que les pauvres sont nos frères. Son père, le comte Pierre-Marie, dit le Petit Piré par opposition avec son tumultueux grand-père, le marquis Guillaume-Marie, n'avait pas servi sans distinction sur les vaisseaux du Roi. Sa mère, née Hélène-Marie Héon de Vieux-Châtel, offrait, à défaut d'une réelle beauté, les ornements de la vertu, le mérite de l'effacement et l'expectative d'une confortable fortune de négriers malouins. Au vrai, le comte et la comtesse passaient inaperçus car la contrée n'avait d'yeux que pour le marquis. Ce diable à quatre voisinait avec le procureur général de La Chalotais, orateur habile, intrigant fieffé, ennemi mortel du commandant en chef, duc d'Aiguillon, et rédacteur de lettres anonymes contre le Bien-Aimé. Guillaume-Marie avait pris fait et cause pour le magistrat. Aux états, il avait préfiguré l'attitude

de Mirabeau ; comme ses amis appréhendaient l'entrée d'une troupe dans le prétoire, il avait lancé :

— Messieurs, nous allons avoir un coup d'autorité, mais nous y sommes accoutumés, ils ne doivent plus nous effrayer. Ne cédons jamais et qu'on nous frappe, si on l'ose !

La Monarchie était bonne fille ; le marquis avait été quitte pour quelques mois d'exil en Limousin dont il obtint de revenir parfois pour participer à des fêtes de famille. Il apparaissait plus vif que méchant mais on déplorait qu'il eût insolenté le jeune duc de La Trémoïlle, président de la noblesse en l'absence d'un prince du sang. Les Rosnyvinen, il est vrai, avaient parfois occupé le fauteuil, lorsque ne figuraient ni membres de la famille royale ni premiers barons de la province, entendez La Trémoïlle ou Rohan.

Bien entendu, tout le clan avait ardemment soutenu son chef d'armes par les propos, les libelles, voire les horions.

L'apaisement était venu lorsque M. d'Aiguillon avait quitté la Bretagne pour animer brillamment le ministère. Louis XVI, aux applaudissements des philosophes, avait autorisé M. de La Chalotais à rentrer dans sa demeure. Du même coup le marquis et les siens, mettant une sourdine à leur concert imprécatoire, s'étaient rapprochés de la cour. De temps en temps, ils criaient encore et l'on vit le Petit Piré parmi les gentilshommes encolérés contre les édits de M. de Brienne et députant à Versailles une délégation tôt embastillée dont on eût perdu le souvenir si elle n'eût compté parmi ses membres le futur fondateur de la Chouannerie, Armand Tuffin, marquis de La Rouërie, prédécesseur puis émule de La Fayette dans le secours aux *Insurgents* d'Amérique.

Les auxiliaires du commandant en chef ne s'étaient guère montrés tendres pour Pierre-Marie lorsqu'ils notaient : « Le fils est plus violent, plus emporté et plus injuste que le marquis de Piré, son père, parce qu'il n'a ni esprit, ni étude, ni connaissance de son état. »

A la vérité, ce seigneur avait produit des travaux très complets sur l'économie bretonne, projetant le creusement de canaux et le perfectionnement des exploitations portuaires. Non sans témoigner un sens pratique inconnu dans les nichées de gentilshommes armoricains, il s'était préoccupé du financement de l'affaire, préconisant un emprunt à deux et demi pour cent auprès des banques bataves et dressant un tableau d'amortissement. Plus tard, Hippolyte ne manquera point d'évoquer fièrement l'œuvre paternelle.

Pour l'heure, il grandit mal et sa santé donne des inquiétudes à sa grand-mère. Mme Héon trouve le ménage trop coûteux et regimbe parfois mais, dès lors qu'il s'agit du garçonnet, elle ouvre largement ses sacs à cet enfant comblé de parchemins. L'excellente dame fait prospérer ses exploitations. Elle emploie sur ses terres du bois d'ébène et s'en trouve à son aise. Elle écrit : « Tout va bien sur mon habitation. Les nègres et les bestiaux se portent bien : les premiers sont gais et contents, il ne leur manque rien. »

Le 27 octobre 1785, le comte de Piré, ses preuves d'ancienne chevalerie faites devant M. Berthier, historiographe de France, est admis à monter sur les carrosses de Sa Majesté, il La suit à la chasse et n'éprouve pas un menu plaisir lorsqu'il trouve l'événement consigné dans *La Gazette de France.* A l'hiver de 1789, le trio, comme l'écrit la grand-mère, séjourne à Paris, 42, rue du Bac. On s'est pas mal battu dans les rues de Rennes ces deux dernières années et le comte s'est donné du bon temps mais dans l'instant la noblesse de la province s'abstient. Elle commet même la faute de refuser toute députation aux États généraux convoqués à Versailles pour le 5 mai. Résultat, la sainte Bretagne apparaîtra comme enragée pour les idées nouvelles et le club des Jacobins s'intitulera tout d'abord le Club breton.

Hippolyte atteint onze ans. Sa santé demeure chancelante. Chaque hiver, il est incommodé par des rhumes prolongés que Mme Héon appréhende de voir descendre sur cette jeune poitrine. La comtesse ne se porte pas mieux. La nervosité de Paris n'est pas faite pour tranquilliser le comte de Piré. L'affaire du 14 juillet l'écœure. Il est temps de trouver un air plus sain pour une femme valétudinaire et un enfant chétif. La Bastille tombe le mardi. Le dimanche, le comte obtient un passeport de M. de Montmorin, secrétaire d'État aux Affaires étrangères. Il emmène sa famille à Spa. Les eaux connues depuis l'empereur Nerva paraissent bénéfiques aux curistes bretons. On excursionne sur les terres hospitalières du prince archevêque de Liège et on lit les gazettes en arpentant les allées ombragées du parc des Capucins. Songerait-on au retour que les journées d'Octobre vous dissuaderaient de revenir auprès d'un roi désormais moins souverain que prisonnier dans les Tuileries.

L'accalmie de 1790 ne détermine pas le ménage à revoir la France. A l'instar de la haute Émigration — celle du comte d'Artois, des trois Condé, des Polignac — M. de Piré n'entrevoit guère de composition possible avec la Révolution. A Rennes, le marquis vieillissant est entré dans son hiver. En pays malouin, Mme Héon défend vaille que vaille nègres et bestiaux.

Après l'enlèvement de Louis XVI à Varennes — les Émigrés n'admettront jamais le mot arrestation —, la promulgation de la constitution, suivie d'une amnistie, incite certains voyageurs à rentrer au bercail. Toutefois, le renfort apporté par la présence du comte de Provence, passé dans les Pays-Bas autrichiens au jour même où le Roi voyait s'interrompre son voyage vers Montmédy, donne du sérieux à l'entreprise jusqu'ici menée avec plus de grâce que d'autorité par leur cadet. De mondaine, l'Émigration devient politique. Un grand ministre, Calonne, un prestigieux écrivain, Rivarol, concourent au succès. D'un peu partout, en corps ou séparément, officiers, bas officiers, soldats franchissent la frontière pour se mettre à la disposition des Princes. M. de Piré, ancien officier de marine puis guidon aux gendarmes de la Reine, a noué suffisamment d'intelligences pour que son fils, maintenant âgé de quinze ans, soit admis, inappréciable privilège en un temps où certains les veulent abolir, dans les gardes du corps du Roi, compagnie Gramont. Le tragique de l'affaire se mesure bien ici ; Louis XVI, privé de gardes du corps depuis Varennes car la Constituante a prononcé le licenciement de l'unité, est à peine défendu dans son palais par une garde constitutionnelle où les mauvaises têtes comme Murat sont plus nombreuses que les soldats loyaux comme Bessières, mais sa maison reconstituée fait l'exercice à Coblence.

Le 2 janvier 1792, Hippolyte revêt l'habit bleu distingué de parements et de revers rouges. Le 20 avril, l'Assemblée législative, sur proposition du *Représentant héréditaire*, déclare la guerre au « roi de Bohême et de Hongrie ». Ainsi les gardes du corps de Louis XVI vont-ils se battre contre les soldats de leur propre souverain.

Si le jeune Piré peut se féliciter d'appartenir à l'une des compagnies les plus recherchées de l'Émigration, il va mesurer très vite la distance séparant le savoir de la bonne volonté. L'adolescent sert non point à l'armée de Condé mais à l'armée des Princes. Dans la première, forgée par un général talentueux, on cultive le sens de l'effort, on respecte la discipline, on développe l'esprit de sacrifice. Dans la seconde, on se repose sur le courage et les bons sentiments. Louis V fait la guerre, ses cousins y jouent.

Reste que le jeu présente des risques et Hippolyte ne se dérobe point.

D'assez vilaine manière, l'Empereur et le roi de Prusse ont exigé le fractionnement de l'armée royale en trois corps. Louis V de Condé réglera le mouvement de ses 5 000 hommes sur ceux du commandant autrichien, prince Esterhazy. Son fils, le duc de Bourbon, fort d'un effectif équivalent confié par son père, devra marcher avec le duc de Saxe. Les 10 000 soldats de l'armée des Princes, menés par les maréchaux de Broglie et de Castries, épauleront le duc de Brunswick. Ce troisième corps, baptisé, non sans outrance, armée du Centre, lève ses bivouacs de Coblence, fait étape à Bingen, Grevenmacher, manque perdre ses douze canons dans le Luxembourg et, sous une pluie persistante, passe la frontière à Rodemack et à Roussy. On met le siège devant Thionville, bien défendue par le lieutenant général de Wimpffen. Le 9 septembre, le vainqueur de Clostercamp mène les gardes du corps et toute la Maison du Roi jusqu'à Verdun où la population a fêté les Prussiens en libérateurs. Le 15, la Meuse est franchie à La Croix-aux-Bois. Le 17, étape à Buzancy. Le 18, devant l'imminence d'un affrontement, le prince de Nassau-Siegen, alors au service de Frédéric-Guillaume, presse M. de Castries de le rejoindre. L'avant-garde s'égare dans la plaine de Vouziers. Le 20, l'armée des Princes force l'allure et marche au canon. Il s'est tu lorsque les troupes s'arrêtent à Somme-Tourbe.

Hyppolyte n'a point vu « Valmy, échange poli, écrit Ghislain de Diesbach, qui fera plus de bruit dans l'Histoire que de victimes sur le terrain ».

En revanche il a mangé des raisins verts et des pommes sures pour tromper sa soif. Il a barboté dans la gadoue, vu les Prussiens se conduire en ennemis, les paysans accueillir sans empressement une armée française coupable à leurs yeux de réclamer à boire et à manger.

Après l'euphorie de l'entrée en campagne, c'est la désillusion. Alors que les généraux de la Nation, le galant Dumouriez et l'honnête Kellermann, battent en retraite, le généralissime Brunswick trouve opportun de boucler bagage. Excessive circonspection ? Goût prononcé pour quelques diamants distraits du garde-meuble par des affidés de Danton ? Nécessité de repasser le Rhin pour veiller au quatrième partage de la Pologne ? Les versions les plus fantaisistes circulent dans les camps. Invaincus, les Émigrés se jugent trahis. A Paris, la Convention est réunie, la République proclamée, le Souverain traduit devant la nouvelle assemblée.

Les compagnons de Hippolyte de Piré pensaient, par une promenade militaire, mettre fin à la Révolution. Elle se dresse plus forte que jamais. Allez comprendre à quinze ans comment on peut évacuer le royaume devant des généraux peu connus alors qu'on est commandé par MM. de Broglie et de Castries. Certes, les Carmagnoles, dix fois plus nombreux que les soldats royaux, possèdent la meilleure artillerie du monde, mais sont-ce là des raisons suffisantes pour repartir à cloche-pied ?

Le 28 octobre, Dumouriez prend l'offensive, envahit la Belgique impériale et, le 5 novembre, aidé par un prince du sang, le duc de Chartres, bat MM. de Clerfayt et de Beaulieu, leur enlève Jemmapes et les contraint de se replier sur Bruxelles.

Cette fois, c'est la défaite, la vraie, sans mystère. L'armée des

Princes a vécu. Hors quelques rares officiers attachés à Monsieur et à son frère, chacun se retrouve licencié.

Le dernier jour de 1792, le jeune homme peut sans effort augurer meilleure chance pour l'année nouvelle. Elle ne saurait être pire que l'écoulée. Hippolyte, ce matin même, a signé son congé. Les beaux régiments se dispersent. C'en est fini des hussards et des uhlans gris et noir de Mirabeau-Tonneau, des habits blancs de Bardonnanchi, des casques d'or des chevaliers de la Couronne, des dolmans écarlates de Salm, des soubrevestes rouges de la Maison du Roi. Le Roi ! Dans la tour du Temple, il est occupé, sans haine, sans autre passion que le bien public, à rédiger son testament.

Plus heureuse que l'armée des Princes, l'armée de Condé réunifiée va poursuivre la lutte. Sans doute sera-t-elle parfois prise en compte par l'étranger, coiffant même, pour complaire à Catherine II, quelques soldats d'une mitre timbrée de l'aigle bicéphale, mais le plus souvent elle opérera de manière autonome au commandement de son créateur ou de son petit-fils, le duc d'Enghien.

Les naufragés de Lorraine et de Belgique tentent de se raccrocher aux Condéens mais les subsides manquent. Enfin, la pression des armées révolutionnaires détermine les Anglais et les Bataves à prendre des Français à leur service. Le règlement sera strict et l'avancement difficile. On ne badine pas avec les finances et la discipline chez les ministres de S.M. britannique et de Leurs Hautes Puissances les États des Provinces-Unies. Le stathouder Guillaume V et les ministres de George III ont tout de même conservé le souvenir des exploits du marquis d'Autichamp et du chevalier de Damas et tiennent à s'assurer le concours de ces Français, insupportables en temps de paix mais tellement utiles durant une guerre. Ainsi naissent les Émigrés à cocarde noire. Cet insigne, créé par ces sans-patrie, devient un symbole : le deuil de Louis XVI, dépêché par Sanson devant le garde-meuble.

Hippolyte de Piré, fort de son bref passé de garde du corps, entre le 15 mars 1794 comme officier à la suite au régiment de Rohan. A la suite, il faut entendre par là que le jeune homme, en dépit de la considération dont il fait l'objet, servira comme un simple soldat. Pas pour longtemps. Sa crânerie dans quelques affaires d'avant-poste lui vaut de passer enseigne en pied. La

Convention a décrété que tout Émigré pris les armes à la main sur le territoire de la République serait passé par les armes. Certes, les grands généraux tricolores, Jourdan, Pichegru, répugnent à faire appliquer un tel ordre mais un prisonnier peut toujours tomber sur quelques féroces subalternes. C'est assez dire qu'en ce XVIIIe siècle finissant, les dentelles de la guerre sont plus qu'effilochées. On se bat avec fureur. La campagne de 1792 se reliait aux aimables traditions d'Ancien Régime. Celles des années suivantes, parce qu'idéologiques, renouent avec des férocités oubliées depuis Gustave-Adolphe et Wallenstein.

Les cocardes noires, aventurées au sud de la Meuse, doivent battre en retraite. Cela n'est point du goût de l'enseigne de Piré. Il s'attarde, taille dans les Patriotes. Un général hanovrien, avare de compliments pour les Français, le félicite.

Vient la défense du canal sous Nimègue. Hippolyte joue du sabre comme un forcené. Sa grand-mère appréhendait toujours qu'il ne s'enrhumât, il possède le secret de se réchauffer.

A la fin du combat où le régiment se trouve amputé de neuf de ses officiers et du tiers de ses soldats, « le colonel du 43e régiment anglais qui n'avait pas perdu de vue le comte de Piré, l'appela par son nom et sachant qu'il n'était qu'enseigne lui proposa une lieutenance dans son régiment ce que, atteste le prince Charles de Rohan-Montbazon, le comte de Piré refusa demandant à continuer son service sous les chefs avec lesquels il avait combattu ».

Reliques d'émigrés.

Le colonel, touché par ce comportement, veut donner l'épaulette au jeune homme mais l'infanterie de Rohan ne vit que de la cavalerie de Saint-Georges et le prince ne peut donc procéder à la nomination sans solliciter d'abord le duc d'York. Le frère de George III acquiesce le 18 octobre 1794. Hippolyte est ravi. Qu'importent les intempéries, « les glaces et les neiges », plus homicides que les Patriotes, dont la campagne est couverte lorsque les cocardes noires, après la défense du Rhin, retraitent jusqu'à Stade. A l'avant-garde lorsqu'on progresse, à l'arrière-garde quand on se replie, le lieutenant participe à toutes les actions.

La campagne de Hollande, magnifiquement remportée par un général bleu demeuré secrètement royaliste, Charles Pichegru, a pris fin lorsque Hippolyte de Piré s'entend proposé pour le grade de capitaine. Il n'atteint pas dix-sept ans et n'est guère étonné pour cela. Sa famille est dispersée. Le vieux marquis est mort dans son lit à Rennes, échappant à la guillotine par une profession de foi républicaine d'une telle cocasserie qu'elle dénote un parfait attachement à l'ordre ancien. Les biens des Rosnyvinen sont administrés par la Nation.

Pour autant, le jeune homme n'est point un étranger sur la terre. S'il lui faut porter cocarde noire et tunique écarlate, s'il a pour chef le frère du souverain le plus digne et le plus fou jamais connu par le Royaume-Uni, il ne nourrit qu'une ambition : rentrer en France, contribuer de toutes ses forces à tirer son pays de la servitude.

Un espoir est né le 9 thermidor de l'an II (dimanche 27 juillet 1794), lorsque Maximilien de Robespierre est tombé sous les coups de collègues qu'on réputait moins terroristes que lui. Au vrai, s'ils ont diminué la cadence de Sanson pour satisfaire les Parisiens, ils n'ont pas réduit ses confrères de l'Ouest au désœuvrement. Pour adopter des formes moins acerbes, la Convention demeure rude en attendant de se faire pornocratique. La Hollande est à genoux ; Leurs Hautes Puissances les États des Provinces-Unies ne sont plus que la République Batave, privée de Stathouder et de nouveau dotées d'un Grand Pensionnaire. La Prusse et l'Espagne sont sorties du jeu. En choisissant l'Angleterre, M. de Piré n'a point trop mal misé. Il pourra continuer de se battre. Las ! Les Britanniques font sonner leurs guinées et peser leur tutelle.

Brevet de chevalier de Saint-Louis signé du comte d'Artois.

MON.

LA satisfaction qu'a SA MAJESTÉ des services du Sieur

De St Georges,

l'ayant conviée à l'associer à l'Ordre Royal & Militaire de ST. LOUIS, je vous écris cette lettre, en vertu des pouvoirs qu'Elle m'a donnés, pour vous dire que je vous ai choisi & commis pour recevoir & admettre au nom du ROI à la dignité de Chevalier dudit Ordre le Sieur

De St Georges,

mon intention étant que, conformément à l'instruction ci-jointe, vous ayez à procéder à sa réception. La présente n'étant pour autre fin, je prie Dieu, Mon.

qu'il vous ait en sa sainte & digne garde. Charles Philippe

Fait à Edimbourg – le vingt aout – 1796.

Pour M. le Mal duc de Broglie en son absence, Par ordre de Monsieur.

Le Cte de la Chapelle

Aux cantonnements de Stade, on prétend que les commissaires de George III vont envoyer la cavalerie et les chasseurs d'York aux Indes et aux Antilles. Malgré la peine encourue, la mort sous les verges, nombre d'Émigrés désertent et parviennent sous les déguisements les plus inattendus à rejoindre les phalanges de Monsieur le Prince.

Les régiments d'infanterie paraissent moins menacés. Ils seraient, affirment les gens les mieux informés, utilisés pour un débarquement sur les côtes bretonnes. Pour M. de Piré c'est le bonheur, le bonheur de rentrer chez lui les armes à la main. Un officier de grand renom, le comte Charles de Sombreuil, vient confirmer la nouvelle et inspecter Béon, Damas, Périgord, Salm et bien sûr Rohan.

Les mérites de ce gentilhomme l'emportent sur ses infortunes. Il avait pour père ce gouverneur des Invalides dont la fille dut boire le contenu d'un verre maculé de sang pour obtenir des Septembriseurs la grâce du vieux général, néanmoins décapité l'année suivante en compagnie de son fils cadet Stanislas. Charles a rendu coup pour coup à la Révolution. Dès les premiers troubles, il avait arraché le jeune comte de Polignac à la populace ameutée devant le Palais-Royal. En 1792, il guerroyait si joliment que le roi de Prusse lui donnait son ordre *Pour le Mérite*. En 1793, promu lieutenant-colonel, il menait comme un diable le régiment de Salm-Hussards. Il venait de reculer les bornes de la vaillance pendant la retraite devant Pichegru. Le duc d'Harcourt avait entretenu Milord Windham, secrétaire d'État à la Guerre, des mérites du comte de Sombreuil et l'Angleterre lui confiait le commandement des cocardes noires dans l'entreprise bretonne menée par M. de Puisaye.

Cette nouvelle, prise philosophiquement par le lieutenant de Piré, fait frémir les grosses épaulettes. Un colonel de fraîche date va commander à plus anciens que lui. Plus grave encore, il mènera des propriétaires de régiments ! Le prince de Rohan, qu'eût souhaité M. de Puisaye pour commander le deuxième échelon de Quiberon, ressent l'offense. Son nom n'eût-il pas exercé la plus haute influence sur sa province d'origine ? De plus, il goûte peu M. de Sombreuil, l'ayant rivalisé dans le service aux avant-postes de Hollande. Le neveu du cardinal Collier s'en va, mais, honnête homme, ne remet pas l'épée au fourreau. Désespérant de passer en terres royalisées, il se fait

« Prise d'armes en Bretagne », par Le Blant.

admettre dans les années de l'Empire. L'Autriche le créera feld-maréchal. Les autres colonels suivent ce mouvement de fronde. Le régiment de Rohan obéira désormais à son lieutenant-colonel, M. de La Villéon. M. de Sombreuil calme son monde, prévient les désertions et emmène 1 050 officiers et soldats. L'effectif pourrait paraître dérisoire mais ces cinq régiments composés de cadres sont destinés, après une première bataille, à constituer l'encadrement d'unités chouannes. Dans les bivouacs de Hollande, on a beaucoup parlé de ces paysans sans instruction devenus soldats sous des chefs dont on se répète les noms : Puisaye, du Bois-Berthelot, Silz et déjà Cadoudal et Mercier. Certes, les exploits des Angevins et des Poitevins sont plus connus encore mais les *Nantais,* comme on les nomme inexactement, sont à bout de souffle.

On ne va point chez MM. de Charette, Stofflet et de Sapinaud mais vers M. de Puisaye, plus écouté de l'honorable William Pitt que les princes français. M. de Piré ne peut qu'applaudir. Il n'a revu durant ses campagnes que des lambeaux de terre française. Maintenant, il va se battre chez lui, dans cette Bretagne où les siens se tenaient pour les premiers seigneurs de la province, admettant à contrecœur la seule préséance des La Trémoïlle et des Rohan. Le vendredi 22 mai 1795, ces messieurs à la cocarde noire bouclent leur sac et prennent place sur des transports britanniques. Le jeune officier va voir du pays. Les navires descendent l'Elbe, passent devant Altona, ville accueillante aux Émigrés même pauvres, arrivent devant Hambourg et doivent attendre deux jours à Cuxhaven les vents favorables. Enfin, on quitte le grand fleuve pour la mer. On longe les côtes du Holstein puis c'est le large. A peine les voiles se gonflent-elles assez pour que, paresseusement, la flotte parvienne en vue de l'Écosse. Les croisières républicaines ne sont guère à redouter mais les précautions sont prises ; une frégate, une corvette et un lougre convoient les paquebots.

Comme on n'a rien à tuer que le temps, on manie les tarots, on évoque des bonnes fortunes où l'imaginaire ne tient pas un médiocre rôle. La côte se fait moins grise, plus verdoyante ; voici les rivages émeraude de la province d'Yarmouth. On s'embosse dans la rade des Dunes près de Nieuport avant de s'engager dans le pas de Calais. Les marins de l'an III vont-ils tenter quelque action ? A la carrière du comte de Piré manque encore le spectacle d'un abordage. Ce ne sera point pour cette fois. La maigre escadre de M. de Villaret de Joyeuse, ancien officier de Suffren et citoyennisé malgré lui, se repose de ses fatigues à Lorient après sa défaite à l'île de Groix devant l'amiral Bridport et le commodore Warren.

Le jeudi 2 juillet, après une brève escale à Deal, le convoi mouille au Spithead. Le lieutenant et ses compagnons sont autorisés à visiter Portsmouth. C'est une faveur car l'usage veut que les troupes embarquées ne quittent pas le bord. Au demeurant, le mouillage offre un curieux spectacle. Comme les marins n'ont pas le droit d'aller en ville, la ville vient vers eux ; les navires de Sa Majesté sont envahis par les marchands et les courtisanes (on en comptera 500 sur un seul vaisseau). De monstrueuses beuveries étonnent les Français assez naïfs pour croire à la réserve britannique. D'ici peu, ces pratiques jointes à la modicité de la solde et à l'absence de vivres frais provoqueront les mutineries du Spithead, de Saint Helens et du Nore.

En musant à travers la cité, ces messieurs de Rohan rencontrent des Highlanders naguère engagés à leur côté dans les affaires de Hollande. L'émotion des retrouvailles occasionne une soif légitimement étanchée dans différents estaminets. Au retour à bord, une nouvelle rapportée par M. de Sombreuil suscite de nouvelles libations et d'interminables commentaires : le roi de France et de Navarre Louis XVII, Charles Capet pour les Sans-Culottes, est mort dans son cloaque de la prison du Temple. Le comte de Provence cesse d'être régent pour devenir Louis XVIII. L'appellation de Monsieur passe désormais au comte d'Artois investi de la lieutenance générale. Le puissant intérêt comme le menu désavantage de la Monarchie réside dans l'absence de choix. « Le Roi est mort, vive le Roi ! » On se battra pour le podagre de Vérone aussi fougueusement qu'en faveur du pupille de Simon.

Chapitre II

DU COTÉ DE CHEZ CHOUAN

Le jeudi 9 juillet à dix heures du matin, M. de Piré voit s'éloigner les côtes anglaises avec l'intention de ne les point revoir de si tôt.

Le même jour, le général bleu Hoche peut écrire à son chef d'état-major, Chérin : « Les Anglo-Émigrés-Chouans sont, ainsi que des rats, enfermés dans Quiberon. »

On voit mal comment s'occuper à Thionville, à Verdun, à Maasbonnet ou devant Appelern-sur-la-Meuse sinon en engraissant le sillon du laboureur par quelque bonne tuerie. En revanche, la presqu'île de Quiberon et le golfe du Morbihan, favorisés d'une nature somptueuse, dotés du plus agréable des climats, forcent la contemplation et invitent au rêve.

Le lieutenant de Piré découvre l'admirable paysage, végétation luxuriante, roches grises et bleues se détachant sur un ciel de saphir. Le soleil embrase de ses derniers feux le village de Port-Haliguen lorsque les navires de Lord Moira mouillent au soir du mercredi.

Interdiction de descendre à terre. M. de Sombreuil lui-même doit attendre deux grandes heures le retour de Sir John Warren, sorti sur la *Pomone*, pour débarquer. Les contretemps de trois campagnes et la fréquentation des Anglais ont habitué le lieutenant à ces immobilisations incompréhensibles. Un soldat passe plus de temps à ne rien faire qu'à s'exercer et à combattre. Manger mal, dormir beaucoup, perdre sa solde au jeu, c'est le lot du militaire sous toutes les latitudes. Enfin, M. de Sombreuil

Quiberon : la côte sauvage.

revient. Il a vu le commodore, les comtes de Puisaye et d'Hervilly. Ce dernier coiffait jusqu'ici les troupes soldées et du même coup paralysait l'action de l'ancien fédéraliste. Le chef du deuxième échelon a transmis une lettre de l'Honorable Windham précisant la prééminence de M. de Puisaye, mais pour autant la situation paraît mauvaise et plus détestable encore la manière d'y faire face ; depuis vingt jours que les opérations ont commencé, les Blancs, d'abord maîtres du littoral de terre ferme de la rivière d'Étel à celle d'Auray, ont évacué leur quadrilatère de protection. Maintenant les Bleus, solidement établis derrière les retranchements de Mât-de-Pavillon, verrouillent l'entrée de la presqu'île, défendue à son goulet d'étranglement par le fort Penthièvre où M. de Folmont tient garnison avec le régiment d'Hervilly, unité composée en majeure partie de transfuges républicains.

Va-t-on débarquer ? Non. C'est donc que rien ne presse. On ne se battra point ce soir. Mais si, MM. de Puisaye et d'Hervilly, pour une fois en accord, ont décidé de forcer Mât-de-Pavillon. Leur plan, assez savant, comporte une offensive frontale et deux approches indirectes, l'une par la plage de Carnac, l'autre au revers de Mât-de-Pavillon mais dans cette affaire il n'est point de place pour le deuxième échelon. Seul le premier et les Chouans iront au bal. M. de Sombreuil croit devenir fou. En vain, il a réclamé deux jours, un jour même de délai. Impossible. L'Armée Rouge de MM. de Tinténiac et Jean-Jan, passée par des chasse-marée sur les arrières de l'ennemi, a un rendez-vous très précis. C'est tout juste si le colonel obtient de suivre personnellement, de participer à l'action sur un cheval prêté par le major général, comte de Contades. Les cocardes noires demeurent sur les vaisseaux.

Hippolyte de Piré n'a point éprouvé, comme voici vingt jours les soldats du premier échelon, la joie de baiser la terre, d'écouter la messe en plein vent sur le sol reconquis. Tandis que le canon tonne, que la brise de terre ramène l'écho des trompettes, que les fusées rayent le ciel noir, il demeure à bord, s'interrogeant sur l'entendement de ses chefs et la loyauté des Anglais.

A cette nuit d'attente succède une journée puis une nuit encore où les heures s'étirent, interminables dans la touffeur de messidor.

Le vendredi 17, les cocardes noires sont enfin autorisées à débarquer. Point n'est besoin de s'informer pour savoir que MM. de Puisaye et d'Hervilly ont été vaincus. Sans le comte de Vauban ils eussent même perdu la presqu'île. MM. de Tinténiac et Jean-Jan n'étaient pas au rendez-vous et tout a manqué. Un peu partout, on enterre les morts et l'on improvise des ambulances. La masse des réfugiés, pauvres paysans fuyant les Bleus, tournoie sur cette langue de terre, s'enrage de chercher vainement du pain, bloque les chemins, paralysant le mouvement des troupes régulières ou chouanniques.

Les régiments du premier échelon, à peine plus fournis que ceux du second, ont atrocement souffert. Celui de M. d'Hervilly, dont l'effectif s'est périlleusement enflé jusqu'à 800 hommes, ne laisse pas de susciter des appréhensions. Au rapport, les soldats affectent des allures goguenardes, insolentes même. Un renfort d'hommes sûrs s'impose. Le lieutenant-colonel de La Villéon établit son régiment à Kernavest, près de la butte du

Moulin mais envoie un détachement au fort Penthièvre où les Républicains repentis et les nègres chargés des travaux d'entretien inquiètent M. de Folmont.

Une compagnie cantonne à l'extérieur du fort dans la zone du camp retranché. Vingt hommes sont placés dans la partie basse du fort. Il semble bien que le lieutenant de Piré se trouve affecté dans ce groupe. Depuis la veille, les désertions se multiplient dans le régiment d'Hervilly. D'anciens Républicains retournent à leurs amours en empruntant les sentiers escarpés de la côte sauvage. M. de Contades a bien demandé des pots de goudron pour éclairer les passages et les interdire. Hélas, les Anglais manquent d'enduit. Pour arrêter l'hémorragie, les hussards de Warren aux ordres du comte de Marconnay patrouillent sans cesse mais, faute de lumière, laissent filer des transfuges.

Jusqu'ici, le lieutenant a fait une guerre régulière ; les amis étaient des amis, les ennemis des ennemis. Ici, tout paraît trouble. Les soldats se concertent secrètement, le rire des nègres éclate sous les voûtes. Un orage apocalyptique a crevé un ciel lourd. A la bonne heure ! Ce temps à ne pas mettre un Bleu dehors préserve Penthièvre d'une surprise.

Lazare Hoche ne partage pas cet avis. Il cherchera la décision cette nuit même. Les brigades bleues se ruent à l'attaque mais la surprise est éventée. L'Armée Royale a secoué sa torpeur. Dans la grisaille d'une aube diluvienne, les Carmagnoles fuient leur dernier matin. Les défenseurs du fort se sont portés au rempart de l'est. De là, ils canardent allégrement les assaillants. Les gens de Rohan possèdent peu de cartouches, doivent minutieusement régler leur tir. Le lieutenant de Piré peut se montrer satisfait, ses bonshommes jouent leur partie avec distinction. Occupé devant les créneaux, il ne voit point des fantassins d'Hervilly, tous anciens de la 41ᵉ demi-brigade républicaine, traverser la cour et gagner la plate-forme de l'ouest.

Justement, M. de Folmont s'y rend pour jeter un coup d'œil...

Il se penche sur le rempart donnant sur la Côte Sauvage, hurle :

— Aux armes ! Aux...

Il n'achève pas. Les soldats de l'intérieur ont tendu la main aux déserteurs et aux voltigeurs de l'adjudant général Ménage venu subrepticement sous l'uniforme écarlate. Les faux Royalistes dévalent les escaliers, balayent de leur feu les chemins de ronde, occupent les demi-lunes. A l'intérieur, d'autres transfuges les attendaient, se précipitent sur le lieutenant de Rohan-Infanterie. De son détachement, ils ne demeureront que deux, encore le second mourra-t-il de ses blessures le lendemain. Un coup de crosse lui défonce la poitrine. Il tombe. Les faux Blancs, vêtus de rouge, au service des Bleus le piétinent.

C'est l'hallali... A la vue du pavillon losangé de la République montant au mât du fort, les gens de la Nation reprennent l'offensive, avancent dans la presqu'île. Le Gibraltar royaliste est submergé. Le lieutenant ne verra point les derniers combats non plus que le départ de M. de Puisaye et les ultimes prodiges du comte de Sombreuil. Il parvient à quitter la batisse, gagne la grève de l'est. Il se jette à la mer. L'eau salée mord sa chair meurtrie. Qu'importe. Il veut vivre, nage comme il peut, empêtré par son harnachement. Les déserteurs le tirent comme à la foire. Il plonge sous les balles, refait surface le temps d'aspirer une goulée d'air et replonge. Ses persécuteurs se lassent. Il avance toujours. Encore quelques brasses, il atteint une chaloupe. On le hisse à mi-mort sur l'embarcation. Perd-il connaissance ? Sans doute. Il halète maintenant dans la moiteur d'un entrepont. Un bruit sourd assaille ses tympans. Est-ce une illusion donnée par la fièvre ou le canon ? Non, c'est la pluie, une pluie torrentielle. Il fait moins chaud. Hippolyte regarde autour de lui. Partout des blessés. Des chirurgiens britanniques et français s'affairent. Parfois un grincement l'emporte sur le bruit de l'averse : la scie entame l'os d'un patient.

A l'île de Houat, le comte de Puisaye a fait aménager des installations de fortune. Les débris de l'armée sont assemblés par régiment. Les gens de Rohan, officiers et volontaires, étaient partis deux cents. Ils se comptent : soixante-seize.

Que sont devenus les cent vingt-quatre autres ? M. de Piré l'apprendra bientôt. Les plus heureux sont morts en défendant le Fort-Neuf et Port-Orange. Leurs compagnons ont péri sous les balles des pelotons républicains le plus souvent composés de Belges car les Français répugnaient à la besogne. Les Bleus ont tué sept cent quarante-huit Émigrés et Chouans, ensanglantant la garenne, puis l'ermitage à Vannes, l'Armor et le Bondon, la grande prairie en contrebas de la chartreuse d'Auray, la plage de Saint-Pierre de Quiberon. Si Rohan a payé moindre tribut que

Le comte de Sombreuil partant pour le supplice, par Henri Cain.

Du Dresnay, il compte parmi les victimes son chef, le lieutenant-colonel de La Villéon, trois capitaines, MM. de Vaujuas, de Locamaris et du Haffont, six lieutenants, un enseigne et vingt volontaires. Le capitaine de Montbron et le lieutenant de La Villegourio sont parvenus à s'évader. Dans l'île, ce ne sont que violents commentaires sur le désastre et le massacre. La rivalité du comte de Puisaye et de M. d'Hervilly n'est-elle point à l'origine de la catastrophe ? Les Chouans savaient-ils suffisamment se battre pour que soit risquée une telle opération d'encadrement ? Le commandant en chef des cocardes noires, comte de Sombreuil, tombé sur la garenne avec Mgr de Hercé, n'est pas épargné ; pourquoi avoir capitulé, pourquoi surtout avoir compromis les derniers sauvetages en faisant dire au commodore Warren de faire cesser son feu protecteur ? Les Français sont toujours trahis, jamais battus. On cherche et l'on trouve toujours des boucs émissaires…

La nourriture insuffisante et exécrable ne porte pas les rescapés à l'indulgence et les propos ne sont pas moins aigres que le cidre. Enfin une bonne nouvelle : le prince de Rohan avait nommé M. de Piré capitaine dès avant Quiberon mais le brevet n'avait pas suivi. Le nouveau promu souffre toujours de la poitrine mais échappe à l'épidémie dont les ravages dévastent encore les rangs des cocardes noires. Monsieur arrive devant l'île de Houat. Ira-t-il en Bretagne où M. Mercier le réclame, en Vendée où le chevalier Charette vient de reprendre les armes, en Anjou que M. Stofflet s'apprête à réinsurger si le frère du Roi se met de la partie ? Charles-Philippe, servi par sa prestance et son affabilité, suscite l'enthousiasme. Sous un prince tel que lui, les rivalités de commandement tant entre chefs émigrés qu'avec les généraux de l'intérieur ne viendront plus à compromettre le succès. Forts d'un nouvel appui britannique, les Royaux l'emporteront enfin. Le capitaine de Piré, ses rares soldats et ses nombreux collègues remontent sur les vaisseaux du Commodore et suivent la *Pomone* portant Son Altesse Royale.

Monsieur a tranché : on négligera la Bretagne trop affaiblie par le désastre de Quiberon et la dislocation de l'Armée Rouge et l'on gagnera la côte poitevine. L'escadre ne parvient pas à réduire Noirmoutier opiniâtrement défendue par le général Cambray, ancien négociant revenu de l'armée des Pyrénées Occidentales et précédemment aguerri dans les campagnes contre MM. de Charette et Stofflet. C'est donc à l'île d'Yeu qu'on attendra le beau temps pour commencer la campagne. Le ciel demeure maussade et Monsieur le devient. Le maître du bas-Poitou le supplie de débarquer sur la plage de Saint-Jean-de-Monts mais ne répond guère de sa sécurité. Le haut état-major se refuse à prendre des risques. Le duc d'Angoulême, fils aîné du comte d'Artois, le duc de Bourbon, familier pourtant des chaudes affaires, demeurent perplexes. On admire M. de Charette, mais au grand dam du marquis de Rivière, on n'a pas envie de le rejoindre. A nouveau, on songe à gagner la Bretagne sur les instances de Pierre Mercier dont les manières ont conquis les courtisans les plus raffinés.

Hippolyte de Piré commence de se remettre. Son nom, son titre, son grade assez exceptionnel pour un garçon de dix-sept ans lui permettent de se mêler aux importants du Parti. Témoin des atermoiements de Son Altesse Royale, il ne paraît pas s'en être ému, encore moins les avoir critiqués. Le prince a besoin

Georges Cadoudal. Pastel de J. Ducreux.

d'un gentilhomme de confiance pour porter ses paquets — entendons sa correspondance — au cabinet de Saint-James. Le capitaine est choisi. Peut-être s'agit-il d'un moyen délicat pour écarter le convalescent d'une bataille imminente.

L'affrontement n'aura point lieu. Le comte d'Artois, s'étant fait rappeler par les Britanniques grâce à Monsieur le Duc, rentre au Spithead. Les régiments à cocarde noire sont dissous. Quelques-uns des militaires en réforme accompliront un demi-tour d'Europe pour prendre rang parmi les Condéens, d'autres vont chercher à gagner les provinces de l'Ouest.

En Bretagne, les affaires vont mal entre M. de Puisaye et Georges Cadoudal. Élu général pour avoir sauvé l'Armée Rouge, le grand Chouan supporte avec impatience l'autorité du vaincu de Quiberon. Mettrait-il quelque sourdine à son opposition que Pierre Mercier la Vendée, très écouté par le conseil du Morbihan, répugnerait à toute subordination effective. Le capitaine de Piré, s'il n'a qu'entrevu le lieutenant général à Houat, connaît M. Mercier et le sait très estimé de Monsieur. Toutefois, en vrai Rosnyvinen et en parfait Émigré, il paraît s'intéresser plus aux travaux du noble comte qu'aux exploits des seigneurs de la glèbe.

Le prince déteste M. de Puisaye, assure voir en lui « la tête de Robespierre » mais connaît son ascendant sur le cabinet britannique. Pour en apporter une nouvelle preuve, ne vient-il pas d'obtenir de Saint-James l'envoi de 17 000 guinées, d'armes et de munitions ?

Soucieux d'aplanir les différends, Monsieur nomme un commissaire en la personne du comte de Moustier mais, ce gentilhomme étant malade, se dispose à faire passer en Bretagne son adjudant général, le comte de Sérent assisté par M. de Botherel.

Si Charles-Philippe en dépit de sa mansuétude et d'une indulgence frisant la coquetterie, se montre partisan d'une monarchie absolue, il compte et doit compter avec le courant parlementaire toujours suivi par force Royalistes. Pour les uns, les premières manifestations des États généraux et certains actes législatifs de l'Assemblée constituante ne sont point à renier, pour d'autres, les traditions des cours souveraines et des assemblées provinciales méritent de revivre dès la Restauration. M. de Sérent appartient au premier groupe, le comte de Botherel au second. L'un et l'autre ont témoigné du goût pour les prétoires, qu'ils fussent nationaux ou locaux.

Le lieutenant général de Puisaye, politique ondoyant et admirateur de la *Magna Carta*, ne se montre pas moins favorable aux franchises cependant que ses indociles subordonnés, Georges et Mercier, professent sur ce point la même religion.

En ces temps difficiles, les Blancs comme les Bleus s'interrogent sur le bien-fondé des systèmes favorisant la liberté.

Comme la température fraîchit encore entre le vaincu de Quiberon, retourné dans la région de Fougères, et le conseil du Morbihan désormais dominé par M. Cadoudal, il importe d'activer la mission dont le caractère militaire n'efface point l'aspect politique. En bonne logique, le petit-fils d'un président de la noblesse aux états de Bretagne figurera parmi les élus au côté des comtes de Botherel et de Sérent. Le Breton demeure fier de sa charge de procureur général au parlement de Rennes, le Nivernais, ancien commissaire-rédacteur de la noblesse aux États généraux, incliné durant un temps vers les Monarchiens, n'a quitté l'Assemblée qu'à la veille de Varennes, puis, devant les débordements de septembre 1791, a vivement protesté contre les atteintes à l'autorité du Monarque avant d'aller rejoindre l'armée des Princes.

D'évidence, l'affaire paraît bien mince au regard des expéditions de l'an passé. On n'embarque plus ni canons ni chevaux. C'en est fini des tricornes emplumés et des tuniques écarlates. On n'emporte pas même de drapeaux. Finies les campagnes au grand soleil, le capitaine, ses chefs et ses compagnons s'enfoncent dans la guerre de l'ombre. Hier, on commandait encore à une poignée des soldats, il ne reste plus aujourd'hui que des officiers. On part une centaine, non plus pour renverser la Convention, mais dans le dessein limité d'infirmer en Bretagne l'autorité du Directoire. Un premier groupe doit aborder dans le Cotentin, un deuxième dans la rade de Cancale, le troisième à Clos-Poulet.

M. de Piré fait partie du deuxième. Ses compagnons n'en sont pas de petits. Outre Armand de Sérent et M. de Botherel, ont pris place sur le lougre la *Daphné*, parti de Southampton, MM. de Suzannet, d'Argens, le jeune comte de Bourmont, déjà major général à l'armée de Scépeaux, un cousin du feu marquis de La Rouërie, bien d'autres gentilhommes ou bourgeois tous résolus à ne devenir vieux qu'à la condition de porter des étoiles.

Un courrier de M. de Puisaye nommé Prigent, devenu le correspondant des Républicains, aurait eu vent de l'affaire à Jersey. Là, le prince organisait les relais et les départs vers la côte. Le comte de Sérent, il est vrai, avait mis moins que de la discrétion dans ses préparatifs. Si les Bleus ont été placés en état d'alerte, ils font comme s'ils l'ignoraient. Elle est si fréquente qu'ils n'y prennent plus garde et réclament le droit de dormir un peu. Le lundi 14 mars 1796, à deux heures du matin, le débarquement s'effectue sans incident. La lune s'est opportunément couchée. On marche vers l'intérieur. Hippolyte se trouve en tête avec le guide nommé Gouin.

— Qui vive ?

Le capitaine déteste ce genre de question et d'un coup de pistolet abat l'interrogateur. Celui-ci patrouillait avec quatre compagnons. Les autres Royaux tirent à leur tour, étendent trois hommes, manquent le quatrième. Il détale, parvient au poste voisin.

Les anciens jugent ce jeune Piré trop impulsif. Pourquoi ne s'être pas immobilisé lors de la sommation ? Nous nous serions cachés. Les Bleus n'auraient pas insisté et présentement nous poursuivrions paisiblement notre route.

La peste soit des donneurs de leçon !

C'est le chambardement. Les Carmagnoles, tirés de leur sommeil patriotique, courent aux armes. Des salves d'avertissement se répondent tout le long de la côte. Les domestiques des arrivants lâchent les bagages afin de détaler plus vite. Il va falloir se battre en chemise sale ! Dans l'instant, pas question de se mesurer aux meutes républicaines. Le salut est dans les jambes. La chasse n'apparaît drôle qu'aux chasseurs. La Providence boude et le guide se perd. A cinq heures, les fugitifs se retrouvent au village de Saint-Méloir des-Ondes, distant d'à peine une lieue du point de débarquement. Les limiers ont perdu la trace. Il est dix heures et demie lorsque le groupe parvient à la métairie de la Masse, paroisse de La Govesnière. Les paysans appartiennent au parti. Coup de cidre, galette et botte de paille.

— Les Bleus !

L'après-midi commence à peine et promet d'être chaud. On a changé de guide et le courrier Loisel a tout à l'heure quitté la troupe. Trahison ? Peut-être. L'instant, toutefois, n'est pas à s'interroger. Cent cinquante baïonnettes républicaines troueraient volontiers le ventre des ci-devant et barrent le passage de Lillemer, devant le Pont-au-Verrots. Ils poussent leurs adversaires vers les marais de Dol. Finir d'une balle dans la peau. Oui. Embourbé. Non. Les Émigrés font face. S'ils ont perdu leur portemanteau, ils conservent carabine, pistolets et cartouches. L'affrontement devient sévère. M. Tuffin de La Rouërie est tué. Piré s'en tire avec un coup de baïonnette dans le bras. Les Royaux se séparent en deux groupes. Avec le capitaine filent MM. de Botherel, de Pinto, de Suzannet, de Montalembert et le major général Bourmont. Ils parviennent sous les balles jusqu'au Biais-Jong, sautent dans la rivière, n'ont guère le temps de trouver l'eau fraîche et parviennent sur l'autre rive. Manque à l'appel, M. de Pinto ; il s'est noyé. L'autre équipe ne connaît pas meilleure fortune. Elle se replie vers le moulin de Blanc-Emai. Un monsieur Saussé-Duval, ancien domestique du marquis de La Rouërie, couvre la retraite avec l'aide de son frère. Ils abattent dix Bleus. Ceux-ci s'ensauvagent, parviennent au moulin, massacrent le comte de Sérent et quatre de ses compagnons. Les survivants rompent l'étreinte, parviennent aux marais, égarent les poursuivants en empruntant une embarcation menée en silence dans le labyrinthe des canaux. Vient la nuit. Les Bleus lassés songent à la soupe et regagnent leurs cantonnements.

Que sont devenus les papiers du comte de Sérent ? Certains affirment l'avoir vu les déchirer avant de les avaler, d'autres prétendent qu'ils furent subtilisés. Il s'en trouvera pour soutenir qu'ils ont été rapportés à M. de Puisaye. Hippolyte, Louis de Bourmont et leurs amis n'ont pas été témoins des derniers moments de leur chef. Pour autant, ils commencent de comprendre qu'en ce pays tout est mystère. Sans cesse, les propos sont déformés, les ordres interprétés. Depuis la défaite de Quiberon, certains personnages croient bien faire en intervenant comme intermédiaires spontanés entre les Blancs et les Bleus. A ces jeux, on gagne parfois des heures de répit mais l'on occasionne passablement de morts énigmatiques.

Le premier et le troisième groupe de la mission Sérent ont connu moins de malheurs mais, privés de leur chef, n'exerceront guère d'influence sur les événements.

Le capitaine, M. de Bourmont et leurs amis trouvent quelques concours le long de leur route. Certes, les paysans goûtent médiocrement la présence de ces Émigrés dont les imprudences sont néfastes à la contrée mais la solidarité demeure puissante chez les simples. A leurs yeux, il n'existe qu'un moyen d'abattre la République : tuer ses soldats et les bourgeois bedonnants dont le régime a fait, dans les villes, ses patelins auxiliaires. Après tout, si les gentilshommes venus de Londres se montrent téméraires, si leurs allures fleurent trop une époque révolue, ils apprendront sur place à combattre plus utilement et à se comporter de manière plus bonhomme. La sagesse rurale s'affirme une fois de plus, la terre façonnera les hommes.

En contournant les localités de Roz-sur-Couesnon et d'Épiniac, les rescapés sont parvenus le jeudi 27 mars au quartier

Le château de Fougères.

général du comte de Puisaye, quelque part du côté de Fougères. Le lieutenant général n'a jamais commandé, ne commandera jamais l'ensemble de l'armée bretonne. A la vérité, il n'en demande pas tant, se considérant comme une manière de gouverneur plus civil que militaire. L'homme est le contraire d'un sot mais sa trop haute idée de lui-même, déguisée sous une courtoisie voisine de l'obséquiosité, obscurcit parfois son jugement. D'une bravoure à la hauteur de son ambition, il en impose par une ténacité réduite par ses adversaires au niveau de l'obstination. Comme les Anglais lui font confiance, certains capitaines l'admettent mais leur allégeance prend, à cette époque d'égalité, un tour néo-féodal. Ils le reconnaissent mais ne vont pas jusqu'à exécuter ses ordres. Il possède peu de fidèles — Prigent, habile mais ondoyant, Henri Forestier, cavalier d'épopée mais tête légère, le solide chevalier de Chantreau, quelques autres — et n'a pour domaine que l'Ille-et-Vilaine, les contrées limitrophes et le pays de Laval. Par bonheur pour lui, le successeur du fabuleux Boishardy dans les Côtes-du-Nord, le chevalier Aimé-Casimir Picquet de Boisguy, témoigne à son égard d'une humeur conciliante et tient à faire bénéficier ses divisions des guinées britanniques. Justement, le comte de Botherel apporte 45 000 livres sterling et point n'est besoin de faire effort pour en déterminer l'emploi ; les Chouans de La Guerche et de Vitré manquent de munitions et d'effets. Ne faut-il pas, en outre, acheter les consciences républicaines pour garder les coudées franches dans une région où l'armée directoriale promène un peu trop de plumets ?

Hippolyte de Piré, pour procéder d'une troupe vétilleuse sur la discipline et le décorum, n'est pas déçu ; les soldats de Boisguy, réunis sous le nom un rien pompeux d'armée de Fougères, marchent en cadence, portent les armes et battent le tambour.

M. de Puisaye salue les étendards, pérore longuement son monde, distribue au nom de Monsieur cinq croix de Saint-Louis et conclut sur l'imminence de l'arrivée de puissants renforts. Louis de Bourmont s'en est retourné vers M. de Scépeaux tandis que le capitaine rencontre ici quelques « brise-bleus » d'envergure. M. Coster de Saint-Victor, gentilhomme au profil de poisson mais au sang chaud, paraît heureux comme dans l'eau, raille et ferraille en toute occasion. On lui donne le surnom de « Persévérant ». Il pourrait s'appliquer à M. de Saint-Georges, au capitaine Brunswick ou encore à MM. de Chalus : le chevalier assiste M. de Puisaye, le comte commande « la colonne brutale » forte de 1 600 hommes. Nul ici ne laisse aux chiens sa part de Carmagnoles.

Entre la Normandie de Frotté et la basse Bretagne de Georges et Mercier où l'on se passe aisément d'un commandant en chef, le lieutenant général peut régner et tenir des propos grandioses, projetant d'enlever Saint-Malo, Châteauneuf et Château-Richer pour favoriser un débarquement plus considérable que l'affaire de Quiberon. Jamais pourtant la situation des Royaux n'est apparue plus détestable ; au sud de la Loire, Hoche triomphe, le 23 février M. Stofflet tombait à la Garenne d'Angers, le 29 mars, M. Charette place Viarmes à Nantes. Les géants sont morts. Il n'importe. M. de Piré va s'efforcer de grandir. Le général de Puisaye lui décerne un brevet de chef de division qu'il semble avoir habilement fait enregistrer par M. Cadoudal. Nombre de pièces le donnent, en effet, comme officier de Georges en un temps où, maréchal de camp, l'Alréen n'étend pas officiellement son autorité sur cette portion de la Bretagne.

Hippolyte se montrera toujours discret quant à ses exploits de Bretagne mais il apparaît que, selon le mot de Pierre Mercier, il se résolut « à chouanniser un peu en grand ». M. de Puisaye, en lui conférant un grade, ne lui donnait pas de troupes. Il importait de les lever. Les paysans, en dépit de la légende, recherchaient l'autorité des Émigrés. Le sang de Quiberon avait vite séché. Depuis le drame, les ruraux, revenus de leur prévention, s'étaient rendu compte d'une évidence : la guerre, même subversive, est une science. M. de Piré la possédait. A l'art de l'offensive, familier des Chouans, il ajoutait la subtilité tactique, le calme dans l'adversité, l'aptitude à l'organisation d'une retraite.

Il lève sa division dans le pays de Fougères. C'est dans ce fief des Lusignan, hanté par la fée Mélusine « dont les cheveux coulaient le long de la tour », que Balzac, puis Victor Hugo, amateurs de châteaux crénelés, de tours octogones et de campagnes mystérieuses, viendront chercher l'inspiration pour raconter avec autant de talent que d'incompréhension « la chouannerie, grande chose obscure » dont traitera mieux qu'eux Barbey d'Aurevilly.

L'amant de Laure de Berny donnait, du temps qu'il écrivait *le Dernier des Chouans*, dans les idées républicaines. Il était descendu chez le général de Pommereul, en l'hôtel Bertin de La Hautière, pour camper l'incertain Montaurant dont M. Jean Marais, sous la direction de M. Henri Calef, donnera, cent vingt années plus tard, une image plus virile. Le compagnon de Mme Drouet viendra passer quelques mois dans la ville en 1836. Juliette était fougeraise. Elle se nommait en réalité Gauvain. On retrouve son patronyme dans *Quatrevingt-Treize*, porté par l'adversaire de Lantenac, lui-même vaguement inspiré par un autre natif de Fougères, le grand marquis de La Rouërie.

Le capitaine de Piré se fait appeler désormais Achille Le Blond, puis apprenant sans doute le nom de guerre de M. de La Nougarède continue d'exalter le souvenir de la victime de Pâris mais passe de Le Blond à Le Brun. Voilà pourquoi M. de La Sicotière découvrira le même homme sous des exploits différemment signés.

Le chef de la division de Fougères lance des proclamations contre « les scélérats dominateurs », accorde amnistie aux citoyens repentants, promet le gibet aux acquéreurs de biens dits nationaux dès qu'un renfort de 1 500 Émigrés aura touché les grèves armoricaines. Le général bleu Roulland, commandant l'Ille-et-Vilaine, connaît, s'il y croit, son purgatoire sur la terre. « Les 150 brigands d'élite » menés par M. de Piré troublent le sommeil de cet ancien commis de la Ferme. Comme l'argent manque, il faut le saisir en attaquant les voitures publiques. L'emploi de postillon n'est guère recherché durant ce printemps de 1796. La malle-poste de Lorient arrive rarement à destination.

Si le divisionnaire de M. de Puisaye s'est fait inscrire comme officier de Georges, c'est pour réaliser un rêve entretenu depuis les premières heures de l'Émigration : retourner à Piré. Or, le château, situé entre la mouvance des chefs du Ballon et Janzé, se trouve dans le Morbihan. Pour y parvenir, il faut, non seulement tromper la vigilance des Bleus, mais encore posséder la bénédiction de MM. Cadoudal et Mercier, passablement sourcilleux sur leurs prérogatives. Depuis la mort du grand-père de Hippolyte advenue le 16 février 1796, l'administration républicaine a placé sous séquestre le joli château qu'elle désigne désormais sous son ancien nom du Plessis-Guériff. Des parents au deuxième degré demeurés sous les lois du nouveau régime parviennent à retarder l'adjudication mais le citoyen général Roulland et les membres de son état-major se font approprier les meubles, vident la cave et emmènent le bétail. L'héritier légitime enrage, multiplie les incursions sur ses anciennes terres mais ne parvient pas à reprendre son bien.

Le règlement de comptes personnel entre le Rosnyvinen et la Nation tournerait peut-être à l'avantage du chef chouan si les affaires des Blancs ne se détérioraient ; le 14 mai, M. de Scépeaux, malgré le conseil de MM. de Puisaye et de Rochecotte, s'était soumis au général Hoche. Le Maine acquis, le Balafré pressure le Morbihan, obtient de Georges et de Mercier, pourtant réconciliés avec le lieutenant général, qu'ils déposent les armes. Le Normand Frotté refuse mais doit quitter la partie. M. de Puisaye réagit avec l'irréalisme le plus grandiose :

— Je peux lever 300 000 hommes et me faire duc de Bretagne demain matin !

Il ne peut même plus se faire garder par deux sentinelles et la Bretagne, après le Maine et la Normandie, est couverte par les baïonnettes du beau Lazare. Même M. de Boisguy, vieux soldat dont les vingt ans et trois mois répugnent à la moindre compromission, doit s'incliner. Si Hoche, échaudé par la fausse paix de la Mabilais signée l'année précédente, refuse tout traité collectif, les redditions s'effectuent tout de même par groupe. Son chef renonçant, le divisionnaire Piré ne saurait poursuivre. Il adresse sa soumission et, sans doute à la faveur des allées et venues du comte de Puisaye, repasse en Angleterre. Tient-il, comme tant d'autres, son commandant en chef pour un pique-assiette de la gloire ? Il aurait tort car l'ancien fédéraliste s'est gravement exposé pour la cause. Est-il dégoûté par les constantes intrigues dont il a, malgré lui, été le témoin ? Il semble qu'en lui s'éteigne l'enthousiasme mais l'heure est partout à la lassitude. Voit-il trop de croix de Saint-Louis sur la poitrine de ses amis alors que la sienne demeure ornée du seul Sacré-Cœur ?

A Londres, il est reçu par l'Honorable Windham. Sa Seigneurie, loin de partager les préjugés nourris par certains de ses collègues, estime les officiers français et connaît les mérites de son interlocuteur. Il l'engage à figurer sur les contrôles britanniques. M. de Piré répond :

— Jusqu'alors j'ai cru servir le roi de France mais, depuis l'affaire de Quiberon, je me suis irrévocablement déterminé à ne jamais porter les armes contre mon pays.

Ce fier propos, un rien étonnant de la part d'un gentilhomme dont l'action contre la République n'a point été négligeable un an après la tragédie de la presqu'île, a-t-il été tenu ? A la vérité, le Chouan s'est ingénié plus tard à brouiller les cartes. Aux uns il affirme : « Dès la soumission, j'ai, à Rennes, bénéficié de l'amnistie. » Aux autres : « J'étais à Londres en 1797, où le prince de Rohan m'a accordé des certificats datés par erreur de 1796. » Au vrai, tout Rosnyvinen qu'il soit, il est encore trop mince personnage pour que Clio se puisse attacher à ses pas.

Chapitre III

LA RAISON DU CŒUR

Lorsque Hippolyte de Piré rentre à Rennes, la ville vit à l'heure des plaisirs. On avait pleuré du temps de Jean-Jacques, péroré « à l'aurore des temps nouveaux », saigné sous la Terreur et la Thermidorienne, maintenant, le Directoire venu, on s'amuse.

Si les Muscadins et les Incroyables se recrutent surtout parmi les garçons de boutique, la société ne recule pas devant l'adoption des usages nouveaux. Ils sont le plus souvent détestables. On salue à peine, la morgue empruntée aux habitués des pubs remplace la gracieuse impertinence d'antan. Les hommes déshabillent les femmes du regard lorsqu'elles prennent encore la peine de couvrir gorge et jambes. Un collier de corail fait fureur parce qu'il est dit « à la victime ». On ne déjeune plus, on mange. On ne boit plus, on s'enivre. La mort est passée si près qu'au goût de la vie s'est substituée la rage de vivre.

L'ancien divisionnaire de Boisguy trouve du piquant à la fête. Il est agréable à dix-neuf ans de quitter le harnois pour entrer dans la danse. Les Rosnyvinen rescapés ne sont pas tous de retour — la tante Guillemette habite encore Jersey — mais un semblant d'aristocratie se reconstitue. Elle doit, au demeurant, se mélanger pour survivre et échapper à la délation. L'honnête Duchatelier, nostalgique de la Convention vertueuse, pleure sur son écritoire : « Voyez quel contraste subit entre les sombres splendeurs de la République et le régime nouveau qui tend à se former. Les éléments les plus opposés de la société se sont tout à coup rapprochés : l'administrateur, le nouvel enrichi, l'émigré récemment amnistié, l'homme de guerre, l'artiste, le fils ou le parent des victimes de la Terreur, tous se confondent pour chercher un abri commun. » C'est se faire remarquer que de se montrer raisonnable et le citoyen Piré tient justement à passer inaperçu. S'il faut en croire une insinuation du temps, « il joue l'escalier de son hôtel, le perd et le lendemain n'a d'autre ressource que de vendre à son heureux adversaire le reste de sa demeure. » Il aurait dissipé 80 000 livres. La monnaie, il est vrai, ne vaut plus guère. En tout cas, il en impose par ses manières, son esprit, sa finesse. Sous le Muscadin n'a point disparu le gentilhomme.

Éclate la guerre des chefs-lieux ; tandis que Bourmont prend Le Mans, Sol de Grisolle La Roche-Bernard, Mercier Saint-Brieuc et Châtillon Nantes, Piré valse. Le destin hésite, Piré boit, les généraux de l'Ouest ont perdu la troisième guerre, Piré gagne. Le mardi 18 février 1800, M. de Frotté tombe à Verneuil sous les balles républicaines. Le samedi 22 mars, le citoyen Hippolyte-Guillaume Marie Rosnyvinen-Piré contracte un engagement dans les hussards volontaires du Premier consul.

Fascination exercée par l'astre naissant ? Moyen d'éponger ses dettes ou de se dérober aux créanciers ? Dégoût de l'inaction ? Bonaparte suscitera quelques ralliements d'officiers chouanniques mais celui-ci semble précoce sinon prématuré. Comment sera traité sous la cocarde tricolore un officier à cocarde blanche ? Fort bien. Le ministre de la Guerre, Alexandre Berthier, servait déjà comme lieutenant-colonel sous Louis XVI. Il a protégé Mesdames, tantes du Roi, lors de leur fuite. S'il s'est trouvé sous Biron à l'armée des Côtes de l'Ouest, il n'a jamais eu de motif d'aimer la Révolution. A ses yeux, elle est terminée. Noble, il entend bien décrasser la nouvelle armée. Dans la garde des consuls figure un personnage influent, le chef de brigade Bessières. Défenseur de Louis XVI lors de l'assaut des Tuileries, demeuré bon catholique, il favorise les Émigrés. D'évidence, l'inclination de ces lieutenants pour les Royaux n'échappe point à Bonaparte mais il entre dans ses vues de contrebalancer le Jacobinisme par un appel encore discret aux ci-devant.

C'est égal : entrer comme simple volontaire à vingt-deux ans dans la garde d'un général, fût-il un génie, lorsqu'à quinze on était admis d'office comme lieutenant aux gardes du corps, constitue un fameux sacrifice d'amour-propre ! L'humiliation ne

Le maréchal Bessières.

sera pas longue. Le hussard Piré devient maréchal des logis après vingt-huit jours d'incorporation. Moins de deux mois passent et, le vendredi 20 juin 1800, il est promu capitaine.

M. de Piré serait-il le premier des officiers émigrés ou chouans (il est les deux) à servir sous le drapeau de la République ? Non.

Dès 1796, un ancien condisciple de Bonaparte à Brienne, chevalier de la Couronne, Éloi Balathier de Bragelonne, créé plus tard vicomte par Louis XVIII et dont le nom devait plaire à Dumas, a pris du service chez les gens de la Nation. A procédé de même en 1797 le condéen Cattaneo. Il est vrai qu'il est ajaccien... Le chevalier de Malte Dupeyroux met sac au dos chez les Bleus en 1798.

Côté chouannique, un seul officier précède Hippolyte, c'est M. de Choisy. Son cas semble plus curieux ; ancien de Béon, devenu divisionnaire de Frotté, il a servi durant la troisième guerre. Pourtant, il paraît bien entrer aux « Canaris » du Premier consul avant Piré. N'y sert-il pas en qualité d'adjudant dès le lundi 5 mai 1800 ?

Ces futurs généraux vont traverser l'Histoire en pantoufles. En revanche, les suiveurs iront un peu plus loin sur les sentiers de la gloire. L'irascible Louis-Amour de Bouillé, fils de l'infortuné de Varennes, ancien de Quiberon, obtient une épaulette en 1802, Tromelin [il figure désormais sous cette orthographe] adhère en 1804 et sert à partir de 1807. La Vauguyon entre dans l'armée de Murat en 1806 et dans le lit de Caroline l'année suivante. D'Orsay porte la cocarde tricolore depuis 1804, La Ville-sur-Illon l'adopte en 1809, Jumilhac, autre rescapé de Port-Haliguen, en 1808. Il recevra le Cordon rouge et son fils deviendra, par adoption, duc de Richelieu. Ces militaires, pour honorables qu'ils soient, ne seront jamais ni des Latour-Maubourg (sorti de France mais n'ayant pas pris les armes) ni des Bessières (un brin royaliste mais toujours sous les couleurs nationales). Seuls, deux Émigrés devenus Chouans appartiendront aux fastes de l'Empire, Bourmont et Piré.

L'existence aux Canaris ne manque pas d'agrément. C'est le temps où le Premier consul déclare :

— Mon gouvernement sera celui de la jeunesse et de l'esprit.

Ni l'un ni l'autre ne manque au capitaine. Toutefois, c'est loin du maître qu'il va pour la première fois batailler contre ses amis de la veille. Comme M. de Choisy, il appartient à l'armée de Moreau, n'y gagne ni galon ni sabre d'honneur. La chance lassée, lui tournerait-elle le dos ? Peut-être. En août 1801, le corps est licencié. Puisque Mars donne congé, allons vers Vénus. Mlle Émilie Hay des Nétumières, fille du « propriétaire le plus imposé du département d'Ille-et-Vilaine et par conséquent le plus riche en biens fonciers », est alliée aux meilleures familles de Bretagne. Hippolyte demande et obtient la main de la jeune fille. Elle lui donnera quatre garçons, point de filles et demeurera fidèle à cet époux des plus remuants. Jamais Émilie n'inquiétera Hippolyte sauf sur un point : elle sera toujours de santé délicate.

La famille Hay des Nétumières est, semble-t-il, demeurée royaliste mais ne touche en rien à l'arrière-chouannage. A Rennes, le préfet n'est autre que l'illustre Mounier, et la présence à la tête de l'administration de ce Constitutionnel indique assez les allures modérées adoptées par le régime. Il faut s'appeler Georges, Saint-Victor ou de Bar pour oser encore chercher à tirer les chausses du « nouveau Cromwell ».

Plus qu'aucun autre, *Monsieur Piré* — on se « décitoyennise » mais la particule demeure proscrite — se garde d'approcher les ennemis du Gouvernement. Cette sagesse trouve sa récompense ; le dimanche 22 septembre 1805, cinquième et dernier jour complémentaire de l'an XII dont on commence de se moquer comme de l'an XXXX, l'époux d'Émilie est admis sous l'excellent Le Camus à l'état-major du maréchal Berthier, grand veneur assez inhabile pour confondre, prétend Thiébault, les lapins de choux et les lapins de garenne, mais bureaucrate sublime et organisateur de la Grande Armée.

Napoléon proclame :

— Il vous suffira de dire : « J'étais à la bataille d'Austerlitz » pour que l'on vous réponde : « Voilà un brave. »

Piré était à la bataille d'Austerlitz.

Il s'est distingué, chargeant les Russes avec un enthousiasme voisin de la démence, leur capturant cinquante hommes avec... deux cavaliers.

Il va participer à la campagne contre la Prusse sous Lasalle. Ce démon, arrière-petit-neveu d'Abraham de Fabert, est aussi fou que son ancêtre était sage. Joueur décavé, mauvais sujet, ivre de gloire, il commande une brigade de cavalerie légère bien décidée à recevoir le surnom d'« Infernale ». Les 5e et 7e régiments de hussards la composent. Comme toute bonne troupe, elle reflète les qualités de son général : rapidité, ténacité, aisance au milieu des périls qu'on recherche avec passion. Habitué dès l'adolescence à fréquenter des contingents étrangers, Piré, capitaine commandant la compagnie d'élite du 5e, n'est pas dépaysé. La troupe rhénane ou alsacienne ne connaît que l'allemand. Quelques sous-officiers et officiers entendent notre langue et cette connaissance approximative est toujours signalée dans les notes données par leur chef. De rares Français tout de même : l'un d'entre eux appartient depuis douze ans à l'Histoire, c'est le chef d'escadron Merda appelé par courtoisie Méda. Au soir du

9 thermidor de l'an II, il a blessé Robespierre à moins qu'il ne l'ait vu se blesser. De toute manière, il venait l'arrêter. Passé de l'état de gendarme à celui de sous-lieutenant au 5ᵉ chasseurs, il a cousu quelques galons supplémentaires pour avoir manié le sabre plus sûrement que le pistolet.

Depuis Rossbach et en dépit de Valmy, les Prussiens bénéficient d'une haute réputation. Le capitaine Piré s'en irrite. A la tête de ses braves, il fait tomber, avec les premières feuilles d'octobre, passablement de mangeurs de choucroute. C'est toujours lorsqu'on se ressemble qu'on en découd le plus vivement. Or, les Alsaciens et les Rhénans de la brigade Lasalle diffèrent peu des soldats du vieux duc de Brunswick, prince patriote mais guère enclin à compromettre sa réputation stratégique.

Le jeudi 12 décembre 1805, le maréchal Murat, qu'on commence d'appeler le grand-duc de Berg, prescrit à Lasalle de « porter l'épouvante sur les derrières de l'ennemi ». Le capitaine Piré vient de donner de si jolis coups de sabre aux hussards saxons et prussiens qu'il reçoit une fière mission : entrer dans Leipzig.

Le colonel de Swartz, commandant le 5ᵉ et ancien de Chamboran, s'entend avec son camarade du 7ᵉ, Marx, ancien de Bercheny ; ils constituent un détachement de cinquante cavaliers, vingt-cinq du 5ᵉ aux ordres du sous-lieutenant Quack, vingt-cinq du 7ᵉ aux ordres du sous-lieutenant Curély. L'aide de camp du général, le major Théroud, aimant à rire, sera de la partie. La nuit est close. On part à neuf heures de la petite localité de Pegau.

— Défense de parler, défense de fumer.

Piré répartit son monde en deux files sur les bas-côtés de la route. Le maréchal des logis Dam, du 5ᵉ, commandant l'avant-garde, ramasse un Saxon éberlué, le fait conduire vers le capitaine.

L'homme se révèle assez causant. Deux bataillons tenaient la ville, ils ont été dirigés sur Dresde, cet après-midi, à trois heures. Il reste cinquante grenadiers et deux pelotons de cavalerie... et un monde fou car c'est demain jour de foire. Pas de fossé devant la muraille. Un poste de vingt-cinq hommes défend la porte de Pegau. Un fonctionnaire veille à l'intérieur, un à l'extérieur. Tout est pour le mieux dans le meilleur des mondes. Et c'est normal puisqu'on va prendre la ville natale de Leibniz... Prendre ou essayer car le projet frise la démesure. Encore deux lieues

— l'état-major veut qu'on dise « 8 kilomètres » mais il est dur de s'y faire... Dans la nuit d'encre, la masse de la ville se profile à peine.

Piré donne ses instructions. Le sous-lieutenant Curély va demeurer en selle avec les bonshommes du 7e, passera la porte... si elle s'ouvre et protégera l'opération.

— Pied à terre.

Les hussards du 5e vont s'accorder les premières joies. Le « marquis » Dam frappe du pommeau de son sabre :

— Qui va là ?

— Hussards de Saxe.

— Pourquoi ? Qu'est-ce que c'est ?

— Dépêchez-vous, voilà les Français !

La sentinelle de l'extérieur, apeurée, déverrouille la porte. Déjà, les hussards ont envahi le corps de garde. Les deux factionnaires puis le chef de poste sont bâillonnés. L'officier de service parvient à s'enfuir mais, rendu circonspect par la tournure des événements, gagne son lit plutôt que de chercher à donner l'alarme.

— Kamarad !

Le reste du poste s'est rendu.

— Vous, restez là !

Le capitaine désigne un brigadier et quatre hommes pour demeurer sur place afin, tout à l'heure, de couvrir la retraite et de filer au grand trot jusqu'à la place d'armes. Un piquet saxon garde les voitures, il est enlevé. L'aide de camp, assisté de Quack, fait atteler les équipages. Curély et les cavaliers du 7e ont franchi la porte et mènent le tapage d'une division. Piré prend quatre hussards, fonce à l'hôtel de ville. Sabre au fourreau, non moins à l'aise qu'aux bals de Rennes, il réclame le magistrat municipal. Comme ce digne homme retire son bonnet de nuit, le capitaine porte la main à la visière de son shako.

— Son Altesse le grand-duc de Clèves et de Berg est à vos portes.

L'altesse ne procède pas de Jean-Philippe le Bon mais d'un cabaretier de Labastide, département du Lot. Il n'importe. Le bourgmestre est impressionné. Le beau visiteur en dolman rouge et culottes bleues précise :

— Il nous faut 100 000 rations et du fourrage pour 50 000 chevaux.

Le général Lassalle (Lunéville).

Le brave homme s'affole. D'un geste gracieux, son visiteur le rassure. Tout ira pour le mieux. Le temps paraît long à l'occupé mais l'occupant serait en droit de s'inquiéter un peu. Un maréchal des logis du 7e, dépêché par Curély, pénètre dans le cabinet, claque des talons :

— Mon capitaine, l'Empereur arrive.

C'est le signal de retraite convenu.

Piré respire. Avec une aisance souveraine il réitère ses recommandations et prend congé.

Il descend les degrés sans hâte, monte à cheval et, suivi de son escorte, rejoint Curély puis retrouve Théroud. L'inventaire apparaît grisant : 8 officiers et 60 hommes prisonniers, 80 chevaux attelés à 30 voitures attendent devant le poste forcé tout à l'heure. Cette nuit, le Bon Dieu porte la cocarde tricolore.

Tandis que le détachement Piré quitte Leipzig par le chemin de Pegau, le commandant Méda, le vainqueur de Robespierre, et 100 hussards du 7e venant de Weissenfels pénètrent par la porte de Halle.

Lasalle est content, Napoléon aussi.

L'année d'Iéna, ne faut-il pas courtiser de très près la gloire pour en obtenir quelques faveurs ? Dans cette armée de héros, le plus difficile consiste à se faire remarquer.

C'est à Stettin que le capitaine Piré va de nouveau donner du bon temps à sa compagnie. Depuis que l'empereur des Français s'est adjugé le réveille-matin du grand Frédéric, sa cavalerie, déterminée à couper la retraite des Prussiens, se livre à la plus extravagante des offensives. Derrière le grand-duc, appelé naguère *Marat* à sa demande, le ci-devant Beaumont, délivré par ses dragons sous la bascule de la guillotine après le siège de Lyon, et le régicide Milhaud, Lasalle et les gens de la Brigade Infernale sont résolus à ne s'arrêter qu'à la mer. Les colonels de Swartz et Marx poussent donc jusqu'en avant de Stettin. Là, le gouverneur, baron de Romberg, entend conserver la place « reçue des mains de son gracieux souverain » (expression délicate mais abusive pour désigner le terne époux de la reine Louise). Il fait mieux, il envoie quelques boulets sur la brigade au grand courroux de Lasalle. Le général convoque le colonel de Swartz. A lui d'obtenir la capitulation. Le chef du 5e hussards revient cadenettes basses. M. de Romberg s'opiniâtre.

Le maître de la Brigade Infernale retire sa pipe de la bouche pour proférer un juron puis avale le contenu d'un saladier de punch, seul vase capable de le détourner de son horreur pour les faibles doses. Il veut Stettin ! Swartz convoque Piré.

Un sous-officier mandé par le général va promener l'unique caisson de la brigade en suivant les crêtes au galop. Après quoi, il disparaîtra, fera jeter des morceaux de fer dans la voiture lorsqu'il sera hors de vue de l'adversaire. Le charivari pourrait donner l'illusion d'un déplacement d'artillerie. Cette inspiration puisée dans les liqueurs fortes peut-elle exercer sur les gens de Stettin une influence salutaire ? On est en droit de se montrer sceptique. Le capitaine Piré, lui, ne doute de rien. Il rassemble ses diables à quatre, vérifie la parfaite ordonnance de son monde et opère quelques démonstrations. Lorsque ses hussards ont bien galopé, bien braillé, fait tant et tant qu'ils paraissent 500 alors qu'ils se comptent 50, il se présente seul devant le rempart et demande à parler au gouverneur. Le baron est impressionné. Assailli depuis la veille par les commerçants et les armateurs, craignant pour leurs affaires et réclamant une issue honorable, il reçoit l'officier. L'explication s'avère aisée. Piré comprend la nécessité pour son interlocuteur de préserver les apparences. Faire des prisonniers ? On les nourrirait avec quoi ? D'évidence, il commence à réclamer le plus afin d'obtenir le moins. Au vrai, il recevra presque tout. Ni Lasalle, ni Swartz n'ont formulé d'instructions précises mais seulement des menaces : « Si demain, à huit heures, la ville n'est pas rendue, elle sera bombardée [?], prise d'assaut, la garnison passée au fil de l'épée. Bien entendu, le pillage sera libre durant vingt-quatre heures. »

Ce serait navrant. Les temps d'aujourd'hui sont rudes aux hommes de bonne volonté. N'importerait-il pas de préserver Stettin ? Le baron attendait quelque Carmagnole aviné, il considère ce gentilhomme de haute manière. Les Français réservent toujours des surprises. « Les troupes de la garnison sortiront à partir de huit heures. Les soldats de Sa Majesté Impériale et Royale [entendez le fils du premier assesseur à la juridiction d'Ajaccio] prendront possession du pont sur l'Oder et de la porte de Berlin. Ils n'entreront point que les Prussiens n'aient évacué. Les 170 pièces de canon en batterie sur les remparts demeureront en place... »

Le capitaine n'apposera point son nom sur l'acte, réservant à Lasalle le plaisir de signer et à lui-même la possibilité de monter en grade. La susceptibilité des généraux doit, en toute circonstance, être ménagée.

*

* *

Eylau, dimanche 8 février 1807. Le chef d'escadron (le pluriel cher aux cavaliers n'est pas encore de mise) Pité reçoit l'étoile d'argent de la Légion d'honneur. Le maréchal Berthier, prince de Neuchâtel, le prend au nombre de ses aides de camp. Ils sont une vingtaine de tout grade et toute nationalité, parlent toutes les langues car les armées napoléoniennes tournent à la Babel. De bonne bourgeoisie comme Bruyères ou de vieille noblesse comme Montholon ou, mieux, Noailles, ces auxiliaires enviés, superbement montés, prennent des risques extravagants pour porter n'importe quand et n'importe où des ordres dont la transmission ne souffre aucun retard. L'habit ne fait pas le moine mais il y contribue. Dolman à tresses d'or, pantalon écarlate. Si le major-général n'est pas le Bon Dieu, il l'approche à chaque instant. Servir sous l'œil du maître nécessite patience, promptitude, application et le savant dosage d'initiative et d'obéissance apprécié par l'Empereur.

*
* *

Somosierra, mercredi 30 novembre 1808. Le colonel et baron de l'Empire Piré, retour d'une mission d'observation, vient chapeau bas, sous la mitraille, informer Napoléon.

— Ils sont empeurés.

L'expression est imagée mais le colonel complète : Les Espagnols qu'on nomme abusivement les rebelles se tiennent à proximité, cependant la brume empêche de les distinguer. Le César s'impatiente. Les fantassins de don Benito San Juan interdisent la route de Madrid, capitale du roi Joseph expulsé par ses sujets. L'Empereur entend replacer son frère dans la ville et il n'est point d'autre chemin. Il envoie un autre aide de camp du major général, le chef de bataillon du génie Lejeune. Cet officier reconnaît d'autant mieux le terrain qu'il aime à dessiner, peindre et laissera d'admirables toiles aussi exactes que sont fantaisistes celles de M. Gros.

Lejeune revient, confirme les dires du colonel.

A neuf heures, le combat s'engage. Trois régiments d'infanterie attaquent. On ne saurait voir à dix mètres. La fusillade s'intensifie. L'artillerie des hidalgos s'en mêle. Des boulets tombent auprès de Sa Majesté. Enfin, le soleil apparaît. Piré se porte vers l'avant, considère le paysage désertique, rocailleux, hérissé par les pièces ennemies vomissant leur mitraille. Il retourne auprès de son souverain, fait la moue :

— C'est impossible.

Railleur, Napoléon donne de la cravache sur sa botte, fendant l'air comme il voudrait pourfendre les tenants de la junte.

— Impossible, je ne connais pas ce mot-là !

Il émettra la même réflexion en 1813, dans une lettre au comte Lemarois. Dans l'instant, il se tourne vers les lanciers polonais de la Garde, engagés sur le chemin de Madrid pour… obtenir l'indépendance de leur patrie.

Leurs officiers, aux noms imprononçables, se ruent vers leurs chevaux. Ils vont mener l'une des charges les plus folles du

La bataille de Somosierra vue par le baron Lejeune.

règne. Pas sans Piré. Il interprète la repartie de l'Empereur comme un ordre d'aller au combat…

Les gueules des canons ennemis s'allument, déchirent le dernier brouillard. Les lanciers du 3e escadron parviennent jusqu'aux batteries, en encerclent quatre. Piré continue sa progression, s'empare du colonel commandant le régiment d'infanterie de la Couronne et le ramène à Napoléon. Trois jours plus tard, l'Empereur pénètre dans un Madrid boudeur où, ayant replacé Pepe Botella sur son trône, il se garde de s'attarder.

Là ne sévit point la guerre mais la guerre civile internationale. Le général Dumouriez conseille les Espagnols et le marquis de Saint-Simon, fondateur d'une légion d'Émigrés, vient d'être condamné pour avoir défendu la ville. Un autre Saint-Simon, lieutenant-colonel dans la Garde impériale, obtient la grâce de son cousin.

Le colonel Piré voudrait-il oublier Émigration et Chouannerie que les affaires espagnoles les imposeraient à son souvenir.

Adieu les guitares, les escopettes, les curés pistoleros et les chaudrons remplis d'huile bouillante où les partisans jettent les officiers français.

M. Julien Green pensera-t-il à ces étranges croisés lorsqu'il écrira : « C'est peut-être la plus grande consolation des opprimés que de se croire supérieurs à leurs tyrans ? »

Chapitre IV

DANS LE CHAMP DES ÉTOILES

Eckmühl, samedi 22 avril 1809. Le général de Piré mène sa brigade — 8e hussards et 16e chasseurs à cheval — avec son entrain coutumier. Il a fêté ses plumes noires à Tengen puis à Scheirding.

L'anarchie germanique régresse. La vieille bâtisse habsbourgeoise, en perdant son universalité, se départit de son pluralisme pour devenir nationale. Les Autrichiens ont repris compétence et mordant depuis Ulm et Austerlitz où les Russes pourtant, à défaut de désintéressement, apportaient le nombre et la fougue. Un cadet de l'empereur François, l'archiduc Charles, déjà vainqueur de Jourdan et de Moreau dans les affaires de 1796, a reforgé les armées auliques. La division du général Montbrun où sert Piré en fait l'expérience. En l'absence de son maître, le prince de Neuchâtel a commis passablement de bêtises, dispersé la Grande Armée, l'épuisant en marches et contre-marches. Du commandement de Son Excellence Jean-Baptiste Bessières, chef adoré, cavalier épique, promenant son courage tranquille, sa courtoisie attentive et sa perruque poudrée à frimas, de Saint-Jean-d'Acre à Marengo, Montbrun et ses brigadiers — le baron Pajol, ancien aide de camp de Kléber, et Piré — sont passés sous la coupe d'un chauve à lunettes, grossier, sévère, haï par ses pairs et ses subordonnés, mais roulant sous sa grosse tête une pensée stratégique de qualité, le maréchal Davout, duc d'Auerstædt. En dépit de ces heureuses dispositions, le chauve est en difficulté. Depuis l'aube du vendredi 21, il contient devant Eckmühl cinq

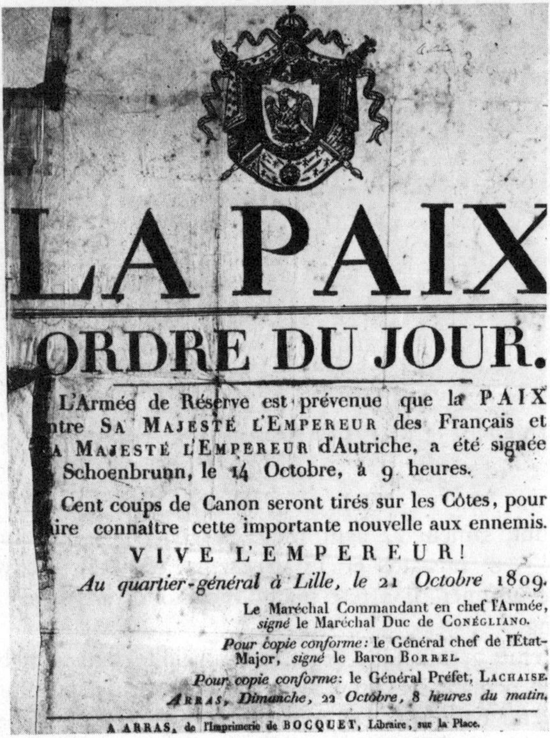

LA PAIX

ORDRE DU JOUR.

L'Armée de Réserve est prévenue que la PAIX [e]ntre SA MAJESTÉ L'EMPEREUR des Français et [S]A MAJESTÉ L'EMPEREUR d'Autriche, a été signée [à] Schoenbrunn, le 14 Octobre, à 9 heures.

Cent coups de Canon seront tirés sur les Côtes, pour [fa]ire connaître cette importante nouvelle aux ennemis.

VIVE L'EMPEREUR!

Au quartier-général à Lille, le 21 Octobre 1809.

Le Maréchal Commandant en chef l'Armée, *signé* le Maréchal Duc de CONÉGLIANO.

Pour copie conforme: le Général chef de l'État-Major, *signé* le Baron BORREL.

Pour copie conforme: le Général Préfet, LACHAISE.

ARRAS, Dimanche, 22 Octobre, 8 heures du matin.

A ARRAS, de l'Imprimerie de BOCQUET, Libraire, sur la Place.

Ordre du jour annonçant la signature de la paix à Schoenbrunn.

corps d'armée autrichiens. En enlevant quelques villages, le maréchal entretient l'archiduc dans l'illusion de se trouver face à Napoléon en personne.

Piré, d'ordre de Davout, quitte le champ de bataille pour aller informer l'Empereur à Landshut. La situation apparaît si délicate que seul un officier général entendu dans les travaux d'état-major peut l'exposer : la ligne ennemie constitue un arc de cercle allant d'Eckmühl au Danube. Les Français du chauve en occupent le centre et courent le risque de se faire déborder.

Le tondu comprend. Il doit intervenir tout de suite, unir ses 40 000 hommes disponibles aux 80 000 combattants du maréchal Davout. Piré retourne au combat. L'archiduc, pour avoir trop élargi son dispositif, frappe dans le vide et doit regrouper ses forces. A midi, les canons s'étant répondus selon un code transmis par le général baron, les troupes françaises contre-attaquent. Le prince Charles rompt l'étau pour s'en aller couvrir Ratisbonne. Là, Piré reçoit une blessure à la tête et Napoléon à la cheville. L'inverse eût été plus fâcheux.

La brigade passe du baron Montbrun au comte Lasalle. L'incommodité de Hippolyte ne le détermine pas à se reposer. Au demeurant, entre l'Espagne et l'Autriche il a fait un bref séjour en France, le temps de travailler légitimement à la postérité des Rosnyvinen. Il apprend la naissance d'un fils nommé simplement Alexandre. Plus tard, le garçon proclamera :

— Je suis né dans un pli du drapeau de Wagram.

Il aura Berthier pour parrain.

Le général, portant madras sous son bicorne pour ménager son cuir chevelu, participe au siège de Raab et vit l'enfer d'Essling.

La bataille de Wagram s'achève. Lasalle se renfrogne : la première division de cavalerie légère n'a point donné. Il va vers le duc de Rivoli, commandant de la gauche, lui demande l'autorisation d'attaquer.

Le « vieux Masséna » (il est âgé de cinquante et un ans) acquiesce :

— Oui, mais avec prudence.

Hussards et chasseurs brûlent de se distinguer.

Lasalle aperçoit une brigade autrichienne en retraite ordonnée vers le bourg de Leopoldau. Il fait signe à ses deux généraux. Piré s'approche, entend :

— La bataille va finir et nous sommes les seuls à n'avoir point contribué à la victoire.

Le superbe sacripant tire sur sa pipe et jette l'ordre d'attaque. Piré, Pajol, colonels et chefs d'escadron conduisent la danse de mort. Soudain, le Messin s'effrondre sur sa selle, frappé d'une balle au front. On lui prêtait ce mot disputé par les amis de Lannes : « Tout hussard qui dépasse trente ans est un J.-f... »

Il venait d'en atteindre trente-quatre. Piré, lui, en a trente et un. Le commandant Parquin, alors sous-lieutenant au 2e de chasseurs à cheval, a rapporté, non sans plaisir, les délices de Moravie. Le futur mémorialiste avait refusé de coucher chez le curé. « Un petit mouvement d'amour-propre de dater ma correspondance des domaines du prince Esterhazy me fit, nous écrira-t-il, préférer le château tout désert qu'il était. » Il vivait gentiment, dînant chaque soir avec son maréchal des logis lorsque arrivent le général de Piré, l'état-major du 16e chasseurs à cheval et la compagnie d'élite du régiment. Le lieutenant se hâte de céder la chambre d'honneur au général. Courtois, l'autre accepte et invite le jeune officier à « choisir après lui, et à venir à sa table ». Les aides de camp sont charmants, l'un, Barthélemy de Castelbajac, deviendra lieutenant général, l'autre, vieil ami de Parquin, tombera bientôt en Espagne. Il est connu de toute l'armée pour avoir, lors de l'affaire de Saalfeld, tué le prince Louis de Prusse en combat singulier. Il est maintenant lieutenant mais les salles d'armes, portant son nom, lui conservent encore aujourd'hui le grade qu'il possédait du temps de son exploit : maréchal des logis Guindet.

Ces messieurs vivaient confortablement, ayant constamment derrière eux des gardes du prince leur remettant, chargés, des fusils à deux coups. « Le général était très grand chasseur, bon vivant, excellent soldat, aimant la jeunesse... A dix heures, le déjeuner à la fourchette était servi ; à cinq heures le dîner à deux services, desserts, café et liqueurs. Nous avions un excellent billard pour passer le temps, outre des dés et des cartes qui ne quittaient pas le tapis vert. »

« L'intendant, écrit encore Parquin, était au comble de la joie. Il dit au sous-lieutenant en se frottant les mains :

— A la bonne heure, voilà qui fera plaisir au prince Esterhazy ; on peut au moins ouvrir un compte avec une clientèle pareille, avec des hôtes qui savent ce que c'est que de vivre, avec ce général Piré qui ne voyage jamais sans un bon cuisinier. Car quant à vous, lieutenant, je vous l'avoue franchement, j'aurais été honteux de présenter à Monseigneur, à son retour, une dépense qui ne se serait pas élevée, pour vous et votre suite, à dix florins [21 francs] par jour. »

L'aigle à deux têtes replie ses ailes, perd quelques provinces mais a trop bien sorti ses serres pour être traité comme naguère la Prusse. L'archiduchesse Marie-Louise, nouvelle Iphigénie, est jetée dans le lit du César français. Époux d'une porphyrogénète, l'Ajaccien parle de son « oncle Louis XVI ». Le profil de la République disparaît des monnaies et son calendrier des actes notariés. La particule se réinstalle devant les noms ; le Rosnyvinen signe désormais : le baron de Piré. L'ancienne noblesse, moins servile qu'on ne l'a prétendu, peuple néanmoins les ambassades, les préfectures, les états-majors et plus rarement les antichambres. Vaulabelle a bien montré la stupeur de Louis XVIII découvrant dans l'almanach impérial les noms de l'ancien armorial. Fort de son étrange hiérarchie nobilière (les princes passent avant les ducs, on ne connaît ni marquis ni vicomtes), Napoléon s'amuse à donner des titres inférieurs à ceux portés sous l'Ancienne France par les bénéficiaires. Ainsi, la société parle-t-elle, non sans malice, d'une baronne-duchesse de Montmorency. On s'amuse fort des « comtes refaits ». Hippolyte de Piré ne se renie pas. Selon lui, il ne se rapproche pas de l'Empire mais l'Empire de lui. S'il anticipa sur ce mouvement, les événements lui donnent raison. Peu lui chaut qu'à Wagram le prince de Rohan ait commandé dans le camp d'en face. A ses yeux, la IIIe dynastie est morte d'épuisement et la IVe la remplace. Sans appartenir à la constellation des maréchaux et colonels généraux entourant « Sa Majesté très française », il la connaît suffisamment pour demeurer fasciné par son génie. Le sanglier d'Armorique nourrit toujours un je-ne-sais-quoi de féodal ; par un transfert de loyalisme il a porté son hommage à Napoléon et entend s'y tenir. Comme les Colbert, les Ségur, les Montesquieu, comme Tromelin, hier compagnon de Sir Sidney Smith et aujourd'hui colonel, l'ex-divisionnaire de M. de Puisaye et de Georges inscrit son présent dans le droit-fil de son passé. Paradoxalement, il œuvre pour le Petit Caporal comme il défendait les droits du podagre de Vérone.

Que reste-t-il des armées royales ? Les jusqu'au-boutistes servent, tel M. de Rohan, dans l'armée autrichienne ou, à l'instar de MM. de Langeron et de Saint-Priest, sous les étendards d'Alexandre de Russie.

La Vendée acclame Napoléon restaurateur du culte, et Auguste de La Rochejaquelein, deuxième frère de Monsieur Henri, ne peut refuser un brevet de sous-lieutenant. Quant à l'original de *Nez de cuir,* il sera bientôt officier aux Gardes d'honneur.

La Chouannerie n'en finit pas d'agoniser mais Hippolyte de Piré peut-il s'intéresser à ses convulsions cependant qu'il mène ses braves de Madrid à Vienne ?

Pierre Guillemot est tombé dès 1804, M. de La Haye Saint-Hilaire en 1807. Une autre affaire a secoué le monde d'une opposition à peine armée ; le Vendredi saint, 31 mars, de 1809, Armand de Chateaubriand et ses amis, MM. de Goyon et

Quintal, ont été fusillés dans la plaine de Grenelle pour avoir porté le courrier des Princes. Dans le même temps, Napoléon refuse aux filles de la baronne Acquet de Férolle la grâce de leur mère, compromise, il est vrai, dans une affaire où le droit commun côtoie la politique. Le 8 septembre 1809, le vicomte d'Aché, autre commis voyageur de la Légitimité, est assassiné par les sicaires impériaux. Le 25 novembre 1812, l'actif général de Bar, dit *le Prussien,* successeur de Pierre Mercier dans le Morbihan et cauchemar de Fouché, sera tué dans une échauffourée à l'île de Houat.

A l'apogée de l'Empire, pour la seule période allant de l'automne 1807 à celui de 1809, Ernest Daudet recensera 26 Chouans ou Chouannes décapités ou fusillés. La guerre de l'ombre ne saurait intéresser M. de Piré depuis qu'il se consacre aux étripages au grand soleil. Au demeurant, même sous la cocarde noire ou blanche, il a toujours préféré la bataille rangée aux engagements furtifs. Entre l'Empire français et lui, c'est une alliance de tempérament.

Rien ne devait échapper à l'œil du commandant Henry Lachouque. Connaissant mieux que quiconque le personnel militaire, l'historien ne se laissera point égarer par l'aspect un rien fantasque, bravache et décousu des correspondances du général. Il le jugera sur son service : « Hippolyte de Rosnyvinen [...], rompu à la guerre de brousse, est un maître pour l'embuscade et le coup de main. Vigoureux, habile aux armes, cet officier magnifique, cavalier infatigable, est le modèle de toutes les vertus militaires, y compris la discipline, la vraie, sans hésitations, ni discussions, ni restrictions mentales, la fidélité au devoir et à la parole donnée, un exemple pour tous ceux qui choisissent et choisiront *le plus beau métier du monde*, selon le maréchal Juin qui s'y connaît. »

Tandis que Napoléon se promène dans sa gloire, dorlote sa « bonne Louise » et travaille à consolider un empire de cent trente départements encore alourdi par les royaumes satellites, le général baron exerce le métier de douanier en Hollande. Les sujets du roi Louis se refusent à mettre en pratique le Blocus continental et leur souverain, se voulant plus batave que français, les appuie dans leur détermination, va jusqu'à faire fermer les portes de ses places au nez des soldats de l'Empereur. Louis s'en va, Napoléon n'ose laisser la régence à la reine Hortense et nomme pour délégué l'architrésorier Lebrun, duc de Plaisance. L'ancien Troisième consul va s'archiennuyer et ne se plaira point dans ce pays où l'Empereur cesse d'être populaire dès l'instant que les affaires sont mauvaises. M. de Piré connaît la contrée, il a suffisamment guerroyé dans ces plaines pour ne pas s'étonner des singuliers contrastes présentés par les Bataves. Ces négociants sont capables de produire des combattants distingués tels l'amiral Verhuel, le comte Hogendorp ou ce deuxième régiment de chevau-légers de la Garde assez fougueux pour susciter l'émulation des Polonais du premier.

Hors l'Espagne, où la lutte demeure atroce, les soldats de Napoléon connaissent enfin le repos. On panse les plaies de Wagram, on met dans le service de place autant de zèle qu'au combat. Le général baron commande à des soldats plus chers que les autres. Sans doute, chaque régiment de cavalerie légère ne compte guère plus de 5 à 600 sabres, mais l'équipement, l'armement, l'entretien du cavalier se révèlent des plus onéreux. Alors que la valeur administrative d'un fantassin de la ligne n'excède pas 90 francs, un chasseur à cheval de la Garde coûte 951 francs 96 centimes. Sans doute faut-il en rabattre un peu dès qu'on sert hors de la cavalerie du maréchal Bessières. Reste que les hommes de M. de Piré nécessitent une attention constante. Les ordonnateurs et les inspecteurs aux revues ne plaisantent pas dans un empire où le ministère de la Guerre dirigé par le duc de Feltre, bientôt surnommé *le maréchal d'encre*, est doublé par le ministère de l'Administration de la Guerre conduit par Dejean puis Lacuée.

L'armement demeure médiocre ; les hussards, épris de tradition, conservent le sabre de 1786 à monture à croisière et branche simple. Les chasseurs, portés vers la modernité, utilisent le modèle an IX-an XI, plus long de 7 cm et doté d'une monture de laiton à 4 branches offrant une protection plus sûre. Bien entendu, les lames sont courbes, les droites étant dévolues à la cavalerie de ligne et aux dragons. La qualité douteuse de la trempe amène les anciens à fourbir avec vénération les précieux damas rapportés d'Égypte. Rares sont pourtant les soldats ayant vu Mont Thabor et Nazareth. Ceux-là sont morts, rentrés au village ou généraux. La moyenne d'ancienneté mérite pourtant le respect ; les maréchaux des logis totalisent entre dix et treize ans de service. A l'orée de 1812, M. de Piré n'en a que 11 sous

Incendie de Moscou. Gravure de Gibèle.

le drapeau tricolore. Sa vaillance et son coup d'œil l'ont conduit prestement vers les hauts grades mais il n'est point homme à vouloir en rester là. Pour aimer la paix, il faut être maréchal, prince et grand-aigle de la Légion. Tant qu'il leur reste à conquérir des étoiles, des toques et des plaques, les généraux de Napoléon raffolent de la guerre. Il n'apparaît pas que le général baron, encore simple légionnaire, fasse exception.

Enfin Alexandre Ier s'agite. Finie la douane en Hollande, on va s'en retourner, musique en tête, vers l'Elbe, le Niémen et les affaires sérieuses.

M. de Piré sert exemplairement et le sait si bien qu'il se voudrait sous l'œil du maître. Hélas, une distance sidérale sépare l'Empereur de ses brigadiers. Entre l'Aigle et le Sanglier s'interposent, cette fois, Murat, chagrin d'avoir quitté son royaume de Naples pour conduire la cavalerie, puis le comte de Nansouty, chef du 1er corps et bientôt colonel général, enfin le chef de la division, baron Bruyères, au service depuis 1793 et ancien subordonné de Montbrun. Tant pis ! Le Breton procédera comme si le Corse le voyait. Devant Ostrowno, la solide infanterie de Mikhaïl Bogdanovitch Barclay de Tolly, fils d'un humble pasteur livonien mais promis par son mérite à la princie et au maréchalat, s'accroche à des hauteurs boisées. Le Russe, bon soldat en territoire étranger, devient prodigieux lorsqu'il s'agit de défendre « la terre mère ». La chaleur écrase les hommes et les chevaux. Qu'importe ! Il faut passer pour ouvrir la route devant Vitebsk.

M. de Piré passe.

Le chemin est libre mais la ville s'embrase. Mikhaïl Bogdanovitch inaugure la politique de la terre brûlée. La cendre portée par la touffeur de l'air se colle aux dolmans, ternit les fourreaux et les aiguillettes. En cet été de feu, prélude au plus atroce des hivers, le général baron reçoit l'Étoile d'or.

*
* *

Leipzig, vendredi 15 octobre 1813. Le général baron de Piré, commandant de la Légion d'honneur, troque l'écharpe à réseau d'or et bleu de ciel contre celle, tant convoitée, à réseau d'or et écarlate. Dans ce royaume de Saxe envahi par les Prussiens et les Russes, l'officier général a chaussé les bottes du capitaine de 1806. Au vrai, il ne les avait pas quittées. Il doit *a contrario* sa cravate et sa troisième étoile au baron de Thielmann, serviteur francophobe du francophile Frédéric-Auguste. Soucieux à sa manière des intérêts de son électeur promu roi par Napoléon, ce seigneur a fermé les portes de Torgau, place indispensable à la défense de l'Elbe devant les troupes du « Rougeaud » et du comte Reynier. Après quoi, désavoué par son souverain, encore sous l'influence de l'Empereur, il s'est fait confier un corps d'avant-garde par le Czar. Depuis Charlemagne baptisant les Saxons dans l'eau, lors de leur soumission, puis dans le sang, après leur révolte, les fils de Widukind déplaisent aux Français. La brigade de Piré s'en est donné à cœur joie, contre le défectionnaire et les siens. Qu'importe si les nouvelles recrues, « cavalerie du patatras », ignoraient les trois allures et le maniement du sabre, l'enseignement est venu dans l'action, confirmant la supériorité des travaux pratiques sur la théorie.

A Leipzig, les soldats de Frédéric-Auguste, confiés à Reynier, se retournent contre les Français. Tant mieux ; pour une fois qu'on est battu, c'est trahison.

Est-ce le fruit du hasard ou de la malice ? L'ancien Chouan inaugure son commandement de divisionnaire sous Milhaud ; maratiste, défenseur de Carrier, il est l'un des sept régicides créés comtes par Napoléon. Du temps que Hippolyte de Piré servait à Rohan-Infanterie, ce jeune bourgeois d'Auvergne vouait Louis XVI à l'échafaud en précisant :

— Pour un tyran, si la peine de mort n'existait pas, il faudrait l'inventer.

Honteux de se prénommer Jean-Baptiste, il s'était fait appeler *Cumin*. Étrange dilection pour le fromage de Munster ! Un autre cavalier d'épopée, Fournier-Sarlovèse, avait fait preuve d'un sens poétique plus sûr en choisissant *Réséda*. Napoléon se plaisait à ces rapprochements. Ne se targuait-il point d'avoir donné pour premiers partenaires à l'Impératrice deux régicides, MM. Cambacérès et Fouché ? L'archichancelier ne l'était pas tout à fait mais l'ambiguïté de son vote apparaît à peine plus honorable…

L'heure n'est point à l'évocation des souvenirs. L'Autriche a rejoint la coalition et l'Angleterre, victorieuse en Espagne pour la plus grande joie de Beethoven composant la symphonie *Victoria*, encourage de ses deniers une guerre menée du côté des Alliés par des généraux ayant travaillé sous Napoléon et, partant, connaissant bien sa manière : Schwarzenberg, York, Thielmann, d'autres.

Piré, dont la subordination à Milhaud ne paraît pas provoquer d'incidents, couvre la retraite. Il faut tenir assez longtemps pour donner à l'Empereur le temps de rassembler ses gros et de forger une nouvelle armée. La France apparaît comme un inépuisable réservoir mais l'Ouest, de nouveau soumis à la Conscription, regarde vers les faux et, un peu partout, des militaires à grosses épaulettes, tel le fils de l'archichancelier, font le métier de gendarme pour traquer les insoumis.

Si le corps de Milhaud compte 3 800 sabres, le chef de la cavalerie légère, moins bien loti que ses deux confrères de la grosse, possède quelque 650 hussards et chasseurs, beaux comme des amours lorsqu'ils trouvent le temps de se laver et de brosser leurs féeriques uniformes, hardis trousseurs de jupes et parfaits plumeurs de volailles.

Russes et Prussiens s'outrent des méfaits du baron de Piré, « voudraient, écrit le commandant Henry Lachouque, pincer au lit ce général du diable qui harcèle les vedettes, enlève les isolés, sabre les patrouilles ». Au fait des sentiments de l'adversaire, il lui prépare une fête pour la Saint-Sylvestre de cette année 1813 où l'on boit moins pour se réjouir qu'afin d'oublier ; il se barricade dans le village alsacien de Sainte-Croix, laissant quelques postes avancés.

A cinq heures du matin, il fait sonner la diane. Les hommes pestent contre le froid et la neige, se reconnaissent à peine dans le brouillard. Les écuries offraient tant de douceur... et les chevaux partagent le sentiment de leurs maîtres. En arrière de la localité, le général passe en revue huit escadrons étiques, à se croire revenu sous la cocarde noire. Il fait inspecter armes et munitions, revoir l'état des vivres et vérifie lui-même ses communications avec Milhaud, assuré par le 27e chausseurs.

— Qu'est-ce qu'on fout là ?

On attend. Serait-ce un caprice du Breton ? Des pelotons envoyés en reconnaissance viennent au rapport. Enfin, on rentre au village mais pas au cantonnement. Il est huit heures. Dans une heure cinquante-trois, il fera jour.

Les uhlans de Schwarzenberg et les hussards de Geramb n'ont pas attendu l'aube pour se mettre en marche. Le généralissime et son lieutenant seront si satisfaits lorsque leur sera mené captif le baron de Piré...

A sept heures, les escadrons autrichiens baissent la lance, bousculent les grand-gardes françaises, pénètrent dans le village, parviennent en son centre, avancent encore, décrivent un *à gauche* et reçoivent par le flanc, en trois vagues, la charge conduite par M. de Piré. Traversés, taillés menu, ils tentent de se reformer lorsque le 27e les raccompagne hors du village, le sabre dans les reins. Milhaud, prévenu, exploite intelligemment le succès, prend sa grosse cavalerie et contraint l'ensemble de la division autrichienne à retraiter sur Ensisheim.

Modèle d'affaire méditée, la surprise de Sainte-Croix ne saurait empêcher le général du diable de s'abandonner à l'inspiration subite. Comme Napoléon lui-même, M. de Piré sait, à son échelle, procéder aux concentrations. Qu'importe le nombre durant la manœuvre, du moment qu'à l'instant de l'action on réunit un effectif supérieur à celui de l'ennemi. Le samedi 29 janvier 1814, devant Boulancourt, parmi les « Marie-Louise » grelottants, apprenant sous le feu l'usage de leurs armes, le baron va faire mieux. La Garde méprise la ligne et la ligne envie la Garde mais, en cette lugubre journée, la ligne va sauver la Garde... et pas n'importe quelle unité de la Garde : les lanciers rouges de Colbert et les chevau-légers de Krasinski. Culbutés par les régiments de Sacken et de Wassilitchikov, ils ont laissé l'artillerie perdre vingt-quatre pièces et, retraitant derrière le village, refluent en un périlleux désordre. La neige rend le champ de bataille indéchiffrable... sauf pour un Chouan. Dans un éclair, le Rosnyvinen a vu. Il enlève ses chasseurs et prenant l'ennemi par le flanc l'incommode assez pour arrêter sa poursuite.

Mormant, jeudi 17 février. Il ne neige plus. Il pleut et l'orage va tuer bien des rescapés de la mitraille. La guerre, pour être toujours recommencée, n'apparaît jamais semblable. Cette fois, la division légère exerce le métier des brigades lourdes ; unie aux dragons du comte Treillard officier d'Ancien Régime et de Sambre-et-Meuse, elle attaque 1 500 lanciers et chasseurs russes, rompt leurs rangs et s'égaie par peloton pour traquer les fuyards « serrés dans les fossés et tous les obstacles ».

Saint-Dizier, mercredi 23 mars. Napoléon, venant d'Arcis-sur-Aube, où Mars s'est dispensé de lui sourire, passe la Marne à Frignicourt. La division, parmi d'autres, accompagne l'Empereur mais se détache pour éclairer vers la ville. Le Breton, sans se montrer mauvais coucheur, goûterait une victoire personnelle. Seul l'effet de surprise peut lui donner ce présent. Il distance la Vieille Garde et une division d'infanterie, se jette sur la cité. Trouvera-t-il des Autrichiens, des Prussiens, des Russes ? Des Russes mais aux ordres du comte de Langeron, ancien de l'armée des Princes, général du Czar, pourfendeur de Turcs, déjà chef de corps lors de l'affrontement d'Austerlitz et auteur comique à ses moments perdus.

La division légère lui présente l'impromptu de Saint-Dizier, farce en un acte où l'on voit 400 joyeux hussards et gais chasseurs se saisir des fourgons de Sa Haute Excellence, lui prendre 500 chevaux de tête et 800 hommes.

A Paris, les employés du *Moniteur* préparent le numéro du 31 mars. C'est un bulletin de victoire. « Sa Majesté l'Impératrice, reine et régente, a reçu les nouvelles suivantes de l'armée, du 29 mars :

« Le général de division Piré est entré à Chaumont le 25, et a ainsi coupé la ligne d'opération de l'ennemi ; il a intercepté beaucoup de cavaliers et d'estafettes, et enlevé à l'ennemi des bagages, plusieurs pièces de canon, des magasins d'habillement et une partie des hôpitaux ; il a été parfaitement secondé par les habitants de la campagne, qui sont partout en armes et montrent la plus grande ardeur. Monsieur le baron Wessenberg, ministre d'Autriche en Angleterre revenant de Londres... Le lieutenant général suédois Lessiole de Brand, ministre de Suède auprès de l'empereur de Russie... Le conseiller de Guerre prussien Peguilhem, allant tous en mission aux différents quartiers généraux des alliés, ont été arrêtés par les levées en masse et conduits au quartier général. L'enlèvement de ces personnages et de leurs papiers est d'une grande importance... »

Le sentiment patriotique et un goût pour le bien d'autrui s'étaient assez gentiment mêlés chez les paysans pour les transformer en auxiliaires du général. Un employé subalterne de l'administration des eaux et forêts conduisait une bande de manouvriers à l'attaque des convois mal gardés. C'était, de bien modeste manière, réaliser le rêve de Napoléon, appelant les civils des provinces de l'Est à constituer une Vendée impériale. M. de Wessenberg allait de Nancy vers Langres dans « un gros et vieux cabriolet tel qu'on n'en voit plus ». Près du ministre avait pris place un M. de Saint-Vincent qu'un Aixois ou encore un Parisien eût reconnu pour le baron de Vitrolles, formidable diplomate, investi par ses propres soins d'une mission auprès du comte d'Artois. Cet ancien Condéen, issu d'une haute famille de robe, s'était instauré tout seul ambassadeur du peuple français auprès des souverains alliés et de Monsieur. Il avait persuadé les uns que les sujets de Napoléon attendaient fiévreusement Louis XVIII (dont ils avaient oublié jusqu'au « numéro ») et l'autre qu'il importait de se hâter prudemment. Bien entendu, M. de Vitrolles, si malicieux et entreprenant qu'il fût, n'était pas venu sans une précieuse caution, celle de M. de Talleyrand transmise par le duc de Dalberg. Les autres importants suivaient dans des voitures non moins archaïques que le cabriolet. L'escorte, à la mesure de l'équipage, se composait de soldats bavarois récemment sortis des ambulances. Les convalescents se lassent, les voyageurs s'attardent à dîner, repartent à petits pas, l'homme des eaux et forêts lance ses croquants sur cette proie dérisoire. M. de Wessenberg et ses compagnons sont arrêtés à la maison de poste de Saint-Thiébault.

Les escadrons de Piré fouillent le pays. Si l'on en croit M. de Vitrolles, la présence à Nancy de Monsieur est connue des généraux et des colonels du comte de Piré. C'est le frère du Roi qu'ils cherchent à surprendre dès son premier mouvement. Un escadron de chasseurs vient partager avec les paysans dépités la garde du convoi.

M. de Vitrolles manque de trépasser d'étouffement en avalant ses dépêches et, avec le gracieux accord de l'Autrichien, se donne pour son valet-secrétaire. Les captifs, parvenus à Chaumont, sont conduits au quartier général. Des soldats ferment les portes derrière eux. Les diplomates nourrissent l'espoir raisonnable de voir aplanir l'incident. Le gentilhomme provençal se recommande à Dieu. Au regard du personnel napoléonien, il est un traître et en temps de guerre la trahison se solde avec quelques grammes de plomb. Le commissaire de MM. de Talleyrand et de Dalberg sait-il que, pour avoir par sentiment royaliste accueilli quelques cosaques, le chevalier de Rougeville (dont Alexandre Dumas fera le chevalier de Maison-Rouge) est tombé à Reims le 13 mars sous les balles d'un peloton du général Corbineau ? Sait-il que d'anciens Émigrés ont péri pour le seul crime d'avoir arboré leur croix de Saint-Louis au passage des Alliés ? Au bord du gouffre, l'Empire retourne aux sévérités dont il s'était quelque peu départi depuis le mariage autrichien. Maîtres et domestiques — le faux se dissimulant parmi les vrais — sont retenus ensemble dans un salon donnant sur le bureau de M. de Piré. M. de Vitrolles, ayant appris le nom du général, est tenaillé par la crainte. Les officiers considèrent les captifs et, déçus, répètent :

— Non, il n'est pas là. Il n'y a personne de son signalement… Il n'y est pas.

Et de scruter les visages, d'estimer les tailles.

Les diplomates sont invités à passer dans le cabinet. Là, le divisionnaire s'assure de leur identité, les interroge en conservant des formes polies dont ils garderont le souvenir.

Les valets sont demeurés dans le salon. Le général va-t-il les questionner ? Si la fantaisie l'en prend, c'en est fait de M. de

Vitrolles. « Le moindre mouvement autour de lui fait croire qu'il est perdu. » Soudain, le cœur lui manque. M. de Piré vient d'ouvrir la porte et s'avance... pour appeler l'un de ses aides de camp. Le Provençal affecte l'air le plus stupide. Le Breton ne le regarde même pas et retourne dans son bureau. L'attente paraît durer des siècles ; elle n'excédera point une demi-heure. Les nobles voyageurs reviennent au salon et M. de Wessenberg lance en allemand à son factotum :

— Nous sommes conduits à Saint-Dizier, c'est là qu'est l'Empereur mais les domestiques restent ici.

Le comte de Piré veut que son maître voie au plus vite le diplomate autrichien. Comme il ne dispose que de deux voitures rapides, il y fait monter ses prises de choix mais, trop courtois pour priver M. de Wessenberg et ses amis de leurs gens, il ordonne d'emmener ceux-ci prestement mais à pied.

Le jeudi 24 mars, Napoléon a causé durant un moment avec l'ambassadeur aulique puis l'a fait libérer avec égards. M. de Vitrolles, dans la nuit suivante, a faussé compagnie à ses gardes pour se cacher dans la campagne.

Piré, lui, a fait savoir à l'Empereur qu'une proclamation serait utile à la population. Il n'est plus temps. Les Alliés se sont ouvert la route de Paris et l'Empereur, contre l'avis du seul duc de Tarente, décide d'interrompre les opérations en Est, pour se porter au secours de sa capitale. La division légère devra rejoindre au plus vite.

Trop tard. Lorsque l'Empereur relaie à Juvisy-sur-Orge, le mercredi 30 à onze heures du soir, il apprend l'entrée des Alliés dans Paris et ordonne la concentration de ses troupes autour de Fontainebleau. Le lendemain, 31 mars, *le Moniteur* passe sous le contrôle du prince de Bénévent, animateur d'un gouvernement provisoire. Le communiqué transmis par l'Impératrice annonçant la victoire à Saint-Dizier du général de Piré ne paraîtra jamais. Il serait, selon le prince, tout à fait impolitique d'évoquer un dernier succès à l'heure où la défaite exige tact et oubli.

Cela n'est point l'avis de Napoléon. Il siffle ses meutes, improvise, après avoir couvert Fontainebleau, un dispositif offensif. Le lundi 4 avril, le comte de Piré cantonne à Montereau, protégeant la ligne de l'Essonne. Il reste quelques beaux coups de sabre à donner. Le général n'a jamais reçu le commandement d'un corps et le suicide du pauvre duc d'Abrantès laisse vacante

La bataille de Montereau.

la charge de colonel général des hussards. On voit mal quel officier la remplirait mieux que l'homme dont les exploits ont jalonné cet hiver alsacien et champenois. Il faut, assurent les esprits chagrins, compter avec la fatigue. Celle des civils, peut-être, mais les militaires, eux, sont prêts à reprendre les hauteurs de Montmartre aux cosaques du comte de Langeron. Sans doute ne doit-on pas omettre la lassitude des porteurs de grosses épaulettes mais ils sont aisément remplaçables... Non, cette campagne magnifique ne saurait prendre fin sous prétexte que les coalisés, tout juste trois fois plus nombreux que les soldats de l'Empire français, affectent de se croire vainqueurs...

Le 2 avril, à Paris, le Sénat vote la déchéance ; Le 4, Napoléon signe son abdication en faveur du roi de Rome, puis, devant le refus des puissances et le passage d'un corps d'armée à la disposition du gouvernement provisoire, il renonce.

M. de Vitrolles est rentré dans Paris. Avec le prince de Bénévent, il contribue à l'organisation d'un pouvoir de transition puis s'en retourne à Nancy chercher le comte d'Artois et le ramène à Paris. Toute l'armée se rallie aux Bourbons et le comte Milhaud n'est pas le dernier des importants à prendre la cocarde blanche. Une telle peine mérite un gentil salaire. Dans la fournée du 1er juin, l'ami de Marat et de Carrier reçoit la croix de Saint-Louis. Le vieux ruban rouge n'est point marchandé. De très honnêtes gens en profitent mais aussi Turreau, le créateur des Colonnes Infernales, Travot, le vainqueur de Charette, et cent autres Bleus à chaux et à sable absous et royalisés. Le comte Dupont de L'Étang, le vaincu de Bailén, dirige le ministère de la Guerre, navigue entre les rares royalistes de la veille et la presque totalité du personnel militaire désormais débordante de loyalisme envers Louis XVIII et Monsieur. Le comte de Piré demande la croix. Puisqu'elle récompense à la fois les vétérans de l'Émigration de l'Ouest et les gloires de l'Empire, le hussard ne peut douter de l'issue d'une démarche d'autant plus naturelle qu'il réunit, lui, tous les titres à la faveur du Souverain. A-t-il trop parlé de l'affaire de Chaumont ? S'est-il, en société, montré sévère pour les compagnons d'armes de son adolescence ? Sa vivacité l'a compromis.

Le monde royaliste accepte volontiers les hauts fonctionnaires, les magistrats et les militaires ayant toujours servi dans le camp d'en face mais comprend moins aisément les ralliés. Paradoxalement, le passé de Hippolyte de Piré se retourne contre lui. A l'heure où la Maison du Roi reconstituée voit le duc de Gramont reprendre le commandement de sa compagnie, l'ancien garde du corps de 1792 n'obtient même pas de conserver sa place dans la ligne. A la Toussaint, le vainqueur de Saint-Dizier est « mis en non-activité ». Il tempête, se répand dans les salons et parfois les cafés en accusant M. de Vitrolles.

Certes, la paix entraîne le licenciement de la moitié de l'armée mais est-il convenable qu'un blessé de Quiberon fasse l'objet de cette mesure alors que tant d'officiers généraux trouvent des sinécures ? Le Rosnyvinen soutenait la Monarchie dans les jours sombres, dans sa gloire retrouvée elle n'admet plus son serviteur. Quelques membres de l'ancienne noblesse frondent le régime et, devenue duchesse de Saint-Leu, Hortense s'inquiète pour Flahaut et La Bédoyère, clamant leur affection pour le roi de l'île d'Elbe.

En décembre de cette année 1814, où les conspirateurs deviennent ministres et les ex-ministres conspirateurs, tels M. de Vitrolles dans le premier cas et le duc de Bassano dans le second, le comte Dupont cède le département de la Guerre au maréchal Soult. Passionné de peinture au point de confondre les biens publics et ses collections privées, le duc de Dalmatie présente autant de courage militaire que de couardise civile. Impavide sous le feu, il nourrit deux craintes : s'attirer les colères de sa femme et perdre sa place, c'est-à-dire ses émoluments. Chef intelligent mais sans prestige, assoiffé d'égards mais peu respecté, il arrive de Rennes où, non sans habileté, il gouvernait depuis quelques mois la XIIIe division militaire. Le maréchal revient de Bretagne, le général y retournera. Ordre est donné de contraindre tous les officiers généraux sans affectation de regagner leur province. Seuls vingt privilégiés désignés nommément pourront demeurer dans la capitale et, partant, paraître à la Cour. Pour les sieurs Piré, Exelmans et quelques autres, la mesure est aggravée ; ils seront sous surveillance.

Dans son zèle de néophyte, le ministre provoque contre ses nouveaux maîtres la colère de braves soldats, bavards sans doute, mauvaises têtes souvent, mais jusque-là déterminés à servir Louis XVIII.

A peine M. de Piré retrouve-t-il sa province natale sous l'œil, pour lui, paterne et familier de quelques gendarmes, que se produisent à Rennes des désordres graves ; le prince de La Trémoïlle, comme on s'occupait sans empressement à Paris de secourir ou d'employer les anciens de l'Ouest, avait dépêché dans la capitale bretonne, pour y présider une commission d'aide et de classement, Aimé de Boisguy, jeune survivant de l'épopée chouannique et supérieur de Hippolyte du temps que celui-ci se croisait sous le signe du Sacré-Cœur.

L'Empire avait organisé, de son début à sa fin, une formidable campagne contre la Chouannerie, opposée à la Vendée, toujours saluée par Napoléon. Le Corse honorait la mémoire de Charette mais assimilait Georges aux brigands. Dix ans de publications mensongères et de propos savamment orchestrés devaient porter leurs fruits ; à ce manichéisme politique s'ajoutait l'opposition souvent artificielle entre villes et campagnes ; la cocarde blanche était réputée rurale, la tricolore citadine. Enfin, les Royalistes eux-mêmes se divisaient dès lors qu'on évoquait les services passés. Nombre d'anciens, mal récompensés, parfois traités en suspects par le gouvernement des Bourbons restaurés ne grognaient pas moins que les nostalgiques des Abeilles. Des émeutes du timbre aux journées de 1788, Rennes n'avait jamais été sage. Bleus et Blancs, Constitutionnels de toutes nuances et

Napoléoniens de tout poil y cohabitaient sans plaisir, s'épiaient à travers les fenêtres closes. On pouvait changer emblèmes et drapeaux au balcon de la préfecture, édicter des lois, d'ailleurs assez semblables, au nom de maîtres successifs, il demeurait toujours des malcontents même parmi les tenants du régime établi. Après la chute de Robespierre, on avait eu si peur que, surpris de vivre encore, on s'était supporté quelque temps mais le retour à la quiétude, encore que relative, avait ranimé toutes les discordes civiles. Elles s'exprimaient peu, conservaient un aspect feutré. Insinueuse, souterraine, la rancune obscurcissait les esprits et rongeait les cœurs.

La venue du général de Boisguy provoque l'explosion.

Le lundi 9 janvier 1815, comme il se rend à la préfecture avec trois de ses officiers, il est conspué par une forte réunion d'opposants accourus, pour certains, d'autres localités. Aux vociférations succèdent les cris de mort. Le maréchal de camp et ses compagnons en ont vu d'autres, ils parviennent sans tirer l'épée à l'extrémité de la rue du Point-du-Jour.

Devant l'hôtel de l'Administration stationnent quelques vieux soldats de l'Ouest en quête d'un peu de justice : un droit de chasse, un bureau de tabac, un bon habit, un emploi de garde champêtre, une poignée d'écus pour subsister... Ils ne sont pas exigeants, ces vieux-là. Ils attendent depuis si longtemps. On ne leur donnerait rien mais, conféré du temps des petits par Monsieur Georges, Achille Le Brun ou quelques autres chefs, on leur confirmerait leur grade, qu'ils diraient leur reconnaissance.

Point n'est besoin de les interroger pour mesurer l'étendue de leurs services. Ils sont inscrits sur leur visage. Ils attendent, les pauvres vieux. Parfois appuyés sur une mauvaise béquille, ils en souhaiteraient seulement une nouvelle, offerte par Sa Majesté Très Chrétienne.

Les Jacobins s'approchent. Dans leurs rangs, on ne compte point que des tape-dur de barrière mais aussi « des fils de magistrats ». Le vin a-t-il coulé ? Des agents napoléoniens se sont-ils montrés généreux ? Tandis que le maréchal de camp et ses officiers parviennent sur la promenade de la Motte, la foule se fait plus méchante. On crie « A l'assassin ! » mais l'on n'ose toucher au grand Chouan. Que voulez-vous, un tel scélérat aurait tôt fait de se défendre et ce ne serait plus le jeu...

On n'attaque point M. de Boisguy mais l'on frappe les solliciteurs groupés devant la porte de la préfecture. Que fait le préfet justement ? Rien. Et le général gouverneur ? Rien, non plus, ou plutôt si : devant une croisée de son hôtel, « en bonnet de velours vert », il regarde le spectacle. Un capitaine nommé Bigot attendait paisiblement l'heure de voir confirmée son épaulette. Des forcenés le frappent tandis qu'un autre groupe attaque les lieutenants du président de la commission. Un tambour de la garnison voit l'affaire. Est-il royaliste, jacobin, fidèle au Tondu ? On ne sait mais il est honnête homme. Il tire son sabre, monte sur le parapet longeant la promenade :

— Qui m'a donné ce tas de J.-f... contre trois braves gens !

L'exclamation et plus encore la vue de l'arme dégainée en imposent un moment. On cesse de malmener les anciens. Les officiers du chevalier de Boisguy parviennent à se dégager et lui-même entre dans le bâtiment. Il en ressort bientôt, et, indigné par la passivité des pouvoirs publics, va gagner Paris pour informer le ministre de la Guerre et le prince de La Trémoïlle.

Le lendemain, l'émeute reprend. Les opposants ont appris que les lieutenants du général sont réunis dans la demeure de l'un d'entre eux, à l'hôtel de Cintré, pour rédiger, dit-on, leur rapport sur les événements du jour précédent. Les six chefs royalistes disposent d'une carabine, d'une paire de pistolets, d'un sabre et d'une épée. De quoi soutenir un siège pour des gens rompus aux affaires délicates. Ils laissent les Bleus gravir l'escalier, se presser sur le palier et envahir l'antichambre. Ils ouvrent alors à deux battants les portes du salon et couchent en joue les forcenés. La mince démonstration suffit. En un instant, les assaillants dévalent les degrés et se perdent dans la foule venue assister à l'hallali.

En cet hiver paisible où la France accomplit, sous un roi sceptique, l'apprentissage de la Liberté, l'incident fait grand bruit. Soult est inquiet, M. de La Trémoïlle furieux. Le préfet et les généraux en place tentent, pour se défendre, de salir M. de Boisguy ; ils l'auraient entendu déclarer au cours de l'échauffourée :

— Je n'ai pas assez de troupes personnelles pour mettre l'ennemi à la raison !

Les responsables de l'ordre public rappellent qu'ils ont utilisé infanterie et cavalerie, omettant de préciser que la troupe n'est sortie qu'après la dislocation de l'émeute.

Le duc de Dalmatie, afin d'en savoir plus, envoie à Rennes l'un de ses aides de camp, le colonel de Tholozé. L'enquêteur, contrairement aux responsables locaux, enclins pour charger M. de Boisguy, à parler de Royalistes engagés dans la manifestation, ne voit là, probablement avec raison, « qu'une émeute de Jacobins et de Bonapartistes, saisissant le premier prétexte ».

Le ministre s'est préoccupé de savoir si M. de Piré n'aurait pas quelque rapport avec l'aventure de son ancien supérieur en Chouannerie. L'aide de camp voit le général de division en non-activité devenu, par le retour au vocabulaire d'Ancien Régime, le lieutenant général de Piré.

A l'évidence, le vainqueur de Saint-Dizier, même s'il s'exprime à tort et à travers, n'est point allé salir ses étoiles dans cette agression contre les anciens combattants. Le colonel est conquis. Il écrit au ministre dans un rapport daté du lundi 13 février 1815 : « La situation de cet officier général est des plus malheureuses. Il est père de quatre enfants, appartient à toutes les premières familles de la ville et il est repoussé de partout. La disgrâce qui pèse sur lui lui a fait fermer toutes les portes, même celle de son beau-père. Le refus qu'on lui a fait de la croix de Saint-Louis a encore augmenté la prévention qu'on a contre lui. Sa femme se désespère et ce tableau continuel est un supplice affreux pour lui, quoiqu'il paraisse prendre tout ce qui le concerne avec beaucoup de philosophie. »

Viendrait-elle enfin cette décoration si convoitée ? Le lieutenant général de Piré pourra-t-il porter cette petite croix suspendue au ruban feu que déjà les plus favorisés de ses amis arboraient voici bientôt vingt ans à côté de leur Sacré-Cœur ?

Assurément, dans une armée diminuée de moitié, il sera malaisé d'obtenir le gouvernement d'une division militaire. On en compte vingt-deux, et certains maréchaux ne sont investis d'aucun commandement. Le hussard se contenterait d'un emploi sans grand relief, d'autant qu'il vit mal avec sa solde de non-activité et connaît trop les douleurs d'escarcelle de son beau-père pour vivre à ses dépens.

Pas plus que les humbles solliciteurs attachés au chevalier de Boisguy, le comte de Piré ne se montre exigeant. Il s'est assez dépensé pour la France. Qu'elle le nourrisse. Homme de guerre, il connaît tous les aspects du service. La cavalerie a terriblement souffert au cours des dernières campagnes et il peut contribuer très utilement à la reforger.

Hippolyte promet d'être sage. Un fonctionnaire place-t-il par inadvertance son nom sur une liste ? Le mercredi 15 mars de l'an 1815, vingtième du règne de Louis XVIII, il est réadmis à l'activité dans la XIIIe division militaire.

Le lieutenant général est un homme heureux et la Restauration un régime indulgent.

Plaque de vivandière de l'armée de l'Ouest. Avers et revers.

Chapitre V

L'AIGLE ET LE SANGLIER

Le lieutenant général de Piré, conscient de faire l'Histoire, négligera d'écrire la sienne. Dommage. Ses aventures sont celles d'un bras mais rarement d'une tête. Les récits de ses contemporains comme les fragments de sa correspondance révèlent toutefois un gentilhomme enjoué, parlant bien, encore qu'un peu fort. Au vrai, il s'intéresse avant tout à ses soldats. Ponctuel, actif, « casse-cou » lorsqu'il le faut, capable aussi d'utiliser des stratagèmes, ce n'est pas un traîneur de sabre mais un homme de guerre consommé. Il aime la bataille comme un nageur aime la piscine. Le conflit passé, il s'asphyxie le long du bord.

Il a changé de cocarde, c'est vrai, mais la France, presque entière, a partagé ses options. Zélé durant l'Émigration, héroïque au fort Penthièvre, superbe dans la Chouannerie, il a trouvé dans les régiments napoléoniens des instruments à sa mesure. Ses attaques, ses surprises, ses charges sont d'un artiste et son admiration va logiquement à l'Empereur dont la virtuosité le domine et l'enchante. Un bon violoniste aime toujours son chef d'orchestre.

Si son dévouement à Napoléon trouve son origine dans la fascination exercée par cet « Être inaccessible », son comportement à l'égard de la Monarchie restaurée s'explique par ses désillusions. Il eût voulu des princes à son image et les a jugés peu pugnaces et trop soumis au malheur.

En recherchant le comte d'Artois ou du moins en laissant dire qu'il le recherchait, il a commis une lourde faute. Un autre que

lui, sentant les craquements du trône impérial, eût fait preuve de circonspection. En serviteur aveugle de Napoléon, il a, aux dernières heures du régime, compromis sa carrière. A l'évidence, nombre de ses anciens s'étaient comportés plus brutalement mais en des temps reculés. A leur profit était venu l'oubli.

Grâce au colonel de Tholozé, le hussard retrouve une selle mais voici qu'au jour même où se rouvre pour lui le champ des étoiles, l'abdicataire de Fontainebleau, accouru de l'île d'Elbe où l'ennui le consumait, est entré dans Lyon. Là, agissant en souverain, il a signé des décrets, réputant illégal le gouvernement de Louis XVIII et se proclamant le seul mandataire du peuple français. La résistance à cet étrange envahisseur, venu

Le retour de l'île d'Elbe.

sans tirer un coup de fusil avec une poignée de grognards et de lanciers démontés, s'organise vaille que vaille. Monsieur et le duc de Tarente, impuissants devant la marée bonapartiste, ont regagné Paris où les solutions les plus folles et les plus contradictoires sont envisagées sans rire.

La duchesse d'Angoulême essayera de tenir Bordeaux. Son mari part pour le Languedoc. Le duc de Bourbon, établi dans Angers, devra ranimer la flamme des provinces de l'Ouest. Comme elles sont vastes et que l'entreprise s'annonce délicate, le prince Louis de La Trémoïlle exercera les fonctions de commandant supérieur des IVe, XIIe, et XIIIe divisions militaires sises respectivement à Tours, Nantes, et Rennes.

Le prince, président du Conseil royal de Paris sous le Directoire, frère de Talmont, intime de Frotté, est aimé des vétérans chouanniques. Encore à Paris, il fait taire leur rancœur légitime contre les lenteurs des commissions de classement et les envoie en Bretagne organiser des unités mixtes, paysans et Gardes nationaux, pour pallier l'éventuelle défection d'une armée peu sûre.

Le comte de Blacas, ministre de la Maison du Roi, leur refuse le transport en Ouest des arsenaux et du Trésor déclarant à M. de Vitrolles, suffoqué par un aveuglement si voisin de la sottise :

— Ce serait un grand malheur si le Roi n'avait d'appui que des Chouans.

Certains amis du Trône, dans leur passion légaliste, vont jusqu'à conseiller à leur maître de limiter les levées « constitutionnellement » en réservant les commandements aux officiers de ligne.

MM. de Boisguy, de Sol de Grisolles, de Pontbriand haussent les épaules ; il faudra de nouveau sauver les Bourbons moins de leurs ennemis que d'eux-mêmes.

Le mardi 21 mars, M. de La Trémoïlle arrive dans la capitale bretonne. Les responsables de la région militaire le reçoivent avec égard. Napoléon, affirme-t-on, serait en fuite après une mauvaise affaire aux portes de Lyon. Du coup, les Bonapartistes déguisés se tiennent en repos cependant que prennent fin les premières concentrations chouannes. Le prince, toutefois, se méfie, rappelle les volontaires royaux réunis par M. de Sol, seul survivant des généraux de Georges. Demain, on leur donnera des uniformes et des armes.

Le mercredi 22, M. de Pontbriand vient réclamer des fusils. Le commissaire général le retient à déjeuner avec l'ancien lieutenant de Cadoudal, investi pour l'heure du commandement des départements du Finistère et du Morbihan. Le moment est venu de passer en revue les troupes de la garnison. Le prince prend son chapeau et son sabre, descend à la parade. Les soldats montrent de l'enthousiasme. A cette époque on ignorait le mythe de « la Grande Muette » et l'on criait sous les armes. Les « Vive le Roi » sont indéfiniment répétés. M. de La Trémoïlle se satisfait tant de l'état des esprits qu'il promet à chaque homme une gratification équivalant à deux jours de solde supplémentaire. Il remonte dans son cabinet où l'attend un courrier ; le 20 mars, Napoléon a pris possession des Tuileries abandonnées la veille par Louis XVIII.

Le prince réfléchit un instant. Jusqu'à cette seconde, il veillait au maintien de l'ordre. Désormais, il entre dans la guerre civile.

La porte s'ouvre. Trois généraux suivis de quelques officiers pénètrent dans la pièce. Le baron Bigarré, chevalier de Saint-Louis, chef de la subdivision, se tient à côté du baron Filhol de Camas, commandant l'artillerie divisionnaire. Peut-être honteux, en tout cas gênés, ces messieurs ne disent mot. Les militaires savent donner et recevoir des ordres mais répugnent aux initiatives.

Une voix s'élève :

— Bonaparte est maître de Paris, je ne reconnais plus Louis XVIII pour maître. Je commande ici et je vais faire proclamer l'Empereur !

Le propos est insensé ; Le comte de Piré s'est arrogé le commandement alors qu'il était simple de prétendre qu'il en était investi. Annoncer qu'il va « faire proclamer l'Empereur » n'est pas moins extravagant ; la France est indivisible. En quoi Napoléon, puisqu'il représente à nouveau le pouvoir de fait, doit-il faire l'objet d'une proclamation ? Le « je ne reconnais plus Louis XVIII » frise la paranoïa mais au vrai le lieutenant général, à l'accoutumée bon orateur, a, dans son émotion, dit n'importe quoi, un n'importe quoi qu'aucune cour martiale ne saurait absoudre.

Le prince ne peut rien sinon partir avec élégance. A peine les généraux sont-ils sortis que M. de Pontbriand se précipite pour l'engager à passer dans les Côtes-du-Nord. Il tentera de rejoindre le duc de Bourbon sans omettre de faire déposer chez le général de Piré les deux jours de solde supplémentaire promis à la troupe.

M. de Sol s'en va ressusciter les légions du Bro-Erec. Parce qu'un ancien Chouan vient, à Rennes, d'abattre la Monarchie, la Chouannerie va recommencer :

Er chouanned soudarded Doué
Er oér mêrüel aveit ou fé
Les chouans soldats de Dieu savent mourir pour leur Foi

Tandis que les campagnes préparent aux Vieilles Moustaches du Petit Caporal une fête de leur façon, la ville l'acclame. Le général de Piré souhaitait-il ces scènes révoltantes : cocardes blanches foulées au pied, drapeaux traînés dans le ruisseau ? La canaille s'en est mêlée. Des bandes avinées parcourent les faubourgs et lancent des imprécations ordurières contre Louis XVIII et les Princes. La querelle entre l'Empereur et le Roi, lorsqu'elle descend dans la rue, perd toute correction, tourne à la revanche jacobine. Ce n'est pas le gendre des Césars qu'acclament les Gamaches de Rennes, c'est le retour à la Révolution.

Ivre de joie, Hippolyte de Piré trempe nerveusement la plume dans l'encrier du prince de La Trémoïlle et fait tenir cette lettre à Napoléon :

« Sire,

« Je m'empresse d'adresser à Votre Majesté l'expression de la joie qui remplit les cœurs de tous vos fidèles officiers et soldats de la XIIIe division militaire... mais daignez distinguer parmi cette foule de braves le commandement de votre avant-garde à tous les temps les plus difficiles, le général Piré, enfant de votre gloire qui vient de subir un an d'exil et d'outrages pour son dévouement à votre personne, distinguez aussi le général Bigarré qui dans les rangs de votre garde ne subsistait que pour sacrifier sa vie à votre service. Rappelez-nous promptement près de vous, Sire, nous avons faim de vous voir !

« Je suis avec un profond respect
Sire, de Votre Majesté
le très humble et
très obéissant serviteur. »

Nous avons faim de vous voir. L'expression eût ravi Stendhal. Elle n'est pas d'un courtisan mais participe d'un élan de cœur.

L'Empereur a-t-il lu cette missive dont l'écriture irrégulière, rendue malaisément déchiffrable par quatre pâtés, dénote un haut degré d'excitation ? C'est possible. Il en reçoit beaucoup de semblables en ces heures d'ivresse mais la provenance de celle-ci ne saurait le laisser indifférent : les provinces de l'Ouest constituent la grande inconnue dans sa politique de reconquête. Il donne à Bigarré la XIIIe division, une toque comtale et le soin d'enrayer la Chouannerie renaissante. Piré reçoit l'ordre de se mettre à la disposition du comte de Grouchy pour combattre en Languedoc le duc d'Angoulême.

Cette désignation laisse perplexe. Si le souverain manque de maréchaux et de commandants de corps, il a vu se rallier, avec un empressement inégal il est vrai, de nombreux divisionnaires et brigadiers. Pourquoi confier à M. de Piré le soin de mener des troupes contre le fils de Monsieur, contre un prince qu'il connaît personnellement pour l'avoir rencontré tant en Émigration qu'à l'île d'Yeu ? Les qualités du hussard le désigneraient plutôt pour préparer l'inévitable affrontement contre les Alliés. L'Empereur cependant se sait mal servi. Ne déclare-t-il pas :

— Ils m'ont laissé rentrer comme ils ont laissé partir les autres.

Un peu partout, les responsables tant militaires que civils ménagent un avenir incertain. On arbore la cocarde tricolore mais l'on se garde de brûler la blanche. Entre Gand, où Louis XVIII promène sa personne et sa légitimité sans émotion apparente, et Paris, où l'opportunisme revêt les formes supérieures de l'art, les échanges sont fréquents. Jusqu'ici, le sang n'a point coulé. Non sans raison, le comte d'Artois voyait dans cette circonstance la réussite du « vol de l'Aigle ».

Les Français veulent bien changer de drapeau pour complaire tantôt aux Bourbons tantôt à Bonaparte, ils ne souhaitent pas retourner à la guerre civile. Hélas, le duc d'Angoulême, lui, n'entre pas dans le jeu. Ce prince au physique disgracieux, desservi par son dandinement et sa voix aigrelette, dissimule sous une enveloppe dérisoire un sens aigu de ses engagements. Parti pour arrêter Napoléon, il se donne pour objectif, après la marche fulgurante de l'Empereur, d'attaquer les Tricolores sur leurs arrières. Laissant Toulouse au baron de Vitrolles et au bon vieux maréchal de Pérignon, il organise son armée à Nîmes dans l'intention de remonter la vallée du Rhône, envoie dans ses foyers à Remoulins le général Gilly dont le comportement est suspect, donne le commandement du 1er corps au loyal Ernouf et, assisté du marquis d'Aultanne, vétéran de la Révolution et de l'Empire, prend personnellement la tête du 2e corps. Autrefois, il s'est honnêtement battu chez les Condéens. Ayant trouvé le Cordon bleu dans son berceau, il a conquis le ruban rouge au feu. Ce petit bonhomme de Bourbon, presque contrefait, étrangement marié, peut-être impuissant, fait sa guerre au plus grand capitaine de tous les temps avec modestie mais détermination. Le risque le rend presque attachant. Réguliers et volontaires marchent assez gaiement contre les Aigles.

Napoléon, dirigeant le syndicat des naufragés de 1793, est

Le duc d'Angoulême. Gravure de Forestier.

trop occupé pour faire l'aumône de sa présence au descendant de Henri IV. Quelques généraux, pris sur place, suffiront à la besogne à la condition de leur donner des commandants supérieurs. A la tête des VIIe, VIIIe, IXe et X^{e} divisions militaires, le comte de Grouchy fera l'affaire, assisté par M. de Piré.

Même diminué par les revers et le lugubre printemps de Fontainebleau, même redescendu parmi les mortels depuis l'abdication et les outrages de la Calade, l'Empereur conserve cette froide lucidité, cette aptitude à tirer parti de tout et de tous en liant les préoccupations politiques aux considérations militaires. Il possède au plus haut degré l'art de se faire servir et de compromettre ses serviteurs. L'expérience de 1814 lui profite ; il importe désormais de couper les ponts entre le personnel des ralliés et la IIIe dynastie. Contre M. d'Angoulême, pas question d'envoyer des échappés de jacobinière. En choisissant des modérés, il fait passer leur adversaire pour extrémiste. Emmanuel de Grouchy est, depuis la mort de Bessières et la défection de Murat, le général le plus apte à manœuvrer l'ensemble de la cavalerie. Commandant de l'*Escadron sacré* durant la retraite de Russie, grand-aigle, il appartient au monde des idéologues. Beau-frère de Cabanis et de Condorcet, préférant Washington à Cromwell, peu porté vers la Monarchie, qu'elle soit traditionnelle ou plébicitaire, il était colonel général des chasseurs depuis l'accession de Marmont au maréchalat lorsque Louis XVIII, réservant les charges de cette nature aux princes du sang, l'a dépossédé contre une inspection et la plaque de Saint-Louis.

C'est donc sans chagrin qu'il a vu le roi-fauteuil s'en aller vers les Flandres. Pour autant, s'il lui plairait d'en découdre contre la coalition reformée, il sait qu'il est peu d'honneur à glaner en Languedoc et en Dauphiné. Hippolyte de Piré, belle tête sans prudence, ne manifeste pas la circonspection de son chef. Napoléon avait voulu contre Angoulême un Libéral et un Chouan. Le Chouan, seul, marchera sans restriction.

Le jeudi 30 mars, le duc bat devant Montélimar le général Debelle et pénètre dans la ville. Tandis que le baron Ernouf remonte vers les Hautes-Alpes, il force le passage de la Drôme à Loriol. Le lundi 3, il entre dans Valence, se saisit du pont de Romans. Pour une fois, la Légitimité se porte bien.

Le comte de Piré réagit avec vigueur et descend de Lyon à la rencontre du Prince, avec un peloton de dragons, 500 fantassins et 3 pièces d'artillerie. « C'était peu, observera M. Robert Margerit, mais rien n'intimidait Piré. »

Représenté par le chasseur se refusant à chasser et le hussard prêt à hussarder, le César prend des garanties. Il réédite les prémices de l'affaire Enghien négligée par Réal endormi, mais menée par Savary, terriblement éveillé. Quelle que soit l'issue de l'affrontement, l'opinion pourra l'attribuer non point à l'Empereur mais à ses subordonnés.

A Romans, le duc d'Angoulême célèbre sa victoire en remettant les insignes de grand officier de la légion d'honneur à son major général, le marquis d'Aultanne, et va se pencher sur ses cartes. Marseille, gouvernée par le vieux prince d'Essling, demeure sous le drapeau blanc et peut lui dépêcher des renforts.

Nîmes tient toujours. Si le prince parvient à Lyon pendant qu'Ernouf se saisit de Grenoble, la honte de mars sera bien près d'être effacée. « L'autre » l'a prouvé : c'est affaire d'audace car nul ne veut s'engager à fond et les soldats, hors les vieux de la Garde, se contentent de servir sous les chefs les plus déterminés. Dans les discordes civiles, une simple rupture d'équilibre ramène la majorité. La venue de courriers déchire ce rêve brodé de fleurs de lis ; un brigadier du corps d'Ernouf, le général Gardane presque homonyme de l'adversaire des Chouans de Normandie, ancien gouverneur des pages puis ambassadeur chez le shah de Perse, soldat de la République, terrorisé par Napoléon, fait défection. Négociant avec le comte Chabert, dont le nom trottera dans la mémoire de Balzac, il a rangé le 58e de ligne sous les Aigles et redescend la vallée de l'Isère pour attaquer les Royaux. Ernouf lui-même ne peut que maintenir le reste du 1er corps dans une discipline précaire et s'immobiliser. Au sud, le bonapartiste Gilly, fêté par les Protestants, s'est emparé de Nîmes et cherche à traverser le Rhône à Pont-Saint-Esprit. Du nord, les troupes du comte de Piré s'apprêtent à déclencher une offensive frontale. Enfin, et l'on mesure la lenteur des communications lorsque le temps est couvert ou que le télégraphe est passé dans d'autres mains, le duc apprend, ce mercredi 5 avril, l'entrée de Napoléon à Paris advenue le 20 mars, la chute de Toulouse où M. de Vitrolles est passé de la condition de commissaire général à celle de prisonnier d'État, le ralliement à l'Empire de Bordeaux, citadelle de la Légitimité, où la duchesse d'Angoulême n'a pu, en dépit de sa crânerie, maintenir la garnison dans le devoir. L'Empereur, aussi spirituel qu'injuste, dira de la fille de Louis XVI :

— C'est le seul homme de la famille.

Il avait précédemment décoché la même flèche à la volcanique Marie-Caroline de Naples.

Gilly force le passage du Rhône. Le prince rétrograde vers Donzère. Il ne peut rien sinon tenter de sauver ses soldats. Certes la région demeure royaliste et, partant, assez accueillante, mais les maigres troupes de M. d'Angoulême viennent du bas Languedoc où les passions sont attisées par les Calvinistes. Dans un pays où l'autorité, à force de passer des uns aux autres, a pratiquement cessé d'exister, des violences sont à craindre. Le duc, servi par le vieux flegme bourbonien, ignore la peur pour lui-même mais s'inquiète de ses gens. Il envoie à La Palud le marquis d'Aultanne porter des propositions de cessez-le-feu. L'émissaire est reçu par le colonel Saint-Laurent, chef d'état-major de Gilly.

L'affaire ne grandit personne et les deux officiers se mettent promptement d'accord. Le prince partira pour l'étranger, ses volontaires rentreront librement chez eux, quant aux soldats de l'armée régulière ils repasseront sur les contrôles impériaux sans être inquiétés.

C'est compter sans les humeurs de César et les foucades du comte de Piré. Prudemment, Grouchy s'abstient d'émettre une opinion alors que son premier subordonné s'indigne : on ne gagne pas une guerre en appliquant des demi-mesures.

M. d'Angoulême est battu. Pourquoi lui consentir des faveurs ? Le vainqueur de Saint-Dizier n'est pas un mauvais homme mais il mettra tout en œuvre pour ne pas revivre le cauchemar de la Restauration. Il s'emporte, tempête. Parle-t-il de tuer le Prince ? On l'a prétendu... Si seulement il n'avait pas de langue ! Il s'en sert trop, jacasse à tort et à travers. L'exécution du traité de La Palud est suspendue.

A Paris, les royalistes sont dévorés d'anxiété. En rechaussant les bottes de Vendémiaire, le gendre des Césars va-t-il redevenir le fusilleur de Vincennes ? Dans cette ténébreuse affaire, Napoléon utilise savamment le courroux de Piré. Le hussard s'en rend-il compte ? Dans la manière de son ancien chef Lasalle, il dit mais ne commet pas de bêtises. Il a poussé ses troupes, fouaillé ses subordonnés, étonné les Méridionaux au spectacle d'un Breton menant tel tapage, mais, pour proférer des menaces, il s'est abstenu de commettre l'irréparable. Se souvient-il de Caulaincourt, ci-devant comme lui, maintenant ministre des Affaires étrangères mais irrémédiablement compromis dans l'affaire Enghien ?

Le duc d'Angoulême, captif incommode, embarrasse ses vainqueurs par sa douce obstination ; un soir, deux officiers, soucieux de prendre leurs sûretés dans les deux camps, lui proposent de quitter La Palud accompagné d'une faible escorte dévouée à sa personne.

— Avez-vous jamais pu croire que, prince et chevalier français, j'abandonnerais comme un lâche déserteur une armée qui s'était rassemblée à ma voix, qui a déjà versé son sang pour moi !

Les deux militaires s'esquivent mais, sacrifiant l'étiquette à l'inquiétude, reviennent plus avant dans la nuit. Son Altesse Royale sait-Elle bien qu'Elle court un risque mortel ? Elle doit partir.

— Quels que soient les desseins de la Providence à mon égard, je n'abandonnerai jamais sans convention et sans sûreté des compagnons qui ont suivi mon étoile !

Pauvre petite étoile au regard de celle qu'on révère présentement aux Tuileries !

M. d'Angoulême, obtus, bossu, battu, se comparerait-il à « l'homme qui, écrira Musset, était seul à respirer en Europe » ? M. de Piré ne peut rien contre une obstination si farouche. Napoléon, informé, accepte les stipulations de La Palud, se montrant bon prince sans toutefois reconnaître que le Bourbon, lui, n'a jamais cessé de l'être.

Le monopole des actions contradictoires reviendrait à M. de Piré si le lieutenant général de gendarmerie, baron Radet, n'intervenait pas dans l'aventure de Pont-Saint-Esprit. Ancien cavalier dans la maréchaussée de France, ce Lorrain venait de former la Garde nationale de Varennes-en-Argonne lorsque Louis XVI y fut arrêté par le maître de poste Drouet. La position du Souverain émut l'officier et, plus royal que national, il vint proposer aux lieutenants de Bouillé de faire passer le Roi par la cour de l'épicerie Saulce, non gardée du côté de la ruelle de la Vérade, pour gagner la forêt avant de rejoindre Montmédy.

Louis XVI déclina cette offre raisonnable et Radet, deux ans plus tard, faillit la payer de sa tête sur l'échafaud révolutionnaire. A l'armée de Sambre-et-Meuse, on le vit refuser de faire mettre à mort les Émigrés prisonniers. Il incorporait les soldats dans l'armée républicaine et libérait les officiers sur parole. A la paix, il s'occupa même de leur trouver des emplois.

Une étrange mission devait le rendre célèbre ; dans la nuit du 5 au 6 juillet 1809, il appliqua des échelles au palais du Quirinal, précéda ses gendarmes dans l'appartement de Pie VII et, ayant vainement sommé le Pontife de renoncer à son pouvoir temporel, lui mit la main au collet.

En mars 1814, Radet, alors en non-activité, s'était proposé pour arrêter le revenant de Golfe-Juan mais les gendarmes sont ainsi faits qu'ils servent en toute circonstance le régime en place. La réflexion, contraire à l'action, leur est interdite.

Le temps de changer la cocarde de son immense bicorne et voici le baron à Pont-Saint-Esprit. Il va s'y montrer le digne auxiliaire de Hippolyte de Piré, lançant « un ordre général de la gendarmerie du Midi » dont on ne sait trop s'il fut préparé par lui, mis au point par ses officiers, ou rédigé par le Rosnyvinen lui-même. Certaines phrases feraient tout de même douter de la responsabilité du Chouan.

— Gendarmes, les destins de la France sont enfin accomplis ; l'empereur Napoléon est remonté sur le trône, la grande nation a retrouvé son père et recouvré ses droits, le patriotisme des beaux jours de la Révolution a repris une nouvelle énergie, l'enthousiasme est à son comble. La noblesse est supprimée [...] La courte apparition des Bourbons sur le trône de France, après avoir fait couler le sang français pendant vingt-cinq ans, nous a montré leurs principes. Les Émigrés avaient pris les premières places de l'État ; les Vendéens et les assassins étaient anoblis.

Après cette élégante allusion aux récompenses accordées à la famille de Georges Cadoudal, le gendarme du comte de Piré poursuit avec moins de maladresse :

— Le duc d'Angoulême était à Bordeaux où il laissa son épouse pour venir lui-même soulever les belles contrées du Midi et organiser la guerre civile, le plus terrible des fléaux. La princesse a quitté le territoire français pour fuir en Angleterre ; son époux et les chefs de son armée sont en notre pouvoir, leur armée est licenciée et leurs projets insensés n'ont obtenu que le triste résultat de faire couler le sang français sur les rives de la Drôme et de l'Isère, tandis que l'Empereur, pour remonter sur le trône, n'a pas fait brûler une amorce.

Ces rodomontades gendarmiques dont Moncey lui-même eût évalué le faible prix sont destinées à l'intimidation du prince d'Essling, toujours à Marseille sous le drapeau blanc.

Le vieux soldat finira par s'incliner le vendredi 14 avril. Entre-temps lui sera parvenue la nouvelle de la cessation des hostilités entre la mince phalange des Royaux et la grossissante armée du comte de Piré. Le mardi 11 avril, Radet parvient avec le duc d'Angoulême et les débris de sa maison jusqu'au port de Sète. Là, un vaisseau suédois, le *Scandinavia,* accueille le prince et cingle vers Barcelone.

A Paris, les fidèles respirent et la marquise de Montcalm, aimable bossue, sœur et confidente de M. de Richelieu, note dans son journal : « Nous avons été bien soulagés en apprenant le départ de M. le duc d'Angoulême... Je ne puis encore m'expliquer ce qui a empêché Bonaparte de le garder comme otage ; le ciel a pu seul le délivrer. Il paraît qu'il aurait dû ne pas passer le Rhône et chercher à se cantonner de manière à attendre le secours des puissances, puisque ceux qu'il trouvait parmi les Français étaient si insuffisants. L'espoir d'arriver à Lyon a été son motif. M. de Grouchy a été informé car arrivant après la capitulation, il devait s'en servir pour le laisser partir ; au lieu de cela il a demandé à Bonaparte des ordres ultérieurs qui pouvaient entraîner la perte de ce malheureux prince... »

Le général de Piré, seul chef d'orchestre de cette pavane pour une monarchie réputée défunte, a déjà demandé son rappel. Le lundi 10 avril 1815, de Pont-Saint-Esprit, il écrit au prince d'Eckmühl, sans lui donner de l'Altesse comme le règlement le prescrit et comme le chauve l'aime :

« Monsieur le Maréchal,

« J'écris par ce courrier à l'Empereur pour lui demander d'être rappelé près de sa personne ; il n'y a plus de chance à courir dans le Midi pour le service de Sa Majesté. Je vous prie de m'obtenir la faveur d'aller vivre sous ses yeux jusqu'à ce qu'il y ait de nouvelles preuves de dévouement à lui donner. »

Va-t-il enfin décrocher une charge de colonel général ? Non, et c'est d'autant plus sot que celle de Grouchy devient libre par l'accession du beau-frère de Condorcet au maréchalat. M. de Piré serait furieux s'il ne recevait le gouvernement du Louvre et des Tuileries, poste honorable et précieux pour un hussard désargenté car il implique un traitement substantiel.

L'heure n'est point, toutefois, pour l'ancien soldat de M. de Puisaye à endosser le manteau de cour non plus qu'à chausser les escarpins. Il faut graisser les bottes car Davout lui fait tenir des lettres de service accompagnées de ce billet : « L'intention de l'Empereur est que vous preniez le commandement de la 6e division de réserve de cavalerie qui se réunit à Paris. »

Tandis que la berline du comte de Piré brûle le pavé pour satisfaire la soif du général de retrouver son maître, le Valentinois et le Languedoc deviennent le théâtre d'événements lamentables ; le duc d'Angoulême parti, ni Piré ni Radet ne se sont souciés de faire respecter les conventions. En parvenant dans les Cévennes, nombre de volontaires royaux sont assaillis et massacrés par les Protestants. Les plus chanceux parviennent à se regrouper, se réarment pour défendre leur peau. Bientôt, ils s'occuperont de faire celle des autres. Les crimes des Jacobins, tolérés sinon encouragés par les Bonapartistes, sont à l'origine d'une colère dont les effets se feront bientôt sentir : la Terreur blanche.

Dix-huit Réformés devaient, en 1816, payer les excès du printemps de 1815. Parmi ces victimes, on relève les noms de cinq femmes et de deux hommes coupables d'avoir assassiné six volontaires royaux et, s'il faut en croire la tradition, de s'être oubliés jusqu'à faire griller une partie des chairs afin de les manger.

Le fameux Trestaillons fut au nombre des volontaires. A son retour, il avait trouvé « ses récoltes dévastées, son épouse indignement outragée ».

— J'ai tué, devait-il reconnaître, les malfaiteurs que ma femme m'a désignés, pas un de moins, par un de plus. Aujourd'hui, le gouvernement du Roi me signifie un ordre d'exil auquel je ne puis obéir.

Le préfet, baron d'Haussez, devait, en 1816, entendre ces raisons et le mari trop docile resta chez lui.

Dans Paris, un instant charmé par le retour des violettes, l'atmosphère s'alourdit et le maître cherche vainement à retrouver tous ses serviteurs de l'avant-veille. En dépit des ivresses du retour, « le petit caporal » n'est pas plus souverain que « le petit père de Gand ». Les Français ne révèrent qu'une puissance, Sa Majesté l'Opportunisme. Napoléon barbote dans les sauces parlementaires : dans les nouvelles chambres, plus nulles que celles dispersées en Brumaire, s'agitent des fantômes. Revenant des jacasseries du Manège, de vieux messieurs à la tête fragile et au cœur en bandoulière se mêlent de régenter un pays indompté par Napoléon et insuffisamment séduit par Louis XVIII.

Les noms des ministres évoquent la Terreur : Fouché, Carnot, Lucien. L'archichancelier Cambacérès, investi de la Justice, secoue sa perruque à marrons, il se refuse à la moindre besogne.

Les ambassadeurs étrangers, hors le Turc et l'Américain, ont quitté la capitale. L'important n'est point de savoir si le droit et la raison vont à l'Empereur ou bien au Roi. Le peuple français, indifférent au chassé-croisé des Tuileries, ne se prend à regretter

Louis qu'à l'instant où Napoléon attise la guerre. En Vendée et en Bretagne, les anciens amis du comte de Piré chevauchent leur bidet de chasse, rameutent les paroisses pour découdre les Bonapartistes. Un Cathelineau parcourt l'Anjou, un Cadoudal le Bro-Erec, mais ce n'est que le fils de l'un et le frère de l'autre. On se bat tout de même mais tant chez les Blancs que chez les Bleus, paralysés par cet affrontement entre gens de bonne compagnie, il tombe bientôt plus de chefs que de soldats. Divisées, les provinces du sud de la Loire donnent mal mais la Bretagne, sous l'impulsion de M. de Sol et dans l'enthousiasme des écoliers de Vannes, rosse assez joliment les Patauds. Les Royaux occupent quelque 30 000 soldats conduits par le Landais Lamarque, vainqueur, en 1808, à Capri, de Sir Hudson Lowe, et bon lieutenant de Suchet en Espagne. Napoléon s'affecte de distraire un tel effectif à l'armée qu'il lui faut engager en Belgique pour prévenir l'offensive alliée.

Les militaires revenus sous la cocarde tricolore, souvent dissimulée dans la coiffe des shakos durant l'année précédente, se moquent de chefs, hier encore empressés dans les antichambres du Très-Chrétien. Quel crédit peuvent-ils accorder au major général Soult, occupé ce dernier automne de recueillir les souscriptions pour édifier un monument commémoratif aux victimes de Quiberon, à Ney, assurant au Roi, huit jours avant de le trahir, qu'il ramènerait le Corse « dans une cage de fer » ? Le pauvre Murat s'est si vilainement compromis que son beau-frère lui fait notifier l'interdiction de paraître aux Tuileries comme dans les camps.

Si l'Empereur s'élève au-dessus du mépris pour planer dans les froides régions de l'indifférence, ses partisans s'exaspèrent.

Le sang sèche vite en France et le soldat a tôt fait d'oublier ses malheurs. Un peu de gnôle dans le bidon, des buffleteries en bon cuir, le « coucou » sur sa hampe dorée roucoulant devant le régiment et les mauvaises têtes seront prêtes à « se faire encore tuer pour le sacré Tondu ».

Malgré son sang bleu, ses étoiles, son ambition et ses mauvaises humeurs, le Rosnyvinen ne pense pas autrement que les pousse-cailloux. Au demeurant, pourquoi penserait-il ? Sa carrière interrompue vient de reprendre. Dans cette plaine belge, ne peut-il, comme un enfant au manège gagne un sucre d'orge en décrochant un anneau, cueillir du sabre un bâton et un duché ? A trente-sept ans, un cavalier de l'Empire a le droit de rêver éveillé.

Comme à l'accoutumée, cet impulsif se montre raisonnable et méthodique dès l'instant que ses attributions ressortissent strictement à la condition militaire. Au-dessus de lui, un chef intelligent : le comte Reille. Gendre de Masséna, ce Provençal de bonne famille a mis plus d'empressement que son beau-père à revenir vers Napoléon. Il est vrai qu'il n'est pas encore maréchal. Il commande le 2e corps, fort de 23 000 hommes, dont 1 800 cavaliers aux ordres du lieutenant général de Piré. Au-dessous du Breton, deux maréchaux de camp bien notés : Aubert et Wathiez. Pour les avoir longuement combattus, Reille ne mésestime pas les Anglais. Le baron Hubert, prussien d'origine, soixante ans, monté grade par grade, cinq fois blessé et pas pour rire, un temps aide de camp de Montbrun, commande la 1re brigade composée du 1er chasseurs, portant, faute de crédits, le casque royal avec des lis plus ou moins martelés, et du 6e en shako. Le baron Wathiez, Versaillais, trente-huit ans, d'humeur frondeuse, cinq fois blessé comme son homologue, ancien chef d'état-major de Lasalle, préside aux destinées de la 2e brigade : 5e et 6e lanciers. Total : 1 800 hommes.

Les colonels, tel le baron Galbois, n'ont point appris la bataille chez les Visitandines. Officiers, sous-officiers et cavaliers, tous gens maintenus par la Restauration, pourtant sélective par nécessité, connaissent et aiment leur métier. Certains n'ont jamais servi sous Piré mais tous admirent ses exploits. La cavalerie légère apparaît comme une grande famille où l'on commente souvent les actes de chacun des membres. Contrairement à la légende, la distance hiérarchique demeure relative. L'armée, grâce à ses effectifs restreints, ignore l'anonymat. Si l'on aime le combat, si l'on recherche sa griserie, on possède le sens de l'utile et l'on apprécie la sécurité. On se réjouit donc d'appartenir au vainqueur de Saint-Dizier. Son entrain et la sûreté de son coup d'œil comme la rapidité de ses réactions donnent confiance.

Le Dieu des armées se montrera-t-il favorable au « général du Diable » ?

Chapitre VI

UN DIMANCHE DE PRINTEMPS

Le corps est formé devant Valenciennes.

Le mercredi 14 juin, l'armée se rassemble autour du gros village de Beaumont. Pour couvrir l'infanterie du 2e corps, bivouaquant à Leers-Forteau, le général de Piré s'installe sur la frontière belge, alors hollandaise. De l'autre côté, Sa Grâce le duc de Wellington, à la tête d'une armée hétéroclite où les Anglais dominent à peine les Hanovriens, les Nassauviens et les Brunswickois, a fixé son quartier général à Bruxelles où Napoléon compte coucher au plus tôt. Pour aller dormir au palais de Laeken, il lui faut empêcher la réunion des troupes de l'Iron Duke et de l'armée du Bas-Rhin conduite depuis Liège par le prince de Blücher, fougueux houzard de soixante-treize ans, assisté par un quartier-maître général, le comte de Gneisenau, d'une compétence à faire pâlir son homologue français le duc de Dalmatie. L'Empereur le constate dès avant de prendre la tête de ses phalanges : les ordres mal rédigés, imprécis, sont transmis avec retard et sans confirmation. La mécanique d'état-major, si minutieusement rodée par le prince de Neuchâtel, n'a pas été remise en marche. Pour Hippolyte de Piré, ancien protégé de Berthier, la différence se fait immédiatement sentir. Dès le passage de la Sambre, il constate non sans humeur que les itinéraires, bien établis par le maître, sont défectueux dans le détail. Des unités manquent s'enchevêtrer en empruntant les mêmes voies. Le ravitaillement est oublié. Des généraux s'injurient, des officiers en viennent à tirer le sabre. L'Empereur lui-même va jusqu'à déclarer :

— Si je suis obéi.

Étrange propos de la part d'un homme dont un froncement de sourcil faisait, l'an dernier, ployer les têtes les plus fières. Pour autant, il voit clair ; les armées anglo-hanovrienne et prussienne sont déployées au long des 150 km de frontière, de part et d'autre de Charleroi. La première communique avec Ostende, la seconde avec le Rhin. Pour assurer leur liaison commune, elles disposent de la route reliant Nivelles à Namur, via les Quatre-Bras, intersection de la pénétrante menant de Charleroi vers Bruxelles.

L'Empereur sait encore jouer sa partie : il inquiète Wellington, en faisant pratiquer des sorties par les garnisons de Lille et de Dunkerque. Craignant pour sa ligne de communication avec la mer, Sa Grâce se voit contrainte de regarder vers Mons et du même coup tourne le dos au houzard septuagénaire. Napoléon va se charger du remuant vieillard à Ligny, laissant au prince de la Moskowa le soin d'enfoncer aux Quatre-Bras les Anglais qu'il croit indécis et peu nombreux. Pour ouvrir la route de Bruxelles, le Rougeaud dispose théoriquement du 1er corps aux ordres du comte d'Erlon (qu'on verra errer d'un champ de bataille à l'autre), des deux corps de cavalerie du fils Kellermann et de Lefebvre-Desnouettes, et enfin du 2e corps dont dépend la cavalerie Piré.

A noter qu'on prend des gants lorsqu'il importe de citer le Breton dans l'ordre de bataille. Normalement, il appartient au groupe de Reille mais l'Empereur, comme Ney, se donne la peine de le nommer en propre. Il ne commande qu'une division et enrage d'occuper une place subalterne mais chacun s'efforce de lui faire oublier cette injustice, peut-être fruit d'une distraction.

Bafoué par la Restauration, il est mal employé par l'Empire. Ne mérite-t-il pas le commandement d'un corps autant qu'un Pajol, un Lefebvre-Desnouettes, voire un Milhaud car le régicide a repris les Aigles ? A sa modeste place, le Rosnyvinen va montrer aux grosses épaulettes ce dont il demeure capable. Sa Majesté ne lui confie que quatre régiments mais elle oublie qu'entre les mains de ce virtuose une division de 1 800 cavaliers, dévoués, béats, prêts à tous les sacrifices, devient un Stradivarius.

Le jeudi 15 juin, à Montignie-le-Tilleul, un escadron de lanciers s'offre un hors-d'œuvre ; il bouscule les fantassins du 2e bataillon des territoriaux hanovriens. Ces anciens sujets de Jérôme ont la faiblesse de se rendre puis l'ignominie de rouvrir le feu. Alors les cavaliers de M. de Piré les massacrent jusqu'au dernier et reprennent leur avance.

Tandis que le canon tonne du côté de Ligny, la bataille s'engage aux Quatre-Bras. Les Anglo-Hollandais n'étaient guère nombreux dans la matinée et les déloger eût été chose facile mais les ordres tardifs et obscurs de l'Empereur ne sont parvenus à Ney qu'à onze heures. Le temps d'aviser Reille, de le charger d'informer ses généraux, établis parfois à dix kilomètres de leur chef, de mettre les régiments sous les armes, et l'affaire ne commence qu'à deux heures.

Le commandant Henry Lachouque décrira le théâtre : « Au sud du carrefour des chaussées peut-être plantées d'arbres, Charleroi... Bruxelles et Nivelles-Namur, aux talus très élevés, un carré de trois kilomètres de côté situé entre Fresnes, Villers-Perwin, Sart-Dames-Avelines, Houtain-le-Val ; trois petits ruisseaux, quelques vallonnements, une croupe portant le Bois Bossu qui touche la route de Namur près du carrefour, longe à deux cents mètres la route de Charleroi en décrivant une courbe, la ferme de Gémioncourt à douze cents mètres de celle de Namur. Plus à l'est, Pireaumont aux abords marécageux et la ferme Lairalle. Entre elle et Villers-Perwin, le bois de la Hutte. Au carrefour même, une grosse ferme, quelques maisons, le cabaret de la Baraque. Pas de *position* particulière ; un terrain très restreint ; pas d'emplacement d'artillerie. Tel est le champ de bataille. »

Le prince de la Moskowa devrait disposer de quelque 50 000 combattants mais le comte d'Erlon, bien malgré lui, n'étant pas au rendez-vous, le maréchal dispose du 2e corps, moins la division Girard engagée à Ligny, soit 16 800 fantassins (quand la division de Jérôme, en retard, aura pris sa place) et les 1 800 chasseurs et lanciers de Piré. Derrière ces unités, il tient en réserve la cavalerie légère de la Vieille Garde — 2 000 lanciers et chasseurs sous le comte Lefebvre-Desnouettes — et le corps de grosse cavalerie de Valmy fort de 3 700 sabres. Total : 25 000 hommes en comptant les servants des six batteries.

En face, le vainqueur d'Elchingen n'avait tout à l'heure

devant lui que 8 000 hommes et les trois batteries du lieutenant général de Perboncher-Sedlnitzky dont les deux brigades — Biglandt et Saxe-Weimar — tiennent respectivement le carrefour et le Bois Bossu. Si le contingent allié s'est assuré cette position, c'est grâce à l'initiative du général major de Constant-Rebecque, cousin du nouveau fabricant de constitution appelant Napoléon quinze jours avant de rédiger l'Acte Additionnel « cet homme teint de notre sang ». Deux heures ne sonnent pas car il n'est point de clocher alentour. M. de Piré fait monter à cheval et couvre Bachelu pour faire pièce à Biglandt. L'infanterie, bien protégée, emporte Pireaumont, dernière défense au nord-est avant la chaussée.

L'action devient rude.

Si les Français reçoivent enfin le renfort de Jérôme aux prises avec un Bernard de Saxe-Weimar moins féroce mais aussi tenace que son homonyme de la guerre de Trente Ans, leurs adversaires voient quintupler leur effectif. L'Anversois Van Merlen, ancien colonel dans la Garde impériale puis général sous le duc de Raguse mais retourné légitimement à l'armée de son pays, arrive le long de la chaussée de Nivelles avec le 6e hussards et le 5e dragons néerlandais. Connaissant bien l'armée napoléonienne, il lui fait subir de graves dégâts par sa précision et sa promptitude. Après-demain, il succombera dans une cabane de Mont-Saint-Jean en murmurant qu'il meurt « tranquille n'ayant jamais fait de mal à personne ». Pour l'instant, il en fait beaucoup et c'est son devoir.

Les chasseurs manquent d'enlever le prince d'Orange trop aventuré. De Bruxelles arrivent Sir Thomas Picton avec 7 000 Écossais, en tartans de fête, déchirant l'air lourd de leurs cornemuses. Par la même voie débouchent les 5 000 cavaliers et piétons de Frédéric-Guillaume, duc de Brunswick. Avec lui le film de la bataille cesse d'apparaître en couleurs ; le visage est blanc, l'habit noir. Pipe au bec, un béret protégeant à la diable sa précoce calvitie, l'Altesse Sérénissime vient régler les comptes de son père, le stratège libéral et mélomane arrêté devant Valmy, pour l'ébahissement de Goethe, et blessé mortellement à l'affaire d'Auerstædt au désespoir de ses sujets. En dépit de ses quarante-quatre ans, Frédéric-Guillaume paraît au bord de la sénescence. Il lutte depuis Tilsit où Napoléon lui prit son duché. Chef de partisans avant de conduire une division en Espagne, il vient, au traité de Vienne, de recouvrer son souverain mouchoir de poche et entend le défendre contre l'unitarisme jacobin. Son indifférence pour la mitraille n'a d'égal que son appétit de revanche. Il a toujours trompé la mort, la donnant pour insigne à ses sombres soldats dont les officiers sont gantés de daim émeraude. Le duc avise la brigade Boudin et la fait charger par ses hussards.

M. de Piré venait de reprendre son souffle, ayant aidé les petits gars du 108e de ligne à tenir le choc devant la meute. Les fantassins, leurs cartouches tirées, ont percé de leur baïonnette le ventre de bien des mangeurs de choucroute. Le général, malgré la fumée, voit les Brunswickois tourner bride. Il possède dans sa division quatre régiments, à son violon quatre cordes ; il va donner le concerto, tantôt sur l'une, tantôt sur toutes. Un ordre à M. Hubert, le vieux chasseur, et il fait raccompagner, sabre dans les reins, les chevaliers de l'homme noir.

Le duc, impassible, a vu l'affaire. A peine mord-il le tuyau d'ambre de sa pipe. Il accueille les fuyards. Son infanterie, elle aussi, a cédé. Ce prince d'un autre âge ne dispose point de soldats affectés par quelque commandant en chef. Il est Brunswick et commande à ses Brunswickois. Leur recul lui paraît d'autant plus intolérable qu'ils sont un peu de lui-même. Patiemment, il tente de les rallier à la voix.

L'avalanche de Piré déferle sur le principicule et son état-major. Un cavalier du Breton, ignorant que la prise serait bonne, envoie, de son pistolet, quelques grammes de plomb vil dans cette chair aristocratique. Malgré le tournoiement des cavaliers français, les aides de camp descendent précautionneusement Guillaume-Frédéric de son cheval. A quoi bon ? Son âme flotte déjà dans des régions où les Quatre-Bras ne sont plus qu'un infime détail sur la carte du monde…

Étrange destinée que la vôtre, mon général, vous avez servi sous le père, et l'un de vos chasseurs vient de tuer le fils !

Ce triste succès ne peut qu'en attirer d'autres. La division Piré sait bien que son maître ne saurait la tenir quitte pour un tel exploit. Les chevaux sont blancs d'écume, les hommes à mi-morts, il n'importe. Le Rosnyvinen, haut fonctionnaire de la destruction, continue d'œuvrer. Rarement blessé, alors qu'il s'expose sans cesse, cet intellectuel de la bataille n'est point insensible aux misères du soldat mais il est chargé de vaincre et il vaincra. Son honneur comme l'inconfort de sa position politique lui commandent de tout mettre en œuvre pour gagner.

Il ne voit plus les mouvements, d'ailleurs incohérents, du Rougeaud et de Reille. Supérieur à ses chefs, il entend demeurer l'égal de ses subordonnés. L'ayant emporté sur le duc de Brunswick, il se jette sur l'infanterie de Sir Thomas Picton. La guerre, c'est toujours amusant pour un maréchal, divertissant pour un général, intéressant pour un colonel désireux de monter en grade, moins drôle pour les obscurs.

Hippolyte, sous son bicorne à plumes de cygne, demeure entre ciel et terre. Assez soucieux d'augmenter ses parements d'une rangée de graines d'épinard, il continue l'assaut mais, demeuré près de la troupe, connaît le prix de l'effort demandé aux cavaliers de MM. Hubert et Wathiez.

James Anton, sergent du 42 highlanders *(Black Watch)* de la brigade de Pack relatera l'affaire : « Nous approchions de la ligne de feu. Il y avait des tirailleurs en face de nous, mais il était impossible de les voir. Ils étaient perdus dans des champs de blé très hauts et notre avance était gênée. A cet instant, nous nous arrêtâmes et nous allions mettre sac à terre et faire la pause lorsque le général Pack [Sir David, commandant la 9e brigade britannique] étant arrivé au galop reprocha à notre colonel de ne pas avoir fait mettre la baïonnette au canon ce qui fut fait immédiatement. Puis, à peine avions-nous chargé nos armes que le cri de *En avant* retentit. Nous traversâmes le champ de blé qui était devant nous avec la plus grande difficulté, nos shakos étant à la hauteur des épis jusqu'au moment où, assez en désordre, nous donnâmes dans un champ de trèfle. Mais nous reprîmes vite notre formation pour recueillir dans nos rangs les tirailleurs belges qui se repliaient devant les Français. Ceux-ci, toutefois, ayant vu nos kilts, hésitèrent un instant puis reculèrent. Assoiffés de sang, nous poussions des hourras sauvages, poursuivant l'ennemi en déroute. »

Quelques escouades d'infanterie avaient alors décroché mais le sous-officier écossais, trop heureux de trouver là motif à reprendre du cœur au ventre, transforme ce mouvement local en débâcle. Il a besoin de rassembler tout son courage car :

« C'est alors que le maréchal Ney, nous ayant observés, dirigea sur nous un régiment de lanciers. Nous les aperçûmes à distance et les prîmes d'abord pour des Brunswickois venus tailler en

La bataille de Waterloo.

pièces l'infanterie en fuite, car, comme chacun le sait, lorsqu'elle est à découvert et en désordre, toute infanterie est à la merci d'une charge. Nous fîmes halte dans l'intention de laisser passer les cavaliers, mais à la vérité, nous étions plantés là beaucoup trop confiants... C'est seulement lorsqu'un dragon allemand vint nous prévenir au galop, criant *Francöze ! Francöze !* que nous réalisâmes notre méprise. En un éclair, nous formâmes le carré et au même moment la charge arriva, à toute allure. Nos éclaireurs, victimes de la même erreur que la nôtre et dans l'incapacité de se replier, furent instantanément exterminés par les lanciers, qui, de plus, tuèrent notre brave colonel Macara d'un coup qui

lui transperça la gorge et atteignit le cerveau. A mon sens, les lanciers sont les cavaliers les plus dangereux et la baïonnette du fantassin est trop courte pour lutter avec eux... Le lieutenant-colonel Dick, ayant pris le commandement à la suite de la mort du colonel Macara, tombait bientôt lui-même, atteint de graves blessures. Le commandant Davidson lui avait à peine succédé qu'il était tué. En quelques minutes, le régiment fut commandé par quatre chefs successifs. »

Le sergent et ses highlanders trouvent à peine le temps de reformer leur carré qu'arrive sur eux l'ouragan du comte de Valmy :

« Les cuirassiers approchaient, menaçant deux de nos côtés. Il y eut un moment d'attente absolument mortel. Puis le général Pack qui était à l'un des angles du carré leva son chapeau vers l'officier français, comme s'il rendait un salut. Comment l'assaillant comprit-il ce geste ? Crut-il que nous voulions nous rendre ? On ne sait. Toujours est-il que les nôtres virent là le signal d'ouvrir le feu, ce qui fut fait sur-le-champ. On vit alors les pesants cuirassiers tomber pêle-mêle de leurs chevaux et les chevaux choir sur eux dans une affreuse mêlée. »

Si le Breton avait connu ce récit, son cœur eût bondi de joie sous son habit lamé d'or ; les braves Écossais avaient vécu l'enfer sous les lances de Piré mais se rigolaient des grands sabres du comte de Valmy. La faute, pourtant, n'en incombait point au valeureux fils du maréchal Kellermann. Enthousiasmé par les succès de M. de Piré, le prince de la Moskowa avait fait donner prématurément la grosse cavalerie contre l'avis de son chef, contraint après un échec prévisible de regagner, blessé, les lignes en s'accrochant aux étriers de deux de ses cavaliers.

L'heure est aux chasseurs et aux lanciers. Électrisés par leur général, ils ont renvoyé vers le désœuvrement céleste les anges gardiens des *Black Watch* et accommodent à leur façon la brigade Kempt. Les Britanniques, anticipant sur une affaire proche, meurent mais ne se rendent pas. A l'intelligence manœuvrière se substitue l'approche directe, brutale, sans attrait. L'artillerie, mal dirigée de part et d'autre, continue d'obscurcir ce terrain où les responsables auraient tant besoin de voir clair. M. de Piré, lui, discerne encore les mouvements de l'ennemi. Poursuivant fougueusement un effort méthodique, il mène ses gens jusqu'aux Quatre-Bras. Là, un général sobrement vêtu mais portant au chapeau trois cocardes, la noire, bien connue de Hippolyte, l'espagnole et la portugaise, est contraint de solliciter les flancs de sa monture. Il est capitaine général de Ferdinand VII, maréchal général de Jean VI mais d'abord field marshall du souverain le plus puissant du monde, le très gracieux dément George III. C'est Wellington ! La furia de Piré se décuple. Prendre le commandant en chef de l'armée des Pays-Bas, s'emparer du vainqueur de Torres Vedras et de Vitoria, n'est-ce pas réduire la coalition, l'amener à composer, peut-être à signer la paix ? Que le général prenne l'Iron Duke et l'on verra bien si les Pajol et les Lefebvre-Desnouettes continuent d'exercer de plus grands commandements que les siens. La toque à sept plumes et le bâton semé d'abeilles sont au bout de la poursuite. Encore un effort. Lanciers et chasseurs donnent des éperons mais *Copenhague* a d'excellentes jambes et les bonnes vieilles bourriques de la 2e division ne sauraient se mesurer longtemps à ce descendant de Godolphin Arabian.

Adieu les sept plumes et le bâton ! *Copenhague* a sauvé son maître et rejeté par son ample foulée blanche M. de Piré dans la pénombre.

« Le Beau », ainsi ses *privates* nomment-ils leur galant commandant en chef, renforce sans trêve son dispositif tandis que « le Brave des braves » attend toujours le comte d'Erlon. A la nuit, la tuerie s'arrête, les Anglo-Hollandais réoccupent les points d'appui de Pireaumont, de Gémioncourt et les lisières du Bois Bossu. Les adversaires bivouaquent à portée de pistolet. Enfin, des détachements du 1er corps relèvent les avant-gardes de Reille.

Depuis Stettin et Saint-Dizier, Hippolyte de Piré ne s'était jamais donné tant de gloire mais il n'est que le héros d'une journée indécise. Le prince de la Moskowa, en dépit de son indomptable courage, ne l'a point emporté. Est-il vaincu ? Pas vraiment. Vainqueur ? Sûrement pas puisque Wellington tient toujours son maudit carrefour. Ce soir, *Copenhague* a droit, sans doute, à double ration...

A Ligny, Napoléon a fait un peu mieux, contraignant les Prussiens à s'en aller. A cette nouvelle, le field marshall lord, établi dans une hutte couverte de feuillage, décide le samedi 17 juin vers 11 heures du matin, de se donner plus d'aises :

— Le vieux Blücher a reçu une sacrée bonne fessée. Le voilà parti à dix milles en arrière. Il faut que nous en fassions autant. Je suppose qu'on dira en Angleterre que nous avons été rossés mais je n'y puis rien.

L'Empereur, arrivé sur place, dirige lui-même la poursuite sur sa jument *Désirée*, lointaine parente et digne émule de *Copenhague*. Hélas pour le revenant de l'île d'Elbe, le ciel, ce jour-là, n'est point bonapartiste ; l'orage se met de la partie. La rue étroite de Genappe où sous des hallebardes s'engouffrent poursuivis et poursuivants permet aux arrière-gardes anglo-hollandaises un fructueux combat de retardement. L'armée des Pays-Bas, étrillée mais non détruite, s'en va prendre position à Mont-Saint-Jean.

Le comte de Piré n'a point perdu sa belle humeur mais il est en droit de s'interroger sur l'intelligence de ses chefs et la rigueur du destin ; Napoléon, en donnant sa gauche au prince de la Moskowa, sa droite au maréchal de Grouchy pour se réserver la majeure partie de la Garde et quelques bataillons, a-t-il fait preuve de son habituel discernement ? Eckmühl au ministère, Albufera sur les Alpes, Raguse chez Louis XVIII, Saint-Cyr enfermé chez lui et Tarente refusant de servir, il ne disposait pas de mieux mais il était de sa personne à la fois trop loin et trop près. Sa proximité paralysait ses deux lieutenants, capables de commander seuls loin du maître mais non dans cette position fausse où se mêlait la subordination.

Dans l'instant, le Souverain fait bon visage ; les opérations du 16 juin ont amoindri les deux armées ennemies. Leur réunion apparaît désormais improbable. Que Grouchy veille à contenir les Prussiens qu'on dit en retraite vers Liège, et l'Empereur, assisté de Ney, va reprendre sa marche sur Bruxelles.

Mal renseigné sur l'affaire des Quatre-Bras et s'illusionnant sur la portée de son succès à Ligny, Napoléon croit ou veut croire ses ennemis en retraite. Le comte Reille, fort de son expérience d'Espagne, ne partage point l'optimisme du César.

Au soir du samedi 17 juin, le chef du 2e corps et ses grands subordonnés, MM. de Piré, Bachelu, Foy, le prince Jérôme ont trouvé gîte à Genappe, à l'*Hôtel du Roi d'Espagne.* L'endroit est fort convenable, et l'amphitryon fait de bonnes affaires. Hier, il accueillait le duc de Wellington, attablé pour l'heure à l'*Auberge Jean de Nivelle,* à Waterloo.

Messieurs les généraux bavardent. L'heure est à la détente et l'on se réjouit de porter sur les épaulettes trois étoiles permettant de pénétrer dans un hôtel que les guides touristiques gratifieraient aujourd'hui de deux.

Demain, on laissera peut-être sa peau dans une rencontre mais l'instant est à réchauffer ses os. Les ordonnances ont fait diligence ; on a changé de chemise et de bottes. Le feu crépite dans l'âtre. Les mets, dans ce pays riche, sont savoureux. Empressés, les serviteurs se montrent conscients d'entrer dans l'Histoire en remplissant les assiettes des lieutenants de Napoléon. S'ils savaient que demain ils porteront la soupe à Blücher !

M. de Piré, ayant en cavalier léger coutume de s'éclairer, prête attention aux propos d'un garçon de l'auberge. Ce matin, tandis que le bonhomme apportait le breakfast au duc de Wellington, il a laissé traîner l'oreille. Un aide de camp de Sa Grâce a parlé — était-ce un ordre, un souhait — « d'une réunion concertée des Anglais et des Prussiens à l'entrée de la forêt de Soignes ».

Le renseignement vaut de l'or.

Lorsque Reille et Jérôme le répètent le lendemain matin au déjeuner de Napoléon, à la ferme du Caillou devenue pour une nuit palais impérial, Sa Majesté se fâche presque :

— Sottise ! Après une bataille comme celle de Ligny, la jonction des Anglais et des Prussiens est impossible.

Le duc de Dalmatie déplore l'absence des 33 000 hommes de Grouchy jetés à la poursuite des Prussiens. Ne vont-ils pas manquer contre celui que les anciens d'Espagne nomment « Vilain jeton » ? Réplique du souverain, sans aménité :

— Parce que vous avez été battu par Wellington, vous le regardez comme un grand général. Et moi, je vous dis que Wellington est un mauvais général, que les Anglais sont de mauvaises troupes, et que ce sera l'affaire d'un déjeuner.

— Je le souhaite.

Napoléon se tourne vers Reille, ancien d'Espagne comme le major général. Que pense-t-il de l'adversaire ?

— Bien postée, comme Wellington sait le faire, et attaquée de front, je regarde l'infanterie anglaise comme inexpugnable en raison de sa ténacité calme et de la supériorité de son tir.

L'Empereur fait la moue, le chef du 2e corps poursuit :

— Avant de l'aborder à la baïonnette, on peut s'attendre que la moitié des assaillants seront abattus. Mais l'armée anglaise est moins agile, moins souple, moins manœuvrière que la nôtre. Si l'on ne peut la vaincre par une attaque directe, on peut le faire par des manœuvres.

Napoléon repousse son couvert :

— Si mes ordres sont bien exécutés, nous coucherons ce soir à Bruxelles.

Et c'est le dimanche de Waterloo.

On le sait depuis Stendhal et son Fabrice, rien n'est plus obscur qu'une grande bataille et celle-ci, à force d'être gagnée sur les guéridons des cafés du Commerce par des stratèges maniant des allumettes, désespère les narrateurs. Le fils du général Hugo l'a toutefois bien vue. Dans son goût de la simplification et des jeux cabalistiques, il écrit : « Ceux qui

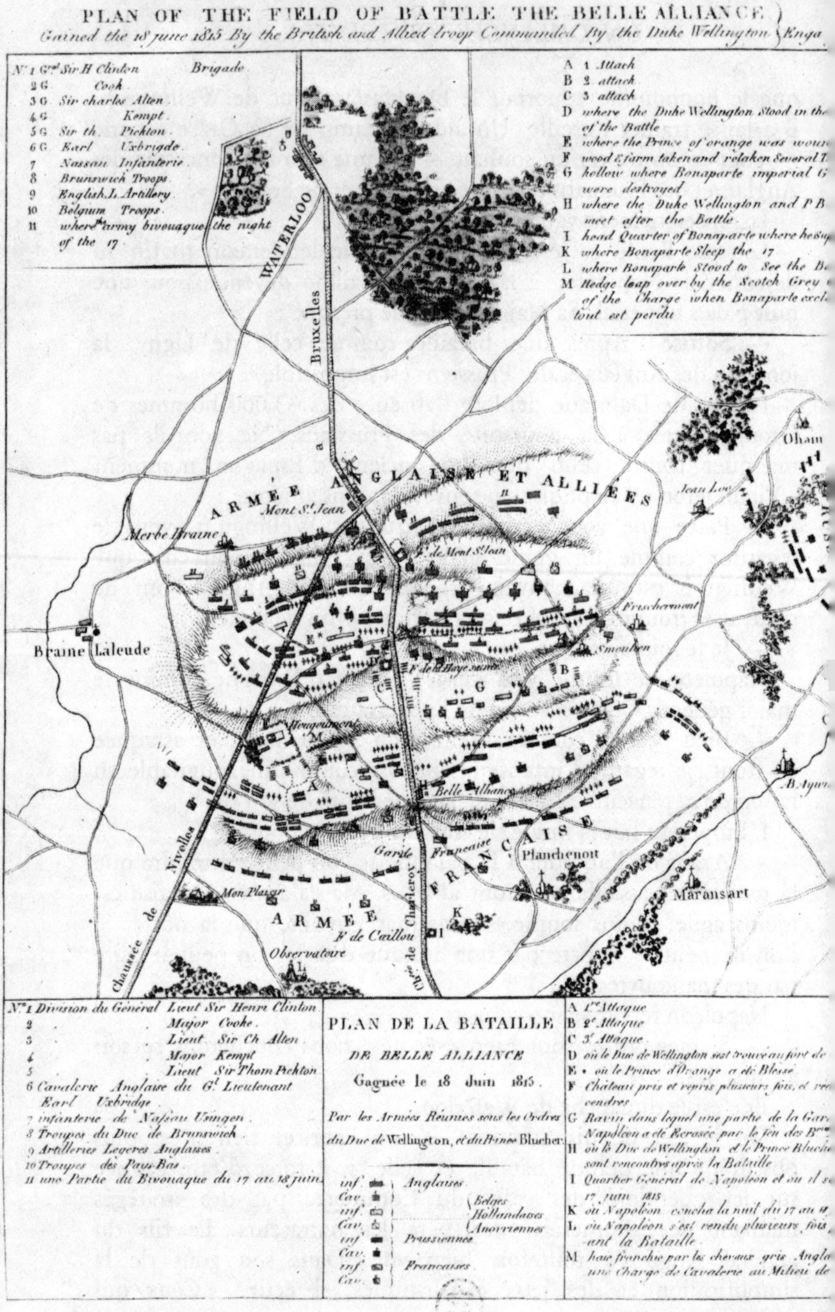

Plan de la bataille de Waterloo : ferme de la Belle-Alliance.

veulent se figurer nettement la bataille de Waterloo n'ont qu'à coucher sur le sol par la pensée un A majuscule. Le jambage gauche de l'A est la route de Nivelles, le jambage droit est la route de Genappe, la corde de l'A est le chemin creux d'Ohain à Braine-l'Alleud. Le sommet de l'A est Mont-Saint-Jean, là est Wellington. La pointe gauche inférieure est Hougoumont, là est Reille avec Jérôme Bonaparte ; la pointe droite inférieure est la Belle-Alliance, là est Napoléon. Un peu au-dessous du point où la corde de l'A rencontre et coupe le jambage droit est la Haie-Sainte. [...] Le triangle compris au sommet de l'A, entre les deux jambages et la corde, est le plateau de Mont-Saint-Jean. [...] Les ailes des deux armées s'étendent à droite et à gauche des deux routes de Genappe et de Nivelles ; d'Erlon faisant face à Picton, Reille faisant face à Hill. Derrière la pointe de l'A, derrière le plateau de Mont-Saint-Jean, est la forêt de Soignes. Quant à la plaine en elle-même, qu'on se représente un vaste terrain ondulant ; chaque pli domine le pli suivant, et toutes les ondulations montent vers Mont-Saint-Jean, et aboutissent à la forêt. [...] Sur ce terrain et pour ce duel, le 18 juin, Wellington avait le bon côté, Napoléon le mauvais. L'armée anglaise étant en haut, l'armée française en bas. »

Le Français, virtuose de la manœuvre sur les lignes intérieures et des concentrations éclair contre un ennemi moins nombreux, en est réduit à mener, avec des forces sensiblement égales, une offensive frontale sur un terrain choisi par l'adversaire. Il va livrer, en champ clos, une bataille de consentement mutuel où l'imagination créatrice s'efface devant la force.

A la pointe gauche inférieure de l'A, à gauche de Hougoumont (ou Hougomont), le comte de Piré tient ses quatre régiments de part et d'autre de la chaussée de Nivelles. Napoléon, ayant à la demande de l'artilleur Drouot, inquiété par la pluie, retardé le moment de vérité, laisse frapper les trois coups.

Sonne la demie de 11 heures lorsque, soucieux de déséquilibrer la défense britannique, il ordonne à M. Reille d'enlever la position de Hougoumont.

M. de Piré voit s'engager les fantassins du 2e corps. Leurs trois divisionnaires ne manquent pas de cœur au ventre ; Jérôme — lesté du comte Guilleminot, excellent commandant en second — dégagé des grands rôles impartis par le népotisme

La ferme de Hougoumont.

napoléonien, fait oublier l'éphémère roi de Wesphalie dont le surnom *lustig,* gai, est devenu *loustic* dans le parler populaire. Bachelu fait merveille comme avant-hier à Ligny. Foy, bientôt figure de proue de la revendication libérale, essuie l'inconfort d'une action moins excusable encore que les folies de Hippolyte. Si M. de Piré, tardivement et petitement employé par la Restauration, a proclamé l'Empire à Rennes, le comte Foy, comblé d'honneurs par Louis XVIII, et créé par ce prince grand officier de la Légion d'honneur puis inspecteur général d'infanterie, a, deux jours après l'ancien Chouan à Rennes, imité son exemple à Nantes. Il parle beaucoup, M. Foy, mais se bat bien. Devant l'imprenable Hougoumont, il recevra sa quinzième blessure.

Une bataille à Waterloo ? Non, un carnage. M. de Piré le sait bien ; il est en présence d'un règlement de comptes idéologique. Les fidèles de Napoléon ont à gagner peu mais tout à perdre. Le général Rogniat avait clamé :

— Pas de prisonniers.

Les *boys* de Wellington répondent :

— *No quarter*.

Très vite, la passion tourne à la rage, l'héroïsme à la férocité. La lutte pour la possession d'Hougoumont devient atroce. Tout le 2e corps est immobilisé dans cette manière de siège sans que, d'évidence, les cavaliers de Piré puissent apporter le moindre soutien. C'est seulement vers 3 heures de l'après-midi que l'Empereur fera dire à Reille de bombarder les bâtiments. Nul, pas même le chef de corps, n'en avait pris l'initiative. A la pointe gauche inférieure de l'A, le lieutenant général distingue mal le champ de bataille d'instant en instant obscurci par la fumée. « Réunion concertée des Anglais et des Prussiens à l'entrée de la forêt de Soignes », le Breton ne saurait chasser de son esprit cette menace ; bien sûr, elle ne pèse pas directement sur sa division car les corps de Blücher ne peuvent déboucher qu'à la droite du dispositif français. Sait-il que Napoléon, enfin préoccupé par cette affaire, a fait tenir à M. de Grouchy, hélas rédigé dans le sabir de Soult et porté par une seule estafette, l'ordre de rallier Waterloo tout en collant à l'armée de Blücher qu'à Wavre, le maréchal croit tout entière devant lui.

Au bout de son A, M. de Piré n'est pas tranquille ; l'inaction lui pèse ; si les gros des Anglo-Hollandais sont engagés au Nord, il reste en Est, à gauche de la route de Nivelles, des réserves nombreuses stationnées dans le bourg de Braine-l'Alleud. Là, outre la 6e brigade de cavalerie de Sir Cecil Grant, carrément sur les arrières du lieutenant général, se trouvent les régiments de Sir Colin Halkett et en seconde ligne la redoutable infanterie néerlandaise du lieutenant général de Chassé.

Comme M. van Merlen et pour les mêmes raisons, David-Henri, baron de Chassé et de l'Empire, connaît parfaitement les armées napoléoniennes. Sous le vieux Lefebvre, puis Drouet d'Erlon en Espagne, blessé devant Arcis-sur-Aube l'année dernière, ce Néerlandais n'a pas changé de camp mais son camp, lui, n'appartient plus à Napoléon.

M. de Piré, dévoré par l'inaction, et conscient de son inutilité durant cette interminable attaque d'Hougoumont, décide de changer d'air et se porte à la tête de ses régiments contre les réserves anglo-bataves.

Victor Hugo, énumérant « les péripéties très diverses », déplore « l'inutilité de la démonstration de Piré sur Braine-l'Alleud, toute cette cavalerie, quinze escadrons, à peu près annulés ». Admirable raconteur de Waterloo, le poète cède en l'occurrence aux tentations de l'imaginaire. Certes, l'affaire n'est point allée sans pertes. Wathiez est blessé mais, sommairement pansé, remonte à cheval. Des escadrons ont souffert mais n'ont pas perdu leur cohésion.

D'évidence la fortune, déjà capricieuse à Ligny, s'est montrée hostile. M. de Piré, bien inspiré, a tenté judicieusement une diversion. Pourtant face à la supériorité numérique des réserves ennemies, il ne pouvait s'engager plus avant et trop longtemps.

Ayant repris sa position initiale, sans instructions, il devient spectateur malgré lui. Un moment toutefois, il tournera Plancenoit à l'extrême droite avec ses quatre régiments pour appuyer l'infanterie... En vain. Tandis qu'il continue d'observer Chassé, qu'il regarde Jérôme s'acharner sur Hougoumont, Foy et Bachelu, réquisitionnés par le prince de la Moskowa, échouer devant la Haie-Sainte, sait-il que le corps de Bülow vient d'entrer dans le jeu ? Sans doute car le Prussien fait donner le canon pour prévenir Wellington et l'engager à tenir...

Le champ de bataille devient indéchiffrable.

Désormais la droite impériale sous d'Erlon, aux prises avec le nouvel assaillant, ne saurait agir contre les Anglais.

Le Rougeaud bat la plaine, improvise sans trêve des opérations mal combinées. Il est sept heures lorsque Piré fait prévenir l'Empereur : une immense colonne sort de Braine-l'Alleud. C'est la division Chassé, appelée par le duc de fer pour prendre place au centre du dispositif. Les Alliés, occupant les routes principales, circulent derrière leurs lignes avec plus d'aisance que les Français.

La Moyenne Garde est refoulée par Chassé.

Il est huit heures, et Blücher, flanqué de Zieten, se lance dans l'action. La Vieille Garde se casse les dents sur La Haie-Sainte. Soudain, un cri terrifiant court de bataillon en bataillon :

— La Garde recule.

Les fantassins de Bachelu, de Foy cessent de se conduire en

héros pour n'être plus que des fuyards. Une panique incoercible s'est emparée des troupes. Quelques unités donnent encore l'exemple. Les carrés de la Garde où s'enferment les généraux épuisent leur cartouches.

La terreur va-t-elle s'emparer des régiments de Piré ? A quoi leur sert-il d'être commandés par un général du diable puisqu'il n'a plus de tours dans son sac ? Lanciers et chasseurs retraitent vaille que vaille. Les lanciers seront sauvés par une méprise : poursuivis, sabre aux reins, par la brigade de Sir John Vandeleur, ils s'étonnent de voir lâcher prise leurs enragés persécuteurs. Les cavaliers britanniques sont rompus... par les Hanovriens peu habitués à se battre au clair de lune.

Ultime sourire dans la nuit atroce de la débâcle. Le canon s'est tu. L'hymne de Luther et le *God save the King* s'éteignent. On n'entend plus que la longue plainte des agonisants.

Une troupe dorée mais crottée, emplumée mais désespérée chemine vers le sud. Elle compte quelques personnages de haute réputation ; le major général songe-t-il qu'à force de retourner sa veste on finit par tacher sa chemise ? Le grand maréchal d'un palais, désormais sans préfets ni chambellans, rêve-t-il d'une autre suite pour le gendre des Césars ? Pour l'heure, elle est maigre. Hors ces deux grands officiers de l'Empire — Soult et Bertrand — et l'artilleur Drouot, privé de canons, elle comprend MM. de La Bédoyère et Gourgaud dont les étoiles toutes neuves n'auront pas brillé longtemps et le page Gudin. Tout à l'heure, l'adolescent a pourvu le maître d'un cheval de troupe alors que Napoléon se laissait arracher d'un carré de la Garde où, peut-être, il souhaitait en finir.

L'Empereur a quitté le champ de bataille d'aujourd'hui mais retrouve celui d'avant-hier ; il parvient aux Quatre-Bras. C'est vieux d'un siècle, du temps qu'une grande et belle armée tentait de s'ouvrir la route de Bruxelles. A la lueur de quelques feux grimacent les victimes d'une rencontre heureuse au regard de la catastrophe de ce soir. Vision d'épouvante ! Les morts du 16 juin accueillent les moribonds du 18. Dans leurs tenues maculées de sang et de boue, Français de Ney, Écossais de Picton, Allemands de Brunswick, semblent encore s'affronter en attendant la pelle des fossoyeurs. Déjà, les couleurs des uniformes paraissent moins vives ; la terre brabançonne, éternellement disputée, a commencé son œuvre. Les pillards s'en sont mêlés, enlevant les montres et les bourses mais aussi les décorations, les pistolets, les épaulettes frangées d'or ou d'argent, les insignes nationaux dont les brocanteurs donneront une poignée de billon. Les cadavres deviennent vite anonymes.

« Planté au milieu du carrefour, écrira le commandant Henry Lachouque, bras croisés, tragique fantôme en redingote grise, Napoléon regarde obstinément vers Waterloo. Des fuyards le reconnaissent, s'écartent, passent. On entend au loin ce tambour poméranien dont le son grêle poursuit les Français. »

Les lanciers de la Garde protègent l'idole foudroyée. Passe leur colonel, bras gauche en écharpe, le fugitif peut l'identifier aisément : c'est le lieutenant général comte Édouard de Colbert, baron de l'Empire. Pour porter une couleuvre sur son écusson, il n'a pas manqué d'en avaler quelques-unes ; volontaire au bataillon Guillaume Tell, sous-lieutenant suspendu par Hoche comme Royaliste après Quiberon, adjudant major des Mameluks, homologue de Piré chez le prince de Neuchâtel, général sous le duc d'Istrie, il a connu la faveur de Louis XVIII et ne s'est résolu que le 23 mars à se présenter chez le revenant des Tuileries. Le César blême l'a fraîchement reçu :

— Général Colbert, il y a trois jours que je vous attends.

Après quoi, il l'a confirmé dans le commandement des chevau-légers lanciers « de France », redevenus « de la Garde impériale. » Ce descendant d'un ministre surnommé « le Nord » n'a point, cet après-midi, montré de froideur. Si les troupes bonapartistes n'ont pas enlevé Mont-Saint-Jean, la faute n'en est point à lui. Moustache en bataille, sabre au poing, chapka de travers, il a reculé les bornes de l'impossible. Des hauteurs de Belle-Alliance, Napoléon l'a-t-il vu, menant à la fête et au sacrifice des cavaliers, peut-être sans opinion mais heureux d'en découdre ? Un stupéfiant dialogue s'engage :

— Qui êtes-vous ?

— Les lanciers de votre Garde, Sire.

— Ah ! Oui… où est Piré ?

Interloqué, le bel Édouard marque un silence puis :

— Nous n'en savons rien, Sire.

— Comment ? Et le Sixième de Lanciers ?

C'est la meilleure meute du sanglier rennais, celle qu'avait dressée le baron Galbois. Colbert fait effort pour répondre posément :

— Il n'était pas avec nous.

Le regard du vaincu prend une inquiétante fixité.

— Mais qui êtes-vous donc ?

— Sire, je suis Colbert et voici les lanciers de votre Garde.

— Ah ! Oui... et le Sixième de Lanciers ? Et Piré ? Piré ?

Colbert émet un signe d'ignorance, salue, retourne à sa troupe. Que s'est-il passé ? Où situer l'origine de la confusion ? Certes, l'Empereur a pu regarder les lances aux flammes rouges et blanches, identiques pour toute l'arme. Pourtant, les lanciers de Galbois, brigade de Wathiez, division Piré, sont vêtus de vert alors que les hommes de Colbert portent la tunique écarlate. Sa Majesté serait-elle daltonienne avant la lettre ? Se souvient-elle, aux Quatre-Bras, des succès remportés par le Rosnyvinen, déplore-t-elle qu'à Waterloo le général du diable n'ait pas renversé la situation irrémédiablement compromise par l'acceptation d'un champ de bataille choisi par M. de Wellington ? Aurait-elle, comme l'affirmera Hippolyte de Mauduit dans son journal, intimé l'ordre à Piré, dès le recul de la Garde, d'évacuer ses positions pour gagner Genappe ?

— Et Piré ? Piré ?

Il est loin, Sire. Il va, faites excuse, comme vous-même, abandonner la partie, et, la Sambre repassée à Marchienne, brûler le pavé afin d'atteindre Paris.

Le baron Wathiez, encore que blessé, essaie, vaille que vaille, de rejoindre le maréchal de Grouchy. Il s'en trouvera bien car ce chef, paralysé par la proximité de l'Empereur, va, hors sa présence, montrer tout ce dont il est capable.

M. de Piré n'est pas le seul des généraux à s'être dispensé de ses obligations. Radet, le gendarme de Rome et de Pont-Saint-Esprit, grand prévôt de l'armée, et comme tel chargé de faire respecter la discipline, a crevé ses chevaux pour rejoindre la capitale. Tromelin, parti le dernier du champ de carnage, s'est estimé quitte, et on ne saurait condamner l'action de ce soldat irréprochable. Rogniat, hier sous le duc d'Angoulême, a laissé le commandement du génie, à la grande colère du ministre de la Guerre. Au demeurant, l'exemple vient de plus haut. Si Napoléon, chef civil en même temps que militaire, était en droit de s'en aller (comme de Russie, et du temps qu'il devait encore obéissance, d'Égypte), le prince de la Moskowa s'est passé de toute autorisation.

Le lieutenant général a mesuré l'étendue de la catastrophe ; une affaire comme Waterloo ne se répare point. L'armée du Nord, maintenant commandée par M. de Grouchy, peut, grâce au talent de son chef, échapper à l'encerclement et regagner la France avec les débris des corps engagés contre Wellington, mais elle ne saurait faire face à l'invasion. La coalition dispose aujourd'hui de 750 000 hommes, demain d'un million. Rapp est en retraite à Strasbourg devant les Austro-Wurtembergeois. Lecourbe bataille comme un lion devant Scharzenberg et va défendre Belfort en désespéré. Le duc d'Albufera, en dépit de sa science, devra, sur le front des Alpes, demander un armistice aux Austro-Piémontais. A l'ouest, le général de Sol et Joseph de Cadoudal, bien que mal remis de la bataille d'Auray, font désormais la loi.

Le 18 juin fut un sombre dimanche.

Chapitre VII

LA DERNIÈRE BATAILLE

Le mercredi 21 juin, l'Empereur rentre à l'Élysée. Les Chambres se sont déclarées en permanence. Lucien et le prince d'Eckmühl proposent à leur maître de brumairiser les bavards. Il s'y refuse, et le lendemain, en échange de la reconnaissance de son fils, pourtant aux mains de « Papa François », se résout à signer sa seconde abdication. Peine perdue, un gouvernement provisoire est élu par les parlementaires et se donne Fouché pour président. Quelle meilleure protection qu'un régicide (deux de ses collègues, Carnot et Quinette, portent la même tache) pour prévenir le retour du Roi ! Eckmühl, lui-même membre avec le duc de Vicence de cet exécutif à cinq têtes, trouve désormais son souverain de la veille fort encombrant. Dans la soirée du jeudi, tandis que fédérés et ouvriers des faubourgs acclament l'ancien général Vendémiaire, le chauve vient inviter le Tondu, sans trop de façons, à quitter le palais. Écœuré, Napoléon consent et demande à la reine Hortense l'hospitalité de Malmaison. La dame aux yeux mauves, contente de réparer ses coquetteries de l'an passé avec les ennemis de son beau-père et beau-frère, s'empresse d'accepter.

Au carrefour des Quatre-Bras, Napoléon cherchait Piré. Le voici. L'Empereur l'entretient-il du cauchemar de la semaine passée ? Refait-il pour la première fois cette campagne de Brabant qu'il ne cessera jusqu'à ses fins dernières de commenter... et de gagner sur le papier ? On ne sait. Les témoins de l'agonie de Malmaison se sont montrés moins diserts que les spectateurs de Fontainebleau. Parle-t-il de philosophie et de politique comme au matin du 17 juin alors qu'il eût fallu prendre d'urgentes dispositions pour empêcher la réunion de Sa Grâce le duc de Fer et du maréchal En Avant ? On se montre exigeant envers les génies et l'on s'irrite lorsque Napoléon n'est pas tous les jours Napoléon. Depuis sa tentative de suicide, il se montre fréquemment distrait, futile, tracassier.

M. de Piré ressent une impression détestable ; comme il est loin le jeune Consul, capable d'attirer dans les rangs de ses « Canaris » les Chouans les plus impeccables ! Comme il est loin l'impavide imperator de Somosierra, le magicien aux stratagèmes inépuisables de 1814 ! Napoléon est brisé. Sous le poids de l'infortune, le plus grand capitaine du monde a ployé. Hippolyte attendait de lui des miracles, il n'entend que des discours. Malmaison, en dépit du parfum des roses de Redouté, exhale une odeur de mort.

Au sortir du château, le lieutenant général est en proie à la plus vive inquiétude ; l'Empereur ne peut rien. Sauf pour quelques nostalgiques de la Révolution, il est devenu l'objet d'une haine d'autant plus vive qu'elle succède à l'adulation. Ses serviteurs sont perdus. La seconde Restauration, désormais inévitable, ne pourra conserver les méthodes indulgentes de la Première. Le Rebelle de Rennes, l'ennemi de Mgr d'Angoulême ne peut attendre aucune mansuétude. M. de Piré s'affole tel une mouche se heurtant aux parois d'un bocal.

Est-ce sur le conseil de son épouse ou de son ami, le général de La Motte, qu'il prend une détermination aussi singulière que hardie ? Il ira visiter M. de Vitrolles. A Paris, les nouvelles vont vite. Les militaires savent que le baron, sorti du donjon de Vincennes où l'unijambiste Daumesnil le tenait étroitement serré, a repris sa bonne habitude de 1814 : négocier de sa propre initiative.

A la hâte, il fait porter un billet rue Saint-Florentin. Sans doute sait-il que le maréchal de Gouvion-Saint-Cyr, le général Dessolle, ami de Moreau, chef d'état-major du comte d'Artois pour la Garde nationale, et quelques autres militaires fidèles à la cocarde blanche viennent conférer là depuis trois jours, étudiant les moyens de hâter le retour de Louis XVIII.

On possède quelque droit lorsqu'on arrive de Waterloo de

rédiger maladroitement une lettre. Le texte du comte de Piré ne va point sans étrangeté :

« Monsieur le Baron,

Vous devez comprendre facilement que j'ai une explication particulière à vous demander et que vous avez à m'indiquer un rendez-vous. Recevez, Monsieur le Baron... »

Une journée passe sans que le lieutenant général reçoive de réponse. M. de Vitrolles a pourtant la réputation de ne jamais traîner. Mais justement le ton de la correspondance a fait croire au baron qu'il s'agit d'une affaire au sens le plus inquiétant du terme. Si ce modeste faiseur de Roi — la première Restauration est son fait — apparaît d'un courage à toute épreuve, il trouve le moment mal choisi pour aller sur le pré. Travaillant nuit et jour pour évincer dans son principe le nouvel empereur Napoléon II, comme pour écarter la candidature de Louis-Philippe d'Orléans, vieux rêve des Libéraux depuis les troubles de l'Ancien Régime finissant, il trouve le cartel inopportun. Pourtant, homme d'honneur, il se résout à répondre : M. de Vitrolles attend M. de Piré, le samedi 24 juin à midi.

Le baron a pris ses précautions et relatera dans ses Mémoires : « Je prévins un de mes parents, le colonel de Meyronet, de se trouver chez moi à 11 heures[...] et d'y venir avec sa calèche et des armes, pistolets ou épées. [Se considérant comme l'offensé, il ne s'attache point au choix des armes, écartant seulement le sabre dont son adversaire, officier de cavalerie, n'aurait pas le droit de faire usage même s'il se tenait pour maître d'adopter l'instrument le plus favorable à sa propre survie.] Au jour marqué, le colonel arriva, prêt à la fête, et je l'envoyai chez Madame de Vitrolles [à l'époque, les gens de bon ton ne disaient pas « ma femme »], attendre le moment où j'aurai besoin de lui. Peu d'instants après, je vis entrer M. de Piré, accompagné du général de La Motte, du nombre de ceux qui étaient venus se ranger auprès de moi à Toulouse. Je reçus ces Messieurs avec la froideur convenable [possible mais Vitrolles et froideur n'ont jamais rimé]. J'étais debout, mon chapeau à la main, lorsque le général de La Motte, prenant la parole, me dit que M. de Piré avait reconnu combien il avait été trompé sur la part qu'il m'avait attribuée dans les défaveurs qu'il avait éprouvées l'année précédente. Il avait rendu justice à mon caractère ; il venait m'en apporter le témoignage, et en même temps se mettre à ma disposition. »

En un tel cas, même le plus brave respire ; M. de Vitrolles offre des sièges à ses visiteurs.

Au vrai, Hippolyte n'avait pas rédigé maladroitement sa demande de rendez-vous. Waterloo n'était pour rien dans l'apparent désordre de son poulet. Il s'est livré volontairement à la menace pour tirer profit d'un coup de théâtre. Paradoxe, le plus subtil des Provençaux s'est laissé prendre à la feinte du plus imprudent des Bretons.

Ils ont peur tous les deux. Vitrolles, rétrospectivement, d'être haché menu par ce fier-à-bras, Piré, maintenant, de n'être pas entendu par cet intrigant.

M. de La Motte, bon auxiliaire du commissaire du Roi dans l'affrontement de Toulouse, rayé des cadres par l'Empereur, a su mettre un peu de liant. La langue du comte est sèche mais l'oreille du baron attentive. Le hussard de Napoléon joue son destin devant le diplomate de Louis XVIII, de souris redevenu chat. La voix lui revient. « M. de Piré, avec sa parole facile et assurée, reprend Vitrolles, m'expliqua comment, exaspéré par les rigueurs dont il avait été victime en 1814, il avait cru pouvoir me les attribuer ; mais aujourd'hui, mieux instruit, il me priait d'oublier cette offense ; et, de plus, il me demandait de recevoir l'acte de soumission au Roi, et sollicitait les occasions de lui dévouer ses services. »

Décidément, Mon Général, c'est à la bonne porte que vous avez frappé. Vous entendez, comme dans un rêve, le bonhomme Vitrolles prononcer des paroles d'apaisement ; il vous assure de l'entier oubli des griefs que vous aviez élevés contre lui. Il reçoit avec plaisir votre soumission...

Le lieutenant général est ivre de joie. Aurait-il si facilement berné son interlocuteur ?

L'autre reprend :

— Je n'ai aucun pouvoir pour vous assurer les effets que vous pouvez attendre de ma compréhension. Le Roi et ses ministres peuvent-ils oublier ce qu'on peut vous reprocher contre la Restauration l'an dernier et durant la période que nous venons de vivre ? Le drapeau blanc traîné dans les rues de Rennes, comme la mission que vous acceptâtes à Pont-Saint-Esprit.

Le hussard pâlit.

La suite va lui rendre quelque couleur.

— Je vous promets, général, de faire connaître au Roi qu'aujourd'hui, 24 juin 1815, vous avez fait entre mes mains la plus complète soumission mais... [Ici, M. de Vitrolles esquisse un sourire.] ... Je vous prie de ne m'imputer en aucune manière ce qui en résultera pour vous dans l'avenir.

Le lieutenant général se récrie. Il reviendra chez le baron afin de trouver des occasions de se dévouer à la cause royale.

Napoléon réside à Malmaison, Louis XVIII à Cambrai. Vitrolles veut faire partir l'un et rentrer l'autre. Fouché, d'accord sur le premier point, entend assortir le second de solides garanties. Le régicide et le Condéen seraient d'égale force si la blême excellence ne possédait l'avantage de la malhonnêteté. L'absence de conviction du « scélérat de toutes les couleurs » (*dixit* Napoléon) lui confère une supériorité. Il mettra tout en œuvre pour éviter un ralliement de l'armée à Louis XVIII et empêcher le déclenchement d'un mouvement royaliste dans Paris. Il importe de rendre la Restauration impossible sans lui.

Vitrolles veut un roi rappelé par les Français, Fouché veut un roi choisi par les Alliés. Cette ignominie, à l'origine de la légende « des fourgons de l'étranger », s'explique aisément. Président de la Commission provisoire, et par conséquent chef de l'État, le duc d'Otrante peut, en promettant de neutraliser l'armée, obtenir l'attention sinon la sympathie de Wellington et répandre ensuite, pour calmer les Bonapartistes, que les Anglais exigent le retour aux fleurs de lis.

Tandis que les Chambres jacassent et que le maréchal de Grouchy ramène en bon ordre, éprouvée mais non détruite, l'importante armée du Nord, le comte de Piré devient un pion sur l'échiquier de M. de Vitrolles. Comme il possède ses entrées à Malmaison, il peut le renseigner sur les intentions de l'Empereur. De pion, M. de Piré devient espion. Peut-on lui tenir grief ? A l'heure où le prince d'Eckmühl s'emporte contre Napoléon, où le maréchal Saint-Cyr rêve de le faire arrêter, où Vendéens et Chouans traitent avec Fouché, où M. de Grouchy et le régicide Milhaud se prennent de passion pour la cocarde blanche, où Talleyrand fait des mots et Benjamin Constant ses malles, où La Fayette et même Lanjuinais s'intéressent plus au droit constitutionnel qu'à l'indépendance de la Patrie, va-t-on reprocher à Hippolyte de miser sur les deux tableaux ? Les lis et

les abeilles, c'est très beau, mais l'important c'est de sauver sa carcasse. Dans ce Paris fou de l'été 1815, où chacun s'active, où les mouches du coche bourdonnent, le lieutenant général joue sa partie. A la vérité, il éprouve les effets d'une double déception. Ayant transféré son allégeance dynastique des Bourbons à Napoléon, il se voit contraint d'abandonner l'un sans faire retour aux autres. Il n'aime plus l'Empereur bouffi mais n'apprécie que médiocrement le roi podagre. Dans cette semi-vacance du pouvoir où Fouché, assisté de quatre imbéciles, préside aux destinées de la Nation, tous les coups sont permis. A Malmaison le matin, rue Saint-Florentin dans la soirée, le comte de Piré, rescapé de Ligny comme de Waterloo, tente de préserver une peau, à ses yeux précieuse : la sienne.

« Le plus souvent, rapporte dédaigneusement M. de Vitrolles, je n'apprenais par lui que les propos du salon de service, qui

La Malmaison, par Petit.

ressemblaient un peu à ceux des antichambres. D'autres fois le général pénétrait dans le cabinet et m'en rapportait les conversations. Celles-là même avaient peu d'intérêt. Faute de sujets plus importants, M. de Piré un jour parla de moi et de ma sortie de prison. La reine Hortense était présente :

« — On ne saurait être fâché qu'un prisonnier recouvre la liberté, dit-elle, mais cependant on dit que celui-là est bien dangereux pour l'Empereur. »

Napoléon, même foudroyé, demeure lucide. Il déclare :

— Ah ! Ils ont fait sortir M. de Vitrolles et il est resté à Paris ! Ce n'est donc pas le duc d'Orléans qu'ils veulent placer sur le trône.

Comme Chateaubriand, le baron est ravi d'être pris au sérieux par le titan. Il attendait la consécration de son ennemi, la trouve et en est heureux. N'avait-il point déjà figuré sur la liste des treize « sieurs exceptés de l'amnistie » promulguée par Napoléon à Lyon le 12 mars ? Il note encore, consignant les impressions de M. de Piré :

« L'attitude de Napoléon était plutôt celle de l'indifférence que de l'abattement. Il ne prenait aucun parti parce qu'il n'en voyait aucun à prendre. Usé par la fièvre de ses entreprises et de ses succès, il ne lui restait rien dans les revers, et il se laissait aller au branle de sa mauvaise fortune... Un jour, le général de Piré, revenant de Malmaison, m'annonça que Bonaparte paraissait enfin songer à son départ.

« — Depuis deux jours, me dit-il, il n'est occupé qu'à garnir lui-même des rouleaux d'or. Il avait aujourd'hui devant lui un tas énorme de pièces d'or. C'est à faire mal au cœur en vérité !

« Plus tard, il me fut dit qu'en effet la vue de l'or avait porté au cœur de M. de Piré.

« — Il y a des gens bien malheureux, avait-il dit à l'ex-empereur, qui se sont compromis à votre service au point de ne savoir ce qu'ils deviendront et qui se trouvent sans ressources.

« Napoléon, pour toute réponse, lui jeta quatre ou cinq rouleaux qu'il ramassa avec satisfaction. »

S'il faut en croire la reine Hortense, le secrétaire Fleury de Chaboulon et l'historien Vaulabelle, l'affaire aurait pris les proportions d'un esclandre ; le mardi 27 juin, le comte de Piré serait, en compagnie du général Chartran, venu pour la troisième fois à Malmaison. Dans le beau domaine, où, devant les roses de Redouté, Napoléon évoque le fantôme de sa créole, on veut empêcher les deux compagnons d'aller jusqu'au maître. Chartran s'est gravement compromis dans les affaires du Midi pour avoir, à Toulouse, incité son chef Laborde à s'insurger contre le commissaire du Roi, baron de Vitrolles, avant de proclamer l'Empire dans la turbulente ville d'Albi. L'Empereur est en conversation avec le chef du secrétariat d'État, cet Hugues-Bernard Maret, duc de Bassano, dont M. de Talleyrand aime à dire :

— Je ne connais qu'un homme plus bête que M. Maret, c'est M. le duc de Bassano.

Le César pèse ses chances lorsqu'un vacarme trouble sa méditation ; dans l'antichambre les deux visiteurs terrorisent les aides de camp par leur tapage. Ils tempêtent : « Le gouvernement provisoire vend la France aux Bourbons. Si Sa Majesté ne les secourt pas, ils se brûleront la cervelle à ses yeux. » On les laisse pénétrer dans le cabinet où le vaincu leur fait compter cinq cents écus à chacun, soit un an et demi de retraite. Chartran s'estime heureux, pas Piré. « Ses réclamations prirent un tel caractère de vivacité, qu'il y eut un moment de tumulte dans le château et que les officiers de service durent accourir. M. de Piré emporta 12 000 francs. »

Pauvre Hippolyte, fallait-il que sa bourse fût plate ! Peut-être cette affaire a-t-elle été contée sans bienveillance. Le Rosnyvinen était un gentilhomme de haute manière. Il aura tendu la main avec plus de formes mais ses victoires, sa liberté de parole, la rapidité de son avancement, ses retournements aussi n'ont guère prédisposé témoins et narrateurs à lui donner le beau rôle. Après tout, Napoléon, en le jetant dans l'aventure du Valentinois, l'avait sciemment enterré. Il pressentait la proscription ou l'exil et savait combien l'or est utile pour faire face à l'adversité.

Le propos de M. de Vitrolles apparaît plus crédible lorsqu'il conte la suite de ses relations avec le vainqueur de Saint-Dizier :

« Son zèle pour nous ne se ralentissait point, et il vint m'offrir ses bons offices auprès de deux régiments de cavalerie qui étaient à Versailles. Il en connaissait particulièrement les colonels et nombre d'officiers. Faire déclarer ces deux régiments, les décider à changer leurs cocardes et leurs étendards, était une entreprise qu'il ne croyait pas au-dessus de ses forces. Je l'autorisai à jouer cette carte, et il partit plein de confiance. Le surlendemain, je lisais dans un journal qu'un corps prussien ayant menacé Versailles, les deux régiments de cavalerie l'avaient attaqué, défait, et que le général de Piré avait chargé à la tête de ces braves troupes. Je m'étonnai de la manière dont mon envoyé avait rempli sa mission, et je lui en demandai compte à son retour.

« — Que voulez-vous, me dit-il, je m'étais mis en rapport avec les chefs et les officiers influents ; c'était à la fin du déjeuner que je devais leur développer ma proposition, et je n'étais pas sans espoir de la faire accepter. Mais, pendant que nous étions à table, on est venu nous annoncer l'approche de l'ennemi. Le boute-selle sonnait ; ce n'était pas le moment de quitter mes camarades. La fête était trop belle, et, ma foi, j'ai chargé avec eux. Nous avons admirablement culbuté les Prussiens. »

Le commissaire du Roi va-t-il se fâcher ?

« L'aventure était si naturelle, si militaire, si française, que je ne trouvai pas un reproche à lui adresser. A sa place j'en aurais fait autant. »

Le colonel de Sohr commandait une brigade à la réserve de cavalerie sous le général de Wahlen-Jurgäss, du IIe corps prussien aux ordres du général-major de Pirch Ier.

Le colonel de Sohr frisait ses grandes moustaches, astiquait ses brandebourgs, dilection naturelle pour une mode née sur les bords de la Sprée. Il portait au col le « Pour le Mérite » et n'en manquait point. Sa large poitrine s'ornait de deux croix de fer et ses deux régiments valaient de l'or. Il commandait au IIe Hussards de Brandebourg et au Ve de Poméranie. Au pays du gothique, les numéros des unités s'écrivent en chiffres romains.

Au matin du samedi 1er juillet, « la plus belle cavalerie légère de l'Europe » — parce qu'on n'est jamais si bien servi que par soi-même, les cavaliers du colonel s'étaient décernés ce surnom — avait pu quitter ses cantonnements de Saint-Germain-en-Laye pour Versailles dans l'espoir, après ravitaillement dans la cité royale, de gagner Villacoublay puis de couper la route d'Orléans.

A Paris, le prince d'Eckmühl, de ministre de la Guerre devenu pratiquement généralissime, jugeait raisonnable de mettre fin aux hostilités mais devait compter avec les jusqu'au-boutistes. Tout le monde ne possédait pas le coup d'œil d'Hippolyte de Piré ou le calme de M. de Tromelin mandaté pour négocier avec Lord Wellington ; les romantiques de l'action, Jacobins comme Vandamme ou Pajol, vaguement Orléanistes autour de d'Erlon, dévoués à l'Empereur tel Petit, l'embrassé de Fontainebleau, ou Christiani, le père Roguet et quelques moindres seigneurs tricolores prônaient « la défense jusqu'au dernier soupir » et repoussaient les Bourbons, « ces princes rejetés par la majorité des Français ». Ils avaient réuni dix-sept signatures et fait lire leur adresse à la Chambre par le citoyen Dupont (de l'Eure) déjà bien fatigué. Le chauve se devait d'autant plus d'accorder une suprême satisfaction à ses remuants subordonnés que Vandamme commandait en chef la rive gauche de la Seine et entendait bien, Napoléon parti de Malmaison depuis le jeudi soir, reprendre le rêve du maître et battre les Prussiens trop aventurés. Le prince d'Eckmühl avait promis un développement de l'affaire mais allait volontairement la limiter. M. de Piré, s'il faut l'en croire, déjeunait donc avec quelques amis lorsque, d'ordre de Vandamme, le comte Exelmans, ancien grand écuyer de Joachim Ier à Naples, persécuté par Soult l'hiver dernier, réunit son monde. Quelques raisons militaient dans l'esprit de ce Lorrain en faveur de la poursuite des opérations. Le 19 mars, il avait groupé des officiers en demi-solde à Saint-Denis et, à leur tête, s'était emparé des canons dont disposait le duc de Berry. Après quoi, il avait poursuivi, d'ailleurs mollement, la Maison du Roi durant son exode de la Semaine Sainte. Il rameuta l'une de ses deux divisions de cavalerie, forte de 1 600 dragons aux ordres du lieutenant général Strolz, le 6e hussards, quelque quatre cents sabres de la brigade Vallin et le 1er chasseurs du colonel Simmoneau, toujours coiffés, comme aux Quatre-Bras et à Waterloo, du casque royal. Ces cavaliers venaient de servir sous M. de Piré. Pouvait-il décemment les laisser partir pour un combat, sans doute le dernier, sans prendre leur tête ? On ajoutera, pour que la fête fût complète, quelques autres chasseurs, ceux du baron Domon, autre ancien de Naples, et le 4e de ligne, car il fallait tout de même quelques fantassins et un soupçon d'artillerie puis l'on prit le chemin de Versailles.

Le colonel de Sohr et ses huit cents cavaliers avaient mis pied à terre devant le château dès le potron-jaquet. Sur la place d'armes, les citadins ne tardèrent point à venir contempler « la plus belle cavalerie légère de l'Europe ». Aux Royalistes comme aux Bonapartistes, les Prussiens n'inspiraient guère la sympathie. Occupés de venger Iéna, ils ne présentaient le plus souvent ni la gentillesse autrichienne, ni la correction anglaise, pas même cette attitude si déconcertante des Russes vous enlevant votre montre et votre femme mais capables de vous rendre l'un et l'autre pourvu que vous acceptiez de trinquer un peu longuement. Pourtant ces messieurs du colonel de Sohr se conduisirent bien. Leur politesse étonna. Leurs lieutenants n'étaient-ils pas les plus précieux pétales de la fine fleur d'un royaume engoué tout à la fois de Voltaire et de Rivarol. Les fils du maréchal d'York, les Kalkreuth, un Manteuffel, un Messerschmidt servaient sous M. de Sohr. Tandis qu'à l'exemple de hussards plus obscurs les Versaillais commençaient à boire sec, arriva le maire qu'on nommait chevalier parce qu'il était titulaire de l'ordre de la Réunion. Il déclina sa ravissante identité : Blaise-François-Aldegonde Jouvencel. Il ôta son chapeau haut de forme à la Werther, et le colonel, dont les décorations et les brandebourgs étincelaient au soleil largement levé, lui tint à peu près ce langage :

— Monsieur le bourgmestre, les soldats de Sa Royale Majesté (ainsi nomme-t-on dans son pays le chef des Hohenzollern depuis la mutation du grand électeur) ne feront aucun mal à vos estimables administrés. Je garantis, en son nom, la sécurité des habitants.

M. Jouvencel écoute :

— ...Mais, conformément aux lois de la guerre, je vous saurais gré de bien vouloir nous fournir les vivres du jour. D'abord deux mille fers...

Exigence légitime, les chevaux de Sohr vont sur les boulets.

— ...Quelques onces de drap, une dizaine de montures de remonte, à boire et à manger, et nous serons quittes.

M. Jouvencel n'était pas mécontent. Il acquiesça. La brigade repartit. Elle quittait Versailles pour Villacoublay lorsque le piège monté par Exelmans contre les nouveaux chevaliers teutoniques se referma.

Tandis que Vallin s'établissait au Chesnay, et Domon à Fontenay-le-Fleury, l'interlocuteur du baron de Vitrolles tenait sa cavalerie à Rocquencourt.

Le colonel de Sohr était cruellement empêché de gagner la route d'Orléans : privé de l'infanterie promise par ses supérieurs, il retraitait, sabre en main, lorsqu'il tomba sur le général du diable...

On s'était battu devant le hameau de Marie-Antoinette, on s'était étripé dans cette admirable nature domptée un moment par l'homme, on avait satisfait à l'honneur militaire, lorsque M. de Piré lâcha ses loups.

Ce fut moins une bataille qu'un massacre. Le sanglier de Bretagne se fit une joie de découdre les prétendus veneurs. Les civils s'en étaient mêlés, canardaient l'envahisseur.

L'affaire se termina dans ces bois du Chesnay, alors sauvages, où l'on ne coulait pas encore le béton du profit. Assurément, « la dernière charge de l'Empire » n'avait rien d'épique ; les Bonapartistes s'étaient mis à dix contre un pour provoquer l'inconvénient d'une petite avant-garde du prince de Blücher. A Paris, pourtant, l'effet produit avait été considérable. Le colonel de Sohr, blessé sérieusement à la cuisse et plus profondément dans son amour-propre, était prisonnier. Et avec lui, les fils du

Plaque apposée en mémoire de la bataille de Roquencourt.

maréchal d'York, MM. de Manteuffel, de Kalkreuth, de Messerschmidt.

Le général baron Thiébault, mégalomane à la plume néanmoins précieuse, notait ce jour-là : « Les deux régiments furent parqués à l'École militaire. J'allai les voir… La figure singulièrement expressive d'un des prisonniers déjà vieux, vrai type de figure de hussard fumant sa pipe, me décida à l'aborder. Il était hors de lui :

— Hé bien, lui dis-je en allemand et en l'apostrophant à la troisième personne, vous ne vous attendiez pas à entrer comme cela dans Paris ?

— Seigneur Jésus, s'écria-t-il, on n'a jamais vu un coup

comme celui-là. Deux régiments de hussards pris comme des souris, et sans qu'il s'en sauve un seul... Non, cela ne s'est jamais vu. »

Et Thiébault, passionné, tente d'expliquer à longueur de page que son ami Vincent fit tout mais que son ennemi Burthe n'y fit rien. Discussion entre subalternes ; nul n'a nié, en revanche, la part des trois lieutenants généraux, Exelmans, Strolz et Piré. Une plaque apposée sur le mur d'une maison de Rocquencourt perpétue le souvenir de ce très honorable et très inutile affrontement.

« Insignifiant », proclamera Clausewitz. « Incroyable », bougonnera Blücher. A la vérité, le commandement prussien, fort des assurances pacifiques de M. d'Otrante, avait considéré cette partie de campagne comme une tricherie.

Le dimanche 2 juillet, on se canonne à Sèvres et l'on échange devant Ivry quelques arquebusades. Le lundi 3, le général de Tromelin — les anciens Chouans sont partout — obtient de Blücher une suspension d'armes pour vingt-quatre heures. Au soir, la Chambre ratifie une capitulation baptisée pour l'honneur convention d'armistice. Il est dit par les Alliés qu'aucun responsable de la subversion et de la guerre ne sera poursuivi. Les Anglo-Prussiens entendent par-là marquer leur volonté de n'exercer de leur chef ni discriminations ni représailles à la faveur de leur victoire mais ils ne sauraient s'engager pour l'avenir.

Le mercredi 5, l'armée ex-impériale évacue Paris pour gagner les pays de Loire. Le lendemain, le Ier corps du lieutenant général de Zieten pénètre dans la capitale. M. de Vitrolles et avec lui le charmant Hyde de Neuville, le maréchal de Gouvion-Saint-Cyr, le bailli de Crussol et quelques autres, ont raté leur affaire ; les Prussiens précèdent le Roi.

Fouché, pour prix de sa trahison, a reçu le ministère de la Police et dressé une liste de proscriptions sur laquelle, affirmera le prince de Talleyrand :

— Il faut lui rendre cette justice, il n'a oublié aucun de ses amis.

Le samedi 8, Sa Majesté très podagre, venant de Saint-Denis, retrouve son cabinet des Tuileries mais non ses tabatières emportées par Napoléon, présentement à l'île d'Aix.

Hippolyte de Piré n'a point quitté Paris. Entretient-il l'espoir de sortir indemne de l'aventure ? Est-il résigné, prêt à tendre le cou ? Compte-t-il sur la générosité du baron de Vitrolles dont il paraît avoir abusé, tant en rapportant des conversations imaginaires à Malmaison qu'en prétendant s'entremettre pour faire reprendre la cocarde blanche.

Depuis trois mois, il a dépensé sans compter son grand talent militaire et les maigres ressources de son astuce civile.

Le prince d'Eckmühl a pris la tête de l'armée de la Loire. Le maréchal de Gouvion-Saint-Cyr le remplace au ministère. Républicain puis Royaliste, parce que toujours libéral, ce joueur de violon, passionné d'agronomie, n'a jamais été napoléonien. L'homme à la redingote bleue déteste l'homme à la redingote grise et lui ressemble quelque peu par son horreur de l'ostentation et son habileté manœuvrière. Ses collègues ne l'aiment pas : il les laissait battre sans leur porter secours pour se donner le plaisir de commenter leur défaite en reprenant leurs opérations. En revanche, ses subordonnés, parfois déroutés par son apparente nonchalance, font confiance à sa droiture et à sa détermination dans les moments délicats. En accord avec Louis XVIII et M. de Talleyrand devenu président du Conseil, le maréchal va limiter les proscriptions. Certains ultras en sont fâchés — le duc de Berry, M. de Salaberry, quelques autres — mais dans les rangs de l'Extrême Droite figurent aussi des hommes plus politiques et plus généreux : MM. Hyde de Neuville, de Vitrolles. Avec eux, et en dépit d'une opinion publique maintenant encolérée contre Napoléon et ses serviteurs, M. de Gouvion-Saint-Cyr va tenter l'impossible : empêcher les Français de s'abandonner aux délectations épuratrices.

Le lundi 24 juillet, toutefois, est signée l'ordonnance de proscription. Elle est publiée le 26 dans *le Moniteur* :

« Les généraux et officiers qui ont trahi le Roi avant le 20 mars [ce n'est pas le cas du comte de Piré] ou qui ont attaqué la France et le gouvernement à main armée, et ceux qui par la violence se sont emparés du pouvoir [il est assurément de ceux-là] seront arrêtés et traduits devant les conseils de guerre compétents dans leurs divisions militaires respectives.

« Savoir : Ney, La Bédoyère, les deux frères Lallemand, Drouet d'Erlon, Lefebvre-Desnouettes, Ameil, Brayer, Gilly, Mouton-Duvernet, Grouchy, Clauzel, Laborde, Debelle, Bertrand, Drouot, Cambronne, La Valette, Rovigo. »

On voit mal comment le comte de La Valette, directeur des

Postes, peut relever d'une division militaire mais l'important n'est point là ; le Breton échappe à la première catégorie de l'ordonnance. Il n'évite pas d'entrer dans la seconde :

« Les individus dont les noms suivent, à savoir : Soult, Alix, Exelmans, Bassano, Marbot, Félix Le Peletier, Boulay (de la Meurthe), Méhée, Fressinet, Thibaudeau, Carnot, Vandamme, Lamarque (général), Lobau, Harel, Piré... »

Vingt-trois personnages font cortège, comparses sans relief ou gens d'envergure tels le duc de Padoue ou le comte Réal. Le texte précise qu'ils « sortiront sous trois jours de la ville de Paris, se retireront dans l'intérieur de la France, dans les lieux que notre ministre de la Police Générale leur indiquera et où ils resteront sous surveillance en attendant que les Chambres statuent sur ceux d'entre eux qui devront sortir du royaume, ou être poursuivis devant les tribunaux ».

Le baron de Vitrolles, présent lors de l'établissement des listes, avait sauvé son remuant visiteur. Il notera :

« Les généraux Grouchy et Piré étaient portés dans cette première catégorie ; je réclamai pour l'un et pour l'autre en demandant qu'ils fussent portés sur la seconde liste. Je fis savoir pour tous les deux les rapports que j'avais eus avec eux, la soumission volontaire qu'ils avaient faite entre mes mains et que j'avais acceptée au nom du Roi ; je rappelai les services qu'ils avaient rendus depuis ce moment. On m'accorda de placer M. de Piré sur la seconde liste ; mais tous mes efforts en faveur de M. de Grouchy furent inutiles, le ministre de la Guerre lui fut absolument contraire. »

Le duc d'Otrante jouait sa partie avec son ignominie coutumière mais ne cherchait pas le sang. Le goût, chez lui, en était passé depuis les mitraillades de Lyon. Lazare, comte Carnot et de l'Empire, découvrant son nom sur la seconde liste, avait apostrophé le géant albinos :

— Où veux-tu que j'aille, traître ?

— Où tu voudras, imbécile.

Avant de disparaître de la scène, les terroristes un temps enrubannés par l'Ajaccien retrouvaient la trivialité des clubs. L'imbécile gagnera la Belgique puis l'Autriche. Le traître, pour se défendre auprès de ses anciens amis, rejetait la responsabilité sur le Château. On l'entendit s'écrier :

— Comment voulez-vous que je fasse ; on veut des noms, ils

pleuvent des gouttières des Tuileries. M. de Vitrolles est là qui les ramasse à pleines corbeilles ; il me les rapporte, il faut bien que j'en donne !

Le jeudi 28 juillet, le Czar, descendu chez Pozzo di Borgo, car il boudait M. de Talleyrand, son hôte de 1814, coupable à ses yeux d'avoir à Vienne réconcilié France, Autriche et Angleterre sur le dos des Russes et des Prussiens, invite M. de Vitrolles à venir le visiter. Le baron saurait d'autant moins se dérober qu'il souhaiterait marier la grande-duchesse Anne au très remuant duc de Berry, amant après le maréchal Bessières de la danseuse Virginie Oreille.

Alexandre défend d'abord Carnot. Le baron donne d'excellentes raisons à la mesure frappant le bonhomme et précise qu'on ne l'inquiétera point s'il se tient tranquille. Le Souverain paraît satisfait puis pose sa main sur le bras de l'ardent Provençal. Son intonation devient affectueuse ; il ne parle plus au ministre mais au gentilhomme :

— A présent, c'est à vous que je m'adresse, je connais la parfaite franchise de votre caractère, et je veux être franc avec vous. Eh bien, je suis convaincu que c'est pour vous avoir arrêté l'année dernière à Chaumont que M. de Piré est proscrit.

— Ici, je puis dire à Votre Majesté que je n'éprouve aucun embarras à lui répondre. Peut-être devrais-je laisser à d'autres le soin de lui dire ce que j'ai fait en faveur du général de Piré ; mais puisqu'elle m'interpelle d'une manière aussi directe, je me crois autorisé à lui faire connaître ce qui s'est passé à ce sujet. Il n'a jamais été fait aucun reproche à ce général sur l'enlèvement du convoi où il présumait trouver M. le comte d'Artois, au mois de mars de l'année dernière. Mais depuis cette époque l'insolence de ses propos et même de ses démarches…

Quelles démarches ? Pauvre Hippolyte ! Il a raconté n'importe quoi, c'est certain, mais il s'est contenté de réclamer son maintien dans un commandement. Au vrai, le duc de Dalmatie, à l'époque de sa ferveur royaliste et de sa souscription pour la colonne de Quiberon, a noirci l'ancien Chouan aux yeux du personnel royaliste. Même M. de Vitrolles, pourtant devenu son avocat, se fait l'écho de la légende d'un Piré révolté, voire comploteur. Le Czar, pourtant, n'interrompt pas le représentant de Louis XVIII :

— … ont forcé le ministre de la Guerre, et c'était le maréchal

Soult, d'envoyer M. de Piré en surveillance dans ses foyers. Au retour de Napoléon, M. de Piré, entraîné par son caractère et sa situation, fut le premier à exciter à Rennes une violente manifestation contre le Roi. La cocarde blanche fut foulée aux pieds, les autorités royales renversées, le drapeau blanc traîné dans les ruisseaux, ce qui caractérise au premier chef le délit que nous poursuivons...

Ces scènes lamentables ne sont que trop véridiques. Pourtant, le lieutenant général, s'il est responsable avec Bigarré de l'insurrection contre le prince de La Trémoïlle, ne peut avoir encouragé des agissements aussi bas ; lorsqu'on ne veut plus d'un emblème, on le brûle comme l'a fait le bonapartiste Marbot lui-même, à Valenciennes, le 23 mars, en empêchant les cavaliers ivres du 7e hussards, anciens de la « Brigade Infernale », de profaner un drapeau décroché d'un clocher, comme l'a fait le général Jeanin, au désespoir du colonel Roussel pour le drapeau du 10e de Ligne, la veille même de Waterloo. Peut-être, l'ancien Chouan a-t-il négligé de se prémunir contre une telle canaillerie mais, à coup sûr, il s'est gardé d'encourager un acte semblable.

M. de Vitrolles poursuit sa justification devant l'étrange autocrate, porté le plus souvent à défendre Jacobins et Bonapartistes :

— Ensuite, la première mission qu'il (M. de Piré) accepta fut de se rendre à Pont-Saint-Esprit pour siéger au conseil de guerre qui devait décider du sort de Monsieur le duc d'Angoulême. On assure que son avis fut des plus violents, et n'allait à rien moins qu'à menacer la tête du prince.

Est-ce vrai ? L'ancien officier du père a-t-il parlé de faire fusiller le fils ? Siégeaient dans ce conseil, en l'absence de Grouchy, le gendarme Radet et Mouton-Duvernet. Eux ou leurs aides de camp se sont-ils laissés aller à des bavardages ? A moins que Hippolyte, dans l'ivresse du retour des violettes ne se soit vanté.

Le baron achève en rappelant la soumission du général, « le désaveu de sa conduite passée », et conclut :

— On lui en a tenu compte en le plaçant sur la seconde liste qui le soumet à rester en surveillance, jusqu'au moment où les Chambres se prononceront sur sa culpabilité.

Le Salomon des neiges admet l'explication mais refuse poliment la main de sa sœur Anne, déjà convoitée par Napoléon, après le mariage de son aînée Catherine, et bientôt unie au prince royal de Hollande. M. de Vitrolles est fixé ; l'empereur Alexandre ne laissera point le vainqueur de Saint-Dizier à la merci des courroux parlementaires. Ordre est donc donné de lui fournir des passeports. Étrange Romanov ; naguère il avait pris à son service les Royalistes irréductibles, le duc de Richelieu, les comtes de Langeron et de Saint-Priest, le Constitutionnel Pozzo di Borgo. Maintenant, non sans avoir fait épargner le duc de Vicence, il va recueillir sinon le plus compromis du moins le plus maladroit des Bonapartistes.

Le lieutenant général, pour une fois, avait joué sa partie subtilement. Au lieu de partir pour les pays de Loire avec le prince d'Eckmühl, Brayer et leurs « brigands », il avait porté ses plaintes devant le plus sensible des arbitres. Alexandre possédait assez de grandeur d'âme pour estimer ses vainqueurs et il se souvenait des exploits d'Ostrowno.

Jeté dès l'âge de onze ans dans une émigration, M. de Piré va, à trente-sept, en connaître une nouvelle.

Chapitre VIII

LE TEMPS DE LA RANCUNE

Le souverain de Saxe était un chétif seigneur. En 1806, Napoléon, las de nommer des préfets, avait créé des rois. Aux Électeurs devenus inutiles, il retira leur bonnet mais ferma la couronne de quelques-uns de ces princes. Frédéric-Auguste III fut du nombre et devint Sa Majesté Frédéric-Auguste Ier. Si « l'amitié d'un grand homme est un bienfait des dieux », elle ne tarda point à le compromettre. Il aimait l'empereur des Français mais ce sentiment n'était partagé ni par ses sujets ni par ses voisins. En 1813, ses soldats tournèrent casaque. C'était du temps que M. de Piré courait après le général de Thielmann. A Leipzig, ce fut pire. Les corps saxons engagés dans la bataille se retournèrent durant l'action contre leur chef, le comte Reynier. Ce Suisse, devenu français, et Frédéric-Auguste lui-même furent capturés par les Alliés. Au Congrès de Vienne, Russes et Prussiens, dont l'appétit venait en mangeant, voulurent dévorer le royaume mais, au nom de la Légitimité, M. de Talleyrand empêcha le démembrement. La Prusse engloutit seulement la Basse-Lusace, Görlitz, Lauban, Merseburg, à peine un tiers du royaume, et apaisa sa fringale en s'installant sur le Rhin.

Avant de gagner la Russie, le comte de Piré, son épouse et leurs enfants vinrent résider à Dresde où la Cour et la ville leur témoignèrent la plus chaleureuse prévenance. Napoléon, ogre hier, devenait paradoxalement le symbole de l'unité sinon de la liberté germanique. On oubliait les rudesses de la présence tricolore pour garder seulement le souvenir d'une épopée, bien faite dans sa démesure pour séduire les Germains. Les Saxons, s'ils craignaient les Prussiens, n'en avaient pas moins assez souvent regardé de leur côté ; sous les premiers rayons de la gloire, le Consul puis l'Empereur avait imité Frédéric II, prenant son nom comme mot de passe, s'habillant comme lui, allant se recueillir sur sa tombe… et dérobant son réveille-matin, désormais posé sur la table de chevet dans la chambre de Longwood.

M. de Piré possédait tout pour plaire ; général de l'Empire, il faisait un peu peur mais, gentilhomme issu d'une famille présentée à Versailles, il rassurait, apportant dans la petite Cour cette politesse un rien désinvolte enviée par toute l'Europe à l'Ancienne France. Il se serait volontiers passé de l'auréole conférée par la proscription mais elle lui seyait bien. Il racontait parfois ses campagnes en homme assuré qu'il en mènerait d'autres. Il dansait aussi joliment qu'à Rennes du temps qu'il initiait à la valse naissante les dernières Merveilleuses. La comtesse de Piré fut très appréciée. Dans sa fragilité, elle s'apparentait aux objets de Saxe.

Au vrai, les sujets du Wettin ne pouvaient comprendre la France et encore moins leurs hôtes mais ils les aimèrent.

Les douze mille francs de Malmaison fondaient. Frédéric-Auguste, fier du surnom de Juste, ne pouvait aspirer à celui de Riche. Comme le Czar était plus à l'aise, le lieutenant général et sa famille partirent pour la Russie.

L'accueil y fut des plus distingués. Saint-Pétersbourg, longtemps à l'heure allemande, s'anglicisait sous l'influence du Czar, alors dans sa période protestante, mystique et libérale. Pourtant la langue française demeurait l'apanage des gens de bon ton. La Cour, moins caporalisée que les Tuileries napoléoniennes, offrait de l'agrément. Le lieutenant général se jugeait-il trop jeune pour écrire ses souvenirs, furent-ils rédigés mais perdus ? Dorment-ils dans quelque grenier ? On peut être plus doué pour le sabre que pour la plume. Rares sont les mémorialistes de l'Empire réunissant ces deux qualités : les ducs de Raguse et de Tarente, le colonel de Marbot, le lieutenant Chevallier… D'autres, tel Thiébault, prennent sur le papier la revanche de défaites essuyées sur le terrain. Les lettres de M. de Piré dénotent de la verve, de l'entrain, passablement de rancune et un beau mépris pour nombre de ses collègues. Les embarras financiers y trouvent une place importante. Le pauvre homme avait plus d'or sur ses uniformes que dans sa poche toujours percée. Comte de l'Empire et, par déclinaison, de la monarchie légitime, il s'avise que, son père mort, il peut prendre le titre de marquis. C'est sa manière à lui de reconnaître les lis mais à son retour en France, le ministère affectera d'ignorer ce nouveau rang ; les marquisats militaires de la Restauration sont très prisés et sont donnés pour équivalents des duchés napoléoniens. On accorde les couronnes fleurées et perlées à quelques grands chefs, Gouvion-Saint-Cyr, Lauriston…

Les blessures des Cent-Jours vont se cicatriser, toutefois la pression de l'opinion publique, l'esprit de vengeance auront fait quelques victimes. Dans les régions où le duc d'Angoulême avait organisé la résistance et Napoléon toléré des représailles, la colère populaire éclate. C'est un peu l'ouvrage de M. de Piré. Le jacobin Brune est assassiné dans une hôtellerie d'Avignon. Le royaliste Ramel est tué par les Verdets à Toulouse. Trente-neuf personnes périssent en Languedoc et en Provence sous l'effet de la « Terreur Blanche ».

Le châtiment légal n'apparaît guère mieux distribué, le fils du médecin bleu Clemenceau pourra proclamer en connaissance de cause :

— La justice politique est à la justice ce que la musique militaire est à la musique.

Et comme la justice revêt en l'occurrence le double caractère militaire et politique, elle produit une déchirante cacophonie.

Le comte de Piré guette l'arrivée des gazettes, n'y trouve qu'un semblant de vérité car, pour être plus libres qu'au temps de l'Empire, les journaux s'autocensurent afin d'éviter les foudres ministérielles. Les répressions présentent toujours des aspects contradictoires et désordonnés. Dans un pays où les communications sont encore lentes et les mentalités diversifiées, on ne juge point à Lyon comme à Paris, à Nantes comme à Toulouse.

Peu de civils sont impliqués dans l'affaire des Cent-Jours : le duc de Bassano, le préfet de police Réal, Jacobin sans méchanceté, le vieux Babouviste Félix Le Peletier, le directeur général des Postes La Valette, détenteur, grâce au cabinet noir, de passablement de secrets, quelques individus plus chétifs… Depuis Fructidor sinon Vendémiaire, la loi c'est le sabre. On réveille les collégiens au son du tambour, les garçons de boutique portent des éperons, les décorateurs placent partout des casques et des glaives. Seul M. de Talleyrand ose affirmer que les boulets finissent par le dégoûter des formes rondes. Mars ne fait jamais carême, il dévore tout ; si le Roi préfère Lucien à César, il fait ruisseler jusqu'à mi-bras les longues franges d'or de ses épaulettes. La Cour ne revient pas au grand habit à la française, chacun y porte l'uniforme, et rares sont les esprits assez libres, tel M. de Vitrolles, pour s'amuser des traîneurs de sabre à l'heure où les Alliés nous contraignent de le remettre au fourreau.

Étrangement, l'opinion garde les yeux fixés sur l'armée, en conserve les modes mais répudie sa dictature. Longtemps, bourgeois et gens du petit peuple avaient battu des mains aux revues du décadi, puis aux parades du Carrousel parce qu'à travers leurs fils ou leurs cousins ils s'applaudissaient eux-mêmes. Les pieds dans leurs pantoufles, ils s'étaient délectés à la lecture des bulletins tant que la guerre s'était déroulée chez les autres. Lorsque eurent déferlés Cosaques et Kaeserlicks, lorsque les cavaliers des steppes vautrés dans les estaminets eurent clamé : *Bistro, Bistro,* c'est-à-dire *vite,* et que les cabaretiers, guère polyglottes, eurent transformé l'injonction en synonyme de *débit de boisson,* les Français, humiliés, pesèrent la rançon de la gloire.

La première Restauration accomplit un miracle ; un souverain podagre et un diplomate boiteux firent reculer l'invasion, nous rendirent notre indépendance.

L'extravagante aventure du retour de l'île d'Elbe allait compromettre le chef-d'œuvre d'équilibre dont Vienne avait été le témoin. La Varende parle dans *le Centaure de Dieu* de la grande colère des campagnes contre les complices de Napoléon. Que ces amants de la victoire aient essuyé la plus humiliante des défaites fut très mal reçu. On cria sus aux *bonaparteux.* Leur goût de l'aventure fut réputé crime et leur courage fanatisme.

Le génie de l'Empereur avait, aux Cent-jours, fasciné moins de gens raisonnables que d'hommes médiocres ou dénués de jugement. Était-ce une raison, une fois leur maître à l'abri, pour traquer ses fidèles désarmés ? Louis XVIII se situait dans des régions assez hautes pour ignorer la rancune. Sur lui le mépris eût pris volontiers, comme chez Henri IV son modèle, le visage de l'indulgence. Quelques-uns de ses serviteurs, animés du zèle des nouveaux convertis, allaient quelquefois l'incliner vers la

sévérité. Jouant le jeu de la séparation des pouvoirs, entrée en application avec son règne, il allait dans quelques cas se limiter aux prérogatives que lui réservait la Charte.

Depuis que la France connaît des changements de régime ou des secousses importantes avec leur cortège de règlements de comptes, les grands corps ont pris l'habitude de se ménager. A partir de 1830, les membres d'une même confrérie découvriront l'art subtil de préserver leurs homologues à charge de réciprocité. La solidarité professionnelle se révélera payante sous Louis-Philippe, la IIe République et Napoléon III. Elle favorisera sous l'État français les fonctionnaires les plus à gauche de la IIIe République et parviendra même à limiter les horreurs de l'Épuration. Enfin, lorsque la Ve République s'acharnera sur les tenants de

Troupes alliées à Paris en 1815.

l'Algérie française, nombre de soldats et d'administrateurs parviendront, grâce à cette occulte confraternité, à passer à travers les mailles du filet... Comme en 1944, les magistrats sauveront les magistrats, les militaires les militaires, les négociants les négociants. Seuls les écrivains et les journalistes, ignorant la leçon, continueront à s'entre-déchirer.

Cette forme de corporatisme demeure ignorée en 1815 et 1816. Certes, on relèvera de nombreux témoignages d'entraide, toutefois les généraux, soucieux de conserver leur prébende et leur popularité, abandonnent leurs pairs.

Au regard des saignées de la Terreur, de la répression de la Commune, et de l'Épuration, les affaire de 1815 à 1816 paraissent bien modestes. Le gouvernement royal, loin d'épouser la rage populaire et les outrances d'une poignée d'Ultras, limitera les fureurs fratricides dont les Français ne se montrent jamais avares mais, soucieux de faire quelques exemples, au demeurant de portées inégales, compromettra la grandeur capétienne en empruntant à la Révolution et à l'Empire leurs tribunaux et leurs fossoyeurs.

Huit officiers généraux sont condamnés à mort contradictoirement. Deux seront graciés : Debelle et Travot. Les six autres tomberont sous les balles de leurs compatriotes. Les chefs ayant, tel M. de Piré, combattu le duc d'Angoulême, ou comme Gilly, petit bonhomme chafouin et sans honneur, l'ayant trahi, payent un lourd tribut ; à l'heure où Mouton-Duvernet se constitue prisonnier, Debelle obtient rémission. Pensionné sur la cassette du prince, il sera rétabli dans ses grades et dignités dès 1817. Le gendarme Radet apprendra que « le règlement c'est le règlement ». Il se voit infliger neuf ans de réclusion mais sortira de la citadelle de Besançon pour la Noël de 1818. Gilly, fort circonspect, a mis l'Océan entre le peloton et lui. Le maréchal de Grouchy s'en est allé découvrir l'Amérique. A Philadelphie, il apprend non sans plaisir la décision du conseil de la 1re division se déclarant par deux fois incompétent. Le supérieur du général de Piré rentrera, comme Clauzel, le napoléonien de Bordeaux, grâce à l'intervention du baron Hyde de Neuville, et retrouvera ses honneurs sinon son honneur, sauf le maréchalat conféré par Napoléon.

Voilà pour la tragi-comédie. Reste le drame. Il sera d'autant plus ressenti par Hippolyte qu'il se sait plus coupable que les victimes. Hors M. de La Bédoyère, enragé dandy du Bonapartisme, c'étaient des enfants du peuple, grandis par la Révolution et incapables de discerner leur devoir.

Dans aucun prétoire on n'aurait absous le colonel de La Bédoyère, devenu lieutenant général et pair de France durant les Cent-Jours. Pour éviter un procès sans autre issue que le coup de grâce, on le munit d'un passeport pour les États-Unis. Il aime trop Paris, sa femme et son enfant, revient dans la capitale, est surpris boulevard Poissonnière. Cet enfant d'Émigrés tombe sous une sentence bourbonienne dès le samedi 19 août 1815.

Les frères Faucher, prénommés respectivement par un père ambitieux César et Constantin, sont, eux, parfaitement inno-

Le C.nel de Labedoyère, le M.al Ney, le C.te de Lavalette

cents ; l'an passé, le duc de Raguse a déjà tiré les jumeaux des griffes des Anglais, choqués par une résistance illégale à La Réole. Durant les Cent-Jours, les deux petits bonshommes se sont fait réactiver par Clauzel, puis, la campagne perdue, sont rentrés à la maison. On les en fait sortir et on y trouve une collection de canons miniatures qu'on fera passer pour un dépôt d'armes. Traduits devant une commission militaire, ils ne trouvent même point d'avocat. Il advient qu'en période troublée les honnêtes gens se conduisent comme des canailles. Les quatre-vingt-un ans du gouverneur de la division de Bordeaux, comte de Viomesnil, constituent sa seule excuse. En faisant fusiller les jumeaux, ce bon Émigré, cet excellent soldat, à l'accoutumée courtisan du malheur, se fit l'esclave de la plus répugnante des maîtresses : l'opinion publique.

Le prince de la Moskowa, muni comme La Bédoyère d'un

sauf-conduit, se fait arrêter sottement ; objet d'une vague délation, il décline son identité devant une patrouille de routine. Force est bien, au désespoir de Louis XVIII, de ramener le transfuge à Paris. On le traduit benoîtement devant une commission militaire dont les jurés sont à peine moins compromis que lui ; le duc de Conegliano, gendarme de Napoléon, s'étant récusé, un autre maréchal de 1804, le comte Jourdan, de marchand de passementeries devenu stratège, fut hissé sur le siège. L'entouraient le prince d'Essling, plus qu'à demi gâteux, le duc de Castiglione déshonoré par trop de serments successifs, le duc de Trévise, dont la haute taille, un mètre quatre-vingt-douze centimètres, élevait un caméléon aux proportions d'un crocodile. Deux lieutenants généraux, l'Harpagon Claparède et un seul vétéran honorable, le comte Villate d'Outremont, complétaient l'aréopage. Ney prit peur :

— Ces gens-là me feraient fusiller comme un lapin.

Mal conseillé par des vaniteux, trop contents de plaider devant la Cour des Pairs, il saisit cette juridiction. Elle comptait trop de ses amis pour se montrer indulgente. On le déteste pour son talent et ses gaffes. Les rares Bonapartistes ne lui pardonnent point d'avoir accablé Napoléon après Waterloo, les Royalistes prisent peu ses reniements ; tout le monde hait sa faconde un rien vulgaire. Chacun oublie le lieutenant de Kléber et de Moreau, le vainqueur d'Elchingen, le sauveur des traînards dans l'enfer russe et le diable rouge des charges de Mont-Saint-Jean.

En chapeau rond et bas de soie, ayant accepté les secours de la Religion, le prince de la Moskowa va tomber, carrefour de l'Observatoire. Ce matin-là, jeudi 7 décembre 1815, le commandant de la place de Paris, comte de Rochechouart, se tournera vers Auguste de La Rochejaquelein, autre Royaliste non moins peiné de voir succomber le Brave des braves :

— Voilà, mon cher ami, une grande leçon pour apprendre à bien mourir.

A la vérité, le Rougeaud ne va point passer pour rien. Son trépas servira M. de Piré. Le duc de Richelieu, successeur de M. de Talleyrand à la présidence du Conseil, s'il n'a pas tout appris, a tout oublié. Cet ancien Émigré, fondateur de la Nouvelle Russie, pour avoir ignoré les avances du Premier consul et combattu l'Empereur, se sent plus libre que les anciens serviteurs de César lorsqu'il s'agit de mettre fin à la proscription.

Face à la Chambre réputée introuvable, où les bourgeois Bonapartistes et les Libéraux ne sont pas les derniers à contracter la fièvre épuratrice, le duc doit composer. L'arrière-neveu du Cardinal, témoignant un solide mépris ou la plus exemplaire ignorance pour le dogme récent de la séparation des pouvoirs, avait réclamé, à la tribune, un châtiment irrémissible contre « le Brave des braves ».

Devant l'assemblée héréditaire, il s'écriait le samedi 11 novembre :

— Nous accusons devant vous le maréchal Ney de haute trahison et d'attentat contre la sûreté de l'État. Nous osons dire que la Chambre des Pairs doit au monde une éclatante réparation ; elle doit être prompte car il importe de retenir l'indignation qui, de toutes parts, se soulève. Vous ne souffrirez pas qu'une plus longue impunité engendre de nouveaux fléaux plus grands peut-être que ceux auxquels nous essayons d'échapper.

La France compte une faible tête de moins mais perd un brave cœur.

Malgré les objurgations du maréchal Marmont, duc de Raguse, Louis XVIII n'a point accordé la grâce à la princesse de la Moskowa, pourtant issue d'une famille fidèle à la Couronne.

Le duc de Richelieu, toutefois, ne s'est fait procureur que dans le dessein de s'ériger en avocat. Il veut obtenir une loi d'amnistie ; les Chambres, par esprit de vengeance et souci de préserver leur compétence, entendent se prononcer sur les cas des individus placés dans la seconde catégorie de l'ordonnance du 24 juillet 1815. En constituant les Pairs en Haute Cour, le président du Conseil esquive partiellement la fureur des députés et veut écarter le risque de voir ces messieurs se transformer en chambre de mise en accusation. L'interpénétration du législatif et du judiciaire, héritage des parlements de l'Ancienne France, joue à fond. La « Chambre des députés des départements », composée de tabellions, de chétifs propriétaires ayant placé leurs biens, leur femme et leur bonnet de nuit sous la protection de tous les régimes, prétend se prononcer sur la culpabilité du comte de Piré. Peu lui chaut que le lieutenant général et les trente-huit autres personnes placées dans la seconde catégorie de l'ordonnance aient fait retentir le monde du bruit de leurs bottes, qu'ils aient baissé la lance à Somosierra puis à Dantzig, vaincu dans l'enfer de Wagram, gagné la partie à Saint-Dizier...

Et après ? N'est-ce pas justice qu'un notaire puisse envoyer un hussard au gibet ?

M. de Richelieu se garde de partager semblable point de vue. Sacrificateur peu zélé sur les autels de la démocratie, il ne se montre pas sanguinaire :

— Pendant que les uns pensent que cette ordonnance est incomplète, d'autres la trouvent sévère et arbitraire. Nous répondrons aux uns et aux autres que jamais, après tant d'attentats, on ne prit une mesure plus douce ; il n'était ni juste ni politique de punir tous ceux qui ont pris part à cette grande rébellion. Il fallait se borner à désigner plusieurs de ceux qui s'y sont trouvés engagés et une sorte de clameur publique indique les individus dont les noms sont inscrits dans l'ordonnance (entendez ceux de la première catégorie) mais quand la justice publique est réduite à s'exercer sur tant de coupables, ceux qu'elle frappe doivent se résigner à leur sort et mériter ainsi que la clémence du Roi puisse un jour l'adoucir.

Le duc a bien joué ; il accepte le bannissement des régicides s'étant distingués durant les Cent-Jours par l'acceptation de fonctions ou le vote de l'Acte Additionnel (proscrivant à jamais la maison de Bourbon) mais il retire des griffes parlementaires le vainqueur de Saint-Dizier et ses amis.

Ainsi voilà M. de Piré hors d'affaire et avec lui le duc de Dalmatie, Exelmans et Lobau. Le vieil Hulin, surnommé « Bouffe la balle » depuis l'inutile coup de pistolet du général de Malet, demeure au pays.

Les plus optimistes, tels Vandamme et Lamarque, étaient restés en France, il leur faut boucler leur portemanteau.

Les plus malins, comme le duc de Padoue, ont déjà pris le large. Ils reviendront après la tempête.

Les meurtriers de Louis XVI payent pour les autres. L'article 7 de la loi d'amnistie du 12 janvier 1816 porte : « Ceux des régicides qui, au mépris d'une clémence presque sans bornes ont voté pour l'Acte Additionnel, ont accepté des fonctions ou emplois de l'usurpateur sont exclus à perpétuité du royaume et sont tenus d'en sortir dans le délai d'un mois. »

Sur 206 régicides encore vivants, 153 ont soutenu Napoléon pendant les Cent-Jours. Certains vont obtenir un sursis définitif : quelques civils notables, Tallien, le tombeur de Robespierre, mais aussi Robert Lindet, Isnard et encore un militaire de marque, le comte Milhaud. En ralliant son corps de cavalerie avant le retour du Roi, le cuirassier échappe au décret et proteste de son amour pour « l'auguste dynastie ». Trente-six de ces beaux personnages vont encore se faire pardonner. Des Royalistes univoques tels Guillaume Hyde, MM. de Villèle et de Vaublanc ont leur bon régicide. Les généraux Dessolle et de Chasseloup-Laubat s'entremettent. Le duc de Richelieu lui-même épargne à quelques-uns des vieux bonshommes les rigueurs de l'exil.

Pourtant des « cinq empereurs » de la commission de gouvernement, comme les nommait Napoléon, trois sont frappés par l'article 7 : Carnot, Quinette et le président en personne, Fouché.

Le comte et le baron frôlent la médiocrité mais le duc mérite l'attention du général de Piré. N'est-ce point à lui que le vainqueur de Saint-Dizier doit son inscription sur la liste ?

Monseigneur d'Otrante, ministre de la Police de Sa Majesté Très-Chrétienne, n'aura dansé qu'un seul été. Dès le 17 septembre, le prince de Talleyrand avait obtenu la démission du compère, honni par les membres de la nouvelle chambre et rendu plus odieux encore par un remariage avec une Castellane, honoré, selon l'ancien usage, d'une signature de Louis XVIII au contrat.

On vit arriver à Dresde un géant albinos, en habit à boutons d'or et culottes blanches, flanqué d'une épouse ravissante et entouré d'une nuée de laquais. C'était une gifle au roi de Saxe mais le malheureux ne les comptait plus. Son Excellence l'envoyé extraordinaire et ministre plénipotentiaire meubla superbement la légation. Le drôle était vingt fois millionnaire et conservait de l'Empire un goût du faste désormais hors de saison. M. de Piré vit-il l'étrange diplomate à la cour de Frédéric-Auguste ? Fut-il contraint, pour mettre en ordre ses papiers, de le visiter en son hôtel ? On ne sait. Ces deux serviteurs de Napoléon, l'Oratorien sans-culottisé comme le Chouan citoyennisé n'avaient rien à se dire.

A peine la maison de Monseigneur le duc d'Otrante était-elle agencée que parvint à Dresde le texte de la loi d'amnistie. Le danseur perd sa dernière corde. Le Czar accueille le comte de Piré mais ignore les demandes de M. Fouché. Même Wellington, si bien servi l'été dernier par le président de la commision, se détache du proscrit. Plus généreux ou moins craintif, le chancelier de Metternich laisse le mitrailleur repenti porter son ennui jusqu'à Prague, Linz, Trieste où la mort condescendante viendra prendre cet être énigmatique à force d'abjection.

Au prix de l'exil, le plus souvent confortable, d'une centaine de Gérontes, le duc de Richelieu tient-il l'apaisement ? Pas encore. Le sang de La Bédoyère, des jumeaux de La Réole et du prince de la Moskowa n'étanche pas la soif de Royalistes trop récents pour se contenter d'une répression raisonnable ; si M. de La Valette, directeur général des Postes, parvient à se soustraire à la guillotine en revêtant les habits de son épouse avant de demeurer caché en l'hôtel des Affaires étrangères, deux compagnons du comte de Piré vont encore tomber : le général Chartran, visiteur indésirable à Malmaison lorsqu'il réclamait de concert avec le hussard une poignée de napoléons à leur créateur pour échapper à une justice qu'il augurait peu clémente et le baron Mouton-Duvernet, émule de Hippolyte dans la campagne contre le duc d'Angoulême.

Le cas de l'un comme de l'autre ne l'emportait pas en gravité sur celui du Rosnyvinen. Chartran avait débauché le général Delaborde (sauvé, lui, par une déclaration d'incompétence du tribunal sous prétexte qu'on avait cité *Laborde* et non Delaborde) et insurgé le Toulousain contre M. de Vitrolles mais son action n'avait commencé qu'après le départ de Louis XVIII et la rentrée de Napoléon à Paris. Son rôle, pour apparaître discutable, nuisible à la Légitimité, peut-être contraire à l'honneur, n'était donc pas illégal. Hélas, avant et après l'affaire du Languedoc, il avait trop parlé notamment au baron Trouvé, de gazetier devenu préfet. Il avait, à Waterloo, fait belle contenance à la tête des voltigeurs de la Garde mais au retour à Paris s'était distingué parmi les généraux les plus hostiles à la Restauration, signant un texte offensant pour le Roi. En ces journées de juillet 1815, chacun a tout dit et le contraire de tout, le général Chartran croit d'abord s'être gravement compromis. Son esclandre à Malmaison en témoigne, puis, comparant son action à celle de tant d'autres revenus sous la cocarde blanche, se juge en sécurité. N'a-t-on pas vu les ducs de Castiglione et de Trévise, retournés à l'Empereur après le 20 mars, chargés de juger le prince de la Moskowa parce que sa montre avançait sur la leur ? Le voltigeur, au service depuis les premières bousculades de l'an II, déteste l'inaction. Il veut reprendre du service dans l'armée du Roi. Jugeant la camaraderie militaire plus forte que les querelles intestines, il s'adresse à Louis de Bourmont. Le grand Chouan, alors commandant de la XIIIe division militaire, se montre sélectif dans ses aversions ; s'il charge le prince de la Moskowa, assez maladroit pour l'avoir injustement mis en cause, et le général Bonnaire, coupable d'avoir laissé fusiller un parlementaire, il aide Chartran et tente de le faire réintégrer. Peine perdue. La généreuse démarche va nuire à son bénéficiaire. Il est renvoyé dans son pays natal mais la contemplation des tours de Carcassonne ne le console pas de son désœuvrement. Il revient à Paris. Ce n'est point du goût de M. de Feltre, successeur au département de la Guerre du maréchal de Saint-Cyr (l'homme à la redingote bleue reviendra). Chartran est arrêté, renvoyé devant le conseil de Guerre siégeant à Lille. Le Roi pourrait gracier mais connaissant et déplorant la faiblesse du souverain, l'ancien ministre de Napoléon intercepte le recours.

Le mercredi 9 mai 1816, à sept heures du matin, le général Chartran, trente-six ans, vingt-deux campagnes, quelque dix actions d'éclat, officier de la Légion d'honneur et chevalier de Saint-Louis, tombe dans les fossés de la citadelle de Lille.

Comme rien n'est plus relatif que la trahison, les habitants, dans deux décennies, se cotiseront pour consacrer un monument à sa mémoire.

Tel le prince de la Moskowa, le baron Mouton-Duvernet figurait, lui, dans la première catégorie de l'ordonnance du 24 juillet. Ses actes demeuraient, en droit, plus répréhensibles que ceux de Chartran ; héros d'Arcole, ancien de la Garde, il commandait à Valence la 2e subdivision de la 7e division militaire, sise à Grenoble, lorsque, chargé de repousser Napoléon, il avait préféré, après une esquisse de mouvement, se ranger sous la bannière du revenant. De ce fait, il apparaissait, non comme un rallié, mais comme un conspirateur. Après quoi, il avait achevé de se compromettre, marchant de concert avec M. de Piré contre le duc d'Angoulême.

Devenu gouverneur de Lyon sous les Aigles retrouvées, il s'était montré tolérant à l'égard des fidèles de la IIIe dynastie mais, élu député à la Chambre des Représentants, il n'avait pas su garder le silence indispensable à sa sécurité ; il s'était fougueusement prononcé pour le prince impérial — afin d'apaiser l'Autriche on ne disait plus le roi de Rome — en oubliant qu'un chevalier de Saint-Louis, même redevenu bonapartiste, doit ménager ses expressions. Du haut de la tribune, il avait risqué cette improvisation suicidaire :

— Je ne suis point orateur mais soldat. L'ennemi marche sur Paris, il faut que vous ayez des armées à lui opposer. Proclamez Napoléon II empereur des Français et à ce nom tous courront aux armes. L'armée nationale se rappelle qu'elle a été profondément humiliée sous Louis XVIII : elle se rappelle qu'on a traité de brigandages les services qu'elle a rendus à la Patrie depuis vingt-cinq ans. Voulez-vous lui rendre tout son courage et l'opposer avec succès à l'ennemi ? Proclamons Napoléon II.

Les mots comptent peu devant les baïonnettes. Le samedi 1er juillet, Mouton-Duvernet assurant à la tête de la 1re région l'intérim d'Andréossy, occupé de traiter avec Lord Wellington, se prononce pour la capitulation. Aux termes de celle-ci, les instigateurs du 20 mars sont couverts. Le général repart pour son gouvernement de Lyon où, moins d'un mois plus tard, l'atteint l'ordonnance. Bah ! Les passions s'apaisent vite en France et tant de gens ont soutenu l'aventure des Cent-Jours que l'ancien d'Arcole se donne pour complices, voire pour amis, les neuf dixièmes de ses compatriotes. Inutile de passer à l'étranger. Il importe seulement de ne point rencontrer les gendarmes.

Le maire de Montbrison, comte de Meaux, Royaliste de tendance ultra, ouvre sa maison au proscrit. Le général s'ennuie. La lecture des gazettes lui semble rassurante. Nombre d'officiers au comportement douteux ont été réadmis au service. Certains, tels Meynadier ou Dulong de Rosnay sont même passés, sans transition ni retard, d'une cocarde à l'autre. En dépit des objurgations de son hôte, le baron Mouton-Duvernet s'en vient au premier poste de maréchaussée et se constitue prisonnier le 6 juillet 1816.

Les gens portés dans la première catégorie de l'ordonnance sont gros gibiers. Sauf La Bédoyère et le prince de la Moskowa, déjà tombés, Delaborde, sauvé par une argutie de procédure et l'Elbien Drouot acquitté, ils sont tous en fuite mais condamnés à mort par contumace ou sur le point d'être frappés par cette sentence.

Mouton-Duvernet vient de commettre une folie. On le transfère à Lyon où son affaire est instruite diligemment. Qu'importent les intentions et le caractère estimable de l'accusé. Les faits

Le général Mouton-Duvernet. Gravure de Forestier.

sont patents. Le 19 juillet, le conseil de Guerre, présidé par M. Darmagnac, repassé lui-même à Napoléon mais après le 20 mars, rend un arrêt irrémissible. Le gouverneur, lieutenant général, comte Roger de Damas, est du blanc le plus pur, mais ne veut pas rougir son drapeau. Ce grand seigneur, enjoué, plein d'esprit, vanté par le prince de Ligne dans ses Mémoires, a fait merveille dans l'armée russe au temps du siège d'Ismaëlia, a servi comme Condéen, s'est battu contre Kellermann, Macdonald, Murat. Il a même pris Rome aux soldats de la République. Un tel passé le prédispose à l'indulgence. Ému, il cherche à sauver le condamné. Il parvient à faire recevoir la cause en appel mais voit confirmer la sentence. Reste la grâce royale. M. de Damas la demande mais, respectueux de la hiérarchie, s'adresse au ministre. Le duc de Feltre circonvient Louis XVIII et le Roi déclare à la baronne Mouton-Duvernet venue aux Tuileries implorer la clémence du plus sceptique des monarques :

— Je le regrette, madame, mais je dois laisser la justice suivre son cours.

Il était cinq heures du matin lorsque le jeudi 19 juillet 1816, sur le chemin des Estroits, fut fusillé le général Mouton-Duvernet.

Cette exécution, selon Achille de Vaulabelle, donna l'occasion de manifestations indécentes ; on aurait dansé sur le lieu du supplice et, quelques jours après l'immolation de ce brave, des dames auraient, au cours d'un dîner, planté leur couteau dans un foie de mouton.

Le gouvernement de la Restauration, en dépit de sévérités moins injustes qu'inopportunes, conservait de l'Ancien Régime le respect de la mort ; la veuve du général fut laissée libre de faire célébrer en la cathédrale du Puy, ville natale de son époux, un service solennel à sa mémoire. Ce matin-là, la capitale du Velay fut en effervescence ; les plus enragés libres penseurs se battaient pour pénétrer dans la nef. Gentilshommes, bourgeois, boutiquiers, manouvriers s'étaient amassés sur la grand-place mais les espions de police (les mêmes qu'au temps de la Révolution et de l'Empire) ne virent pas sans appréhension s'assembler de jeunes hommes graves, vêtus de redingotes le plus souvent vertes, portant de vastes chapeaux ombrant des visages ornés de favoris en croche de pistolet, arborant des rosettes de la légion grosses comme un cœur, tenant dans leur main gantée de noir une canne moins faite pour aider à la marche que destinée à fracasser la tête du voisin. Ces démons recueillis, c'étaient les officiers en demi-solde.

Ils apparurent si nombreux que M. de Feltre s'abstint de les poursuivre.

Ce descendant des Plantagenêts avait mal servi les Bourbons. Épousant les rancunes du faubourg Saint-Germain dont il se voulait le représentant, il avait inconsidérément poussé son maître à la sévérité. Probe et grand travailleur, mais d'esprit étroit et d'un naturel soupçonneux, le duc de Feltre souffrait de s'être moins illustré dans les camps qu'à sa table de travail. Honnête sabreur sous la Convention, il était devenu gratte-papier sous les régimes suivants et depuis lors n'avait plus abandonné son écritoire.

Lorsqu'il se donna le privilège, en tant que ministre de la Guerre, de contresigner sa propre élévation à la plus haute dignité militaire en même temps que celle du madré Beurnonville, du vieux Viomesnil et du brave Coigny, le maréchal d'encre quitta la rue Saint-Dominique, le 12 septembre 1817, pour s'en aller mourir de la jaunisse sur sa terre de Neuwiller.

M. de Gouvion-Saint-Cyr, abandonnant le département de la Marine, reprit la Guerre. Il allait façonner l'armée moderne et faire rentrer les exclus.

Le 26 mai de l'an 1819, du règne de Louis XVIII le 25e, M. de Piré reçoit, en même temps que quelques autres généraux éparpillés à travers le monde, l'autorisation de renter en France et obtient son rétablissement sur les contrôles de l'armée.

*
* *

Les deuils sont loin, les prisons vides, les occupants rentrés chez eux depuis l'année dernière. La France fait l'apprentissage des libertés interrompu depuis 1791. Armand Carrel, peu suspect de complaisance à l'égard de la branche aînée, écrira bientôt : « Le peuple ne fut jamais plus heureux que de 1816 à 1829. »

La bourgeoisie prospère et le peuple ignore désormais la disette. Les militaires, encore que bien considérés, disposent d'une raison pour regretter les temps napoléoniens ; habitués aux fabuleuses dotations de l'Empire, aux sénatories, aux rentes sur le Grand Livre, ils trouvent amer la simple solde. Encore M. de Piré n'a-t-il droit à son retour qu'à la demie car il appartient à la *non-activité*. Le 1er avril 1820, et ce n'est pas une farce, il entre dans la disponibilité. Du coup sa poche se gonfle de quelques écus.

Entre-temps, il a payé d'audace, accomplissant une démarche stupéfiante.

Ne demandez pas aux soldats, surtout mal payés, de mépriser les décorations. Lorsqu'on prend le risque de finir prématurément sous une croix de bois, on réclame en échange des croix d'or. Le garde du corps Piré convoitait le Saint-Louis dès son entrée en campagne de 1792. Le divisionnaire de Chouans se dépitait de ne l'avoir point obtenu du temps qu'il rossait les Bleus au pays de Fougères. Le lieutenant général sans emploi s'insurgeait, en 1814, contre la première Restauration parce qu'elle omettait de le coucher sur une liste pourtant généreuse allant de Milhaud, le régicide, au créateur des Colonnes Inferna-

« Le demi-solde », par G. Guéry.

les, Turreau. Foin des affaires de Rennes et des batailles contre M. d'Angoulême, le revenant des neiges de Saint-Pétersbourg n'a point renoncé. Il écrit au maréchal Saint-Cyr, le 15 novembre 1819. A l'appui de sa requête, il présente cet argument inattendu : « J'attache d'autant plus de prix [à ma nomination] qu'elle me donnerait l'occasion de prêter serment de fidélité au Roi, chose que je n'ai point encore faite d'une manière officielle. »

Le successeur du maréchal au département de la Guerre, marquis de La Tour-Maubourg, trouve la lettre à son entrée en fonction. S'il n'a plus qu'une jambe, ayant laissé l'autre à Wachau, M. de La Tour-Maubourg conserve une bonne tête. Officier aux Gardes du Corps lors des journées d'octobre, il a protégé la Reine. Avec La Fayette, il a quitté l'armée à l'annonce du Dix-Août et a tâté des prisons autrichiennes. Comme Hippolyte de Piré, il a rallié les drapeaux consulaires et n'a point manié le sabre en dilettante. S'il a surtout conduit des dragons, il a commandé les hussards de la Brigade Infernale après que Lasalle a décroché sa troisième étoile. Il connaît donc parfaitement l'homme de Dantzig et de Stettin.

Le 11 février 1820, le comte de Piré devient chevalier de Saint-Louis. Il attendait cette distinction depuis trente-huit ans.

Il vit à Paris et, s'il n'est point sage, demeure prudent. On ne relève point son nom dans les rapports des policiers en cette période où l'assassinat de Monseigneur de Berry contribue à faire bouillonner les têtes. En ces temps de complots, il se tient éloigné des boutefeux. Lorsque la santé de Mme de Piré, réinstallée dans le château familial pour réparer d'une fortune compromise par la Révolution et les prodigalités de son bénéficiaire les irréparables brèches donne de nouvelles inquiétudes, il demande gentiment au ministre la permission de gagner une région où l'autorité goûte médiocrement sa présence. On croit à l'authenticité de son ralliement mais l'on sait le caractère successif de ses sincérités.

En 1823, le public apprend les stipulations du testament de Sainte-Hélène ; avec la précision des désœuvrés, l'hôte de Longwood a réparti sa fortune, notant aussi bien la destination de son grand collier que de ses caleçons. Le créateur du culte de Sainte-Hélène sait qu'une religion doit présenter des reliques et, habilement, les multiplie.

Les legs d'argent, assez nombreux, sont destinés à récompenser les victimes de la seconde Restauration : le policier Réal, le postier La Valette, le transfuge Brayer, le comploteur Lallemand, le chasseur de Vendéens Travot... Hogendorp, l'ermite de Corcovado dont la présence au Brésil se reliait, affirme-t-on, à d'extravagantes tentatives de délivrance du testateur, n'est pas oublié. Les enfants des généraux Chartran et Mouton-Duvernet sont inscrits pour cent mille francs.

Trois omissions surprennent, celles des fils du prince de la Moskowa, du maréchal de Grouchy, de M. de Piré ; les premiers sont à la tête d'une solide fortune, le second est injustement rendu responsable de la défaite, pourquoi le troisième est-il écarté ? Napoléon s'est-il souvenu avec gêne de son égarement aux Quatre-Bras, le soir shakespearien du 18 juin : « Piré ? Où est Piré ? » ? A-t-il gardé rancune au Breton de l'esclandre de Malmaison ? Le pauvre Chartran, il est vrai, avait aussi enfreint la plus élémentaire étiquette pour obtenir un viatique mais, les exigences de la propagande aidant, Napoléon accorde au fusillé de Lille une gracieuseté dont il se dispense à l'égard d'un protégé du Czar, décoré du Saint-Louis.

Le génie de l'Empereur était demeuré politique. Prompt à compromettre ses serviteurs, il ne les récompensait qu'en fonction du retentissement psychologique de ses legs. M. Jean Tulard, après Jacques Bainville, expose, avec une rare perspicacité, la démarche du proscrit :

« Les pamphlets royalistes avaient fait de Napoléon l'héritier de la Terreur et le disciple de Robespierre. Loin de repousser un tel héritage, Napoléon l'accepte : *L'Empereur,* note Las Cases, *disait que la Révolution, en dépit de toutes ses horreurs, n'en avait pas moins été la vraie cause de la régénération de nos mœurs.* Le même homme qui avait rompu avec les idéologues affirme *l'ascendant irrésistible des idées libérales...* Par ses déclarations, Napoléon confisquait à son profit les deux forces montantes du XIXe siècle, le nationalisme et le libéralisme, qu'il avait combattus... *C'est beaucoup,* mumure Guizot, *d'être à la fois une gloire nationale, une garantie révolutionnaire et un principe d'autorité...* »

Dans le salmigondis napoléonien, quelle place peut trouver Hippolyte de Piré ? Gentilhomme d'aventure, il aime la gloire pour elle-même, et voilà que son suprême dispensateur la lui refuse.

Au vrai, le petit-fils du tumultueux président de la noblesse aux états de Bretagne avait pratiqué simplement un transfert d'allégeance de la IIIe dynastie à la IVe ; son Bonaparte, c'est le prodigieux jeune homme décrassant la Révolution et non l'assassin de Frotté. Son Empereur, c'est le vainqueur de Wagram puis le gendre des Césars, ce n'est pas le trublion revenu de l'île d'Elbe pour chausser les bottes de 1793, encore qu'il l'ait servi, non plus que le maniaque des dictées de Sainte-Hélène.

Hippolyte est tombé dans le travers de nombre de ses contemporains ; face à ce Napoléon multiforme, ils n'ont jamais aimé le même. C'est, sans doute pour cette raison que le Rosnyvinen se retrouve broyé par la complexité de son idole.

Le maréchal de Gouvion Saint-Cyr. Gravure de Forestier.

Dans la nouvelle liturgie impériale, l'ancien Chouan ne saurait trouver une place, il n'est plus qu'un fracassé de la gloire.

Tandis que Pierre-Jean de Béranger, ancien courrier de la comtesse de Bourmont, au temps que la mère du futur maréchal conspirait avec les *pé'uques blondes* et les *collets noi's,* s'est détaché de la tradition d'Ange Pitou, de Désaugiers et des gens du Caveau, pour exalter en rimes pauvres les Jacobins et Napoléon, la France achève de guérir. La Restauration étend ses bienfaits sur un pays où la prospérité souffle un vent de fronde. Certes, la gestion impériale n'est pas étrangère à la promptitude du rétablissement. Certes, les Tricolores se sont le plus souvent battus chez les autres mais aux dernières années de l'Empire, les femmes, faute d'hommes et de chevaux, égaux devant la réquisition, tiraient elles-mêmes les charrues.

Dans l'Ouest, on déplore l'ingratitude de Louis XVIII mais avec l'avènement de son frère, on bénéficie d'un peu plus de compréhension pour les anciens de la guerre des Géants.

L'armée a retrouvé sa santé grâce à l'autorité bienveillante du maréchal de Gouvion-Saint-Cyr, si modeste qu'à son départ du ministère il a refusé le titre ducal offert par le roi-fauteuil. Condéens, Vendéens, Chouans, Bonapartistes cohabitent sans drame dans les unités et prouveront leur cohésion dans l'expédition des *Cent-mille-fils-de Saint-Louis* où la France, devenue le gendarme de la Sainte Alliance, rétablira l'ordre en Espagne. Le vieux duc de Conegliano revient dans un pays où, trente ans plus tôt, lorsqu'on l'appelait le citoyen général Moncey, il apportait les grands principes et remportait les objets d'art. Le prince de Hohenlohe, irréductible adversaire de Napoléon et fondateur de la Légion étrangère, y emmène l'ancien chef d'état-major de Marmont, le comte Meynadier. Le lieutenant général Bourke reprend ses parties de cartes. MM. d'Autichamp, de Bourmont, de Tromelin peuvent chouanniser au pays de Goya. Les anciens des armées révolutionnaires, tels le duc de Reggio, les comtes Richard ou Curial cirent leurs bottes avec plaisir et s'étonnent de rencontrer des Espagnols plus accueillants qu'autrefois. Bien préparée tant diplomatiquement que techniquement, la campagne tourne à la partie de campagne. Les vainqueurs reçoivent des couronnes et des plaques et Sa Majesté vieillissante fait reprendre les travaux de l'arc de triomphe de l'Étoile interrompus depuis la chute de l'Aigle.

M. de Piré n'était pas de la fête. Le duc de Bellune n'a pas jugé nécessaire de lui marquer une telle faveur.

Le lieutenant général a dépassé la quarantaine ; les années d'inaction pèsent plus sur ses fortes épaules que le temps de la furia. Son histoire lui semble mal construite ; trop riche durant vingt-trois années — des combats de l'armée des Princes à l'apocalypse de Waterloo —, elle est désormais rythmée par la correspondance administrative et les événements familiaux. A l'instar de nombreux Français difficilement revenus des fièvres tricolores, Hippolyte est malheureux d'être heureux.

Le règne de Charles X s'annonce sous de favorables auspices ; on avait admiré Napoléon puis estimé Louis XVIII. On aimera le vieux jeune homme affable, d'une piété trop vive pour satisfaire les voltairiens mais d'une courtoisie si charmante, d'une bonté si vraie que la France aristocratique et populaire, laissant bouder la bourgeoisie d'affaires, se reconnaîtra dans ce petit-fils de Louis XV, ressuscitant par tant de traits le charme du Bien-Aimé. Plus solide mais moins intelligent que son grand-père, le nouveau souverain oubliera de faire sa cour à l'opinion.

Que de souvenirs pour M. de Piré ; n'était-il point au côté du futur monarque lors de l'équipée de l'île d'Yeu ? N'a-t-il pas fait le coup de pistolet sous son adjudant général, le comte de Sérent ? De telles actions pourraient mériter à leur auteur, sinon un commandement, du moins une place à la Cour où tant de Napoléoniens d'hier, tel Reille, bombent le torse barré du cordon bleu. Si grand que soit le cœur de Charles X, peut-il appeler auprès de lui celui-là même dont les patrouilles parcouraient la route de Nancy pour s'emparer du comte d'Artois ? On en veut moins à ses ennemis qu'à d'anciens amis passés dans l'autre camp. Le Roi, assez équitable pour admettre dans son entourage des gloires consolidées de la Révolution et de l'Empire comme pour augmenter enfin les maigres pensions baillées par Louis XVIII aux survivants des guerres de l'Ouest, n'accomplit pas un geste en faveur de son serviteur d'autrefois. En révolution, on peut jouer pile ou face, mais pas les deux. On risque alors de demeurer sur la tranche. C'est le cas du Rosnyvinen.

Un deuil vient le frapper ; son fils aîné trépasse en 1827. Les trois autres vont leur train. Ernest épouse Mlle Gabrielle de Sampigny d'Isancourt, Alexandre, « l'enfant de Wagram », dont le franc-parler, le goût des formules bizarres, voire une certaine cocasserie, semblent hérités de son père, achève ses études. Il écrit joliment, parle beaucoup, il prendra femme dans la noblesse bretonne, s'unissant à Mlle Laurence de Lambilly. Hippolyte-Victor, cultivant l'esprit de famille, épousera la fille d'Ernest. Ainsi, pour appartenir par ses faits d'armes à la société de l'Empire, Hippolyte demeure dans son monde à travers les alliances de ses enfants.

Dans le même temps, les Napoléoniens venus du peuple ou de la bourgeoisie pénètrent dans la vieille aristocratie. En cette période d'apaisement et de rencontre, les sociétés se fondent. L'union des familles, amorcée par le César, grâce à l'institution de la baronne Campan, se poursuit gaillardement.

Quelques militaires trouvent des dérivatifs, aratoires avec MM. de Gouvion-Saint-Cyr et Bugeaud, oratoires avec MM. Lamarque et Foy. M. de Piré, dans l'ignorance de ces nouveaux plaisirs, ronge son frein ; il ne connaîtra ni l'expédition de Morée sous Maison, bientôt maréchal, ni les fastes de la prise d'Alger où son émule Bourmont reçoit le bâton un 14-Juillet.

La parcimonie du destin opiniâtre-t-elle le sanglier dans une ombrageuse retraite ? Nullement. Il voudrait foncer comme aux temps heureux où le tumulte était si fort que chacun possédait le droit d'en découdre. Il s'encolère à regarder l'histoire défiler sans lui.

— Dans notre famille, affirme le Dauphin, quand on a pardonné, on a tout oublié.

M. de Piré devra-t-il attendre la descente de Charles X à Saint-Denis pour que Louis XIX rouvre à son ennemi de 1815 le chemin des honneurs ?

Chapitre IX

LES CAPRICES DE LA GLOIRE

De toutes les révolutions éprouvées par la France, celle de 1830, abusivement baptisée « Trois Glorieuses », apparaît comme la plus sotte. Une nation heureuse, sous un prince aimant, avait montré, selon le mot de Chateaubriand, que « la liberté peut regarder la gloire en face ». Les humiliations de 1815 étaient effacées, le pays prospérait.

Le plus ancien royaume de la Chrétienté, dont les sujets étaient enfin reconciliés entre eux et avec eux-mêmes, avait retrouvé l'harmonie perdue depuis 1789. Une querelle vague et parlementaire allait compromettre à jamais le destin français. Charles X était beau mais âgé, bon mais obstiné, subtil mais mal avisé. La grandeur de ses desseins s'obérait de son inintelligence du détail. Un ancien lieutenant de Georges, le prince Jules de Polignac, tenait le timon avec plus de dévouement que de perspicacité. Ce grand serviteur aimait trop son maître pour s'attarder à l'office. Les Chambres le haïrent : le souverain et son ministre se laissèrent prendre et perdre dans les rets d'un complot ourdi par une poignée de bavards.

On aimerait à savoir comment le Breton, tardif chevalier de Saint-Louis, réagit lorsque le Trône fut menacé ; il prisait peu la canaille et les débordements de la subversion. Il avait hautement proclamé son retour d'allégeance à la maison de Bourbon. Cette nouvelle bataille présentait pour lui l'occasion de prouver la pureté de sa conversion.

Monsieur de Piré, le Roi est menacé, des bandes soldées par les

Libéraux, et, dit-on, par quelques Anglais, attaquent le vieux principe sans lequel il n'est point d'harmonie sociale. Qu'allez-vous faire ?

Rien, ou plutôt si, M. de Piré va participer à la curée.

Pour réputer spontanée la révolution de 1830, des commentateurs distraits se sont appuyés sur le fait que seul, le comte Pajol, magnifique tête d'arsouille, emmenant la lie des faubourgs dans des guimbardes contre Rambouillet, et le maréchal marquis Maison, faisant passer aux yeux du Roi cette mascarade pour redoutable, avaient agressé Charles X.

Comme toujours, dans ces lugubres déchirements les dates sont éloquentes ; l'émeute commence le lundi 26 juillet, le jeudi 29, le Monarque, dans sa répulsion à faire couler un sang même impur, commet une faute irréparable ; premier de tous les Capétiens, il abdique. Le samedi 31, voici M. d'Orléans, lieutenant général du royaume. Le dimanche 1er août, le Roi croit habile de confirmer l'élévation de son cousin infidèle. Le lundi 9, Louis-Philippe est, à la faveur d'un tour de Scapin, proclamé roi des Français, titre déjà porté par Louis XVI en 1791. Des parlementaires complices ou terrorisés ont enfin réalisé le vieux rêve des Libéraux inspiré par l'affaire anglaise de 1688.

Or, dès le vendredi 6 août, M. de Piré a reçu le commandement de la 2e division militaire à Châlons-sur-Marne. Les gouvernements, réservés le plus souvent aux maréchaux et aux ducs, étant abolis, le commandant devient le seul chef effectif du territoire. En l'occurrence, le vainqueur de Saint-Dizier exercera son autorité sur trois départements assez calmes, la Marne, les Ardennes et la Meuse.

Son cas n'apparaît point isolé ; un peu partout, la fraction de l'ancien personnel impérial inemployé par la Restauration plonge le bras jusqu'au coude dans l'assiette au beurre avec une telle promptitude que la notion de complot ne saurait être écartée. Les Condéens, les Vendéens mais aussi de nombreux serviteurs de Napoléon, coupables de s'être franchement ralliés aux Bourbons, sont frappés. Ainsi le général Wathiez, devenu vicomte, perd la subdivision de la Meuse au moment où son ancien chef des Quatre-Bras et de Waterloo reprend le harnois. Les nostalgiques des Abeilles n'ont pas fomenté la révolution mais ils se sont tenus prêts. La franc-maçonnerie joua-t-elle un rôle ? On ne prête qu'aux riches. Plus simplement, à travers les

« Juillet 1830 », par Jeanson.

sociétés amicales, voire les relations de famille ou les coalitions d'intérêts, des alliances obscures s'étaient nouées, des engagements réciproques avaient été scellés. Une amitié si forte unissait Louis-Philippe au comte Gérard, créé maréchal le mardi 17 août, que ces personnages, rapporte le prince Gabriel de Broglie, s'écrivaient tous les jours.

Député, Gérard avait pris l'initiative de réunir les protestations contre les ordonnances puis s'était agité chez Audry de Puyraveau. Dès le dimanche 1er août, il était nommé, ou se nommait, commissaire provisoire à la Guerre. En l'absence de M. de Bourmont, le ministre légitime (Ah ! Si le duc de Raguse, d'abord pressenti, avait cinglé vers Alger et le Grand Chouan conservé le contrôle de la garnison de Paris, la ville barbaresque eût été prise tout aussi bien mais la capitale, elle, eût été sauvée !), l'ami de Mgr d'Orléans avait pris sans peine les commandes.

A son honneur, il ne devait fusiller personne mais, à sa honte, procéder à l'épuration d'une armée devenue, depuis la gestion de M. de Gouvion-Saint-Cyr, parfaitement représentative de la société française. Soixante-cinq gouverneurs ou commandants de grandes unités sur soixante-quinze sont placés en position de retraite. Quelques-uns, tel le marquis de La Tour-Maubourg, claquant la porte de l'hôtel des Invalides et jetant son manteau de Pair, préfèrent s'en aller d'eux-mêmes. Les anciens combattants de l'Émigration et de l'Intérieur sont cruellement frappés. Si Louis-Philippe parvient à maintenir quelques-unes de leurs pensions, il expulse les plus déshérités d'entre eux du château de Versailles où, petitement, ils s'efforçaient de survivre, s'attirant l'ire du gouverneur lorsqu'ils étendaient, afin de le faire sécher, leur pauvre linge aux fenêtres du Grand Roi.

Un scandale plus odieux encore secouera les consciences lorsque, après la mort trouble du prince de Condé, le roi des Barricades dont le fils, Aumale, se voyait léguer une confortable fortune, fera casser comme antipatriotiques, par des magistrats asservis, les dispositions prises par le testateur en faveur des Condéens et des Vendéens infirmes afin de donner une part supplémentaire à son rejeton. Un sou reste un sou mais, ce jour-là, M. d'Orléans, souvent mieux inspiré, vola les pauvres.

Comme paraît étrange M. de Piré dans le flot des revenants. L'Émigration et la Chouannerie convenaient à sa naissance et à sa soif de liberté. Le service du Consul puis de l'Empereur répondait à son esprit d'aventure. La monarchie de Juillet, avec l'avènement de M. Prudhomme et cet aspect *popote,* si bien noté par Flaubert dans la description du comice agricole de *Madame Bovary,* sied mal au gentilhomme de grand chemin.

Son affaire, pourtant, ne va pas sans excuses : elle contribue à l'endiguement d'une révolte parisienne dont le déferlement eût mené la France au naufrage ; l'établissement d'un régime républicain ou bonapartiste eût provoqué, outre l'anarchie, la colère de nos voisins et une invasion d'autant plus périlleuse que l'armée, occupée en Algérie et divisée devant la Révolution, n'eût point fait face.

Le pays, sorti du cocon de la Légitimité, trouve les conditions de sa survie et d'une part de progrès dans ce compromis entre la subversion et la tradition.

La monarchie de Juillet va donner à la Nation dix-huit ans de prospérité mais à M. de Piré dix-huit ans d'ennuis. Habitué de toutes les fêtes guerrières, il ne sera ni du siège d'Anvers mené par Gérard contre le roi des Pays-Bas, où sa connaissance de la région lui conférait quelques droits de se proposer, ni des campagnes d'Afrique où sa science de la cavalerie légère eût fait merveille.

Le service de place irrite le général du diable. Dans une lettre au duc de Dalmatie, redevenu ministre de la Guerre, en attendant de présider le Conseil, il exprime ses doléances. Il a longuement arpenté son bureau, rageusement dominé sa fougue, émis de nombreuses corrections avant de faire expédier ce courrier en date du 27 octobre 1833 :

« Monsieur le Maréchal,

« C'est avec beaucoup de répugnance et après quelque hésitation que je me détermine à Vous entretenir de mes intérêts particuliers [...] J'ai l'orgueil de me supposer quelques droits à Vos bontés.

« Je suis, Vous le savez, une des victimes les plus tristement célèbres de la Restauration. Elle avait fait de moi le bouc émissaire de sa haine et de sa rancune. Prison [?], long exil, vexations de tout genre de l'esprit de parti, rien ne m'a été épargné [pas même la croix de Saint-Louis]. Je suis aussi une des notabilités de la Grande Armée, les immortels Bulletins sont là pour l'attester. Tous mes grades, toutes mes décorations ont été scellés de mon sang et acquis sur les champs de bataille. »

Et le même général de Piré, prompt à réclamer en 1822 au duc de Gramont, capitaine des gardes du corps, des attestations de service en Émigration et en Chouannerie, y va de cette audace :

« Toujours fidèle à mon drapeau, depuis l'heureux jour où j'ai été admis à le défendre, je ne me suis jamais séparé de la cause de la Patrie. » ...de quoi réjouir le vieux Soult, virtuose de la reptation. « J'ai été complètement oublié, et à l'exception d'un emploi qu'un mot peut révoquer, je suis ce que j'étais sous Charles X [...] Au premier rang social de mon pays, rempli de sentiments loyaux envers le Roi, on ne m'a cependant pas jugé digne de faire partie des cinquante officiers généraux élevés à la Pairie. Quel titre faut-il donc pour y être appelé puisque j'en suis exilé. »

L'appartenance à la Chambre Haute, encore qu'ayant, malgré M. Casimir Perier, perdu son caractère héréditaire, continuait de provoquer la convoitise des civils et des militaires. M. Poirier ne paye les dettes de son gendre que dans l'espoir d'obtenir son aide pour aller s'asseoir dans la salle du Luxembourg, et Victor Hugo, plus sérieux qu'amusé, décrit ses aînés, nommés par la Restauration, fiers de conserver leur vieil uniforme dont le col révèle par une différence de ton l'emplacement des fleurs de lis d'or arrachées par la tempête de Juillet.

La Restauration avait jeté passablement de manteaux d'hermine sur les épaules des soldats. Certains, devenus marquis ou vicomtes, se confondaient dans l'Almanach avec les représentants d'une noblesse plus ancienne. Le roi-citoyen venait d'annuler assez vilainement les pairies conférées par Charles X mais s'était hâté d'en créer de nouvelles, donnant aux militaires impériaux une place considérable. Le coq se parait des plumes de l'aigle.

M. de Piré, en examinant la liste, compare à bon droit ses mérites à ceux des nouveaux promus ; la fournée du 19 novembre 1831 offre quelque lames joliment trempées ; les comtes d'Erlon et Exelmans, l'amiral Emeriau, l'ex-ministre de l'administration de la Guerre, Lacuée, l'inévitable Pajol, le père Roguet, très aimé dans la Garde, et un cuirassier inspiré, Bonardi de Saint-Sulpice. Pourtant, en quoi l'emportent sur

Hippolyte le général Lagrange, Philippe de Ségur, l'artilleur d'Anthouard ou MM. de Flahaut et Caffarelli ?

La nouvelle entrée en force du 11 octobre 1832 suscite le même agacement : passe pour Édouard de Colbert et ses belliqueuses moustaches, pour Dutaillis, vétéran d'Italie, pour Lafférière-Lesvêque, remarquable durant la campagne de France, ou Lallemand, très éveillé durant les Cent-Jours, mais le baron Haxo, neveu du poursuivant infortuné de Charette, le comte Ornano, veuf de Mme Walewska, récemment occupé de salir ses étoiles en Vendée contre le maréchal de Bourmont, l'honnête divisionnaire du génie Rogniat, n'ont jamais mieux fait que le vainqueur de Saint-Dizier.

Le sanglier vieillissant va lorgner le Luxembourg jusqu'aux heures crépusculaires du régime. A chaque admission d'un nouveau, son humeur ira s'assombrissant. Pour un Corbineau, un Ledru des Essarts, on verra s'enrégimenter, sous le chancelier Pasquier et le grand référendaire Decazes, des hommes moins récompensés dans leur gloire que recherchés pour leur docilité.

La lettre au duc de Dalmatie, saute-paillasse plus agile que la plupart de ses subordonnés, ne se limite point à l'expectative de la Chambre Haute. Maintenant que la croix de Saint-Louis, portée désormais sans fleur de lis entre les branches, a perdu de son prestige — Louis-Philippe ne l'épingle même pas sur sa tenue de lieutenant général — M. de Piré voudrait s'élever dans l'autre ordre. Il écrit :

« Commandeur de la Légion d'honneur depuis la bataille de Leipzig, je le suis encore aujourd'hui comme un simple colonel du siège d'Anvers, et à côté du Préfet de la Marne, grand officier de la façon de la Restauration.

« Le commandement de la 2e division militaire dont je suis revêtu, tout honorable qu'il soit, n'a pas été pour moi un avantage. MM. les généraux Préval [directeur de l'infanterie et de la cavalerie au ministère] et Schneider [directeur du personnel] qui ont vu mon établissement pourront vous affirmer qu'il m'en a coûté plus de cinquante mille francs pour meubler l'hôtel du Gouvernement, ci-devant caserne, où je n'ai pas trouvé un poêle pour me chauffer, ni une crémaillère pendue au foyer de la cuisine. Comme tant d'autres, je ne fais pas d'économies sur mon traitement et y ajoute mon revenu pour représenter dignement le gouvernement. Le quartier général de Châlons est sans aucune ressource pour ma vie privée ; la ville est sans garnison ; d'ailleurs les troupes sont continuellement embrigadées sous des généraux qui ne sont pas sous mes ordres. Au moment où je vous adresse cette lettre, les sentinelles d'honneur devant ma porte appartiennent à la division Jamin. [Le vicomte Jamin a servi sous Reille à Waterloo. Bien en cour sous la Restauration, il commande, depuis le siège d'Anvers, la 3e division d'infanterie et, coup de poignard dans le sein de Hippolyte, il deviendra Pair de France.] Vous voyez, Monsieur le Maréchal, que mon intérêt personnel et mon amour-propre ne sont pas favorisés et qu'à l'époque la plus égoïste qui ait jamais existé, je sais encore faire quelques sacrifices pour remplir mes devoirs... »

Étrange Piré ! Tout occupé de lui-même, dissimulant malaisément ses rancœurs, rendu susceptible par les épreuves, il stigmatise néanmoins le mal de Juillet : l'égoïsme.

Enfin muni d'un poêle, d'une crémaillère et de quelques sentinelles bien à lui, il discerne l'aspect le plus sombre de cette période où la revanche, pour lui, demeure incomplète. Il a pu se plaindre d'autres régimes ; il a lutté contre la Révolution, essuyé de menues persécutions au retour de la Légitimité mais, malgré ses protestations de dévouement à Louis-Philippe, il ne cache point son aversion pour la société ventripotente, bourgeoise au sens le plus fâcheux du terme, qu'il lui faut servir pour que bouille sa marmite.

L'absence de jugement, un rien d'opportunisme ont pu dévoyer le lieutenant de Quiberon et le général de Leipzig, le commandant de place sous le roi-citoyen se sent mal à l'aise dans un monde où l'aventure est morte et la générosité disparue. Au vrai, il s'ennuie de sa Bretagne. On ne saurait vivre à Châlons lorsqu'on possède quelque bien à Rennes. Là commande le complice de mars 1815, le baron Bigarré. Gérard, selon son plan excluant l'improvisation, l'a replacé dans le commandement dévolu par Napoléon. M. de Piré s'était préoccupé d'échanger son poste et « avait produit au directeur du personnel le consentement autographe et formel de son collègue ». Le ministre a refusé. Qu'un Bleu d'origine commande à Rennes apparaît moins dangereux pour le régime, moins provocant pour les Carlistes que la présence d'un Chouan tricolorisé.

La démarche produit un sentiment de malaise. M. de Piré, pour assurer sa convenance personnelle et surveiller les rentrées

La duchesse de Berry pendant sa captivité.

de ses fermages, a voulu revenir sur le théâtre de ses exploits. S'il a proposé l'échange en 1833, la requête demeure admissible, s'il l'a sollicité dès 1832, l'affaire devient plus gênante. L'héroïque duchesse de Berry, le maréchal de Bourmont, le colonel Clouet et quelques irréductibles tentaient alors, au mépris des Pancaliers (les choux sans cœur), de restaurer Henri V. M. de Piré voulait-il marcher contre eux ? Faute d'une précision chronologique, on accordera le bénéfice du doute.

Le duc de Dalmatie, soucieux de faire respecter la voie hiérarchique, apostille assez longuement la lettre à l'intention du général Schneider chargé d'y répondre. Intelligemment, le maréchal parle de la fausse position où se serait trouvé l'intéressé s'il avait commandé la 13e division militaire. Pour la pairie et l'avancement dans la Légion « tout vient à point, note l'illustre vaincu de Toulouse, pour qui sait attendre ».

« Le plus jeune des vieux généraux de l'Empire », ainsi qu'il aime à se nommer avec un goût certain pour l'antithèse hugolienne, continue de dévorer son ennui. De toutes les fêtes jusqu'à la chute de l'Aigle, il n'a plus tiré le sabre depuis Rocquencourt. Maintenant que les Berthezène, les Vallée, les Marbot et même le policier Savary promènent leurs pantalons garance dans les djebels, il souhaiterait sa part de la nouvelle épopée. En Afrique, la cavalerie légère, adaptée au terrain, fait merveille. L'ancien colonel de hussards ressent des fourmillements dans son sabre. Il ne sera point désigné. Sous la monarchie de Juillet, comme aux temps de la branche aînée, se battre constitue une faveur. Ces époques sont heureuses où l'on doit intriguer pour prendre le harnois alors qu'aux temps révolutionnaires et impériaux les plus endurcis tentaient parfois de se dérober aux fatigues de la guerre.

Le Rosnyvinen n'agit plus. Entend-il forcer les portes de l'avenir ? Sans doute. Serait-ce par une manière de superstition qu'il se refuse à rédiger ses Mémoires ? Il dispose de tout son temps, et la Providence l'a doté d'une plume trempée à Tolède. Pourtant, à l'heure où son vieil adversaire et sauveur, le baron de Vitrolles, consigne avec une spontanéité stendhalienne les événements d'une grande vie, le sanglier se tait. S'il écrit, c'est aux porteurs de maroquin. Il possède quelques bêtes noires et notamment son chef dans l'affaire du Valentinois. Le 28 juin 1841, il fulmine à l'intention du ministre :

« En 1815, après mon retour de l'expédition qui eut pour but d'expulser le duc d'Angoulême de France, expédition qui fut dirigée uniquement par moi et nominalement par M. le marquis de Grouchy qui était resté à Lyon, tant qu'il y eut à combattre, je revins à Paris... »

D'évidence, le maréchalat de Grouchy, rétabli par Louis-Philippe en même temps que sa pairie, porte au cœur de son ancien subordonné. Que cette campagne n'ait guère honoré les généraux impériaux ne le préoccupe guère ; elle a rapporté un bâton et il n'en est point le porteur. Du coup, il enrage.

Élevé, en 1834, à la dignité de grand officier de la Légion d'honneur, il s'accrocherait volontiers au cordon mais ne l'obtient pas.

De Châlons, il passe à Metz puis à Montpellier. Le gouvernement continue de l'employer mais lui refuse un commandement dans l'Ouest ; inutile de provoquer ses anciens amis réfugiés désormais dans l'opposition parlementaire.

Une affaire d'une autre importance a secoué la société militaire et touché particulièrement M. de Piré. La monarchie de Juillet, en raison de l'ambiguïté de ses origines, vit dans deux dimensions : le présent et le passé. La référence à la Révolution, arrêtée en matière civile à 1791, et à l'Empire, les Cent-Jours y compris, apparaît constante. De la Restauration, on retient Louis XVIII dont l'Orléans se poserait volontiers en successeur légitime et l'on rejette Charles X, prince dont les bienfaits se sont souvent étendus aux vétérans des luttes tricolores. On place entre parenthèses le règne de ce souverain, peut-être imprudent, mais d'une grandeur et d'une mansuétude inégalées en ce siècle de fer. Louis-Philippe, homme supérieur mais monarque incertain, quête l'impossible ; il veut réconcilier les Français et, comme la Gauche mène, selon l'habitude, plus grand tapage que la Droite, il s'efforce, au détriment de celle-ci, de satisfaire celle-là.

Parmi les opérations politiques du roi-citoyen, l'achèvement de l'arc de triomphe de l'Étoile n'apparaît pas comme la moins pittoresque. Avec cette entreprise, le lieutenant général de Piré connut son purgatoire.

De même que les bons élèves donneraient toutes leurs billes pour figurer au tableau d'honneur, bien des auxiliaires de Napoléon eussent abandonné leurs prébendes contre l'inscription de leur nom au monument. Plus qu'un autre, le vainqueur de M. d'Angoulême pouvait se tenir pour concerné ; n'était-ce point en faveur de son adversaire, chef heureux en Espagne, que l'édification de l'arc avait été reprise ?

Louis XV avait dégagé la butte, Louix XVI avait rêvé d'un noble témoignage, la Révolution n'avait rien fait. Napoléon, logiquement grisé par une Antiquité dont il répétait les fastes, avait commencé de construire, après le chef-d'œuvre du Carrousel, un édifice l'emportant en ampleur sur l'arc de Constantin et la porte Saint-Denis. Il entendait y faire graver les noms de ses victoires et de leurs artisans. Les ouvriers tardèrent, se firent exigeants. On augmenta leur salaire puis, comme ils réclamaient plus, on les réquisitionna. Peine perdue. Pour l'entrée de

Le roi Louis-Philippe, par Devéria.

Marie-Louise, il fallut monter un châssis couvert de toiles peintes car le bâtiment en matériaux nobles sortait à peine de terre.

L'an suivant, l'illustre Chalgrin, autrefois maître du jeune Kléber en architecture, mourut. Son élève Joust allait commencer la voûte lorsque la première chute de l'Aigle arrêta les travaux. Ils ne reprirent que sept ans après la seconde. Sans doute, l'expédition des Cent mille fils de Saint Louis, chère au cœur de M. le vicomte de Chateaubriand, ne balançait-elle pas en ampleur l'épopée napoléonienne mais elle avait offert le mérite de rassembler dans le succès des chefs et des soldats ayant précédemment servi sous des drapeaux différents. Louis XVIII rendait ainsi hommage autant à Molitor et à Moncey qu'à Hohenlohe et à d'Autichamp. La société libérale, boudeuse par vocation, jugea la nouvelle dédicace abusive, et, ce, d'autant plus qu'en dépit des dispositions royales et par le zèle de l'architecte, M. Huyot, elle consacrait la seule gloire de M. d'Angoulême, devenu Dauphin.

Louis-Philippe arrivait. Dissimulant à l'aide d'un toupet et de favoris son évidente ressemblance avec Louis XIV, cherchant à concilier le plaisir d'exercer le pouvoir et l'inclination pour la démocratie, le roi des Français préférait le sabre au parapluie. Lieutenant général à l'âge de dix-neuf ans, commandant le centre à Jemmapes, il conservait de sa jeunesse martiale un souvenir ému. Il poursuivit la construction de l'arc en le dédiant « aux armées françaises ». Comme le temps était aux exclusives, les Blancs, lorsqu'ils n'avaient jamais été Bleus, furent écartés des tables de gloire.

Le 28 juillet 1836, sixième anniversaire des « Trois Glorieuses », un an après l'attentat de Fieschi fatal au duc de Trévise, Sa Majesté très populaire devait, bicorne en tête, le torse barré du cordon rouge et ses grosses jambes gainées dans un pantalon blanc, inaugurer le monument aux acclamations de la multitude.

On craignit des manifestations hostiles et Philippe prit le frais à Neuilly tandis que le bonhomme Thiers, qu'on appelait déjà Monsieur, et le comte d'Argout, dont le nez aurait inspiré le futur petit-gendre du maréchal Gérard, Edmond Rostand, par son caractère de péninsule, présidèrent la cérémonie. « Ils se retirèrent, dit plaisamment *le Journal des artistes,* en saluant le public. » Pour éviter les incidents — le 15 février 1831, la populace avait commencé à détruire l'arc du Carrousel — l'affaire s'était déroulée à sept heures du matin mais les Parisiens étaient alors lève-tôt et l'affluence fut considérable.

Bien entendu, l'œuvre n'était point achevée ; tandis qu'on travaillait aux sculptures, un honnête général, le baron Nugues Saint-Cyr, ancien chef d'état-major du maréchal de Lauriston à l'armée des Pyrénées, établissait une liste de 384 héros dont les noms figureraient sous les bas-reliefs. C'était trop ou trop peu. Si consciencieusement qu'ait procédé le général, il créa des mécontents. L'oubli d'un Drouot, justement célébré par le père

Lacordaire dans son oraison funèbre, fit scandale. Les réclamations affluèrent à la Guerre, à l'Intérieur, aux Travaux publics. Le titulaire de ce département, M. Teste, commanda d'aménager un emplacement pour 178 nouvelles inscriptions. L'affaire devenait d'État.

Il en va des militaires comme des ecclésiastiques ; vivant en vase clos, ils cultivent avec vigilance les haines et les amitiés.

Le duc de Dalmatie, alors président du Conseil, confie au Bayard français — *dixit* Napoléon — Oudinot de Reggio, le soin de présider une commission. L'assistent deux maréchaux en puissance, MM. Reille et Dode de la Brunerie, les généraux Petit, Pelet et Schneider. Le vicomte de Saint-Mars tient la plume. Cette constellation est à peine formée qu'elle va réunir de nouvelles étoiles. Il manquait un représentant de trois armes, la cavalerie, l'artillerie et la marine. On va quérir MM. Exelmans, Neigre et de Rosamel, puis l'on se plonge dans les dossiers.

Comme de nombreux anciens sont morts et parfois sans descendants pour plaider en leur faveur, on reprend tous les cas d'officiers généraux de terre et de mer. Les intransigeants écarteraient volontiers les chefs, même illustres, ayant abandonné les trois couleurs parfois pour les combattre.

Si La Fayette, Valence, La Tour-Maubourg n'ont jamais retourné leurs armes contre la République ou l'Empire, il n'en va pas de même pour Pichegru, déjà placé sur la liste du baron Nugues, pour Moreau, Willot et quelques autres. Certes, le duc de Chartres, devenu le roi Louis-Philippe, appartient à la première catégorie mais pour l'inscrire sans heurt, il faut se montrer indulgent à l'égard des membres de la seconde.

Un seul grand est écarté, Bourmont ; on oublie l'Espagne et Alger pour ne se souvenir que de la défection de Ligny, du refus d'allégeance au trône de Juillet et de l'insurrection de Madame.

Malgré ces sévérités, la commission dépasse le nombre alloué. Le 29 avril, le duc de Reggio signe une liste de 233 noms. Le 2 juillet, il ajoute 7 médecins et administrateurs.

M. Teste, dont le frère, divisionnaire à Wavre sous Grouchy, figure au nombre des élus, fait connaître une heureuse nouvelle : ses architectes ont aménagé 16 places supplémentaires. Elles sont immédiatement attribuées. L'appétit, même de gloire, vient en mangeant. Cinq nouveaux noms sont avancés.

Cette fois, le ministre des Travaux publics se fâche mais pas si rouge que le maréchal Oudinot. Le président du Conseil, saisi, exige ces dernières inscriptions et en ajoute deux autres, celle de l'intendant général Dennie, administrateur émérite, et celle du comte de Piré.

Alors que ses brigadiers, Hubert et Wathiez, obtenaient dès longtemps l'honneur du granit, il s'en trouvait exclu. La faute en était-elle à quelque négligence, à sa coquetterie le conduisant à taire une revendication légitime ? La rancune d'un camarade, son passé de Chouan ou le scandale de Malmaison l'avaient-ils fait écarter jusque-là ? On ne sait car les délibérations furent orales.

Reste qu'aussi remarquable dans l'infortune que dans la victoire, le sanglier rennais accomplit un nouveau tour de force : il est le dernier inscrit sur l'arc de triomphe où il prend place au côté nord. Le Second Empire et la IIIe République ajouteront, il est vrai, 5 noms mais le Breton n'en aura point connaissance.

Il restera des oubliés dont certains éclipsent les heureux : Hogendorp, Pac, Lion, Farine, du Cœstloquet et même cet émule de Hippolyte dont Albéric Cahuet fera le rival de Pontcarral, le terrible Fournier-Sarlovèse, surnommé « le plus mauvais sujet de l'Armée ». Tromelin n'en sera pas. Un seul Chouan figure sur les tables de la République et de l'Empire : Piré.

« Le plus jeune des vieux généraux » ne sentait pas son âge mais d'autres le constataient pour lui. Le 10 juin 1841, il quitte la division de Montpellier pour entrer dans une semi-retraite : l'inspection d'un arrondissement de gendarmerie. Lorsqu'on a chargé les Autrichiens à Wagram et les Russes en avant d'Ostrowno, il est malaisé de passer en revue les Pandores et de vérifier l'état de leur boîte.

Pourtant M. de Piré remplit ses fonctions. Tel le Bombardoc du livre pour enfants où s'apprenait naïvement l'amour des armes, tels les militaires en retraite venant s'établir à Versailles pour profiter de l'animation offerte par une ville de garnison, le vainqueur de Saint-Dizier ne peut se passer de vérifier l'inclinaison d'un bonnet de police ou de compter les boutons de guêtres.

Presque heureuse, la France de Louis-Philippe s'endort. Désœuvrés, ses gendarmes s'assoupissent. Parfois, leur inspecteur les réveille.

Le 3 mars 1844, il est disponible, le 1er avril 1846, il passe à la section du cadre de réserve de l'état-major général. Cette même année, Mme de Piré, lasse de se survivre, achevait son existence terrestre. Le coup fut rude. Inconstant en politique, l'Incroyable de Rennes pleurait une épouse dont l'attachement ne s'était jamais démenti. Elle l'avait toujours aidé. En dépit d'une santé fragile, elle s'était montrée sereine en toute circonstance. A ses yeux, il était demeuré le beau cavalier d'autrefois. On ne vieillit jamais sous le regard de l'amour.

Le lieutenant général revint habiter Paris.

Il s'installa dans le quartier de la Nouvelle-France, au numéro 30 de la rue Montholon, du nom du chancelier de François Ier et non de son descendant, le général alors prisonnier au fort de Ham pour avoir tenté à Boulogne un débarquement en compagnie du fils de la reine Hortense. L'endroit, moins recherché qu'au siècle précédent, présentait pour son nouvel habitant un intérêt majeur : la proximité d'une caserne.

M. d'Angoulême était mort le 3 juin 1844. Parfois, les fidèles venus le saluer au Hradschin l'avaient entendu déclarer :

— Le duc d'Orléans est habile, il pourra faire aller quelque temps la machine mais le culbutis arrivera.

Nul ne le prévoit, surtout pas Louis-Philippe, répondant en ces termes aux vœux du corps diplomatique, le 1er janvier 1848 :

— Deux choses sont impossibles, la guerre et la révolution.

Le roi du juste milieu, détesté par les Légitimistes et haï par les Républicains, croit-il dire vrai ? Pense-t-il avoir résolu la quadrature du cercle ? Peut-être. Il atteint soixante-quinze ans. Nul souverain français n'a vécu si longtemps et les années de pouvoir comptent triple. Sa rapidité, ce don incomparable de concilier les inconciliables commencent de lui faire défaut. A se vouloir arbitre, il apparaît plus usé que les joueurs. Comme son président du Conseil François Guizot, grand commis à l'âme ardente en dépit d'un aspect réfrigérant, il accepterait une extension du cens si le comte Duchâtel, dépositaire de la volonté des Chambres, n'en voulait pas.

L'opinion publique, de M. de Genoude (M. Genou, naguère pourvu de deux *de* par Louis XVIII) à Louis Blanc, lilliputien aristocrate de l'Extrême Gauche, souhaite l'élargissement du scrutin cependant que les députés, sinon les Pairs, soucieux de se conserver, font la sourde oreille.

Tampon du général Stofflet pour la validation du papier monnaie. Un ► collectionneur a réuni cette signature au portrait de Philippe VIII, duc d'Orléans.

VIVE LE DUC D'ORLÉANS.

Louis-Philippe, pris entre la Légitimité, populaire par essence, et la légalité, bourgeoise par nécessité, va se tromper ; à la réforme poliment demandée par des opposants pacifiques, il répond *non* lorsqu'il eût fallu dire *oui*.

Le débat laisse indifférent M. le lieutenant général de Piré. De cinq ans le cadet du Roi, il appartient toutefois à la même génération des voyageurs de l'impossible. Pour lui, comme aux yeux des officiers d'Augereau, en Fructidor, la loi c'est le sabre.

Encore faut-il en disposer.

M. d'Angoulême, moins malin que son compétiteur d'Orléans, moins épique que son vainqueur de Piré, était, au fond de la Bohême, demeuré plus lucide qu'eux. Ce sera le culbutis.

Le lundi 22 février 1848, *le National,* journal quotidien de l'effervescent Marrast, avait appelé la population à soutenir la campagne des banquets en faveur de la réforme électorale. Le mardi, on vit de par les rues s'agglutiner une foule déjà turbulente et s'élever quelques barricades. Le mercredi, la Garde nationale, soutien traditionnel du régime, avait composé pour partie avec l'émeute, amenant « le Père la Cocarde » à démissionner M. Guizot pour charger un élégant funambule, le comte Molé, de former un nouveau cabinet. Ce soir-là, un Paris gouailleur mais bon enfant célébrait sa victoire lorsque, déçus, les révolutionnaires organisèrent une provocation. Ils firent boire plus que de raison un escogriffe à la tignasse noire. Ce pauvre diable posait les « Christ » dans les ateliers et trouvait dans les agitations un remède à sa misère. A la tête de quelques forcenés, il entendit franchir le cordon de troupe protégeant l'hôtel des Affaires étrangères, sis boulevard des Capucines, où résidait le président Guizot. Le Christ et ses compagnons portaient des torches. L'un d'eux voulut brûler le visage du lieutenant-colonel Courant. Le sergent Giacomoni, pour défendre le chef du détachement, étendit raide le meneur.

La troupe tire ; seize morts, cinquante blessés.

Les agitateurs tiennent leur révolution. Ils chargent les corps sur une charrette, disposent avec soin l'homme aux traits du Sauveur et la dépouille d'une malheureuse, jugée assez jolie pour être dévêtue. A la lueur des flambeaux, les victimes sont promenées à travers la capitale au cri de :

— Des armes et nous les vengerons !

Le jeudi 25 février, le Roi va connaître le désappointement de

Louis XVI au Dix-Août ; passant ses défenseurs en revue, il trouve les premiers animés des meilleurs sentiments — la 1re et la 10e légion de la Garde nationale l'acclament — mais les autres crient :

— A bas le Système ! A bas les ministres !

Les Tuileries sont menacées. Hostile à l'effusion de sang, répugnant à faire donner la ligne fidèle contre les boutiquiers dont il fut l'idole, Louis-Philippe, malgré les objurgations de son épouse, plus reine dans l'adversité qu'au faîte de la fortune, signe une abdication portée au peuple par son vieil ami Gérard.

Il s'en va. Par une coïncidence dont l'origine n'est pas éclaircie, il prend pour pseudonyme dans sa fuite le nom adopté par le sanglier breton du temps qu'il chouannisait en grand les régions de Fougères et de Vitré : Lebrun.

Ce Lebrun-là, hélas, n'a rien d'un Achille.

Vertige, sottise ou canaillerie, revanche d'un ancien Légitimiste sur le roi des barricades, renversé par leur retour, M. de Lamartine fait écarter la régence de la duchesse d'Orléans et la proclamation du petit comte de Paris au profit de la République.

Depuis le Consulat, depuis le Directoire même, la France, en dépit des coups d'État, des invasions et des changements de régime, n'avait jamais connu semblable bouleversement. On ne travaillait plus, on discourait. On embrassait les Polonais et les tenants de l'unité italienne. On ne se lavait plus et on se laissait pousser les cheveux. Les grandes dames s'affirmaient Républicaines. On redécouvrait Robespierre et Babeuf. Les femmes se donnaient en spectacle lorsqu'elles ne s'offraient pas au premier venu.

Flaubert, peu suspect d'intentions liberticides, a tracé dans *l'Éducation sentimentale* un saisissant tableau des clubs enfumés où des commis de boutique barbouillés d'inculture refaisaient le monde à leur dimension.

Le quartier de la Nouvelle-France où flottait encore l'ombre de Sophie de Monnier et du maire de Strasbourg, Dietrich, hôte de Rouget de Lisle lorsque le jeune officier improvisa son chant de guerre de l'armée du Rhin, était devenu plus populaire et partant plus nerveux. Des bouffées de révolution parvenaient jusqu'à l'appartement du lieutenant général de Piré. La rue bougeait sans cesse et les déclamations des maîtres de l'heure ne l'incitaient guère au calme.

Révolution de 1848 : barricades rue Culture Saint-Catherine (actuellement rue de Sévigné), par Gaspard Gobaut.

Le gouvernement provisoire déclarait réhabilité le prince de la Moskowa mais le notifiait à son fils en le dénommant le « citoyen Ney » car on s'amusait à retirer les titres. Le 2 juin, un sieur Thomas, « maréchal des logis dans la ligne et général dans la Garde nationale », comme devait le rappeler plaisamment Pierre Dominique, réclamait, à la tribune de l'Assemblée, la suppression de la Légion d'honneur, stigmatisant les décorations comme « les hochets de la vanité ». On ne le suivit pas mais la possibilité d'une telle intervention donnait le ton. Le 8, en application du décret liquidant le cadre de réserve, le général de division Piré — on avait repris l'appellation de la Ire République et de l'Empire — était mis à la retraite.

Il allait prendre sa revanche.

Depuis le mois de mai, marqué par les menées blanquistes, une nouvelle révolution couvait. Les modérés, monarchistes ou républicains libéraux, étaient entrés nombreux à l'Assemblée constituante et le verdict du suffrage universel n'était pas du goût de ceux que l'on baptisait sans humour les démocrates. La fermeture des Ateliers nationaux et le choix donné aux licenciés de s'engager dans l'armée d'Afrique ou de participer à l'assainissement de la Sologne avaient provoqué leur courroux ; les chefs de la commission du gouvernement, tribuns enfiévrés en février, traitaient maintenant les bras nus avec désinvolture. Puisqu'on brisait leur rêve, les prolétaires allaient se fâcher.

Sans chefs en renom, sans organisation préalable, ils déclenchent une formidable révolte, plus sociale que politique, plus jacquerie (car ils sont d'origine rurale) que révolution. On leur refuse du pain, ils donneront du plomb.

Bientôt le centre et l'Est de la capitale sont aux mains des insurgés. Comme ils forcent dès l'abord plus d'estaminets que de casernes, la lutte prend un caractère atroce. L'égalité d'armement entre les Gardes nationaux passés à l'émeute et les légions demeurées au côté de l'armée régulière confère à la bataille un aspect farouche. La troupe, défaite en juillet 1830 et lors des journées de février, veut sa revanche et la tient.

Le vendredi 23 juin 1848, tandis que s'assemblent les bataillons de la 1re légion, celle-là même dont les membres avaient acclamé le vieux roi lors de sa dernière revue, les bourgeois intimidés voient venir vers eux un homme d'un autre âge. Il porte l'habit à queue glacé d'or, l'écharpe à résille et le sabre courbe. Les plumes blanches ornant le bicorne frissonnent sous la brise. Sur la poitrine s'étalent, n'en déplaise à M. Clément Thomas, au demeurant remplacé par l'illustre Changarnier, la plaque de grand officier et la petite croix de Saint-Louis. Hippolyte de Rosnyvinen, tel un cheval de trompette, a frémi dès le premier appel. En culotte blanche et bottes à l'écuyère, il va participer à la triste fête.

Trente-huit ans le séparent de Rocquencourt et de son dernier combat.

Ici l'on en découd à pied et le sabre est inutile. Qu'importe ! Monsieur le lieutenant général, étant en position de retraite, entend servir en simple soldat. Il prend un fusil.

Durant les trois jours de guerre civile, il va faire le coup de feu, batailler en enfant perdu, reprendre les barricades du boulevard.

Le général Lamoricière, ancien d'Afrique et bientôt organisateur de l'armée pontificale, commande le difficile secteur où s'illustre son ancien. Les faubourgs Poissonnière, Saint-Martin et Saint-Denis sont loin d'être acquis à la subversion mais ils touchent au nord et à l'est aux redoutables communes de La Villette, de La Chapelle et de Belleville. Vers l'ouest, ils ouvrent sur le clos Saint-Lazare, bastion de la rive droite à l'égal du Panthéon, rive gauche.

Les soixante-dix ans du Breton sont oubliés. Il a retrouvé, affirmeront les témoins, toute l'ardeur de sa jeunesse.

Certes, Mon Général, vous montrez l'exemple ; ami de l'ordre, vous vous exposez au feu de l'adversaire alors que tant de nantis ont gagné leur maison de campagne ou s'abritent derrière leurs persiennes. Vous défendez la société contre les tenants de l'utopie égalitaire. Et pourtant... êtes-vous sûr que les gens d'en face, les ouvriers sauvages que vous canardez, sont vos véritables ennemis ? Ne seraient-ils pas les frères ou les neveux des paysans de Fougères et de Vitré, menés par vous voici plus d'un demi-siècle par les champs et les landes contre les tyranneaux jacobins ? Pour l'heure, Monsieur le Marquis, vous travaillez pour Lamartine et pour Marrast, pour le républicain Cavaignac, neveu d'un régicide. Autrefois croisé du Sacré-Cœur, vous voici du côté de M. Prudhomme et de voltairiens plus égoïstes que Voltaire.

« Le plus difficile en période troublée, affirmait déjà Rivarol, ce n'est pas de faire son devoir, c'est de le connaître. » Peut-être avez-vous raison. La sauvagerie de l'insurrection, le parti qu'en eussent tiré, en cas de victoire, les chefs du socialisme et de l'athéisme vous inclinaient à lutter moins pour la conservation d'un état trébuchant qu'en faveur d'un équilibre garant des libertés.

A Claremont, Louis-Philippe, ce jour-là plus Bourbon qu'Orléans, ironisera :

— La République a de la chance. Elle peut tirer sur le peuple.

Le lundi 26 juin prit fin le carnage. L'affaire se soldait par dix mille morts. On fusilla quelque peu. On déporta beaucoup.

Le lieutenant général, rentré chez lui, fit ranger son uniforme et graisser ses armes.

Alexandre de Piré, dans la force de ses trente-neuf ans, était rentré d'Italie. L'enfant de Wagram s'était affirmé le « courtisan des Bonapartes en exil » et, comme eux, brûlait d'un feu sincère pour l'unité de la péninsule. Il ressemblait à son père par une façon insolite, spontanée, de soutenir des causes surprenantes et parfois contradictoires. Au fil des âges, le sang de Descartes ne circulait plus dans les veines des Rosnyvinen ou, à tout le moins, n'irriguait plus leur cerveau. Le filleul du défenestré de Bamberg se créait une réputation d'original mais forçait l'estime par la générosité de son cœur ; devenu parlementaire, il réclamera le retour d'exil de toutes les familles ayant régné sur la France.

La République était morte mais ses tenants l'ignoraient encore. Tandis que Légitimistes et Orléanistes marquaient le pas dans leur tentative de fusion, l'idée impériale faisait son chemin. Un Bonaparte habitait de nouveau l'Élysée, dissimulant derrière la fumée d'une éternelle cigarette l'intention de ceindre la couronne.

L'Empire revenait à la mode et sur les Boulevards, débarrassés des gravats de juin, les camelots vendaient plus de tabatières, de pipes et de breloques à l'effigie du Petit Caporal que d'assiettes décorées de la Marianne ou du comte de Chambord. L'armée, elle, gardait la nostalgie de la branche cadette, songeait au prince de Joinville ou encore à son frère Aumale pour reprendre le timon des mains du fils de la dame aux yeux mauves.

Un nouvel orage s'amoncelait que M. de Piré ne verrait pas.

Une brève maladie eut raison de sa forte constitution. Il partit pour le paradis des braves le samedi 20 juillet 1850. Il était âgé de soixante-douze ans.

Royaliste sous la Terreur, Bonapartiste après Brumaire, sous les Aigles au retour de l'île d'Elbe, incliné vers les Lis sous Louis XVIII, réchauffant ses vieux os au soleil de Juillet, Hippolyte de Piré, personnage d'exception par le courage et le talent, s'est conduit en homme ordinaire dans les affaires politiques. La Vendée militaire l'a rayé de ses fastes et les napoléoniens l'exaltent rarement tant il est vrai qu'à changer d'étendard on encourt la froideur de la postérité.

Il a retourné son habit et les Français goûtent médiocrement les transfuges parce que, loin d'apprécier leurs semblables, ils chérissent leurs opposés. Le plus souvent, il a partagé les engouements et fait siens les abandons de ses compatriotes. Ils l'en absolvent malaisément.

Sa route, encore qu'incertaine, demeure jalonnée de prouesses : Quiberon, Dantzig, Stettin, Somosierra, Wagram, Leipzig, Saint-Dizier, les Quatre-Bras, Rocquencourt. A coups de sabre, il s'est frayé le chemin de la gloire.

Si son nom s'inscrit parmi six cent soixante et un autres sur le granit de l'épopée, il demeure le seul Chouan de l'arc de triomphe.

LES ROIS NE MEURENT PAS

Lorsque M. de Piré passe sur l'autre rive, depuis longtemps déjà la Vendée militaire a cessé d'exister mais continue de faire peur. Les grands anciens disparaissent enveloppés dans le silence de la dignité. Les dernières batailles pour la Légitimité n'ont pas été livrées en France mais au Portugal où le maréchal de Bourmont, assisté d'Auguste de La Rochejaquelein et de quelques autres, a lutté pour Don Miguel contre Dona Maria, cherchant à régler de vieux comptes avec son adversaire de toujours, le picaresque Solignac.

En 1848, les partisans de la branche aînée ont accueilli, sans douleur, la chute de Louis-Philippe et sont allés parfois jusqu'à se faire républicains. C'est l'itinéraire de Lamartine, de Tocqueville, de Vigny même, jamais passés, à l'inverse de Hugo, par l'Orléanisme.

Cet hiver-là, les folies sont nombreuses. Le faubourg Saint-Germain se toque de la démocratie, des duchesses se sansculottisent et Apponyi, comme l'auteur de *Choses vues,* nous renseigne sur l'ouvriérisme des couronnes fermées.

L'Ouest demeure étranger à ces fantaisies. Il boude un gouvernement envoyé par dépêche télégraphique et, dès les premières élections, manifeste son ancienne fidélité.

Face au prince-président devenu Napoléon III, l'attitude est différente. L'échec de la première fusion n'a point été sans engendrer déception et lassitude. Le rêveur des Tuileries présente le mérite d'être le neveu de son oncle. C'est peu mais cela suffit pour créer une amorce de légitimité. Les archives de Kerléano recèlent une lettre stupéfiante du chevalier Lancelot du Lac, beau-père du général Joseph de Cadoudal ; l'excellent homme a laissé copie d'une adresse à l'Empereur. Il voudrait le voir arborer l'ordre de Saint-Louis, et, centenaire, rappelle le droit du doyen d'âge à porter les insignes de commandeur. Un tel transfert d'allégeance ne revêt pas un caractère d'exception.

En s'affirmant comme le défenseur de la Papauté, le nouveau César suscite des sympathies. C'est que Vendéens et Chouans ne plaisantent pas avec la question romaine. Ils ont décelé dans le gallicanisme l'origine de l'Église constitutionnelle et des drames de la Révolution. Depuis lors, ils n'ont cessé de regarder vers la Ville éternelle. L'antique indépendance d'un Richelieu, d'un Bossuet et même d'un Fénelon n'est plus toujours leur fait. L'anticléricalisme capétien, cent fois affirmé de Philippe le Bel à Charles X lui-même, connaît moins d'écho. Face au péril rouge ou bleu de la libre pensée, d'abord jacobine et patriote à sa manière mais très tôt sans frontière, certains traditionalistes inventent une autre internationale, l'ultramontanisme.

Qu'importe si, dogmatiquement, les prélats français les plus chouans tels le cardinal de Bonnechose par le sang, ou par le cœur comme Mgr Dupanloup, se prononcent contre l'infaillibilité, cette opposition spirituelle est pondérée par une adhésion temporelle. La défense de Pie IX, bien revenu de son libéralisme, devient l'affaire des Charette et des Cathelineau.

Les nouveaux croisés de Castelfidardo, de Mentana et du siège de Rome couraient le risque de se voir imputer à crime leur désintérêt pour la France. Pie IX défait, ils se rembarquent et font preuve dans la défense du territoire national d'une vaillance peu commune. Sous leur bannière de premier communiant brodée par des mains innocentes, ils tiennent tête aux Prusso-Bavarois avec une sauvage grandeur.

Bon joueur, le gouvernement de la République accorde les étoiles à M. de Charette comme d'ailleurs à l'excellent Henry de Cathelineau.

En une autre circonstance, les nouveaux dirigeants se sont

montrés moins élégants ; on sait aujourd'hui grâce aux travaux érudits de M. Camille Le Mercier d'Herm ce que fut le scandale du camp de Conlie. Là, les ministres démocratiques laissèrent mourir de faim et de misère des petits Bretons accourus pour défendre le pays mais soupçonnés d'intentions homicides sur la personne de Marianne.

L'image contrastée des Chouans versaillais, venant, chapelet au poing, reprendre la Sodome socialiste, était trop simple, on l'a vu, pour être vraie. Reste que les campagnes angevines, poitevines, bretonnes et mainiotes devaient longtemps considérer comme luciférienne l'inspiration des amis de Louise Michel.

La France de ce temps-là se montrait plus féminine encore qu'aujourd'hui. A peine était-elle revenue des émotions collectivistes qu'elle se donnait à M. le comte de Chambord. Il la voulait de blanc vêtue, alors que les ducs, les Orléanistes et les banquiers républicains entendaient la conduire à l'autel sous les couleurs de Juillet (1830 pour les premiers, 1789 pour les seconds). Était-ce simple prétexte pour évincer un prétendant dont la générosité sociale eût fait échec aux porteurs de moins de titres que d'actions ? Une observation de M. le duc de Castries conduit à déterminer un autre motif. Accepter le drapeau de Henri V, c'était abandonner le tricolore aux Rouges et ceux-ci, brandissant une telle enseigne, n'eussent point manqué de recruter des adeptes dans la bourgeoisie nationaliste.

La Normandie allait vite s'accommoder de cette république dont une grande dame, citée par Bainville, affirmait qu'elle permettait de *prendre son bien en patience*. Le Maine, un moment rétif, s'abandonnera sans trop de regret. Un homme de Gauche aux manières de Droite saura, à coups de faveurs et de complaisances calculées, lui faire admettre le nouveau régime ; le monocle et les redingotes très *fashionable* de Joseph Caillaux conféreront un aspect aristocratique à cette volte-face, au demeurant limitée à certains arrondissements.

Ailleurs, le coup sera plus rude ; à l'entrée de Sainte-Anne-d'Auray se dresse un stupéfiant rêve de bronze. Dans un enclos entouré de grilles mais bien visible de la route, Henri d'Artois apparaît en vrai roi de France, portant manteau d'hermine et collier d'un Saint-Esprit dont les lumières lui manquèrent parfois. Il n'est pas seul. Quatre personnages veillent sur sa grandeur : sainte Geneviève, Jeanne d'Arc, point encore canonisée, Du Guesclin et Bayard. Un seul héros d'Armorique, mais en dépit de sa petite taille, il est immense : le connétable.

A moins d'un jet de pierre de ces statues s'élève le mémorial de la province. Là, encore la liste est-elle, comme à la chartreuse d'Auray, réputée incomplète, sont inscrits les noms de 240 000 Bretons tombés pendant la Première Guerre mondiale. Leurs arrière-parents n'avaient pas voulu se porter aux frontières pour défendre une nation incapable de remplir ses obligations de patrie. Les petits-fils, eux, n'ont pas hésité. Le conflit n'était pas moins absurde mais l'Allemagne avait pris l'initiative.

La République s'était-elle montrée à l'égard de la Bretagne plus compréhensive que M. Colbert ? Dans un livre prestigieux, M. Pierre Jakez Hélias a montré que le rapport d'intimité n'était parfois que celui de la victime et de son bourreau. Pourtant, n'eût été la persécution religieuse, Marianne, sans être la plus belle fille du monde, n'avait pu donner que ce qu'elle avait : l'instruction.

Angevins et même Poitevins sont moins roides que les Bretons. Avec leurs terres plus riches et leurs monuments moins beaux, ils allaient conserver les mêmes fidélités et subir les mêmes tentations lorsqu'à l'appel du cardinal Lavigerie certains catholiques firent l'incroyable marché de dupes du ralliement, donnant toutes les cautions sans obtenir un seul portefeuille.

Une nouvelle fois, l'impôt du sang avait été réparti de manière inégale. Si, en 1914, les villes et les campagnes s'étaient vues frappées du même tribut, la persistance des hostilités avait amené les dirigeants à rappeler les ouvriers dans les usines d'armement tandis que les paysans tenaient les tranchées avec les bourgeois. La présence de ces derniers empêcha que la disparité de traitement vînt à provoquer des murmures. Ce n'était plus, comme en 1793, l'argent et la politique permettant aux Gardes nationaux d'éviter la conscription, c'était une nécessité toute technique.

La victoire de 1918 semblait conforter la République. Elle prenait meilleur genre et le bleu horizon lui convenait à ravir. L'épreuve avait repeuplé les sanctuaires et il importait que Marianne, hier persécutrice, fît bon ménage avec les prêtres. Quelle place pouvait occuper dans cette volonté de concorde le souvenir de la Vendée militaire ? Dans la politique parisienne, l'attachante personnalité de Philippe VIII, réunissant les qualités des deux branches, et le génie logique de Maurras avaient réparé dès longtemps l'émiettement de la famille royaliste provoqué par la disparition du statufié de Sainte-Anne-d'Auray. Dans l'Ouest, il n'en allait pas de même et les Républicains pouvaient ironiser sur les rivalités opposant Blancs d'Espagne et Blancs d'Eu. Les plaies de 1832 n'étaient pas cicatrisées. La Monarchie, pourtant, de culte historique redevenait préoccupation contemporaine. On vit au mont des Alouettes d'immenses rassemblements sous les bannières de *l'Action française*. Le camelot s'est toujours voulu fils de Chouan ou de Vendéen. On connaît la réplique. Ce fut la trouble condamnation venue de Rome. Séparer Dieu du Roi, c'était la vieille manœuvre inaugurée par Hoche, dès 1795.

Certes, le courroux de Pie XI ne retombait pas sur tous les Royalistes mais seulement sur les fidèles de Maurras. Toutefois, ceux-ci l'emportaient si décidément par le nombre que la mesure équivalait à proscrire l'attachement à tout autre trône que celui de Pierre.

Lorsque, dans son équité, Pie XII rapporta la mesure, la famille monarchiste traversait une nouvelle crise. Le comte de Paris, alors dauphin mais promu par son père à la direction des affaires, venait de prendre un recul si net à l'égard de *l'Action française* que son attitude avait été considérée comme un désaveu. Les démêlés avec Pie XI avaient provoqué plus de drames que l'entrée en coquetterie avec l'héritier de la couronne. Déjà, en 1910, lorsque la température avait fraîchi pour un instant entre Philippe VIII et le plus illustre de ses serviteurs, les fils de Chouans n'avaient point pris l'affaire au tragique. Elle les avait même divertis ; l'A.F., M. de Fabrègues l'a bien expliqué, rappelait qu'au trépas du comte de Chambord ses droits étaient passés à la branche cadette mais ligueurs et camelots, loin de se recruter parmi les Orléanistes passés la plupart à la République, se comptaient, surtout en Ouest, dans des milieux naguère henriquinquistes. Le monarchisme était devenu un principe plus qu'un dévouement envers une famille qu'on admettait *parce que* procédant de Louis XIII mais *bien que* descendant de Philippe Égalité.

Vint la Seconde Guerre mondiale. Une nouvelle fois, les fidèles du Sacré-Cœur combattirent sous le drapeau tricolore. C'est seulement après la défaite qu'on les vit chercher l'honneur sur des chemins différents. Aux yeux de certains, la lutte contre l'occupant devint un devoir ; en Morbihan, raconte Mlle de Cadoudal, il se trouva des maquisards pour dénommer les Allemands : *les Bleus.* C'est encore par réflexe de défense face à l'envahisseur que les Frotté chouannèrent contre la Wehrmacht, que le lieutenant de vaisseau d'Estienne d'Orves, descendant de chefs angevins, organisa la Résistance. On vit même un arrière-neveu de Georges, le capitaine de Kersauson, se battre en Syrie contre les troupes françaises du général Dentz en arborant les hermines sur ses véhicules blindés. Du même côté de la barricade, mais la première, après la bataille, à vouloir la réconciliation se remarque Mme de Suzannet.

Dans le camp d'en face, un nom domine tous les autres : Victor de Bourmont. Dirigeant d'un régiment étique engagé sur le front de l'Est, cet officier, alliant l'humanisme à la bravoure et le désintéressement à la science militaire, n'évitera le peloton ou les geôles épuratrices qu'en tombant devant l'ennemi soviétique lors d'une ultime contre-offensive.

Qu'on préfère l'action de M. de Bourmont ou celle de MM. de Frotté dans les affrontements de 1944 ne présente qu'un intérêt rétrospectif ; le commandant Henry Lachouque émettra la plus sereine des constatations sur ces engagements contradictoires :

— Il n'est pas qu'une manière de mourir pour son pays.

En dehors de la perspective nationale dont les Chouans, à l'inverse de certains chevaliers de la Foi rêvant d'Occitanie, ne s'étaient jamais écartés, on verra des Bretons entretenir la confusion entre la bataille contre les Jacobins et une hostilité prétendue à la France de l'intérieur.

Vaguement encouragés par quelques excellences du IIIe Reich, les autonomistes retrouveront plus d'un quart de siècle après la capitulation allemande un souffle suffisant pour s'en aller dynamiter les trésors du palais pharaonique équitablement dédié par le roi-parapluie *à toutes les gloires de la France.*

Dans la chanson de Botrel, le gars de Cornouaille *dans son palais de Versailles vint trouver le Roi.* La fascination de la Monarchie s'exerce sur Grégoire avant que *la guerre éclate au printemps suivant.* Par une interprétation historique captieuse, les faux neveux du héros s'en sont retournés au château pour y poser de vraies bombes. L'Ouest, comme le reste du pays, a changé de visage ; la France, plus qu'aux deux tiers rurale jusqu'à l'orée de ce demi-siècle, a vu déserter les campagnes. Le laboureur d'hier a rejoint l'usine ou le bureau, plus rarement la boutique, s'approchant du prolétariat mais avec assez de prudence pour s'être gardé de verser dans les concentrations citadines avant qu'elles ne cessent de stagner dans le paupérisme. Depuis beau temps Bécassine avait débarqué sur le quai de la gare Montparnasse pour servir sans passion les familles ou les passions des sans-familles. Qu'elle fût bonne à tout faire ou belle à tout prendre, elle symbolisait la défaite de la terre armoricaine devant la révolution mécanicienne. Était-ce si simple ? Peut-être pas car la Vendée, angevine ou chouanne, ne fut jamais exclusivement campagnarde. Jamais, elle n'eût pris son essor et remporté tant de victoires si elle était demeurée rurale. Elle se fût réduite aux dimensions d'une jacquerie et l'on sait cette nature de mouvement vouée à l'échec.

Les hameaux et les fermes se sont hérissés d'antennes de radiodiffusion et de télévision. Les paysans ont alors reçu d'eux-mêmes une image si grossièrement falsifiée qu'elle ne pouvait subsister. C'est alors que lentement la France bleue a commencé d'accomplir un effort pour découvrir la France blanche. Cette curiosité constitue un premier pas vers la compréhension.

De militaire la Vendée est devenue spirituelle. Élément de l'idéal catholique et royal, elle ne se confond pas avec lui. Si elle s'apparente à la société d'ordre par opposition au schéma de classe, elle conserve cette note d'individualisme si justement retenue par le duc de Lévis Mirepoix. Française à la vieille façon capétienne, elle demeure mouvante, capricieuse même et éprise de son pluralisme.

Lorsque Marie de Médicis apprit, ou feignit d'apprendre, la mort de Henri IV, elle s'écria :

— Ah ! Le Roi est mort !

Alors le chancelier de Sillery fit la leçon à la Florentine :

— Votre Majesté m'excusera, les rois ne meurent point en France.

Ils seraient morts pourtant si ne s'étaient dressés ces sujets lointains et indociles dont le sens dynastique força le destin.

Si les résultats politiques furent médiocres, sauf en 1815, la victoire religieuse fut totale. Dès 1795, la Convention mettait fin à la persécution et Bonaparte ne trouvait pas d'autre issue pour rétablir la tranquillité que la négociation d'un concordat par les soins du ténébreux abbé Bernier. Même en 1830, où de religion d'État le catholicisme redescendit au rang de *religion de la majorité des Français*, le poids des provinces de l'Ouest demeura suffisamment fort pour dissuader les libéraux d'aller trop loin. Depuis lors, en dépit de ses votes et de ses humeurs, la Vendée n'a pu ramener ses princes mais elle a contraint les extrémistes à limiter leurs entreprises.

Moins heureuse, la Chouannerie, sous des chefs prestigieux tels Georges, Mercier et Frotté, n'a rien obtenu de tangible mais elle a donné de la Monarchie une image populaire d'un tel relief que la maison de Bourbon, sans participer directement au combat, en a retrouvé lustre et jeunesse. Par une grâce de la Providence, la plus glorieuse et la plus utile des conquêtes du XIXe siècle, Alger, arrachée aux Barbaresques au couchant de la deuxième Restauration, restait due à ce Bourmont dont les musulmans, peu habitués aux consonances européennes, confondaient le nom avec celui de ses maîtres.

De l'injustice concordataire était née la Petite Église toujours vivace. De l'application outrancière des décisions de Vatican II pourrait jaillir quelque jour une autre expression de la révolte dans la fidélité. Si Rome n'était plus dans Rome, elle serait pour partie en Vendée. Ce nouveau déchirement n'est pas souhaitable et la catholicité n'y gagnerait rien.

Lorsque le manteau de la nuit enveloppe ces campagnes, où, par la fourche et la faux, les hommes parvinrent à conserver Dieu pour maître, il advient que l'oiseau d'Athéna fasse entendre son cri. Alors, on ne sait plus si la chouette appelle les siens ou si rôdent dans les chemins creux, imitant l'étrange appel de la sentinelle aux yeux fixes, les compagnons des fêtes guerrières.

Le voyageur frissonne.

C'est l'heure où la légende retrouve l'Histoire, où les âmes des morts se confondent avec l'esprit des vivants. Le Sacré-Cœur bat la chamade.

SOURCES

I. — **Archives :**

On consultera non sans profit :

1) Aux Archives nationales :

Les dénonciations, enquêtes et procès, et plus généralement les pièces ayant trait au comité de Salut public et de Sûreté générale.

2) Aux Archives de la Guerre à Vincennes :

Les cartons Piré, La Trémoïlle, Tarente, d'Aumont, Milhaud, Bruslart, Frotté.

3) Les Archives départementales des Côtes-du-Nord, de la Mayenne, de la Manche, du Maine-et-Loire, de l'Orne, de la Sarthe, du Morbihan, de la Seine-Maritime.

4) Au Record Office de Londres :

Mémoires et correspondance du comte de Puisaye.

5) Les Archives privées des Cadoudal à Kerléano, des Contades à Montgeoffroy, des Chiappe à Versailles.

II. — **Bibliographie :**

A) Comptes rendus, souvenirs, journaux, gazettes et correspondances des contemporains.

B) Travaux du XIXe siècle.

C) Travaux du XXe siècle.

A) On consultera plus particulièrement :

Les Mémoires et souvenirs de :

Duchesse d'Abrantès, général d'Andigné, marquis de

Barbé-Marbois, vicomte de Barras, Béjarry, Bernard de La Frégeolière, général Bertrand, marquis de Bertrand de Molleville, Billard de Veaux, marquise de Bonchamps, Madame de La Bouère, sergent Bourgogne, Bourrienne, Boutillier de Saint-André, général baron Canuel, général de Caulaincourt duc de Vicence, Chateaubriand, capitaine Coignet, comte de Contades, Desmarets, Fauche-Borel, Fouché duc d'Otrante, baron de Frénilly, colonel Girard, général Gourgaud, Julien Guillemot, général Hugo, baron Hyde de Neuville, marquise de La Rochejaquelein, Lequinio, comte de Las Cases, Louis-Philippe, maréchal Macdonald duc de Tarente, Jacques Mallet du Pan, maréchal Marmont duc de Raguse, comte de Montgaillard, Moreau de Jonnès, comte de Paroy, commandant Parquin, Pons de l'Hérault, comte Réal, Madame Récamier, Richer-Sérisy, comte de Rochecotte, général comte de Rochechouart, Madame de Sapinaud, adjudant général Savary, général Savary duc de Rovigo, Talleyrand prince de Bénévent, général Tercier, général baron Thiébault, général Turreau, prince de La Trémoïlle, général comte de Vauban, comte de Vaublanc, colonel Vigo-Roussillon.

Pour toute tentative de connaissance de la Révolution et de la Contre-Révolution on pourra relire :

Procès de Saint-Régeant et Carbon, 2 tomes (Imprimerie de la République, floréal an XI).

Procès de Georges, Moreau et autres (Actes d'accusation de Georges, Moreau et autres).

Henri Red Head Yorke : *Paris et la France sous le Consulat* (Perrin).

Alexandre Rousselin : *Vie de Hoche,* Chérin et Marbot, Paris, an VIII.

Lequinio : *Guerre de la Vendée et des Chouans,* Pougin, an III.

J. Ch. Bailleul : *Rapport sur la conjuration du 18 fructidor,* Imprimerie nationale, 26 ventôse an VI.

Principaux journaux consultés :

Le *Moniteur,* le *Postillon des Armées,* la *Sentinelle,* le *Patriote français,* l'*Ami du Peuple,* les *Actes des Apôtres,* le *Vieux Cordelier,* les *Révolutions de France et de Brabant,* les *Révolu-*

tions de Paris, le *Courrier français,* le *Mercure britannique,* l'*Ami du Roi,* la *Gazette de France,* le *Journal de Paris,* le *Journal politique et social,* les *Annales patriotiques,* le *Journal politique,* le *Journal de la société de 1789,* le *Journal de la société des amis de la Constitution,* les *Annales patriotiques et littéraires,* le *Journal de la cour et de la ville,* le *Publiciste,* le *Père Duchesne,* le *Courrier des 83 départements,* le *Logographe,* le *Journal des Débats,* plus tard *Journal de l'Empire,* la *Quotidienne,* le *Drapeau blanc,* le *Constitutionnel,* le *Globe,* la *Mode.*

Correspondance des contemporains :

Correspondance générale de Napoléon, du comte d'Artois, de Frotté, etc.

Rapports : des diplomates, des agents, des préfets.

Journaux de marche des régiments.

B) **Travaux du XIXe siècle :**

Pour toute étude approfondie, il importe de se référer à la *Bibliographie de la Contre-Révolution dans les Provinces de l'Ouest ou des Guerres de la Vendée et de la Chouannerie* (1793-1815-1832), par Edmond Lemière, continuée par son fils Yves Lemière et publiée grâce aux soins de M. Pierre Le Gall, 1904. Réédition, Librairie Nantaise Yves Vachon, Nantes, 1976.

Plus sommairement on retiendra quelques ouvrages indispensables.

Les Guerres de Vendée, d'Alphonse de Beauchamp. La plus libre et la plus complète est la 4e édition. L.G. Michaud 1820.

La Vendée militaire, de Jacques Crétineau-Joly. D'une venue littéraire, souvent de haute qualité, ce livre, comme le précédent, s'appuie sur de nombreux témoignages de contemporains. Paru chez Dentu dès 1840, il a fait l'objet en 1961 d'une réédition partielle (en alternance avec Louis Blanc) par le baron Armel de Whismes (Hachette, 2 volumes). Le texte le plus complet est celui de la Bonne Presse (6e édition), 1895-1896, augmenté d'un 6e volume par le R.P. Drochon contenant la liste des officiers, etc.

Moins *écrit,* mais très sérieusement documenté, notamment dans le domaine normand, apparaît le travail de Théodore Muret, *Les Guerres de l'Ouest,* 5 volumes, Dentu, 1848.

Parfois naïve, encore que très complète, et *près de la terre,* doit figurer l'*Histoire de la Vendée,* de l'abbé Félix Deniau, curé du Voïde 6 volumes Angers, 1876-1878. D'utiles compléments se trouvent dans l'œuvre de son neveu et homonyme, le chanoine Félix Deniau, curé de Saint-Macaire-en-Mauges, sous la direction de Dom Chamard avec la collaboration de l'abbé Azureau : *Histoire de la guerre de la Vendée* Siraudeau, Angers, s.d.

Léon de La Sicotière, avec ses trois volumes (le 3ᵉ constitué par les tables), Plon, 1889, dépasse de loin le cadre assigné par *Louis de Frotté et les insurrections normandes.* C'est, pour paraphraser Taine jugeant Balzac, le plus formidable magasin de documents sur la nature chouannique.

Dans sa ferveur un rien naïve, J. Duchemin des Cépeaux conserve un charme inimitable grâce à ses *Souvenirs de la Chouannerie,* Bray, 1855, réimprimé par l'Arche du Livre, Paris, 1970.

L'érudition républicaine a connu ses hérauts, et en premier lieu : A. Duchâtellier : *Histoire de la Révolution de l'Ancienne Bretagne,* 6 volumes, des Essarts, 1836, puis Chassin : *La Préparation de la guerre de Vendée.* 3 volumes, P. Dupont, 1892, *La Vendée patriote,* 4 volumes, P. Dupont, 1893-1895, *Les Pacifications de l'Ouest,* P. Dupont, 1893-1895, ainsi que Célestin Port, dont les graves erreurs, telle *La Légende de Cathelineau,* Alcan 1893, ne sauraient faire oublier la besogne bénédictine du *Dictionnaire de Maine-et-Loire,* 3 volumes, Lachèse et Dolbeau, 1869-1878, et *La Vendée angevine,* 2 volumes, Hachette, 1888. Les démêlés entre M. Port et le sénateur de La Sicotière sont demeurés célèbres.

Hors Louis Blanc, parfois en contradiction avec lui-même mais toujours de bonne foi, dont l'esprit et le cœur ne se rétrécissent jamais aux dimensions jacobines, les hautes illustrations du siècle ont mal compris la Vendée militaire. Chateaubriand est mal informé, Thiers fait preuve de légèreté. Guizot, Normand d'adoption, et Tocqueville, Normand de souche, sont, hélas, muets. Rien de notable chez Mignet et Quinet. Michelet sombre dans le roman noir. Barante, lui, met en forme les Mémoires de la marquise de La Rochejaquelein.

On consultera, en outre, les volumes suivants :

Anonyme : *Portrait des généraux français,* 3 volumes, C.L.F. Panckoucke, 1818.

Anonyme : *Petite Biographie des conventionnels,* Émery, 1816.

Anonyme : *Guerre de la Vendée,* W. Spilsbury, Londres, 1805. (Attribué successivement à Henri Forestier et à la comtesse d'Oyenhaussen).

Anonyme : *Victoires et Conquêtes des Français de 1792 à 1815,* Panckoucke, 1818.

Ch. Ballot : *Le Coup d'État du 18 fructidor an II,* Société d'Histoire de la Révolution française.

P.V. Bourniseaux : *Histoire des guerres de Vendée et des Chouans,* 3 volumes. Bruno Labbé, 1818.

Général de Braque : *Les Avant-Postes de cavalerie,* Réédition, Paris, 1942.

Georges de Cadoudal : *Georges Cadoudal et la Chouannerie,*Plon, 1887, réédition Saint-Michel, 1971.

M. Capfigue : *L'Europe et la Révolution française,* 2 volumes, Wonters, Bruxelles, 1841.

A. Chateauneuf : *Histoire des guerres françaises depuis 1792 jusqu'à nos jours,* Divol, 1812.

N.J. de Colbert : *Traditions et Souvenirs,* Firmin-Didot, Paris, 1863.

A. Debidour : *Rapports de l'Église et de l'État en France* Alcan, 1898.

Claude Desprez : *Les Guerres de la Vendée,* Hachette, 1883.

Léon Dubreuil : *Histoire des insurrections de l'Ouest,* Paris.

Cyrille Ferret : *Histoire merveilleuse illustrée des géants de la Vendée,* chez l'auteur, à Niort.

H. Forneron : *Histoire générale des émigrés,* 3 volumes, Plon, 1884.

Charles d'Héricault et Gustave Bord : *Revue de la Révolution française.*

Prince de Hohenlohe-Bartenstein : *Réflexions militaires,* Guibal, Lunéville, 1818.

Ian Inisan : *La Bataille de Kerguidi,* Feiz ha Breiz, 1877, réédition 1902. (Traduction française par Yves Le Berre, Robert Laffont, 1977).

Augustin Johanet : *La Vendée à trois époques,* Dentu, 1840.

Léonard-Gallois : *Dictionnaire de tous les ministres, depuis la Révolution jusqu'en 1827,* Charles Béchet, 1828.

Émile Marco de Saint-Hilaire : *Histoire des conspirations,* Charles Felleus, 1851.

Vicomte de Meaux : *La Révolution et l'Empire,* Didier, 1868.

Ch. Mulliée : *Biographie des célébrités militaires,* 2 volumes. Poignavant, 1850.

Charles Nodier (attribué à) : *Histoire des sociétés secrètes de l'armée,* Paris, 1815, chez Gide fils.

Comte Pajol : *Kléber,* Firmin-Didot, 1877.

Patu-Deshautschamps : *Dix Années de guerre intestine,* Auselin, 1840.

Victor Pierre : *Le 18 Fructidor,* Alphonse Picart, Paris, 1893.

Pitre-Chevalier : *Histoire des guerres de la Vendée... Bretagne, Anjou, Poitou, Maine et Normandie,* Didier, 1851.

Comte Remacle : *Relations secrètes des agents de Louis XVIII,* Plon, 1899.

Robert : *Vie politique de tous les députés à la Convention nationale,* Librairie Saint-Michel, 1814.

Robinet, Robert et Chapelain : *Dictionnaire de la Révolution,* Librairie historique de la Révolution et de l'Empire, 1860.

Paul Sainte-Claire-Deville : *Étude sur le comte Joseph de Puisaye,* Mémoires de la Société d'histoire et d'archéologie de Bretagne, Éditions Champion.

G. de Saint-Ivry : *La Chouannerie et ses victimes,* Pontivy.

Hippolyte Taine : *Les origines de la France contemporaine,* 4 volumes. Hachette, 1878.

Toussaint, Ambroise de La Cartrie : *Un Vendéen sous la Terreur,* Publications littéraires illustrées, Paris, 1890.

Chanoine Tresvaux : *Histoire de la persécution révolutionnaire en Bretagne,* 2 volumes. Adrien Le Clerc, 1845.

C) **Travaux du XXe siècle :**

La renaissance des études portant sur les guerres de l'Ouest autorise une moisson considérable :

L'ouvrage d'ensemble le plus remarquable, tant par la sûreté de la documentation que par la grandeur et la subtilité du style est, à coup sûr : *Histoire religieuse de la Révolution française,* de Pierre de La Gorce, 5 volumes, Plon, et plus particulièrement les tomes II et III pour l'Armée Catholique et Royale, et V pour l'établissement du Concordat.

Avec Émile Gaborit, dont André Castelot préfaça l'ultime synthèse intitulée *Les Grandes Heures de la Vendée,* on glane des renseignements précieux. L'itinéraire de l'archiviste de la Vendée, puis de la Loire inférieure, est d'autant plus intéressant que, reflétant une opinion très répandue dans le public, à savoir la légitimité de la première guerre, le caractère discutable des suivantes, il va jusqu'à désavouer les dernières. Somme toute, l'admirable travail d'un chercheur devenant progressivement napoléonien. Outre le volume déjà cité, on retiendra du même auteur : *La Révolution et la Vendée, L'Angleterre et la Vendée, Les Bourbons et la Vendée, Les Vendéennes,* le premier au Club du Meilleur Livre, les autres à la Librairie Académique Perrin.

Élégance et clarté se retrouvent dans les deux œuvres de M. Philippe Roussel : *La Croisade Vendéenne (1793-1796),* Quatre fils Aymon et *De Cadoudal à Frotté,* La Seule France.

Toute la période grise de la Révolution (et de la Contre-Révolution) est magistralement évoquée par Pierre Bessand-Massenet dans *Quand la France attendait Bonaparte* (Perrin) mais ne saurait faire oublier les ouvrages dont procède cette revue d'ensemble : *Babeuf et le Parti communiste en 1796,* puis *Le Chemin de César,* en 2 volumes, *La France après la Terreur* et *Les Deux Frances* (Plon), et enfin *De Robespierre à Bonaparte* (Fayard), *Le 18 Brumaire* (Hachette), *La Fin d'une société* (Plon).

Irremplaçables sont le *Napoléon et l'Empire,* dirigé par Jean Mistler, de l'Académie française (Hachette), *Madame Royale, La Duchesse de Berry, Bonaparte, Napoléon* et *Talleyrand ou le cynisme* d'André Castelot, *Le Drapeau blanc* et *Barras, roi du Directoire* de Jean-Paul Garnier (Perrin).

Considérable apparaît la contribution de Jean Tulard, tant pour sa participation à l'entreprise de Jean Mistler, que pour son propre *Napoléon* et l'édition universitaire de la *Révolution française* de M. Pierre Gaxotte, de l'Académie française.

Une place privilégiée doit être accordée à l'*Itinéraire de la Vendée militaire* de Philibert Doré-Graslin, préfacé par André Sarazin (Garnier).

Enfin anthumes ou posthumes, tous les textes du commandant Henry Lachouque éclairent singulièrement la période (en collaboration avec Jacques Arna : *Cadoudal et les Chouans* (Amyot-Dumont), *Le Général de Tromelin* (Bloud et Gay), l'extraordinaire *Aux Armes citoyens* (Perrin), *Connaissez-vous Napoléon ?* (Bloud et Gay), *Bonaparte et la cour consulaire* (Bloud et Gay), *Napoléon à Austerlitz* (Guy Victor), *Iéna* (Guy Victor), *Napoléon en 1814* (L.E.H.), le monumental *Waterloo,* préfacé par Jean-François Chiappe et présenté par Juan-Carlos Carmignani (Stock), *Les Derniers Jours de l'Empire* (Arthaud), et enfin *Napoléon, 20 ans de campagne* (Arthaud).

L'*Histoire de l'Émigration* (Grasset) par Ghislain de Diesbach, est une somme. Son *Échec à Bonaparte : Louis-Edmond de Phélippeaux* (Perrin) localise très heureusement des aspects inconnus de la Chouannerie et des relations franco-britanniques.

De même, le duc de Castries, de l'Académie française, a contribué puissamment à la connaissance de cette période par les quatre premiers tomes du *Testament de la Monarchie,* notamment *Les Émigrés* et de *Louis XVIII à Louis-Philippe* (Fayard). A citer encore en priorité : *La Restauration,* par le R.P. de Bertier de Sauvigny (Flammarion, dernière édition augmentée, 1974) et le superbe *Monsieur de Charette, chevalier du Roi,* de Michel de Saint-Pierre (La Table Ronde). On voudra bien, en outre, consulter :

Jean-Albert Sorel : *La Révolution française,* Payot.

Marquis d'Andigné : *La Vie aventureuse du général d'Andigné,* Ed. de France.

Général Andolenko : *Recueil d'historiques de l'arme blindée et de la cavalerie* Association nationale des O.R. de l'a b c., *Recueil d'historiques de l'arme de l'Infanterie française,* Imprimeurs européens réunis.

Philippe Ariès : *Histoire des populations françaises,* Self.

Octave Aubry : *La Révolution française,* Flammarion.

Frédéric Barbey : *Une amie de Marie-Antoinette, Madame Atkyns,* Librairie Académique Perrin.

Baron Benoist-Méchin : *Bonaparte en Égypte ou Le rêve inassouvi,* Clairefontaine, réédition Perrin.

Président Berge : *Naundorff était bien Louis XVII,* Nouvelles éditions latines.

Jean-Paul Bertaud : *Bonaparte et le duc d'Enghien,* Laffont.

Louis Bigard : *Le Comte Réal, ancien jacobin,* Léon Bernard, Versailles.

Chanoine Billaud et Jean d'Herbauges : *1793, La Guerre au Bocage vendéen,* Lussaud, Fontenay-le-Comte.

René Bittard des Portes : *Charette et la guerre de Vendée, Les Émigrés à cocarde noire, Histoire de l'armée de Condé,* Émile-Paul.

Pierre Bliard : *Les Conventionnels régicides,* Perrin.

Yvon Bizardel : *Bottin des Américains à Paris sous Louis XVI et pendant la Révolution,* Clavreuil.

Gaston Bonheur : *Qui êtes-vous Napoléon ?* Conseiller historique Jean-François Chiappe, Éditions Paris-Match.

Georges Bordonove : *La Guerre de Vendée* Julliard, *La Vie quotidienne en Vendée pendant la Révolution* Hachette, *Prestige de la Vendée* France-Empire, *Napoléon* Pygmalion.

Chanoine Bossard : *Cathelineau,* Lamulle et Poisson.

Bertrand de Bourmont et Guy de Georges : *Bourmont avec nous,* La Nef de Paris.

A. Brett-James : *Waterloo raconté par les combattants,* La Palatine.

Abbé Brunellière : *La Vendée nantaise,* Lussaud, Fontenay-le-Comte.

Pierre Caron : *Manuel pratique pour l'étude de la Révolution française,* Picard.

Comte Tony Catta : *La Vendée, la foi, la patrie,* Nouvelles éditions latines.

Marcel Chapron : *Mirabeau-Tonneau,* Haussman.

Noël Charavay : *Les Généraux morts pour la patrie,* 2 volumes. Charavay.

Louis Chardigny : *Les Maréchaux de Napoléon,* réédition Tallandier.

Gilbert Charette : *Le Chevalier Charette,* Sfelt.

Jacqueline Chauveau : *Charette,* Scorpion.

Jacques Chastenet : *William Pitt* Fayard.

Jean-François Chiappe : *Georges Cadoudal ou la Liberté,* Perrin.

Jean-François Chiappe (sous la direction de) : *Le Monde au féminin,* Somogy.

Jean-François Chiappe : *Un héros des deux mondes : le marquis de La Rouërie, Monsieur Tout-le-Monde au temps de la*

Chouannerie, Un rival de Bonaparte : M. de Phélippeaux, Le Maréchal de Bourmont et son temps, La Tragédie de Verneuil, France-Inter, Tribune de l'Histoire, *Le Mans et les Manceaux sans menterie* (Tribune de l'été).

Jean-François Chiappe : *Louis de Frotté, Chouan et Chevalier* (in *l'Histoire pour tous*), *M. de Charette* (in *Rivarol*).

Joseph Clemenceau : *Histoire de la Guerre de Vendée 1793-1815,* Nouvelle Librairie Nationale.

Augustin Cochin : *La Crise de l'histoire révolutionnaire,* Champion, *La Bretagne et la Libre Pensée, Les Sociétés de pensée et la Révolution en Bretagne,* Plon.

Arthur Conte : *Sire, ils ont voté la mort,* Laffont.

Docteur Charles Coubard : *Précis d'histoire de la guerre de Vendée,* Lussaud.

Vicomte de Courson : *L'Héroïsme breton* Librairie des Saints-Pères, *Le Dernier Effort de la Vendée,* Émile-Paul.

Ernest Daudet : *Histoire de l'émigration* 3 volumes, Hachette, *La Police et les Chouans,* Plon.

Pierre Davy : *Histoire de Saint-Florent-le-Vieil,* Éditions du Choletais.

Alain Decaux : *Dossiers secrets de l'Histoire, Histoire des Françaises,* 2 volumes, Perrin, *La Machine Infernale,* France-Inter, Tribune de l'Histoire, *La Machine Infernale* in Les Grandes Conjurations de l'Histoire FR3.

Maurice Dommanget : *Saint-Just,* Éditions du Cercle.

Marquis Dugon : *Au service du roi en exil,* Paris.

Marcel Dupont : *Le Tragique Destin du duc d'Enghien,* Hachette.

Erlannig : *Le Général Louis de Sol,* Les Presses bretonnes, Saint-Brieuc.

Général Erlaut : *Le Général rouge Ronsin,* Clavreuil.

Comtesse d'Estienne d'Orves : *Le Général de Suzannet et le général d'Autichamp,* Serrier, Orléans.

Henri d'Estre : *Bourmont,* Plon.

Marcel Faucheux : *L'Insurrection vendéenne de 1795. Aspects économiques et sociaux,* C.N.R.S. Paris.

Bernard Faÿ : *La Grande Révolution* Perrin, *Louis XVI - Rivarol,* Perrin.

Ludovic Fortolis : *Des cachots de la Terreur aux geôles de l'Empire,* Perrin.

Jacques Fréal : *Témoins de la ville paysanne : la Normandie,* Garnier.

Henri Fréville : *L'Intendance de la Bretagne,* 3 volumes Plihon, à Rennes.

François Furet et Denis Richet : *La Révolution française,* nouvelle édition, Marabout.

François Gadic : *Chants de chouans,* Librairie Celtique.

Louis Garros : *Itinéraire de Napoléon Bonaparte,* L'Encyclopédie française.

Maurice Garçon : *Louis XVII ou la fausse énigme,* Hachette.

Chanoine Gasnier : *Jacques Cathelineau,* Lussaud.

Gustave Gautherot : *Un gentilhomme de grands chemins : le maréchal de Bourmont,* P.U.F.

C. Girault : *Rochecotte,* Goupil, à Laval.

Gabriel Girod de l'Ain : *Joseph Bonaparte* Perrin. *L'Ami Chiappe* Société du Musée Bernadotte.

Jacques Godechot : *La Contre-Révolution,* P.U.F.

Comte de Gontaut-Biron : *Le Duc de Lauzun,* Plon.

Roger Grand : *La Chouannerie de 1815,* Perrin.

Ernest d'Hauterive : *La Contre-Police royaliste en 1800* Perrin, *La Police secrète du Premier Empire,* 1,2,3 Librairie Académique Perrin ; 4,5 Clavreuil, *Le Général Alexandre Dumas,* Paul Ollendorf, 1897.

Élisabeth Guibert : *Voies idéologiques de la Révolution française,* Éditions Sociales.

Eugène Herpin : *Armand de Chateaubriand,* Perrin.

Marcel Hérubel, Hermann Quéru, Georges Huard, Georges Diard : *Visages de la Normandie,* Horizons de France.

Michel Hérubel : *Les Vendéens,* 2 tomes, Orban.

René Herval : *En Normandie,* Arthaud.

Jacques Hillairet : *Gibets, piloris et cachots du vieux Paris,* Éditions de Minuit, *Les Deux Cents Cimetières du vieux Paris,* Éditions de Minuit.

Docteur F.G. Hourtoulle : *Davout le Terrible,* Maloine, *La Salle* Copernic.

Pierre Lafue : *Louis XVIII,* Les Éditions de France.

Lanzac de Laborie : *Consulat provisoire et Consulat à temps,* Plon.

Baron de La Tousche : *Monsieur Henry,* Émile-Paul, *Cahiers Henry de La Rochejaquelein,* chez l'auteur.

Vicomte de La Varende : *Cadoudal,* Éditions d'Amsterdam, *Grands Normands,* Defontaine, *Le Mont-Saint-Michel,* Calmann-Lévy.

François Lebrun : *Les Hommes et la Mort en Anjou aux XVII*e *et XVIII*e *siècles,* Flammarion.

Chanoine Le Falher : *Le Royaume de Bignan*, Ch. Normand, Hennebont.

Charles Le Goffic : *La Chouannerie,* Hachette.

Baron Le Menuet de la Jugannière : *Le Général de Lyrot,* Firmin Didot, *Le Chouan Carlos Sourdat,* Firmin Didot.

G. Lenotre : *Georges Cadoudal,* Grasset, *Monsieur de Charette, roi de la Vendée,* Hachette, *Les derniers Terroristes,* Les Loisirs, *Les Blancs et les Bleus, La Mirlitantouille, Tournebut, Le Tribunal Révolutionnaire, Vieilles maisons, vieux papiers,* réédition 1980-1981, Perrin.

Émile-G. Léonard : *L'Armée et ses problèmes au XVIII*e *siècle,* Plon.

Comte de Lort de Sérignan : *Grognards et soldats de vingt ans,* Perrin.

Jean Lucas-Dubreton : *Louis XVIII,* Flammarion, *Napoléon et ses soldats,* réédition Tallandier.

Louis Madelin : *La Contre-Révolution sous la Révolution, Fouché,* Plon, *Histoire du Consulat et de l'Empire* Hachette, *La Révolution Française,* réédition Tallandier.

Lieutenant-Colonel H. de Malleray : *Les Cinq Vendées,* Plon.

Robert Margerit : *Waterloo,* Gallimard.

Baron André de Maricourt : *La Véritable Madame Tallien,* Les Portiques.

Frédéric Masson : *Napoléon et sa famille,* 11 volumes. Ollendorff.

Charles Maurras : *Réflexions sur la Révolution de 1789,* Les Iles d'Or.

M.C. Meaux : *Jean Chouan, héros de légende,* Lanore.

Raoul Mercier : *Le Monde médical dans la guerre de Vendée,* Arrault, Tours.

Colonel André Montagon : *Une guerre subversive : la Guerre de Vendée,* La Colombe, réédition, Perrin.

Daniel Mornet : *Les Origines intellectuelles de la Révolution française,* Armand Colin.

Jean Morvan : *Les Chouans de la Mayenne,* Calmann-Lévy.

Félix Olivier-Martin : *L'Inconnu Napoléon Bonaparte,* Laffont.

Albert Ollivier : *Saint-Just,* Gallimard.

Jacques Perret : *Monsieur Georges,* O.R.T.F. in *Trois Pièces,* Gallimard.

Pouget de Saint-André : *Les Auteurs cachés de la Révolution française,* Perrin.

Joseph Robin : *Charette,* Perrin.

Job de Roincé : *Le Colonel Armand, marquis de La Rouërie, Histoires de Chouans,* Lanore. *Le Drame de Quiberon,* chez l'auteur.

Pierre Serval : *Alger fut à lui,* Calmann-Lévy, réédition sous le titre *La Ténébreuse Histoire de la prise d'Alger,* La Table Ronde.

Georges Six : *Dictionnaire des généraux et amiraux de la Révolution et de l'Empire.* Safroy. *Les Généraux de la Révolution et de l'Empire,* Bordas.

Albert Soboul : *Problèmes paysans de la Révolution 1789-1848,* Maspero.

Baron Jean Thiry : *Les Années de jeunesse de Napoléon Bonaparte, Bonaparte en Égypte, Le Coup d'État du 18 brumaire, L'Empire triomphant, La Campagne de Russie, Sainte-Hélène,* Berger-Levrault.

Charles Tilly : *La Vendée, Révolution et Contre-Révolution,* Fayard.

Joseph Valynselle : *Les Princes et Ducs non maréchaux, Les Maréchaux de la Restauration et de la monarchie de Juillet,* chez l'auteur.

Albert Vandal : *L'Avènement de Bonaparte,* 2 volumes, Plon.

Dominique Venner (sous la direction de) : *Les Armes de cavalerie,* Aryoul.

Henri Verdier : *Flottes en colère,* Nouvelles Éditions Latines.

Henri Welschinger : *Le Duc d'Enghien,* Perrin.

Michel Vovelt : *Religion et Révolution,* Hachette.

Jean Yole : *La Vendée,* Gigord.

G. Yver : *La Petite Vendée du Sancerrois,* Revue d'Histoire Moderne et Contemporaine. 1901-1902. Tome III.

Général Zeller : *Soldats perdus, des armées de Napoléon aux garnisons de Louis XVIII,* Perrin.

Stéfan Zweig : *Joseph Fouché,* Grasset.

III. — Filmographie :

Daniel Kostel et Henri de Turenne : *La Bataille de Cholet.*

Jean-François Chiappe et Guy Séligmann : *Portrait de Cadoudal.*

IV. — Discographie :

Serge Danot : *La Bataille de Torfou.*

Yann Hervé : *Les Chouans.*

REMERCIEMENTS

L'auteur a dit, en tête du premier volume, sa gratitude envers MM. André Sarazin et Éric Vatré de Mercy. Il répète combien lui furent précieuses les informations du grand érudit angevin et les recherches de l'attentif historien des âmes de Charles Maurras et de Henry de Montherlant.

Trouvent ici l'expression d'une profonde reconnaissance, Mlle Hélène Bourgeois, directrice de la Librairie Académique Perrin, Mmes Romain Leconte, Michel Junot et ainsi que Anne Bessand-Massenet, Mmes Michelle de Valpierre et Françoise Viel, Mlle Alexandra Le Chevallier et M. Louis-Philippe Hardi.

Grâces soient rendues à tous ceux dont les renseignements nous furent indispensables : M. le vicomte Chaperon du Larrêt, MM. Pierre Durand, secrétaire général de la SERP, Jacques Jourquin, le vicomte Le Batard de Villeneuve, Pierre Mathy, Pierre Serval, le baron de Mauny. Soient encore assurés de notre gratitude M. de Dreuzy, conservateur du musée de Saint-Florent-le-Vieil, M. Dominique Costa, conservateur des musées départementaux de Loire-Atlantique ainsi que Mlles Berteil et Jouin, M. Fauchille, conservateur du musée municipal de Cholet et Mlle Anne de Villepoix, M. de Sallier-Dupin conservateur adjoint de la bibliothèque municipale de Nantes, M. Surcouf, directeur des archives de la Mayenne. Partagent aussi ces remerciements le docteur Adrien Carré, médecin général de la Marine, M. Philbert Doré Graslin, Mme Esgonnière du Thibeuf, M. Jean

Lagniau, président du Souvenir Vendéen, et les nombreux collectionneurs privés dont la bienveillance a permis d'illustrer cet ouvrage.

C'est avec le même plaisir que nous citerons Me Georges-Paul Wagner, nos pairs, M. André Castelot, directeur de la collection et M. Alain Decaux, de l'Académie française, sans omettre MM. Claude Nielsen et Bernard de Fallois, nos éditeurs si joliment secondés par M. Stéphane Prince, non plus que Mlles Laforêt et Plichta dont les hautes compétences artistiques et techniques ne se sont jamais démenties.

Nous n'oublions pas les entretiens accordés par M. le duc de Castries, de l'Académie française, non plus que les encouragements d'un autre membre de l'illustre compagnie, M. Michel Déon.

Trois amis de toujours nous ont, par leurs travaux, permis d'essayer de comprendre la Chouannerie normande : deux Blancs, MM. Philippe Roussel et le marquis de Saint Pierre, un Bleu, M. André Guérin.

Au marquis et à la marquise de Contades nous disons un affectueux merci pour nous avoir conduit à mieux connaître les secrets de l'âme angevine.

Si la Bretagne demeure très présente dans ces lignes, c'est que Mlle Simone de Cadoudal, « Tante Chouette », nous a, comme par le passé, fait profiter de ses lumières.

De l'histoire, souvent complexe, de la Contre-Révolution, il serait malaisé de traiter sans s'être entretenu longuement avec M. le comte Ghislain de Diesbach. Son immense savoir et son amitié ne nous ont jamais manqué tout au long de cette entreprise.

Nos réalisateurs de télévision et de radiodiffusion, par leurs questions pertinentes avant chacune de nos résurrections chouanniques, ont souvent favorisé l'éveil d'une recherche psychologique. Alain Barroux, aujourd'hui disparu, fut de ceux-là, comme plus tard MM. Guy Seligmann et Georges Gravier.

En nous offrant leurs colonnes, MM. Maurice Gaït, directeur de *Rivarol,* Philippe Caffin, rédacteur en chef de l'*Histoire pour tous,* Jean-Pierre Mouchard et Philippe Conrad, d'*Histoire-Magazine,* François-Xavier de Vivie, rédacteur en chef d'*Historia-Magazine* ont favorisé notre curiosité.

Notre dette envers le très regretté Pierre Goldschmidt n'est pas éteinte tant il nous avait laissé de volumes introuvables et de documents inédits. De même, les conseils du commandant Henry Lachouque sont demeurés d'une telle actualité que le grand napoléonien nous apparaît aussi présent qu'avant son départ pour le paradis des braves. Il en va de même pour le duc de Lévis Mirepoix, dédicataire de notre premier tome, et pour notre oncle Horace de Carbuccia.

Enfin, on nous permettra de saluer — gentilshommes en leurs manoirs, bourgeois dans leurs logis, artisans dans leurs échoppes, paysans et marins dans leurs chaumières — les anonymes, constamment sollicités, en Anjou, en Poitou, dans le Maine, en Bretagne et en Normandie. Sans eux, nous n'eussions jamais cherché cette autre dimension hors laquelle Clio se montrerait revêche : la tradition.

INDEX
des
trois tomes

A

B

C

E

I

J

K

L

M

N

O

P

Q

R

U

V

W

Y

Z

RÉFÉRENCES DES ILLUSTRATIONS

406 *Bourse de Louis de Frotté.* Coll. part., © LAP (Cl. J. da Cunha).
409 *Installation du gouvernement consulaire aux Tuileries.* © BN.
414 *Exécution de Malet.* Musée Carnavalet, © Giraudon.
418 *Lefebvre.* Coll. part., © LAP (Cl. J. da Cunha).
429 *Michel Moulin au fort de Joux.* Coll. part., © LAP (Cl. J. da Cunha).
441 *Monument à la mémoire de Frotté.* Gravure : Coll. part., © LAP (Cl. J. da Cunha).
État actuel : © LAP (Cl. J. da Cunha).
445 *Stèle.* © LAP (Cl. J. da Cunha).
447 *Le général de Piré.* Composion originale par Edmond-Maurice Pérot, © de l'artiste (Cl. J. da Cunha).
450 *Guillaume-Gabriel de Rosnyvinen de Piré.* Musée de Rennes (Cl. X...).
451 *Pierre-Marie de Rosnyvinen de Piré. Hélène-Eon de Vieux-Chatel, comtesse de Piré.* Musée de Rennes (Cl. X...).
457 *Reliques d'émigrés.* Coll. Pageot, © LAP (Cl. J. da Cunha).
459 *Brevet de chevalier de Saint-Louis.* Coll. part., © LAP (Cl. J. da Cunha).
461 *« Prise d'armes en Bretagne »*, par J. Le Blant. © Roger-Viollet. Tous droits réservés.
465 *Quiberon : la côte sauvage.* Archives photographiques © SPADEM 1982.
469 *Départ du comte de Sombreuil pour le supplice*, par Henri Cain. © Roger-Viollet. Tous droits réservés.
471 *Georges Cadoudal.* Musée des Beaux-Arts d'Orléans, © Bulloz.
476 *Château de Fougères.* © Roger-Viollet.
483 *Le maréchal Bessières.* Musée de Versailles, © Roger-Viollet.
488 *Le général Lassalle.* © Roger-Viollet.
492-493 *La bataille de Somosierra.* Musée de Versailles, © Roger-Viollet.
496 *Ordre du jour annonçant la signature de la paix à Schoenbrunn.* © Bulloz.
502 *Incendie de Moscou.* © Bulloz.
510 *La bataille de Montereau.* © Bulloz.
516 *Plaque de vivandière de l'armée de l'Ouest.* © Musées départementaux de Loire-Atlantique.
518-519 *Le retour de l'île d'Elbe.* BN, © Bulloz.
524 *Le duc d'Angoulême.* Coll. part., © LAP (Cl. J. da Cunha).
540-541 *La bataille de Waterloo.* BN, © Bulloz.
546 *Plan de bataille de Waterloo.* BN, © Bulloz.
548 *La ferme de Hougoumont.* © Magnum-Photo/Lessing.
560-561 *La Malmaison.* © Bulloz.
567 *Plaque apposée à Rocquencourt.* © Roger-Viollet.
578-579 *Troupes alliées en 1815.* © Roger-Viollet.
581 *La Bédoyère, Ney et Lavalette.* © BN.

589 *Mouton-Duvernet*. Coll. part., © LAP (Cl. J. da Cunha).
592 *« Le demi-solde »*, par G. Guéry. © Roger-Viollet.
595 *Gouvion Saint-Cyr*. Coll. part. © LAP (Cl. J. da Cunha).
601 *« Juillet 1830 »*, par Jeanson. Caen, musée des Beaux-Arts, © Bulloz.
607 *La duchesse de Berry*. © Bulloz.
610 *Louis-Philippe*. © BN.
615 *Le duc d'Orléans*. Coll. part. © LAP (Cl. J. da Cunha).
618 *Barricades rue Culture Sainte-Catherine*. Musée Carnavalet, © Bulloz.

Pages de garde : *L'Affaire de Quiberon*, par Boutigny. Musée de Mirande, Gers (Cl. Raymonde Burgade).

TABLES

TABLE DES MATIÈRES

TOME III

TABLE DES TOMES PRÉCÉDENTS

TOME PREMIER

TOME II

ACHEVÉ D'IMPRIMER
LE 17 AOUT 1982
SUR LES PRESSES
DE L'IMPRIMERIE
CARLO DESCAMPS
CONDÉ SUR L'ESCAUT 59163

Dépôt légal : septembre 1982
N° d'éditeur : 602
N° d'imprimeur : 2768

IMPRIMÉ EN FRANCE